Konflikt und Entscheidung

Robert Weimar

Konflikt und Entscheidung

Psychologische Theorien und Konzepte auf dem Prüfstand

PETER LANG
Frankfurt am Main · Berlin · Bern · Bruxelles · New York · Oxford · Wien

Bibliografische Information der Deutschen Nationalbibliothek
Die Deutsche Nationalbibliothek verzeichnet diese Publikation in der Deutschen Nationalbibliografie; detaillierte bibliografische Daten sind im Internet über <http://www.d-nb.de> abrufbar.

Zugl.: Heidelberg, Univ., Diss., 2006

D 16
ISBN 978-3-631-36181-8

www.peterlang.de

Vorwort

Die vorliegende Untersuchung entstand an der von Prof. Dr. Joachim Funke geleiteten Arbeitseinheit Allgemeine und Theoretische Psychologie des Psychologischen Instituts der Universität Heidelberg. Die Arbeit wurde im Sommersemester 2006 von der Fakultät für Verhaltens- und empirische Kulturwissenschaften der Universität Heidelberg als Dissertation angenommen. Für die Drucklegung konnte wichtige Literatur bis Ende 2006 noch berücksichtigt werden.

Mein erster Dank gebührt Herrn Prof. Dr. Joachim Funke, der mich zu der Thematik der Arbeit und ihrer Zielsetzung ermutigte und mich bei den diversen Lösungsansätzen um Probleme von Konflikt und Entscheidung durch langjährige Förderung und kritische Begleitung sehr unterstützt hat. Seine Aufgeschlossenheit gegenüber meiner interdisziplinären Herangehensweise bei der Suche nach wissenschaftlich überzeugenden wie praxistauglichen Lösungen hat mein Arbeiten an dieser Schrift nachhaltig beeinflusst. Die Veröffentlichung der Arbeit ist mir zugleich willkommene Gelegenheit, Herrn Prof. Dr. Klaus Fiedler für die zügige Anfertigung seines Zweitberichts zu danken. Ebenfalls möchte ich an dieser Stelle die freundlich-kollegiale Atmosphäre am Heidelberger Psychologischen Institut, wo ich zeitweise einen Lehrauftrag wahrnehmen konnte, dankbar erwähnen.

Wertvolle Anregungen habe ich insbesondere auch von meinem Freund und Kollegen Prof. Dr. Dr. h.c. mult. Hans Lenk erfahren. Ohne die Diskussionen mit ihm hätte sich mir die interdisziplinäre Literatur nicht in dem für diese Arbeit gebotenen Maß erschlossen. Dass bereits Sokrates und Platon vor mehr als zweitausend Jahren über die Natur geistiger Prozesse spekuliert hatten und heute die Biologie des Geistes mit ihrem Versuch, den Geist auf zell- wie auf molekularbiologischer Ebene zu ergründen, zunehmende Bedeutung zu erlangen scheint, zeigt, dass die Psychologie nicht die ausschließliche Domäne der Psychologen ist; sie ist ein integraler Bestandteil der modernen Wissenschaftsgemeinschaft und zeitgenössischen Kultur.

Die Menschen an meiner Seite haben die Entstehung dieser Arbeit in ihren Höhen und Tiefen begleitet. Ihnen sei für ihre einfühlende und liebevolle Unterstützung herzlich gedankt, insbesondere meiner Frau Eva Weimar – sie hat mein Zweifeln ebenso ausgehalten wie mir immer wieder Zuversicht gegeben.

Heidelberg, im Frühjahr 2008 *Robert Weimar*

Inhaltsverzeichnis

Einführung

1 Inhalt und Aufbau der Untersuchung

Wenn man es wagt, eine psychologische Arbeit aus dem Bereich von Konflikt und Entscheidung vorzulegen, bedarf ein solches Vorhaben einer besonderen Begründung. Es gibt eine Reihe von Veröffentlichungen im deutschen Sprachraum, die – mehr oder weniger explizit – diesem Themenkreis gewidmet sind. Dazu kommen experimentalpsychologische Untersuchungen aus dem angelsächsischen Raum. In dieser Situation, die durch sehr unterschiedliche Forschungsansätze bestimmt ist, dürfte aber schon ein Grund zu sehen sein, dem durch die Vielfalt der Forschungsbemühungen häufig verzerrten Phänomen der Entscheidung in einer klärenden Untersuchung nachzugehen. So sehr die Bedeutung der Entscheidungsproblematik für die Persönlichkeitsentwicklung, für den gesamten individuellen Lebenslauf, vor allem aber für die Bewältigung akuter Problemlagen anerkannt ist, es lassen sich bei der wissenschaftlichen Behandlung der Thematik Tendenzen erkennen, die zu einer nicht ungefährlichen Zersplitterung der Forschungsbemühungen, zu einer Einseitigkeit der Blickrichtung mancher Autoren führen, wobei überdies ein manchmal folgenreicher Verzicht auf Entdeckungen und Ergebnisse grundlegender älterer Forschungen festzustellen ist.

Ein in erster Linie phänomenologisch orientierter Ansatz, für den hier stellvertretend Hans Thomaes Forschungen genannt seien (vgl. etwa Thomae, 1960, 1974, 1996), betont, dass fruchtbare Ergebnisse nur erzielt werden können, wenn die ganze Erlebensfülle des menschlichen Daseins als Komponente des Entscheidungsvorgangs angemessen berücksichtigt wird. Der an die Spiel-, Informations- und Entscheidungstheorie angelehnte wahrscheinlichkeitstheoretische Ansatz, der das variablenreiche Umfeld der Persönlichkeit weitgehend außer Acht lässt, verfolgt demgegenüber nur das Ziel, eine begrenzte Zahl von Variablen aufzuweisen, die zu einem hinreichenden Verständnis des Entscheidungsprozesses und zur Prognose künftigen Verhaltens führen sollen. Eine andere, eher pragmatisch vorgehende Richtung versucht, Gesichtspunkte zu isolieren, die dazu beitragen, rasch zu einer optimalen oder befriedigenden Lösung hauptsächlich bei unternehmerischen Entscheidungen zu gelangen. In dem Bestreben, alsbald zu einem anwendungsreifen Ergebnis zu kommen, werden Anregungen methodisch anders orientierter Arbeitsrichtungen entweder nicht oder nur sporadisch aufgegriffen. Innerhalb dieser Ansätze finden sich weitere Differenzierungen, die eine zusätzliche Einengung des Horizonts erwarten lassen.

Die vorliegende Untersuchung versucht demgegenüber, das psychologische Problem der Entscheidung – insbesondere der Entscheidung unter Konflikt – aus seiner weithin üblich gewordenen eindimensionalen Betrachtung herauszuführen und es möglichst vielseitig und umfassend anzugehen. Ziel ist vor allem, einen Beitrag zur Integration der verschiedenen Perspektiven zu leisten und dabei die Grundannahmen und Arbeitsergebnisse verschiedener Richtungen und Schulen kritisch zu sichten. Damit ist zwangsläufig die Erfassung eines breiten Spektrums neuerer wie klassischer Forschungsansätze – auch vor ihrem wissenschaftsgeschichtlichen Hintergrund und in ihrem interdisziplinären Kontext – verbunden. Es wird nicht der Anspruch erhoben, ein in jeder Hinsicht vollständiges Bild des Entscheidungsproblems zu liefern. Eine solche Zielsetzung liegt nicht innerhalb des Rahmens, die bei der Vielfalt vor allem der angelsächsischen Untersuchungen erreichbar erscheint.

Im Mittelpunkt werden eine eingehende Deskription und Analyse des Entscheidungsvorgangs stehen, die sich nicht einer bestimmten Arbeitsrichtung verpflichtet fühlt, die vielmehr zu einem Befund sich vorzutasten sucht, der so viele Dimensionen umfasst, dass er vollständiger sein dürfte als bei einer lediglich reduktionistischen Herangehensweise. Wo sich dabei Unstetigkeitsstellen, Lücken oder etwa auch noch nicht lösbare Konstellationen ergeben, werden Fragestellungen deutlich werden, die durch zusätzliche Forschungen überprüft werden müssen.

Mit einer Psychologie der Entscheidung werden Problemzusammenhänge eines sehr weiten Handlungs- und Erlebensbereichs angesprochen: Wahlsituationen von nur peripherer Bedeutung für das Individuum bis zu zentralen, existenziell bedeutsamen Regulationen, die in die Kernbereiche menschlicher Existenz mit ihrer ganzen Konflikthaftigkeit führen. Im Thema vorausgesetzt wie mit ihm notwendig verbunden ist auch eine Untersuchung des Fragenkreises um die Möglichkeit und Notwendigkeit von Entscheidung, die Zentralpunkte menschlichen Selbstverständnisses, des menschlichen Daseins überhaupt berührt.

Das Ziel, Probleme der Entscheidung und Funktionsweisen ihrer vielfältigen Erscheinungen in der Wirklichkeit konkreten Daseins zu bestimmen, ist in erster Linie eine strukturanalytische Aufgabe, zu deren Lösung die Methodik der empirisch orientierten Psychologie heranzuziehen ist. Versuche, hierbei einen transzendentalen Sinn von Entscheidung zu ergründen, überschreiten die Grenzen psychologischen Erkennens und bleiben hier außer Betracht. Dagegen wird es mitunter erforderlich sein, andere Disziplinen heranzuziehen, um den weiten Bogen, der das Entscheidungsproblem umspannt, im gebotenen Rahmen auch interdisziplinär abzustecken.

Dabei kann nicht darauf verzichtet werden, das Phänomen der Entscheidung daran zu orientieren und so einzugrenzen, dass an die in der Problemgeschichte des Entscheidungsbegriffs ausgebildeten Vorstellungen angeknüpft wird, um zu einer Differenzierung auch der benachbarten psychischen Erlebnisweisen zu gelangen, soweit deren Berücksichtigung geboten ist. Nach und nach werden Befunde ideographisch und nomothetisch ausgerichteter Arbeiten im Einzelnen untersucht, um ein breites Spektrum des gegenwärtigen Standes der Entscheidungsforschung zu gewinnen.

Da zu Beginn eines jeden der insgesamt sechs Teile der vorliegenden Untersuchung ein kurzer Einblick in die dort zu behandelnden Themenpunkte gegeben wird, kann der einführende Überblick hier auf eine grobe Charakterisierung beschränkt werden. Im Folgenden stehen zunächst definitorische Überlegungen (Kap. 2) im Vordergrund, d.h. es werden Abgrenzungen zentraler Arbeitsbegriffe vorgenommen, um auf diesem Weg eine einheitliche konzeptuelle Basis voraussetzen zu können.

Der *erste Teil* der Arbeit setzt sich primär mit psychologisch-anthropologischen Grundlagenfragen auseinander. Dabei sollen bestimmte Grundannahmen, die von den beteiligten Wissenschaftlern oftmals nicht explizit erörtert werden, aber dennoch eine wichtige strukturierende Rolle bei der Theoriebildung spielen, betrachtet werden (Kap. 3). Und im Anschluss daran werden verschiedene methodische Ansätze zur Gewinnung empirischer Daten eingeführt und ihre Beziehungen zur Thematik aufgezeigt (Kap. 4). Die verschiedenen Methoden werden später im Hinblick auf ihre Aussagen genauer expliziert. So findet der phänomenologische Ansatz seine Entsprechung vor allem in den Überlegungen von Thomae, während der experimentelle Ansatz beispielsweise im Kontext der Motivationspsychologie (Kap. 8) und an weiteren Stellen der Untersuchung verfolgt wird.

Der *zweite Teil* stellt wichtige Komponenten für theoretische Überlegungen zum Phänomen des Entscheidens vor, wie sie beispielsweise in der Kognitions- und Motivationspsychologie erarbeitet wurden (Kap. 5 und 8); dazu werden Teilgebiete wie psychologische Lerntheorien (Kap. 6) und das innere Modell der Umwelt (Kap. 7) berücksichtigt. Die dabei bedeutsamen Konzeptionen der Emotion (Kap. 9) und des Wollens oder der Volition (Kap. 10) werden problembezogen in den Kontext eingebunden.

Ziel des *dritten Teils* der Untersuchung ist, die unterschiedlichen Phasen, Formen und Ausprägungsgrade der Entscheidung im Einzelnen zu analysieren (Kap. 11, 12, 18, 19 und 20) sowie Perspektiven und Grundformen des Konfliktverhaltens und differenzielle Momente herauszuarbeiten (Kap. 13 und 14). Darüber hinaus beschäftigen wir uns mit den Verlaufsformen (Kap. 15) sowie den Bestimmungsgründen von Entscheidungen (Kap. 16 und 17). Abgeschlossen wird dieser Teil durch Überlegungen, die divergierenden Elemente in integrativen Modellen zusammenzuführen (Kap. 21).

Der *vierte Teil* ist ganz den – formalen – Entscheidungstheorien, den dabei entwickelten mathematischen Modellen, ihren Vorzügen und Schwächen gewidmet (Kap. 22). Im *fünften Teil* geht es um die sozialpsychologische Entscheidungsforschung; behandelt werden zentrale Probleme des Entscheidens in Gruppen (Kap. 23). Der *sechste und letzte Teil* verlegt den Fokus von den spezielleren Ansätzen wieder auf umfassendere theoretische Überlegungen. Dabei werden – als mögliche Erklärungsansätze für Konflikt- und Entscheidungsverhalten – die Feldtheorie von Lewin (Kap. 24), der kybernetische Zugang (Kap. 25), Lerntheorien (Kap. 26), das gestaltkreistheoretische Netzwerk (Kap. 27) sowie die neuropsychologische Perspektive (Kap. 28) herangezogen und kritisch beleuchtet. Den Abschluss der Arbeit bildet ein Blick auf den erreichten Stand und auf wichtige offene Fragen an die zukünftige Forschung (Kap. 29).

2 Konflikt und Entscheidung: Begriffsklärung

Schon aus der bisherigen Skizzierung ist ersichtlich, mit welcher Vielfalt man sich den Problemen von Konflikt und Entscheidung zu nähern versucht. Diese Tendenz setzt sich in der spezielleren psychologischen Literatur fort. Besonders ist dabei auf die Mehrdeutigkeit des Entscheidungsbegriffs selbst zu achten, der ganz verschiedenartige Gegebenheiten im psychologischen Sinne umfassen kann. Um in der nachfolgenden Analyse der Gefahr zu entgehen, durch ungeklärte Begriffe Missverständnisse hervorzurufen oder auch selbst solchen zu erliegen, soll in diesem Kapitel eine terminologische Klärung des Entscheidungsphänomens und seines Umfelds erfolgen, was wir bisher, im Wesentlichen auf dem Alltagsverständnis aufbauend, kurz »Entscheidung« nannten.

2.1 Etymologische Analyse

Vom Begriff her beschreibt »Entscheidung« die Trennung oder Scheidung von etwas, denn das – germanische – Stammwort »scheiden« bedeutet »schneiden«, »trennen« (Kluge, 1963, S. 641). Die transitive Form beinhaltet »auseinandernehmen«, »das Unterscheidende trennen«, während die intransitive Form ein »Auseinandertreten« meint. Die Vorsilbe »ent«, die auf einen gotischen und auf einen germanischen Stamm zurückgeht, bezeichnet sowohl »die Richtung auf etwas hin« als auch »die Trennung von etwas« (Kluge, 1963, S. 166).

Etymologisch kann im Ergebnis festgehalten werden, dass »Entscheidung« die Trennung (Scheidung) von Sachverhalten bezeichnet, und zwar mit der in der Vorsilbe enthaltenen Intention einer Richtunggebung oder Stellungnahme im Sinne des Vorziehens, Festsetzens oder Abschließens. Scheidung wird dabei nicht zu eng im Sinne von Zerschneiden, Zertrennen oder Auflösen nur eines einzigen Sachverhalts zu fassen sein, sondern auch im Sinne des Voneinanderabhebens und Unterscheidens, des Ordnens mehrerer Sachverhalte. Diese Wortbedeutung wird dadurch bestätigt, dass sich zwei verschiedene Versionen sprachlich aufweisen lassen: »entscheiden zwischen« und »entscheiden für«.

»Sich entscheiden zwischen« ist als Wahl zwischen mehreren Möglichkeiten aufzufassen, »sich entscheiden für« dagegen mehr im Sinne von »auserwählen«, »erküren«. Das Vorhandensein von Alternativen rückt also besonders im ersten Fall in den Blick, weniger deutlich liegt es bei der zweiten Version. Soweit das Tätigkeitswort »entscheiden« auch in der reflexiven Form verwendet wird, ist besonders deutlich, wie die Person als Handelnde in den Vorgang einbezogen ist und dadurch verändert wird. Das Substantiv »Entscheidung« aber umschließt eine Bedeutungsbreite, die die ganze Skala des graduell möglichen Beteiligtseins des Subjekts vermittelt.

2.2 Definitionsvorschläge

2.2.1 Konflikt

Der »glatte« Handlungsablauf ist unterbrochen, wenn mindestens zwei divergente Verhaltenstendenzen virulent sind. Hier spricht man von *Konflikt*, der von Lewin (1951, 1963) definiert wird als »eine Situation, in der Kräfte von annähernd gleicher Stärke und entgegengesetzter Richtung auf die Person einwirken« (1963, S. 293). Lehr (1965) hat in einem Übersichtsreferat über Erscheinungsformen des Konflikts fünf Gesichtspunkte als konstitutiv für Konflikte herausgestellt:

- Wirksamkeit mehrerer Verhaltenstendenzen
- Unvereinbarkeit der Tendenzen
- Störung des Verhaltenssystems
- Orientierungsverlust
- Lösungsdruck.

Es erscheint fraglich, ob die Kriterien Orientierungsverlust und Lösungsdruck auf *alle* Konfliktsituationen zutreffen. Zumindest bei Randkonflikten sind der Drang zur Klärung und die erlebte Unsicherheit aufgrund von Ungewissheit eher weniger bedeutend oder unbedeutend, so dass sie den »glatten Handlungsablauf« so gut wie nicht beeinflussen. Dagegen stellen die ersten drei Gesichtspunkte die wesentlichen Kriterien für intrapsychische Konflikte dar. Sie werden vor allem von Autoren herausgestellt, die formal-objektivierend an das Phänomen herangehen. So schreibt Coleman (1960): »Conflicts result when contradictory goals or means live with each other and interfere with the smooth flow of ongoing behavior« (S. 152). Hofstätter (1963) führt aus: »Im Prinzip lassen sich alle Konfliktsituationen aus dem gleichzeitigen Bestehen oder Anlaufen von mindestens zwei Verhaltenstendenzen erklären« (S.182), wobei die Unvereinbarkeit der Tendenzen und damit die Verhaltensstörung impliziert sein dürften. Autoren, die sich auf phänomenologischem Wege menschlichen Konflikterscheinungen nähern, betonen vor allem den Lösungsdruck. So schreibt Pongratz

(1961): »Unter einem menschlichen Konflikt verstehen wir jene (innere) Spannungslage, in der die Person mit unvereinbaren Bedeutsamkeiten (Wertungen) unter Entscheidungsdruck ringt« (S. 265).

Lehr (1965) hat beide Anschauungen zu einer komplexen Beschreibung vereint und kommt dadurch zu der Auffassung, dass die Bedeutungen von »Konflikt« und »Entscheidung« (und »Wahl«) in hohem Maße übereinstimmen (S. 312). Dieser Aussage schließt sich Feger (1965, S. 332) an.

2.2.2 Entscheidung, Wahl, Entschluss

Die weitgehende Gleichsetzung von Konflikt und Entscheidung, wie sie von Lehr und Feger befürwortet wird, entspricht jedoch ganz überwiegend nicht dem Gebrauch der Begriffe in der Literatur; sie ist auch sachlich nicht zutreffend. Am häufigsten begegnet man der Meinung, *Entscheidung* sei das auf einen *Konflikt folgende Geschehen*, das die Grundlage für die Realisierung einer der herrschenden Handlungstendenzen schafft. Damit wird die Entscheidung dem »Entschluss« bzw. der »Wahl« so gut wie gleichgesetzt. So schreibt Schmidt (1966): »Die Situation der Entscheidung läßt sich definieren als jenes Durchgangsstadium innerhalb der zielgerichteten Handlung, das durch einen Konflikt konkurrierender Handlungsmöglichkeiten aufgebaut und mit der Auswahl einer dieser Möglichkeiten verlassen wird, womit der Weg in die Handlungsrealisierung sich öffnet« (S. 27). Hörmann (1960) drückt den Sachverhalt so aus: » ... eine Entscheidung stellt ja das Zustandekommen einer hierarchischen Organisation von Tendenzen dar, die vor der Entscheidung noch nicht hierarchisch geordnet waren, sondern gegeneinander standen« (S. 45). Keller (1954) stellt gleichzeitig den Bezug zu weiteren Begriffen her. In jedem Wollen sei eine Entscheidung mitgegeben. Diese sei nicht erst dort gegeben, wo eine Wahl zwischen mehreren Möglichkeiten bestehe. Schon das Erwählen, also das Ergreifen einer Möglichkeit überhaupt sei Entscheidung: »In allen Wollenserlebnissen, dem Sich-entschließen (Entschluß), dem Sich-etwas-Vornehmen (Vorsatz), dem Etwas-Beschließen (Beschluß) und dem Etwas-Beabsichtigen (Absicht) ist immer eine spontane Entscheidung enthalten« (S. 50). Auch Nesswethas Definition kann hier eingeordnet werden: »Das Charakteristikum der Entscheidungsreaktion beruht u.a. darauf, daß diese sich in einer mehr oder weniger intensiven und ständigen Kommunikation mit der Konfliktsituation abspielt« (1964, S. 23 f.).

In dem Bestreben, präziser zu definieren, fasst Pongratz (1961) unter Entscheidung den Wahlvorgang, während er das Ergebnis dieses Vorgangs, das Voraussetzung für die nachfolgende Handlung ist, als »Entscheid« oder »Entschluss« bezeichnet wissen will. Thomae (1960) sieht in der Entscheidung eine spezifisch strukturierte Reaktionsform auf eine multivalente Situation. Er schlägt vor, den Entscheidungsbegriff zu reservieren für das »Erlebnis« eines Konflikts zwischen existenziell bedeutsamen Zukunftsausrichtungen, der nur durch eine »propulsive Weiterentwicklung des Kerns der Persönlichkeit beendet werden kann« (1960, S. 90). Salber (1953) will den Begriff der »Entscheidung« ebenfalls nur für Auseinandersetzungen von existenzieller Bedeutsamkeit vorbehalten. Landgrebe (1952) sieht in der Entscheidung eine Grundstruktur menschlicher Existenz, ohne die ein Handeln überhaupt nicht möglich wäre. Von hier aus lässt sich die Frage stellen, ob nicht im Grunde jedes menschliche Verhalten Entscheidungscharakter habe, weil es seiner Struktur nach »Auslese« aus Verhaltensmöglichkeiten darstellt.

Keller (1954) hat den Begriff der *Wahl* in der Entscheidung näher präzisiert: »Gemeinhin denkt man beim Begriff der Entscheidung an eine Wahl zwischen mehreren Möglichkeiten. Allein gerade das macht nicht ihr eigentliches Wesen aus. Dieses liegt nicht in der Tatsache mehrerer Möglichkeiten, sondern darin, daß überhaupt eine Möglichkeit ergriffen wird. Auch das ist ein ›Wählen‹, aber nicht im Sinne eines ›Wählens zwischen‹, sondern im Sinne des ›Erwählens von‹. Darum kann durchaus auch da von Entscheidung die Rede sein, wo keine ›Wahl‹ in jenem üblichen Sinne stattfindet und kein Schwanken zwischen verschiedenen Möglichkeiten vorausgeht; also auch da, wo z.B. nur eine einzige Abzielung überhaupt möglich ist oder eine bestimmte Möglichkeit sich so sehr von selbst aufdrängt, daß die Setzung sie sogleich und ohne Schwanken ergreift« (S. 103). Indes ist hier das Verhalten charakterisiert durch das Auftreten nur eines Motivs, das auf keine Behinderung durch andere Motive oder äußere Hemmnisse trifft, so dass die dadurch angestrebte Handlung problemlos erfolgt, ohne dass hier ein eigentliches Entscheidungsgeschehen vorausliegt.

Klar äußert sich auch Lersch (1970, S. 492):

> Es bestehen im Hinblick auf den Vorgang der Wahl und Entscheidung für den Willen zwei Möglichkeiten. Die eine ist die: Die Entscheidung bei der Konkurrenz der Motive im Hinblick auf verschiedene Möglichkeiten des Verhaltens beruht lediglich darauf, daß ein bestimmtes Motiv durch die Überlegung der Folge der zur Wahl stehenden Verhaltensmöglichkeiten, ihrer Zweckmäßigkeit und Vertretbarkeit in solchem Maße gestärkt wird, daß es sich gegen andere durchsetzt. In diesem Falle hat der Wille dann nichts anderes zu tun, als dem stärksten Motiv zur Verwirklichung zu verhelfen. Er hat lediglich eine ausführende, organisierende Funktion. Die andere Möglichkeit aber ist die: Der Wille entscheidet gleichsam als oberster Richter über die konkurrierenden Motive und gibt dem einen vor dem anderen den Vorzug. Er legt gegen das eine sein Veto ein und spricht dem anderen das Fiat zu, er bestimmt also souverän, in Freiheit, was im wirkenden Verhalten geschieht bzw. geschehen soll.

Rohracher (1932, S. 135) charakterisiert die Wahlsituation folgendermaßen:

> Die Wahlsituation erzeugt Vorstellungen der gegebenen Verhaltensmöglichkeiten, die Vorstellungen rufen individuelle Strebungen und persönliche Tendenzen in das Bewußtsein und erregen weitere Vorstellungen, welche die eventuellen Folgen der Verhaltensweisen zum Gegenstande haben. Die stärkste der Strebungen und Tendenzen setzt sich durch, indem sie die übrigen zielgerichteten Erlebnisse aus dem Bewußtsein verdrängt und den Erlebnisablauf der Erreichung ihres Zieles dienstbar macht. Setzt sich eine persönliche Tendenz oder eine zustimmungsgefärbte Strebung durch, so ist dadurch die Persönlichkeit zum Subjekt eines zielstrebigen psychischen Vorganges geworden und das Ergebnis ›Ich will‹ entstanden. Ist festgestellt, welche Verhaltensweise

das Ziel einer persönlichen Tendenz erreicht, so muß diese Tendenz nur stärker sein als die übrigen Tendenzen und Strebungen, um sofort das »ich will« entstehen zu lassen.

Obwohl manchmal noch begriffliche Unterschiede gesucht werden, verwenden einige Autoren die Begriffe »Entscheidung«, »Wahl« und »Entschluss« praktisch synonym. So gebraucht Lindworsky (1923) die Begriffe »Wahl« und »Entscheidung« bedeutungsgleich, zumindest bedeutungsähnlich; er sieht sie im Übrigen durch den Hinweis auf die mehreren Alternativen, zwischen denen zu wählen sei, hinreichend geklärt (S. 26 ff.).

Lersch (1970, S. 490 f.) gebraucht ebenfalls »Wahl« und »Entscheidung« synonym und stellt als Kriterium für das Eintreten dieser Ereignisse auf den Umstand ab, dass »uns eine Situation vor die Möglichkeit verschiedener Handlungen stellt und dadurch eine Mannigfaltigkeit mehrerer Motive auf den Plan ruft.«

N. Ach (1910, S. 370 ff.) unterscheidet »Willensakt« und »Willensentscheidung«, wobei er annimmt, dass eine Entscheidung nicht ohne weiteres einen Willensakt voraussetze und umgekehrt. Wahlentscheidung und Willensentscheidung werden von ihm im Wesentlichen als Auseinandersetzung mit einer Mehrheit von Möglichkeiten des Verhaltens umschrieben.

Eine weitere terminologische Komplizierung tritt ein, wenn auf den Entscheidungsbegriff ganz verzichtet und stattdessen von »Entschluss« gesprochen wird. So heißt es bei Rubinstein (1958): »Bevor man handelt, muß man eine Wahl treffen und einen Entschluß fassen. Die Wahl erfordert eine Wertung. Wenn das Auftauchen eines Antriebes in Gestalt eines Wunsches bereits ein vorläufiges Ziel in den Vordergrund rückt, so wird das endgültige Ziel, das manchmal gar nicht mit dem ursprünglichen zusammenfällt, als Ergebnis des Entschlusses festgelegt« (S. 639).

In unserer Untersuchung wird unter *Entschluss* der Punkt im Ablauf des Gesamtentscheidungsprozesses verstanden, der die *Festlegung* des Subjekts auf *eine* der vorhandenen Alternativen als zu *verwirklichende* markiert. Von diesem Moment an sieht das Individuum klar, welchen Weg es einschlagen wird: es ist entschieden. Wie die weitere Analyse zeigen wird, ist damit allerdings der Entscheidungsprozess noch nicht vollständig beendet; er hat nur einen Höhepunkt der Anspannung überschritten, geht aber noch in weitere Phasen über (siehe Kap. 20 und 21).

Nach Keller (1954, 1965) stellt die Entscheidung eine wesentliche Komponente des Wollens dar. »Entscheidung« kennzeichnet ihm zufolge dabei die Frage, ob ich phänomenal etwas »will« oder etwas »nicht will« und welche von mehreren einander ausschließenden Möglichkeiten ich will. Sie erweist sich also als notwendige Bedingung willentlichen Verhaltens. Auf diese enge Bindung macht auch Rohracher (1971) aufmerksam: » ... ein Wollen liegt vor, wenn sich ein Mensch in klarbewußtem Erleben und mit voller innerer Zustimmung für ein bestimmtes Ziel entscheidet oder es ablehnt« (S. 450). Sie führt dazu, dass das Ich als wichtige Determinante berücksichtigt werden muss. Diesen Zusammenhang hat besonders Pfänder (1963) betont. Voraussetzung eines »Willensentscheides« sei eine aktive Ichbeteiligung. Er erläutert: »Danach würde zum Willensentscheid gehören, daß das siegreiche Streben zugleich dasjenige ist, auf dessen Seite sich das Ich gestellt hat oder das das Ich endgültig zu dem seinigen gemacht hat. Es scheint also das siegreiche Streben zugleich ›mein Streben sein zu müssen‹, wenn ein Willensentscheid vorliegen soll« (S. 114 f.). Als weitere Bedingung hebt Pfänder hervor, dass das Ziel, auf das das Ich im Willensakt gerichtet sei, realisierbar sein oder zumindest als realisierbar erscheinen müsse, da zum Willensakt die Bereitschaft zum Handeln gehöre.

Die Vorstufe der Entscheidung stellt nach unseren bisherigen Überlegungen einen Konflikt dar, der durch die Kollision von mindestens zwei unvereinbaren Motiven entsteht. Dabei wurde keine Einschränkung hinsichtlich Qualität oder Intensität der konfligierenden Antriebe gemacht. Die Entscheidung erscheint vor diesem Hintergrund als der vom »Ich« gesteuerte Prozess, der zur Auswahl einer der angebotenen und phänomenal realisierbaren Alternativen führt und die Verwirklichung der Alternative, auf die sich das Subjekt festgelegt hat, intendiert. Entscheidung ist dabei freilich nicht die einzige Bewältigungsform einer multivalenten Situation. Eine Reihe anderer Lösungsformen wird im Zusammenhang mit der Analyse des Entscheidungsverlaufs ausführlich dargestellt (siehe Kap. 19.4).

2.2.3 Problem und Problemlösen

Probleme liegen dann und immer dann vor, wenn Individuen einen Vorzugszustand zu erreichen versuchen, jedoch nicht unmittelbar wissen, wie sie zu diesem Zweck handeln sollen (vgl. Brauchlin & Heene, 1995, S. 20). Die Lösung eines Problems liegt also nicht »auf der Hand«, sie muss erarbeitet werden. Zwischen »Problemlösen« und »Entscheiden« (oben 2.2.2) lässt sich *differenzieren* (vgl. Funke & Kirk, 1997a). Während unter »Entscheidung« häufig nur der Akt der Wahl zwischen explizit oder implizit bereits vorliegenden Lösungsmöglichkeiten verstanden wird, hebt sich von dieser Wahl das Problemlösen als Prozessgeschehen ab; das Problemlösen ist nicht der Wahlakt selbst und damit die Entscheidung, sondern bedeutet das *Auffinden von möglichen Lösungen.* Die Wahl (oben 2.2.2) wird dabei als solche in der Problemlöseforschung bisher grundsätzlich nicht weiter problematisiert, vielmehr interessiert neben dem Auffinden möglicher Lösungen letztlich das Suchen und Finden der favorisierten, weil »richtigen« oder »optimalen« Lösungsmöglichkeit. Die andere Frage hingegen, ob das Problemlösen darüber hinaus auch die *Ausführung* der Problemlösung – also das die mögliche Lösung realisierende Handeln – und womöglich die Kontrolle der Ergebnisse umfasst, ist an dieser Stelle nicht weiter zu untersuchen (zum realisierenden Wollen siehe Kap. 19.2; vgl. auch Funke & Fritz, 1995).

Ein Problemlöseprozess, der kompliziert und daher komplex ist (siehe dazu Funke, 1999, 2003; Funke & Zumbach, 2006), lässt sich nach Brauchlin & Heene (1995) in drei Grundstrukturen erfassen:

- Problem-Groberfassung (Problemdiagnose)
- Problem-Detailbearbeitung
- Entschlussfassung (oben 2.2.2).

Die Bedeutung der Problem-Groberfassung ist je nach Lage des konkreten Falles sehr unterschiedlich. Sie ist vor allem bei innovativen Problemen, über die der Entscheider nur wenig Information besitzt, neben anderen Eigenschaften auch besonders zeitraubend. Dabei braucht die erste (vorläufige) Problemformulierung nicht unbedingt mit der endgültigen Umschreibung des Problems identisch zu sein. Den Abschluss der Problem-Groberfassung bildet häufig die Aufgliederung des Problems in einzelne Teilprobleme (Problemzerlegung). Man spricht hier auch von *Problemstrukturierung* (Fisch & Wolf, 1990). Für die Detailbearbeitung eines Problems ist besonders hervorzuheben, dass bezüglich der Problemsituation regelmäßig zusätzliche Informationsbedürfnisse auftreten.

Die Entschlussfassung (dazu bereits 2.2.2) ist – wie wir sagten – dadurch gekennzeichnet, dass der Entscheider sich auf eine bestimmte Handlungsalternative festlegt. Dabei zeigt eine genauere Betrachtung, dass der komplexe Problemlöseprozess von einer Vielzahl kleiner und kleinster Entschlüsse durchsetzt ist, bevor über zahlreiche Mikroschritte die Festlegung auf eine bestimmte *Alternative* (unten 2.2.4) erfolgt und der Problemlöseprozess *gelingt oder misslingt* (vgl. Frensch & Funke [Eds.], 1995; Funke & Kirk, 1997b). Probleme lassen sich aber nicht nur nach der Zahl der bei ihrer Lösung zu berücksichtigenden Variablen und deren Verknüpfungen kennzeichnen, man kann sie auch nach der Anzahl der am Problemlöseprozess beteiligten Personen unterscheiden. Eine Differenzierung dieser Art ist – in teilweiser Abweichung von Brauchlin und Heene (1995) – wie folgt möglich und sinnvoll:

- Intraindividuelle Problemlösungen (dazu Teil I - IV)
- Problemlösungen durch eine Gruppe im engeren Sinne (z. B. Vorstand, Aufsichtsrat) bzw. in einem organisierten größeren sozialen Gebilde (Unternehmung, Verband etc.; dazu Teil V).

Problemlösen wird häufig als *Absuchen eines Problemraumes* beschrieben, der aus verschiedenen Problemzuständen besteht. Ein Problemraum ist durch die Menge von Zuständen und durch Operatoren für die Übergänge zwischen diesen Zuständen bestimmt (Anderson, 1996, S. 236). Ein Problemzustand ist eine Repräsentation des Problems im Zeitpunkt eines gegebenen Standes der Lösung. Die anfängliche Situation des problemlösenden Akteurs bezeichnet man als den Anfangszustand, die Situation auf dem Weg zum Ziel als intermediären Zustand oder Zwischenzustand und das Ziel als den Zielzustand. Bei gegebenem Anfangszustand gibt es viele Wege, die man als problemlösender Akteur und Entscheider wählen kann, um seinen Zustand zu verändern (Anderson, 1996; Funke & Zumbach, 2006).

Die verschiedenen Zustände, die ein problemlösender Akteur und Entscheider erreichen kann, definieren einen Problem- oder Zustandsraum. Die Problemlöseoperatoren lassen sich dadurch charakterisieren, dass sie einen Zustand dieses Raumes in einen anderen überführen (vgl. Ernst & Newell, 1969). Die Schwierigkeit besteht darin, eine mögliche Sequenz von Operatoren zu finden, die im Problemraum vom Anfangs- zum Zielzustand führt. Anderson (1996) bezeichnet den Problemraum als ein »Labyrinth von Zuständen« und die Operatoren als »Wege von einem Zustand zum anderen«. Folgt man dieser Kennzeichnung, so wird die Lösung eines Problems durch Suchen erreicht. Das bedeutet: Der Problemlösende muss einen angemessenen Weg durch das Labyrinth von Zuständen finden. Diese Konzeption des Absuchens eines Problemraumes, die Newell und Simon (1972) entwickelt haben, beherrscht heute nicht nur in der Kognitiven Psychologie, sondern auch im Bereich der Künstlichen Intelligenz die Analyse des Problemlösens (vgl. bereits Funke, 1988). Dabei kann die Erarbeitung von Lösungsmöglichkeiten als der Kern des Problemlöseprozesses angesehen werden (Fisch & Wolf, 1990, S. 27). Typisch hierfür ist, dass der Akteur mit einer neuartigen und komplexen Situation konfrontiert wird, in der ein bestimmtes Ziel oft nur durch eine relativ neuartige Kombination von Erfahrungen, also im Wege eines *kreativen Prozesses* (dazu unten 12.2.3) oder mittels einer durch Überlegen gefundenen Synthese erreicht werden kann (vgl. Fröhlich, 2005, S. 378).

2.2.4 Alternative

»Alternative« bzw. »Option« steht teils für ein Verhältnis mehrerer Möglichkeiten, die nicht zugleich verwirklicht werden können, teils für diese Möglichkeiten selbst. Wer wählt, entscheidet zwischen Möglichkeiten, die nicht zugleich verwirklicht werden können. Diese Möglichkeiten sind nun aber nicht irgendwelche Möglichkeiten. Es handelt sich vielmehr um Möglichkeiten für den, der zwischen ihnen entscheidet: wer eine Entscheidung zwischen diesen Möglichkeiten anstrebt, ist »vor eine Alternative gestellt«.

Ist von »Alternativen« die Rede, sind also stets mehrere Möglichkeiten gemeint, die nicht zugleich verwirklicht werden können. Die Möglichkeiten schließen sich aus. Es ist indes nicht allein dieses Sich-Ausschließen, das das Wesen der Alternative bestimmt. Erst wenn man diese »Andersheit« auf einen Inbegriff von Möglichkeiten bezieht, die in gewisser Weise miteinander doch vergleichbar sind, weil sie miteinander »konkurrieren«, lässt sich die Bedeutung von »Alternativen« erfassen. Die Alternativität fällt also mit der Andersheit von gewissen Möglichkeiten nicht schlechthin zusammen. Erst wenn man diese Möglichkeiten miteinander derart vergleichen kann, dass sie auf irgendeine Weise miteinander konkurrieren, verhalten sie sich zueinander alternativ. Den »Möglichkeiten« entsprechen Sachverhalte. Die »Andersheit« der Möglichkeiten entspricht der Verschiedenheit der Sachverhalte. Und diese stellt die »Konkurrenz« der Möglichkeiten dar.

Was nun die Alternative selbst betrifft, so ist sie Thema einer Frage von besonderer Brisanz: Was könnte an Stelle dessen sein, was ist? Wann trifft es, mit anderen Worten, hinsichtlich zweier Sachverhalte zu, dass der eine eine Alternative des anderen ist? Was an Stelle dessen, was geschieht, geschehen könnte, das ist im Hinblick auf das Geschehende nichts anderes als eine Alternative. Worauf letztlich abzustellen ist, das ist das »Nicht-zugleich-Verwirklichtwerden-Können«. Dieses Merkmal lässt es zu, dass die Möglichkeiten, auf die es sich bezieht, eben mehrere sind.

Die Alternative zwingt, Abstand von der Wirklichkeit zu nehmen in dem Sinne, dass an Stelle dessen, was geschieht, das tritt, was geschehen könnte. Können wir uns von der Gegenwart nicht trennen, gelingt es nicht, eine Alternative als zu verwirklichende zu ergreifen. Die Konstruktion der Alternative läuft also der Konstruktion der Veränderung in einer gewissen Weise parallel, ohne dass in der Alternative selbst bereits die in der Entscheidung gegebene Überwindung einer Multivalenz liegt.

Es gehört kein besonderer Scharfsinn dazu, den Zusammenhang der *Unterlassung* mit der Alternative zu erkennen. Die Unterlassung ist zwar keine echte Alternative gegenüber einem Tun, aber sie ist etwas Ähnliches: Nennt man ein Verhalten eine »Unterlassung«, so sieht man es vor dem Hintergrund eines anderen Verhaltens, das zwar nicht geschieht, jedoch geschehen könnte. Es ist dann dieses Anderskönnen, vor dessen Hintergrund das Unterlassen formal als eine Alternative gegenüber dem nicht geschehenden, aber möglichen Verhalten erscheint. Als „echte" Alternative werden dagegen regelmäßig die (positiven) Handlungsmöglichkeiten angesehen, während das Nichthandeln (»Unterlassen«) nur die *Ausgangslage* bei der Entscheidung zwischen Alternativen beschreibt.

Bezeichnet man die Menge der potenziellen Verhalten, die für ein Individuum jeweils zugleich in Frage kommen, als »Verhaltensspielraum«, so lässt sich, was die Anzahl dieser Verhalten betrifft, wie folgt unterscheiden: Ist die Anzahl der möglichen Verhaltensweisen größer als 0, so ist der Verhaltensspielraum nicht leer. Die Anzahl der Verhalten kann dann gleich 1 sein, besteht also aus einem, aber auch nur einem Verhalten. Anders als sich das Individuum verhalten wird, kann es sich hier gar nicht verhalten. Es kann sich nicht entscheiden. Denn Entscheiden ist notwendig ein Entscheiden-zwischen. Soll man sich entscheiden können, so muss es wenigstens zwei Möglichkeiten geben.

Ist die Zahl der möglichen Verhalten größer als 1, dann besteht der Verhaltensspielraum aus wenigstens zwei Verhalten. Es gibt hinsichtlich jedes Verhaltens, das zum Verhaltensspielraum gehört, wenigstens eine Möglichkeit, sich anders zu verhalten. Das Individuum, bei dem wir von dem Verhaltensspielraum sprechen, kann sich entscheiden – genauer, es muss sich entscheiden.

Für den Begriff der Handlung ist das Entscheiden zwischen verschiedenen Zwecken wesentlich und dementsprechend das Entscheiden zwischen den verschiedenen Möglichkeiten, sich im Hinblick auf diese Zwecke jeweils zu verhalten. Es ist das Wesen der Handlung, ein Verhalten zu sein, das auf der Entscheidung zwischen diesem und wenigstens einem anderen Verhalten beruht. Dieser Zusammenhang des Handelns mit dem Wählen erhellt zugleich den inneren Zusammenhang mit der Alternative. Wer nämlich wählt, der entscheidet zwischen – mehr oder weniger echten – Alternativen. Er muss sich für gerade eine Alternative entscheiden. Liegt es doch im Wesen der Alternative, dass man – per definitionem – grundsätzlich jeweils nur eine verwirklichen kann. Die Anzahl der Alternativen, gegen die der Wählende entscheidet, ist demgegenüber, falls sie nur gleich 1 oder größer als 1 ist, beliebig. Wählen stellt sich unter diesem Aspekt dar als das sich mit der Ablehnung der übrigen Alternativen notwendig verbindende Akzeptieren einer und nur einer Alternative.

Teil I Grundlagen – Zusammenhänge – Methoden

Nachdem wir uns einführend mit zentralen definitorischen Abgrenzungen (siehe Kap. 2) auseinandergesetzt haben, gilt es nun, den Fokus zu erweitern. Zunächst wenden wir uns wichtigen psychologisch-anthropologischen Grundlagenaspekten unserer Thematik zu, die sich oftmals nur *implizit im psychologischen Schrifttum* finden, das bei Konflikt und Entscheidung zielführend ist. Das bedeutet in diesem Kontext, dass die folgenden Überlegungen vorwiegend *grundlagentheoretischen* Charakter besitzen. Dabei wird nicht ausschließlich Literatur, die nur ganz »direkt« mit Konflikt und Entscheidung in Verbindung steht, verarbeitet; auch weitergreifende interdisziplinäre Zusammenhänge werden eingeführt (Kap. 3), um in der Entscheidungslandschaft eine Orientierung zu haben. Weiterhin geht es um verschiedene methodische Herangehensweisen, die nach der Methode der Datenerhebung und dem inhaltlichen Schwerpunkt miteinander konkurrieren (Kap. 4).

3 Psychologisch-anthropologische Grundlagen: Blick auf das Umfassendere

Entscheidung allein ist selten Gegenstand psychologisch-anthropologischer Betrachtung gewesen. Die teilidentischen und benachbarten Begriffe wie »Wille« und »Willensfreiheit« nahmen und nehmen dagegen in der Diskussion um das

Problem der Entscheidung einen besonderen Platz ein. Die engen Beziehungen zwischen diesen Termini und dem Entscheidungsbegriff treten besonders bei Keller (1954, 1965) hervor.

Die Problematik lässt sich nach Keller (1965) in vier grundlegende Fragestellungen aufgliedern:

1. in die Frage nach der *Möglichkeit* von so etwas wie *Freiheit überhaupt*;
2. in die Frage nach dem Wesen des Wollens und seiner Freiheit als *spezifischer und realer* Möglichkeit;
3. in die Frage, ob die *psychischen* Funktionen als weitgehend *determiniert* anzusehen sind oder ob das Verhalten aus *freier* Eigenbestimmung erfolgen kann;
4. in die Frage nach der Beziehung zwischen Sittlichkeit und Willensfreiheit, wobei der Bezug auf *Normen* und *Werte* gemeint ist.

Während unter Punkt 1 bis 3 das Spektrum der anthropologischen Grundlagen der Entscheidung angesprochen ist, lässt sich Punkt 4 vor allem als die Frage nach den Gründen einer Entscheidung verstehen. Unter den Aspekten dieser Fragestellungen ist »Freiheit« weitgehend durch »Entscheidung« substituierbar: Freiheit wird dort als die Möglichkeit gesehen, zwischen Verhaltensweisen zu wählen. Das Problem der Willensfreiheit findet seinen Platz in der Frage nach der menschlichen Seinsstruktur. Möglichkeit und Notwendigkeit von Entscheidung stellen dabei Schwerpunkte der Erörterung dar.

3.1 Möglichkeit von Entscheidung

Die Frage, ob der Mensch in seinem Wollen und Handeln »frei« ist oder von außen und/oder von innen festgelegt ist, gilt als offen und ungelöst (zur aktuellen neurowissenschaftlichen Diskussion siehe Kap. 28). In der Reihe der Jahrhunderte langen Diskussion ist gegenwärtig ein Überwiegen des deterministischen Standpunkts in der neueren Literatur bei im Einzelnen erheblichen Nuancen festzustellen. Dabei fehlt es auch nicht an Versuchen, aus dem Streit der Positionen durch Neuformulierungen der Ausgangsfrage auszubrechen.

Unter Freiheit versteht Keller (1965, S. 17) »das Nicht-Bedingtsein und Nicht-Bestimmtsein des als frei bezeichneten Seins durch fremde Determination«. Positiv umschreibt er Freiheit als »das eigentliche Wesen eines sich ursprünglich selbst bestimmenden Seins und Geschehens«. Dabei unterscheidet er zwischen »Freiheit wovon« und »Freiheit wozu«. Als mit einem freien Willen ausgestattet steht das menschliche Dasein bei Keller letztlich über den Einflüssen der Umwelt. Menschliches Handeln wird nicht von ihnen, sondern unabhängig davon (»frei«) durch eigene, selbständige Entscheidung bestimmt. Freiheit wird dort nicht als ein lediglich subjektives Empfinden, als innerweltliche psychische Realität im Sinne des Eigenvollzugs neben weltoffener Bestimmtheit des Verhaltens im realen Sein aufgefasst. Freiheit stellt vielmehr selbst eine objektive Realität dar.

Eine Analyse des Erlebens und Verhaltens in der Entscheidung stößt vorweg auf die Frage, ob sich darin so etwas wie ein Bereich von Wahlfreiheit feststellen lässt. Als erstes Resultat findet man, dass Entscheidungsverhalten bis zu einem gewissen Grad an die Möglichkeit einer Verwirklichung der getroffenen Wahl gebunden ist. Die Grenzen des Realisierbaren bestimmen weitgehend schon das Ergebnis des Entscheidungsprozesses: was der Person subjektiv zu verwirklichen verwehrt erscheint, kann zwar angestrebt werden, in der Regel wendet sich die Person jedoch Zielen zu, die mit einer gewissen Wahrscheinlichkeit als erreichbar angesehen werden. Der Freiheitsspielraum ist von dort her im Hinblick auf bewusstseinsmäßig gegebene Inhalte und Ziele eingeschränkt.

Mit der Frage nach der Freiheit des Entscheidens ist man somit auf die personale Seite des Zustandekommens von Zielsetzungen verwiesen, so dass es scheint, die Person bestimme sich und ihre Ziele selbst. Die »Freiheit« der Entscheidung könnte damit im Aktcharakter der Zielformulierung zu suchen sein, in dem, was Keller (1954) als »Setzung« bezeichnet. Das verbindliche Bestimmen oder Übernehmen eines Entscheidungszieles ist jedoch selbst von übergeordneten Bedingungen abhängig. Sie stehen unter dem Einfluss kurz- oder langfristiger Verhaltenstendenzen, hinter denen wiederum umfassendere bis hin zu soziokulturellen Systemen wirksam sind. Freiheit im Sinne von Ungebundenheit besteht hier also nicht.

Untersucht man das der Setzung zugrunde liegende Motivationsgeschehen auf einen möglichen Freiheitsgehalt, stößt man ebenfalls an Bindungen und Grenzen. Die Motive des Handelns richten sich nämlich danach aus, wie die Umwelt erlebt wird. Das Individuum verfügt damit über einen nur unvollkommenen Ausschnitt aus der Totalität der Informationen hinsichtlich der »Situation« (siehe Kap. 3.4) und der zu erwartenden Konsequenzen des eigenen Verhaltens. Beschränkend innerhalb des jeweils überschaubaren Horizonts wirkt auch das individuell unterschiedliche Erleben und Verteilen der Gewichte, das für die Verhaltenssteuerung und ihre spezifische Ausrichtung maßgebend ist. Freiheit besteht daher nicht einmal in dem Sinne, dass eine unbeschränkte, ungetrübte »Einsicht« in die relevanten Umstände, die die Entscheidung begründen, gegeben ist.

Lückert (1957) und Thomae (1960) weisen darauf hin, dass der durch die Autonomie gegenüber Umwelteinflüssen charakterisierte Begriff der »Willensfreiheit« im Grunde ein Verhältnis der Person zu ihrer Umwelt beschreibt, das durch Blindheit oder Zufall gekennzeichnet sei. Das Individuum wird immer auf die Multivalenz einer Situation reagieren, doch so, wie es der Zuständlichkeit der eigenen Person entspricht: »Überall dort, wo die Erfahrung der existentiellen Unorientiertheit in der Entscheidung so tief geht, daß dieses ›Einklinken‹ bestimmter vorgeformter Reaktionsbereitschaften nicht mehr gelingt oder aufgehoben wird, ist es möglich, die eigene Befindlichkeit im Sinne eines ›Generalentwurfs‹ zu erfahren, eines ›Eigentlichen‹, noch nicht Realisierten, einer Freiheit, in der ›ich bin, ich muß, ich will, ich wähle‹ noch ungeschieden sind« (Thomae, 1960, S. 281).

Der Tatbestand, der als »Freiheit« des Willens oder als »Entscheidungsfreiheit« bezeichnet wird, beinhaltet als implizite Voraussetzung, dass die Person durch die je aktuelle Gesamtsituation beeinflusst wird. Dieser Situation ist das Individuum jedoch nicht schlechthin »ausgeliefert«, sondern es verhält sich seinerseits *zu* den und *auf* die einwirkenden Faktorenkombinationen entsprechend *seiner spezifischen Ausrichtung*. Auf diese Weise wird in einem nächsten Schritt deutlich, dass die Entscheidung als Bindung an Ziele und Gründe des eigenen Handelns eine Bindung der Person selbst ist. Indem sie ihre Ziele und Absichten unter Berücksichtigung der wirksamen Gründe festlegt, bindet sie sich selbst. Erst durch dieses Zusammenwirken und nicht für sich allein werden sie für den Entscheidenden zu determinierenden Faktoren.

Eine solche Interpretation könnte auch Begriffe verwenden, die als zusätzliche Elemente des Determinismus erscheinen: Struktur, bestimmende Tendenzen, Gestaltfaktoren, Feldkräfte (siehe Kap. 24). Auf das Individuum wirken zwar Feldkräfte ein; gleichzeitig ist es jedoch Teil des Feldes und bestimmt dadurch mit, inwieweit es den Forderungen der wirksamen Vektoren nachkommt. Mit dieser Überlegung wird nicht festgestellt, dass das Individuum in seiner Selbstbestimmung tatsächlich frei ist, sondern nur, dass es eben im Wege seiner Verhaltensäußerung selbstbestimmt ist.

3.2 Notwendigkeit von Entscheidung

In der Literatur zeichnet sich eine Verlagerung des Problems der Möglichkeit von Freiheit oder freier Entscheidung zur Notwendigkeit von Entscheidung, ja zum Zwang zur Entscheidung ab. Der Mensch erscheint in dieser Sicht als ein Wesen, das aufgrund seiner Konstitution *zur Entscheidung gefordert* ist. Diese Auffassung findet sich in der philosophischen Anthropologie, in der Existenzialphilosophie, aber auch bei soziologisch oder sozialpsychologisch orientierten Autoren. Scheler (1962) hatte – auf J. v. Uexküll (1921) aufbauend – seinen Ansatz von den anthropologischen Grundgesetzen über die Stellung des Menschen im Kosmos entwickelt, indem er das Wesen des Menschen durch den Aufweis seiner Unterschiede zum Tier zu bestimmen suchte. Dabei griff er Herders Konzept von der Weltoffenheit des Menschen auf, die er in Gegensatz zur Gebundenheit von Tieren stellte.

Anders als der Mensch ist das Tier in seinen Verhaltensweisen in die praktisch-biologische Sphäre eingeschlossen. Wie Tinbergen (1972) und Lorenz (1965) an vielen Beispielen anschaulich darstellten, ist der Handlungsspielraum des Tieres durch artspezifische Reaktionsfolgen festgelegt. Diese »angeborenen auslösenden Mechanismen« (Lorenz 1965, S. 136) zwingen das Tier, auf eine

Reizkonfiguration in einer Weise zu reagieren, wie es für die Spezies charakteristisch ist.

Die Auseinandersetzung mit der Umwelt erfolgt beim Tier in zwei Abschnitten, die sich deutlich voneinander abheben: Gemeint ist zunächst ein triebgesteuertes Appetenzverhalten, das durch physiologische Bedingungen ausgelöst wird. Daran schließt sich ein instinktgesteuertes Endverhalten an, das von Schlüssel- oder Signalreizen bestimmt ist. Diese Abhängigkeit des Verhaltens von endogen determinierten Handlungsformen bedingt, dass trotz gewisser Unterschiede zwischen Tieren ein und derselben Art eine große Uniformität herrscht und die sozialen Signale weitgehend standardisiert sind. Daraus folgt die Möglichkeit, Reaktionen mit hohen Wahrscheinlichkeiten vorherzusagen. Die starke Bindung an bestimmte Reizkombinationen, die ein nur in diesem Zusammenhang »sinnvolles« Handeln hervorrufen, schränkt das Tier außerdem auf eine arteigene Umwelt ein, deren Überschreiten zwangsläufig zu seiner vorzeitigen Vernichtung führen würde, weil die instinktmäßige Ausstattung dort versagt. Beim Tier findet sich also ein besonders hohes Maß an Gebundenheit, ein Ausgeliefertsein an das Vorgegebene, während der Mensch beeindruckbar ist durch beliebig mannigfache Umweltdaten, auch dann, wenn sie biologisch indifferent oder schädlich sind. Seine »Weltoffenheit« kann so weit führen, dass die aktuelle Umwelt ihm bedeutungslos wird, weil z.B. Erinnerungs- oder Fantasievorstellungen über sie zu dominieren vermögen. Der Mensch tritt im bewussten, ichreflektierten Erleben aus sich heraus, er steht erlebnishaft in der Exzentrizität, kann andererseits aber seine Aufmerksamkeit auf sich selbst richten – und befindet sich dann, wie Lückert (1957) sagt, erlebnishaft in der Zentrizität. Der Mensch ist in der Lage, in einem antizipatorischen Handlungsvollzug zukünftige Aktionen vorstellungsmäßig durchzuspielen; ebenso ist es ihm möglich, Vergangenes zu vergegenwärtigen, Irreales im Erleben entstehen zu lassen und in einer Vielfalt von möglichen Handlungen auf eine Situation zu reagieren. Gerade diese Fähigkeiten stellen ihn vor die Notwendigkeit, aus dem Spektrum potenzieller Handlungsabsichten eine auszuwählen – er *muss* sich entscheiden.

Eine das Verhalten bestimmende ausschließliche Instinkt- und Triebgebundenheit ist beim Menschen grundsätzlich nur im ersten Lebensjahr zu beobachten. In dieser Zeit des extra-uterinen Frühjahrs (Portmann, 1951, 1963) findet die Differenzierung des Antriebsystems statt. Die instinktive Ausstattung reduziert sich nach und nach auf ein Minimum, so dass Lorenz (1965) zu Recht betont: »Ohne allen Zweifel ist der Mensch das an endogen-automatischen Bewegungsweisen ärmste unter sämtlichen höheren Lebewesen. Außer gewissen Bewegungsformen der Nahrungsaufnahme (Greifen, In-den-Mund-Stecken, Kauen und Schlucken), der Begattung (Friktionsbewegungen) und möglicherweise gewissen automatischen Elementen im Gehen und Laufen scheint der erwachsene Mensch so gut wie keine auf endogenen Automatismen beruhenden und zentral koordinierten Bewegungsweisen zu haben« (S. 165).

Der menschliche Organismus wäre jedoch überfordert, wenn er vor jedem der unzähligen Handlungsschritte vor die Notwendigkeit einer bewussten Selektion zwischen mehreren Alternativen gestellt wäre. An die Stelle instinktiver Verhaltenssteuerung tritt die Steuerung aufgrund erlernter Gewohnheiten bzw. Einstellungen. Da solche Attitüden nicht nur alltägliches Verhalten eines Menschen, sondern auch solche Wahlen bestimmen, die von den Betroffenen als existenziell bedeutsam erlebt werden, soll dieser Ansatz später etwas ausführlicher erörtert werden (siehe Kap. 6).

In Situationen, die erlebnismäßig eine mehr oder weniger starke innere Beteiligung des Individuums erfordern, ehe eine Handlung eingeleitet wird, in Situationen also, die man nach der umgangssprachlichen Bedeutung als Situationen mit Entscheidungscharakter bezeichnen würde, ist der Mensch vor die *Notwendigkeit* gestellt, eine der Alternativen auszuwählen. Hierin liegt eine besondere Anforderung, die den Menschen vom Tier abhebt, bei welchem alle Verhaltensabläufe »automatisiert« zu sein scheinen.

3.3 Die Konflikthaftigkeit des Menschen

Menschliche Existenz ist mit Konflikten verbunden. Der Mensch ist »das konfliktträchtige Wesen« (Lückert, 1964, 1965). Jaspers (1965, S. 636 f.) betont das Antinomische im Menschen, den Kampf von »Instanzen«, was sich bemerkbar mache in der Spannung zwischen Innen und Außen, Anlage und Umwelt, Eigenwille und Kollektivwille, Geist und Wille etc. Niemals gebe es die Synthese aller Möglichkeiten, vielmehr sei der Mensch zu Entscheidungen gezwungen, und wenn er wähle, müsse er auch Alternativen zurückweisen. Erst dann, wenn ein in sein Wesen übergegangener Entschluss herrsche, sei er ein existenzieller Mensch. Jaspers' Ausführungen leiten zu dem Begriff der Krisis hin, die den Wendepunkt anzeigt, an dem die Entscheidung getroffen werden muss, so dass der ganze Zustand der Person sich ändert.

Dieser – vor allem von der Existenzphilosophie aufgewiesene – Aspekt ist von größter Relevanz, weil Umweltgebundenheit und Weltoffenheit im menschlichen Leben ständig kollidieren, weil sie, wie schon Plessner (1928) sagte, »im Verhältnis einer nicht zum Ausgleich zu bringenden gegenseitigen Beschränkung stehen« (S. 450).

Sartre (1993) spricht vom Zwang zur fortgesetzten und ununterbrochenen existenziellen Selbstsetzung. Der Mensch erlebt ständig das In-die-Freiheit-Hineingesetztsein und Sich-immer-wieder-neu-Entscheidenmüssen als Zeitigung des Daseins. Dieses existenzielle Selbstsetzen sei das *eigentlich Menschliche* des Menschen. So ist der Mensch zur Freiheit und Entscheidung und damit zur Selbstverwirklichung »verdammt«.

Ein weiterer Aspekt ist hiervon kaum zu trennen. Gemeint ist die Kollision zwischen mehreren Trieben oder einem Trieb und der Stellung nehmenden Reaktion der Person. Diese Problematik ist weniger von der eigentlichen Anthropologie ausformuliert; dafür findet sie sich in einigen psychologischen Persönlichkeitstheorien, die sich die Aufgabe stellen, die Struktur individueller Existenz zu erfassen. Hierbei ist an die Schichtenlehren der Persönlichkeit zu erinnern: Lersch (1970), Rothacker (1965), Freud (1953), Klages (1960), Wellek (1963) u.a. Ihren Überlegungen ist gemeinsam, dass sie eine – allerdings verschieden gerichtete und angeordnete – Überlagerung mehrerer Persönlichkeitsbereiche annehmen. Die »von oben nach unten« oder »von innen nach außen« gedachte Anordnung und Einwirkung der einzelnen Bereiche führt häufig zu Divergenzen, die besonders anschaulich, aber auch in gefährlicher Nähe zu fragwürdigen Anthropomorphismen von Freud in ihrer Konflikthaftigkeit beschrieben wurden.

Die Konzeption der Es-Ich-Überich-Struktur Freuds, der Überlagerung von Lebensgrund, endothymem Grund und personalem Oberbau bei Lersch und der schalenartig sich umschließenden Rand- und Kernschichten bei Wellek geht von einem gegenseitigen Aufeinandereinwirken aller Schichten aus. Dabei wird meistens einer Schicht die Steuerungsfunktion zugeschrieben, so dass die Einheit der Person gewahrt bleibt, obwohl gerade der Eingriff der steuernden Instanz und die disparaten Ziele einzelner Persönlichkeitsbereiche das Individuum zu ständiger Auseinandersetzung mit unterschiedlichen Strebungen zwingen.

3.4 Situation und Entscheidung

Vor dem bisher skizzierten Hintergrund ist die Diskussion um den Situationsbegriff zu sehen. Situationen sind gekennzeichnet durch einen ihnen zugeschriebenen Zwang, dem das Individuum ausgesetzt ist, Antinomien, Zwiespalte, Konflikte auszutragen. Der existenzphilosophische Begriff der Situation beinhaltet als conditio sine qua non den Zwang zur Entscheidung (vgl. Kap. 3.2). Dieser ist charakterisiert durch eine Mehrdeutigkeit der Situation, durch den Anspruch auf Stellungnahme, wobei die Möglichkeit ausgeschlossen erscheint, die Situation anders als durch Entscheidung adäquat »aufzulösen«. Andere Bewältigungsversuche wie etwa ein Aus-dem-Feld-gehen, Kompromissbildungen oder die Fortdauer der Unentschiedenheit können daher nicht als eigentliche Lösungsformen gelten. Zutreffend sieht Finke (1955) Situation und Entscheidung als Komplementärbegriffe an: »Situationen sind nicht einfach da und können vom Betroffenen nicht interesselos konstatiert werden, sondern in ihnen muß etwas geschehen; mit ihnen muß man sich auseinandersetzen; sie verlangen, bewältigt und erledigt zu werden« (S. 10).

Unter diesen Voraussetzungen wird im Folgenden versucht, die »Situation« als die zunächst gesuchte *Beziehungs*einheit zu explizieren. Dies kann freilich nicht ohne nähere begriffliche Klärung und Definitionsbemühungen geschehen, denn der Situationsbegriff taucht in allzu verschiedenen Bedeutungen auf, als dass er immer schon problemlos vorausgesetzt oder »unversehens« verwendet werden könnte.

Der Versuch, den Situationsbegriff zu bestimmen, liegt nahe vor einem Hintergrund, von dem wir nicht absehen können. Zu augenfällig ist seine verstärkte Verwendung in den letzten 50 Jahren nicht nur im Bereich der Philosophie, sondern vor allem auch in den Sozialwissenschaften, als dass man so tun könnte, diese Begriffsgeschichte sei ohne Belang. So ließe sich für den Bereich der Psychologie zeigen (was hier nicht direkt als Aufgabe angesehen wird), welche Konsequenzen die Definition des Situationsbegriffs für den Fortschritt der wissenschaftlichen Arbeit hatte.

Wenn im Folgenden der Begriff »Situation« als Komplementärbegriff zu dem der Entscheidung eingeführt wird, dann ist die Definition nicht ausschließenden oder abschließenden Charakters in dem Sinne, dass man unter »Situation« nicht auch anderes verstehen könnte; sie will lediglich sagen, dass empfohlen wird, »Situation« zu verstehen als das Minimum an umgreifender Einheit, das es zu betrachten und zu erforschen gilt, wenn man sich dem Phänomen menschlicher Entscheidung nähert.

Es darf als allgemein gültige Aussage angesehen werden, dass sich Menschen immer *in* »Situationen« befinden und dass »Situation« und »Entscheidung« nicht oder nur analytisch voneinander getrennt werden können. In diesem Sinne gliedern wir die Erörterung dieses Hintergrundes folgendermaßen: Zuerst geben wir einen problemorientierten Einblick in die theoretischen Voraussetzungen und Implikationen des Situationsbegriffs, dem einige weiterführende Hinweise auf die psychiatrisch-anthropologische Komponente folgen. Dann wenden wir uns im weiteren Sinne grundlagentheoretischen Erörterungen zu: Einige amerikanische Theoretiker geben instruktiven Aufschluss über die Konsequenzen, die im Zusammenhang mit begrifflichen Unterschieden im Hinblick auf die »Situation« zu bedenken sind.

3.4.1 Situation als philosophisch-anthropologischer Begriff

Die Verwendung des Situationsbegriffs in der Philosophie kennzeichnet einen geistesgeschichtlichen Umbruch, dessen Bedeutung nicht allein eine innerphilosophische Angelegenheit ist. Die alten Systeme, Ausdruck einer selbstbewussten Haltung des Philosophen, der über Welt und Menschheit nachdenkt, sind abgelöst durch die in die Welt »geworfenen« Individuen, deren Denken Ausdruck des Versuchs nach Orientierung wird. Gerade noch vor dem existenzialistischen Umbruch tritt Husserl (1950, 1952) mit einem spezifischen philosophischen Interesse hervor, das sich in das Schema »Idealismus – Existenzialismus« so leicht nicht einordnen lässt, aber auch nicht zum Strom des Positivismus-Neopositivismus gehört. Husserl bereitete auf seine Weise die »anthropologische Konzentration« der neueren Philosophie vor. Seit dieser Zeit haben Philosophen an der Prägung des Begriffs Situation gearbeitet; sie haben manches dazu beigetragen, dass wir uns jetzt in der Lage sehen, die wichtigsten Kriterien für die Bestimmung des Begriffs zu übernehmen.

Husserl ist in mehrfacher Hinsicht bahnbrechend. Sein Interesse an kritischer Deskription erneuert die Bedeutung dessen, was in der Philosophie übersehen worden war. Für Husserl ist nämlich die Realität nicht zuerst im »Wesentlichen« zu suchen, das den Erscheinungen transzendent ist, sondern in allen selbstverständlichen Gegebenheiten des Alltags zu entdecken. Sein Begriff der Lebenswelt zwingt dazu, die Fixierung an bestimmte Interessenobjekte aufzubrechen und die *Relation* zwischen dem Fixierten und dem, womit etwas fixiert wird, als *konstitutiv* anzuerkennen. Damit wird, gerade auch für naturwissenschaftlich orientiertes Denken, das wahrnehmende Subjekt aus seiner fiktiven Verdrängung erlöst; die »Objektivität« verliert ihren quasi-metaphysischen Charakter.

Durch die vom Subjekt bedingte Perspektivität wird der Begriff »Horizont« wichtig. »Horizont«, zusammen mit anderen Begriffen, wie etwa »Verweisungscharakter«, zielt darauf ab, den Auswahlcharakter menschlicher Erkenntnis in das Denken und Entscheiden einzubeziehen und dadurch kontrollierbar zu machen. In diesem Sinne formuliert Husserl (1950):

> » ... durch Sehen, Tasten, Hören usw., in den verschiedenen Weisen sinnlicher Wahrnehmung sind körperliche Dinge in irgendeiner räumlichen Verteilung für mich einfach da, im wörtlichen oder bildlichen Sinne ›vorhanden‹, ob ich auf sie besonders achtsam und mit ihnen betrachtend, denkend, fühlend, wollend beschäftigt bin oder nicht. ... Das aktuell Wahrgenommene, das mehr oder minder klar Mitgegenwärtige und Bestimmte (oder mindestens einigermaßen Bestimmte) ist teils durchsetzt, teils umgeben von einem Horizont unbestimmter Wirklichkeit. ... Die unbestimmte Umgebung ist im übrigen unendlich. Der nebelhafte und nicht voll zu bestimmende Horizont ist notwendig da. ... Sie (die Welt) ist immer für mich ›vorhanden‹, und ich selbst bin ihr Mitglied. Dabei ist die Welt nicht da als eine bloße Sachenwelt, sondern in derselben Unmittelbarkeit als Wertewelt, Güterwelt, praktische Welt. Ohne weiteres finde ich die Dinge vor mir ausgestattet, wie mit Sachbeschaffenheiten, so mit Wertcharakteren als schön und häßlich, als gefällig und mißgefällig, als angenehm und unangenehm und dgl. ... « (S. 27).[1]

Wahrnehmung und Deskription bei Husserl werden erweitert durch »Betroffenheit« und »Auslegung«; damit wird freilich die Tendenz Husserls, sich in eine Wahrnehmungsphilosophie einzukapseln, durchkreuzt.

Heideggers Beitrag zur Theorie der Situation sehen wir darin, dass er die Hermeneutik mit aller Entschiedenheit einführt und damit die Frage nach dem Verstehen existenzialisiert. Heideggers (1963) direkteste Äußerung zum Situationsbegriff lautet:

> »In dem Terminus Situation (Lage – in der Lage sein) schwingt eine räumliche Bedeutung mit. Wir werden nicht versuchen wollen, sie aus dem existentiellen Begriff auszumerzen. Denn sie liegt auch im ›Da‹ des Daseins. Zum In-der-Welt-Sein gehört eine eigene Räumlichkeit, die durch die Phänomene der Entfernung und Ausrichtung charakte-

---

1 Vgl. auch Husserl (1928, S. 399 ff., 410 ff.; 1954, S. 48.).

risiert ist. Das Dasein ›räumt ein‹, sofern es faktisch existiert. Die daseinsmäßige Räumlichkeit aber, auf Grund deren sich die Existenz je ihren ›Ort‹ bestimmt, gründet in der Verfassung des In-der-Welt-Seins. Das primäre Konstitutivum dieser Verfassung ist die Erschlossenheit. So wie die Räumlichkeit des Da in der Erschlossenheit gründet, so hat die Situation ihre Fundamente in der Entschlossenheit. Die Situation ist das je in der Entschlossenheit erschlossene Da, als welches das existierende Seiende da ist. Die Situation ist nicht ein vorhandener Rahmen, in dem das Dasein vorkommt oder in den es sich auch nur selbst brächte. Weit entfernt von einem vorhandenen Gemisch begegnender Umstände und Zufälle, ist die Situation nur durch und in der Entschlossenheit« (S. 299 f.).

Jaspers (1931) kennzeichnet treffend die Bedeutung der »Situation«, indem er die *kategoriale* Bedeutung des Begriffs Situation anerkennt; er ist aber so sehr an den »Grenzsituationen« interessiert, dass er über die von Husserl gestellte Grundfrage zu schnell hinwegschreitet. Charakteristisch bei Jaspers (1931) sind etwa folgende Passagen:

Es gab Zeiten, in denen der Mensch seine Welt als bleibende fühlte. ... Er richtete sich in ihr ein, ohne sie ändern zu wollen. ... Die Welt war die seine, auch wenn sie im Ganzen das Nichtige war, weil er das Sein in der Transzendenz sah. Solchen Zeiten verglichen ist der Mensch von seiner Wurzel gelöst, wenn er sich nur in einer geschichtlich bestimmten Situation des Menschseins weiß. Es ist, als ob er das Sein nicht mehr halten könnte« (S. 6).

Und an späterer Stelle heißt es dann:

»Wurde bisher von Situation gesprochen, so in einer abstrakten Unbestimmtheit. Letzthin ist nur der einzelne in einer Situation. Von da übertragend denken wir die Situation von Gruppen, Staaten, der Menschheit, von Institutionen. ... Situationen sind entweder ungewußt und werden wirksam, ohne daß der Betroffene weiß, wie es zugeht, oder sie werden als gegenwärtige von einem seiner selbst bewußten Willen gesehen, der sie übernehmen, nutzen und wandeln kann. Die Situation als bewußt gemachte ruft auf zu einem Verhalten. Durch sie geschieht nicht automatisch ein Unausweichliches. ... « (S. 20 f.).

Abschließend erfährt man geradezu Selbstverständliches:
»Es ist also unbestreitbar, daß es eine einzige Situation für alle Menschen einer Zeit nicht gibt. ... « (S. 23). Einen neuen Beitrag zur theoretischen Formulierung des Situationsbegriffs leistet Jaspers – auch insgesamt gesehen – aber nicht.

Bei Hartmann (1949), der sich mit Nachdruck aus der Existenzphilosophie heraushält, spielt der Begriff Situation für die Erörterung menschlicher Handlungsmöglichkeiten eine wichtige Rolle. Er gibt auf diese Weise zahlreiche Hinweise, die allerdings dadurch in ihrer Bedeutung gemindert werden, dass die Dynamik des Verhältnisses Subjekt-Objekt weitgehend eliminiert ist. Er schreibt:

»Der Lebensspielraum der Person ist kein Objektfeld, wie der des Subjekts, sondern ein Aktions- und Reaktionsfeld. ... Es ist ein Ausschnitt aus derselben realen Welt, aber seine Grenzen sind nicht die der Gegenständlichkeit, sondern die der Lebensaktualität. Zum Gegenstand kann alles Seiende werden, was das Subjekt faßt; aktuell für die Person wird nur, was sie irgendwie betrifft, in Mitleidenschaft zieht, angeht, herausfordert. Das Leben der Person ist eine einzige, ununterbrochene Kette von Situationen, in denen sie sich durchfinden muß« (S. 133).

Plessner (1928) versuchte – fundiert durch biologisch-anthropologische Studien und Beobachtungen – Subjektivität und Objektivität menschlicher Existenz als gegenseitig bedingt zu begreifen. Die »Conditio Humana« enthält bei ihm als Möglichkeit sowohl die Distanz des Bewusstseins zu allem, was außerhalb des Bewusstseins ist, als auch die Aufhebung der Distanz in allen Formen unmittelbaren Erlebens. In diesem Sinne führt er aus:

> »Der Mensch als das lebendige Ding, das in die Mitte seiner Existenz gestellt ist, weiß diese Mitte, erlebt die Bindung im absoluten Hier-Jetzt, die Total-Konvergenz des eigenen Leibes gegen das Zentrum seiner Position und ist nicht mehr von ihr gebunden. ... Ist das Leben des Tieres zentrisch, so ist das Leben des Menschen, ohne die Zentrierung durchbrechen zu können, zugleich aus ihr heraus, exzentrisch. Exzentrizität ist die für den Menschen charakteristische Form seiner frontalen Gestelltheit gegen das Umfeld« (S. 450).

Welche Bedeutung die »Situation« etwa bei Sartre (1993) einnimmt, darauf weist schon eine Aussage wie diese hin: »Der Leichnam ist nicht mehr in Situation« (S. 614). Sartres besonderen Beitrag zur Theorie der Situation sehen wir in der Unterscheidung von »Milieu« und »Situation«. Zwischen dem, was so ist, wie es ist, und dem, was vom Subjekt in Situation verwandelt wird, besteht für Sartre ein größerer und fruchtbarerer Gegensatz als für Hartmann (1949) in seiner Tendenz zum Objektiven und für Heidegger (1963) in seinem Beharren auf der Entschlossenheit des Subjekts.

Finke (1955) hat in seiner Begriffsanalyse zur »Situation« den expliziten und impliziten Gebrauch des Begriffs in Philosophie, Anthropologie und Sozialpsychologie dargestellt und unterschiedliche Verwendungsweisen und Positionen miteinander verglichen. Seine Formulierung »Situation ist die Aktualität von Selbst und Welt im Augenblick (bedeutungsmäßig gegliedert)« (S. 141) zielt darauf ab, die verschiedenen Tendenzen zu harmonisieren.[2]

Die vorangegangene Orientierung scheint in zweifacher Hinsicht bedeutsam: Einmal greifen wir – auf direktem Wege – auf vorhandene begriffliche Formulierungen zurück und schließen damit an schon geleistete Arbeit an. Zum anderen weist unsere Erkundung auf Zusammenhänge hin, die wir teilweise anders als in der traditionellen Sichtweise beurteilen und unter anderen Gesichtspunkten in unsere Untersuchung einbeziehen, die es aber ermöglichen, den Begriff »Situation« so zu konzipieren, dass ein umfassender Kontext gewahrt bleibt oder erst ermöglicht wird. Die philosophisch-anthropologische Orientierung kann dazu verhelfen, eine Einheit sowohl der Existenz als auch der Beobachtung zu finden, die es erlaubt, weder in Subjektivismen noch in Objektivismen zu verfallen. Damit dürfte eine – wie uns scheint – grundsätzliche Bedingung psychologischer Forschung, die Einheit von »Mensch« und »Welt« nicht von vornherein und in jeder Hinsicht aufzuheben, erfüllt werden können.

---

2 Wichtige Fragen zur soziologischen und sozialpsychologischen Theorie der Situation bringen wir an späterer Stelle (vgl. Kap. 3.4.3 und 3.4.4).

3.4.2 Psychiatrische Anthropologie und Situationsbegriff

Der vorausgegangene Überblick diente nicht primär dazu, im Umriss den geschichtlichen Ort der Diskussion zu bestimmen; er sollte vor allem verständlich machen, dass der Situationsbegriff eine interdisziplinäre Koordination und Kooperation notwendig, aber auch möglich macht. Er muss darum weit genug gefasst sein, um für viele Aspekte Platz zu lassen. Haben wir für diesen Zweck einzelne philosophisch-anthropologische Ansätze bemüht, soweit sie Grundlagenaspekte berücksichtigen, so soll dies entsprechend in Form einiger Stichproben auch für den hier relevanten Bereich der psychiatrischen Anthropologie geschehen.

Dort wird »Situation« meistens in dem von der Psychologie her üblichen Sinne gebraucht, dass das Handeln eines Subjekts (auch) von außen bestimmt ist, so etwa in der »Versuchungs-Versagungs-Situation«. Auffällig, aber in der Natur der Sache begründet ist, dass man von Situationen insbesondere dann redet, wenn es sich um *besondere* Situationen handelt. Dass gerade Binswanger (1956) über das allgemeine Verständnis von Situationen hinausgeht, ist verständlich, wenn man seine philosophischen Beziehungen zu Heidegger kennt. Weil Binswanger unserem Verständnis der Situation näher ist, geben seine Analysen für unsere Fragestellung interessante (ergänzende) Hinweise.

In seiner Studie über »Verstiegenheit, Verschrobenheit und Manieriertheit« gibt Binswanger (1956) geradezu klassische Interpretationen ungewöhnlichen Verhaltens in Situationen. Wodurch ist solches Verhalten gekennzeichnet? Um die Frage zu beantworten, müssen wir – psychiatrischem Verständnis folgend – davon ausgehen, dass ein im psychiatrischen Sinne kranker Mensch nicht einfach handelt, sondern dass er oft dort nicht handelt, wo er es sollte; und wenn er handelt, dann in einer Weise, die der Außenstehende nicht als »situationsgemäß« bezeichnen würde. Zunächst legt das Subjekt die Situation aus und begibt sich dabei in einen besonderen »Raum«. Möglicherweise »erhebt« es sich *über* die Situation. Das tritt besonders beim *Verstiegenen* hervor: er »steigt« im metaphorischen Sinn über die Situation in eine gewisse Höhe. Wenn er nicht mehr steigt, sondern sich »versteigt«, gerät er in eine Höhe, von der aus er nicht wieder *in* die Situation zurückgelangen kann. Die Neigung bestimmter Kranker, zu Vorstellungen aufzusteigen, von denen aus sie erst handeln zu können meinen, macht sie handlungsunfähig. Der Kranke sucht keine Vergewisserung, die – wie er meint – über die Situation hinausreicht, sondern er sucht eine Vergewisserung, die nicht mehr in Verbindung mit der Situation steht. Das Resultat ist Ausweglosigkeit. Die Situation wird »abgebrochen«, oder sie erscheint dem Subjekt als versperrt, in Richtung auf die Zukunft nicht mehr offen.

Anders als beim Verstiegenen liegt das besondere Kennzeichen des *Verschrobenen* darin, dass er noch handelt, aber die Gegebenheiten *verdreht*, bevor er antwortet. Das Nicht-Entsprechende, wodurch der Verschrobene uns erschreckt, kann sich auf der Grenze zum Skurrilen bewegen. Ein Beispiel ist Cervantes Don Quichote de la Mancha. Don Quichote legt die Wirklichkeit von seinen Ideen her aus und begegnet ihr so, wie er sie ausgelegt hat. Er sieht in einer Hammelherde eine berittene Truppe. Er unterliegt, nicht weil er gegen Hammel kämpft, sondern weil er gegen die Übermacht der vermeintlichen Reiter und Pferde unterliegen muss. Sein Kraftaufwand ist inadäquat. Er verschleißt seine Kräfte in realem Aufwand für etwas Irreales.

Als dritte Art pathologischen Verhaltens behandelt Binswanger die *Manieriertheit*. Auch hier geht es um eine besondere Weise der Auslegung, bei der die Neigung des Kranken auffällt, alle Gegebenheiten einem Schema zu unterwerfen, sie in eine besondere Zweck-Mittel-Relation zu pressen. Der Kranke fragt durchaus nach der Bewandtnis der Gegebenheiten, ist aber aufgrund einer »Überfremdung« auf seiner Seite nicht fähig, den Bewandtniszusammenhang adäquat auszulegen. Ob die Gegebenheiten die Erstellung des Bewandtniszusammenhangs erschweren oder unmöglich machen, ob die Verknüpfung der Identität mit vergangenen Situationen nicht gelingt, ob der Verweisungscharakter umgeleitet ist, diesen speziellen Fragen kann hier – da außerhalb unserer Zielsetzung liegend – nicht weiter nachgegangen werden.

An den dargestellten Formen der Situationsauslegung sind mehrere Aspekte generell bedeutsam:

Es besteht eine Distanz zwischen dem Subjekt und den situativen Gegebenheiten, die reflektiert wird und die eine Vorstellung von erlebter Höhe und Weite der Situation erlaubt. Alle in diesem Kontext bedeutsamen Situationen der Kranken sind in ihrem Zukunftsaspekt bis zur Zukunftslosigkeit entstellt. Diese Perspektive äußert sich darin, dass der Weg verschlossen ist, es keinen Ausweg zu geben scheint, die Situation »stillsteht«. In den Vorformen des Stillstands erlaubt eine »verquere Auslegung« der Situation eine gewaltsame Lösung, die das Thema der Situation nicht zum Austrag kommen lässt und einen von Belastungen weitgehend befreiten Anschluss von Folgesituationen erschwert oder verhindert.

Die Auslegung der Situation ist nicht dem äußeren Handeln in der Situation gleichzusetzen, sie ist aber auch nicht von dem eingreifenden Handeln ganz zu trennen. Man ist versucht zu sagen, dass die Auslegung schon ein Handeln ist. Diese Annahme wäre um so eher berechtigt, je mehr die verstiegene Auslegung das nach außen hin sichtbare Handeln vereitelt und so selbst zum Handeln wird. Die Anstrengung, die in vielen Krankheitsfällen mit der verstiegenen Auslegung des eigenen Leidens verbunden ist und den Kranken derart beschäftigt, dass er nichts anderes tun kann, weist auf den bestehenden Zusammenhang hin. Die Auslegung bestimmt auf jeden Fall dort, wo der Handlungszusammenhang Spielraum lässt, die Verhaltensmöglichkeit, sofern sie nicht schon den Handlungszusammenhang maßgeblich beeinflusst. Auslegung und Handlung fallen – so gesehen – teilweise zusammen. Ihre Bezogenheit muss als unabänderlich festgestellt werden, ihr ersatzweises Eintreten (Auslegung statt Handlung) erlaubt also nicht, beides als identisch oder als zwei Seiten ein und desselben Verhaltens zu qualifizieren.

Wir ziehen aus dieser Analyse pathologischen Verhaltens folgende Schlüsse: Zur Befindlichkeit des Subjekts in Situationen gehört die jeweilige *Auslegung* der Situation. Dabei weist Auslegung darauf hin, dass es unter Umständen nicht zu einer Form der Artikulation kommt, die eingreifendes, aktives Handeln zur Folge hat. Tritt zwischen Auslegung und Handeln eine blockierende Sperre, dann bleibt der Kranke in einer bestimmten Situation stehen. Folge eines solchen Zustands ist, dass die Situation für Erfahrung und Erinnerung von anderen Situationen abgetrennt wird.[3] Durch Binswanger werden wir in der Annahme bestätigt, dass die Offenheit einer Situation für andere Situationen als »normal« zu gelten hat, und sehen in dieser Feststellung ein methodisches Mittel, abweichendes Verhalten festzustellen. Dabei lassen wir unerörtert, welcher Art die Ursachen für Verhalten sind.

Ein auffälliger Zug am verschrobenen oder manirierten Verhalten ist die Art, wie das Subjekt über Objekte verfügt oder zu verfügen meint. Es ist offensichtlich, dass sich in solchen Fällen ein besonderes Verhältnis zu den »Dingen« kundtut. Will man diesem Zug des Verhaltens weiter nachgehen, gibt die Studie von Binswanger (1957) über den »Objektverlust« aufschlussreiche Hinweise. Was in der phänomenologischen Tradition vom Gegebenheitscharakter der »Dinge«, der Verflochtenheit des Subjekts mit den Gegebenheiten postuliert wird, erhält bei Binswanger eine präzise Bestätigung. Er legt dar, dass es zur Bildung des »Ichs« nur auf dem Weg über die Wahrnehmung kommt, und verweist darauf, wie sich der menschliche Wahrnehmungsakt hierin vom tierischen unterscheidet. In dem Moment, in dem es zur »Entfremdung« des Wahrgenommenen als Objekt kommt, erkennt sich das Ich als nicht objektiviertes Ich. Aus diesem Vorgang entsteht eine Bindung des Ichs an die Objekte in einer Weise, dass es keine Störung der »Außenwelt« geben kann, sofern diese wahrgenommen wird, ohne dass das Ich davon im Sinne einer Störung betroffen wird. Dabei ist es angebracht, bei den möglichen auftretenden Störungen nicht zuerst zu fragen: wo liegt die Verursachung – beim Subjekt oder beim Objekt? –, sondern: welcher Art ist sie? Durch die Psychoanalyse wird nachgewiesen, dass es biografisch veranlasste Beziehungsstörungen zur Außenwelt gibt, die in schweren Neurosen kulminieren können. Gelingt die »Objektivierung« nicht mehr, so verändert sich die Außenwelt wie die Innenwelt. Da das Subjekt aber nicht nur wahrnehmendes Subjekt ist, sondern auch handelndes und durch Handlung veränderndes Subjekt, so »stört« ein durch (partiellen) Wahrnehmungsverlust geschädigtes Subjekt wiederum die Objekte. Es »verändert« sie in einer Weise, die seinem pathologischen Zustand angemessen ist.

---

[3] Über Zwangshandeln als Ausdruck unabgeschlossener Situationen gibt Gebsattel (1954) aus medizinisch-anthropologischer Sicht wichtige Informationen, die hier jedoch nicht erörtert werden können.

Wird in der Wahrnehmung das Verhältnis »innen – außen« gesetzt, so wird damit auch das Verhältnis »eigen – fremd« gesetzt. Aus diesem Befund zieht Binswanger (1957) den Schluss, dass ein Objektverlust die Bildung von »eigen« und »fremd« verhindert. Es gibt pathologische Fälle, in denen der Subjekt-Aspekt verlorengegangen ist, weil das Subjekt keine Grenze zwischen »innen« und »außen« kennt; »eigen« und »fremd« werden vertauscht, weil das Subjekt die »orientierende« Verbindung zwischen dem jeweils Fremden und dem jeweils Eigenen nicht herzustellen vermag. In diesem Sinne gibt es sowohl Kranke, die nichts mehr haben – sie befinden sich in der Leere – als auch Kranke, denen alles gehört, die über alles verfügen können. Eine der wichtigsten Störungen der Erkenntnis ist darin zu sehen, dass die Gegebenheiten im Verhältnis zum Subjekt nicht mehr als orientierend vorgestellt werden können. Der Objektverlust ist ein Orientierungsverlust.

Situationen zu vollziehen, im weiteren Sinn »in Situationen« zu leben, heißt hiernach auch, »Situationen aufzubauen« und »Situationen zu bewältigen«. Ob dieser »Aufbau« vorgezeichnet, vorgeschrieben oder diktiert ist, ob die Möglichkeiten der Auslegung vielfältig sind oder nicht, in jedem Fall ist das Subjekt nicht in eine »Freiheit« entlassen, die einer unbegrenzten Beliebigkeit gleichkommt.

Wenn es gelungen ist, in den vorangegangenen Ausführungen zu zeigen, dass es aufschlussreiche Berührungspunkte zwischen Erkenntnissen der psychiatrischen Anthropologie und unseren psychologischen Bemühungen in dem hier angeschnittenen Rahmen gibt, und wenigstens anzudeuten, welche Fülle von Beobachtungen und theoretischen Ansätzen noch aufgegriffen werden könnte, so wäre der Zweck dieser kurzen Erkundung erfüllt. Im Folgenden soll nun der Situationsbegriff unter weiteren relevanten Gesichtspunkten grundlagentheoretisch näher beleuchtet werden.

3.4.3 Der Situationsbegriff bei einigen nordamerikanischen Theoretikern

Zunächst komme ich zu *Parsons* (1949; Parsons & Shils, 1951/1959), der eine einfache Definition dessen bringt, was eine Situation im Rahmen seiner General Theory of Action bedeutet. Nach Parsons ist die Situation der Teil der äußeren Welt des Handelnden (actor), von dem er gültige (valid) empirische Kenntnis haben kann (S. 79).

Dieser Situationsbegriff gehört insofern unmittelbar zu Parsons' Theorie, als sich ihm zufolge in einer *Handlungseinheit* folgende minimale Charakteristika identifizieren lassen: (1) ein Ziel, (2) eine Situation, die ihrerseits wiederum analysierbar ist in (a) Mittel, (b) Bedingungen, und (3) mindestens eine Auswahl-Regel *(selective standard),* wobei das Ziel auf die Situation bezogen ist.

Stellt diese Definition nun den Situationsbegriff hinreichend sicher? Bevor wir dieser Frage nachgehen, sind einige Kriterien zu nennen, die Parsons zum

Begriff Situation im Interesse einer maximalen Eindeutigkeit seiner Theorie eingeführt hat. Danach ist »äußere Welt« nicht gleichzusetzen mit der physikalisch verstandenen Umwelt *(environment)*, obwohl diese »physikalische Umwelt« zur Situation gehört. Zu ihr gehört nach Parsons aber auch der »biologische Organismus« (Gegenstück zur Umwelt). Die »äußere Welt« ist nämlich im Sinne der Theory of Action nicht gleichzusetzen mit räumlich äußerer Welt (1949, S. 47).

Die äußere Welt ist nicht »außerhalb« des wissenden Subjekts in einem räumlichen Sinne. Die Subjekt-Objekt-Relation ist nicht eine »Relation im Raum«. Es geht Parsons also nicht um eine dinglich-räumliche Scheidung des einen vom anderen, der zufolge das eine als Subjekt, das andere als äußere Welt gekennzeichnet werden könnte, sondern darum, was für das Subjekt äußerlich ist. Nur unter dieser Voraussetzung kann einerseits die Kenntnis dinglicher Gegebenheiten zum Element der Situation erklärt, nach den Kategorien verifizierbar/nicht verifizierbar eingeteilt und andererseits organische Teile des Subjekts selbst zu Elementen der Situation erklärt werden. Nur unter den von Parsons selbst gemachten Einschränkungen im Hinblick auf die nicht-räumliche Äußerlichkeit kann man die Situation aufgrund seiner Definition als die Summe der in einer Handlungseinheit einbezogenen Gegebenheiten für einen Handelnden bezeichnen. Situation ist dann eine der drei Elemente der Handlung: A = S + E + N (A = Handlungseinheit, S = Situation, E = Ziel (end) + N = Auswahlprinzip (norm), die im Ganzen nur als auf den actor bezogen gedacht werden kann (vgl. S. 78).

Die Textstellen, in denen Parsons den Situationsbegriff im Sinne seiner Definition verwendet, sollen hier nicht vollständig aufgeführt werden. Zahlenmäßig sind sie nicht häufiger als diejenigen Stellen, in denen Parsons seine eigene Definition zu überschreiten scheint. »Features of the situation« und »elements of the situation« (S. 732, 734), »knowledge of their situation« (S. 767) oder »distinction between situations« (S. 320) oder »difficult situation« (S. 237) lassen sich beispielsweise der Definition gemäß verstehen, wobei das letzte Zitat ein wenig aus Parsons' eigenem Rahmen springt. Wenn Parsons an verschiedenen Stellen von der »concrete situation« spricht (etwa S. 606, 612, 614), so gibt er zwar nicht genau an, warum er die Situation »concrete« nennt, man darf aber annehmen, dass er damit die auch äußerlich greifbaren, »objektiv« sicheren Elemente der Situation meint.

Schwieriger wird die Frage der Übereinstimmung von Definition und Anwendung des Begriffs, wenn Parsons den Ausdruck »in einer Situation« gebraucht. So z.B.: »It (the act) must be initiated in a situation« (S. 44), »a part in this situation« (S. 449), »these data must be given in any particular concrete situation« (S. 736). Während man Parsons zufolge die Situation als etwas verstehen muss, das in gewisser, wenn auch nicht unbedingt räumlicher Weise, dem Handelnden gegenübersteht, legen die letztgenannten Zitate nahe, die Situation als etwas zu verstehen, innerhalb dessen sich der Handelnde befindet und innerhalb dessen auch Ziel und Norm gegeben sind. Darin scheint eine Verschiebung, wenn nicht eine Ausweitung der Bedeutung des Begriffs zu liegen. So finden sich bei Parsons in seiner Theory of Action zumindest zwei Begriffe von Situation, einmal der unformulierte, dem allgemeinen Sprachgebrauch entsprechende, zum anderen der für die Theory of Action eigens definierte Begriff als umfassende Einheit von Bedingungen und Mitteln des Handelns, die einem Subjekt erkennbar gegeben sind (vgl. auch Kap. 3.5.1).

Als nächstes versuchen wir eine Orientierung aufgrund der Darstellung verschiedener Autoren in dem Sammelband von Parsons und Shils (1951/1959). Der allgemeine Gebrauch des Situationsbegriffs bei den verschiedenen Autoren bringt nichts wesentlich Neues; man stellt hier ebenso wie in Parsons früherem Werk (1949) fest, dass auf der einen Seite Situation der Sammelbegriff für Umwelt-Gegebenheiten eines Handelnden ist und dass auf der anderen Seite die Bezeichnung »in einer Situation« über die Polarität von Subjekt und Situation hinausweist. *Parsons und Shils* führen dazu wiederum aus (S. 53), dass Handeln »in Situationen« stattfindet. Sie erläutern diese Version an folgendem instruktiven Beispiel: Wenn ein Mann sein Auto zu einem See fährt, um zu fischen, werden die Straße, das Auto und die Stelle, wo er ist, als Situation bezeichnet. Dass diese Situation, die »aus Objekten« besteht oder »aus Objekten der Orientierung« (S. 54 und 56), in der vorgestellten Theorie keine oder keine wichtige Rolle spielt, wird daran deutlich, dass in den systematischen Tabellen Parsons' (S. 247 – 275) ein dieser Situation entsprechender Begriff nicht auftaucht und entbehrt werden kann.

An einigen Stellen in dem Sammelband wird aber explizit deutlich, dass der Begriff Situation ein Problem darstellt, das man zu lösen hat. Dazu gehören an erster Stelle die Ausführungen von *Sheldon* (1951/1959), wonach Handlung *(action)* Tätigkeit ist, die in gewisser Hinsicht auf Dinge außerhalb des Organismus bezogen ist. Die Handlung stellt die Grundeinheit dar, mit der sich Sozialwissenschaften beschäftigen (S. 31).

Diese Grundeinheit zerlegt Sheldon in bestimmte Komponenten: *Umwelt* (environment) bezieht sich auf die Dinge »außerhalb« des Organismus, auf die die Handlung bezogen sein kann. *Situation* bezieht sich auf den Organismus und die Umwelt als theoretische Beziehung, ohne dass eine Handlung des Organismus stattgefunden hat. Obwohl die Situation aus beiden, dem Handelnden und dem Objekt, besteht, wird von Handelnden und Situation üblicherweise so gesprochen, als wenn sie in gewissem Sinne unabhängige Vorstellungen seien. Wenn für gewisse Zwecke große Genauigkeit notwendig werde, könne man den Begriff Objekt-Situation als von der Total-Situation, die Objekte und Handelnde einschließt, unterschieden gebrauchen (S. 32).

Was sagt Sheldon hier über Situation und die begriffliche Verwendung aus?

Gleich zu Anfang steht eine Ungenauigkeit: Handlung als Grundeinheit kann nicht zerlegt werden in etwas, das ebenfalls eine Grundeinheit zu sein scheint. »Situation« wäre die Grundeinheit, hätte keine Handlung stattgefunden; »action« ist die Grundeinheit des Handelns. Beide müssen sich entsprechen, aber wie sie sich entsprechen, darüber wird bei Sheldon nichts ausgesagt. Er unterstreicht die Bedeutung der Situation, indem er hervorhebt: Situation besteht aus beidem, dem Handelnden und den Objekten (S. 32).

Jetzt erst findet das Zerlegen *(break down)* der Handlungseinheit statt: die Konvention tut so, als ob beides voneinander getrennt werden könnte, Handelnder und Situation. Man wird wohl kaum befriedigt sein können, wenn empfohlen wird, von einer Total-Situation zu sprechen und im Übrigen von Objekt-Situationen.

Stärker von der Psychologie her bestimmte Erwägungen legen nahe, den von Sheldon »unterbrochenen« Gedankengang weiter zu verfolgen. So schreibt *Murray* (1959), dass für Lewin (dazu näher unten 3.4.4) *beides*, die (äußere) Situation und der (innere) Zustand, im »Kopf« des Subjekts seien. Denn für das Subjekt gebe es keine Realität außer der Situation, wie es sie wahrnimmt (S. 438). Murray nennt diese Situation die »Beta-Situation« und unterscheidet sie von der »Alpha-Situation«, der Situation, »wie sie wirklich existiert«, und damit meint er die Situation, wie sie durch objektive Untersuchung bestimmt werden kann (S. 438). Was Murray als Beta-Situation bezeichnet, lässt sich vergleichen mit Sheldons Total-Situation: dort als objektive Einheit vorgestellt, hier als Bewusstseinseinheit verstanden. Dass die Alpha-Situation auch von einem Bewusstsein, nämlich dem des objektiven Untersuchers, erfasst und determiniert sein könnte, davon ist keine Rede.

Nach *Carr* (1948) stellt eine Situation ein zentriertes Gewebe *(focalized pattern)* sozialer Beziehungen dar, verstanden als Quelle wirklicher oder möglicher Erfahrung (S. 5). Carr zufolge besteht die Situation aus zwei Einheiten: einem »focus« und einem »focal field«. Wir würden vielleicht sagen: Zentrum, zentrales Feld, beide umgriffen von der sozialen Situation. Die Situation selbst ist wiederum umgeben von einem »situational field«, einem Umfeld der Situation. In dem Zentrum kann für Carr nicht nur ein Einzelner stehen, sondern ebenso eine »Idee, eine Gruppe oder ein Ding« (S. 169). Auf jeden Fall fasst Carr Situation weiter als die bisher zitierten Autoren. Der Zusammenhang von Situationen wird für ihn von vornherein als eine Abfolge oder Ablösung verstanden; zugleich werden damit Lebenszusammenhänge als eine »fortlaufende Abfolge von Situationen« begriffen. Carr verwendet allerdings Situation dann noch einmal umfassender: als »life situation«. Die Lebenssituation einer Person sei das Gewebe, das aus ihr selbst und der Gesamtheit der Faktoren gebildet werde, an die sie sich zu einer gegebenen Zeit anpassen müsse (vgl. 1948, S. 38). Zu der Frage, wie sehr der Einzelne in die Situation einbezogen ist, schreibt Carr: Menschliche Wesen reagieren nicht auf Umgebung; sie reagieren auf ausgewählte Stücke der Umgebung und ihrer selbst (S. 38).

Die »Definition« der Situation ist für Carr eines der wesentlichen Elemente zur Bestimmung des Verhaltens in Situationen. Handeln geschieht aufgrund von Orientierung, und diese setzt voraus, dass etwas Bedeutung »für mich« hat. Wenn ich etwas in einer Situation definiere, so gebe ich ihm die Bedeutung – als

»vorweggenommene Anpassung«, die mein Handeln orientiert. Die Definition ist für alltägliche Situationen (*routine situations*) meist durch Gewöhnung, kulturelle Vorgegebenheiten u.a. vorweggenommen, sie wird zur besonderen Aufgabe in »Problem-Situationen« (S. 23). Institutionen erscheinen in diesem Zusammenhang als »standardizing of situations«. Durch sie werden Situationen und die Orientierung in ihnen gelenkt und vorgeformt. Dieser Ansatz, der – wie Carr selbst ausführt – von der Gestaltpsychologie beeinflusst ist, zeigt, dass man mit einem nicht zu engen Situationsbegriff wichtige Zusammenhänge aufdecken kann, ohne sie erst aus Einzeldaten zusammensetzen zu müssen.

Obwohl wir für unsere Überlegungen nur wenige amerikanische Sozialwissenschaftler beispielhaft ausgewählt haben, so dass kein Anspruch darauf erhoben werden kann, einen repräsentativen Querschnitt zu geben, wären sie doch zu einseitig skizziert, würden wir nicht auf eine wichtige ältere Quelle – nämlich auf *Thomas und Znaniecki* (1918) – noch eingehen, die auch von Carr (und anderen) aufgegriffen wird. Denn für unseren Zusammenhang ist nicht nur wichtig, dass der Begriff Situation eingeführt wird, der grundlegende psychologisch-anthropologische Voraussetzungen für unsere Thematik mit einbringt, sondern vor allem, dass »Situation« von Thomas und Znaniecki teilweise anders – nämlich unter Berücksichtigung weiterer Aspekte – bestimmt wird. Das ist im Folgenden kurz darzustellen.

Nach Thomas und Znaniecki ist die Situation ein *Bündel von Werten und Haltungen*, mit dem es der Einzelne oder eine Gruppe in einem Tätigkeitsprozess zu tun hat, die Tätigkeit *geplant* und ihre *Resultate gewürdigt* werden. Jede konkrete Tätigkeit ist nicht nur Teil der Lösung, sondern die Lösung einer Situation. Zur Situation gehören dabei drei Arten von Daten:

- die objektiven Bedingungen, unter denen der Einzelne oder die Gruppe handeln muss, d.h. die Totalität der Werte – ökonomisch, sozial, religiös, intellektuell etc. –, die in dem gegebenen Moment direkt oder indirekt den bewussten Status des Einzelnen oder der Gruppe beeinflussen;
- die schon vorher bestehenden Haltungen des Einzelnen oder der Gruppe, die im gegebenen Moment einen aktuellen Einfluss auf deren Verhalten haben;
- die Definition der Situation, d.h. die mehr oder weniger klare Erfassung der Bedingungen und Bewusstheit der Haltungen.

Die »Situation« ist nach Thomas und Znaniecki notwendige Voraussetzung für jeden Willensakt. Denn unter gegebenen Bedingungen und mit einem gegebenen Bündel von Werten und Haltungen ist eine *unbestimmbare Vielzahl* von Handlungen *möglich*. Eine *definite* Handlung kann erst auftreten, *wenn* diese Bedingungen interpretiert, ausgewählt und in einer bestimmten Richtung kombiniert sind und eine gewisse Systematisierung dieser Haltung erreicht ist, so dass eine von ihnen herrschend wird und die anderen unterordnet (vgl. Thomas & Znaniecki, 1918).

Umfassender als die Bestimmungen späterer Autoren, die wir oben schon erwähnt haben, ist der von Thomas und Znaniecki verwendete Situationsbegriff insofern, als eine gewisse Polarität selbst bereits als Situation bezeichnet wird: Die Werte, die das Individuum mitbringt, stehen nicht in einer Ebene mit den Werten, die von außen sein mögliches Handeln bestimmen. Mit der Aufgabe zu definieren, steht der Handelnde in oder zwischen beiden Bereichen. Das bedeutet, er muss interpretieren, wählen und kombinieren. Situation in diesem Sinne unterscheidet sich von Vorstellungen, die darin *nur* eine spezifische Form der *Außen*welt im Sinne von Individuum (Organismus) versus Situation sehen. Es wird mehr oder weniger eine Frage der Auslegung sein, inwieweit das ganze Individuum und nicht nur seine »Werte und Haltungen« in die Situation eingehen oder nicht. Eindeutig ist hingegen, dass – angebahnt schon durch eine »vorgegebene Definition«, verstärkt durch die Situation selbst – eine Einheit des Menschen mit »seiner Welt« hergestellt wird, ohne welche Entscheidung nicht möglich ist. Diese aber ist nicht einfach reflexhaft zu verstehen, sondern als eine sich herstellende Einheit, wobei aus dem Entscheidungsergebnis wiederum Bestimmungsgründe neuer Situationen hervorgehen. Wenn also eine Situation gelöst ist, wird das Resultat der Tätigkeit ein Element einer neuen Situation.

3.4.4 Situation und Feldbegriff im Sinne Lewins

Lewin (1951) gebraucht den Begriff der Situation im Rahmen seiner Feldtheorie in den nachstehend beschriebenen spezifischen Zusammenhängen. Zunächst: Eine Totalität gleichzeitig existierender Tatsachen, die als voneinander gegenseitig abhängig betrachtet werden, wird als Feld bezeichnet. Die Psychologie muss nach Lewin den Lebensraum, der die Person und ihre Umgebung einschließt, als ein (einziges) Feld betrachten (S. 240). Die Feldtheorie stellt fest, dass eine bestimmte Veränderung lediglich von der Situation S_t zu dieser Zeit abhängt. Sie hängt nicht außerdem von vergangenen oder zukünftigen Situationen ab (S. 47). Im Einzelnen:

1. Will man das Verhalten von der Situation zu der jeweiligen Zeit ableiten, muss man nach Lewin einen Weg finden, den Charakter der »Situation zu einer bestimmten Zeit« zu bestimmen (S. 48). Eine »Situation zu einer bestimmten Zeit« bezieht sich dabei nicht auf einen Augenblick ohne zeitliche Ausdehnung, sondern auf einen bestimmten Zeitabschnitt *(time period)* (S. 50).
2. Jeder »Größe einer Einheit des Verhaltens« kann Lewin zufolge eine entsprechende (*different*) »Größe der Situation« zugeordnet werden. Ohne das Prinzip der Gleichzeitigkeit als eine der grundlegenden Voraussetzungen der Feldtheorie zu ändern, müsse man sich vergegenwärtigen, dass man, um die psychologische Richtung und Geschwindigkeit des Verhaltens zu bestimmen, in der Psychologie wie in der Physik einen

gewissen Zeitabschnitt *(certain time period)* in Rechnung zu stellen hätte. Die Länge dieses Zeitabschnitts hänge in der Psychologie von der Reichweite *(scope)* der Situation ab: Je makroskopischer die zu beschreibende Situation sei, um so länger sei der Zeitabschnitt, der beobachtet werden müsse, um Richtung und Geschwindigkeit des Verhaltens zu einer gegebenen Zeit zu bestimmen (S. 52).

3. Die Psychologie behandele »Situations-Einheiten« *(situational units)*, die hinsichtlich ihrer Feld- und Zeitdimensionen eine Ausdehnung besitzen. Das Problem der »Zeit-Raum-Quanten« in der modernen Physik sei dem Problem der »Zeit-Feld-Einheiten« *(time-field-units)* in der Psychologie methodologisch ähnlich (S. 52).

Ohne dass wir den Inhalt dieser Überlegungen näher analysieren müssten, wird deutlich, dass für Lewin nicht nur »Feld« und »Lebensraum«, sondern auch »Feld« und »Situation« praktisch Synonyma sind.[4] Nachdem bereits von Mey (1965) Bedeutung und Konsequenzen von Lewins Feldtheorie in einer ausführlichen Studie herausgearbeitet wurden, mögen die angeführten Gedanken Lewins, die sich direkt auf unsere Fragestellung beziehen, hier genügen (näher dazu Kap. 24). Von dort her sehen wir kein Hindernis, die Ergebnisse der »Feldtheorie« für Situationsanalysen heranzuziehen, wobei allerdings die Zeit-Komponente wesentlich ins Gewicht fällt und damit die Möglichkeit, von Feld zu sprechen, stark modifiziert wird.

3.5 Sozialanthropologische Aspekte zu Konflikt und Entscheidung

In den folgenden Ausführungen geht es darum, Grundfragen aus dem Verhältnis von Persönlichkeitssystem und soziokulturellem System im Hinblick auf menschliches Konflikt- und Entscheidungsverhalten zu skizzieren. Diese Thematik ist besonders geeignet, sozialanthropologisch induzierte Einschränkungen der Wahlfreiheit zu elaborieren. Damit ist die Stellung des Individuums zur Gesellschaft in ihrer sozialen Bedingtheit und Geschichtlichkeit angesprochen. Das in diesem Kontext aufschlussreiche Modell der gleichsam »sekundären Individualität«, wie es z.B. von Talcot Parsons, Howard Becker und David Riesman erörtert wird, ist für unsere psychologischen Bemühungen im Rahmen der Entscheidungsthematik von ebenso grundlagentheoretischer wie integrativer Relevanz.

---

4 Freilich hat auch Finke (1955) Recht, wenn er Lewin vorhält, dass er den Begriff der Situation zuweilen verdinglicht (S. 25), was insbesondere für das oben zu 3 Zitierte zutrifft. Lewins Begriffsbildung ist eben nicht einheitlich.

3.5.1 Zum Ansatz von Parsons

Wir knüpfen hier an Parsons' Klärungsversuche um den Situationsbegriff an, wie wir sie oben bereits skizziert hatten (vgl. 3.4.3), gehen aber über diese Ausführungen entsprechend der Entwicklung seines theoretischen Ansatzes im vorliegenden Abschnitt hinaus. Dabei stehen für die Entscheidungs- und Handlungssituationen des Einzelnen *zunächst* individualistische Momente im Mittelpunkt, die bei Parsons später durch »Bedürfnisse« von Systemstrukturen überlagert oder auch verdrängt zu werden scheinen.

Parsons (1949; ferner Parsons & Shils, 1951) versuchte, in einer ersten Phase seiner Forschungen die Grundstruktur eines »Handlungssystems« aus individualistischer Sicht zu konstruieren. Dabei beschrieb er die Struktur eines »sozialen Systems« und entwickelte daraus einen »Grundbezugsrahmen«, dessen Konzept zunächst die Struktur des Verhältnisses eines handelnden Menschen zu seiner Handlungssituation schematisiert (vgl. bereits 3.4.3). Dazu wird eine einzelne Handlung (action, act) isoliert und nach *drei Strukturfaktoren* bestimmt:

- dem *Handelnden (actor),* der im Handlungssystem zur System-Einheit wird *(system-unit),*
- der *Orientierung* des Handelnden gegenüber der Situation *(orientation)* und
- der *Situation*, in der oder auf die hin gehandelt wird.

Über den Handelnden wird zunächst nicht mehr ausgesagt, als dass er ein Einzelner oder auch ein Kollektiv sein könne, dass er Subjekt des Handelns sei und immer zielgerichtet, d.h. vor allem auf Befriedigung seiner Bedürfnisse und Vermeidung von Frustrationen hin handele.

Wichtiger und im Laufe der Entwicklung des Parsonsschen Denkens immer mehr in den Mittelpunkt gerückt ist dagegen die Orientierung des Handelnden gegenüber der *Situation*, in der gehandelt wird (vgl. bereits 3.4.3). Diese Situation besteht bei Parsons aus Objekten, zu denen sich der Handelnde jeweils auswählend verhalte, wobei als Voraussetzung des Handelns die Handlungssituation definiert werde. In diesem Sinne heißt es bei Parsons: »A specific combination of selections relative to such objects, made from among the possibilities of selection which were available in a specific situation, constitutes an orientation of action for a particular actor« (1951, S. 5). Die in auswählendem Verhalten bestehende *Orientierung* wird bei Parsons (1951) in mehrfacher Weise differenziert:

1. *Kognitives Verhalten (cognitive mode of motivational orientation of action)*: Hier untersucht der Handelnde den Gegenstand bzw. die Gegenstände, die seine Handlungssituation ausmachen, auf Ort, Struktur und Charakter.
2. *Kathektisches (cathectic)* Verhalten: Mit diesem von Freud übernommenen Begriff bezeichnet Parsons das Betrachten, Prüfen und Auffassen

von Gegenständen unter dem Gesichtspunkt der Befriedigung von Bedürfnissen des Handelnden.

3. *Normbestimmt-auswählendes Verhalten (evaluation):* Funktion dieses Verhaltens ist die Auswahl unter verschiedenen Gegenständen, die zur Bedürfnisbefriedigung dienen, oder auch unter verschiedenen Bedürfnissen, von denen einzelne oder mehrere durch die vorliegenden Gegenstände befriedigt werden können. Die Auswahl ist orientiert an bestimmten Normen, die sachbestimmt *(truthfulness)*, gefühlsbestimmt *(appreciative)* oder moralisch *(moral)* sein können.
4. Diese Verhaltensweisen bestimmen dann drei Grundtypen allgemeinsozialen Handelns, die jeweils dominant an einer Art der Norm ausgerichtet sind: Handeln, das rational *(intellectual activity)*, gefühlsmäßig *(expressive activity)* oder moralisch bestimmt *(moral activity)* ist. Zu diesen Typen tritt als ein weiterer der Typ des instrumentalen Handelns. Dabei wird das in der Zukunft liegende Ziel des Handelns gefühlsmäßig oder nach der herrschenden Moral bestimmt, wobei die zu seiner Erreichung einzusetzende Methode jedoch rational ist (vgl. Parsons & Shils, 1951, S. 75).

Die – nur analytisch zu trennenden – Typen oder Arten der Orientierung und des Handelns treten jeweils als Aspekte nur gemeinsam beim konkreten Handeln auf. Dabei ist das normative Moment dominant. So lässt sich schon auf dieser ersten theoretischen Ebene folgern, dass jede Entscheidung in gewissem Maße sowohl von rational/kognitiv erkannten Eigenarten und Eigengesetzlichkeiten der Situation, der Bedürfnisstruktur des Individuums als auch und vor allem seiner Wertorientierung, letztendlich also von bestimmten Normen beeinflusst bzw. gesteuert wird (Parsons & Shils, 1951, S. 235), ohne dass damit über die Gewichtung der einzelnen Faktoren etwas ausgesagt ist.

Vor allem ergibt sich der Bezug zu dem Aspekt der *Orientierung* des Handelnden, der oben als »normbestimmt-auswählend« bezeichnet wurde. Das bedeutet, dass sich die Orientierung der System-Einheiten untereinander weitgehend an den normativen Regelungen des Systems ausrichtet, sich zu Einstellungen *(attitudes)* verfestigt und dass die jeweilige Handlungssituation im System in gewissem Maße immer schon »vordefiniert« ist. Ein Abweichen von den System-Regelungen sei aber unter gewissen Umständen dennoch zu erwarten und insofern bleibe der erwähnte *choice aspect* der Orientierung immer erhalten. Allerdings bestehe in einem (idealtypisch) stabilen System eine hohe Wahrscheinlichkeit für ein normgemäßes – funktionales – (Aus-)Wählen und Handeln der jeweiligen System-Einheiten.

Zur Beschreibung von *Entscheidungen* in Handlungssituationen dient Parsons (1960) das zunächst gleichfalls individualistisch ausgerichtete Schema der Orientierungsalternativen *(pattern variables)*. Dabei geht er von der Annahme aus, solche Situationen müssten durch den Handelnden erst in bestimmter Weise definiert werden, ehe Entscheiden bzw. Handeln überhaupt möglich sei. So formulierte er alternativ fünf Fragen, denen gegenüber der Handelnde sich zunächst zu entscheiden habe. Der Inhalt der Fragen sei knapp zusammengefasst. Es geht darum,

1. ob der Handelnde seine eigenen Interessen Kollektivinteressen bzw. -normen unterordnen will oder nicht *(the dilemma of private versus collective interests – self-orientation versus collectivity-orientation)*;
2. ob der Handelnde sich des Objekts unmittelbar zu seiner Befriedigung bedienen oder ob er grundsätzlich Disziplin walten lassen will *(affectivity – affective neutrality)*;
3. wie weit eine Situation oder ein Objekt für den Handelnden überhaupt Bedeutung haben soll: ganz allgemein, umfassend oder nur unter speziellem Gesichtspunkt *(diffuseness-specificity)*;
4. ob die Objekte für den Handelnden Bedeutung haben sollen wegen ihrer (vorgegebenen) Eigenschaften oder Qualitäten oder aber wegen ihrer zu erwartenden Fähigkeiten zu bestimmten Leistungen *(quality-performance)*;
5. ob der Handelnde sich überwiegend kognitiv oder gefühlsmäßig-subjektiv, nur an der gegenwärtigen Situation orientiert *(appreciative)*, verhalten soll.

Der Ansatz Parsons', der sich zunächst als überwiegend durch individualistische Komponenten und Kategorien bestimmt erweist, mündet in die Konstruktion des sozialen Systems. Im Ausgangspunkt – bei der Orientierungswahl des Handelnden und dessen möglichen Alternativen – wird versucht, soziales Handeln und soziale Beziehungen in erster Linie vom Einzelnen her zu fassen, ein Ansatz, der die weitgehende individuelle Wahlmöglichkeit und Autonomie des Einzelnen als »anthropologische Konstanten« begreift. Allerdings berücksichtigt Parsons seit 1953 (Parsons, Bales & Shils, 1953), dass ein Wahlverhalten grundsätzlich weniger durch die gegebenen Wahlmöglichkeiten selbst bestimmt wird als vielmehr durch die generalisierten Erwartungen von Belohnungen bzw. Bestrafungen, wie sie bei früherem entsprechendem Verhalten erfolgt sind (vgl. Parsons, Bales & Shils, 1953).

Für die Entscheidungs- und Handlungssituation des Einzelnen bedeutet diese Perspektive, dass die »Wahlfreiheit« weitgehend von dem jeweiligen sozialen System abhängt, das von seinen soziokulturellen Regelungen als seinen Eigengesetzlichkeiten viel stärker bestimmt ist als von den »Wahlen« seiner Mitglieder, die hiernach meistens nur scheinbar echte »Wahlen« sind oder jedenfalls nur begrenzt wesentliche Alternativen bieten. Freilich: Die soziokulturell bedingten »Kosten« von Entscheidungen lassen sich kaum mit jenen – oben genannten – individualistischen Kategorien beschreiben. Parsons, der die rein individualistischen Kategorien als einseitig erkannt hatte, wählte daher seit 1953 einen Ansatz, in dem nun statt des einzelnen Handelnden stärker die »Bedürfnisse« von Systemstrukturen ins Zentrum rücken. Hier liegt – auch nach Parsons' Auffassung – ein *Wechsel der Blickrichtung* vor: von einer Konzeption, die das soziale System grundsätzlich vom Gesichtspunkt des sich entscheidenden Subjekts aus angeht, zu einer wesentlich soziokulturellen Sichtweise, die aus der Perspektive des *Systems* nun den Einzelnen anschaut bzw. auf ihn »herabschaut«. Das ist eine Konsequenz, die im Rahmen unserer psychologischen Untersuchung über Entscheidungsverhalten gar nicht ernst genug genommen werden kann, wenn sie andererseits auch nicht bedeutet, Wählen und Entscheiden des Einzelnen ganz oder überwiegend vom sozialen System und dessen Strukturgesetzlichkeiten her zu begreifen.

Homans (1961) macht dazu in Übereinstimmung mit dem Lerntheoretiker Skinner (1953, 1974) eine Reihe von Aussagen, die deutlich werden lassen, wie sehr menschliche Verhaltensweisen von generalisierten Erfahrungen bzw. Lernprozessen abhängen, die zwar revidierbar sind, dazu aber jeweils neuer Erfahrungen aufgrund bestimmter Belohnungen bzw. Bestrafungen bedürfen. Homans drückt diesen Tatbestand – geradezu spieltheoretisch – so aus, dass Handelnde, je nachdem wie sie sich verhalten, Kosten haben (Opportunitätskosten; Bestrafungen oder Verzicht auf Belohnungen) und danach ihr Verhalten einrichten. Dabei kommt es weniger darauf an, ob es sich um »objektive Kosten« handelt oder um Kosten, die nach Meinung des betreffenden Individuums entstehen könnten (»subjektive Kosten«), und ebenso wenig darauf, ob das Verhalten anderer Individuen als rational erscheint, solange nur die wahrgenommenen oder erwarteten Kosten nicht davon beeinflusst werden. Wenn dann die »Kosten« einer Wahlentscheidung für den einzelnen – beispielsweise wegen drohender Sanktionen – als zu groß, d.h. größer als der zu erwartende Nutzen angesehen werden, kann aufgrund des erfolgten Lernprozesses von »Wahlfreiheit« des einzelnen Subjekts so gut wie nicht die Rede sein. Diese »Kosten« aber hängen – und damit knüpfen wir wieder an Parsons an – weitgehend vom sozialen System, d.h. seinen Machtverhältnissen und seinen soziokulturellen Regelungen und von den damit verbundenen Sanktionen ab. Die realen Entscheidungsmöglichkeiten sind dagegen auch unabhängig von den »Kosten« meist durch anerzogene und internalisierte Haltungen der System-Mitglieder im Sinne der soziokulturellen Regelungen des Systems stark eingeschränkt (zum Erklärungswert der Lerntheorien für den Entscheidungsprozess siehe Kap. 26).

3.5.2 *Zur »context«-Theorie von Becker*

Ausgangspunkt des Beckerschen Ansatzes (1950, 1956) ist seine über Parsons hinausweisende, am Problem des sozialen Wandels gewonnene Anschauung von der *geschichtlichen Bedingtheit* allen Handelns durch unterschiedliche, dem Wandel unterworfene soziokulturelle Wertsysteme, »within which otherwise meaningless fragments of conduct become interpretable« (1950, S. 5).

Mit der Erkenntnis der Abhängigkeit vom »context« des jeweiligen Wertsystems wendet sich Becker gegen alle zu weit gehenden Theorien über die konstante übergeschichtliche Natur des Menschen und macht Ernst mit der Beachtung des – variablen – Faktors menschlichen Handelns. Die Bedeutung von Gesellschaft und Kultur gegenüber der menschlichen Natur und Individualität in der Theorie wird also zu einer nicht jeweils charakteristisch einwirkenden Konstanten reduziert.

Jedoch zeigt sich letztlich eine weitgehende Übereinstimmung zwischen Becker und Parsons. Auch nach Becker sieht sich der Einzelne grundsätzlich aus »Objekten« bestehenden Handlungssituationen gegenüber, zu denen er sich verhält und verhalten muss. Dieses Verhalten erscheint Becker indes nicht auf »Objekte« an sich bezogen, sondern subjektiv bestimmt auf diese, wie sie erlebt werden. Nur in diesem Sinne wirken die »Objekte« auf den Menschen und machen seine Handlungssituation aus, zu der er sich verhält. Becker bezeichnet daher die »Objekte« der Handlungssituationen anders als Parsons nicht als »Objekte«; er wählt die Bezeichnung »Wert« *(value),* um ihre grundsätzliche Bezogenheit auf den Menschen und seine Subjektivität auszudrücken. Objekte werden nach Becker durch den jeweiligen Bezug zum Menschen zu Werten.

Becker meint, nur solche Gegenstände *(values)* könnten von Menschen erlebt werden, nur zu solchen Situationen könne er sich verhalten, die in irgendeiner – auch negativen – Weise seinen Bedürfnissen *(needs)* entsprächen und ihm auf diese Weise zum positiven oder negativen Wert würden. Hierbei handelt es sich um eine in der Literatur kaum noch bestrittene Ansicht, die sich übrigens schon bei Scheler (1927a, S. 54) findet. Die weitere Unterscheidung Beckers von *»value«* als objektiver und *»need«* als subjektiver Seite der menschlichen Beziehung zur Handlungssituation bleibt jedoch unklar, da ja im Beckerschen *value*-Begriff gerade die Subjektivität der Beziehung schon angesprochen ist.

Becker stimmt mit anderen Autoren darin überein, dass menschliches Verhalten gegenüber aus »Werten« konstituierten Handlungssituationen grundsätzlich in »Rollen« kanalisiert und daher von der entsprechenden soziokulturellen Prägung der »needs« durch Übernahme von Rollen *(role-assumption)* abhängig ist. Voraussetzung für die Rollenübernahme ist die Mitwirkung anderer Menschen als Vorbilder oder Beziehungspartner, deren Funktion für die *»reciprocity«* als Grundexistenzial des Menschen besonders betont wird (1956, S. 108). Die Mitwirkung vollzieht sich grundsätzlich über ein System soziokultureller Symbole, meist also über die Sprache. Allein diese Symbolsysteme sind es, die es nach Becker dem Menschen ermöglichen, anstelle der ihm fehlenden natürlichen instinktiven Sicherstellung geregelten Verhaltens eine Persönlichkeit durch Übernahme soziokultureller Rollen von anderen Menschen aufzubauen und auf diese Weise geregeltes Verhalten zu »Werten« weitgehend zu gewährleisten (1956, S. 93).

Im hier behandelten Kontext erwähnt Becker (1950) – wie auch Parsons –, dass keine menschliche Persönlichkeit je ganz in die Modelle der sie umgebenden Gesellschaft hineinpasst. Becker beschäftigt sich jedoch nicht weiter mit dieser Fragestellung, die er anderen Disziplinen überlässt. Im Regelfall, so führt er aus, wird der Mensch »still represent ›the man as he should be‹ in his social world« (S. 21).

Die hinter dieser Äußerung erkennbare Einstellung Beckers ist um so bedeutsamer, als er in seinen anfänglichen, allgemeinen Aussagen – insoweit im Gegensatz zu seiner »context«-Theorie – den Ansatz der Betrachtung beim Individuum wählt. Dennoch sieht er den Einzelnen in seinem Entscheiden und Handeln gegenüber »Werten« – also aus diesem zunächst individualistischen Blickwinkel – als weitgehend von seinen soziokulturellen Rollen bestimmt und behandelt die Individualität der Person als für ihn, den Soziologen, unbedeutend. So entsteht für Becker auch auf dieser Ebene der Beobachtung nicht – wie etwa bei Dahrendorf (1961) – ein Problem der Entfremdung des Individuums durch von bestimmten Mächten an es herangetragene, ihm eigentlich fremde Forderungen: »those whose personalities are shaped in accordance with such models ... take the ... tradition for granted« (1950, S. 28). Die auf diesem – den anthropologischen Konstanten entsprechenden – Niveau theoretischer Allgemeingültigkeit angenommene Konformität gegenüber den jeweiligen Rollen – unabhängig von deren Inhalt – ist so hoch, dass selbst der äußeren sozialen Kontrolle durch Beziehungspartner oder Institutionen nur eine geringe Bedeutung zukommt. Wir finden also – wie schon bei Parsons – auch bei Becker eine bestimmte restriktive Haltung gegenüber dem – zumal in der deutschen Literatur oft betonten – Spielraum der Individualität gegenüber soziokulturellen Rollen. Dieser individuelle Spielraum zur Ausgestaltung von Rollen wird zwar von Becker nicht geleugnet, jedoch wie alle vorgegebenen anthropologischen Konstanten als für die soziologische Theorie weniger zentral angesehen und deshalb weitgehend vernachlässigt.

3.5.3 Riesmans Konzeption

Im diesem Zusammenhang ist bemerkenswert, dass auch Riesman (1950)[5] von der von Becker und Parsons geteilten Überzeugung bestimmt ist, dass jede Gesellschaft aufgrund bisher nicht abschließend geklärter Gesetzmäßigkeiten im Sozialisationsprozess schon in ihren Kindern einen bestimmten, angepassten »sozialen Charakter« als die mehr oder weniger geschichtlich-soziale oder – nach Parsons und Becker – rollenmäßig bedingte Struktur der individuellen Verhaltenskonformität der einzelnen Gesellschaftsmitglieder sicherstellt oder sogar – wie bei Riesman – als mit ihr *identisch* betrachtet (1950, S. 22). Hier wird wie bei Parsons und etwas stärker als bei Becker wiederum die besondere Bedeutung des *Sozialisationsprozesses* als intervenierende Variable zwischen soziokulturellem und Persönlichkeits-System deutlich.

---

5 Riesman hat seinen Ansatz mit zwei Mitarbeitern (R. Denney und N. Glazer) entwickelt. Im Folgenden wird Riesman im Kontext dieses Ansatzes allein zitiert.

Nach seinen Voraussetzungen gelangt Riesman in weiterer Differenzierung seines Ansatzes zu einem Zuordnungsverhältnis zwischen drei Gesellschaftstypen und drei entsprechenden Formen der Verhaltenskonformität bzw. der Normierung der Persönlichkeitsstruktur. Die drei Gesellschaftstypen werden mittels einer von Riesman als idealtypisch bezeichneten Methode konstruiert: Riesman sieht sie durch drei – weitgehend fiktive, im Sinne der Konstruktionsmethode aber als Typenmerkmale zu bezeichnende – angeblich an der Bevölkerungsbewegung der westlichen Welt seit dem Mittelalter erkennbare *Phasen der Bevölkerungsbewegung* bestimmt: eine Phase des so genannten »hohen Bevölkerungsumsatzes«, eine Phase der »Bevölkerungswelle« und eine Phase der »beginnenden Bevölkerungsschrumpfung«. Ihnen entsprechen die durch die einzelnen Phasen bestimmten und bedingten drei Typen der Lenkung bzw. drei »charakterologische« Typen (1950, S. 25), die auch im Zusammenhang mit der Entscheidungsproblematik ihre Relevanz besitzen:

1. »Traditionslenkung« und »traditionsgeleitete« *(tradition-directed)* Individuen;
2. »Innenlenkung« und »innengeleitete« *(inner-directed)* Individuen und
3. »Außenlenkung« und »außengeleitete« *(other-directed)* Individuen.

Für alle drei Zuordnungs- und Entsprechungsverhältnisse von Gesellschaft und Persönlichkeit gilt, dass die Gesellschaften jeweils – freilich mit verschiedenen Mitteln – eine hohe »Verhaltenskonformität« ihrer Mitglieder erreichen, die über den von Riesman ausgesparten individuellen Spielraum hinaus nur wenigen und selten ein *autonomes* Abweichen von den geltenden Normen ermöglicht und von dort her den Entscheidungsraum begrenzt. Ob ein solches Resultat uneingeschränkt auch auf den Gesellschaftstyp mit »Innen-Lenkung« zutrifft, dürfte eher fraglich sein.

3.6 Klinisch-psychologische Beiträge

Eine weitere Einschränkung des Entscheidungsraums fällt in das Arbeitsgebiet der Psychopathologie und betrifft eine Reihe hier interessierender krankhafter Erscheinungen, die durch das *Fehlen der Möglichkeit* zur Entscheidung gekennzeichnet sind. Während die Entscheidungsmöglichkeit beim Normalen bereits eingeschränkt sein kann durch Triebe, Instinkte etc., hat die Psychopathologie Phänomene aufgewiesen, die beim Kranken die Fähigkeit zu Entscheidungen in besonderem Ausmaß reduzieren oder ausschalten. In diesem Kontext soll auf Krankheitsbilder des *Zwanges*, des *Rausches* und der *Sucht* kurz eingegangen werden. Damit gehen wir über die bereits besprochenen, besonders *situations*-abhängigen Krankheitsbilder (vgl. 3.4.2) hinaus, um hier nun einige typische entscheidungs*hindernde* Phänomene endogenen bzw. exogenen Ursprungs zu erörtern.

3.6.1 Zwanghaftes Verhalten

Im Zusammenhang mit verschiedenen psychopathologischen Erkrankungen oder ihren Folgeerscheinungen treten Drang-, Impulshandlungen oder -vorstellungen auf. Charakteristisch für sie ist das quälende Gefühl unabänderlichen Zwanges, so dass eine willensmäßige Beeinflussung nicht möglich erscheint. Außerdem finden sich Zustände der Entscheidungsunfähigkeit, die durch keine steuernden Einwirkungen der Persönlichkeit aufgehoben werden können. Die *Zwangserlebnisse* können endogen (z.B. durch neuronale Veränderungen) oder exogen (z.B. durch traumatische Erlebnisse in der Kindheit) bedingt sein. In vielen Fällen zeigt sich aber auch, dass erst das Zusammenwirken endogener und exogener Faktoren zur Entstehung der Zwangserlebnisse führt.

Auch bei der *Schizophrenie* können – zunächst allgemein bzw. unspezifisch – Beeinträchtigungen im Hinblick auf Volitionen und Handlungsfähigkeit festgestellt werden: »Schizophrene Menschen zeigen häufig Willenlosigkeit oder Apathie; ihnen fehlt die Energie und das Interesse an normalen Zielen, sie sind unfähig, Entscheidungen zu treffen und eine Aktivität zu beginnen oder zu vollenden« (Comer, 2001, S. 372). Spezifischer kann gesagt werden, dass sich mehrere Formen des Ausbleibens von Entscheidungen oder Willenshandlungen innerhalb des Symptomkreises der Schizophrenie finden. Bei der Befehlsautomatie, Echolalie, Echopraxie und Echomimie befolgen die Kranken jeden Befehl, sie sprechen gehörte Wörter mechanisch nach, ahmen Bewegungen und Gebärden nach. Die willentliche Gegentendenz, das Widerstreben ist in diesen Fällen ausgefallen. Im »Negativismus« zeigt sich das entgegengesetzte Phänomen: die Kranken widersetzen sich allen Anordnungen und neigen dazu, das Gegenteil der ihnen erteilten Weisung auszuführen.

Auch bei *paranoiden Schizophrenien* manifestiert sich ein Zwang. Das hervorstechendste Symptom ist ein organisiertes System von Wahnideen und auditorischen Halluzinationen, das das Leben der Person lenkt (Comer, 2001, S. 373). Dabei können Erlebnisse nur in der Weise gedeutet werden, dass die Wahnidee bestätigt wird.

Ebenfalls zur schizophrenen Symptomatik gehören die *Depersonalisationserscheinungen*. Dabei ist das Ichbewusstsein bzw. die Ichidentität gestört. Die Handlungen laufen mechanisch ab und werden nicht mehr als die eigenen erlebt. Stattdessen berichten die Kranken davon, dass ihre Gedanken, Gefühle und Strebungen »gemacht« werden, also von ichfremden Instanzen stammen. Sie fühlen sich nicht mehr als Urheber ihrer Handlungen, sondern glauben sich von fremden Mächten bestimmt.

Die durch den Wechsel von euphorischem Erhobensein und depressiver Stimmung gekennzeichneten *zirkulären Psychosen* engen die Entscheidungsmöglichkeiten des Individuums dadurch ein, dass es sich nicht durch willentliche Anstrengungen von seiner Gestimmtheit befreien kann.

Während die bisher dargestellten pathologischen Phänomene in erster Linie endogen bedingt sind, werden *Zwangsneurosen* im Allgemeinen auf eine gestörte Verarbeitung von Umweltfaktoren zurückgeführt.[6] Bereits Binder (1936) unterscheidet die Zwangsneurosen nach der betroffenen Funktion. So äußert sich das Zwangsdenken darin, dass die Kranken etwa Gegenstände in ihrem Gesichtsfeld zählen, Rechenoperationen ausführen, Fragen stellen müssen oder die Richtigkeit des eigenen Verhaltens zu bezweifeln genötigt sind. Als Zwangs*vorstellungen* bezeichnet Binder die Impulse, die belastende Szenen (Blut, eigenes Fehlverhalten), Namen oder Melodien in das Bewusstsein rufen. Zwangs*impulse* schließlich führen zu Handlungen, gegen die die Person machtlos bleibt: der Kranke grimassiert, isst Papier, wäscht sich ständig, kontrolliert mehrmals hintereinander, ob die Tür verschlossen ist etc. Dabei können Phobien auftreten, d.h. Furchtzustände vor bestimmten Situationen, wie z.B. Klaustrophobien, Agoraphobien, Nosophobien, Bakteriophobien.

Diesen Zwangserscheinungen gemeinsam ist wiederum die Unabhängigkeit von Willenseinflüssen; selbst wenn die Personen rational die Unbegründetheit der Furcht oder der sonstigen spezifischen Verhaltenstendenzen eingesehen haben, können sie nicht verhindern, dass sie sie dennoch realisieren.

Müller-Eckhard (1960) führte eine Phänoanalyse des Zwanges anhand von Fallberichten durch. Dabei zeigte sich, dass auf dem Hintergrund einer bestehenden Schuldangst, die zu rituellen Zwangshandlungen führt, in einer neuen Situation eine Wiederholung des angstauslösenden Erlebnisses angeboten und eine existenzielle Entscheidung gefordert wird. Der Patient wird sich in dieser Lage seiner existenziellen Freiheit bewusst, empfindet sie jedoch als unmittelbare Bedrohung. Die Angst wird erst gelindert, wenn er in den Zwang, also in die Unfreiheit, zurückfliehen kann. Zum Teil begeben sich die Patienten in banale Entscheidungssituationen, um den Rest eines Freiheitserlebnisses empfinden zu können.

Nach Müller-Eckhard sind Angst und Zwang aus der Notwendigkeit der existenziellen *Selbstsetzung* zu erklären, die vom Individuum ununterbrochen gefordert wird. Angst vor dem permanenten Ausgesetztsein, Angst vor der Entscheidung führt aber zur Flucht »in die Freiheit vor der Freiheit«, d.h. in den Zwang. Angst und Zwang sind erst möglich » ... infolge der allgemeinen existentiellen Angstfähigkeit und Angsttatsachen des Menschen. Das Angstphänomen weist nun Schritt für Schritt darauf hin, dass der Mensch ein Wesen ist, das ständig mit seiner existentiellen Freiheit in Konflikt kommt, und damit auch ständig Gefahr läuft, nicht nur die Freiheit als Bedrohung zu empfinden, sondern auch vor ihr zu fliehen« (Müller-Eckhard, 1960, S. 344).

---

[6] Eine nähere Diskussion der verschiedenen Neurosetheorien muss hier unterbleiben. An dieser Stelle sei nur darauf hingewiesen, dass der Entscheidungsraum durch neurotisch bedingte Zwangshaltungen eingeschränkt sein kann.

Mitscherlich (1948) hat in einer frühen Arbeit die Beziehung zwischen Freiheit (im Sinne von Entscheidungsfähigkeit) und Krankheit untersucht. Er hebt dabei einmal die Möglichkeit der neurotischen Erkrankung als Reaktion auf den Verlust von Freiheit und zum anderen den Aspekt hervor, dass für den Kranken die Freiheit durch die Vorherrschaft der Körperlichkeit und Objektwelt eingeengt ist. Die Entstehung von Neurosen erklärt er mit der Unzulänglichkeit des Menschen, dem es nicht gelang, »einen Konflikt auf der gebührenden Ebene zu halten. Er wurde krank, weil er die Spannung, vielleicht die Aussichtslosigkeit oder eine Gegenwart, die diesen Charakter des Aussichtslosen zu enthalten schien, nicht zu ertragen vermochte. So entglitt ihm psychisches Erleben mit seiner Problematik, und er erlag der Versuchung, die Entscheidung im Körperlichen austragen zu wollen« (S.103). Diese Interpretation der Ursachen von Neurosen geht auf die mangelnde Fähigkeit zur Konfliktbewältigung und adäquaten Entscheidung zurück. Damit sind nicht nur die oben genannten Formen der Zwangsneurose im Zusammenhang mit dem Entscheidungsproblem zu sehen, vielmehr muss jede Form neurotischen Verhaltens unter diesem Aspekt betrachtet werden (siehe Kap. 8.2.2, 9.4, 19.4.2 und 19.4.3).

3.6.2 Rausch und Sucht

Ebenfalls schwere Störungen der Entscheidungsfähigkeit liegen bei *Rausch* und *Sucht* vor. Um Beiträge zur Erklärung hat sich hauptsächlich die daseins- bzw. existenzanalytische Schule der Psychopathologie bemüht, die durch Namen wie Binswanger, Zutt, v. Gebsattel, Straus repräsentiert ist.

Diese Autoren gehen von der Annahme aus, dass sich der Mensch in seiner individuellen geschichtlichen Gestalt im willkürlichen Tun verwirklicht. In dem Zustand, der im Rausch und auf Dauer auch in der Sucht hervorgerufen wird, ist dagegen die Realisierung eines Lebens in der Entscheidung, d. h. eines entscheidungsbestimmten Daseins nicht mehr möglich. So schreibt Zutt (1963): »Vom Zauber des Rausches verführt, überläßt sich der Trunksüchtige dem Getragensein seines unwillkürlichen Werdens. Er versäumt die ... gegebenen Möglichkeiten geschichtlicher Tat und Entscheidung« (S. 433). Die rauschbedingte Enthemmung durchbricht das gelenkte Spiel der Motive, so dass sich die Bedeutung zentraler Persönlichkeitsbereiche für das Verhalten vermindert. In der Sucht ist die willkürliche Selbstverwirklichung schließlich dauerhaft unmöglich.

4 Verschiedene Forschungsmethoden bei Konflikt und Entscheidung

Die Komplexität des Phänomens »Entscheidung« spiegelt sich wider in der Mannigfaltigkeit der Methoden, mit denen man sich ihren Erscheinungsweisen zu nähern versucht. Es gehört zu den Voraussetzungen und Grundlagen einer eingehenden Analyse des Entscheidungsprozesses, dass wir in diesem Abschnitt auf die Schwerpunkte verschiedener methodischer Vorgehensweisen mit ihren kennzeichnenden Vorzügen und typischen Schwächen wenigstens hinweisen. Dabei soll nicht am Ende eine Methode als allein weiterführendes, optimales Arbeitsverfahren herausgestellt werden, vielmehr wird es darauf ankommen, die Bedeutung eines Ansatzes für bestimmte Aspekte des Konflikt- und Entscheidungsgeschehens aufzuweisen, um eine sinnvolle, der pluralistischen Struktur der Psychologie gemäße Bewertung der einzelnen Beiträge zu ermöglichen.

4.1 Differenzierung nach der Methode der Datenerhebung

Die Erforschung von Konflikt und Entscheidung – kurz des Entscheidungsverhaltens unter Konflikt – steht in enger Verbindung mit dem Problem, wie die in den Theorien postulierten Prozesse erkenn- und messbar gemacht werden können. Die Untersuchungsparadigmen bilden dabei eine Grenze für die Erkenntnis dessen, was über den Gegenstand der Untersuchung herausgefunden werden kann. Verschiedene Zugänge stehen zur Verfügung.

4.1.1 Zugang 1 – Phänomenologischer Ansatz

Die phänomenologische Methode hat sich weitgehend noch im Schoße der Philosophie zu Beginn des 20. Jahrhunderts als eine Gegenrichtung gegenüber einer naturwissenschaftlich orientierten, damals extrem elementaristischen Psychologie entwickelt. Während die Wurzeln der phänomenologischen Methode bei Meinong (1914) und Brentano (1925) zu suchen sind, wurde sie von Husserl (1928, 1950, 1952, 1954) als solche begründet und vertieft, von Pfänder (1963) weiter ausgebaut. In die Psychologie fand sie Eingang, weil zum einen diese Philosophen auch psychologische Fragen bearbeitet hatten, zum anderen, weil sie aufgegriffen wurde von Forschern wie z.B. Kunz (1946), Lersch (1970), Graumann (1964; Graumann & Métraux, 1977), Thomae (1960, 1974, 1996) u.a. Charakteristisch für die Verwendung der phänomenologischen Methode in der Psychologie ist es, dass sie nur als eines von mehreren Verfahren gehandhabt wird. Sie dient damit der Bereicherung des Instrumentariums, das besonders durch die Kombination mit dem experimentellen Vorgehen zu fruchtbaren Ergebnissen führen kann.

Es ist das Prinzip der phänomenologischen Arbeitsweise, den zu erforschenden Sachverhalt weitgehend voraussetzungslos zu beschreiben. Der Beobachter fühlt sich nicht an irgendwelche Grundannahmen über die Eigenart des zu beschreibenden Objekts gebunden, sondern bemüht sich, schlicht, präzise und möglichst vollständig das zusammenzutragen, was er beobachtet oder selbst erlebt. Das psychische Geschehen wird dort, wo es sich gerade vorfindet – im Rahmen von Selbst- und/oder Fremdbeobachtung – eindeutig und minutiös beschrieben. Damit ist die *empirische Ausrichtung* dieser Methode offensichtlich. Ein besonderer Vorzug liegt in der strikt angestrebten, durchgängigen Unvoreingenommenheit des Beobachters, der nicht vorweg durch Thesen oder Hypothesen sensitiviert ist, bestimmte Verhaltens- oder Erlebnisaspekte bevorzugt wahrzunehmen; er ist bemüht, alle auftretenden Erscheinungen zu erfassen, keine Gesichtspunkte unnötig zu vernachlässigen und so ein möglichst wirklichkeitsgetreues Abbild des untersuchten Geschehens zu liefern.

Diese Kennzeichnung macht deutlich, dass sich ein Vorgehen dieser Art vor allem dann empfiehlt, wenn man einen noch wenig untersuchten Sachverhalt näher betrachten will. Geradezu notwendig wird eine solche Herangehensweise, wenn ein durch eine Vielzahl theoretischer und reduktionistischer Bearbeitungen »entstelltes« Objekt wieder unverfälscht und adäquat erfasst werden soll. Im Zusammenhang mit der Entscheidungsproblematik wird die phänomenologische Analyse hauptsächlich im ersteren Sinne verwendet: man versucht, ohne Bindung und Behinderung durch theoretische Vorannahmen die einzelnen Erlebnisinhalte des Entscheidungsablaufs deskriptiv festzuhalten. Durch Strukturierung des so gewonnenen Materials eröffnet sich eine Abstraktionsstufe, die die Möglichkeit der Generalisierung gestattet.

Ein Nachteil dieser Methode wird in der Abhängigkeit der Befunde von der Person des Betrachters gesehen, sofern keine zusätzlichen Kontrollmöglichkeiten bestehen. Der weitgehende Mangel an Nachprüfbarkeit der Ergebnisse hat dazu geführt, dass die Phänomenologie in der amerikanischen Psychologie nur wenig Boden gewinnen konnte. Dort dominieren Methoden, die durch das Mittel des »Experiments« und das Kriterium der »Beobachtbarkeit« und der »Quantifizierbarkeit« bestimmt werden. Dies dürfte Grund genug sein, im Folgenden die experimentalpsychologische Richtung ebenfalls besonders zu beleuchten.

4.1.2 Zugang 2 – Experimentalpsychologischer Ansatz

Die experimentelle Methode ist inzwischen für fast sämtliche Teilbereiche der Psychologie so weit entwickelt und verfeinert, dass sie allgemein als eigenständige und unentbehrliche Forschungsstrategie gilt, die zu nachprüfbaren und weitgehend »objektiven« Ergebnissen führen kann – wenn die komplizierten Einzelheiten beachtet werden.

Jedem Experiment liegt eine klar formulierte Fragestellung zugrunde. Handelt es sich um »Entscheidungsexperimente« (Metzger, 1952) allgemeiner Art, steht die noch nicht weiter differenzierte Frage im Vordergrund, was sich ereignet, wenn bestimmte Bedingungen gesetzt werden (sog. »materialschaffende Experimente« im Sinne Holzkamps, 1972). Einer solchen Anordnung bediente sich Thomae (1960) in seinem Experiment einer Wartezimmersituation: Eine Versuchsperson wurde vor dem vermeintlichen eigentlichen Beginn des Experiments gebeten, einige Minuten in einem Vorzimmer zu warten, das sehr kahl ausgestattet war. Als einziges Reizobjekt lag eine Mappe mit der Aufschrift »Streng geheim« auf dem Tisch. Thomae wollte aufgrund dieser Situationsgestaltung erfahren, was in der Versuchsperson vorgeht, wenn sie unter dem Einfluss widerstreitender Motive – Öffnen oder Geschlossenhalten der Mappe – steht.

Grundsätzlich formuliert im Entscheidungsexperiment der Versuchsleiter aufgrund eigener und/oder fremder Vorarbeiten Hypothesen, die durch den Versuchsablauf bestätigt bzw. falsifiziert werden, so dass nach umfangreichen Versuchsreihen Modelle zur Erklärung von Erlebens- und Verhaltensweisen entwickelt werden können. In seinem Bemühen, die Interferenzneigung bestimmter Personen im Stroop-Test – ein von John Stroop (1935) beschriebenes und angewandtes Verfahren – auf zugrunde liegende Tendenzen zurückzuführen, formulierte Hörmann (1960) die Hypothese, diese Personen erlebten einfache Entscheidungssituationen stärker als Konflikte; es seien deshalb längere Entscheidungszeiten zu erwarten. Zur Prüfung der Annahme ließ er eine Versuchs- und eine Kontrollgruppe verschiedene Linienpaare danach beurteilen, ob die Linien gleich oder verschieden lang sind. Durch Messung der Entscheidungszeiten konnte seine Hypothese eindeutig bestätigt werden.

Schon Wundt (1911) hatte drei wesentliche Bedingungen hervorgehoben, die als kennzeichnend für das Experiment und seine spezifische Bedeutung anzusehen sind. Die erste Bedingung liegt darin, dass das Experiment vom Versuchsleiter willkürlich herstellbar sein muss. Damit bleibt er unabhängig vom Zufall. Zweitens wird gefordert, dass der Versuchsleiter alle Bedingungen kontrollieren und somit alle Variablen bis auf die eine, deren Einfluss er untersuchen möchte, konstant halten kann. Schließlich soll jedes Experiment wiederholbar sein, damit die Befunde unter gleichen Bedingungen nachgeprüft werden können. Bei Beachtung dieser Kriterien steht der psychologischen Forschung ein Instrument zur Verfügung, das es gestattet, objektiv und eindeutig zu entscheiden, ob Hypothesen akzeptiert werden dürfen oder zu verwerfen sind. Da die meisten Experimente zu quantitativen Resultaten führen, entsteht aber auch der – nicht selten trügerische – Eindruck besonderer Exaktheit. Hier liegt ein zumindest potenzieller Gefahrenpunkt der experimentellen Methode: die zahlenmäßige Formulierung der Ergebnisse und die Manipulierbarkeit der Bedingungen können den Eindruck einer scheinbaren Genauigkeit hervorrufen. Da zahlreiche Versuchssituationen in einer oft sehr vereinfachten, »gefilterten« Atmosphäre ablaufen, besteht die Gefahr, dass man nicht allgemein-menschliche Funktionen, sondern nur die Reaktionen einer eben unter dem Einfluss ihrer spezifischen Rolle stehenden Versuchsperson untersucht. Die Experimente, die Entscheidungsgeschehen untersuchen, tendieren zu einer starken Vereinfachung vor allem der Ausgangslage der Entscheidung. Der natürliche Entscheidungsablauf mit der besonderen, oft tiefgehenden Betroffenheit des Individuums in multivalenter Situation wird im Experiment durch den Zwang zur Manipulierbarkeit und Überschaubarkeit auf wenige Variablen reduziert und dadurch qualitativ verändert. Der Vorzug der experimentellen Methode birgt zugleich ihre Begrenzung: je komplexer ein Sachverhalt ist, je stärker die Gesamtpersönlichkeit dadurch belastet wird, desto unzulänglicher wird er – aus technischen und eventuell ethischen Gründen – für die experimentelle Erforschung.

4.1.3 Zugang 3 – Entscheidungstheoretischer Ansatz

Beiträge zur Entscheidungstheorie sind ursprünglich von Mathematikern und Ökonomen entwickelt worden, um das potenzielle Verhalten insbesondere von Partnern am Markt und am Verhandlungstisch voraussagen zu können. Diese Herkunft erklärt es, dass psychologische Probleme dabei nicht immer in der Bedeutung berücksichtigt wurden, wie es wünschenswert und notwendig gewesen wäre. Seit längerem sind an der Weiterführung dieses interdisziplinär orientierten Forschungsgebiets auch Psychologen beteiligt, so dass früher vernachlässigte Fragestellungen allmählich aufgearbeitet werden.

Eine ausführlichere Auseinandersetzung mit verschiedenen Theoremen der Entscheidungstheorie wird später folgen (siehe Kap. 22); hier sei nur auf einige Grundannahmen kurz eingegangen.

Der entscheidungstheoretische Ansatz ist bestrebt, mathematische Modelle zu entwickeln, die das Zusammenspiel der relevanten Faktoren beschreiben und dadurch den ablaufenden Prozess zu erfassen suchen. Ein positiver Beitrag der Entscheidungstheorie besteht in der von ihr ausgelösten besonderen Herausforderung zur *Präzisierung* aller Hypothesen und Befunde in einer Weise, die eine *Mathematisierung* gestattet und damit die Möglichkeit eindeutiger Überprüfung bietet, ob die Voraussetzungen mit der Realität übereinstimmen. Hinzu kommt, dass die Entscheidungstheorie als ein Teilgebiet der Spieltheorie (siehe Kap. 22.1.2) sehr praxisbezogene Probleme bearbeitet, so dass mit einer stärkeren Anwendung der Ergebnisse der Entscheidungsforschung gerechnet werden kann.

Auf der anderen Seite offenbart der entscheidungstheoretische Ansatz manche Angriffspunkte. Besonders häufig ist eine Kritik, die auf die simplifizierenden Annahmen über die Natur des Dezidenten hinweist, die zwar mathematische Formulierungen erlaubten, nicht aber die Realität widerspiegelten. Der Mensch könne nicht als ein sein Handeln nach Gesichtspunkten der Rationalität ausrichtendes Wesen, als ein *homo oeconomicus* angesehen werden. Für bedenklich gehalten wird auch die Annahme einer Konstanz der Bewertungen der einzelnen Faktoren während des gesamten Entscheidungsprozesses (vgl. March, 1994). Daneben finden sich kritische Anmerkungen zu speziellen methodischen Fragen, die wir jedoch nicht an dieser Stelle, sondern erst später im Einzelnen aufgreifen und erörtern wollen (siehe Kap. 22).

4.2 Differenzierung nach dem inhaltlichen Schwerpunkt

Entscheidungsprobleme werden schwerpunktmäßig im Rahmen der Motivations- und der Kognitiven Psychologie bearbeitet. Auch andere Teildisziplinen der Psychologie setzen sich mit Fragen auseinander, die für die Entscheidungsforschung relevant sind, wie beispielsweise die Sozialpsychologie, die u.a. kollektive Entscheidungsprozesse untersucht (siehe Kap. 23). So ist das Verständnis des Entscheidungsgeschehens durch zahlreiche sozialpsychologische Arbeiten gefördert worden, die das Zustandekommen von Gruppenentscheidungen (Ardelt-Gattinger, Lechner & Schlögl, 1998; Beck, 2001), die soziale Determination von Verhaltenstendenzen, die Bedingungen von Einstellungsänderungen u.a. behandeln (z.B. Herkner, 1993). Die direkte und indirekte ständige Einwirkung anderer auf ein Subjekt bedingt, dass fast kein Fragenkomplex im Bereich von Entscheidungsvorgängen nicht auch sozialpsychologische Aspekte aufweist. Die insoweit erzielten Resultate und der Stand der Theoriebildung werden im Zusammenhang mit der ausführlichen Analyse des Entscheidungsprozesses diskutiert (siehe Kap. 11-21, 23).

Die Tendenz der Tiefenpsychologie zu weithin noch spekulativen Aussagen, die sich selten über den Status von Hypothesen erheben, ist wohl Grund dafür, dass psychoanalytische Überlegungen sich im Rahmen der Entscheidungsanalyse bisher nur exemplarisch eingebaut finden (siehe Kap. 16.4). Für das Verständnis der Entscheidung können die Aussagen über die Wirkung unbewusster Personschichten und verschiedener Formen der Konfliktverarbeitung jedoch nützlich sein.

Beziehungen zwischen Entscheidungsverhalten und dem Lebenslauf des Individuums sind selten Gegenstand der Forschung gewesen. Es liegen jedoch einige Ergebnisse über Entscheidungsformen in verschiedenen Abschnitten des Kindesalters und Untersuchungen über die Verarbeitung kognitiver Reize im Erwachsenenalter vor, so dass auch die entwicklungspsychologische Fragestellung für unsere Thematik bedeutsam ist.

Hinzuweisen ist schließlich auf Ansätze, die die Differenzen in der Art und Weise, wie Entscheidungen gefällt werden, zum Untersuchungsthema machen. Neben diesen empirischen Befunden liegen zahlreiche spekulativ orientierte Publikationen vor, die Aussagen über den Aufbau der Persönlichkeit machen. So sehr auch die Konsequenzen aus der Persönlichkeitsstruktur für den Verlauf des Entscheidungsgeschehens von Bedeutung sind, im Rahmen der vorliegenden Arbeit kann nur auf einige wirklich einschlägige Beiträge aus dem Gebiet der differenziellen Psychologie näher eingegangen werden (siehe Kap. 15).

Teil II Zwischen Kognition und Motivation, Emotion und Volition: Merkmale und Bedingungen der Entscheidung

Im zweiten Teil werden wir nun genauer betrachten, wie die Entscheidungsthematik in zentralen psychologischen Teilgebieten einer experimentellen Untersuchung zugeführt und in theoretische Kontexte eingebunden wird. Dabei werden kognitions- und motivationspsychologische Ansätze im Vordergrund stehen, die naturgemäß mit dem Phänomen des Entscheidens in Verbindung stehen. Denn der Entscheidungsprozess beinhaltet sowohl kognitive – etwa das Überlegen und Reflektieren möglicher Alternativen – als auch motivationale Komponenten, die eine Entscheidung induzieren und handlungswirksam werden lassen. Besondere Schwerpunkte liegen dabei auf Fragen der Triebtheorien (Kap. 9) und auf der Problematik des Willens und des Wollens (Kap. 10).

5 Kognitive Funktionen im Entscheidungsverhalten

Auf die engen Beziehungen zwischen Entscheidung und den kognitiven Funktionen sind wir schon an mehreren Stellen aufmerksam geworden. Einige Aspekte sollen hier eingehender diskutiert werden, auch um eine Vorstellung von dem Grad des Ineinandergreifens kognitiver und volitiver Funktionen bei unserer Thematik zu vermitteln.

Wie der Bereich der Motivation die »energetischen« Bedingungen des Verhaltens zusammenfasst, so vereint der kognitive Bereich alle diejenigen Voraussetzungen, die das Individuum in die Lage versetzen, seine Umwelt zu erkennen. Hierher gehören vor allem die früher klassifikatorisch überwiegend »getrennt« aufgefassten Vorgänge, deren funktionale Verflochtenheit zunehmend wieder erkannt wird und vorrangig erscheint: Wahrnehmung, Denken, Lernen, Gedächtnis und Sprache. Über die Ziele unseres Anliegens würde es allerdings zu sehr hinausführen, wenn dabei die Ergebnisse der Erforschung kognitiver Funktionen umfassend dargestellt würden. Verschiedene Aspekte, die für das Verständnis der Entscheidungsproblematik zentral sind, müssen jedoch berücksichtigt und hier besprochen werden.

5.1 Kognitive Gehalte der Entscheidung

Dass man zur adäquaten Beschreibung des Entscheidungsvorgangs kognitive Gesichtspunkte heranziehen muss, wird von Lückert (1957) allenfalls implizit angesprochen: »Im Alltagsleben stehen uns meistens Gewohnheitshandlungen zur Verfügung, die wir in neuen Situationen einsetzen. Doch tritt bei einer unvorbereiteten Situation, in die wir geraten, das Denken auf den Plan. Im Gegensatz zum Tier, das über ›Versuch und Irrtum‹ probierend zu einer Lösung kommt, hat der Mensch die Fähigkeit, das Problem mit Hilfe der Vorstellung gedanklich zu lösen. Durch diese Entbindung vom Handeln ist es ihm in einem ganz anderen Maße und in unvergleichlich schnellerer Zeit möglich, eine Situation oder Aufgabe zu bewältigen« (S. 211). Salber (1953) konstatiert allgemein: »... zum Sich-Entscheiden gehören Denkvorgänge und geistige Akte« (S. 463). Diese Feststellungen reichen zu einer genaueren Erfassung der kognitiven Seite des Entscheidungsprozesses nicht aus. Zur Vorbereitung unserer Analyse müssen über diese Aussagen hinaus relevante Einzelheiten erarbeitet werden.

Dabei sei vorab erwähnt, dass in neueren Forschungsansätzen und der entsprechenden Literatur (vgl. Robertson, 2001; Medin, Ross & Markman, 2001; Funke, 1999, 2003, 2004a) kognitive Prozesse im Kontext des Entscheidens vor allem innerhalb der Thematik des Problemlösens von Bedeutung sind. Als besonderer Anreiz für diesen Ansatz könnte die Hypothese von Anderson (1996) fungieren, der zufolge es so aussieht, »als seien alle kognitiven Aktivitäten ihrer Beschaffenheit nach im Grunde genommen Problemlöseprozesse« (S. 233). Nachdem wir uns im Folgenden zunächst wahrnehmungspsychologischen Fragen und der Rolle des Suchverhaltens unter kognitivem Stress zuwenden, werden wir das Problemlösen in Verbindung mit der Entscheidungsthematik in Kapitel 5.4, 5.5 und 5.6 wieder aufgreifen und vertiefen.

5.2 Selektive Tendenzen in der Wahrnehmung

Zunächst hängt der Wahrnehmungsinhalt von den physikalischen Reizen des Objekts ab. Dieser Zusammenhang wurde in den ersten Jahrzehnten der akademischen Psychologie eifrig erforscht. Man fragte damals, wie ein Farb-, Bewegungs-, Größen- Tiefenerlebnis etc. zustande kommt. Später wandte man sich verstärkt der »entgegengesetzten« Fragestellung zu und konnte dabei nachweisen, dass Motivationslagen und Persönlichkeitseigenschaften des Wahrnehmenden seine Eindrücke beeinflussen.

Als ein Beispiel für eine Vielzahl ähnlicher Untersuchungen sei ein Experiment von McClelland und Liberman (1949) vorgestellt. Sie boten verschiedene Leistungsbegriffe, wie z.B. »Erfolg« oder »Fehlschlag«, ihren Versuchspersonen tachistoskopisch dar, deren Leistungsbedürfnisse in ihrem Ausprägungsgrad ermittelt worden waren. Dabei stellten sie fest, dass Personen mit hoher Leistungsmotivation die positiven Leistungsbegriffe signifikant rascher erkannten als Personen mit niedrigen Leistungsbedürfniswerten. Dieses Ergebnis und die Befunde ähnlicher Experimente legen die Interpretation nahe, dass die starke Ausprägung eines Motivs eine spezifische Vigilanz begünstigt. Parallel zu der selektiven Wahrnehmung läuft eine Selektivität des Behaltens, wie es Levine und Murphy (1958) nachweisen konnten. Sie ließen einen antikommunistischen Text von Pro- und Antikommunisten lernen und stellten dabei fest, dass die Antikommunisten den Text rascher lernten und länger im Gedächtnis behielten als die Prokommunisten.

Für die Entscheidungsproblematik bedeuten diese durch weitere Untersuchungen gut gesicherten Befunde, dass ein Individuum während der Entscheidungsphase zur Verfügung stehende Information so auswählt, wie es seiner jeweiligen Antriebslage entspricht. So gehen Bruner und Goodman (1947) davon aus, dass die Wahrnehmung nicht isoliert betrachtet werden darf, sondern als ein

Prozess zu sehen ist, der in Wechselwirkung zu den anderen Komponenten des dynamischen Systems »Mensch« steht. Hauptdeterminanten der Wahrnehmung sind dabei der Empfang von Signalen durch physiologische Mechanismen wie insbesondere das Nervensystem sowie die Interpretation der Wahrnehmung durch verhaltensmäßige Bestimmungsfaktoren. Nicht alle durch die Sinnesorgane empfangenen Signale werden wahrgenommen: Was der Organismus in jedem Augenblick von seiner ihn umgebenden Umwelt perzipiert, stellt wahrnehmungsmäßig eine Art Kompromiss dar zwischen dem, was durch physiologische Mechanismen vermittelt, und dem, was durch verhaltensmäßige Prozesse ausgewählt wird.

Wahrnehmung ist daher ein selektiver Prozess, bei dem Signale der Umwelt aufgrund von bereits im Gedächtnis gespeicherten Informationen interpretiert und gedeutet werden. Es werden gleichsam jene Informationen »herausgefiltert«, die in der jeweiligen Situation dem Individuum bedeutsam erscheinen, d.h. es werden besonders diejenigen Reize mit Aufmerksamkeit bedacht, die salient in der Umgebung des Organismus erscheinen (vgl. Gigerenzer & Todd, 1999). Die Art dieser Selektion hängt zum einen von der Art und Intensität der Signale ab. Zum anderen wird sie wesentlich davon bestimmt, ob der Organismus aufgrund seiner Erfahrungen mit ähnlichen Situationen der Vergangenheit eine Wahrnehmung erwartet. Schließlich wirken sich die jeweils unbefriedigten Bedürfnisse des Individuums und einige andere motivationale Faktoren auf die Art der Selektion innerhalb des Wahrnehmungsprozesses aus.

Der Informationsverarbeitungsprozess der Wahrnehmung besitzt nicht nur eine Filterwirkung. Er wirkt sich auch ergänzend und strukturierend aus. Die psychologische, vor allem gestaltpsychologische Literatur[7] zur menschlichen Wahrnehmung bietet eine Fülle von Hinweisen, wie Individuen Darbietungen von zum Teil unvollkommenen und mehrdeutigen Reizkonstellationen als »Gestalten« oder »Ganzheiten« wahrnehmen.

Untersuchungen der Wahrnehmungspsychologie machen deutlich, daß die Informationssuche des Individuums in seiner Umwelt in engem Bezug zu den in seinem Gedächtnis bereits gespeicherten Informationen gesehen werden muss und der Mensch weit davon entfernt ist, seine Umwelt »objektiv« zu erfassen (vgl. March & Simon, 1958). Der *Suchprozess* hat nach Funke (2003) die Funktion, die Lösung des Problems zu erzeugen: »Dieser Prozess wird vom Ergebnis des Verstehensprozesses angetrieben. Gesucht wird nach Unterschieden zwischen gegebenem Zustand und Zielzustand sowie nach Operatoren, die eine Zustandsänderung herbeiführen könnten« (S. 64). Insofern ist das Gedächtnis bedeutsam, wenn es darum geht, die menschliche Informationsgewinnung »von außen« zu analysieren. Wenn man jedoch im Rahmen der Entscheidungsprob-

---

[7] Vgl. den Überblick bei Hofstätter (1957, S. 142 ff.) und zur geschichtlichen Entwicklung der Gestaltpsychologie Funke (2003, S. 27). Zur Problematik der Funktionsweise des visuellen Systems siehe Palmer (1999).

lematik von Suchverhalten spricht, erscheint es sinnvoll, dieses nicht allein auf das nach außen gerichtete Suchverhalten zu beschränken. Das Individuum »sucht« auch in seinem Gedächtnis nach – zusätzlichen – Informationen. March und Simon (1958) haben eine Konzeption entwickelt, die sich um die Begriffe der »Hervorrufung« und der »Einstellung« rankt und die diesen Gesichtspunkt deutlich werden lässt. Freilich erscheint hierbei das Individuum eher als ein »passives« Wesen, das kaum eine Kontrolle über jene Informationen bzw. Assoziationen besitzt, die in einer konkreten Situation hervorgerufen werden. Sicherlich ist das »Erinnern« im Rahmen eines Entscheidungs- bzw. Problemlöseprozesses als ein relativ »aktiver« Prozess anzusehen. Das Wissen über diese Prozesse ist noch vergleichsweise gering. Insbesondere ist nach wie vor ungeklärt, wie es dem Menschen gelingt, in aktiver Weise zuvor gelernte Informationen zu reaktivieren.

Es wundert daher nicht, dass in der Entscheidungspsychologie bisher kaum Hinweise auf *diese* Aspekte des Suchverhaltens im Entscheidungsprozess zu finden sind. Lanzetta (1963) stellt – allerdings in eher spekulativer Weise – die These auf, dass sich in *jedem* Entscheidungsprozess Prozesse der nach außen gerichteten Informationssuche mit Prozessen der Suche nach bereits im Gedächtnis vorhandenen Informationen abwechseln: Der Organismus werde – führt er hierzu aus – zunächst im Gedächtnis nach Informationen suchen, die eine Basis für die Entscheidung liefern, und versuchen, solche Daten auszuwerten und einzubeziehen, um ihre Bedeutung für das zu lösende Problem abzuschätzen. Nur wenn diese Prozesse beendet seien und nur wenn sie keine Daten von Relevanz zu liefern vermögen, werde das Individuum versuchen, weitere Informationen zu erlangen. Auch deshalb, weil neue Informationen selten in einer Form vorlägen, dass sie auf spezifische Probleme direkt angewendet werden können, könnten diese symbolischen Verarbeitungstätigkeiten wieder ausgelöst werden. So könne der Organismus auf jeder Stufe des sequentiellen Entscheidungsprozesses mit einem Konflikt konfrontiert sein, ob er auf der Basis der gegenwärtigen Information entscheiden oder ob er neue Informationen suchen soll, indem er eine intensivere und umfassendere Suche durchführt, oder ob er kürzlich erlangte und gespeicherte Daten verarbeiten soll (S. 263).

Diese Überlegungen gewinnen an Klarheit, wenn man die Unterscheidung von aktiven und passiven Komponenten des menschlichen Gedächtnisses zu der Annahme unterschiedlicher Gedächtnistypen in Beziehung setzt. Mit Blick auf eine möglichst realistische Erklärung des »inneren« Suchverhaltens erscheint es sinnvoll, mehrere Typen des Gedächtnisses zu unterscheiden (vgl. Buchner, 2003). Einer üblichen Unterteilung (Tulving, 1972, 1999) zufolge kann auf Basis der Form des Erinnerten einerseits ein episodisches und ein semantisches Gedächtnis unterschieden werden, wobei im Gedächtnis der ersteren Art persönlich erfahrene Ereignisse und im zweiten Gedächtnistyp eher »Faktenwissen« abgelegt wird. Daneben kann anhand des Kriteriums der Zugänglichkeit zum

Bewusstsein das »explizite Gedächtnis« von seinem »unbewussten« Gegenstück, dem »impliziten Gedächtnis« (Schacter, 1987), unterschieden werden.

Nach dem Kriterium der Zeitdauer, in der Informationen jeweils gespeichert sind, kann von *Kurzzeitgedächtnis* und *Langzeitgedächtnis* gesprochen werden. Beim Langzeitgedächtnis handelt es sich um den Teil des Gedächtnisses, dessen Inhalt erst durch die Überführung ins Kurzzeitgedächtnis aktiviert wird. Das Langzeitgedächtnis ist unbewusst, hat aber eine außergewöhnlich große Speicherkapazität. Dagegen repräsentiert das Kurzzeitgedächtnis die jeweils hervorgerufene Einstellung des Individuums.

Das Kurzzeitgedächtnis ist aktiv am Prozess der Entscheidungsfindung beteiligt. Seine steuernde und planende Funktion ist in einer neueren Konzeption als *Arbeitsspeicher* ausdrücklich berücksichtigt (Baddeley, 1986, 1996). Informationen bleiben allerdings nur relativ kurze Zeit gespeichert, da die Kapazität des Kurzzeitgedächtnisses verhältnismäßig klein ist. Eine begrenzte Kapazität des Kurzzeitgedächtnisses steht der der traditionellen Entscheidungslehre implizit zugrunde liegenden Prämisse einer angeblich unbeschränkten Informationsverarbeitungskapazität des Individuums entgegen. Darauf soll im Folgenden näher eingegangen werden.

5.3 Suchverhalten und kognitiver Stress

Kritik an den überkommenen Modellen des Entscheidungsverhaltens basiert auf der Erkenntnis, dass die Informationsverarbeitungskapazität des Individuums erheblichen Beschränkungen unterliegt. Eine Überschreitung dieser Kapazität ruft kognitiven Stress hervor, auf den das Individuum mit *Strategien* der Informationsverarbeitung und des Suchverhaltens reagiert, die erheblich vom »entscheidungslogischen« Ideal abweichen.

Vor allem Miller (1967) setzte sich mit diesem Problem auseinander. Er zeigte die Grenzen der menschlichen Kapazität, Informationen zu verarbeiten, quantitativ auf. Zwei Aspekte stehen im Vordergrund der Betrachtung: die Fähigkeit des Individuums, Stimuli der Umwelt oder des eigenen Organismus zu unterscheiden und in vorgegebene Kategorien einzuordnen, sowie die Fähigkeit des Individuums, Informationen im so genannten unmittelbaren Gedächtnis *(immediate memory)* zu behalten. Eine Reihe der von Miller referierten empirischen Untersuchungen legt dabei den Schluss nahe, dass die Fähigkeit, zwischen eindimensionalen Stimuli zu unterscheiden, äußerst begrenzt ist. Ein Beispiel mag dies verdeutlichen: Einer Versuchsperson sei die Aufgabe gestellt, einzeln dargebotene Tonhöhen zu identifizieren und ihnen vorher vereinbarte numerische Werte zuzuordnen. Solange beim Experiment lediglich zwei oder drei verschiedene Tonhöhen Verwendung finden, ist mit einer korrekten Identifizierung der dargebotenen Töne zu rechnen. Werden die Tonhöhen dagegen aus fünf oder mehr Tönen ausgewählt, so werden bald Unsicherheiten und Inkonsistenzen in der Zuordnung durch das Individuum sichtbar. Je größer die Zahl der möglichen Tonhöhen ist, desto mehr Fehler unterlaufen der Versuchsperson.

Betrachtet man die absoluten Urteile über die Tonhöhe als Informationsoutput, die Töne selbst als Informationsinput, so kann die Versuchsperson als Informationskanal aufgefasst werden. Die »Kovarianz zwischen Input und Output« (Miller, 1967) gibt das Ausmaß der Informationsübertragung wieder. Die von Miller ausgewerteten Untersuchungen zeigen, dass die bei unterschiedlichen Experimenten gemessene Informationsübertragung im Durchschnitt maximal 2,6 Bit beträgt. Dies bedeutet, dass die Kapazität des Individuums, Stimuli korrekt zu identifizieren, auf etwa 6 – 7 Kategorien beschränkt ist. Bei mehr als 7 Kategorien von Stimuli wird die Klassifikation sehr schnell fehlerhaft. Die Fähigkeit des Individuums, Stimuli zu unterscheiden, nimmt zu, wenn die Stimuli nach mehreren Dimensionen (z.B. Tonhöhe und Tonstärke) zu klassifizieren sind. Es lassen sich jedoch auch hier relativ enge Grenzen der Informationsverarbeitungskapazität feststellen und quantitativ fixieren.

Die Befunde besitzen für die Entscheidungsproblematik besondere Relevanz. Sie erklären, weshalb empirische Tests dann zu brauchbaren Ergebnissen führen, wenn etwa nur 5 Alternativen durch Zuordnung von 5 – 7 Nutzengrößen in eine Rangordnung zu bringen sind. Solche Testaufgaben bewegen sich im Rahmen der Fähigkeit des Individuums, korrekte, absolute Urteile abzugeben. Nimmt die Zahl der Alternativen und Stufungen innerhalb der Nutzenskala zu, so ist das Individuum gezwungen, seine Präferenzurteile in relativer Weise sukzessive abzugeben. Die Konsistenz dieser Präferenzurteile hängt von der Spanne des unmittelbaren Gedächtnisses ab (Süllwold, 1964). Diese Spanne wird durch die Zahl der unterscheidbaren »Einheiten« bestimmt, die das Individuum gleichzeitig in seinem »Bewusstsein« aufzunehmen vermag. Auch hier zeigt sich eine Beschränkung der Speicherkapazität auf etwa 7 »Einheiten« *(chunks)*. Diese Beschränkung ist jedoch anderer Art als jene der absoluten Urteilsfähigkeit: »Absolutes Urteilen ist durch das Ausmaß der Information begrenzt. Das unmittelbare Gedächtnis ist durch die Zahl der Einheiten (items) begrenzt. Ich habe mir angewöhnt, zwischen Informations-Bits und Informations-Chunks zu unterscheiden. Ich kann dann sagen, dass die Anzahl an Informations-Chunks für das unmittelbare Gedächtnis konstant ist. Die Spanne des unmittelbaren Gedächtnisses erscheint als fast unabhängig von der Zahl an Bits pro chunk, zumindest in jenem Bereich, der bislang untersucht wurde« (Miller, 1967, S. 117).

Mit dem Begriff »chunk« wird angedeutet, dass das Individuum in der Lage ist, vorhandene Informationen neu zu verschlüsseln *(recode)*: »Es gibt viele Wege für diese Neuverschlüsselung. Der einfachste besteht vielleicht darin, die Input-Ereignisse zu gruppieren, der Gruppe einen neuen Namen zu geben und den neuen Namen zu erinnern und nicht die ursprünglichen Input-Ereignisse« (Miller, 1967, S. 118).

Für den Begriff »chunk« hat sich bisher in der deutschsprachigen Literatur kein entsprechender Terminus durchgesetzt. Ebenso wenig ist der Begriff präzise definiert. Grundsätzlich ist im Chunk die elementare Einheit kognitiver Informationsverarbeitungsprozesse zu erblicken. Die hinter dem Begriff stehende Annahme der *Neu*verschlüsselung von Informationen gibt bereits einen Hinweis, wie das Individuum auf eine Überschreitung seiner Informationsverarbeitungskapazität reagiert. Die Neuverschlüsselung, also die Bildung von Chunks, die *mehrere* Informationen *zusammenfassen*, ist eine Möglichkeit des Individuums, den aus der Kapazitäts*überschreitung* resultierenden *kognitiven Stress* zu umgehen. Es besteht im Übrigen die Vermutung, dass das Individuum Strategien oder Methoden entwickelt, die ihm eine Verarbeitung aufgenommener Informationen im Rahmen *seiner* Kapazität ermöglichen (vgl. Bruner, Goodnow & Austin, 1956).

5.4 Zum Verhältnis Denken, Problemlösen und Entscheiden

Ein Denkproblem liegt vor, sobald in einer Reizkombination der Charakter des Gestörtseins, Unvollendetseins, der fehlenden Ordnung, der strukturellen Unklarheit oder der Mehrdeutigkeit entdeckt wird, der nicht mit den gewohnten Handlungsformen aufzulösen ist. Wie vor allem die Gestaltpsychologen Duncker (1974) und Wertheimer (1957) in ihren Untersuchungen zum produktiven Denken nachgewiesen haben, führt eine unfertige Reizkonstellation zu einem gerichteten Suchverhalten, das eine entspannte Situation zum Ziel hat: »Wenn man eine Problemlage erfaßt, erzeugen ihre strukturellen Züge und Forderungen in dem Denker gewisse Spannungen, einen gewissen Zug oder Druck. Was nun im wirklichen Denken geschieht, ist, daß diesem Zug oder Druck gefolgt wird, daß sie Vektoren hervorbringen in Richtung auf eine Verbesserung der Situation und diese entsprechend ändern« (Wertheimer, 1957, S. 226).

Hier stoßen wir auf eine Parallele zur *Ausgangslage* der Entscheidung (siehe Kap. 11), die sich als eine Behinderung des reibungslosen Ablaufs der Motive darstellt. Aus dem Konflikt erwächst die Notwendigkeit zur Lösung (siehe Kap. 13). Dabei kann der Konflikt als ein »reines« Denkproblem mit der Aufgabenstellung aufgefasst werden, die optimale Auswahl zu treffen. Es wird daher in der detaillierten Analyse zu klären sein, ob von Entscheidung auch dann zu sprechen ist, wenn volitionale Komponenten weitgehend fehlen.

Die Lösung des Denkproblems wird nach Duncker (1974) vorbereitet durch eine »produktivere Fassung des Problems«, wodurch die einzelnen Glieder einen neuen – lösungsbezogenen – Stellenwert erhalten. Dieser Vorgang ist die eigentliche produktive Denkphase. In ihr erfolgen Umzentrierung und Umfunktionalisierung, so dass die neue Sicht der Dinge (eventuell einschließlich des Ausfüllens einer offensichtlich gewordenen Lücke) die Lösung ergibt.

Einige *Parallelitäten* zwischen *Denken* und *Entscheiden* sind von Salber (1953) und von Thomae (1960) aufgewiesen worden. Thomae konzentrierte sich auf die Verlaufsformen beider Phänomene.

In dem Moment der veränderten Zentrierung sieht Thomae (1960, S. 135 f.) einen gemeinsamen Bezugspunkt von Denken und Entscheiden. Alle Orientierungsversuche, die durch die Ausgangssituation der Entscheidung aktiviert werden, sind – ähnlich wie beim Nachdenken über ein Problem – auf das Fragespektrum nach der Thematisierung ausgerichtet. Die Zentrierung hängt mit der Gewichtsverteilung bzw. Rangordnung der einzelnen Glieder zusammen. Gegenüber der »natürlichen« Zentrierung psychischer Phänomene, wie sie in der Wahrnehmung stattfindet, handelt es sich beim *Problemlösen* und *Entscheiden* um die (Neu-)Ordnung des Geschehens über den ganzen Zeitraum vom Einsetzen der Prozesse bis zum Finden der Lösung; nur einzelne Phasen des »Aus-dem-Feld-Gehens« durchbrechen die Bemühungen um eine befriedigende Umzentrierung. Dabei unterscheidet Thomae zwischen akuten und latenten Phasen der Entscheidung. Während in den akuten Abschnitten das gesamte psychische Geschehen auf die Behebung der konfliktbehafteten Ausgangslage gerichtet ist, laufen während der Latenzphasen andere Prozesse neben dem Entscheidungsgeschehen relativ unbeeinflusst ab oder es stehen gar andere Aufgaben und Probleme im Mittelpunkt. Auch hier finden sich Entsprechungen im Denkverlauf, der durch die Einschaltung stiller Phasen gekennzeichnet sein kann.

Die Zentrierung darf, wie Nesswetha (1964) betont, keineswegs mit einem Wollensakt oder mit einer willkürlich aktivierten und gesteuerten Konzentration gleichgesetzt werden: »Das An-der-Spur-bleiben, das Verhaftetsein mit der Aufgabe, die existentielle Unorientiertheit zu beenden, erhält im wesentlichen seine Dynamik aus der Sehnsucht nach der Wiederherstellung der Einheit« (S. 37).

Die *unterscheidenden* Merkmale zwischen den Vorgängen des Denkens und den entscheidungsinduzierenden Reaktionen auf multivalente Situationen zeigen sich nach Thomae (1960) einmal darin, dass in Denkvorgängen die allgemeine Richtung eindeutig ist. Die der Zielanalyse dienende Frage (»Was will ich denn eigentlich?«) richte sich beim Denken auf das Material, an dem Operationen vollzogen werden sollen. Dagegen bestimmten in der Entscheidung die Affinität zu einem der Kerngebiete individueller Gerichtetheit und die Affinität zu einem der antizipierten Ergebnisse den Wert des Gefundenen. Der Ablauf werde durch die Suche nach einem eindeutig treibenden Motiv determiniert.

Eine Sichtung der Literatur über kognitive Prozesse führt im Übrigen zu dem etwas überraschenden Ergebnis, dass bei der Aufzählung kognitiver Prozesse nur verhältnismäßig selten Entscheidungsprozesse genannt werden. Der Entscheidungsbegriff in der Psychologie kognitiver Prozesse bleibt in der Regel auf den Akt der Entschlussfassung beschränkt. Das eigentliche Problemlöseverhalten ist *eine* von mehreren Phasen im Gesamtablauf des (weitgefassten) Entscheidungsprozesses.

Gelegentlich werden Ähnlichkeiten zwischen Entscheidung, Problemlösen, Kreativität betont. Dem ist aber entgegenzuhalten, dass zumindest Kreativität im Sinne eines eigenen Prozesses zu definieren ist. Sie ist am zweckmäßigsten nicht allein im Sinne eines Prozesses, sondern auch des Ergebnissbezugs zu definieren: Kreativität ist jenes Denken, das zur Entwicklung von Ideen oder anderen Produkten führt, die neu sind. Ähnlich ist Problemlösen als das Denken zu bezeichnen, das zur Lösung von Problemen führt; Entscheiden ist der Denkprozess, der zu einer Wahl zwischen alternativen Handlungsweisen führt. Entscheiden, Problemlösen und Kreativität sind in dieser Betrachtungsweise als *Arten* des Denkens anzusehen.

Diese Überlegungen implizieren eine gewisse Trennung von Entscheidungs- und Problemlöseprozess, wenngleich sie für beide die gleiche Basis annehmen. Entscheiden wird letztlich als Wahl zwischen mehreren Möglichkeiten oder Alternativen verstanden (Thomae 1960, S. 18). Keller (1954) jedoch wendet sich ausdrücklich gegen eine solche Einengung des Entscheidungsbegriffs:

> »Gemeinhin denkt man beim Begriff der Entscheidung an eine Wahl zwischen mehreren Möglichkeiten. Allein gerade das macht nicht ihr eigentliches Wesen aus. Dieses liegt nicht in der Tatsache mehrerer Möglichkeiten, sondern darin, daß überhaupt eine Möglichkeit ergriffen wird. Auch das ist ein ›Wählen‹, aber nicht im Sinn eines ›Wählens zwischen ... ‹, sondern im Sinn des ›Erwählens von ... ‹ Darum kann durchaus auch da von Entscheidung die Rede sein, wo keine ›Wahl‹ in jenem üblichen Sinn stattfindet und kein Schwanken zwischen verschiedenen Möglichkeiten vorausgeht; also auch da, wo z.B. nur eine einzige Abzielung überhaupt möglich ist oder eine bestimmte Möglichkeit sich so sehr von selbst aufdrängt, daß die Setzung sie sogleich und ohne Schwanken ergreift« (S. 103).

Fasst man den Entscheidungsbegriff so weit, könnte es scheinen, als seien auch Problemlöseprozesse als Entscheidungsprozesse zu charakterisieren, die lediglich zur Entwicklung und Formulierung einer einzigen Lösungshypothese führen, die akzeptiert wird, ohne dass mehrere Alternativen erwogen und verglichen werden. Aus dieser Sicht mag es verständlich sein, weshalb neuere Entwicklungen in der Entscheidungstheorie und der Theorie des Problemlösens eine äußerst enge Verbindung dieser ursprünglich eher getrennten Forschungsgebiete beinhalten. Brim, Glass, Lavin und Goodman (1962) bringen das Problem in der folgenden Fragestellung zum Ausdruck: Welcher Art ist die Beziehung zwischen Entscheidungsprozess und Problemlösen? Sie betrachten beides als identisch und verwenden die Begriffe austauschbar. Die Unterschiede zwischen der Entscheidungstheorie und der Problemlöseforschung sind ihrer Ansicht nach eher Unterschiede in den Schwerpunkten als in der Betrachtung unterschiedlicher Typen theoretischer Streitfragen. Hier lässt sich entgegenhalten, dass Problemlösen der allgemeinere Begriff ist. Dafür spricht, dass der Begriff der Entscheidung bei alternativen Handlungsweisen auf die Auswahl selbst bezogen werden kann, während in den vorhergehenden Schritten die Problemlösung lag. Auf der anderen Seite scheinen Wissenschaftler, die sich mit Entscheidungsprozessen befassen, diesen Terminus für den allgemeineren zu halten, da die traditionellen Untersuchungen des Problemlösens oft mit künstlichen und begrenzten Problemen befasst sind. Nach Brim et al. sind die Grenzen der Problemlöseforschung mit den Grenzen der Entscheidungsforschung vergleichbar; letztere sei jedoch durch ihre traditionelle Hervorhebung von Nutzen und rationalem Verhalten beschränkt. Beide Forschungsbereiche könnten profitieren, würden sie ihre ähnlichen Interessen erkennen (1962, S. 11 f.).

Die damit geforderte Entwicklung einer zunehmenden Verschmelzung oder doch eines Zusammengehens von Entscheidungstheorie und Theorie kognitiver Problemlöseprozesse wird gestützt durch die in der Entscheidungstheorie übliche Differenzierung von *routinemäßigen* und *echten* Entscheidungen. Katona (1964) setzt die echten Entscheidungen explizit dem Problemlöseverhalten gleich. Strebt man eine Theorie der echten Entscheidungen an, so gilt es, die allgemeine Fähigkeit, Probleme zu lösen, zu untersuchen. Bei solchen Bestrebungen sind die Termini »Entscheidungsprozess«, »Problemlöseprozess« und zu einem gewissen Grade auch der Terminus »Prozess des kreativen Denkens« streckenweise austauschbar (vgl. Simon, 1960; Newell & Simon, 1972).

Im Unterschied zum Problemlöseverhalten *setzt* die Entscheidung die gewählte Alternative als zu *verwirklichende* Verhaltensmöglichkeit; die Entscheidung wirkt also im Sinne einer Selbstverpflichtung des Individuums. Die im Übrigen weitgehende Identität von Entscheidungs- und Problemlöseprozess manifestiert sich vor allem in einer grundsätzlichen Übereinstimmung der Phasenschemata, die zur Charakterisierung von Entscheidungs- bzw. von Problemlöseprozessen in der Literatur vorgeschlagen werden.

Bei Simon (1960) sind die Beziehungen zwischen Entscheidungs- und Problemlöseprozess deutlich herausgearbeitet. Entscheiden umfasst hiernach drei Hauptphasen: das Finden von Entscheidungsanlässen, das Finden möglicher Handlungsweisen und das Wählen zwischen den Handlungsweisen. Die erste Phase des Entscheidungsprozesses – Erforschen der Umwelt nach Umständen, die eine Entscheidung erfordern – bezeichnet Simon als *intelligence activity*. Die zweite Phase – Finden, Entwickeln, Untersuchen möglicher Handlungsweisen – nennt er *design activity*. Die dritte Phase – Auswählen einer bestimmten Handlungsweise aus den verfügbaren Optionen – heißt bei ihm *choice activity*.

Die Bemühungen um die Entwicklung eines möglichst allgemeingültigen Phasenschemas lassen sich – bei aller in weitere Details gehenden möglichen Differenzierungen – in einzelne zentrale Grundfragen aufzulösen:

- Worin besteht das Problem?
- Welche Alternativen sind möglich?
- Welche Alternative ist die beste?

Diese Fragen stehen in einer engen Verbindung zu den *Stufen des Problemlösens*, wie sie bereits Dewey in seinem Buch »How we think« (1933) beschrieben hat. Er unterscheidet:

- Gefühl des Zweifels
- Identifikation des Problems
- Informationssuche
- Entwürfe möglicher Lösungen
- Prüfung der Lösungsmöglichkeit

- Auswahl der für richtig befundenen Lösung
- Realisierung der Lösung.

Vor allem die Einbeziehung der Such- bzw. Entwurfsphase in das Phasenschema des Entscheidungsprozesses lässt die Überlegungen zum Problemlöseprozess und zum Entscheidungsprozess als teilweise identisch erscheinen. Gagné (1969) nennt folgende Phasen (S. 138):

- Feststellung des Problems
- Definition des Problems durch Unterscheidung wesentlicher Merkmale
- Suchen und Formulieren von Hypothesen
- Verifizierung der Lösung.

Brim et. al. (1962), die sich für eine Gleichsetzung von Entscheidungs- und Problemlöseprozess einsetzen, schlagen ein Phasenschema vor, das mit der Einbeziehung von Durchführungs- sowie Lern- bzw. Kontrollphase eine Erweiterung bringt:

- Identifizierung des Problems
- Beschaffung erforderlicher Information
- Entwicklung möglicher Lösungen
- Bewertung der Lösungsmöglichkeiten
- Auswahl einer Strategie für die Durchführung
- tatsächliche Durchführung
- nachfolgendes Lernen
- gegebenenfalls Revision.

Auch nach der eigentlichen Entscheidung, d.h. der Auswahl der zu realisierenden Alternative, finden also Prozesse eines spezifischen Suchverhaltens statt, die mit dem betrachteten Entscheidungsproblem in Zusammenhang stehen. Hiernach ließe sich ein Entscheidungsprozess gliedern in Suchverhalten vor der Entscheidung, Entschluss bzw. Auswahl einer Alternative und Suchverhalten nach der Entscheidung. Das Suchverhalten vor der abschließenden Entscheidung kann wesentlich als Problemlösen bezeichnet werden.

Das von Gagné (1969) vorgeschlagene Phasenschema charakterisiert ebenfalls das Suchverhalten vor der Entscheidung. Allerdings ist er geneigt, auch bei relativ enger Betrachtungsweise den Auswahlakt als Abschluss des Problemlöseprozesses in die Analyse einzubeziehen. Hierbei differenziert er jedoch nicht zwischen dem *unverbindlichen Präferenzurteil* und der den eigentlichen Auswahlakt (Entschluss) kennzeichnenden *Selbstverpflichtung (commitment)*. Die von Gagné als letzte Phase des Problemlöseprozesses eingeführte Phase der Verifikation der Lösungshypothese ist zunächst lediglich einem Präferenzurteil gleichzusetzen: Das Individuum stellt fest, dass eine Lösungshypothese (Alternative) von keiner anderen übertroffen wird und sich die gewählte Alternative als Lösung des gestellten Problems erweist. Zwischen der Bestätigung einer Lösungshypothese und dem Entschluss zu ihrer Realisierung ist jedoch zu differenzieren.

Die Differenzierung des Entscheidungsprozesses in Suchverhalten vor der Entscheidung, Entschluss *(commitment)* und Suchverhalten nach der Entscheidung charakterisiert ein globales Phasenschema des Entscheidungsprozesses, das ex definitione eine feste Reihenfolge der Phasen impliziert. Dagegen kann die Unterteilung der Suchphase vor der Entscheidung in *Teilphasen*, wie sie etwa in den Phasenschemata der psychologischen Problemlöseforschung entwickelt sind, *nicht* als Hypothese über die *Reihenfolge* des Ablaufs aufgefasst werden. Es ist vielmehr davon auszugehen, dass der Entscheidungsprozess durch einen potenziellen Wechsel einzelner Phasen charakterisiert ist. Dabei erscheint es zweckmäßig, diese Phasen als Kategorien von Teilprozessen oder »Episoden« zu interpretieren. Ein konkreter Entscheidungsprozess ist dann durch eine spezifische Folge von Teilprozessen der verschiedenen Kategorien zu beschreiben, über deren genaue Reihenfolge nur bedingt allgemeingültige Aussagen gemacht werden können. Es ist möglich, dass auf einen bestimmten Teilprozess ein anderer folgt, der im Phasenschema voransteht. Das Phasenschema bringt daher nur eine *Tendenz der Reihenfolge* zum Ausdruck.

Schließlich ist die *hierarchische Struktur* komplexer Entscheidungsprozesse zu erörtern. Jeder Teilprozess der Suchphasen vor und nach der Entschlussfassung kann zunächst routinemäßiger Natur sein. Soweit dem Individuum jedoch keine routinemäßigen Verhaltensmuster zur Verfügung stehen, wird der Teilprozess selbst zu einem Entscheidungs- oder Problemlöseprozess niederer Ordnung. Für diese Prozesse gelten grundsätzlich die gleichen Überlegungen hinsichtlich des Phasenablaufs wie für den übergeordneten Prozess. Auch sie können als Folge von Teilprozessen der dargelegten Art analysiert werden. Die Komplexität des hierarchischen Gesamtprozesses nimmt weiter zu, wenn man auch die Teilprozesse niederer Ordnung als spezifische Problemlöseprozesse betrachtet. Die Analyse der hierarchischen Struktur findet freilich ihre empirische Grenze bei jenen Teilprozessen, für die das Individuum gewohnheitsmäßige Verhaltensmuster besitzt. Fehlen solche Verhaltensmuster für Teilprozesse niederer Ordnung, so nimmt der Entscheidungsprozess für das Individuum sehr bald einen Grad von Komplexität an, der seine intellektuellen Fähigkeiten übersteigt. Daraus lässt sich der zunächst paradox erscheinende Schluss ableiten, dass ein Individuum nur dann in der Lage ist, echte und – wenn man so will – »rationale« Entscheidungen zu treffen, wenn es ein genügend großes Repertoire routinemäßiger Verhaltensmuster für die Teilprozesse des Suchverhaltens besitzt, deren Dominanz gerade für nichtrationales Verhalten charakteristisch ist. An diese Grundgedanken schließen sich weitere Überlegungen an. Dabei geht es weniger um nichtrationales Verhalten als vielmehr um kognitive Überforderung aufgrund großer Komplexität der Entscheidungssituation.

5.5 Entscheidungen in komplexen Problemsituationen

Hierbei handelt es sich um die Analyse von Prozessen beim Lösen von so genannten »dialektischen« Problemsituationen. Nach Dörner (1976) liegen bei diesem Problemtyp nur vage Kriterien über den Zielzustand vor, der durch die Anforderung an die Person beschrieben ist, »etwas solle anders oder besser werden« (z.B.: Das Betriebsklima soll besser werden oder die neue Wohnung soll gemütlicher werden). Empirisch-experimentell wurde in diesen Forschungen ein dynamischer »Welt«-Ausschnitt im Computer simuliert und die Versuchspersonen hatten die Aufgabe, durch geeignete Eingriffe die Welt zu verbessern. Simuliert wurden z.B. ein Entwicklungsland in Afrika, ein mittelständischer Textilbetrieb, ein Stamm in der Sahelzone, ein Bauernhof, eine süddeutsche Kleinstadt. Die Forschungen zur letztgenannten Problemsituation dürften im Rahmen unserer Untersuchung von besonderem Interesse sein. Dazu im Einzelnen:

Simuliert wurde eine Kleinstadt mit 1200 Variablen, die untereinander noch Beziehungen aufwiesen. Die Versuchspersonen erhielten den Auftrag, die Rolle des Bürgermeisters zu übernehmen und für »das Wohlergehen der Einwohner« zu sorgen. Entscheidungen der Versuchspersonen werden in das System eingespeist und zeitigen Folgen; das System »lebt« aber auch, wenn die Versuchsperson nicht eingreift.

Solche Probleme zeichnen sich durch besondere Merkmale aus (nach Dörner, 1993):

- *Komplexität:* Die Problemsituation ist durch sehr viele Variablen gekennzeichnet, die nur schwer überschaubar sind.
- *Vernetztheit:* Die Variablen weisen untereinander Beziehungen auf; Veränderungen an einer Variablen führen oft zu Veränderungen an anderen.
- *Intransparenz:* Die Problemzustände und die sie kennzeichnenden Variablen sind nur schwer überschaubar.
- *Eigendynamik:* Die Situation bleibt nicht unverändert, wenn der Problemlöser untätig bleibt; sie entwickelt sich von sich aus weiter.
- *Polytelie:* Die komplexen Probleme bieten immer viele Ziele an, die verfolgt werden können, die untereinander jedoch zum Teil widersprüchlich sind.

Insbesondere das letzte Merkmal weist darauf hin, dass die Versuchsperson in einer schwierigen Entscheidungssituation steht, der meist eine gewisse Realitätsnähe zuzusprechen ist. Manager, Politiker, Pädagogen, Juristen u. a. stehen oft vor komplexen Problemen dieser Art.

Dörner (1993) hat eine prototypische Phasenabfolge der »Stationen des Planens und Handelns« in solchen Problemsituationen entworfen (S. 67):

- *Zielausbreitung* (sich Klarheit über die Ziele verschaffen, die man anstrebt)
- *Modellbildung und Informationssammlung* (sich um Informationen bemühen, die die komplexe und unklare Problemsituation klären)

- *Prognose und Extrapolation* (Entwicklungstendenzen antizipieren, die aus dem Status quo erwachsen können)
- *Planung von Aktionen:* Entscheidung und Durchführung von Aktionen
- *Effektkontrolle und Revision der Handlungsstrategie.*

Als Resumé dieser Forschungen kann festgehalten werden, dass wir nicht besonders gut in der Lage sind, mit Problemsituationen dieser Art angemessen umzugehen. In der Bürgermeister-Studie (Dörner, Kreuzig, Reither & Stäudel, 1983) wurde in Abhängigkeit vom Zustand des Systems, das die Versuchspersonen am Ende des Versuchs hinterlassen hatten (z.B.: wirtschaftliche Situation der Stadt; Zufriedenheit der Einwohner), zwischen »guten« und »schlechten« Problemlösern differenziert. Die Unterschiede zwischen beiden Gruppen betreffen insbesondere das *Entscheidungsverhalten*: »Gute« Problemlöser fällen mehr (und bessere) Entscheidungen und verfolgen sie auch bis zum Abschluss; sie konzentrieren sich früher auf die relevanten Teile des Systems, bilden also Schwerpunkte, während die »schlechten« Problemlöser sprunghaft sind und zum »Vagabundieren« tendieren; die »guten« Problemlöser realisieren mehrere Entscheidungen hinsichtlich ihrer Ziele oder Absichten, sie gehen eher konzeptgesteuert vor, d.h. sie holen mehr Informationen ein und entwickeln vor diesem Hintergrund Hypothesen und Pläne (vgl. Dörner, 1993).

5.6 Beziehungen zwischen Urteilen, Beurteilen, Entscheiden

»Im Urteil wird ein Sachverhalt gesetzt und festgestellt«, konstatiert Blumenfeld (1931, S. 119) und weist damit implizit auf gewisse Ähnlichkeiten zum Entscheidungsbegriff hin. Eine spezifische Übereinstimmung zeigt sich in weiteren Merkmalen. Blumenfeld erläutert: »Die Voraussetzung ist jedesmal ein Wissen um das Vorhandensein eines verhüllten, ›unklaren‹ Sachverhalts, anders ausgedrückt: das Entstehen oder Vorliegen einer ›Frage‹, eines ›Problems‹, das nach Lösung verlangt« (S. 168).

Allerdings sind damit nur Vorgänge angesprochen, die mit der *erkennenden* Auseinandersetzung des Individuums zusammenhängen, so dass es scheint, der Unterschied zur Entscheidung liege in der Einschaltung von Antrieben. Die starre Trennung in die Kategorien der Kognition und Konation entspricht jedoch mehr einer ordnenden Tendenz im Betrachter als der Realität. Das wird z.B. in der Bemerkung Kaminskis (1964) deutlich, der vermutet, dass »die Vp hinsichtlich des dargebotenen bzw. von ihr zu vergegenwärtigenden Sachverhalts in irgendwelche kognitive Unsicherheit, Ungewißheit versetzt wird, die zu überwinden oder wenigstens zu reduzieren ist« (S. 454). Er sieht im »Entscheiden« (und »Kategorisieren« und »Schätzen«) relevante Varianten des Urteilens. Johnson (1955) geht weiter, indem er Urteil und Entscheidung bedingt gleichsetzt: das Urteil wird als eine Entscheidung zwischen *Denkalternativen* beschrieben. Salber (1953) sieht das Gemeinsame bei Entscheidung und Urteil darin, dass sich zwischen Problem und Ziel (Lösung) jeweils ein Ungewissheitsfaktor schiebt.

Von hier aus lässt sich der wesensmäßige Unterschied zwischen den in den Begriffen umschriebenen Sachverhalten gewinnen: Beide betreffen Vorgänge, in denen Unsicherheiten bewältigt werden. Bei der Entscheidung geschieht dies durch Anlegen eines primär personalen Maßstabs anlässlich der Auswahl der Alternativen. Beim Urteil handelt es sich um weithin personunabhängige Kriterien wie Richtigkeit, logische Konsequenz u.ä., die angewendet werden. Damit hängt es zusammen, dass ein Denkproblem »von sich aus« Motive zur Lösung freisetzt, während eine Entscheidung in der Regel an die individuelle Situation gebunden bleibt. In Übereinstimmung damit betont Salber (1953), dass das Ich nicht zum phänomenalen Bestandteil des Urteilsvorgangs gehört, weil die sachliche Haltung losgelöst von der jeweiligen personalen Situation erlebt wird, wogegen es sich für die Entscheidung (die Salber auf existenzielle Konflikte beschränkt) als wesentlich erweist.

6 Lernen von Motiven und Einstellungen

Für den Verlauf des Entscheidungsgeschehens ist unter kognitiven Aspekten bedeutsam, dass Motive und Einstellungen *gelernt* werden können. Das Lernen der Motive, das im Anschluss an Hull (1943) oben kurz angesprochen wurde, und das Lernen von Einstellungen sind nachfolgend im systematischen Kontext zu erfassen.

6.1 Lernen von Motiven

Allport (1967) beschreibt das Erlernen von Motiven im Rahmen seiner »Theorie der funktionellen Autonomie der Motive« unter Verwendung des Konditionierungsmodells. Ein Verhalten wird bedingter Reiz, wenn es häufig genug bei der Befriedigung eines Bedürfnisses praktiziert wurde (siehe Kap. 26.1). Daher wird es selbst zum Motiv, sogar wenn der ursprüngliche Antrieb erloschen ist. So hat der inzwischen alt gewordene Seemann seine Liebe zur See erworben, als er zur Befriedigung seiner Unterhaltsbedürfnisse zur See fahren musste. Die Sehnsucht nach dem Meer bleibt jedoch erhalten, auch nachdem der Lebensabend materiell gesichert ist.

6.2 Lernen von Einstellungen

Einstellungen (sets) werden in vergleichbarer Weise wie Motive gelernt. Das demonstriert Katz (1960) im Rahmen eines Versuchs, Einstellungen funktionell zu begründen. Er beschreibt dabei vier Aufgaben, die Einstellungen zur Erhaltung subjektiver Sicherheit und Handlungsbereitschaft des Individuums zukommen: eine Funktion der Anpassung, der Informiertheit, der Selbstverteidigung und des Wertausdrucks. Gegenüber allen Objekten, an denen das Individuum selbst Erfahrungen sammeln konnte, entwickelt es positive oder negative Einstellungen, je nachdem, ob die Objekte Bedürfnisse erfüllten oder nicht. Das Individuum passt sich also an seine Umwelt an, indem es Bewertungen vornimmt, die seine künftige Verhaltensbereitschaft bestimmen. Da es nicht an sämtlichen Gegenständen seiner Umwelt eigene Erfahrungen sammeln kann, übernimmt es im Übrigen die Einstellungen seiner sozialen Gruppe, woraus eine (scheinbare) Informiertheit resultiert, die subjektiv zur Legitimation des Verhaltens jedoch genügt. Außerdem ist zu betonen, dass in vielen Lebensbereichen Versuche unternommen werden, unsere Einstellungen zu beeinflussen, z.B. durch Werbung, Überredung, Propaganda. In der Sozialpsychologie waren und sind dieser Thematik zahlreiche Forschungsprogramme gewidmet (vgl. statt vieler etwa Six & Schäfer, 1985). Die Funktion der Selbstverteidigung lässt eigene Impulse, die den Zielvorstellungen widersprechen, über Rationalisierungen, Projektionen und Verschiebungen in Einstellungen wirksam werden, die das Selbstkonzept erhalten. Hier sind die Zielobjekte und die Art der verwendeten Selbstverteidigungsmechanismen Ergebnisse von Lernvorgängen. Die Funktion des Wertausdrucks schließlich veranlasst das Individuum, solche Haltungen zu vertreten, die mit den eigenen Werten übereinstimmen.

Ebenso wie die Motive können auch die mit dem Begriff der Haltung, Attitüde oder Einstellung gemeinten Sachverhalte nur aus ihren *Wirkungen* erschlossen werden. Über ihre Eigenschaften im Einzelnen besteht noch keine Einigkeit. Zum Teil schreiben Autoren ihnen nur steuernde Funktionen zu, so dass sie sich von der Hullschen Gewohnheitsstärke (Kap. 8.2.2) kaum unterscheiden. Ein Beispiel dafür ist Eyferth (1964), der *Haltung* als die hypothetische Bereitschaft (bzw. als die Wahrscheinlichkeit) definiert, auf ein Objekt in einer konstanten Weise zu reagieren. Andere Forscher fassen darunter auch *energetisierende* Phänomene, wie es in Allports Definition der *Attitüde* (1967) zum Ausdruck kommt: »An attitude is a mental or neural state of readiness, organized through experience, exerting a directive or dynamic influence upon the individual's response to all objects and situations with which it is related« (S. 8). Als weitere Qualität wird die kognitive Struktur hervorgehoben – etwa in der Definition von Irle (1967): »Attitüden sind Prädispositionen für kognitives Verhalten zu sozialen Umwelten« (S. 196). Guilford (1964) versteht unter *Einstellung* »die Neigung eines Menschen, bestimmten sozialen Objekten oder Aktionen gewogen oder nicht gewogen zu sein« (S. 211). Damit ist die heute gängige Auffassung angedeutet: Attitüden oder Einstellungen stellen Reaktions- oder Responsebereitschaften auf Sacherhalte unserer Umwelt dar (Irle, 1975, S. 278; vgl. auch Barres, 1978). Manche Autoren weisen auch auf die Gefühlstönung hin, die mit der Einstellung verbunden ist: »Attitudes, then, are the subjective aspects of a subject-object relationship at the emotional level« (Dewey & Humber, 1966, S. 223).

Während wir den energetischen Aspekt unberücksichtigt lassen können, weil wir ihn unter den Motiv- oder Antriebsbegriff fassen würden (siehe Kap. 8.2.1), ist aus den erörterten Definitionen im Übrigen zweierlei festzuhalten: Zum einen werden die Einstellungen gelernt und zum anderen gehören sie nicht nur dem motivationalen, sondern auch dem kognitiven Problemgebiet an (siehe bereits Kap. 6.2 und sogleich Kap. 7).

Die Bedeutung der Lernbarkeit von Einstellungen für das Entscheidungsgeschehen liegt darin, dass sich die Motivkonstellation zu Beginn des auslösenden Konflikts durch die nachfolgenden Erlebnisse verändern kann. Besonders wenn Entscheidungsprozesse sich über Jahre hinziehen, können neue Antriebe, Intensitätssteigerungen oder -abschwächungen und Einstellungsänderungen auftreten, die den Entscheidungsverlauf beeinflussen.

7 Das innere Modell der Umwelt

Bei seiner Entscheidungsfindung geht das Individuum von einem subjektiven, vereinfachten Modell der Umwelt aus. Nicht »objektive Realität«, sondern das subjektive oder innere Modell, das sich das Individuum von seiner Umwelt bildet, liegt seinem Entscheidungsprozess zugrunde. Dieses Modell der Umwelt steht als intervenierende Variable zwischen den einen Entscheidungsprozess auslösenden Stimuli und der durch den Entscheidungsprozess determinierten (Re)Aktion des Individuums. Boulding (1956) hat als einer der Ersten versucht, das innere Modell des Individuums in umfassender Weise zu charakterisieren. Im Folgenden soll die Konzeption Bouldings, der zwar nicht von einem inneren Modell, sondern von der »Vorstellung« bzw. dem »Image« spricht, dargestellt werden. Seine Auffassung kann als repräsentativ für eine Reihe von Konzeptionen in der Kognitiven Psychologie angesehen werden.[8] Die nachfolgend ebenfalls erörterten Überlegungen von March und Simon (1958) können als Weiterentwicklung der Bouldingschen Konzeption verstanden werden.

7.1 Die Konzeption Bouldings

Bouldings Konzeption (1956) lässt sich in den Grundzügen durch folgende Thesen charakterisieren:

- Die Entscheidungen des Individuums werden in erster Linie durch das »Image« bestimmt.

---

[8] Vgl. hierzu den Überblick über die in diesem Zusammenhang verwendeten Terminologien bei Kaminski (1964).

- Das »Image« des Individuums zu einem bestimmten Zeitpunkt ist das Ergebnis seiner gesamten Entwicklung und der von ihm gesammelten Erfahrungen.
- Jede Nachricht bzw. Information, die das Individuum wahrnimmt, verändert das »Image«, sei es, dass sie neue Elemente hinzufügt, sei es, dass sie vorhandene Elemente klärt und präzisiert.
- Auch Denkprozesse schaffen neues Wissen und verändern damit das »Image« des Individuums.
- Das »Image« umfasst nicht nur Wissen über die Umwelt und das Individuum selbst, sondern auch Wertvorstellungen *(image of values).*
- Das »Image« eines Individuums und das »Image« einer Gruppe sind teilweise identisch. Man kann daher zwischen einem privaten und einem öffentlichen Image unterscheiden. Das »Image« eines Individuums umfasst nicht nur solche Tatsachen- und Wertvorstellungen, die spezifisch für es sind *(private image).* Das Individuum teilt sehr viele Vorstellungen mit anderen Mitgliedern der Gruppe, Organisation oder Gesellschaft *(public image)*, der es angehört.

Das »Image« eines Individuums kann nach verschiedenen Gesichtspunkten oder Dimensionen beschrieben werden. Boulding (1956, S. 47 f.) hebt in dieser Hinsicht insbesondere hervor:

- Zunächst haben wir das räumliche Image *(spatial image)*, das Bild vom Standort des Individuums im Raum, der es umgibt.
- Dann haben wir das zeitliche Image *(temporal image)*, das Bild des Individuums vom Strom der Zeit und von seinem Platz darin.
- Drittens haben wir das Image von den Beziehungen des Individuums *(relational image)*, das Bild von seiner Umwelt als einem System von Regelmäßigkeiten.
- Vielleicht als einen Teil davon haben wir, viertens, das persönliche Image *(personal image)*, das Bild vom Individuum inmitten der Gesamtheit seiner Mitmenschen, von Rollen und Organisationen um es herum.
- Fünftens haben wir die Wertvorstellung *(value image)*. Sie besteht aus der Anordnung der verschiedenen Teile des gesamten Image auf der Skala des Besseren oder Schlechteren.
- Sechstens haben wir das Zuneigungs- oder Gefühlsimage *(affectional image* oder *emotional image)*, durch das verschiedene Bestandteile im übrigen Image mit Gefühl oder Emotion erfüllt werden.
- Siebtens haben wir die Aufteilung des Image in bewusste, unbewusste und unterbewusste Teile.
- Achtens haben wir eine Dimension von Sicherheit oder Unsicherheit, Klarheit oder Unbestimmtheit.
- Neuntens haben wir eine Dimension der Wirklichkeit oder Unwirklichkeit, d.h. ein Image der Übereinstimmung des Image selbst mit einer Art von ›äußerer‹ Wirklichkeit.

- Zehntens haben wir in enger, aber nicht völliger Übereinstimmung damit eine öffentliche und private Skala, je nachdem, ob das Image von anderen geteilt wird oder nur dem Individuum eigen ist.

Es steht mit der Konzeption des »Image« im Einklang, wenn man sich dieses im Wesentlichen aus drei Klassen von Elementen zusammengesetzt denkt:
- aus den Werten, Zielen, Kriterien etc. die das Individuum seinen Entscheidungen zugrunde legt;
- aus den Überzeugungen, die die möglichen Konsequenzen der alternativen Verhaltensweisen beschreiben;
- aus den möglichen Verhaltensweisen, die Alternativen eines Entscheidungsproblems sein können.

Die Konzeption Bouldings liefert wichtige Bausteine einer Theorie der Individualentscheidung, die zu einem offenen Modell führen können. Umwelteinflüsse bewirken eine Veränderung des »Image«, dessen Kern als Inbegriff potenzieller Entscheidungsprämissen des Individuums interpretiert werden kann. Die genetische Betrachtung von Entscheidungsprämissen bei der Entwicklung offener Modelle führt zu der Forderung, die Entstehung, Veränderung und das Wachsen des »Image« eines Entscheidungssubjekts zu erklären. Freilich erscheint hierfür die Konzeption des »Image« vergleichsweise noch zu einfach. Die im Folgenden dargestellten Überlegungen von March und Simon (1958) zum Begriff der Einstellung können als eine Präzisierung dieser Konzeption angesehen werden.

7.2 March und Simon: Einstellung und Entscheidungsverhalten

Auch March und Simon (1958) stellen ihrer Untersuchung des Entscheidungsverhaltens eine Reihe von Thesen voran, die die Möglichkeit sichtbar machen, Prozesse wie Wahrnehmen, Lernen etc. in die Analyse des Entscheidungsverhaltens einzubeziehen. Folgende Annahmen charakterisieren diese Überlegungen im Einzelnen (March & Simon, 1958, S. 9 f.):
- Der menschliche Organismus stellt ein dynamisches Verhaltenssystem dar. Sein Verhalten während eines kleinen Zeitintervalls wird erstens durch seinen internen Zustand und zweitens durch seine Umwelt zu Beginn des Handelns bestimmt. Diese Faktoren determinieren nicht nur das Verhalten des Systems, sondern auch seinen internen Zustand zu Beginn des nächsten Zeitintervalls.
- Der interne Zustand des Organismus ist weitgehend dem Bouldingschen Begriff des »Image« äquivalent. Dieser Zustand ist in deskriptiver Sicht implizit eine Funktion seiner gesamten vorausgegangenen Entwicklung. Im menschlichen Organismus ist der Großteil des internen Zustands in dem enthalten, was wir das Gedächtnis nennen. Das Gedächtnis schließt ein, ohne aber darauf beschränkt zu sein, alle Arten von teilweisen und

modifizierten Aufzeichnungen vergangener Erfahrungen und Programme, um auf Stimuli der Umwelt zu reagieren.

- Das »Image« als Inbegriff der Inhalte des menschlichen Gedächtnisses kann als in zweifacher Weise aufgeteilt gedacht werden: in jenen Teil, der das Verhalten des Organismus in diesem Zeitpunkt tatsächlich beeinflusst, und in den Teil, der für das gegenwärtige Verhalten irrelevant ist. Der das Verhalten beeinflussende Teil wird als hervorgerufene Einstellung *(evoked set)* und der Prozess der Überführung einer Information in die Einstellung als Hervorrufen bezeichnet.
- Das »Image« als Inbegriff des gesamten Gedächtnisinhalts verändert sich nur allmählich und langfristig. Solche Veränderungen können als Lernprozesse aufgefasst werden. Der Inhalt der Einstellung kann sich dagegen von Moment zu Moment ändern. Lernen und Hervorrufen – d.h. Veränderung der Einstellung als Inbegriff der im Moment des Verhaltens tatsächlich wirksamen Gedächtnisinhalte – sind daher zu trennen, wenn die Beeinflussung des menschlichen Verhaltens zur Diskussion steht. Das Verhalten kann durch Lernen, d.h. Veränderung des »Image«, oder durch Hervorrufen im vorerwähnten Sinne beeinflusst werden.
- Eine analoge Unterscheidung ist zwischen den Aspekten der Umweltereignisse, die das Individuum wahrnimmt, und jenen zu treffen, die im betrachteten Zeitintervall vom Individuum unbemerkt bleiben. Nur die wahrgenommenen Ereignisse beeinflussen das Verhalten und wirken als Stimuli. Dabei besteht ein enger wechselseitiger Zusammenhang zwischen den wahrgenommenen Stimuli und der momentanen Einstellung. Die in einem Zeitpunkt wahrgenommenen Stimuli determinieren, welche Gedächtnisinhalte (bzw. Teile des »Image«) Inhalt der momentanen Einstellung sein werden. Umgekehrt ist die momentane Einstellung unter anderem dafür mit ausschlaggebend, welche Umweltereignisse das Individuum im nächsten Augenblick wahrnimmt und wie es die empfangenen Stimuli interpretiert. Auf diesen Aspekt soll sogleich weiter eingegangen werden.

Lernen als *Veränderung* des »Image« – dieses wiederum verstanden als Inbegriff des Gedächtnisinhalts – bedeutet, dass zusätzliche Informationen mit bereits vorhandenen assoziiert oder neue Assoziationen zwischen vorhandenen Elementen des »Image« hergestellt werden. Die Annahme solcher Assoziationen führt zu einer weiteren Verfeinerung der Konzeption der Einstellung: Wenn ein Stimulus ein bestimmtes Element des »Image« hervorruft, so kann dieses Element durch Lernprozesse sehr eng mit anderen Elementen assoziiert sein. Es ist daher wahrscheinlich, dass dieses assoziierte Element ebenfalls hervorgerufen wird, die momentane Einstellung prägt und auch die Wahrnehmung des Individuums beeinflusst. So wird nach March und Simon (1958, S. 11), wenn ein bestimmtes Ziel bei vorangegangenen Gelegenheiten durch eine bestimmte Handlungsweise erreicht wurde, das Hervorrufen dieses Zieles wahrscheinlich auch wieder diese Handlungsweise hervorrufen. Habituelle Reaktionen seien extreme Beispiele dafür, dass die verbindenden Glieder zwischen Stimulus und Reaktion vom Bewusstsein unterdrückt werden könnten. In derselben Weise werde das Hervorrufen einer Handlungsweise durch Assoziation zum Hervorrufen von Konsequenzen führen, die mit der Handlung assoziiert worden seien.

Die durch den Begriff »Einstellung« implizierte Verfeinerung der »Image«-Konzeption im Sinne einer zwischen Stimulus und Reaktion intervenierenden Größe lässt die Relevanz dieser Konzeption für die Analyse von Entscheidungsverhalten deutlich werden. Die Rolle der Wahrnehmung und des Gedächtnisses, die bei der Suche nach zusätzlichen, für die Entscheidung relevanten Informationen über Alternativen, Konsequenzen und Kriterien zu berücksichtigen ist, hatten wir bereits besprochen (Kap. 5.2).

8 Entscheidungsforschung in der Motivationspsychologie

Die Entwicklung der Psychologie lässt die Tendenz erkennen, eine strikte Aufteilung des menschlichen Verhaltens in einzelne Funktionsbereiche zu überwinden. Noch zu Beginn des 20. Jahrhunderts herrschte fast unangefochten die auf Wolff (1732) zurückgehende und später von Tetens (1913) aufgegriffene Klassifikation in die Bereiche Erkennen, Fühlen und Wollen. Man stellte jedoch fest, wie wenig eine starre Gliederung den psychischen Tatbeständen angemessen ist: den meisten »Willens«-Vorgängen liegen nämlich kognitive Komponenten zugrunde (Dörner, 1987; Kuhl, 1996)[9]; das Gefühlsleben ist z.B. nach Schlosberg (1953) so stark mit Anspannung und Entspannung verknüpft, dass es kaum noch als ein Eigenbereich betrachtet wird.

Parallel dazu verläuft die entgegengesetzte Entwicklung, das psychische Geschehen differenzierter und unter immer spezielleren Aspekten zu betrachten. So haben sich zahlreiche Arbeitsbereiche vor allem innerhalb der Sozialpsychologie gebildet, die jeweils einzelne Gesichtspunkte behandeln und dazu die überkommenen Einteilungen zugunsten einer zugleich umfassenden Betrachtung überschreiten.[10]

---

[9] Dagegen ist Motivation vermutlich in subkognitiven affektiven Prozessen begründet (Nuttin, 1987). Zur motivationalen Rolle von Emotionen s. auch Izard (1984).

[10] Die vielen Überschneidungen der einzelnen Fragestellungen müssten eigentlich den Verzicht auf jede weitere Unterteilung fordern. Die Gegenargumente sind rein pragmatischer Natur. Ein eng umschriebenes Gebiet wird durch die begriffliche Isolierung als *eine* Figur auf dem Hintergrund der gesamtpsychologischen Problematik herausgehoben. Die so formulierte Teildisziplin stellt daher nur einen Ordnungsversuch dar, um einzelne Fragestellungen deutlicher hervorzukehren.

8.1 Zum Gegenstand der Motivationspsychologie

Die Motivationspsychologie vereint »alle jene Vorgänge in der Persönlichkeit, welche deren Verhalten sowohl im allgemeinen wie in spezifischen Situationen verständlich machen« (Thomae, 1965, S. 13). Darunter fallen alle energetisierenden Phänomene, während die Ausrichtung des Verhaltens dem kognitiven Funktionsbereich zuzuschreiben ist. Damit ist schon ausgesprochen, dass das Entscheidungsphänomen nicht allein dem kognitiven Bereich (siehe Kap. 5, 6 und 7), sondern ebenso dem Gebiet der motivationalen Prozesse zuzuordnen ist und von beiden Teildisziplinen her erforscht werden muss. Die Vielzahl der – auch deutschsprachigen – Darstellungen dieses Teilgebiets (Young, 1936, 1961; Heckhausen, 1989; Schmalt, 1986; Schneider & Schmalt, 2000) sowie Beiträge zur Anwendung (Brody, 1983; Rheinberg & Krug, 1993) zeigen, dass die Motivationspsychologie fest in den Kanon der verschiedenen Teildisziplinen integriert ist.

8.2 Der Motivationsbegriff und sein Umfeld

Motivation ist ein zentraler Begriff, dem das Entscheidungsgeschehen untergeordnet ist. Wie umfangreich und gleichzeitig wie wenig eindeutig das Gebiet ist, das mit dem Motivationsbegriff eingegrenzt wird, kommt bei Thomae (1965) zum Ausdruck: »So stellt der Begriff ›Motivation‹ in der Gegenwart mehr und mehr einen Oberbegriff dar für alle jene Vorgänge bzw. Zustände, die in der Umgangssprache mit den Begriffen ›Streben‹, ›Wollen‹, ›Begehren‹, ›Wünschen‹, ›Hoffen‹, ›Sehnsucht‹, ›Affekt‹, ›Trieb‹, ›Sucht‹, ›Drang‹, ›Wille‹, ›Interesse‹, ›Gefühl‹ usf. umschrieben werden, darüber hinaus für alle jene bewußten und unbewußten psychischen Vorgänge, welche in irgend einer Hinsicht zur Erklärung oder zum Verständnis des Verhaltens werden könnten, wenn sie sprachlich fixierbar wären« (S. 17).

Neben dieser allgemeinen klassifikatorischen Bezeichnung einer bestimmten Art psychischen Geschehens in Abhebung von anderen Sektoren in der Architektur der psychischen Funktionen findet sich der Motivationsbegriff in der Literatur auch im Sinne der »Verursachung« von Verhalten. Die »Motivation« einer Handlungsweise ergründen, würde somit die Aufgabe darstellen, die bestimmenden Beweggründe, deren Interaktionen und die Entwicklung der Endkonstellation zu beschreiben.

Im Folgenden soll der Terminus »Motivation« zur Kennzeichnung des Gebiets verwendet werden, das die Prozesse untersucht, die dem Verhalten Intensität, Richtung und Ablaufform verleihen, d. h. als abgehobene Phasen des individuellen Aktivitätsverlaufs hervortreten. Die bearbeiteten Fragestellungen können sich auf inhaltliche und auf prozessuale Themen richten. Da die Kenntnis der »Energiequellen«, der gerichteten »Kräfte« und möglicher urteilsbildender

»Instanzen« häufig als Voraussetzung für das Verständnis des Entscheidungsprozesses gilt, soll insoweit der Stand der Forschung erörtert werden.

8.2.1 Motiv

»Motiv« bezeichnet voraussetzungslos die Beweggründe des Handelns, »dasjenige, durch das ich mich veranlaßt fühle, etwas anderes zu erstreben oder zu tun« (Pfänder, 1963, S. 92). Lückert (1957, S. 101) spricht von »einem verhaltens- und erlebnisdeterminierenden Agens«. Motive sind personale Gegebenheiten, die thematisch abgegrenzte Bewertungsdispositionen darstellen (Heckhausen, 1989; Schneider & Schmalt, 2000). »Motive drängen zu Handlungen, bedingen Zielsetzungen und determinieren die Bewertung der angestrebten Ziele, aber auch anderer handlungsrelevanter Momente, z.B. die Beurteilungen der Realisierungschancen einer Zielsetzung« (Schneider & Schmalt, 2000, S. 13). Die Verwendung des Motivbegriffs sagt noch nichts über die Herkunft, die Entstehung, die Stärke und die Richtung der damit bezeichneten »Kraft«. Eine Ausnahme bildet hier McClelland (1951), der Motiv als eine starke affektive Assoziation definiert, die durch eine antizipatorische Zielreaktion gekennzeichnet ist und sich auf die frühere Assoziation bestimmter Reizkonstellationen mit Lust- und Unlusterlebnissen gründet. McClelland postuliert damit die Abhängigkeit von vorangehenden Reizen, also die Lernbarkeit der Motive. Motive sind eingebettet in kognitive und emotionale Prozesse; sie sind überlagert von relativ überdauernden Einstellungen bzw. Wertmaßstäben.

Die Frage nach der Herkunft der Motive beschäftigt die psychologische Forschung erst seit der Zeit nach dem Ersten Weltkrieg intensiver. Während z.B. noch McDougall (1908) ein einflussreicher Verfechter der These war, dass das menschliche Verhalten durch eine Mehrzahl von angeborenen Instinkten bzw. Trieben gesteuert werde, gingen die amerikanischen Behavioristen von der Annahme aus, der Mensch verfüge über eine begrenzte Anzahl ererbter Triebe (vgl. Watson, 1914). Eine polare Stellung nimmt Freud (1967) ein, wenn er zunächst als einzigen Trieb den Lebenstrieb postulierte, dem er später den Destruktionstrieb an die Seite stellte. Die neuere Motivationspsychologie fasst Motivation als Interaktionsphänomen zwischen dem Motiv der Person und den Anreizen der Situation auf. Was die Motivkomponenten angeht, beschränkt sie sich stark auf das Leistungs-, das Macht- und das Anschluss-Motiv.

8.2.2 Instinkt und Trieb – psychogene Motive

Unter *Instinkt* ist ein hierarchisch organisierter, zentralnervöser Mechanismus zu verstehen, der auf bestimmte vorwarnende, auslösende und richtende Impulse, sowohl innere wie äußere, anspricht und sie mit wohlkoordinierten lebens- und arterhaltenden Bewegungen beantwortet (Tinbergen, 1972). Lorenz (1965) spricht von »angeborenen Bewegungsnormen« (S. 346), denen Handlungsabläufe entsprechen, die auf einen Auslösereiz hin angeregt werden und dann weitgehend unabhängig von den nachfolgenden Reizen ablaufen. Eine eingeleitete Instinkthandlung – wenn es so etwas beim Menschen tatsächlich gäbe – lässt dem Betroffenen keinen Raum für eine individuelle Entscheidung über die Art der Fortführung der ausgelösten Handlung bis zu ihrem Abschluss; denn es gehört zum Wesen der Instinkthandlung, dass der Handlungsverlauf bis zur Schlussphase in allen Einzelheiten fixiert ist.

Demgegenüber wird der *Trieb* als angeborene, auf die Erreichung eines bestimmten Zustands ausgerichtete Tendenz gesehen, die ihr Ziel auf gänzlich unterschiedlichen Wegen anstrebt. Diese Ansicht wird z.B. von Parsons und Shils (1959) vertreten:

> »We will use the term drives, or such terms as a drive or sexdrive, to refer to the innate tendencies to orient and act in such a fashion as to acquire cathected relationship to goal objects. The term need-dispositions will be used to refer to these same tendencies when they are not innate but acquired through the process of action itself« (S. 111).

Lückert (1957) formuliert: »Triebe sind aktualisierende Kräfte präformierter Vitalkommunikationen« (S. 20) und schließt sich damit dieser Sichtweise an.

Das Dilemma der Instinkttheorien mag Ursache dafür gewesen sein, dass die Zahl der angeborenen *Triebe* immer recht klein gehalten wurde. Zur Abhebung der angeborenen Triebe von erlernten Verhaltenstendenzen *(drives)*, setzte sich die Sprachregelung durch, angeborene Triebe als Primärtriebe, erlernte Verhaltenstendenzen als sekundäre Triebe zu bezeichnen.

Einen anderen Weg schlug Murray (1938) ein. Da der damalige Stand der psychologischen Forschung zweifelsfreie Aussagen über die Herkunft einer Verhaltenstendenz noch nicht ermöglichte, verzichtete er darauf, Verhaltenstendenzen als angeboren oder erworben zu klassifizieren. Er stellte in aufwendigen psychodiagnostischen Untersuchungen jeweils ein bestimmtes Verhalten bzw. bestimmte Verhaltenskonsistenzen fest und schloss daraus auf zugrunde liegende Motive, für die er den Begriff *»need«* verwandte. Die situationsseitige Komponente, also diejenigen Umweltgegebenheiten, die das Motiv aktivieren, nannte er *»press«*. »Bedürfnis« fungiert – wie das »Motiv« – zur Kennzeichnung von Gründen gerichteten Verhaltens, ohne dass die Genese dieser Gründe näher bestimmt wird.

Eine weitere Differenzierung nimmt Tolman (1959) vor. Ausgehend vom Triebbegriff schreibt er:

> »I propose ... to use the term ›drive‹ for an initiating physiological condition only and to use the term ›need‹ for a postulated resultant, intervening, behavioral process to be defined in the last analysis as a readiness to get to and to manipulate in consummatory fashion (or to get from) certain other types of object" (S. 288).

Bedürfnis stellt hiernach eine intervenierende Variable dar; damit ist eingeräumt, dass ein Bedürfnis nicht direkt beobachtbar ist, sondern nur als ein (erklärendes) Zwischenstück der physiologischen und der verhaltensmäßigen Seite erschlossen werden kann. Nach der Skizzierung einiger Vorstellungen über die energetischen Quellen für das beobachtbare Verhalten ist zu fragen, wodurch die spezifische *Gerichtetheit* einer Handlung bedingt ist.

Zunächst ist daran zu erinnern, dass Triebe auf bestimmte Ziele hin orientiert sind. Wer ein Hungergefühl – und damit einen regelmäßig physiologisch bedingten Trieb – spürt, sieht sich veranlasst, Nahrung aufzunehmen, um den Hunger zu beseitigen. Die näheren Umstände aber, die zur Bedürfnisbefriedigung führen, sind – außer bei Instinkthandlungen – nicht artspezifisch; sie hängen vom individuellen Lebenslauf ab, sind Ergebnisse von Lernprozessen. Gerade in der Lerntheorie, wie sie Hull (1943) vorgelegt hat, ist die Frage nach der *Entstehung gerichteten Verhaltens* eingehend behandelt. Das »Reaktionspotenzial« des Organismus hängt hiernach ab von der Antriebsstärke (D), von der Gewohnheitsstärke ($_{S}H_{R}$) und von einigen Variablen, die den Reiz betreffen. Die Gewohnheitsstärke wirkt nicht energetisierend, wohl aber richtungsweisend auf die Handlung. Sie bildet sich, wenn die Bedürfnisspannung durch die Handlung reduziert wird. Bei erneutem Auftreten des Antriebs wird sie aktualisiert und führt, falls die Reizbedingungen es zulassen, zur Wiederholung der erprobten Verhaltenssequenz. Die Gewohnheitsstärke bildet sich also im Wesentlichen mechanisch und ohne nennenswertes Einwirken übergeordneter Persönlichkeitsbereiche. Als Voraussetzung gilt lediglich die erfolgreiche Reduktion des Bedürfnis*drucks*. Die Persönlichkeit des Handelnden kann die Bildung oder Verstärkung der Gewohnheitsstärke insofern beeinflussen, als sie durch bestimmte Prädispositionen auf die *Wahrnehmung* der Reize einwirkt.

9 Triebtheorien: Antriebsniveau und Reaktionspotenzial

Triebtheorien befassen sich mit der dynamischen, energetisierenden Komponente zielgerichteter Verhaltensweisen, die den Organismus dazu »antreibt« oder »energetisiert«, ein Bedürfnis (Kap. 8.2) zu befriedigen. Wie wir oben bereits dargestellt hatten, werden die entsprechenden Impulse je nach Art des theoretischen Bezugssystems auch als Instinkt, Motiv bzw. Motivation bezeichnet, wobei die Einteilungsversuche meist auf Annahmen über die Herkunft der Triebenergie basieren.

Versteht man die Motivation menschlichen Handelns von den Erfordernissen des Organismus her, ist der »Wille« hier ganz mit »angeborenen« Zwecken erfüllt; er trägt alle Ziele schon in sich. Dabei gilt nach der strengen monistischen Anschauung der Wille in allen seinen Richtungen nur als das Spiegelbild des Leibes, der den Willen und durch ihn unser Denken, Entscheiden und Handeln regiert, das wir auf ein »freies Ich« beziehen.

9.1 Nativistische Richtungen

Die durch den nativistischen Ansatz gekennzeichneten Trieblehren nehmen an oder müssen konsequent annehmen, dass Entscheidungen lediglich somatischen Ansprüchen genügen. Rohracher (1971) führt in diesem Kontext zu den Trieben aus:

> »Ein ... wesentliches Merkmal aller Triebe ist es, daß sie von selbst entstehen. Natürlich hat ihr Auftreten bestimmte Ursachen im Organismus; aber von diesen Ursachen wird nichts bewußt. Die Triebe kommen, ohne daß man sie ruft, sie entstehen autogen. Man kann es noch genauer sagen: sie treten ohne Mitwirkung des Bewußtseins auf, unabhängig vom Wollen und Denken. Sie sind auf einmal da, in einer einschleichenden Art, langsam in ihrer Stärke zunehmend bis zur Kraft von Naturgewalten, gegen die es keinen Widerstand gibt« (S. 383).

Diese Grundlage des intendierten menschlichen Verhaltens wurde von anderen Autoren als »Instinkt« bezeichnet (vgl. schon McDougall, 1908). Abgesehen davon, dass in den »Instinkt«-Lehren (siehe Kap. 8.2.2) in die Grundannahme des Getriebenseins noch die Annahme der daraus ableitbaren, genau umgrenzten Verhaltensweisen mit eingeht, ist dort die Grundposition kaum anders als in den nativistischen Trieblehren.

Die Auffassung von der grundsätzlichen Gelenktheit menschlichen Verhaltens durch somatische Erfordernisse wird, sieht man von begrifflichen Unterschieden auf anderen Gebieten hier ab, von einer größeren Anzahl von Psychologen vertreten (vgl. etwa Young, 1936; Allport, 1937; Masserman, 1946; Maier, 1949; Tolman, 1949; Hull, 1952). Auch Freud (1967) hielt stets daran fest, dass es die Libido sei, die letztlich wie alle »psychologischen Vorläufigkeiten« auf physiologische Prozesse reduzierbar sei.

Formal gesehen fordern die so gekennzeichneten Triebe der Person Handlungen ab, deren Folge ein biologisch-physiologisch definierbarer Sollzustand ist (Keiler, 1970, S. 30). Treten Abweichungen auf, beispielsweise hinsichtlich des Flüssigkeitshaushalts oder der Menge aufgenommener Nahrung, wird das Individuum dazu »getrieben«, die Mängel auszugleichen und den Sollzustand wieder herzustellen. Bei diesem Mechanismus, den bereits der amerikanische Physiologe Cannon (1932) mit dem Begriff der »Homöostase« belegte, ist es gleichgültig, ob der Sollzustand auf einen spezifischen Trieb (Hunger, Durst, Sexualtrieb etc.) oder unspezifischen *»drive-level«* (Hull, 1952) bezogen ist. Weitere Überlegungen, mit denen sich das Konzept der Homöostase anschaulich fassen lässt, werden in Kapitel 25.2 im Kontext der Regelkreismodelle eingeführt.

Bei den Trieben sind definitionsgemäß wegen ihrer biologisch-physiologischen Eigenarten die Abweichungen vom Sollzustand der intendierenden und steuernden Person irgendwie erkennbar. Dem Ich muss nämlich bewusst sein, wann der Sollzustand erreicht, eine bestimmte intendierte Handlung oder Handlungsfrequenz also abzubrechen ist. Diese Funktion wird z.B. bei Hull (1952) von den *»drive produced stimuli«* erfüllt, deren Auftreten und Abklingen Signal für Beginn, Fortführung oder Beendigung eines bestimmten Verhaltens oder einer bestimmten Verhaltenssequenz sind.

In anderen Theorien werden Gefühle als Begleiter bestimmter biologisch-physiologischer Sollzustände – und/oder Abweichungen davon – angenommen. Ein unlustbetontes Gefühl oder eine unlustbetonte Leiblichkeitsempfindung zeige eine Abweichung von einem Sollzustand an, ein lustbetontes Gefühl oder eine lustbetonte Leiblichkeitsempfindung hingegen sei das Anzeichen dafür, dass der Sollzustand entweder erreicht sei oder nach kurzer Zeit ohne Dazutun des Individuums erreicht sein werde (vgl. Keiler, 1970, S. 31). Allgemein gilt nach Rohracher (1971): »Befriedigung eines Triebes ist von Lust, der unbefriedigte Trieb von Unlust begleitet« (S. 383). Allerdings, so schränkt Rohracher ein, könne auch »ein starkes Trieberleben, wenn Aussicht auf Befriedigung besteht, als ausgesprochen lustvoll empfunden werden«.

9.2 Monistische und pluralistische Richtungen

Nachfolgend sollen nun der monistische (monothematische) Ansatz sowie in Abhebung davon die pluralistische (polythematische) Auffassung der triebtheoretischen Forschung behandelt werden.

Der *monistische* Ansatz versucht, das gesamte intendierte Verhalten auf einen einzigen Trieb zurückzuführen. Diese Annahme, die z.B. im Selbsterhaltungs-, Macht- oder Fortpflanzungstrieb das eigentliche Agens menschlichen Handelns sieht, wird heute kaum noch vertreten. Stellvertretend für diesen Ansatz mag hier die frühe Freudsche Lehre stehen, die in der »Libido«, der »sexuellen Energie«, den Antrieb des menschlichen Verhaltens sieht.[11]

Der *pluralistische* Ansatz will demgegenüber Verhalten als durch eine ganze Anzahl von Trieben bedingt erklären. Die betreffenden Autoren fassen die verschiedenen Triebe meist in entsprechenden »Listen« zusammen, wobei im Rahmen der vorliegenden Arbeit die Listen nicht im Einzelnen referiert werden sollen. Ihr Inhalt weicht bei den verschiedenen Autoren mehr oder weniger ab und führt im Grundsätzlichen nicht weiter. Als Vertreter der pluralistischen Trieblehre sind hier insbesondere zu nennen: McDougall (1937), Rohracher (1971), Murray (1951), Rothacker (1942), Lersch (1970).

Hull (1952) führte den Begriff des *»drive level«* ein. Der Begriff ist allgemein und unspezifisch, aber immerhin so konzipiert, dass er verschiedene (operationalisierbare) Triebe umfasst. Der bei Lewin (1926) verwendete, allgemein gehaltene Begriff »Spannung« kann auch einen psychischen Ursprung (etwa eine bestimmte »Vornahme« oder ein »Willensziel«) betreffen und ist nicht an biologisch-physiologische Ansprüche gebunden; er fällt also nicht in den Bereich der

---

[11] Später konzipierte Freud – wie oben bereits kurz angesprochen – den der Libido konträren »Todestrieb« (Freud, 1967, S. 40 ff.) und begründete damit eine duale Trieblehre.

physiologischen Triebansätze. Skinner (1953), der in diesem Zusammenhang auch zu erwähnen ist, lehnt eine Reduktion auf physiologische Begriffe zwar nicht ab, verweist aber auf die Nutzlosigkeit der Rückverweisung auf physiologische Prozesse (S. 28).

Wie sich an der Freudschen Libidotheorie zeigt, geraten Konzeptionen dieser Art bald in Schwierigkeiten, da sie gehalten sind, sämtliches Verhalten als durch eine einzige spezifische Triebfeder verursacht und gesteuert zu erklären. Dazu ist erforderlich, oftmals komplizierte und ausgedehnte Kausalketten oder mehr oder weniger ad hoc konzipierte Hilfsannahmen heranzuziehen, um auch solches Verhalten, das in keiner unmittelbaren Verbindung mit der Befriedigung des spezifischen Triebes gesehen wird, noch erklären zu können. Aus Sicht der Libidotheorie fällt es daher schwer, etwa die Frage zu beantworten, warum menschliches Verhalten z.B. kulturellen Neigungen nachgeht. Warum Menschen überhaupt grundverschiedene Ziele verfolgen, kann eine Theorie, die im Sexualtrieb die zentrale Kraft sieht, die intendiertes Verhalten treibt, im Grunde nicht aufhellen – wenigstens solange sie in letzter Konsequenz vertreten wird (vgl. Keiler, 1970).

Möglicherweise ließe sich eine Erklärung noch aufgrund der Annahme erreichen, die Freud (1967) anlässlich des Problems der Versagung der Triebbefriedigung machte. Er schreibt hierzu:

> »Ferner zeigen die Partialtriebe der Sexualität, ebenso wie die aus ihnen zusammengefaßte Sexualstrebung, eine große Fähigkeit, ihr Objekt zu wechseln, es gegen ein anderes, also auch gegen ein bequemer erreichbares, zu vertauschen; diese Verschiebbarkeit und Bereitwilligkeit, Surrogate anzunehmen, müssen der pathogenen Wirkung einer Versagung mächtig entgegenarbeiten. Unter diesen gegen die Erkrankung durch Entbehrung schützenden Prozessen hat einer eine besondere kulturelle Bedeutung gewonnen. Er besteht darin, daß die Sexualstrebung ihr auf Partiallust oder Fortpflanzungslust gerichtetes Ziel aufgibt und ein anderes annimmt, welches genetisch mit dem aufgegebenen zusammenhängt, aber selbst nicht mehr sexuell, sondern sozial genannt werden muß. Wir heißen den Prozeß ›Sublimierung‹, wobei wir uns der allgemeinen Schätzung fügen, welche soziale Ziele höher stellt als die im Grunde selbstsüchtigen sexuellen. Die Sublimierung ist übrigens nur ein Spezialfall der Anlehnung von Sexualstrebungen an andere nicht sexuelle« (S. 358).

Hiernach haben intendierte Handlungen, soweit sie nicht unmittelbar mit einer Triebbefriedigung in Beziehung stehen, ihren Ursprung in der Versagung der prinzipiell angestrebten Befriedigung des einen und einzigen Triebes. Dagegen lassen sich aber – im Anschluss an Keiler (1970, S. 34 f.) – gleich mehrere Einwände anführen:

So fehlt bislang der Nachweis, dass die Intensität der Bemühungen eines Menschen im sozialen oder kulturellen Bereich proportional zum Ausmaß einer sexuellen Befriedigungsversagung anzusetzen ist. Eine wenig bekannte Untersuchung von Taylor (1933), auf die Keiler (1970) hinweist, lässt eher vermuten, dass sexuelle Betätigung und Betätigung im soziokulturellen Bereich positiv miteinander korrelieren, was sicherlich gegen Freuds Sublimierungsannahme sprechen würde. Hiergegen wiederum könnte allerdings eingewendet werden, die positive Korrelation zwischen sexueller Betätigung und Betätigung im soziokulturellen Bereich schließe nicht aus, dass sozial aktive Menschen im Verhältnis zu ihren Ansprüchen immer noch mehr Versagungen ihrer sexuellen Bedürfnisse erlebten als sozial weniger aktive, die auch keine so starken sexuellen Bedürfnisse hätten.[12]

Ein zweiter Einwand: Die Einführung des Begriffs der »Sublimierung« stellt zweifellos eine Exhaustion der ursprünglichen Libidotheorie dar, die von ihr abweichende empirische Befunde nicht mehr zu decken vermochte. Da die »sozialen Triebe« phänomenal keineswegs sexuell sind, Freud den Sexualtrieb aber als einzigen – neben dem erst später eingeführten Todestrieb – gelten ließ, kommt er nicht umhin, die phänomenal nichtsexuellen Strebungen genetisch auf sexuelle zurückzuführen. Damit soll im Wege der »Sublimierung« der monistische Anspruch gewahrt bleiben.

Schließlich: Da aus der Annahme der Verschiebung sexueller Strebungen auf nicht unmittelbar der Triebreduktion dienende Objekte die Ablaufsweise dieses Mechanismus nicht im Einzelnen abgeleitet werden kann, sind – und damit greift auch ein Einwand methodischer Art – weitreichenden Spekulationen keine Grenzen gesetzt. Alles kann hier auf alles zurückgeführt werden, wie weiterer Begründung nicht bedarf.

Kaum geringere Schwierigkeiten ergeben sich für andere monistische Triebtheorien. Würde man etwa den »Nahrungstrieb« als einziges Konstituens menschlicher Motivation postulieren, stünde man vor einem ähnlichen Dilemma: Verhalten, das unmittelbar mit Triebbefriedigung nichts zu tun hat, müsste durch weiträumige Kausalketten oder die Annahme ähnlicher Mechanismen wie der Freudschen »Sublimierung« erklärt werden. Mag auch bei erster Betrachtung die (trügerische) Einfachheit des monistischen Ansatzes bestechen, man erkennt doch bald, dass infolge der Schwierigkeit, durch unüberprüfbare genetische Verknüpfungen oder die Heranziehung von Hilfsannahmen das theoretisch gesteckte Ziel zu retten, eine befriedigende Erklärung nicht erreicht wird.

Wenn Freud (1967) schrieb: »Welche Triebe darf man aufstellen und wie viele?« und als Antwort formulierte: »Dabei ist offenbar der Willkür ein weiter Spielraum gelassen« (S. 216), so zeigt sich darin die besondere Problematik, in der die »pluralistischen« Triebtheorien stecken. Da es ein verbindliches Kriterium für Anzahl und Zielinhalt der Triebe nicht gibt, bleibt es mehr oder weniger beliebig, ob man mit einem Modell von zwei Trieben – so die späte Lehre Freuds – auskommt oder ein Modell in Form einer umfangreicheren Triebliste – wie z.B. McDougall (1937) – aufstellt (vgl. Keiler, 1970, S. 35). »Wie man sieht, haben verschiedene Forscher nicht nur verschiedene Grundtriebe angenommen, sondern auch verschiedene Anzahlen von solchen zum Triebinventar des Menschen erklärt«, konstatiert Toman (1954, S. 16), der in seiner »Dynamik

[12] Das Problem gerät hier allerdings an eine Grenze, da es dem Kriterium empirischer Prüfbarkeit entzogen wird, wie Keiler (1970, S. 35) im Ergebnis sicherlich zu Recht anmerkt.

der Motive« die Trieblisten von Dougall (1937) und Murray (1951) referiert. Auch wenn man durch Umformungen unterschiedlicher Trieblisten einzelne Triebe zur Deckung bringen könnte, worauf Keiler (1970) hinweist, bleibt doch insgesamt der Eindruck einer beträchtlichen Uneinigkeit in der Triebforschung.

Mit Grund bemängelt Keiler (1970), dass in vielen Fällen auch der angestrebte biologisch-physiologische Rahmen gesprengt oder nichts darüber ausgesagt werde, wie das physiologische Korrelat des jeweils postulierten Triebs zu kennzeichnen sei. Relativ einfach sei es, als physiologische Entsprechung des Sexualtriebs – so Keiler – die Hormonschwankungen innerhalb des Blutkreislaufs anzunehmen oder die Ursache des Nahrungstriebes in Mangelerscheinungen spezifischer Zellen oder des gesamten Organismus zu sehen. Schwieriger dürfte jedoch sein, dem »ästhetischen Trieb« (Rohracher, 1971) oder etwa den »Strebungen der enthebenden Teilnahme« (Lersch, 1970) ein aufweisbares *physiologisches* Korrelat zuzuweisen. Jeweils einer Anzahl von als zusammengehörig gekennzeichneten Verhaltensweisen müsste als erklärendes Prinzip praktisch wiederum ein »Trieb« unterlegt werden. Keiler (1970) ist daher zuzustimmen, wenn er ausführt:

> »In naiver Ontologisierung verlegt man nun das von einem selbst eingeführte begriffliche Erklärungsprinzip als ursprünglich vorgefunden in die Wirklichkeit. Diesem ... Irrtum entspricht dann die Suche nach einem ›organischen Substrat‹, das diesem ›Trieb‹ zugrunde liegen muß« (S. 36).

Lässt man den »unspezifischen Triebspiegel«, wie ihn so genannte »athematische« Triebtheorien annehmen (z.B. Hull, 1952), aus je einzelnen Mangel- oder Überflusserscheinungen hervorgehen, die wieder in den physiologischen Sollzustand überführt werden, indem der »unspezifische Triebspiegel« spezifisches Verhalten verursacht (vgl. Hull, 1952), so steht auch dieser Ansatz vor kaum geringeren Schwierigkeiten als die übrigen Trieblehren; denn auch hier kommt man nicht an dem Problem vorbei, *welche* Mangel- oder Überflusserscheinungen es sind, die den Triebspiegel bedingen sollen, und *wie* dieser triebreduzierendes Verhalten auslöst.

9.3 Zur Differenzierung zwischen Triebregung und Volition

Eine Volition verwirklicht in ausgeprägter Weise, was Aufmerksamkeit und Intentionalität beinhalten: die Konzentration auf einen Gegenstand oder einen innersubjektiven Prozess zum Zweck der Vornahme einer Handlung. Es gehört zum Wesen des Wollensakts, hebt Ricoeur (1949) phänomenologisch hervor, »gleichzeitig ein Befehl auf das Mögliche, den Körper, die Welt zu sein, und ein Gehorchen gegenüber erkannten, begrüßten und angenommenen Werten« (S. 77).

Pfänder (1963) definiert den Wollensakt »als einen mit einer bestimmten Willensmeinung erfüllten praktischen Vorsetzungsakt, der vom Ich-Zentrum ausgeht und, bis zum Ich selbst vordringend, dieses Selbst zu einem bestimmten zukünftigen Verhalten bestimmt. Er ist ein Selbstbestimmungsakt, in dem Sinne, daß das Ich sowohl das Subjekt als auch das Objekt des Aktes ist« (S. 135). Lersch (1970) nimmt eine zentral *organisierende*, aber auch *hemmende* Funktion im Wollen an; er betont den Zusammenhang zwischen der organisierenden Funktion des Wollens und der Aufmerksamkeit und Konzentration.

Damit aber ist der Anknüpfungspunkt für das Problem der *Differenzierung* zwischen Triebregung und Wollenshandlung noch *nicht* gewonnen. Erst Autoren wie Scheler (1927a, 1927b, 1962), Lersch (1970), Allport (1937, 1955, 1967) u.a. gehen von einer Sinnbedeutung des menschlichen Trieblebens aus, die von vornherein der autonom gesehenen Person *untergeordnet* wird. Für sie ist der Mensch ein *geschichtetes* Wesen, das mit seinen Bereichen der Triebhaftigkeit im Animalischen wurzelt, in Geist und Gemüt dieses jedoch transzendiert. Vor allem Lersch, aber auch die Phänomenologen haben gezeigt, dass der Mensch in seinem Trieb bereits ein wertendes und auswählendes Geschöpf ist. Triebzusammenhänge, die sich vom Bereich der Sexualität und egoistischer Selbsterhaltung bis zu den sublimen Regungen der Hingabe erstrecken, sind nicht nur auf Organreihe, auf Spannung und Entspannung zurückzuführen. Sie verweisen auf *Bedeutungs- und Sinneinheiten*, die letztendlich auch durch die menschlichen Beziehungen herausgefordert und bestätigt werden. Indes ist es bisher *nicht* gelungen, das *spezifisch Humane* des menschlichen Trieblebens aufzuzeigen.

Die Gründe, die zu der Zusammenfassung von Trieb- und Wollenshandlung geführt haben, sind unschwer aufzuspüren: Beide Handlungsarten gehören zu den »Ursachen« des Verhaltens. Außerdem sind die meisten triebentsprungenen Bewegungen, die der Mensch vollzieht, *zugleich* ganz oder teilweise *gewollt*. Erfährt sich das Individuum – wie im Hungererlebnis oder bei sexueller Erregung – betont als zu diesem oder jenem Verhalten »getrieben«, verbleibt ihm fast stets die Möglichkeit, volitiv steuernd einzugreifen: nämlich »die akzentuierte Ichtätigkeit gegen das pathische Überwältigtwerden einzusetzen« (Kunz, 1946, S. 108). Aus dieser Sicht sagte bereits Lipps (1926), es gebe »keine elementaren ›Triebe‹ des Menschen«, sie seien »vielmehr als Deklination seiner unteilbaren Natur zu begreifen« (S. 122). Indes sind Erlebnisse wie »ich will etwas« und »es treibt mich ... « phänomenspezifisch durchaus verschieden (Kunz, 1946, S. 108).

9.3.1 Philosophisch-psychologische Orientierung

Ganz im Gegensatz etwa zu Nietzsche (1925) sieht Klages (1960) – obwohl von Nietzsches Dualismus (Vitalwerte versus Verstandeswerte) ausgehend – *nicht* wie Nietzsche im »Willen zur Macht« die letzte *Steigerung* der Vitalwerte, vielmehr die entscheidende Ursache zum *Untergang* eben dieser Werte. In seiner dualistischen Interpretation des Daseins ist das Ich Daseinsbehauptung oder

»reiner Wille«. Das Ich ist die Verwirklichung des Geistes, der Willensakt die »unmittelbarste Bekundung des Ichs«. »Wille« und »Willensakt« stehen dem Leben und seinen Trieben und Antrieben hemmend, ja zerstörend gegenüber: *jeder* Denk- und Besinnungsakt ist für Klages *auch* ein »Willensakt«. Nicht nur, weil diese Akte den Erlebnisstrom in die Fessel einer ziel- und zweckgerichteten Handlung pressen, sondern weil für Klages die Volition überhaupt die das Leben unterwerfenden Zwecke setzt. Ohne den weitgehenden Konsequenzen der Klagesschen Anschauung zu folgen, sei hier nur darauf verwiesen, dass auch Klages im »Willen« einen *Hemmungs*faktor ersten Ranges sieht. Die hemmende Eigenschaft des Wollens wird bei der Wahl zwischen verschiedenen Motiven sichtbar: im *Konflikt* miteinander streitender Strebungen. Dass es »Wille« überhaupt gibt, führt Klages auf den Zwang des Ichs zur *Selbstbehauptung* zurück, um seine »flüchtigkeitswidrige Beschaffenheit« im Strom des Geschehens zu *verankern.*

Klages (1960) vertritt also eine negative Willenstheorie. »Die einzig mögliche lebenbejahende Leistung des Wollens« findet nach Klages durch »Selbstverneinung des Wollens« (S. 623) statt. Für Lessing (1930) ist Wollen »eine richtungsetzende und auslesende Hemmungsvorrichtung« (S. 36). Auch diese Auffassung lässt sich jedoch nicht verifizieren. Man kann nämlich bejahende Entschlüsse und sie realisierende Handlungsvollzüge erleben, die sich nicht in »Enthemmungen« erschöpfen, die vielmehr (auch) in einem positiven (primären) In-Gang-Setzen von Bewegungsabläufen bestehen. Auch Rothacker (1965) sowie Kunz (1946) fanden die These, die Funktion des Ichs bestehe ausschließlich im negativen Hemmenkönnen, deskriptiv nicht bestätigt, wobei letzterer zu bedenken gibt, dass das Fundiertsein oder Angewiesensein der Wollensakte auf die vitale Motorik eine exakte Analyse und Merkmalszuordnung nicht nur sehr erschwert, sondern unmöglich macht. Unabhängig davon kann phänomenologisch als gesichert angesehen werden, dass Entschlüsse – vor allem im emphatischen Sinne – vorwiegend gegen triebentsprungene Strebungen vollzogen werden, um deren Befriedigung entgegenzuwirken; doch können Entschlüsse solche Strebungen durchaus auch im Sinne ausdrücklicher, volitiver Zustimmung bejahen und nicht nur im Sinne eines bloßen Nachgebens gegenüber Triebimpulsen oder als »zusätzliche« Verhaltenssteuerung in sich aufnehmen, wenngleich letzteres nach beiden Versionen eher als die Regel anzusehen sein dürfte.

Die mannigfachen Gestalten des Zusammenspiels von Trieb- und Wollensbewegungen sind daher weder »Übergangs«- oder »Zwischenformen« noch »Abwandlungen« der einen oder anderen Art, sondern Erlebnis-Ganzheiten, die sich aus spezifisch differenzierten Faktoren aufbauen (vgl. Kunz, 1946). Es ist auch gewiss nicht unerheblich, worauf Kunz ebenfalls hinweist, dass die *Wollens*handlung in physiologischen Grenzen grundsätzlich *wiederholbar* ist, während *Trieb*handlungen von ihren eigenen Impulsen durch deren *Sättigung* storniert werden und dann *nicht* mehr in Gang gebracht werden können. Auch von daher verbietet es sich, voneinander verschiedene Phänomene wie Trieberlebnis und Volition nur einem einzigen Begriff zuzuordnen oder insoweit von »niederen« und »höheren« Wollensakten zu reden. Das dualistisch interpretierte menschliche Verhalten konstituiert sich vielmehr erst im Handeln wieder als Einheit, die die Diskrepanz zwischen Wollen und Trieb aufhebt.

Auf zwei Gesichtspunkte in diesem Kontext sei noch hingewiesen:
Zunächst: Wie auch Kunz (1946) bemerkt, jedoch nicht deutlich belegt hat, ist die Volition im Vergleich zu dem Trieberleben »qualitätslos«. Wollen wirkt den Antrieben gegenüber zumeist unspezifisch, instrumental lenkend und richtunggebend. Bewirkt – nach getroffener Entscheidung – das Wollen die Richtung der Antriebe, so wäre dieser Vorgang ohne die qualitätslos-unspezifische Natur des Wollens ebenso wenig denkbar wie die Hemmung der Triebe durch ihn. Die Qualitätslosigkeit des Wollens ist Voraussetzung seiner repressiven Funktion dem Antriebs- und Trieberleben gegenüber.

Ein Zweites: Wird angenommen, dass das triebgebundene Verhalten des Tieres – maskiert es sich gelegentlich auch wie bei Köhlers (1921) Schimpansen wollens*ähnlich* – nicht eigentlich die planende Wollenshandlung kennt, Instinktverhalten dem Wollen phylogenetisch vorausgeht, so erscheint Wollen dem Antriebserleben gegenüber phylogenetisch als das sekundäre und spätere Phänomen. In dem Maße, in dem der Mensch sich über die aufrechte Haltung aus der unmittelbaren Umweltverhaftung lösen konnte, dürfte das Wollen zum Instrument der Handlung, zum Vermittler zwischen Mensch und Welt geworden sein; es ist zunehmend in die evolutionär durch die »Instinktlosigkeit« entstandene Lücke getreten.

Anders als Klages (1960) sieht Ricoeur (1949) im Dualismus zwischen dem »volontaire« (Wollen) und »involontaire« (Unwillkürlichen) eine (dialektische) Bewegung entgegengesetzter, aber voneinander abhängiger Kräfte. Ihre Einheit gründet im Cogito. Dort findet, jenseits der Strukturen des Wollens und des Unwillkürlichen, ihre Versöhnung in einem »Mysterium« statt. Das Unwillkürliche umschließt für Ricoeur den Bereich der Trieb- und Gemütssphäre, der Lebensläufe und Instinkte. Ihm steht das Wollen gegenüber. Für Ricoeur ist der »Wille« nur »eine Kraft der Entscheidung, weil sie eine Kraft der Bewegung ist« (S. 186). Es gehört zum Wesen des »Willens«, die Dinge und den Körper zu bewegen, ein unbeweglicher »Wille« bleibt unfruchtbar, ist kein »Wille«. Die Entstehung einer Absicht und einer daraus hervorgehenden Willenshandlung ist der Augenblick, in dem Körper und Seele eins sind. In der Handlung selbst wird die Einheit aufgelöst, da diese »durch den Körper hindurchgeht« (S. 191). Handeln ist nicht summativ aus einzelnen Handlungsabläufen zu verstehen – wie schon die Gestaltpsychologie nachwies –, sondern ein Aspekt intentionalen, gerichteten Denkens. Die Bewegung wird damit bei Ricoeur zum ausführenden Organ des Handelns, wobei Handeln Verwandlung von Umwelt bedeutet. Die Abhängigkeit des Wollens von der Sphäre des Unwillkürlichen, von den Gefühlen, Leidenschaften und Gewohnheiten führt Ricoeur dazu, im Gegensatz zu Klages in der Gefühlsbewegung eine Anlage zum Wollen zu sehen. Das Fühlen bereitet den Körper auf die Begegnung mit den Dingen vor. Das Gefühl, auch die Begierde wird zu einem Antriebsgrund des Wollens, das nach Ricoeur aus dem Leib zum »Willen« aufsteigt.

Die Bewegung und die damit verbundene Anstrengung setzen dem Wollen in der Tätigkeit gegenüber neuronalen Prozessen eine Grenze. An dieser Grenze wird der Widerstand der Umwelt wahrgenommen, dessen Erleben das Bewusstsein der Einheit der Person mit sich selbst gefährden kann. Die bewusste Anstrengung des »Willens" ist es, die die vitale Einheit der Person und damit den Dualismus zwischen dem Unwillkürlichen und dem Wollen wiederherstellt. Die Beziehung zwischen Wollen und Können sieht Ricoeur (1949) dadurch charakterisiert, dass es kein Können ohne ein entsprechendes Wollen gibt. Die Wirksamkeit des Wollens sei proportional zu der Hierarchie des Könnens (S. 311). In der *Zustimmung* sieht Ricoeur den entscheidenden, existenziellen Akt, mit dem der Mensch sein Dasein, die Notwendigkeit des Lebens (Heideggers Befindlichkeit) *annimmt*. Er beschreibt sie als ein »Sich-im-Dasein-Engagieren«, sie ist ihm das Gegenteil der Anstrengung, ein Wollen ohne Können, eine »machtlose Anstrengung, die ihre Machtlosigkeit in eine neue Größe verwandelt« (S. 323).

Während bei Klages »Geist« und »Wille« auf der einen Seite, Leben, Schauen und Fühlen auf der anderen Seite *unversöhnliche* Gegensätze sind, bemüht sich Ricoeur (1949) um eine *Vermittlung* dieser Gegensätze. Das Leben ist für ihn erlebt, aber nicht erkannt. »Eine bestimmte, gefühlsbetonte Tätigkeit offenbart mir das Leben als lebendig, bevor es mir der Verstand erklärt« (S. 386). Und weiter: »Ich bin eine lebendige Ganzheit, das Leben ist aber auch die in seinen Funktionen kreisende Einheit« (S. 386). Im Cogito hebt sich bei Ricoeur der Dualismus Leben/Geist auf. Spricht Ricoeur vom Denken im Sinne eines fundamentalen Aktes menschlicher Existenz, zerbricht dieser für ihn die *blinde*, um sich selbst nicht wissende Harmonie des Lebens. Überhaupt setzt Ricoeur die gelebte Existenz des Leibes dem Leben gleich, dessen Einheit durch den Denkakt gespalten werde, sich aber in der *Tiefe* des Cogito *neu* konstituiere. Für Klages hebt neben dem Denken *auch* die Wollenshandlung diese Einheit auf. Eine Vermittlung zwischen Geist und Leben gebe es nicht. Allerdings sieht er die vor dem Denken und Wollen liegende Harmonie nicht – wie Ricoeur – »blind« an, wenn er etwa die Möglichkeiten der »Schauung« beim Tier beschreibt.

9.3.2 Frühe Ansätze im 19. Jahrhundert

Schon Lotze (1896) bemerkte zur Rolle des Wollens in der menschlichen Motorik, dass man »von unseren menschlichen Handlungen viel zu viel dem Willen zurechnete, und dadurch die Bedeutung dieses Wortes so ausdehnte, daß man andererseits, um die großen Unterschiede, die sich in den Arten unseres Wollens und Handelns doch empirisch zeigen, einigermaßen erklären zu können, zu den dunklen Begriffen eines unbewußten, unabsichtlichen, oder recht eigentlich unwillkürlichen Willens geführt wurde ... « (S. 235).

Und weiter heißt es:

> »In einer ganz bestimmten Bedeutung des Wortes können wir gewollt nur das nennen, dem ein zu völliger Klarheit der Apperception gelangter Entschluß vorhergegangen ist; alles Andere, mag es sich auch darstellen, wie es will, ist Resultat eines psychologischen Mechanismus, oft freilich eines solchen, welches der wahrhafte individuelle Wille pflichtmäßig hätte verhindern sollen.«

Lotze resümiert:

> »Gegen diese psychologische Wahrheit sträubt sich aber die so weit verbreitete Scheu vor Allem, was Mechanismus heißt, als könnte die Seele etwas von ihrer Würde verlieren, oder als stünden die höchsten moralischen Interessen auf dem Spiele, wenn nicht auch für das geringste Detail der Handlungen eine ernsthafte Entschließung von Seiten des freien Willens eine heilige Sanction darböte. ... Beobachten wir uns selbst, so werden wir finden, daß von allen unseren Handlungen nur der allergeringste Theil wirklich expreß gewollt worden ist, daß vielmehr die allermeisten aus einem durchaus willenlosen psychologischen Mechanismus hervorgehen« (S. 235 f.).

Auch Sigwart (1878/1924) legte bereits im Sinne einer anschaulichen Differenzierung zum Wollensbegriff dar: Das fortwährend in uns sich erzeugende Verlangen, Gelüsten, Begehren sei als solches noch kein Wollen; die Neigung, die Grenzen der Begriffe aufzuheben bis zur Form eines »unbewussten Wollens«, sei auf eine *vernachlässigte Scheidung von Wollen und Begehren* zurückzuführen. Sigwart führt dann aus:

> »Das bloße im Moment auf äußere Reize entstehende Begehren erscheint als etwas Passives, was dem Subject angetan wird, was es in sich findet (›mich verlangt, mich gelüstet‹); erst wenn die Reflexion auf das eigene Selbst dazwischen tritt, das die unwillkürlichen Regungen beherrscht und entweder hemmt oder durch eigene Tätigkeit bejaht und zu den seinigen macht, tritt das Wollen ein« (S. 141).

Die Ablehnung eines »unbewussten Wollens« bei Lotze und Sigwart ist in der Einsicht begründet, dass zu einem Entschluss »Bewusstsein« gehört. Die aus dem Entschluss hervorgehenden Abläufe werden, soweit sie »automatisch«, d.h. unbewusst und nicht mehr ausdrücklich gewollt geschehen, im Erlebnisfeld – verglichen mit dem Entschluss selbst – qualitativ anders erfahren. Die Bewusstheit des Entschlusses stellt – wie Kunz (1946, S. 112) darlegt – die eine Seite dessen dar, was unter anderem Aspekt die »akzentuiert erlebte Ichzentriertheit« des Entschlusses genannt werden kann: nicht ein »Es« vollziehe den Entschluss, vielmehr erlebe die Person sich selbst als die aktive, den Entschluss »setzende« Instanz. Da die Bewusstheit des Entschlusses mit der Absicht, dem Zweck oder Ziel unlösbar verbunden sei, also mit dem, was ich erreichen will, macht Kunz gegen Kronfeld (1930, S.182) geltend, es sei nicht ganz richtig, dass, wie Kronfeld behauptet, »der Gegenstand eines Entschlusses, also dasjenige, wozu wir uns entschließen ... immer nur eine Handlung sein« könne. »Zwar entschließe ich mich immer auch zu einem Handeln bzw. Nichthandeln, aber darin sind der Gegenstand und das Ziel eingeschlossen, die beide mit der Handlung nicht identisch sind« (Kunz, 1946, S. 112). Man kann sich also nicht entschließen, ohne zu wissen, wozu – mag der Entschluss positiv bestimmt sein oder einen nur negativen Inhalt haben (z.B. einem Antrieb nicht nachzugeben etc.).

9.3.3 *Phänomenspezifische Differenzen*

Bei einem Vergleich des willentlichen Handelns mit den Trieberlebnissen wird der Rollenunterschied hinsichtlich des erlebenden Ichs deutlich: Dieses wird vom Entschluss nicht wie von einem Trieb überwältigt oder hingerissen. Das Ich wird hier nicht »getrieben«. Eine gegenteilige Sichtweise würde dem phänomenal gegebenen Sachverhalt nicht gerecht. Eine andere Erscheinung ist es, dass der in Handlung übergegangene Entschluss Ereignisse auslösen kann, die dem Ich gegenüber »eigenmächtig und seinem Zugriff mehr oder minder entzogen sind« (Kunz, 1946, S. 113); insoweit handelt es sich dann aber nicht mehr um den Entschluss selbst. In Fällen dieser Art bleibt der Entschluss auf einen im Wesentlichen »innerlichen« Akt beschränkt; auch hier wird er aber wie sonst von leiblich akzentuierten Spannungserlebnissen begleitet.[13]

Was demgegenüber die Funktion des Bewusstseins bei der Triebhandlung und dem Trieberlebnis angeht, so scheint hierfür die Wesensart der Triebhandlung belanglos zu sein. Zwar ist auch das Trieberlebnis meistens bewusst, da man von ihm nur wissen kann, wenn es Gegenstand darauf gerichteter Besinnungs- oder Bewusstseinsakte ist, während *nichtbewusste* Phasen innerer Abläufe sich nicht unmittelbar aufzeigen lassen, vielmehr nur aus ihren Folgen erschlossen werden können. Allein es ließen sich zahlreiche Argumente anführen, die für die Wirksamkeit unbewussten psychischen »Erlebens«, ja für dessen primäres »Unbewusstsein« sprechen, dass daran kaum gezweifelt werden kann. Da im vorliegenden Kontext jedoch kein hinreichender Anlass besteht, diese Fragen im Einzelnen zu erörtern, soll es hier bei der Feststellung belassen werden, dass die menschliche Triebhandlung in allen ihren Phasen auch unbewusst ablaufen kann, soweit Bewegungsantriebe, Objektbezüge etc. lediglich gelebt und nicht erlebt werden (vgl. Kunz, 1946).

Anders liegt es beim willentlichen Handeln. Mindestens der Entschluss (mit dem intendierten Ziel) ist hier notwendig bewusst, was sicher eine phänomenale Differenz gegenüber der Triebhandlung zeigt, die – wie erwähnt – im Übrigen nahezu stets zum Gegenstand des Eingriffs durch bewusste Akte gemacht werden kann. Dabei kann allerdings die – ebenfalls bereits angeschnittene – Frage, ob die den Entschluss transzendierende »motorische« Handlungsphase in ihrem mehr oder minder kontinuierlichen Ablauf den Charakter einer *echten* Wollensaktion besitzt, ob nicht vielmehr während dieser Phase der Wollensakt auf das –

---

[13] In diesem Zusammenhang wird besonders deutlich, wie wenig sich die Phase der Handlungsausführung zur Wesensbestimmung des Wollens, vor allem des Entschlusses eignet, wenngleich sein »praktischer« Bezug sich gerade in ihr vorfindet. »Denn im motorischen Vollzug wird eine Reihe von Momenten dem Wollen zugeschrieben, die mit ihm zwar als dem die Bewegung auslösenden Entschluß in einem Motivationszusammenhang stehen, an sich aber keineswegs mehr notwendig gewollt oder ›willkürlich‹ sind: so der Bewegungsentwurf, der Einsatz der die Bewegung vollziehenden als Realisierungsmittel dienenden Organe usw.« (Kunz, 1946, S. 113).

im Einzelnen noch ungeklärte – *In-Gang-Setzen* des Handlungsansatzes als »Bewegung« gerichtet ist *und* im Übrigen auf eine die Handlung begleitende *Steuerungsmöglichkeit beschränkt* bleibt, phänomenanalytisch nicht *zwingend und generell* beantwortet werden. Wir werden auf dieses Problem später in weiteren Zusammenhängen zurückkommen.

Worin auch immer ein zu erreichendes Wollensziel liegen mag – im bloßen Niederhalten und Unterdrücken eines Bewegungsantriebs, im Besitzen eines (wahrgenommenen oder nicht gegenwärtigen) Gegenstands – in jedem Fall ist es gedanklich antizipiert hinsichtlich der zu vollziehenden Handlung, mit der das Ziel erreicht werden soll. Von dieser *Antizipation* des intendierten Handlungszieles zu unterscheiden sind die *vorangehenden* Bewertungen der Gegenstände, die erst zu Zielen des Wollens gemacht werden. Das »antizipatorische Gegebensein des Zieles einschließlich des es ›enthaltenden‹ Objektes«, dessen Verwertung (im weitesten Sinne) den Handlungszweck angibt, konstituiert gleichsam als »rückläufig wirksame Determination der Wollenshandlung vom Ziele her ... den eigentlichen Begriff der Motivation« (Kunz, 1946, S. 115). Selbstverständlich können auch Ziele und Objekte von Triebhandlungen, da sie in der Regel bewusst sind, als Motive fungieren; vor allem übernehmen – worauf Kunz (1946) hinweist – einzelne, relativ isolierbare Faktoren, eine motivierende Funktion (z.B. die erfahrene Lust der Triebbefriedigung).

Anders als die Wollensobjekte sind die Triebgegenstände in der Regel jeweils nach Maßgabe der Triebarten auf einen begrenzten zugehörigen Umkreis lokalisiert. »Im Verhältnis zum antriebzugehörigen Ziel ist jeder Zweck lediglich ein Gedanke oder, wenn man will, ein Begriff« (Klages, 1960, S. 606). McDougall (1937, S. 106) präzisierte den Begriff des eigentlichen, vom triebhaft intendierten Ziel verschiedenen Zwecks treffend wie folgt:

> »Das Wort Zweck *(purpose)* bezeichnet ... eine bestimmte Beziehung zwischen einem Subjekt und einem Objekt, nämlich die entwickelte Form einer konativen Beziehung des bewußten und überlegten Suchens oder des Strebens nach etwas hin. Wir können ein Objekt als ein erreichbares und wünschenswertes Ziel betrachten, ohne darin einen Zweck zu sehen, den man verfolgen müsse«.

Dazu bringt McDougall das folgende Beispiel: »Man hört beispielsweise von irgendeinem Preis, der bei einem Wettbewerb ausgesetzt wird. Wenn er einem begehrenswert erscheint, so bedeutet dies, daß angesichts der Möglichkeit, ihn gewinnen zu können, eine Triebkraft in einem geweckt oder eine Tendenz ausgelöst wird. Doch in dieser Weise angeregt zu werden, heißt noch nicht einen Zweck formen« (S. 106).

Und hierzu erläutert McDougall (1937):

> »Wenn man aber auf Grund von Überlegungen zu dem Schluß kommt, daß der Preis des Erstrebens wert ist und wenn man sich entschließt, auf seinen Gewinn hinzuarbeiten, so wird dieser Wunsch verwandelt und auf das höhere Niveau des Zweckes erhoben. Zweck ist also ein Wunsch, den man sich nach bewußter Überlegung zu eigen gemacht und gebilligt hat. Zweck in seinem vollsten Sinne ist das bleibende Produkt eines Willensaktes (volition), Zweck ist mehr als ein Wunsch, denn der Wunsch ist nur episodisch, er ist das Wirken von Konation während der Betrachtung des erwünschten Objek-

tes. Er hört auf, sobald unsere Aufmerksamkeit sich anderen Dingen zuwendet. Der einmal festgelegte Zweck dagegen dauert an, behauptet sich. Er kann zwar während längerer Zeit, in der wir nicht an dieses Objekt als ein Ziel denken, latent bleiben. Wenn aber die richtige Zeit zum Handeln kommt, äußert sich der bestehende wenn auch latente Zweck von neuem in Wunsch und Streben und in Bemühungen, die bewußt auf das Ziel gerichtet sind. Zweck im vollsten Sinne ist mithin der durch bewußtes Urteil und bewußten Entschluß festgelegte Wunsch« (S. 107).

Im Unterschied zur Volition sind Triebregungen unter anderem durch ein rhythmisches An- und Abschwellen ihrer »strömenden« Antriebsintensität charakterisiert, wodurch sich die Zuwendung zu den einzelnen Triebobjekten in unterschiedlicher Stärke vollzieht. Im Ganzen hält sich diese Zuwendung zwar durch; sie überdauert jedoch nur so lange, bis sie nach der vollen Bedürfnissättigung gleichsam auf den Nullpunkt absinkt oder – in Abwehr umschlägt (vgl. Kunz, 1946). Demgegenüber zeigt der Entschluss mit der in ihm fixierten Zwecksetzung im phänomenalen Feld vergleichsweise eine dauerlose »Punktualität« (vgl. Palágyi, 1924, S. 243), eine Formulierung, die der Erlebnisbefund ähnlich wie bei den kognitiven Bewusstseinsakten auch hier nahe legen kann (vgl. auch Klages, 1960). Der Entschluss erfordert daher, sofern er eine dem indentierten Zweck entsprechende Handlung nicht in Gang zu bringen vermag, einen erneuten, grundsätzlich beliebig oft möglichen wiederholten Einsatz.

Hiernach können innere oder äußere *Dauerhaltungen* nicht uneingeschränkt als Leistungen volitiver Art verstanden werden. Bei der Entstehung solcher Haltungen können Wollensakte mitgewirkt haben, die aktivierend gelegentlich wieder eingreifen – die durchhaltende Tendenz entspricht ihnen jedoch nicht (vgl. Kunz, 1946). Ziele, an denen jahrelang festgehalten wird, sind daher nicht in Wollensakten permanent verankert, sie gründen in *Interessen* oder in auf entsprechenden Wertungen beruhenden *Einstellungen*.

Im Zusammenhang mit den Merkmalen, die das Trieberlebnis einerseits, das Wollenserlebnis andererseits kennzeichnen, erscheinen auch die Darlegungen Schelers (1927a) beachtlich, die er in seinem theoretischen Ansatz über die Realitätserfahrung zu der Hypothese formulierte, dass die Akte des Wollens und Nichtwollens – er versteht darunter nur »Setzung und Wertbejahung« bzw. »Wertverneinung von Projekten« – ohne jegliche Intensitätsabstufung seien. Erst wenn das »Projektwollen« in das »Tunwollen« zu »Bewegungsintention und Bewegungsimpuls« fortschreite, könne Widerstand gegeben sein. In diesem Falle sei das Wollen (im eben genannten Sinne) bereits zur Einheit verschmolzen mit einem Triebimpuls – dem Triebimpuls, den es enthemmt. Und auch darum könne es nicht jenes »geistige« Wollen sein, das den Widerstand erfahre, da dieses Wollen immer nur negativer Art sei, sofern es auf die Sphäre bezogen sei. Und das heiße, dass das Wollen immer nur vorhandene Triebimpulse hemme oder gegebene Hemmungen beseitige (vgl. Scheler, 1927a). Weiter stellt Scheler dazu fest: »Auch die Stetigkeit des Realitätserlebnisses ist nur als Widerstand gegen das Triebleben verständlich, nicht als Widerstand gegen das zentrale Wollen der Person« (S. 292). Nur das Triebleben sei stetig, Wollen dagegen ein »Seltenheitsakt«.

9.4 Volition in der Psychopathologie

Im Folgenden behandeln wir im Kontext der Entscheidungs- und Konfliktthematik zunächst forschungsgeschichtlich wichtige Beiträge, die von psychiatrischer Seite beigesteuert wurden. Dabei spielt des weiteren eine zentrale Rolle die Frage, ob und gegebenenfalls wie sich volitive Prozesse von dem psychischen Gesamtgeschehen abgrenzen lassen. Den Schluss dieses Abschnitts bilden Erörterungen zu fließenden Übergängen und Wechselwirkungen volitiver und affektiver Prozesse.

9.4.1 Anfänge – Entwicklungen

Schon in den Untersuchungen Störrings (1900), in denen er von einem »Kampf der Motive«, von Wahlprozess und Entscheidung spricht, werden mit diesen Begriffen Momente sehr früh angesprochen, die bei den Bemühungen um den Wollensbegriff insbesondere von psychiatrischer Seite häufig, ja fast durchgängig in den Vordergrund gestellt wurden (vgl. auch Störring, 1922, 1953). So findet man diese Merkmale auch bereits bei Hoche (1902). Für ihn ist zwar ein Trieb die ursprünglichste Form, in der Wollen in Erscheinung tritt; eine »Wollenshandlung« aber ist für ihn im Besonderen dadurch gekennzeichnet, dass ein Kampf verschiedener Motive und eine Entscheidung stattfinden. Indem er jedoch eine solche Entscheidung oder Entschließung ausdrücklich als Gefühl oder Empfindung in den Bereich subjektiven Erlebens verlegt – den Vorgang des plötzlichen *Herrschendwerdens eines Motivs* empfindet er als Entscheidung –, wird bei ihm ein weiterer kennzeichnender Zug sichtbar: das Abrücken von einer alleinigen konstruktiven Erklärung und die phänomenologische Rückbesinnung auf die Wirklichkeit eines inneren seelischen Seins, das wenigstens zum Teil als Möglichkeit subjektiven Erlebens und nicht als Wirklichkeit schlechthin verstanden wurde (vgl. Hoche, 1902, S. 193).

Damit lehnt Hoche die ältere Konzeption eines *Vermögens*, das gleichsam die einzelnen Motive Revue passieren lässt und sich schließlich für eines von ihnen entscheidet, zu Recht ab. »Wille« als isoliertes Vermögen, als isolierte Funktion, existiere nicht. In diesem Sinne stellt der Begriff des Willens bei ihm nur eine »für die Verständigung nützliche Abstraktion« dar. Wenn Hoche weiter eine Trennung einzelner psychischer Vorgänge und Funktionen für unmöglich hält, spricht er damit einen Gedanken aus, der in der psychiatrischen Forschung zunehmende Beachtung fand: die Verflechtung aller psychischen Funktionen und eine damit nahegelegte ganzheitliche Auffassung. In diesem Sinne sprach Roenau (1937) davon, dass aus allem lebendigen Denken und Fühlen das Willensmäßige, Dynamische nicht abzulösen sei, wie andererseits der Wille im Prozess der Gedanken und Gefühlsauswirkungen aufgehe. In dieser ganzheitlichen Verflechtung der Funktionen und Erlebnisse gewinnt schon bei Hoche der Wille, von ihm auch als nicht näher zu definierendes »Bewußtsein der Selbsttätigkeit« bezeichnet, ein spezifisches Profil, indem Hoche – damit zwar nicht ausdrücklich auf den Willen zielend – von einem Komplex von Motiven spricht, deren besondere Art die geistige Individualität ausmache (vgl. Hoche, 1902).

Auch bei Birnbaum (1911) begegnet man einer den Gedanken Hoches verwandten Konzeption. Deutlich tritt bei ihm die Trennung einer heterologischen und einer phänomenologischen Betrachtung zutage, wenn er einerseits, die beherrschende Rolle des Gefühls betonend, Wollen als etwas *Zusammengesetztes*, sich in der treibenden Kraft und der Zielvorstellung auf das Gefühls- und Vorstellungsleben Stützendes und nicht als Grund- oder Elementarfunktion ansieht, auf der anderen Seite aber von einem *neuartigen*, über die Eigenart der Komponenten der Psyche hinausführenden seelischen Gebilde spricht. Für das Wollen findet er zwei spezifische Knotenpunkte: die *Wahlentscheidung* und den *Wollensimpuls*. *Gefühle* sind auch für Birnbaum nicht nur von wesentlichem Einfluss auf die formalen Eigentümlichkeiten des Wollens wie Bestimmtheit, Beständigkeit, Kraft etc., aus ihnen stamme darüber hinaus die *treibende Kraft des Impulses*; darin liege auch die Wahlentscheidung. Diese stelle den *Abschluss* des Spiels und Kampfes der Motive durch das letztlich in den entsprechenden *Gefühlstönen sich zeigende Übergewicht* einer Seite dar, wobei Birnbaum in ähnlicher Weise wie Hoche an diesem Kampf vor allem gerade jene Motive beteiligt sieht, die »aus den der Person eigenen, für sie charakteristischen psychischen Dispositionen hervorgehen«, die sich also aus den ganz persönlichen »Grundsätzen, Prinzipien, Wertschätzungen, Interessen, Neigungen usw. herleiten« (S. 193; vgl. auch Bleuler, 1966).

Als Vertreter einer vor allem auf die Bedeutung der *Gefühle* abhebenden Theorie sei hier noch Aschaffenburg (1915) erwähnt. Auch er betont, dass die phänomenologisch als eigener Entschluss empfundene Lösung des Wettstreits der Motive nur der Sieg der stärkeren Motive sei, wobei die stärksten Motive stets die affektbetonten seien. Dabei sei die *intellektuelle Beurteilung* bei einer *überlegten Handlung* nicht zu übersehen, denn im Allgemeinen besitze ja das *Richtige und Nützliche* durchaus eine nicht geringe *affektive Bedeutung* für die Persönlichkeit. Nur wenn man unter Persönlichkeit wesentlich die durch Schulung und Betätigung der Intelligenz beeinflusste Affektivität verstünde (und nicht eine über alle Motive erhabene Fähigkeit), empfände man in der Entscheidung die Wirksamkeit der Persönlichkeit. Die enge Beziehung zwischen Affektivität und Handlung enthüllt sich für Aschaffenburg darüber hinaus besonders in der Korrelation von Tatkraft und Optimismus einerseits, Entschlusslosigkeit und Pessimismus andererseits.

Bostroem (1928) vertritt eine von den hier besprochenen Autoren etwas abweichende Auffassung. Er definiert die Willkürhandlung als höchste Stufe einer Reihe qualitativ ähnlicher Vorgänge, die alle in ein Wirken oder Handeln mit stufenmäßig zunehmender Aktivität ausmünden.

So erhebt sich über den Reflex- und Reaktivbewegungen als den beiden untersten Stufen – die auf einen Reiz mit einer mehr oder weniger komplizierten und modifizierbaren Bewegung antworten – die *Triebhandlung*, die bereits in dem Begehren durch ein seelisches Moment ausgelöst werde, die aber noch ohne das Bewusstsein der »aktiven« Entscheidung vonstatten gehe. Eine solche »aktive Entscheidung« aufgrund intellektueller Überlegung oder gefühlsmäßiger Wertung zeichnet nach Bostroem die *Willkürhandlung* aus. *Zwischen* Trieb- und Willkürhandlung, aber doch den triebhaften Handlungen noch zugehörig, stehen für ihn solche Handlungen, bei denen zwar mehrere Begehren in Wettstreit treten, das stärkere Begehren aber durch sein natürliches Übergewicht siegt. Auf einer ähnlichen Stufe wie die Triebhandlung erscheint in dieser Reihe noch die *automatisierte* Bewegung oder *ideomotorische* Handlung, die, nur in einer flüchtigen Vorstellung oberflächlich ins Bewusstsein tretend, zunächst aus einer ursprünglich vollständigen Willkürhandlung durch Verkürzung entstanden ist, sich aber auch progressiv aus den niederen Reaktivbewegungen entwickeln kann.

Bei dem inneren Aufbau einer Wollenshandlung unterscheidet Bostroem in zeitlicher Folge die Motive, den Entschluss als eigentlichen Willensakt und die willentliche Handlung als Erfolg des Wollens, wobei er betont, dass es ebenso unklar sei, auf welche Weise die Motive einen Willensakt herbeiführten, wie es ungeklärt sei, auf welche Weise aus dem Willensakt eine Handlung entstünde. An die Seite dieser Faktoren tritt als weiteres entscheidendes Moment das Bewusstsein der eigenen Aktivität als Ichtätigkeit. Indem er bezüglich der Motivation die Motive im engeren Sinne als bewusste Beweggründe des Wollens von den motivierenden Faktoren wie Charakter, Stimmung etc. und den eigentlichen Wirkursachen, d.h. den assoziativ wirksamen Gefühlsbetonungen des Gegenstands trennt, scheint bei ihm das Wesen eines Motivs darin zu liegen, dass ein *affektives* und ein *intellektuelles* Moment zusammenkommen (Beispiel: Ein *wertvolles* Ziel wird *erkannt*).

Das Wesen des Willensakts sieht Bostroem weniger in einem Gefühl als vielmehr in einem »reinen Bewusstsein«; er erblickt hierin die Spezifität des Wollens. Der Willensakt stellt sich ihm also gewissermaßen als Kulminationspunkt zwischen Motiven und Handlung dar, von dem, wie er sagt, eine gewisse Energie ausgehe, die für ihn an die Seite der aus den Motiven stammenden primären Energie tritt, dieser den Weg freigebend oder sie hemmend, in jedem Fall aber ihre Richtung bestimmt.

9.4.2 Abgrenzungen

Bumke (1942, 1948) hält es für unmöglich, seelische »Elemente« voneinander zu trennen oder gar jedes auf besondere physiologische Vorgänge zurückzuführen, hält aber das Wollen phänomenologisch für ein eigenartiges, spezifisches Erlebnis, letztlich nicht erklärbar, sondern immer nur erlebbar. Bumke (1942) schrieb:

> »In Wirklichkeit besteht, solange man überhaupt verschiedene seelische Zustände und Vorgänge aus dem einheitlichen Strom des psychischen Erlebens herauszugreifen versucht, kein Anlaß, vor dem Wollen haltzumachen« (S. 94). Er weist darauf hin, dass bei krankhaften Veränderungen des Wollens »nicht bloß der Entwurf und die Ausführung einer gewollten Handlung, sondern der Vorgang des Wollens selbst verändert ist« (S. 95).

Gruhle (1948) hält sich mit einer erklärenden Analyse ebenfalls zurück, wenn er den »Willen« als den »Beginn einer Handlung« anspricht und im Übrigen den entscheidenden Akzent auf das Erlebnis des Impulses legt. Obwohl er die Rolle des Bewusstseins bei den Vorgängen des Wollens und Handelns als sehr wichtig ansieht, hält er es doch für notwendig, zwischen dem *lediglich registrierenden* Bewusstsein und dem durch den Handlungsbeginn charakterisierten *schöpferischen Impuls* scharf zu trennen. Bei der Wahl und dem Entschluss betont er das Erlebnis des Einschnitts, des Einsetzens und Abschließens, ohne allerdings Näheres mitzuteilen, oder, wie er selbst sagt, mitteilen zu können.

Den Begriff des Impulses, der Initiative und Spontaneität des Wollens stellt auch Leonhard (1948) in den Vordergrund. Er hebt die Funktion der höher gelegenen Teile des Stirnhirns für den Wollensantrieb und damit die Initiative hervor. Dieser Befund deckt sich mit neueren Arbeiten (z.B. Damasio, 1994), die sich mit der Funktion dieses Teils des menschlichen Gehirns auseinandersetzen. Dieser Problemkreis wird in Kapitel 28 genauer untersucht werden.

Kretschmer (1948, 1956) verzichtet in seinen Arbeiten auf eine begrifflich-exakte Klärung. Er unterscheidet zwar eine objektive Seite des Wollensvorgangs, die er als Selektivreaktion bezeichnet, von einer subjektiven Seite, die sich in dem Erlebnis der seelischen Mitbeteiligung am Zustandekommen des Bewegungsakts ausdrücke. Kretschmer verlässt aber sogleich diese begriffliche Unterscheidung wieder, wenn er das Wesen des Wollens dadurch kennzeichnet, dass hier ein seelischer Akt, der Entschluss, die Bahn zur Innervation aufschließe, und erweitert – ähnlich wie Bostroem – diesen engen Begriff des Wollens, wenn er in seinem Buch »Hysterie, Reflex, Instinkt« vom Willen in einem zweifachen Sinne spricht, einem natürlichen, der eigentlichen Persönlichkeit entsprechenden, und einem zweiten Willen, der wesentlich reizbedingt wie ein Fremdkörper gegenüber der Gesamtpersönlichkeit, ihrem Lebensziel und der Linie ihrer beherrschenden Tendenz wirke. Dieser »hypobulische« Willenstyp stelle die phylo- und ontogenetische Unterstufe des späteren Zweckwillens dar und sei ohne selbständige Konturen im gesunden Gesamtwillen enthalten, als »gebundener, aber selbständig dissoziabler Bestandteil der Ausdrucksphäre«.

Hatten wir schon eingangs allgemein auf den entscheidenden Unterschied von explikativer und deskriptiver Betrachtungsweise abgehoben, so wird gerade bei der Durchsicht der psychiatrischen Literatur deutlich, wie notwendig es ist, diese methodische Trennung ständig im Auge zu haben und den Begriff des Wollens in exakter Weise zu fassen. Der oft etwas unsichere Gebrauch der Begriffe, das seltene Bemühen um klare Definitionen, die Verwischung methodischer Grenzen und der häufige Wechsel von einer Betrachtungsweise zur anderen gestatten nicht immer eine klärende Sicht und systematische Einordnung und lassen das Problem des Wollens bei manchen Autoren in einer unbefriedigenden Unentschiedenheit liegen.

Eine Ausnahme scheint Kronfeld (1930) zu sein. Er trennt die Begehrensakte nachdrücklich vom Wollen, indem er sie weder mit dem Wollen noch mit den Gefühlen gleichsetzt. Beim Kampf der Motive falle, so betont er, die Entscheidung oft gegen die stärkere Lust, und eine Unlust enthalte noch nicht das Begehren ihrer Beseitigung. Auf deskriptiver Ebene findet er in den Wollensakten etwas, das sich nicht reduzieren lasse; die entsprechende (unmittelbare) Äußerungsweise nennt er Entschluss. An anderer Stelle hebt er als charakteristisch für die Wollenshandlung das Auftreten und die intellektuelle Bearbeitung eines Ziels im reflektierenden Bewusstsein hervor.

Eine überwiegend phänomenologisch-beschreibende Grundeinstellung findet sich auch bei Jaspers (1965), der die Bedeutung, und zwar die alleinige Bedeutung des *wirklich und unmittelbar Erlebten* bei der Behandlung der Wollensphänomene betont. In der Reihe von reflexartigen Bewegungen über Triebhandlungen bis zu Willensentscheidungen sieht er eine durch Auftreten wesensneuer Elemente unterbrochene Stufenleiter zunehmender Kompliziertheit, die letztlich in der »auf der Basis eines ganzen Lebens mit vollem Bewusstsein aller Triebe, alles Wissens der Mittel und der Folgen sowie aller von der Persönlichkeit anerkannter Werte« erfolgenden Entscheidung gipfelt. Bei dieser entstehe *neben* dem Erlebnis der *Triebneigung und* dem Erlebnis der *Entzweiung bzw. Entgegensetzung* das *Erlebnis der Entscheidung*, des eigentümlichen »Ich will«, das dritte wichtige *irreduzible* Phänomen als entscheidendes Kennzeichen der Willkürhandlung. Und nur, wenn Wahl und Entscheidung in irgendeiner Form *erlebt* werden, könne man von *Willen* sprechen.

Kann die Psychopathologie auch an dem Erlebnis des Entschlusses nicht vorbeigehen, so muss doch selbst ein so entschiedener Verfechter der beschreibenden Methode wie Kronfeld (1930) zugeben, dass die Willensakte » ... durch Antriebe bedingt« seien, und auch bei Jaspers (1965) wird die enge Beziehung zu den Antrieben angedeutet, wenn er – in der Terminologie von Klages (1960) – den *Willen als aus dem Stoff der Persönlichkeit hervorgehend* anspricht. Doch könne der Wille diesen Stoff gestalten, ihn hemmen, unterdrücken oder fördern und anregen, vermöge ihm aber nichts hinzuzufügen. Ohne die Fülle, die er bewegen oder hemmen mag, könne er nichts erreichen.

Hier ist nun auch besonders Schneider (1952, 1967) zu nennen, der innerhalb der Psychiatrie mit der Betonung der Funktion der Triebe – für das Wollen – einen Schritt von nicht zu unterschätzender Wichtigkeit tat. Er hebt hervor, dass die meisten Handlungen des Alltags rein triebhaft geschähen. Unter Trieben versteht Schneider aber nun in Übereinstimmung mit Pfänder (1963) und Scheler (1927a, 1962) auch ursprünglich seelische Triebe, nicht also nur das, gegenüber den entwicklungsmäßig tieferen Bewegungsleistungen durch seinen intentionalen, der Anlage nach aktiv-spontanen Charakter ausgezeichnete Triebhafte im einseitig biologischen Sinne. In diesem umfassenden Sinne verwendet er auch den Terminus »Streben« oder »Strebung« und betont als Eigenheit aller Strebungen, dass sie das Ich befriedigen, erhöhen, bereichern wollen.

Während sich nun – wie Schneider (1967) annimmt – bei den meisten Handlungen ein Trieb – welcher Art auch immer – ohne weiteres in eine Handlung umsetze bzw. bei einem Auftreten von vitalen oder seelischen Gegenstrebungen und einem daraus sich ergebenden *Streit der Strebungen* das *stärkere* Streben sich *ohne ausdrückliche Wahl und Entscheidung* durchsetze, heben sich für Schneider aus dem »unausgesetzten Triebstrom«, der »allgemeinen Triebhaftigkeit des Lebens« solche Handlungen heraus, die, wenn Gegenmotive auftauchen, erst nach einer den Kampf zwischen ursprünglicher Triebregung und aufgetretenen Gegenmotiven *abschließenden Wahl* und *Entscheidung* zur Ausführung gelangen. Handlungen dieser Art bezeichnet Schneider als Willenshandlungen.

Der »Wille« ist also für Schneider (1967) die Möglichkeit, sich zwischen zwei oder auch mehr konkurrierenden Strebungen zu entscheiden, ein Akt, der den Trieben die Handlung freigeben oder versagen kann. Er hat nach Schneider keine »eigene Kraft«. Denn dort, wo er verbiete, verbiete er nur wieder mit der Kraft von Strebungen, und wo er unterdrücke, könne er dies nur durch die Kraft von Gegenstrebungen. Als das äußerste willensmäßig Erreichbare erscheint es Schneider, die etwa in dem Begriff des Gewissens zentrierten seelischen Strebungen durch Besinnung so zu aktivieren und anschwellen zu lassen, dass sie in der Entscheidung gegenüber den vitalen und anderen seelischen Strebungen die Oberhand behielten.

Wenn Schneider meint, dass der Wille eigentlich »nur« da Positives leiste, wo er negiere, da er sich praktisch ja passiv verhalte, wenn er einer Strebung freien Lauf lasse, bekundet Schneider damit eine innere Verwandtschaft zu Scheler (1927a) und Klages (1960). Scheler betonte ja – wie bereits erwähnt – die ursprünglich negative, hemmende und enthemmende Natur des geistigen, übertriebhaften Wollens, sah den so genannten freien Willen nicht als eine positive Kraft des Schaffens oder der Hervorbringung an, sondern als eine Kraft des Hemmens und Enthemmens von Triebimpulsen, wenn er den Akt des Willens, bezogen auf die Handlung, primär als ein »non fiat« kennzeichnete und nicht als ein »fiat«. In diesem Sinne erscheint ihm der Mensch seinem Wesen nach als ein »Nein-Sager«, als der Asket des Lebens. In ähnlicher Weise tritt der Wille – wie wir schon ausführten – bei Klages (1960) auf: als »einzigartige Steuervorkehrung« und »universelle Hemmtriebfeder«, als eine schlechthin hemmende Kraft, die ihre Ziele nur wieder mithilfe der Vitalität verwirklichen kann und damit in den Dienst solcher Triebfedern tritt, die anderen Trieben die Entfaltung versagen.

In ähnlichem Sinne finden wir den Begriff des Wollens bereits bei Schilder (1924). Er postuliert ebenfalls weitgehende Gemeinsamkeiten zwischen Trieb- und Wollensphänomenen, deren Energiequellen letzten Endes dieselben seien, anerkennt aber auch qualitative Unterschiede, die er in vierfacher Richtung sieht:

- in dem Gegenstand, auf den die Trieb- und Wollenshandlung gerichtet sei, wobei sich der Triebgegenstand durch größere Körpernähe auszeichne,
- in der Bewusstseinshöhe,
- im Verhältnis der Motive zur Handlung, wobei sich die Triebhandlung hemmungsloser und ohne wesentliche Gegenantriebe aus dem so genannten Wirkungswert der Erlebnisse ergebe, und
- in der Qualität des aktiven, ausdrücklich entschließenden Sichrichtens, das nur der Wollenshandlung zukomme.

Wenn auch Schilder vor allem auf die Bedeutung des ersten und vierten Punktes hinweist, so sehen wir in seiner Analyse doch eine beachtenswerte Heraushebung von für das Wollen bedeutsamen, miteinander eng zusammenhängenden Momenten, von denen jeweils das eine oder das andere in den Vordergrund rücken kann. So gewinnt das Moment der *Bewusstseinshöhe* – auch etwa bei Kolle (1949) – eine besondere Bedeutung, der darauf hinweist, dass die aus der Tiefe des unbewussten Lebens stammenden Triebe und die Strebungen zur Befriedigung unserer Wünsche und Sehnsüchte durch unsere Eigenschaft als bewusste Wesen zum *Wollen erhoben* würden.

9.4.3 Übergänge

Von Binswanger (1956, 1957), der hier wieder zu erwähnen ist, wird der Wille als eine »Instanz« bezeichnet, die der Handlung Richtung und Nachhaltigkeit verleihe. Eine solche Handlung wird aber wesentlich auf Triebe zurückgeführt, die freilich mitunter nicht unmittelbar zur Auswirkung gelangten, sondern durch Überlegen, Planen und Abwägen, d.h. durch ein *maßgeblich affektiv bestimmtes Motivieren* zu einer *verzögerten* Handlung führten.

In ähnlicher Weise finden wir bei Kloos (1962) eine Verzahnung der Anschauungsweisen. In gewisser inhaltlicher Anlehnung an Kretschmer (1948, 1956), der Wille und Affekt als im primären Seelenleben identisch ansieht, bezeichnet Kloos die Trieb- und Wollenshandlungen als mit den Gefühlstönungen eng verwandt und führt sie gleichsam auf dieselbe Wurzel zurück. Zwischen den

Gefühlen als passiven und den Trieben als aktiven Ichzuständen sieht er fließende Grenzen und ständige Wechselwirkungen. Als wesentliche Regungen bewussten Wollens, das er gleichwohl anerkennt, erscheinen ihm, indem er sich Autoren wie Jaspers, Schneider u.a. anschließt, die Steuerung der Antriebe, das auswählende Gewährenlassen der einen und Bremsen der anderen Strebungen (Selbstbeherrschung) sowie ihre einheitliche Ausrichtung auf die übergeordneten Lebensziele.

Hiernach ist also die Behandlung des Wollensproblems von psychiatrischer Seite durch zwei grundverschiedene Betrachtungsweisen bestimmt, wie wir eingangs hervorgehoben hatten: die eine, die das Wollen als Erlebnis vor allem des Entschlusses – als Entscheidung zur Handlung – in den Vordergrund rückt, und die andere, die das Wollen in seiner inneren Beziehung und Rückführung auf das Triebleben, auf die Intentionalität verstanden wissen möchte.

10 Zur Problematik des Willens und des Wollens

Der Begriff des *Willens* wurde bereits von Wundt (1905) in die psychologische Literatur eingeführt, um die *Zielgerichtetheit* menschlichen Handelns zu bestimmen. Hierbei wurde eine enge Koppelung mit der Introspektion und damit dem Bewusstsein angenommen (vgl. Graumann, 1984). Später wurde der *Willens*begriff zugunsten des Begriffs der »Motivation«, der zur Erklärung der menschlichen Zielausrichtung unter Berücksichtigung von *Motiven* (McClelland, 1958, 1985) Verwendung fand, *zeitweise* sogar aufgegeben. *Wollen* ist gekennzeichnet durch seine Gerichtetheit auf ein bestimmtes Ziel und den vorausgehenden Entscheidungsprozess. Die Problematik des *Willens* und die des *Wollens* stehen in enger Verbindung. Damit stellen sich ebenso spannende wie tiefgreifende Fragen für unsere Thematik.

10.1 Der Begriff des »Willens«

Obwohl der Begriff des Willens durch ein verstärktes Interesse an handlungspsychologischen Problemen eine Renaissance erfuhr (vgl. Kuhl, 1983, 1996; Halisch & Kuhl, 1987; Kornadt, 1988), muss die Frage, *was* der Wille ist, heute als weniger gelöst angesehen werden denn je. Grund dürfte sein, dass die Herkunft des Begriffs aus der Umgangssprache die Reflexion über den dahinterstehenden Sachverhalt behindert.

Noch ganz unter dem Einfluss der Umgangssprache stehen Autoren wie Ach (1935), Lindworsky (1923) und Rohracher (1932, 1959), die den Willen als eine eigene psychische Funktion verstehen. »Neutral« und jedenfalls weniger kulturgebunden ist die Auffassung Schneiders (1967, S. 166), der den Willen als die Möglichkeit definiert, zwischen zwei oder mehr verschiedenen Strebungen zu entscheiden. Der Wille selbst habe keine eigene Kraft, er könne nur die Strebungen für die Handlung freigeben oder sie versagen. Wille wird dabei nicht als eigene Instanz im Menschen oder als substanzieller Bestandteil aufgefasst, sondern als eine Fähigkeit zur Motivregulierung. In der gleichen Richtung argumentiert Thomae (1944), der empfiehlt, die Verwendung des Willensbegriffs auf den engeren Kreis der Steuerungsphänomene zu beschränken. Auch Keller (1954) spricht dem Willen keine gegenständliche Existenz zu, sondern sieht in ihm »eine Kategorie zur Bezeichnung besonderer Vollzüge und einer besonderen Aktart im Ganzen des seelischen Seins« (S. 18).

Die Ansicht, dass der Wille keine Energie erzeugen oder verbrauchen könne, wodurch er eigentlich zu einem blassen oder unwirklichen Dasein verdammt wäre, lässt sich verstehen als ein bedeutsamer Schritt auf dem Wege zur Emanzipation von der hypostasierenden Umgangssprache. Damit ist das, was mit dem Terminus »Wille« bezeichnet wird, nur eine Äußerungsform einer anderen psychischen Realität, die häufig mit Bezeichnungen wie »Ich«, »Ego« oder »Selbst« umschrieben wird. Thomae (1965, S. 100 ff.) hat sich mit besonderem Nachdruck gegen die Vergegenständlichung gewandt, die die unreflektierte und ausufernde Verwendung dieser Termini mit sich bringt, und vorgeschlagen, zur Vermeidung von Missverständnissen auf den Gebrauch dieser Begriffe zu verzichten. Als wichtigste Bedeutungen des »Ichs« zählt er auf:

- das Ich als Inbegriff aller Bewusstseinsinhalte
- das Ich als gemeinsamer Bezugspunkt aller zur Einheit des Bewusstseins zusammengefassten Inhalte
- das Ich als Gegenstand der Reflexion
- das Ich als Substrat aller Erlebnisse
- das Ich als Kontinuum des Erlebens
- das Ich als neutrale, schiedsrichterliche Instanz
- das Ich als steuernde und sichernde Instanz im Sinne Freuds.[14]

Welcher dieser Bedeutungen man auch jeweils zustimmen mag, der »Wille« erscheint in jedem Fall als eine Erscheinungsform des »Ichs« bzw. der dahinter stehenden Persönlichkeit. Beiden, dem Ich und dem Willen, kommt dabei die Eigenschaft von hypothetischen Konstrukten zu, auf deren Funktionen von bestimmten Wirkungen aus geschlossen werden muss, weil sie selbst direkter Erfahrung unzugänglich bleiben.

Einig ist man sich darüber, dass jede Anthropomorphisierung von Ich und Wille zu Fehleinschätzungen des Aufbaus der Person führen würde. Weder das Ich noch der Wille sind Homunculi, die mit anderen vermenschlichten Konstrukten im Streit liegen, so dass konsequenterweise der Ausgang des Kampfes entscheiden müsste, welche Verhaltensrichtung der Organismus realisiert. Näher liegt schon die Annahme, das Verhalten als die Resultante aller gleichzeitig auf

[14] Ergänzend könnte an das Ich als Zusammenhang verschiedener Funktionen im Sinne von Hartmann (1960) gedacht werden.

das wie auch immer beschaffene Zentrum der Persönlichkeit einwirkenden Vektoren aufzufassen.

In diesem Zusammenhang sei auch auf die Ansicht von Klages (1960) hingewiesen, für den der Wille ein »Neinsager« und eine »universelle Hemmtriebfeder« ist. Die darin zum Ausdruck kommende dichotome Konzeption des Psychischen, die auf die Pole Geist oder Seele bezogen ist, konnte sich in einer empirisch ausgerichteten Wissenschaft nicht behaupten (siehe Kap. 28), wenn auch dem konkreten Wollensakt selbst – worüber erst an späterer Stelle zu reden sein wird – eine Hemmungsfunktion durchaus zuzusprechen sein kann.

Wie bereits zu Beginn dieses Kapitels angesprochen, gibt es in der gegenwärtigen Kognitionspsychologie ein wiedererwachtes Interesse an Volition, wie dort getroffene Unterscheidungen in »willkürliche« und »unwillkürliche« Aufmerksamkeit (Prinz, 1990) oder »passive« und »active action control« (Kuhl, 1987) zeigen. In diese Modelle sind bereits Überlegungen von James (1905) und McDougall (1908/1946) eingeflossen, die Motivation und Volition als zwei alternative Steuerungslagen konzipierten (vgl. auch Deci & Ryan, 1990). Die Debatte in der zweiten Hälfte des vergangenen Jahrhunderts, in der der Volitionsbegriff wieder eingeführt wurde, konzentrierte sich hauptsächlich auf die Frage, ob dieser für die handlungssteuernde Funktion motivationaler Prozesse erforderlich ist (vgl. Heckhausen, 1963, 1987, 1989; Weiner, 1986). Eingebunden war diese Debatte, deren Wendepunkt die an Wundt (1905) und v. Helmholtz (1910) anknüpfende Arbeit von Neisser (1967) war, in einen weitaus größeren Kontext, in dem ebenfalls die Dominanz von Modellen bewusster Kognition infrage gestellt wurde. Aktuellere experimentelle und theoretische Arbeiten wie die von Prinz (1990), Schneider und Shiffrin (1977), Baddeley (1986, 1996) und Neumann (1989), die alle auf Unterscheidungen zwischen bewusster und unbewusster Informationsverarbeitung abheben, zeigen, dass sich in der Kognitionspsychologie mittlerweile eine Akzeptanz für diese Differenzierungen ergeben hat. Dabei wurde zunehmend auch die Bedeutung von kognitiven Prozessen für Tätigkeitssteuerung (Prinz, 1983) oder hinsichtlich des »Schicksals« von Intentionen (Neumann, 1989; Neumann & Prinz, 1987) erkannt. Bis auf Ausnahmen (z.B. McClelland, 1985) setzte sich diese Erkenntnis in der Motivationspsychologie, die sich weiterhin auf bewusst zugängliche Kognitionen konzentrierte (vgl. Heckhausen, 1989), anfänglich nicht durch, wobei auf eine Darstellung des weiteren Verlaufs der Debatte nicht weiter eingegangen werden soll.

Die Ansichten zur Willensproblematik sind hier nur knapp und insoweit angeführt, als sie zur Analyse des Entscheidungsvorgangs bedeutsam sein könnten. Da aber eine Konkretisierung der Hypothesen auf »Instanzen« mit bisweilen »menschlichen Zügen« zu keiner Klärung der Verhältnisse beitragen kann, werden wir solchen Deutungsversuchen kritisch gegenübertreten müssen.

10.2 Wollen und Wünschen

Nach unseren bisherigen Darlegungen zum Wollensakt versteht es sich von selbst, dass das Wünschen mit dem Wollen insoweit etwas zu tun hat, als es dem Subjekt gleichsam mögliche Ziele vorhält, aus denen eines ausgewählt werden kann oder wird, das verwirklicht werden soll. Solche Ziele können dem Subjekt auch aus Triebbedürfnissen, Strebungen und Wertungen erwachsen, stellen also keine allein dem Wünschen vorbehaltene Funktion dar. Seine Stetigkeit, seine Vagheit, die ein Erreichen der gewünschten Ziele anders als beim Entschluss nicht unbedingt fordert, scheinen es stärker in die Nähe der triebhaften Objektbezüge zu rücken, ohne dass die Unterscheidung zwischen Wünschen und Wollen schon eine grundsätzliche Handlungsentrücktheit des Wünschens bedeutet. Wünschen kann man Entgegengesetztes, Wollen aber nur das eine oder das andere. Diese Annahme wird belegt auch in Wendungen wie »Wunschtraum«, »Wunschbild«, »Wunschwelt«, in denen der Ausdruck »Wunsch« kaum durch »Wollen« oder »Wille« zu ersetzen wäre. Wir werden dem sich hier auftuenden, nicht eben einfachen Fragenkreis in der folgenden Untersuchung nachgehen.

10.2.1 Zusammenhänge und Differenzen

Die Annäherung des Wünschens an das Wollen hängt mit dessen mangelnder Abgrenzung von den Trieben zusammen. Bestreitet man die prinzipielle Differenz zwischen den Trieb- und den Wollenshandlungen, wird die Frage der Identifizierung des Wünschens mit dem Wollen zu einer terminologischen, sachlich nicht mehr belangvollen Angelegenheit.

Das Wünschen bildet gelegentlich ein »Resignationsprodukt« des Wollens (Kunz, 1946), wenn etwa später die Zielverwirklichung aussichtslos erscheint. Diesen Fall scheint auch Lersch (1970) anzusprechen, wenn er ausführt: »Figuriert ... (das intendierte Ziel – d. Verf.) lediglich als Vorstellung im Erleben, ohne im Wollen praktiziert zu werden, dann kann das Streben im bloßen Wünschen stecken bleiben« (S. 488). Bereits Sigwart (1878/1924) hatte den Sachverhalt klar gesehen; er schrieb:

> »Setzen wir zunächst, daß die Frage ›Soll ich‹ durch die Überlegung einfach und unzweideutig bejaht würde, daß aber die Realisierbarkeit des Projects durch meine Thätigkeit ganz unentschieden bleibt, oder sogar für die mir bekannten Verhältnisse verneint werden mußte, sei es, daß ich überhaupt die Realisierbarkeit des Projects verneinen muß, sei es, daß seine Verwirklichung von Ursachen abhängig ist, über die ich keine Macht habe ..., so ist ein Wollen unmöglich, und mein Gedanke ein Gegenstand des bloßen Wunsches. Denn der Wunsch, der vom Begehren sich unterscheidet – die Thiere wünschen nicht – ist das durch die denkende Reflexion hindurchgegangene innere Hinstreben nach einem Zustande, den ich als ein Gut vorstelle, den ich aber weder mit Sicherheit erwarten noch selbst herbeiführen kann; darum drückt sich auch der Wunsch ganz correct aus durch das conditionale ›Ich wollte‹ – wenn ich nämlich könnte« (S. 149).

Scheler (1927a) hatte den Unterschied ähnlich empfunden: Im Wollen sei ein Inhalt »als ein zu realisierender gegeben«, während Wünschen ein Streben sei,

> »das – seiner Intention nach – nicht auf die Realisierung eines Inhaltes selbst abzielt. Erst nachdem sich diese Erfahrung vollzogen hat, welche die auch nur mögliche kausale Verwirklichung eines Willensinhaltes ›durch das Wollen (nicht seine Verwirklichung überhaupt) an ein vorhergehendes Tunwollen überhaupt knüpft, erhält alles Streben, dessen Inhalt außerhalb der Sphäre des erlebten ›Tunkönnens‹ liegt, den ›Wunschcharakter‹. Aber alles zentrale Streben (auch das Wünschen ist ein solches; es gibt kein ›es wünscht in mir‹, wie es ein ›es dürstet mich‹, ›hungert mich‹ usw. gibt) ist ›zunächst‹ Wollen des Inhaltes; erst nach erfahrener Verknüpfung des auch nur möglicherweise erfolgreichen Wollens mit dem Tunwollen, und nach Erfahrung der Hemmung, die die Sphäre des Tunkönnens dem einen Teile des ›Wollens‹ bereitet, wird dieser Teil zum ›bloßen‹ Wunsche. Dagegen muß es als den Tatsachen unangemessen bezeichnet werden, wenn man den Tatbestand des ›Wollens‹ umgekehrt von der Tatsache des ›Wunsches‹ her zu verstehen sucht; und etwa sagt, Wollen sei nur 1. der Wunsch, daß etwas sei, 2. der daran geknüpfte Wunsch, daß es durch mich sei. Oder es sei Wollen dieser Wunsch 1 plus dem Wunsche, ›es zu tun‹; oder gar, es sei derjenige Wunsch, zu dem sich (zunächst ›zufällig‹ und ›reflektorisch‹), eine Leibbewegung gesellt, die den Inhalt realisiert. Auch der ›Wunsch‹, daß etwas ›durch mich‹ geschähe, bleibt ein ›Wunsch‹ und wird kein ›Wollen‹« (S. 123 f.).

Schelers Darlegungen treffen allerdings in dieser Allgemeinheit nicht zu. In der Mehrzahl der Fälle scheinen die Dinge gerade umgekehrt zu liegen, als Scheler sie darstellt: Der Wunsch geht – sowohl zeitlich wie strukturell – dem Wollen regelmäßig voraus; das Subjekt überprüft den Wunschinhalt auf seine Realisierungsmöglichkeit, um sich dann gegebenenfalls einen Wunschinhalt zum Wollensziel zu wählen und den Entschluss zu seiner Verwirklichung zu fassen. Diese zu dem Wunsch hinzukommenden Akte sind – darin hat Scheler sicherlich recht – je spezifische, vom Wünschen verschiedene Phänomene und nicht ihrerseits wiederum Wünsche. Allerdings kann einsichtig »Unmögliches« im strengen Sinne nicht bewusst *gewollt*, sondern nur gewünscht oder begehrt werden. Das Wollen kann sich in diesem Fall nicht auf das Ziel oder den Zweck als zu verwirklichenden und folglich nicht auf die »realisierende« Handlungsphase festlegen. Anders liegt es, wenn ich mich ohne zureichende Kenntnis von der Realisierbarkeit dennoch zur Zielverwirklichung entschließe oder nachträglich erkennen muss, dass ich mich bei der Einschätzung der Erreichbarkeit meines Vorhabens getäuscht habe: mit dieser Erfahrung ist der Wollenscharakter des vorausgegangenen Entschlusses nicht aufgehoben, der Entschluss nicht zu einem bloßen Wunsch mutiert.

Zu erörtern ist hier noch Schelers (1927a) Charakterisierung des Wünschens als eines »zentralen« Strebens, eine Auffassung, die offenbar daraus resultiert, dass nach Scheler der Wunsch anders als die Formen nichtzentralen Strebens die »Vorstellung des Zieles voraussetzt« (S. 36). So sehr auch der Sprachgebrauch etwa die Wendung »es wünscht in mir« verbietet und damit das Wünschen mindestens von den »reinen« ursprünglichen Trieb- und Drangerlebnissen deutlich abgerückt ist, kommt doch andererseits nicht allem Wünschen eine Ichakzentuierung zu, wie sie für willentliches Verhalten – etwa im Entschluss – kennzeichnend ist. Zu Recht schreibt Kunz (1946):

> »Es kann so sein, ich kann mit meiner vollen ichzentrierten ›Aktivität‹ ›in‹ einem Wünschen leben – und gerade dann liegt die Möglichkeit eines eigentümlichen ›Umschlagens‹ in ein ›Im-Wünschen-Aufgehen‹ sehr nahe; so, als sei die Ichaktivität vom Wünschen ›aufgezehrt‹ und in der selbstverlorenen Hingabe an den gewünschten Gegenstand ›untergegangen‹ « (S. 189).

Scheler hat das Wünschen zu sehr in dessen *surrogativer* Funktion gesehen, während er die *Eigenständigkeit* des Wünschens vernachlässigte. Diese Sichtweise führte dazu, dass er übersah, wie sehr das Wünschen eine »eigene ›Welt‹ konstituiert, die als defizienter Modus der ›wirklichen Welt‹ nicht ausreichend zu verstehen ist« (Kunz, 1946, S. 190).

Eine gewisse Zwischenstellung zwischen dem triebhaften und dem willentlichen Verhalten hatte auch Klages (1960) dem Wünschen zuerkannt. Damit ist nicht gemeint, Wünschen sei ein zwischen beiden Verhaltensweisen liegendes Übergangsphänomen, vielmehr soll diese Zuordnung darauf hinweisen, dass es ein qualitativ eigenartiges Erleben ist, das bald von Triebregungen, bald vom Wollen und seinen Motiven intensiver mitbestimmt wird oder deren Ziele determiniert. So gibt es nach Klages zur Unterscheidung des »vitalen Wünschens vom verstandesmäßigen und willensfähigen Wünschen« keine untrüglichere Probe als die Prüfung der Wunschgefühle auf ihren »Sehnsuchtsgehalt«. Im Übrigen spricht er von der »grundsätzlichen Verschiedenheit des Wünschens vom Wollen« (S. 655) und hält jenes »für eine ganz eigentümliche Seite aller Gefühle geistiger Wesen« (S. 657). »Vitales Wünschen« sei, geleitet von Erfüllungsphantasmen, auf Ziele der Ferne gerichtet; zu einem »vernünftigen Wünschen« werde es dadurch, »daß im Zustande des Wünschens das Hinstreben auf das Erwünschte sich unterzuordnen genötigt wurde dem Hinwegstreben vom Unerwünschten«. Die Sachbezogenheit des wollenden Strebens ist bei Klages

> »unterbaut vom Sichhinwegwünschen aus einer irgendwie unerfreulich erscheinenden Lage, und die Erfüllungsphantasmen erlangen genau nur insoweit die Fähigkeit, zu Beweggründen des Wollens zu werden, als sie umschlugen in den Widerwillen gegen Phantasmen des Mangels« (S. 661).

Die in das Wünschen eingehenden vitalen Triebbedürfnisse erfahren nach Kunz darin in wechselndem Ausmaß gleichsam eine »Brechung« (1946, S. 191). Damit erweist sich zugleich die von Klages formulierte Hypothese, nach der jeder Antrieb ein Bewegungsantrieb sei, insoweit als unzutreffend, als sie nicht über die realen Bewegungsimpulse hinaus auch die virtuelle Motorik einbezieht. Richtig sieht Kunz (1946) ein wesentliches Unterscheidungsmerkmal des Wünschens vom Trieberlebnis »gerade in der ›Ruhe‹ des Wünschenden, in der Abwesenheit der Bewegungsantriebe« (S. 191); das schließt – wie er betont – freilich nicht aus, »daß es – nach Maßgabe der mitwirkenden trieb- und willensmäßigen Faktoren – Trieb- und Willensbewegungen auslösen bzw. motivieren kann« (S. 191).

Eine instruktive Analyse des Wünschens findet sich sodann bei Volkelt (1930), der im Wünschen zusammen mit dem Begehren »zwei typische Fälle ... aus dem Umkreis des Strebungserlebnisses« sieht, dessen Kern die »Verwirklichungstendenz« oder »Verwirklichungsspannung« bilden. Beide Verhaltensweisen seien Strebungen: sie gingen auf ein Ziel, das man gern verwirklicht sehen möchte. »Aber die Verwirklichung selbst ist nicht in Angriff genommen, ja vielleicht ist es der Natur der Sache nach unmöglich, sie in Angriff zu nehmen. Treten Vollzugsakte ein, dann hat sich an das Begehren und Wünschen etwas Anderes angeschlossen: das Wollen im eigentlichen Sinn« (S.65). Wünschen ist nach Volkelt durch drei Merkmale gekennzeichnet:

- Gerichtetheit des Vorstellens auf ein Geschehen hin, dessen Wirklichwerden nach der (expliziten oder impliziten) Überzeugung des Wünschenden zweifelhaft oder unmöglich ist;
- hypothetische, mit einem Gefühl der Befriedigung, Freude, Beglückung verbundene Vorstellung, dass dieses Geschehen eingetreten sei;
- Hinzutreten der Verwirklichungstendenz (»Nerv des Wünschens«), die sich in der Sphäre des »Wenn« oder Irrealen hält und »von der Gewißheit begleitet ist, zur Verwirklichung (diese bleibt dem Wollen vorbehalten – d. Verf.) schlechterdings nichts beizutragen« (S. 79).

Auch Rohracher (1932) hat – im Zusammenhang mit seiner »Theorie des Willens« – das Wünschen untersucht. Er stellt den Strebungen, die »sich ohne aktives Ichbewußtsein und ohne vorausgehende Entscheidung auf ein Ziel beziehen« – zu ihnen gehören die Trieberlebnisse –, das Wollen im engeren Sinne gegenüber, in dem »sich das Ich auf Grund einer Entscheidung auf etwas Vorgestelltes als auf etwas Herbeizuführendes bezieht«. Diese Erlebnisse mit aktivem Ichbewusstsein differenziert er weiter nach solchen, in denen die Erreichung des Zieles für möglich gehalten wird und die deshalb immer auf etwas Zukünftiges bezogen sind (Wollen im noch engeren Sinne mit dem Entschluss als der wichtigsten Variante der Wollenserlebnisse), und nach solchen – Rohracher nennt sie auch die »dritte Willensform« –, die »auf die Möglichkeit oder Unmöglichkeit des Gewollten keine Rücksicht« (S. 13 f.) nehmen: das Wünschen.

10.2.2 Einschätzung der Zielrealisierung

Wir hatten bereits angedeutet, dass die Einschätzung der Zielrealisierung, ihre Möglichkeit oder Unmöglichkeit, in der Regel die Differenz zwischen Wollen und Wünschen zumindest mitbedingt; es ist aber im Übrigen eine u.E. nicht klar entscheidbare Frage, ob ich mich – z.B. aus Verärgerung – echt dazu entschließen kann, etwas Unmögliches zu wollen, während ich mir zugleich der Unmöglichkeit der Zielverwirklichung und damit der Ohnmacht meines Wollens bewusst bin. Hier scheint der »Wollensakt« zumindest in seiner Geltung für die Person »gebrochen« zu sein. Es gibt daher kein echtes Wollen, das auf unerreichbare oder doch für unerreichbar gehaltene Ziele gerichtet ist (so aber Rohracher, 1971, S. 453; vgl. auch Kunz, 1946, S. 192). Ebenso wenig kann man – in klar bewusstem Erleben – »wollen«, dass etwas *nicht* geschehen wäre, was in Wirklichkeit geschehen ist *und* nicht mehr gutgemacht werden kann (anders Rohracher, 1971). In diesem Fall sagt man dann: »Ich wünschte, ich könnte es ungeschehen machen«. Wenn Rohracher (1932) ausführt, das Wünschen werde zu einem Wollen im echten Sinne, sobald die Möglichkeit der Zielerreichung eingetreten sei (S. 15), können wir auch dieser Ansicht nicht uneingeschränkt beitreten. Wie Kunz (1946) hierzu richtig bemerkt, lässt »unter Umständen der Eintritt der möglichen Zielerreichung das Wünschen (und erst recht das Wollen) absterben ..., weil nämlich ... die Unerreichbarkeit eines Zieles Bedingung des Wünschens sein kann (nicht muß)« (S. 193).

Die Frage nach einem aktiven Ich-Bewusstsein im Wünschen, die uns ansatzweise oben bereits beschäftigte, wird in der Literatur unterschiedlich beantwortet. Während Most (1939), wenngleich zögernd und hinsichtlich der Rolle speziell des Wollens im und beim Wünschen unentschieden, diesem eine gewisse Ich-Aktivität zuzukennen scheint, unterstreicht Löwenstein (1933), der nach wie vor die ausführlichste Analyse des hier behandelten Phänomenkomplexes lieferte, den *pathischen* Charakter des Wünschens; er spricht in Abhebung gegenüber dem Wollen als »Aktivstreben« beim Wünschen von einem »Passivstreben« (S. 167).

Im Anschluss an Pfänder (1900/1963) unterscheidet Löwenstein (1933) »echtes« und »unechtes« Wünschen. Echtes Wünschen findet er ausgezeichnet durch »persönlich erlebte Wunschbildung und Wunschstreben nach dem Eintreten des Wunschzieles und durch die Aufnahmebereitschaft für jenes Wunschziel« (S. 167). Als solches sei es nicht notwendig an eine affektive oder gefühlsmäßige Stimmungslage, nicht an das Vorhandensein bestimmter Gefühle, Affekte etc. gebunden. Ebenso wenig sei die Ichnähe oder -ferne für die Echtheit des Wünschens entscheidend. Bei ichfernen Wünschen fallen nach Löwenstein die Begleiterscheinungen affektiver Natur, die dem ichhaften Wünschen anhaften und störend auf die »Reinheit« des Wunschgeschehens einwirken, normalerweise weg.

Das »Anzielen des Wunschgegenstands« ist bei Löwenstein (1933) kein Zum-Ziel-Wandern eines »sich selbst gestaltenden und formenden Ich«, vielmehr liegt hier – so schreibt er –»nach jeder vorschießenden Anzielung ein Einbeziehungsstreben vor, das am besten mit einer Saugwirkung verglichen wird und nicht dem Wollen, dem aktiven Ziel-Erreichen, sondern dem passiven Locken, Einbeziehen des Wunschzieles entspricht« (S. 168). Während es für das Wollen kennzeichnend ist, dass die Realisierung zeitlich und erlebnismäßig mit der Erreichung des intendierten Zieles zusammenfällt, können nach Löwenstein beim Wünschen »große zeitliche Unterschiede« zwischen dem objektiven Eintritt des Wunschzieles und der subjektiven Wunscherfüllung auftreten. »Außerdem aber ist die Erfüllung eines Wunsches im Sinne des Wunschgeschehnisses (zum Unterschied vom Willensfaktum!) durch eigenes Tun nicht unterstützbar« (S. 169). Der Eintritt einer wirklichen oder auch nur vermeintlichen »Wunschrealisierung« bleibt für Löwenstein eine Angelegenheit außerhalb des Wirkungsbereichs des wünschenden Subjekts, sodass bei ihm die Wunscherfüllung dem Wollen vorbehalten bleibt.

10.2.3 Wünschen und verwandte Phänomene

Löwenstein (1933) hebt das Wünschen auch gegen andere, damit in Zusammenhang gebrachte Phänomene ab. Unter diesem Gesichtspunkt unterscheidet er das *Sehnen*, den *Wunschbefehl*, die *Bitte* und das *Streben*. Von letzterem sei das Wünschen insbesondere durch einen Mangel an Impulsen, die zur Zustandswandlung der Person erforderlich sind, unterschieden. Das »Nur«-Wünschen sei das äußere »Signum des Wunsches«. Der Wünschende bescheide sich selbst dort, wo die Erfüllbarkeit eine simple oder naheliegende sei.

> »Er resigniert selbst auf eigenbewirkte Realisation des Wunschentwurfes und stellt dieselbe einer anderen nicht selbstbewirkten Realisation oder Derealisationsfunktion anheim. So bildet sich das Resultat des Wünschens, besser gesagt des Wunschaktes, ›der Wunsch‹ zu einer gedanklich-seelischen Absonderung aus. Der Wunsch wirkt dann (zum mindesten teilweise) als seelischer Fremdkörper ... Dieses Gebilde besitzt, selbst in sich aufgenommen, die im Wünschen gegebene Zielung auf eine ihm zukommende Entsprechung, auf ein Äquivalent, auf das, was die ›Erfüllung‹ bewirkt« (Löwenstein, 1933, S. 176).

Darüber hinaus hält Löwenstein ein zielloses, rein »funktionales Wünschen« in einer »aus einer träumerischen Reduktion des bewußten seelischen Erlebens« entspringenden Zuständlichkeit für möglich, fügt jedoch einschränkend hinzu, dass es »dem normalen Seelenleben ebenso fremd« sei wie »ein Wollen ohne Willenszielsetzung« (S. 177). Dabei bleibt allerdings offen, wie ein solches »Wollen« überhaupt denkbar sein soll.

Die dem Wünschen implizierte oder ihm folgende Bereitschaft zur Aufnahme der Wunschentsprechung, die Löwenstein (1933) sodann untersucht, entwickelt er am Phänomen der *Wunschenttäuschung*: »Eine Öffnung unserer selbst tritt ein, ausschließlich zur Aufnahme der gewünschten Erfüllung«; derart, dass der Wünschende das Wunschergebnis vorwegnehme und sich eben gerade dadurch nur für diese erwartete Entsprechung seines Wunsches aufnahmefähig mache (S. 182). Diese Erwartung könne sich fixieren (»Aufnahme-Fixierung«), der Wunsch hinterlasse »eine spezifische Formung (bildlich gesprochen ein ›Relief‹), das erst durch die entsprechende Erfüllung wieder ausgeglichen wird«, jedoch im ursprünglichen Zustand mehr oder minder lang erhalten bleiben könne, aber Veränderungen, z.B. das Entschwinden aus dem bewussten Erleben, nicht ausschließe. Nur das Wünschen als seelische Aktion könne sich ändern, abflauen, aufhören etc., der (unerfüllte) Wunsch sei unzerstörbar. Nicht der verdrängte Wunsch, der im übrigen Sein der Seele als traumatischer Fremdkörper verbleibe, werde ätiologisch für psychische Erkrankungen, als vielmehr eine typische seelische Grundanlage des Individuums, die die Aufnahme-Fixierung »übernormal« perseverieren lasse (vgl. S. 183 f.).

Schließlich hat McDougall (1937) dem Wünschen einige Bemerkungen gewidmet. Er führt aus: »Wenn wir plötzlich zu einer Anstrengung veranlaßt werden, wenn eine Tendenz unvermittelt geweckt wird, dann fühlen wir – wie wir sagen – einen Impuls, dies oder jenes zu tun. Falls wir dann feststellen, daß es unmöglich ist, die hierfür notwendige Handlung durchzuführen, so erleben wir dennoch das Wirken der Tendenz als etwas, das wir Wunsch nennen« (S. 92). Eine Beziehung des Wünschens zum *Hoffen* spricht er an, wenn er meint, das Hoffen sei eine »Funktion des Wünschens«. McDougall präzisiert dies und schreibt dazu:

> »Wenn wir sehnlich wünschen, ein Ziel zu erreichen und der Weg zu ihm gerade und offen vor uns liegt, so hoffen wir nicht, sondern wir schreiten vielmehr mit Vertrauen energisch vorwärts. Und wenn wir am Ziele sind, erleben wir nachdrücklich Lust oder Freude oder freudige Zufriedenheit. Nur wenn Schatten der Ungewißheit auf unsern Weg fallen, kann Hoffnung aufkommen. Und wenn die Schatten dunkler, drohender werden, entsteht Besorgnis. Werden sie immer düsterer, so daß die Erreichung des Ziels unwahrscheinlich wird, dann lassen wir den Mut sinken. Und wenn sie endgültig unmöglich erscheint, verzweifeln wir. Alle diese komplexen Spielarten des Gefühls sind also Funktionen des Wunsches, der ein Ziel im Auge hat, weshalb sie denn auch als prospektive Wunschemotionen bezeichnet worden sind« (S. 121).

Der Hoffnung wohnt im Unterschied zum Wünschen der Zweifel inne, die Furcht vor möglichem Scheitern. Dem Wünschen fehlt zwar die eigentliche Zielgerichtetheit des planvollen Wollens, gleichwohl ist es wie dieses jedoch zukunftsbezogen. Mit Wünschen und Hoffen versucht das Individuum, sich über die Angst des Jetzt hinwegzusetzen, jedenfalls die Gegenwart zu transzendieren. Mit Bezug auf die Zeitperspektive heißt es bei McDougall: »Wie Hoffnung oder Besorgnis die Form ist, die jeder Wunsch annimmt, solange er in die Zukunft schaut, so ist Gram die Form jedes Wunsches, der in die Vergangenheit geht« (S. 122). Die Unlust des Grams hänge in seiner Intensität von der Stärke des vereitelten Wunsches ab.

Aus den »komplexen Gesinnungen« im Sinne McDougalls und den von ihnen erzeugten komplexen Arten des Fühlens wie Freude, Kummer, Hoffnung, Angst etc. gehen starke und beharrliche sowie besonders jene Wünsche hervor, die weit in die Zukunft und in die Vergangenheit reichen (vgl. S. 165 f.). Dazu gehören die »Dauerwünsche« (z.B. Wunsch nach Ruhm), die McDougall von »einfachen Wünschen« (z.B. Wunsch nach Nahrung) unterscheidet.

10.3 Die Frage nach der »Freiheit« des Wollens

Wollen umfasst nicht per se schon die prinzipielle Möglichkeit seiner Freiheit. »Und in genau dem Sinn und dem Umfang, in dem für das reflektierende Denken das Wollen zum Problem wird«, so meint Keller (1954),

»ist es die Freiheit, die den Kern dieser Problematik bildet; das Anliegen besteht in der Ergründung von Sinn, Bewandtnis und Möglichkeit dieses beharrlichen Anspruchs. Übergreifend gesehen ist der Unterschied, ob die Freiheit im naiven Wollensbewußtsein selbstverständlich vorausgesetzt ist oder ob sie im reflektierenden Denken über das Wollen problematisch wird, nur sekundär gegenüber der Tatsache, daß es eindeutig um sie geht, wo immer es um das Wollen geht. Ob stillschweigend vorausgesetzt oder bewußt geglaubt, ob ausdrücklich bejaht oder gar verneint, ob wie immer bewiesen, bezweifelt oder bestritten, stets ist sie es, in der das Wesensmoment des Wollens liegt« (S. 50 f.).

Obwohl die Freiheit des Wollens oft bestritten wird – so etwa von Nietzsche (1925), in neuerer Zeit von Rohracher (1971) oder zuletzt wieder von Singer (2003) –, von anderen Autoren wird sie entweder als Notwendigkeit und Folge des menschlichen Daseins (Keller, 1954), als Grundbedingung moralischen Handelns (Kant, 1818) oder auch als notwendige Voraussetzung von »Wissenschaft« (Holzkamp, 1968) postuliert. Dass die Entscheidung für die eine oder andere Möglichkeit des Verhaltens in einer Wahlsituation abhängig sei von »Trieben« oder »Bedürfnissen« –also auch die dem Verhalten zugrunde liegende volitive Entscheidung nicht »frei«, sondern determiniert sei –, ist immer wieder gegen die Freiheit des Wollens vorgebracht worden (vgl. Rohracher, 1971). Das häufig als Beleg für die Willensfreiheit angeführte so genannte »Freiheitsbewusstsein« wird von Rohracher (1971) als »das Erleben des Fehlens von Motiven« gedeutet (S. 473). Rohracher, der sich dabei auf seine früheren Untersuchungen stützt (1932), kommt zu der Ansicht, dass das Freiheitsbewusstsein um so mehr schwinde, je größer die persönliche Bedeutung der einzelnen Wahlmöglichkeiten ist, je stärker also »Triebe« und »Interessen« wirksam werden. Hiergegen lässt sich generell und vorab einwenden: Die Freiheit oder Unfreiheit des Willens experimentell »nachzuweisen«, dürfte nahezu ausgeschlossen bzw. der Prüfbarkeit der Einzelwissenschaften nur äußerst schwierig zugänglich sein. Auf diese Problematik wird später noch einzugehen sein (Kap. 10.5 und 28). Das Problem Willensfreiheit versus Determination (und umgekehrt) darf jedenfalls nicht voreilig und einseitig – wie etwa Keiler (1970) oder Kehr (2004) es getan haben – dem Bereich der Metaphysik zugewiesen werden. Es erscheint uns unerlässlich, das Problem der Willens- und Entscheidungsfreiheit im Rahmen der psychologischen Kategorien zu diskutieren, um die Grenzprobleme wenigstens für eine Hypothesenbildung präzise aufzuzeigen, mit der dann operiert werden kann.

Vom Problem der Willensfreiheit ist ganz eindeutig zu trennen das der Eigenständigkeit des Wollens und der Wollensziele, d.h. die Frage, ob Wollen mit seinen Implikationen und Konsequenzen hinreicht, um intendiertes Verhalten in seinen Ausprägungen zu erklären (siehe Kap. 10.4). Zunächst wird jedenfalls zu prüfen sein, welcher Stellenwert der Annahme von »Wollen« überhaupt zukommt.

10.3.1 Emotionale Besetztheit des Wollens

Wollen ist auf den von einem Individuum empfundenen *Wert* eines Objekts gerichtet. Was als Wert erlebt wird, evoziert bestimmte Gefühlsqualitäten, so dass ein Wert notwendig als solcher nicht nur rational erfasst, sondern auch mit emotionalen Inhalten verbunden wird.

Ein indifferenter Erlebnis- oder Bewusstseinsinhalt kann kein subjektiver Wert sein. Auch so genannte objektive (»überindividuelle«) Werte müssen erst einmal subjektiv erfahren werden, ehe sie für die Person gegebenenfalls einen Wert darstellen. Zuvor bleiben sie ihr gleichgültig und lösen kein Wollen aus.

Gefühle, die eine Werterfahrung begleiten, sind deren emotionale Besetzung oder Erlebnistönung. Eine Änderung der emotionalen Besetzung und ihrer Intensität kann entweder spontan oder durch das Hinzutreten neuer, emotional besetzter Bewusstseins- und Erkenntnisinhalte zustande kommen. Dabei muss differenziert werden zwischen dem eher kognitiv geprägten Erwartungsvergleich und dem eher emotional behafteten Wertvergleich (Epstein, 1983; LeDoux, 1989; Leventhal, 1982; Zajonc, 1980).

Zu einer Zielvorstellung kann die Erkenntnis der Erreichbarkeit des Zieles hinzukommen. Die Summe der emotionalen Besetzungen kann so stark werden, dass es rasch zur endgültigen Entscheidung kommt. Umgekehrt wird die negativ emotional besetzte *Gewissheit der Unerreichbarkeit* eines Zieles die dazugehörigen Vorstellungen zwar nicht in jedem Fall sofort und völlig beseitigen, sie aber doch so sehr zurücktreten lassen, dass ein Entschluss zur Realisierung zunächst nicht und später nicht mehr – auch nicht zur versuchsweisen Realisierung – zustande kommt.

Emotionale Besetztheit ist kein festgelegter, statischer Mechanismus; sie unterliegt vielmehr einer ununterbrochenen Formbarkeit durch Umweltfaktoren, durch die sie sich zur individuellen Dynamik entfaltet. Gewiss kann gefragt werden, welche Funktionen Emotionen besitzen (vgl. Frijda, 1986), woran sich natürlicherweise die Frage nach ihrer Entstehung anschließt. Folgt man dabei dem vierstufigen Modell der phylogenetischen Emotionsentwicklung von Bischof (1987, 1989), um diese Interaktionsdynamik theoretisch zu erfassen, so muss zunächst festgestellt werden, dass Menschen und Primaten die – hier primär interessierende – dritte Stufe, die durch kreatives Problemlösen, wie es bereits von Köhler (1921) beschrieben wurde, bestimmt ist, miteinander teilen. Hierzu gehört auch die Interaktion mit der sozialen Umwelt und damit die Fähigkeit zur Antizipation der Verhaltensweise von Artgenossen (vgl. Menzel & Halperin, 1975; Ploog, 1989). Der Vollständigkeit halber sei erwähnt, dass nur Menschen phylogenetisch die vierte Stufe der Emotionsentwicklung erreicht haben, durch die sie zu solchen Fähigkeiten wie der *Emotionskontrolle* (Thompson, 1990) durch willkürlich erzeugte Kognitionsinhalte (vgl. Sokolowski, 1993) gelangten. Auf dieser Basis konnten auch therapeutische Ansätze entwickelt werden (Karoly, 1993; Mahoney, 1977), die zu den kognitiven Therapien (Meichenbaum, 1979; Davison & Neale, 1996) zu zählen sind.

Dennoch kann auch hier von determinierenden Faktoren gesprochen werden, die sich aus der endogenen Veranlagung und den Umweltfaktoren zusammensetzen. Die durch die beiden Variablengruppen bedingte Eigenart der Stellung gegenüber den Werten charakterisiert die Persönlichkeit und ihr Wollen. Wollen wird nicht schon vom bloßen Motivinhalt her bestimmt, sondern erst von dem Gefühl, das diesen begleitet, oder, wie wir sagen, von seiner emotionalen Besetztheit. Auch Erkenntnisse und Zwecke sind wie übrigens auch die (Emotions)Kontrolle selbst von Gefühlen begleitet, d.h. positiv oder negativ emotional besetzt, wenn sie entsprechend erlebt werden sollen.

Eine vernunftgemäße Einsicht oder eine Erkenntnis *ohne* emotionale Besetzung rufen noch kein Wollen hervor. Gefühle sind aber unserer freien Bestimmbarkeit entzogen, sie entstehen »autogen« (Rohracher, 1971, S. 401). Damit bestimmen nicht wir, ob wir etwas als angenehm oder wertvoll empfinden und wie stark oder überhaupt nicht, sondern es ist uns gegeben: »Der Vorgang ist ... ein Hinnehmen und nicht ein Tun« (Lückert, 1965, S. 435). Aus den beiden Tatsachen, dass Wollen von Gefühlen bestimmt wird und dass die Gefühle unserer freien Bestimmbarkeit entzogen sind, leitet sich die Determiniertheit des Wollens als Hypothese ab (dazu Kap. 10.3.3).

10.3.2 Ambivalenz des Wollens

Zu jedem potenziellen volitiven Verhalten vermag der Mensch normalerweise die gegenteilige Möglichkeit zu denken. Das kann bedeuten, dass er zwei *gegensätzliche* Wollensintentionen *gleichzeitig* verspürt oder – abgeschwächter – als ein *nolens volens* empfindet. Sind gleichzeitig zwei konkrete gegensätzliche Verhaltensintentionen vorhanden, lässt sich insoweit jedenfalls von einer Ambivalenz des Wollens sprechen. Wer sich beispielsweise entschließt, eine Zigarette zu rauchen, das Rauchen aber als schädlich ansieht oder empfindet, erlebt diese Ambivalenz als eine das ausführende Wollen begleitende Gefühlsqualität. Gegensätzliche Intentionen können sich nach dem oben Gesagten nur aus ihren zugehörigen gegensätzlichen Gefühlen ergeben. Sie machen das Wollen *ambitendent* oder genauer *ambivalent*: Ein Teil der Gefühle im Beispiel tendiert zum Rauchen, ein Teil dagegen. Da aber eine emotionale Besetzung als das Wesentliche für die Entstehung des Wollens angesehen werden muss, verdient die Bezeichnung Ambivalenz den Vorzug gegenüber Ambitendenz des Wollens. Sind die gegensätzlichen Intentionen gleich stark, kommt es zu »unentschlossenem« ambivalenten Wollen. Dominiert eine Intention über die andere, kann das Wollen dennoch ambivalent bleiben, falls die gegenteilige Intention zwar überspielt wird, aber nicht völlig beseitigt ist.

Dass eine gegenteilige Verhaltensmöglichkeit vorstellbar ist, hängt mit der Tatsache zusammen, dass es kaum ein Gut gibt, das das menschliche Wollen ohne (denkbare) Alternative anziehen müsste, d.h. dass jeder Wert als wirklicher, aber begrenzter, mit *Unwert* in *anderer* Sicht verbundener erfasst werden kann und *umgekehrt*. Bei nur einer erkennbaren Verhaltensmöglichkeit *will* der Mensch *potenziell ambivalent*, und zwar deshalb, weil er normalerweise die gegenteilige Möglichkeit denken und die dabei entstehenden Gefühle erleben kann. Die zu jedem Wollensinhalt denkbare gegenteilige, erreichbare Verhaltensmöglichkeit kann er bei hinreichender emotionaler Besetzung auch wollen. Da es seine Emotionen sind, die ihn zum willentlichen Verhalten bewegen und er sich mit ihnen und seinem Wollen identifiziert und dieses nicht für unabänderlich hält, gibt ihm das Bewusstsein der Ichhaftigkeit und des *Eigenen im Wollen* ein so starkes Gefühl von Freiheit, dass er sagt: »Ich kann auch anders, wenn ich nur will«. Dabei ist ihm nicht sogleich bewusst, dass er tatsächlich anders nur dann wollen würde, wenn er dafür ein neues Motiv, einen neuen hinreichend emotional besetzten Bewusstseinsinhalt hätte.

Da es *seine* Gefühle sind, die ihn bestimmen, und der Mensch sich mit seinen Gefühlen identifiziert, verspürt er, selbst zu bestimmen. Da er wenigstens zwei denkbare *Möglichkeiten zu wollen* besitzt, vermeint er, »frei« zu wählen, während seine Gefühle es sind, die »wählen«, wobei auch sie in Wirklichkeit nicht eigentlich wählen, sondern aufgrund ihres jeweils stärkeren emotionalen Akzents zum Zuge kommen.

Zu diesem *Bewusstsein* der Urheberschaft, das das Wollen als den Lenker unserer Tätigkeit erkennt, kommt hinzu die *Identifizierung* der Person mit »mein«, »eigen« und »selbst«. Sie ist es, die das Bewusstsein und das Gefühl von »Freiheit« verleiht. Dass es keine »dritte Kraft« gibt, die zwischen dem emotional besetzten Wollen und dem emotional besetzten Nichtwollen »frei« entscheidet, zeigt sich darin, dass eine solche ohne jedes Motiv und ohne emotionale Besetzung zwischen den Alternativen wählen und entscheiden können müsste. Da Motiv und emotionale Besetzung untrennbar zusammengehören, muss schließlich auch ein »freier Wille« emotional besetzt sein, was dann aber heißt, dass er eben nicht mehr frei wäre. Da jede Entscheidung, auch wenn sie von einem »freien« Willen vollzogen würde, motiviert sein müsste, lässt sich eine gegenteilige Annahme kaum aufrecht erhalten.

Das Wirken einer »dritten Kraft« lässt sich noch auf andere Art ausschließen: Da der Mensch zu seinem Etwas-Bestimmtes-Wollen die gegenteilige Möglichkeit denken kann, können sich seine Intentionen entweder der einen Möglichkeit zuwenden oder einer entgegengesetzten oder einer sonst wie verschiedenen Möglichkeit oder auch verschiedenen Möglichkeiten zugleich. Das entschiedene Wollen schlägt sich in Realisierung oder in bewusster Unterlassung nieder, und so kann das Individuum als denkendes Wesen handeln oder nicht handeln bzw. so oder anders handeln. Sobald eine Wollensmöglichkeit in seinen Gesichtskreis tritt, muss es aber auch handeln *oder* nicht handeln. Es kann eine Entscheidung womöglich aufschieben, aber selbst dabei steht es mit der Möglichkeit des entweder Hinausschieben- oder Nicht-Hinausschieben-Könnens *gleichzeitig* in der Situation des entweder Hinausschieben- oder Nicht-Hinausschieben-*Müssens*. Damit wird deutlich, dass der Mensch ununterbrochen (ausgenommen im Schlafzustand und im Zustand der Bewusstlosigkeit) einem bewussten, mitbewussten oder auch unbewussten Wollen nachgeben muss. Selbst wenn er »nichts« tut, ist er doch nicht schlechthin untätig (z.B. Ruhen und Entspannen). Für das Denken ist bereits erkannt worden, dass sich der Entschluss, nicht zu denken, irgendwann schließlich, meist schon nach sehr kurzer Dauer, als undurchführbar erweist.

Es ist eine Grundbefindlichkeit des Menschen, die ihn zu ununterbrochenem Verhalten treibt: Da er stets das subjektiv Bessere oder Wertvollere will und da es die Emotionen sind, die den subjektiven Wert bestimmen, ist sein Wollen von der emotionalen *Reaktion* auf die von der jeweiligen Wollens- oder Nichtwollensmöglichkeit ausgehenden Signale, wie er sie wahrnimmt, bestimmt. Die Entscheidung wird, mit anderen Worten, von emotional besetzten Bewusstseins- oder Vorstellungsinhalten festgelegt. Auch eine gegebene Kontrollierbarkeit und eine davon eventuell ausgehende Umsteuerbarkeit des Verhaltens ändern letztlich nichts an der Annahme der Determiniertheit des Wollens, die natürlich auch für die mögliche Verhaltensänderung wie auch schon für die Kontrolle selbst gilt.

Die Tatsache des »Entweder-oder-Müssens« im Wollen spricht somit gegen eine »dritte Kraft«, die freiwillig das eine oder das andere will; denn eine solche Kraft wäre mit einem notwendigerweise »Entweder-Wollen-oder-Nichtwollen« nicht vereinbar und schon gar nicht mit dem Befund, dass der Mensch stets das subjektiv Bessere oder Wertvollere wählt. Diese Argumentation führt zu einer weiteren Überlegung: Da der Mensch nicht anders kann als Wollen- *oder* Nichtwollen-Müssen, müsste sich eine wie auch immer verstandene Kraft des *freien* Wollens in eine dieser beiden Kategorien einordnen. Dass sie damit keine »dritte« Kraft wäre, ist evident.

Zusammenfassend lässt sich also sagen: Da wir uns mit unseren Emotionen und mit unserem Wollen identifizieren, haben wir das Bewusstsein, selbst zu bestimmen, und fühlen uns »frei«; insofern aber die Emotionen unser Wollen bestimmen, bestimmen wir zwar selbst, aber eben nicht »frei«.

10.3.3 Determiniertheit des Wollens als Hypothese

Als wesentliches Argument für die »Freiheit« des Wollens gilt nicht nur das Bewusstsein der Freiheit, sondern auch und vor allem die – vermeintliche – Freiheit des Bewusstseins selbst. Dazu schreibt Keller (1965):

> »Dieses Bewußtsein aber, indem es ist, ist seinerseits ein ›Seiendes‹ und gehört damit selbst zum Sein im ganzen. ... Da es aber selbst ein Seiendes ist, läßt es auch sich selbst (durch das Verhältnis zu sich) überhaupt erst ›sein‹; und zwar gilt das im vollen Sinn,

> also nicht etwa nur intentional, das heißt nicht bloß so, daß es, wie es um anderes ›Seiendes‹ weiß, auch um sich ›weiß‹ und sich ›erlebt‹. Es gilt vielmehr in dem Sinn, daß es selbst der reale Vollzug seines Erlebens ist und das heißt selbst als eben dieser Vollzug west. Es zeitigt sich selbst als Verhältnis zu anderem und zu sich selber. Das bedeutet: Es selbst – als dieses ›Geschehen‹ – west und waltet sein eigenes Sein, sein Sein ist sein eigener Akt, es ist Selbstvollzug. ... Der Grundbegriff, den wir suchten, die fundamentale Seinsweise des Menschen und damit die Wesensstruktur allen menschlichen Erlebens und Verhaltens ist so in letzter Bestimmung offenbar geworden als ›Selbstsein‹ « (S. 63).

Und an späterer Stelle heißt es: »So von Freiheit die Rede ist, kann grundsätzlich nichts anderes gemeint sein als dieses Selbstsein« (Keller, 1965, S. 69). Dieser Argumentation dürften folgende Überlegungen hinzuzufügen sein: Gedanken können wir nur durch Assoziation oder spontan gewinnen. Der assoziierte Gedanke ist ganz gewiss nicht frei, und der spontane Gedanke kann es auch nicht sein, weil er nicht gewollt ist, sonst wäre er nicht spontan. Da auch das Verharren bei einem Gedanken oder das Verdrängen eines solchen emotional besetzt sein muss und somit determiniert ist, kann eine Kette von Bewusstseinsinhalten nur zustande kommen, wenn sie sowohl in ihrem Beginn als auch in ihrem Verlauf determiniert ist. Auch geistige Neuschöpfungen sind wie die Steuerung eigener Gefühle determiniert, weil jedes schöpferische Unternehmen einer emotionalen Besetzung bedarf, sein Gelingen also nicht erzwungen werden kann.

Allerdings behauptet Gehlen (1965), dass das Bewusstsein, »wenn es überhaupt denkt, auch denken kann, was es will« (S. 156). Diese Annahme trifft jedoch in der von ihm gemeinten Weise nicht zu. Denn was immer der Mensch denken will, muss er bereits vor seinem geistigen Auge haben, damit er es als Denken wollen kann. Zwar kann der Mensch aus den Gedanken, die ihm assoziativ oder spontan »zukommen«, gerade den Gedanken weiterdenken, den er aufgreifen oder fortführen möchte; aber auch dieser Prozess ist determiniert, da das Individuum nur Gedanken weiterdenkt, die ihm im Augenblick – in welcher Hinsicht auch immer – geeigneter, nützlicher, wertvoller etc. erscheinen.

Auch die Fortführung eines Gedankens ist, neben der emotionalen Determiniertheit der wertenden Auswahl, wiederum assoziativ oder spontan bestimmt, weil man Gedanken nur mit dem Potenzial fortführen kann, das assoziativ oder spontan im Denken erscheint. Die Ansicht, dass der Mensch denken kann, was er will, ist nur insofern richtig, als er die Gedanken, die ihm assoziativ oder spontan »zukommen«, weiterdenken kann, wenn er dies will; ob er aber will, ob er dazu bereit ist, ob er auch nur einen Versuch in dieser Richtung unternimmt, das ist emotional determiniert. Nur weil der Mensch seine »eigenen«, spontan oder assoziativ aufgenommenen Gedanken denkt, sich also mit »mein« und »eigen« und »selbst« identifiziert, sagt er »ich denke« und fühlt sich frei, wobei der Freiheitsgrad des Denkens im Vergleich zu anderen volitiven Verhaltensweisen meistens als größer erlebt wird. Da aber weder das Gefühl noch das Bewusstsein der Freiheit identisch sind mit Freiheit, denkt der Mensch zwar selbst, aber nicht frei.

Zur Freiheit als »Offensein« führt Keller (1965) aus:

> »In diesem Sinn aber ist Freiheit eben da, wo die Frage nach ihr erhoben ist, auch schon erwiesen. Sie ist es nämlich durch die Tatsache der Frage selbst. Denn dass diese gestellt werden kann, setzt ja voraus, dass der Frager fragend muss offen sein können. Solches Offensein ist nur möglich auf Grund einer Seinsweise, die – im Gegensatz zur Bestimmtheit und Verschlossenheit eines bloß sachhaften Seins oder Geschehens, das je schon ist, was es ist – unbestimmt und unverschlossen ist, so nämlich, dass sie sich auf etwas und nach etwas zu richten vermag. Es ist das Offensein von Verhalten. Verhalten ist der Vollzug einer jeweiligen Beziehung zu etwas, der sich selbst als dieser (auf sein jeweiliges ›Was‹ hin offene) Bezug realisiert« (S. 40 f.).

Hiergegen lässt sich geltend machen, dass jenes »Offensein« durch die Fähigkeit zu denken oder genauer durch die Fähigkeit, Inhalte von Welt in uns hineinzunehmen, begründet ist; diese Fähigkeit vermittelt eine Vorstellung von Freiheit, weil wir zum Wollen die gegenteilige Möglichkeit denken und somit »offen« sein können für Wollen oder Nichtwollen, was nichts anderes bedeutet als die Fähigkeit, vermeintlich frei zu wählen.

Da jede der Möglichkeiten, zwischen denen gewählt werden soll, emotional besetzt ist und sein muss (anderenfalls weder gewollt noch nicht gewollt wird, ja nicht einmal die Version: Wollen oder Nichtwollen überhaupt *auftaucht*), kann auch der Vollzug (als Bezug »auf sein jeweiliges ›Was‹ hin«) sich niemals selbst (im Sinne von Freiheit) realisieren, wie Keller meint, sondern wird von den Emotionen realisiert, eben weil ein Gegenstand von gleichgültiger Beziehung einen Vollzug nicht auszulösen vermag. Auch in der Seinsweise des »Offenseins« ist daher die Freiheit nicht, »wo die Frage nach ihr erhoben ist, auch schon erwiesen«; und das auch dann nicht, wenn dieses Offensein nach Keller »sich auf etwas und nach etwas zu richten vermag ... «, weil keine Aktivität sich auf etwas richtet, das ihr gleichgültig ist, und sich davon auch sonst wie nicht beanspruchen lässt. Obwohl Selbstvollzug und Selbstbestimmung als von Emotionen abhängig nicht frei sind, sprechen wir von Selbstbestimmung und Selbstvollzug, auch wenn es nicht unsere *Freiheit*, sondern eben die *eigenen* emotionalen Determinanten sind, die ganz wesentlich bestimmen und daher *selbstbestimmend* wirken.

Aus demselben Grund sehen wir uns auch gehindert, der Definition Thomaes (1960), der die »Freiheit als Offenheit gegenüber dem Sinn« (S. 280) umschreibt, zuzustimmen. Auch hier gilt: Entscheidung ist nicht gleichgültig, anderenfalls wird nicht entschieden, und der »Sinn« ist emotional besetzt, sonst taucht er als Bedeutungsgehalt erst gar nicht auf. Das trifft auch dann zu, wenn man annimmt, dass *vor* dem Entschluss eine verantwortliche Instanz als »die plastische, propulsive Mitte der Persönlichkeit« (Thomae, 1960, S. 143), als das »Selbst«, zur deutenden und sich distanzierenden Instanz wird. Keine »Instanz« nämlich deutet oder distanziert sich, wenn die eine oder andere Alternative oder sämtliche Verhaltensmöglichkeiten unhintergehbar bedeutungslos erscheinen.

Im »Versuch zur Distanzierung in der Entscheidung« zeigt sich »der Durchbruch eines allgemeinen Sinnhintergrundes« (Thomae, 1960, S. 143) vielmehr nur dann, wenn der Sinnhintergrund in irgendeiner Weise emotional besetzt oder selbst eine Emotion darstellt (z.B. Angst, Zuneigung), da er sonst keinen subjektiv erfassbaren Sinn hat, der es zu einer Distanzierung kommen lässt. »Entscheidung« im von Thomae hier gemeinten Sinne ist demnach richtigerweise nur als das Ergebnis einer emotionalen Akzentverschiebung denkbar, konsequent und realistisch. Daher wird dem Versuch einer Begründung von Freiheit im Sinne von Entscheidungsfreiheit und Freiheit des Wollens aus der vermeintlichen Freiheit des Bewusstseins (d.h. aus der »ontologischen Fundierung der menschlichen Seinsweise«, wie Keller sie versteht) und aus dem »Offensein gegenüber dem Sinn« (Thomae) jedenfalls mit besonderer Zurückhaltung zu begegnen sein.

Nun ist zwar nicht schon allein durch den Umstand, dass Freiheit des Wollens nicht theoretisch erweisbar ist, die Determiniertheit des Wollens evident; diese Determiniertheit *völlig exakt zu beweisen*, ist nämlich ebenso wenig möglich. Bei einer solchen Konstellation wird aber das größere Gewicht bei jenen Argumenten liegen, die sich ohne inneren Widerspruch für die eine oder für die andere Möglichkeit ins Feld führen lassen.

Zu zwei Argumenten bzw. möglichen Einwänden in diesem Kontext sei hier noch kritisch Stellung bezogen:

Dass man das durch eine hinreichende Ursache hervorgebrachte Wirken (des Wollens) nicht in *jedem* Fall auch *voraussagen* kann, dürfte daran liegen, dass man die emotionale Reaktionsbereitschaft nicht genau genug erkennen kann. Dieser Umstand spricht nicht gegen die Determiniertheitshypothese.

Wenn sich die Determiniertheit des Wollens nicht experimentell nachweisen lässt, weil für das Experiment die Kenntnis der emotionalen Reaktionsbereitschaft der Versuchsperson fehlt, so besagt auch dies nicht, dass mit der Einsicht in die emotionale Bedingtheit des Wollens und seiner daran geknüpften Determiniertheit nicht im Sinne einer empirisch mehr oder weniger gehaltvollen *Hypothese* operiert werden dürfte.

Im Übrigen bleibt für unsere Untersuchung zu beachten: Der bei der *Entscheidungs*problematik zu untersuchende psychologische »Gegenstand« ist primär das *Wollen* und nicht eigentlich das Problem seiner Freiheit, da diese allenfalls eine Eigenschaft des Wollens sein kann, und nicht etwa umgekehrt; und nur *insoweit* gehört die Behandlung dieses Problems zu dem Aufgabenbereich der Psychologie (vgl. Rohracher, 1971, S. 472). Ein – wie auch immer in seiner Tragweite verstandener – deterministischer psychologischer Ansatz braucht daher »Freiheit« nicht allgemein zu leugnen, soweit ihn eben die Bedingungen nur des Wollens und Entscheidens interessieren. Auch wer nämlich Freiheit im Wollen und Entscheiden leugnet oder jedenfalls nicht uneingeschränkt bejaht, kann durchaus offen lassen, ob Freiheit im Übrigen existiert.

Nicht selten findet man die Ansicht, dass Freiheit und Unfreiheit nur in gewissen Mischungsverhältnissen vorkommen; es gibt, so wird gelegentlich behauptet, nur eine »nicht absolute Freiheit« und eine »nicht absolute Determiniertheit« des Wollens (vgl. Arnold, 1962; Lückert, 1957).

Von der Tatsache ausgehend, dass »absolute Freiheit« ein unvorstellbarer Begriff sei – auf Basis einer solchen Freiheit müsste man ohne jegliches Motiv wollen oder nicht wollen, handeln und nicht handeln können –, gestehen die Anhänger der nicht absoluten Freiheit zu, dass das Wollen zwar von einem oder mehreren Faktoren determiniert, aber eben *unvollständig* determiniert sei, weil die »Freiheit« sich über diese Determinanten hinwegsetzen und ein entsprechendes gegenteiliges Wollen und Handeln induzieren könne. Wenn diese Ansicht richtig ist, dann muss aber »Freiheit« wiederum eine »dritte« Kraft sein, weil in einem »unvollkommen determinierten Wollen« – z.B. für Pflichterfüllung und Triebverzicht – eine gegenteilige Wollensintention bereits enthalten sein muss, sonst wäre es nicht unvollkommen determiniert. Diese gegenteilige Wollensintention (Triebbefriedigung und Pflichtvernachlässigung) muss ihrerseits motiviert und auch unvollkommen determiniert sein. So verbleibt für die Freiheit nur die Möglichkeit, zwischen den beiden gegensätzlichen, nicht vollkommen determinierten Wollen bzw. Wollensmöglichkeiten als »dritte Kraft« zu wählen.

Freiheit der Wahl wurde aber als bloßes *Bewusstsein* solcher Freiheit beschrieben, da es die eigenen Emotionen des Individuums sind, die »wählen«, und daraus die Gewissheit des »Selbst«-Wählens als Bewusstsein der Freiheit, als »psychologische Freiheit« entsteht. Die »dritte« Kraft wurde denn auch von Thomae (1960) zutreffend als »Interpretationsfehler« erkannt: als »eine sprachliche oder begriffliche Konstruktion seelischer Zusammenhänge, ... die sich bei näherer Analyse als unhaltbar erweist« (S. 273). Allein die Stärke der Erlebnistönung verschiedener Wollensmöglichkeiten sei maßgebend für die endgültige Entscheidung.

»Zum Wollen gehört die volle innere Zustimmung. ... Dieses Wissen um die Folgen (der inneren Zustimmung) bedeutet, dass die Willensfreiheit im Rahmen der personalen Gegebenheiten vollzogen wird. Es ist eine Willensfreiheit in Bindung, keine absolute Willensfreiheit« (Arnold, 1962, S. 259). Auch diese »relative« Willensfreiheit Arnolds vermag die Freiheit des Wollens nicht zu retten, denn – wie er selbst ausführt – kann der Mensch diese Freiheit nur realisieren im Rahmen seiner personalen, d.h. charakterlichen Gegebenheiten, als welche unter anderem Triebe, Interessen und Strebungen verstanden werden, die allesamt emotional besetzt sein müssen und daher determiniert sind, anderenfalls sie weder »treiben« noch »interessieren« noch »streben«.

Wenn hier auch die absolute Willensfreiheit, »weil sie ja überall Gleichgültigkeit voraussetzen würde« (Arnold, 1962, S. 258), abgelehnt wird, so liegen die Akzente der *relativen* Willensfreiheit aber doch deutlich noch bei der Willens*freiheit*, wohingegen die relative Willensfreiheit nur determiniert gedacht werden kann, weil nicht nur das Erkennen, sondern auch die gesamten »charakterlichen Gegebenheiten« determiniert sind. Nicht zuletzt kann dies auch aus den eigenen Vorstellungen Arnolds abgeleitet werden: »Diese Frage nach der Möglichkeit der Willensfreiheit ist mit Ja zu beantworten unter der Voraussetzung, daß jeder Mensch nur dasjenige fühlen, denken, tun und wollen kann, was ihm nach seinen Anlagen erlebnismäßig zugänglich ist« (Arnold, 1962, S. 258). Die Anlagen aber sind angeboren und deshalb determiniert. Die Annahme einer vermeintlichen Fähigkeit des Menschen, innerhalb seiner charakterlichen Gegebenheiten frei zu wählen, läuft auf einen Widerspruch in sich hinaus, da gerade auch von diesen Gegebenheiten das Wählen abhängig und deshalb determiniert ist.

Lückert (1957), der von einem »beschränkten Determinismus« und von einer »begrenzten Entscheidungsfreiheit« spricht, sagt von dieser Freiheit: »Die hier sichtbare Freiheit ist eine bedingte; sie ist eine sittliche Freiheit durch Einflußgebung sittlicher Normen auf die Motive und speziell den Willen« (S. 417 f.). Es fragt sich hier allerdings, was an einer solchermaßen »begrenzten Entscheidungsfreiheit« noch frei ist und ob eine beschränkte Freiheit als »Gegenbegriff« zur Determination zureichend bestimmbar erscheint. Mit Grund betont Rensch (1963): » ... jeder unvollständige Determinismus ist daher abzulehnen« (S. 127).

Die bisherigen Bemühungen um das Problem der Freiheit des Wollens sind mehr oder minder an der Erkenntnis vorbeigegangen, dass das Erlebnis der Freiheit und damit das Freiheitsbewusstsein ihre psychologische Begründung am ehesten in der Tatsache finden können, dass es in *erster Linie oder jedenfalls auch die Emotionen* sind, die uns determinieren, und dass wir uns frei *fühlen*, weil es eben *unsere* Erlebnistönungen sind, die emotional determinieren.

Da man sich nicht vorstellen konnte, wie das (unerklärliche) Erlebnis der Freiheit mit der Determiniertheit des Wollens in Einklang zu bringen sei, musste das *Freiheitsbewusstsein* selbst zum Nachweis der *Freiheit* werden. Da man diese aber nicht mehr im Bereich der Metaphysik suchen wollte, glaubt man nun, der Metaphysik zwar entraten, die Freiheit jedoch retten zu können. Namen wie Lersch (1970), Rothacker (1942, 1965), Keller (1954), Portmann (1951, 1963), Thomae (1960, 1974) u. a. sind es, die in diesem Zusammenhang immer wieder genannt werden müssen. Keller (1954) spricht von einem »Grundprinzip« der modernen Anthropologie und meint, die Freiheit als Selbstbestimmung sei »das Komplement der mangelnden naturhaften Integration des Menschen«, die ihm nicht einmal das bloße Existieren zu gewährleisten vermöchte.

Nun stellt aber nicht die Freiheit das Komplement der mangelnden naturhaften Integration des Menschen dar, sondern seine Fähigkeit zu denken und zweckentsprechend zu handeln; das Bewusstsein bietet dem instinktgeschwächten Menschen einen Ausgleich für seine mangelnde naturhafte Anpassung an die Umwelt. Dadurch ist er imstande, zu konkretem Wollen sich die gegenteilige Möglichkeit denkend vorzustellen und infolge der (automatisch) erfolgenden emotionalen Besetzung die Möglichkeiten miteinander zu vergleichen und zu bewerten. Da es keine dritte, von Emotionen freie, d.h. neutrale Kraft gibt, die wertet, abwägt und entscheidet, sind es die jeweils stärkeren Erlebnistönungen, die die Entscheidung herbeiführen. Eine Gleichsetzung von Freiheit und Bewusstsein der Freiheit ist daher ebenso falsch wie verhängnisvoll.

Einen ähnlichen Gedanken wie bei Keller (1954) findet man bei Portmann (1963), wenn er ausführt: »Die geringe instinktive Fixierung der meisten ... Triebe ist ein humanes Kennzeichen, das ... auf das Moment der Freiheit hinweist« (S. 268). Auch wenn man Portmanns Argument von der »physiologischen Frühgeburt« des Menschen und seiner »Weltoffenheit«, die ihn befähige, biologische Mängel durch rationale Entscheidung auszugleichen, berücksichtigt, wird nicht hinreichend deutlich, inwiefern diese Entscheidungen »frei« seien. Eher scheint zu gelten: Je größer die biologischen Mängel, desto stärker ihr determinierender Charakter. Daran dürfte sich auch dann nichts ändern, wenn Portmann feststellt, der Mensch habe »die Freiheit zur Wahl, zu Entscheidungen; im Wählen wird er zu dem, was er sein kann« (1951, S. 12). Die realen persönlichen Emotionen »wählen«, indes kein subjektiv gleichgültiges Objekt. Aus diesem Grund ist es kaum nachvollziehbar, wenn Portmann in diesem Kontext schreibt, dass »neben starken Bindungen aller Art immer auch echte Freiheit ihre Stelle in diesen Entscheidungen hat«. Auf seine These, dass immer auch echte Freiheit ihre Stelle – wo denn? – in Entscheidungen habe, geht Portmann kaum weiter ein. Auch die Fähigkeit des Menschen, die Abhängigkeit von den Trieben final zu überformen, ist kein geeignetes Argument für seine freie Bestimmungsfähigkeit; eine solche Bestimmung wäre vielmehr nur dann möglich, wenn die finale Überformung erlebnismäßig stärker besetzt ist als die »kausale« Abhängigkeit. Triebabhängigkeit und finale Überformung beziehen ihre Energie aus den Emotionen. *Beide* stehen auf der Emotionsebene einander gegenüber, da das Wollen *entweder* durch die (z.B. triebhaften) Emotionen bestimmt ist *oder* von der emotionalen Besetzung finaler Vorstellungen ausgelöst wird oder werden kann.

Zutreffend bemerkt daher Danner (1969) zu diesem Problemkreis:

> »Gerade im unschlüssigen Wollen tritt uns die Ambivalenz, in der sich Trieb und Sollinhalt, ›Es und Überich‹ gegenüberstehen, mit nicht zu übersehender Deutlichkeit vor Augen. Nirgends ist zu erkennen, wo ein drittes Ich Platz finden soll, welches isoliert von beiden und frei von allen Emotionen, souverän über Es und Überich thront, um im gegebenen Fall zu entscheiden, daß das eine das andere ›überformen‹ soll. Vielmehr ist das Ich integrierender Bestandteil von Überich und Es. Somit treten uns Überich und Es als die Hauptdarsteller der Ambivalenz entgegen, und das Ich könnte man die Extrapolation nennen, die das Bewußtsein aus den beiden vornimmt, wobei es (das Ich) sich mit beiden identifiziert oder identifizieren muß« (S. 53).

Das »Ich« ist daher keine *frei* wählende, von Emotionen *unabhängige* Instanz, sondern repräsentiert die Reflexion des Bewusstseins, das sowohl das »Überich« als auch das »Es« (bzw. »Teile« derselben) begleitet oder begleiten kann. Da der Mensch sein Denken und Fühlen zu reflektieren vermag und sich mit diesen seinen Verhaltensweisen identifiziert, sagt er: »ich« denke und »ich« fühle. Da aber Denken und Fühlen determiniert sind, ist auch das »Ich« determiniert. Dagegen lässt sich nicht einwenden, dass das gesamte »Ich« unter Umständen Eigenschaften und Fähigkeiten habe, die nicht aus seinen einzelnen »Bestandteilen« abgeleitet werden könnten. Denn es gibt (außer den vegetativen Vorgängen) keine Funktionen des Ichs, die sich nicht auf Denken und Fühlen zurückführen ließen. Gedanken und Gefühle sind aber determiniert. Das Wollen selbst erweist sich daher in jedem Fall als emotional bestimmt, gleichgültig, ob man es als eine Partial- oder als eine Totalfunktion des »Ichs« ansieht.

Auch die Schichtenlehren vermögen also nicht hinreichend deutlich zu machen, dass es etwa die *freie* Selbstbestimmung des Menschen wäre, die eine obere Schicht gegen die untere, die das »Ich« gegen das »Es«, den »personellen Oberbau gegen den endothymen Grund« (Lersch, 1970) oder die »Personschicht gegen die Tiefenperson« (Rothacker, 1965) gleichsam zum Sieg führen könnte.

Sogar die Verantwortung vor dem eigenen Gewissen erweist sich von hier aus als determiniert, da sie – wie jede Verantwortung – von der emotionalen Besetzung eines »Sollauftrags« abhängig ist. Auch hier gibt es also kein zur »freien« Selbstbestimmung fähiges, »frei« verantwortliches Ich. Die eigenen Emotionen, die auf das Individuum Einfluss haben, belassen ihm aber grundsätzlich wenigstens das Gefühl und das Bewusstsein von Selbstbestimmungsfreiheit.

Hatte man die Freiheit – die im »mundus sensibilis« nicht unterzubringen war – früher im »mundus intelligibilis« angesiedelt, ist auch diese – mögliche – Position in Konsequenz der empirisch gehaltvollen *Hypothese* von der emotionalen Besetztheit der Vorgänge im Entscheidungsgeschehen einigermaßen erschüttert, wobei offen ist, ob die Abkehr von der Metaphysik der Freiheit nur den ersten Schritt darstellt zur letztendlichen Hinwendung zu einem Determinismus, wie er im Wesentlichen in den Naturwissenschaften seinen Raum hat.

Dass die Unbestimmtheitsrelation und der Übergang von der streng kausal determinierten zur bloß statistischen Gesetzmäßigkeit im mikrophysikalischen Bereich keine Analogie zur Entscheidung des Menschen zulassen, liegt darin begründet, dass der Mensch in seinem Entscheidungsverhalten wertet. Da das Werten mit der emotionalen Besetzung unlösbar verbunden ist, sind es also wiederum die Emotionen, die im Unterschied zu den mikrophysikalischen Vorgängen den Determinationsfaktor zu repräsentieren scheinen. Im Übrigen ist eine Analogie dieser Art auch von Indeterministen bereits abgelehnt worden. So schreibt Lersch (1970), dass völlig unentschieden sei, »ob die Erfahrungen im atomaren Geschehen lediglich auf der Unzulänglichkeit unserer Erkenntnismittel ... beruhen«, und fährt fort:

> »Zum anderen ist die Analogie zwischen dem Verhalten eines Elektrons und einer Wahlhandlung schief. Eine Wahlhandlung beruht immer auf einem Qualitätserlebnis. Sie ist eingebaut in das gesamte Werterleben des Menschen. Es ist unzulässig, etwas Analoges beim Elektron anzunehmen, da es ja die Physik immer nur mit Quantitäten und nie mit Qualitäten zu tun hat« (S. 493).

Und ähnlich sieht es auch Thomae (1960), wenn er nachdrücklich hervorhebt:

> »Tatsächlich kann und darf die psychologische und philosophische Theorienbildung über ›Zwang‹ und ›Freiheit‹ in der Entscheidung nicht von physikalischen Theoremen beeinflußt werden. Bei der Physik eine Anleihe für eine Antwort auf die Frage zu ma-

chen, ob es so etwas wie ›offen‹ bleibende Reaktionsformen auf multivalente Situationen gebe, käme einem Vorgehen gleich, das etwa die Antwort auf die Frage nach der Ätiologie der endogenen Psychosen von dem Ausgang der Theorienbildung über die Natur des Atomkerns abhängig machen würde« (S. 278).

10.4 Zur Eigenständigkeit des Wollens aus Sicht kontroverser Positionen

Bei der Behandlung der emotionalen Besetztheit des Wollens war die Frage nach seiner »Eigenständigkeit« bereits angeschnitten worden. Über die phänomenanalytische Erfassung hinaus wirft diese Frage aber noch zahlreiche theoretische Probleme auf, denen wir uns im Folgenden zuwenden wollen. Dabei sollen zunächst die verschiedenen Auffassungen zum Eigenständigkeitsproblem untersucht werden.

Es lassen sich hier zwei Klassen von Theorien – heterogenetische und autogenetische – unterscheiden. Nach heterogenetischer Auffassung fehlt dem Wollensphänomen die Eigenständigkeit; es löse sich – bei genauerer Betrachtung – in seine »Elemente« auf. Wollen wird zwar als Phänomen in seinem Funktionieren gesehen, einer analysierenden und erklärenden Betrachtungsweise hält es jedoch nach dieser Ansicht nicht stand. Demgegenüber kommt nach der autogenetischen Lehre dem Wollen ein eigenständiger Modus des Erlebens zu; es sei der Art seines Funktionierens nach eine psychische Letztheit. Beiden Richtungen liegt die Annahme zugrunde, dass Wollen als Phänomen jedenfalls aufweisbar ist: Nur wird es in heterogenetischer Sicht als unselbständig, vom autogenetischen Standpunkt aus dagegen als eigenständig aufgefasst. Dazu gleich mehr.

10.4.1 Die heterogenetische Richtung

Für heterogenetische Auffassungen vom Wollen war der Boden bereitet, als in der Psychologie die analysierende und erklärende Betrachtungsweise in den Vordergrund rückte, also vor allem in der Zeit der Verselbständigung der Psychologie als einer eigenen Erfahrungswissenschaft um die Mitte des 19. Jahrhunderts. Es herrschten die naturwissenschaftlichen Ideale der Vereinfachung und der Zurückführung auf letzte Ursachen. Dabei war sicherlich nicht ohne Bedeutung, dass nicht wenige der ersten Psychologen ursprünglich Physiologen oder Physiker waren (Fechner, 1907; Wundt, 1905; u.a.).

Von dort her wird verständlich, dass in dieser Ära der Psychologie das Wollen nicht als eigenständige Erscheinung, sondern als vielgestaltiger Tatbestand angesehen wurde. Es kam in der Folge zu einer Vielzahl von heterogenetischen Theorien über das Wollen, die sich gruppenweise zusammenfassen lassen. So interessierten die Psychologie in der zweiten Hälfte des 19. Jahrhunderts vor allem empfindungsmäßige Tatbestände. Empfindung und Vorstellung galten, dem sensualistischen Vorurteil entsprechend, vielfach als Grundtatbestände des

Seelischen. Verbreitet kam es zu der Auffassung, Wollen setze sich aus empfindungsmäßigen und allenfalls vorstellungsmäßigen Daten zusammen.

So kam Külpe (1893) zu der Ansicht, Wollen sei »ein Komplex von mehr oder weniger lebhaften Organempfindungen« (S. 275). Ganz in dieser Richtung liegt auch Münsterberg (1914), für den Wollen aus Muskelempfindungen besteht.

Noch 1920 findet man bei Ziehen eine Auffassung, die ganz im Sinne des sensualistischen (wie auch gleichzeitig des atomistischen und des mechanistischen) Axioms konzipiert ist. Er spricht von einer Verknüpfung von Empfindung und Vorstellung und definiert von dort aus das Wollen als »eine bestimmte Verknüpfung von Vorstellungen und die Assoziation und die Handlung begleitende Spannungsempfindungen« (S. 31). Hier findet man das Wollen schon als einen in gewisser Hinsicht komplexen Tatbestand gedeutet, der sich jedenfalls der Auflösung in nur ein Element entzieht. Indes fehlt noch jeder Hinweis darauf, dass das Wollen über seine konstituierenden Elemente hinaus etwas Eigenständiges darstelle, wie auch das Moment der Eigenaktivität der Person noch nicht angesprochen wird.

Andere theoretische Ansätze sehen das Wollen durch intellektuelle Momente charakterisiert; das Wollenserlebnis wird als Sonderform intellektueller Vorgänge aufgefasst. Hier ist vor allem Meumann (1914) zu nennen, wenn er ausführt: »Der Wille ist nichts anderes als ein spezifischer Verlauf intellektueller Vorgänge, durch die sich unsere Zustimmung zu einem Ziel in Handlung umsetzt und mit denen das intellektuelle Seelenleben aus seiner reinen Innerlichkeit zur Einwirkung auf die Umgebung heraustritt« (S. 347). Diese Deutung, die ganz im Zeichen betonter Intellektaffinität des Wollens steht, lässt auch das dem Wollen eignende aktive Moment in gewisser Weise hervortreten. Die Fähigkeit, die »Zustimmung zu einem Ziel in Handlung« umzusetzen, und die Fähigkeit »zur Einwirkung auf die Umgebung« werden gesehen und angesprochen.

Einer weiteren Gruppe heterogenetischer Ansätze, nicht selten philosophischer Herkunft (z.B. Schopenhauer, 1938), ist die Auffassung zuzuordnen, dass Wollen nichts anderes sei als eine besondere Triebform. Diese Lehre beherrscht – wenn auch modifiziert – zum Teil die Theorie. So tritt etwa in der Antriebslehre Thomaes (1944) der Begriff »Antrieb« an die Stelle der überwundenen Vorstellung vom »Begehrensvermögen« als Oberbegriff für alle handlungsgerichteten Tendenzen. »Trieb« und »Wille« werden vom Begriff des »Antriebs« mitumfasst, im Unterschied etwa zu Klages (1960), bei dem Trieb (als die eher animalische Komponente) und Antrieb (als die mehr menschliche Komponente) nebeneinander dem (ausschließlich menschlichen) Willen gegenüberstehen. Wollen und Trieb weisen in Thomaes Lehre keine eigenen Momente auf, die es gestatten, sie als je selbständige Funktionen zu kennzeichnen; beide sind jeweils situationsgeprägte Antriebserscheinungen, wobei das Wollen keine gesonderte Triebform ist, sondern neben dem Triebgeschehen eine weitere Antriebsform darstellt, was bei Thomae eine Einordnung des Wollens in übergeordnete Grundvorgänge ermöglicht.[15]

Bei den Vertretern der *emotionalen Willenstheorie* scheint Wollen aus Gefühlselementen zusammengesetzt, die in den Affekten liegen. Hiernach sind Fühlen und Streben (Wollen) Seiten ein und desselben Grundtatbestands, eine Auffassung, die von Müller-Freienfels (1924) deutlicher herausgearbeitet worden ist. Für ihn sind Fühlen und Wollen Teilerscheinungen komplexer Stellungnahmen des Ich, die sich je nach den Umständen mehr als passive Gefühlszustände oder aktive Willenshandlungen darstellen, in jedem Falle psychologisch aber als Ganzheit begriffen werden müssen. Hier deutet sich in gewissem Sinne ein *Übergang* zu späteren Auffassungen an, in denen das Wollen dann eine endgültige *Verselbständigung* fand; und zwar nicht etwa deshalb, weil Wollen auf Fühlen, sondern beides auf einen gemeinsamen Grundvorgang zurückgeführt wird, als dessen »Seiten« sich Fühlen und Wollen gegenüberstehen. Ferner ist ein Auftreten ganzheitspsychologischen Gedankenguts festzustellen, was z.B. darin zum Ausdruck kommt, dass Fühlen und Wollen »Teilerscheinungen komplexer Stellungnahmen des Ich« genannt werden, die »psychologisch als Ganzheit« begriffen werden müssten. Mit dieser Betrachtung werden im Phänomen des Wollens mehr und mehr verschiedene Komponenten als vereinigt angesehen; damit wird zugleich ein umfassendes, »ganzheitliches« Erlebnis des Wollens anerkannt (vgl. Müller-Freienfels, 1924).

In die gleiche Gruppe von Autoren wie Müller-Freienfels gehört auch Brentano (1925), der drei Grundklassen von Erlebnisweisen unterschied: Vorstellung, Urteil, Gefühl und Wille. Gefühl und Wille stehen gemeinsam in ein und derselben Grundklasse, weil die »innere Erfahrung« nach Brentano hier einen fundamentalen Unterschied nicht aufzeigt.

Deutlicher tritt die *Komplexität des Wollens* in den Auffassungen von Forschern hervor, die – wie etwa Störring (1922) – im Wollen ein Zusammenwirken mehrerer Erlebnisinhalte sehen. So schreibt Störring (1922): »Bei einer Willenshandlung haben wir es mit dem Gedanken einer als zukünftig aufgefaßten Betätigung zu tun, welche sich mit einem aktiven Gefühl (›Willensgefühl‹) verbindet, das auf Realisierung der gedachten Betätigung hindrängt« (S. 223).

Indes wird in diesem Zusammenwirken noch nicht etwas Selbständiges gesehen, das neben den anderen Erlebnisinhalten oder an ihrer Stelle etwas Neues, Eigenständiges darstellt. Vielmehr ist Wollen auch hier aufgefasst als durch assoziative Verknüpfung zusammengesetzt, so dass es sich in eine Vielheit von Faktoren auflösen lässt, die erst ihrerseits psychische Letztheiten, selbständige

---

[15] Für den »energetischen« Aspekt beim Problem des Wollens – von Nietzsche (1925) und der Lebensphilosophie über die Psychoanalyse bis zu Scheler (1947), der geradezu von der »Ohnmacht des Geistes« spricht – ist es charakteristisch, dass zwar die Funktion des Wollens gesehen wird, diese jedoch ohne eigene Energie gleichsam nur Vorspann vitaler Kräfte sei: Das Wollen, als Funktion etwas mehr oder minder Spezifisches, steht bei Nietzsche (1925) am »Gängelband« der vitalen Kräfte.

Funktionen etc. darstellen. Demgemäß kommt Störring (1922) zu dem Ergebnis: »Diese Spannungsempfindungen verschmelzen mit jenen zur Realisierung der Handlung drängenden Gefühlen und geben ihnen einen aktiven Charakter; man kann dann auch von Aktivitätsgefühlen sprechen. Ein besonderes Willenselement anzunehmen hat man keine Veranlassung« (S. 172).

Die heterogenetisch orientierte Analyse des Wollens erbrachte vor allem die Einsicht, dass sich das Wollen – wenn schon von »Elementen« — so doch nicht von einem einzigen Element herleiten lasse, sondern dass es etwas »Komplexes« sei, das einer Analyse schwer zugänglich ist. Hierher gehört auch die Erkenntnis, dass ein aktives Moment dem Wollen »praktische«, das Handeln von sich aus bestimmende Bedeutung verleihe. Die heterogenetische Auffassung vom Wollen war also de facto durch Beschreibungen dieser Art fast schon überwunden.

10.4.2 Die autogenetische Richtung

Mit dem Aufkommen der Ganzheitspsychologie und der Gestalttheorie musste sich das Wollensphänomen endgültig »von sich selbst her« aufhellen und die heterogenetische der »autogenetischen« Auffassung, die im Wollen etwas Spezifisches, Eigenständiges sieht, schließlich weichen.

Vorurteile, wie vor allem das atomistische und das mechanistische, hatten keine Gültigkeit mehr, und der Weg war frei, im Wollen eine Einheit des Funktionierens und nicht mehr etwas aus verschiedenen »Elementen« Zusammengesetztes, sondern einen spezifischen, in sich geschlossenen, eigenständigen Erlebnis-Modus zu sehen. Der phänomenologischen Beschreibung wurde Raum gegeben. In der Strukturpsychologie war überdies einem Bedürfnis, die Erkenntnis durch Beschäftigung mit psychischen Letztheiten ontologisch zu vertiefen, eine neue Richtung gegeben.

Ein weiterer Anstoß zur Spezifizierung kam ebenfalls von philosophischer Seite: Das Wollen als Prototyp des Geistigen erhielt – wie an früherer Stelle erwähnt – bei Klages (1929/1960) im Kräftespiel vom »Leben« und »Geist« eine besondere Stellung. Denn im Sinne von Klages ist Wollen nicht nur eine eigenständige Funktion, es erfährt darüber hinaus eine spezifisch ontologische Untermauerung, die es von den »Lebens«-Vorgängen prinzipiell trennt. Ohne dass man sich durchweg auf den in mancher Hinsicht extremen Standpunkt von Klages stellte, übernahm die Psychologie gerade im Kontext des Wollens von Klages eine Reihe von Aspekten, die die autogenetische Auffassung weiter festigten. Vor allem war es aber die Übernahme der phänomenologischen Methode und damit die Abkehr insbesondere von dem atomistischen und mechanistischen Standpunkt zugunsten einer ganzheitspsychologischen Betrachtungsweise. Damit war die Voraussetzung dafür gegeben, die bisher als Verknüpfung einzelner

Elemente aufgefassten umfassenden psychischen Tatbestände als in sich geschlossene Einheiten zu begreifen.

Außerdem wurde die Spezifizierung des Wollens experimentell weitergetrieben. Ach (1935), Lindworsky (1923), Pfänder (1963), Rohracher (1932, 1971) u.a. gaben in eingehenden Beschreibungen dem Wollen eine so präzise Fassung, dass sie an seiner Eigenständigkeit nicht mehr zweifelten. Die autogenetische Auffassung wurde – zumindest im deutschsprachigen Raum – zur allseits übernommenen Ansicht.

10.4.3 Das Eigenständigkeitsproblem bei Thomae

Thomae (1944) vertritt die Auffassung, dass das Wollen neben anderen Erscheinungen in den übergeordneten Grundvorgang des Antriebs eingebaut sei: als situativ bedingte Antriebserscheinung. Diese Ansicht basiert auf Thomaes umfassender Antriebslehre, die im Folgenden kurz dargestellt werden soll (siehe auch oben Kap. 10.4.1).

□ *Antrieb und Antriebsstruktur*

Bei der Suche nach einem »Oberbegriff für alle Phänomene ... , die wir als Trieb-, Drang-, Sucht-, Strebungs- und Willenserlebnisse bezeichnen« (Thomae, 1944, S. 24) beschäftigt sich dieser zunächst mit dem Begriff des »Wollens«, der ihm zur Bezeichnung jener psychischen Teilstruktur, die früher als »Begehrungsvermögen« galt, ungeeignet erscheint. Er wendet sich in diesem Zusammenhang insbesondere gegen Ach (1935), der in der »Analyse des Willens« Phänomene wie Lust und Unlust, Ehrgeiz und andere motivierende Faktoren behandelt. Ausgehend von Wundt (1905), der die eigentlichen »Wollens«-vorgänge auf die Wahlvorgänge und Entschlussprozesse beschränkt wissen wollte, habe der Begriff des »Wollens« durch Scheler (1927a) und Klages (1929/1960) eine derart präzise Bedeutung erhalten und sei zudem phänomenologisch von diesen so scharf umrissen, dass er nun nur noch auf diesen engen Kreis von Phänomenen angewendet werden dürfe, wolle man Unklarheiten und Missverständnisse vermeiden.

Anstelle des »Wollens«begriffs führt Thomae (1944) daher als anderen, *neuen Oberbegriff* den Begriff »Antrieb« ein, den er mit Bostroem (1928) definiert als »die nicht weiter erklärbare Tatsache, daß alle unsere psychischen Funktionen und motorischen Entäußerungen durch irgendeine Kraft hervorgebracht (angetrieben) sein müssen, daß sie eines Impulses von Innen bedürfen« (S. 24 f.). Nach Thomae (1944) ist der Antrieb »in allen gerichteten seelischen Phänomenen ... gegenwärtig, mag auch seine Erscheinungsweise mannigfachsten Modifikationen unterworfen sein« (S. 25).

»Antrieb« beschreibt Thomae als »Antizipation«, als »vorgreifenden Vollzug einer spezifischen Grundbefindlichkeit« (1944, S. 41). Dabei wird das Antizipierte als »etwas zu Verwirklichendes« erlebt. Die Antriebsantizipation sei ein »Glied der Verwirklichung« (S. 51). Thomae unterscheidet in diesem Zusammenhang zwischen *Hoffnung* und *Antrieb*: Ebenso wie der Antrieb tendiere die Hoffnung auf reale Verwirklichung; die Verwirklichung sei jedoch bei der Hoffnung nicht Sache eigenen Bemühens, sondern Sache des »Schicksals«, während im Antrieb das Ziel als etwas erlebt werde, das durch eigenes Zutun erreicht werden könne und müsse. Antrieb bedeute eigene Aktivität, Tendenz zur Verwirklichung, wobei die Verwirklichung Sache des eigenen Bemühens sei. Hoffnung sei dagegen eine passive Erwartungshaltung. Alle Phänomene des »Begehrens«, die die Kriterien der Antizipation und der Realisierungstendenz aufweisen, fallen nach Thomae unter den Begriff des Antriebs, alle übrigen nicht. Damit ist der Antriebsbegriff wesentlich enger als der des Begehrens.

Die Wunsch-Phänomene (dazu Kap. 10.2) unterfallen hiernach im Wesentlichen dem Begriff des Begehrens, nicht aber dem Thomaeschen Antriebsbegriff. Ein wesentlicher Unterschied besteht zwischen »Wille« und »Antrieb« im Sinne Thomaes, weil sein Antriebsbegriff auch die vorbewussten Verwirklichungstendenzen umfasst, während der »Wille« – wir würden hier nur von »Wollen« sprechen – auf den Bereich des bewussten Begehrens eingeschränkt ist. Der Antriebsbegriff schließt daher – im Gegensatz zum Begriff des Wollens – Trieb-, Drang-, Strebungserscheinungen mit ein. Es liegt in der Konsequenz des Thomaeschen Konzepts von der Einheit des Antriebsgeschehens, dass er sich in erster Linie um dessen »übergreifende Gesetze« (1944, S. 25) bemüht und eine Unterteilung der Antriebe erst sekundär erarbeitet.

Die einzelnen Antriebsgeschehnisse liegen nach Thomae nicht zusammenhanglos nebeneinander, sie sind in umfassendere Ganze eingeordnet. In ihrer Wirkweise sind sie wesentlich bestimmt durch ihr Verhältnis zueinander und zu anderen Persönlichkeitsbereichen. Thomae spricht hier sowohl von dem Hingeordnetsein der einzelnen Antriebe auf die individuelle Lebensdynamik und deren dominante Manifestation, auf die dominante Antriebsrichtung oder das »personale Ich«, als auch von dem Eingebettetsein der Antriebe in die Antriebsstruktur (vgl. Thomae, 1944, S. 26).[16] Jedes einzelne Antriebsgeschehnis wird so erst aus seiner Gliedstellung in der Antriebsstruktur und damit aus der Ganzheit der Persönlichkeit voll verständlich.

□ *Antriebsformen*

Wir kommen nun zu der Kritik Thomaes an der hergebrachten Unterteilung des Antriebs in – wie er es nennt »Antriebsformen« – Trieb, Wille, Strebung u.a.

[16] Den Strukturbegriff möchte Thomae (1944) verstanden wissen als das »im Phänomenalen erscheinende Seiende« (S. 26).

Seine Kritik setzt an zwei verschiedenen Ebenen an: an einer grundsätzlichen, *erkenntnistheoretischen* Seite und sodann am *Phänomen selbst.*

Zunächst erkenntnistheoretisch weiter ausholend stellt er »Gesetzlichkeiten der Begegnung mit dem Phänomen« heraus, »die zum Teil in der Eigenart des menschlichen Verstandes überhaupt, zum Teil in der Schulung und Organisation eines individuellen Verbandes begründet liegen« (1944, S. 12). Bei diesen Gesetzlichkeiten, den »Kategorien der Erfassung« (S. 11), handele es sich nicht um die Richtung des Hinsehens im Sinne der Erfassung von Aspekten, sondern um Voreingenommenheiten, die sich aus dem Aufbau unserer Erkenntnismöglichkeiten ergeben. Die Kategorien der Erfassung stellen – so Thomae – weit mehr als irgendwelche Aspekte, Standpunkte etc. die Erkenntnis der Wirklichkeit in Frage. Der bedeutsamste und, nach Thomae, zugleich gefährlichste Erfassungsmodus ist die Substanzialisierung: »Die schwerwiegendste Wirkung einer derart angeborenen Auffassungsweise sehen wir in der Substantialisierung, d.h. in der Reduktion bestimmter Erscheinungen auf substantielle Wesenheiten, die schließlich als Träger und Veranlasser dieser Geschehnisse angesehen werden« (1944, S. 13). Die substanzialisierende Erfassung hat nach Thomae außer in Richtung auf die Interpretation des »Ich« auch mit Blick auf die Annahme so genannter »Antriebsformen« große Verwirrung gestiftet. Er schreibt hierzu: »Die Ganzheitspsychologie hat zu ihrem Vorteil erkannt, welche Gefahren sich aus jeder Befriedigung eines klassifikatorischen Bedürfnisses ergeben, das Triebe, Strebungen, Interessen, Willensakte u.a. fein säuberlich nebeneinander stellt, und dann vergisst, dass alle diese Phänomene nur als situationell geprägter Ausdruck ein und derselben Seele angesehen werden dürfen« (1944, S. 14).

Nach diesen mehr kategorialen Einwänden greift Thomae den Begriff der »Antriebsformen« vom Phänomenologischen her an. In der Auseinandersetzung mit anderen Autoren beginnt er bei Lersch, dem er vorwirft, implizit mit der weit verbreiteten Meinung zu operieren, »daß jede dieser Antriebsformen schichtgebunden sei und daß zugleich jeder dieser Formen eine Gruppe von Antriebsarten entspreche« (1944, S. 159). Lersch legt zwei Momente dem Begriff der Antriebsform zugrunde, nämlich Schichtgebundenheit und Zuordnung einer Klasse von Antriebsarten zu jeder Antriebsform in konstanter Weise (vgl. Lersch, 1970).

Während Thomae auf das erste Kriterium nicht eingeht, befasst er sich näher mit dem zweiten, ob sich nämlich wirklich jeweils eine Klasse von Antriebsarten einer bestimmten Antriebsform bedient. Antriebsart ist hierbei für Thomae »jene allgemeine Aktivität, einen bestimmten, eben eingenommenen Endzustand wieder erreichen zu lassen« (1944, S. 154), also z.B. Tätigkeitsdrang, Selbstwertstreben etc., die relativ konstante Ausgliederungen der Gesamtaktivität des Organismus darstellen (S. 160).

Thomae untersucht sodann die Frage, ob eine Klasse solcher Antriebsarten jeweils ein und derselben Antriebsform zugeordnet sei, an konkreten Beispielen. Wie etwa das Hungererlebnis *zunächst* in der Antriebsform der »Triebe« erscheint, *kann* Hunger auch zu einem *Willens*erlebnis führen. Die Nahrungsaufnahme wird so zunächst *triebhaft*, dann aber auch *willensmäßig* angezielt. Damit sieht Thomae es als nachgewiesen an, dass sich ein und dieselbe Antriebs*art* verschiedener Antriebs*formen* bedienen kann. Daher entfalle aber eine der wesentlichsten Voraussetzungen des Begriffs der Antriebsform, der im hergebrachten Sinne nicht mehr haltbar sei. »Es gibt so viele Antriebsformen, als es innere und äußere Gesamtsituationen gibt ... « (Thomae, 1944, S. 160). Unterschiede, Modifizierungen in den Antriebserlebnissen rührten mithin nicht von diesen selbst her, seien vielmehr situativ bedingt. Anders formuliert: Die Person trägt von sich aus an ihre Umwelt zwar eine bestimmte Thematik, an die jeweilige Situation eine bestimmte Motivation heran. Auf welche Art sich diese Ausgangsmotivation durchsetzt, ist jedoch von der Situation abhängig. Die Situation prägt und formt das Antriebsgeschehen, das – dem Modus nach – keine psychonomen Unterschiede aufweist: Da es nur den situationsgeprägten »Ausdruck ein und derselben Seele« (Thomae, 1944, S. 14) gibt, anerkennt Thomae also keine Grundformen mit »dazwischen« liegenden, abgrenzbaren *Übergängen*. Alle Antriebserscheinungen haben hiernach im Grunde – von ihnen selbst her – die gleiche »Form«. Modifikationen erwachsen aus der jeweilig einmaligen Situation. Dem Modus des Erlebens nach lassen sich – streng genommen – die Antriebsgeschehnisse nicht klassifizieren.

Schärfer als zu Lersch steht Thomae mit dieser Auffassung im Gegensatz zu Klages, der – wie schon ausgeführt – in den Antriebsformen, zumindest in verschiedenen unter ihnen (»Wille« in Gegenüberstellung zu den anderen Antriebstendenzen im Sinne Thomaes) den Hinweis – so Thomae – »auf eine Mehrheit der Ordnungen und Mächte im Menschen erblickt« (1944, S. 159). Triebregungen und Wollen sind aber für Thomae keine eigenständigen Funktionen und schon gar nicht »zwei verschiedene Dinge von verschiedener ontologischer Herkunft«; sie sind »vielmehr beide Erscheinungsformen eines und desselben Geschehens unter wechselnden Systembedingungen« (1944, S. 165). Wollen sei lediglich ein bestimmter, auf spezifische *Situationen abgestimmter Ablauftypus*. Es gebe nämlich keine »Mehrheit der Ordnungen und Mächte im Menschen«, keine selbständigen »Schichten«, keine Manifestationen verschiedener ontologischer Provenienz; die Seele sei eine Einheit, die stets als diese Einheit wirke und sich äußere. Die »vom Sprachgebrauch und von der Wissenschaft geschaffenen Klassifizierungen der Antriebsformen sind daher nur notdürftige Behelfsmittel, um eine niemals völlig zu erfassende Fülle des Geschehens überschaubarer zu machen« (Thomae, 1944, S. 160). Da sie nicht von der Sache selbst gegeben sind, kann es »Antriebsformen« im Sinne *eigenständiger* Funktionen Thomae zufolge nicht geben. Sie sind nach ihm unter ganzheitspsychologischem und phänomenologischem Aspekt nicht aufrechtzuerhalten. Damit ist besonders die Interpretation auch des Wollens bei ihm auf einen neuen Boden gestellt; denn gerade hinsichtlich des Wollens war man bestrebt, eine eigene ontologische Begründung zu finden (z.B. bei Klages (1929/1960), Scheler (1927a), aber auch bei bestimmten Schichtentheorien). Bestrebungen dieser Art ist Thomae mit Grund entgegengetreten.

Bei aller Anerkennung des Fortschritts, den Thomae für die Betrachtung des Wollensphänomens gebracht hat, fordert seine Untersuchung dennoch in einigen Punkten auch zu Kritik heraus.

Zunächst: Zeichnet sich im aktuell-seelischen Geschehen eine gleichbleibende Art des Funktionierens als Erlebnis-Modus ab, wie dies für das Wollen zutrifft, hat man als tragenden Grund eine Funktion anzunehmen. Darin liegt nicht etwa ein Rückfall in die alte Vermögenslehre, denn unter Vermögen ist im Gegensatz zum Begriff der Funktion eine mehr oder minder selbständige psychische Grundkraft zu verstehen, von der aus die einzelnen psychischen Regungen »kausal« erklärt werden, während es hier um ein Deutungsprinzip geht. Nach dem Konzept der Vermögenslehre liegen die einzelnen Vermögen zudem in flächenhafter Anordnung nebeneinander, wohingegen eine Funktion in die Strukturganzheit integriert ist, also ihren spezifischen »Ort« im Aufbau der Struktur selbst hat.

Damit setzen wir uns – ebenso wie Thomae – gegen die Vermögenslehre ab, lassen andererseits jedoch Raum für eine phänomenologisch begründete Klassifizierung sowohl des *Phänomenalen* als auch des *Strukturellen*. Das Strukturganze ist ebenso wie das phänomenale Ganze in sich differenziert, so dass sich Ausgliederungen nicht erst auf Einwirkungen der Situation hin ergeben.

Von dort her ist die Antriebslehre Thomaes vor allem in zwei Punkten zu kritisieren:

- in der radikalen und wohl überspitzten Anwendung des Ganzheitsprinzips, das – streng genommen – der Annahme von modalen (nicht thematisch orientierten) Klassifizierungen der psychischen Ganzheit entgegensteht und lediglich die Aufstellung von Ordnungsprinzipien zulässt;
- in dem Phänomenalismus Thomaes, der es ihm nicht gestattet, bei der Vielzahl der die einzelnen Geschehnisse modifizierenden Situationen die einzelnen Erlebens-Modi als eigenständig zu interpretieren.

Dabei ist – soweit ersichtlich – so gut wie unkontrovers, dass die Annahme von eigenständigen Erlebens-Modi durchaus möglich ist. Damit gehen wir bei der modalen Klassifizierung der Antriebsphänomene über Thomae hinaus: Auch bei Anerkennung des ganzheitlichen Zusammenhangs aller psychischen Erscheinungen, die unter zahlreichen thematischen Gesichtspunkten konfigurieren und kooperieren, besteht die Möglichkeit, Wollen als *eigenständige Funktion* zu interpretieren, sofern es sich nur phänomenologisch als eine erlebnismäßige Besonderheit, als ein bestimmter Modus des Erlebens, ausweist.

10.4.4 Kritik der phänomenologischen Einwände Thomaes

Anhand von Beispielen hat Thomae (1944) zu zeigen versucht, dass der Begriff der »Antriebsform« im hergebrachten Sinne nicht haltbar sei. Eines seiner Beispiele ist dabei das bereits angeführte Hungererlebnis: Wie dieses zunächst in der Antriebsform »Triebe« erscheint, kann das Richtungnehmen auf den Endzustand der Nahrungsaufnahme nach Thomae auch zu einem Wollenserlebnis führen.

Wenn Thomae jedoch meint, damit den Begriff der Antriebsform – zumindest im hergebrachten Sinne – bereits ad absurdum geführt zu haben, so übersieht er, dass im Fall des Hungererlebnisses der Sachverhalt tatsächlich anders liegt: Das Wollen übernimmt dort das Triebziel. Das Richtungnehmen auf die Nahrungsaufnahme führt zu einem Wollenserlebnis, indem es Motiv wird. Die Richtungnahme wechselt also nicht von der triebhaften in eine wollensmäßige oder willentliche »Antriebsform«, sondern bleibt – eben als Motiv – in der triebhaften Form der Nahrungstriebregung lokalisiert. Das Richtungnehmen auf die Nahrungsaufnahme bleibt daher auch in der Überformung durch das planende Wollen *Triebregung*. Triebbewegung und Wollen zielen so zwar den gleichen Endzustand an, jedoch auf je eigene Art. Es wird also von *verschiedenen* »Antriebsformen« – und das sind verschiedene modale Gegebenheiten – das *identische* Ziel angestrebt. Es kann jedoch kaum die Rede davon sein, dass der Hunger seine »Antriebsform« und damit seinen Modus »gewechselt« habe, dass also die »Antriebsart« des Hungers, zunächst in triebhafter Form erscheinend, schließlich die »Antriebsform« und den Modus des Wollens angenommen habe. Vielmehr wird die Aktivität des hinzu kommenden Wollens mit der Triebregung *verwoben* und fördert so die Realisierung des gemeinsamen Zieles. Obwohl zum gleichen Erlebens-Ganzen gehörend, sind Triebregung und Wollen dem *Modus nach* doch verschieden und daher zu *trennen*, eine Erscheinungsweise, die keineswegs außergewöhnlich ist, sondern bei psychischen Funktionsweisen eher der Regel entsprechen dürfte.[17]

Wir können daher Thomae in der Begründung seiner Einwände gegen den Begriff der »Antriebsform« bei Lersch und anderen Autoren nicht beitreten. Autoren wie Lersch, aber auch etwa Wellek (1963) u.a. sind bei ihrer Konzeption der »Antriebsform« nicht von unzutreffenden phänomenologischen Voraussetzungen ausgegangen. Es ist hier der Sachverhalt der Antriebsform gemeint, wie er bei Thomae aufgefasst ist. Jene Autoren verwenden in Zusammenhängen der in Rede stehenden Art allerdings eher Begriffe wie Fähigkeit, Bereitschaft, Funktion, Begabung etc.

Die Erscheinung, dass das gleiche Ziel in verschiedenen Antriebsformen zugleich angestrebt wird, ist vor allem bei reaktiven Entschlusserlebnissen zu beobachten, wo der Entschluss ein Motivziel übernimmt und die verschiedensten »Antriebsformen« (Erlebens-Modi) Motiv geworden sein können. In jedem Fall wird das gleiche Ziel vom Wollen und von irgendeiner anderen Antriebsregung – im Hunger-Beispiel ist es eine Triebregung – angestrebt. Die beiden Er-

---

[17] Ganz ähnlich liegt es in Bezug auf die anderen Beispiele, die Thomae (1944) bringt, denen jedoch nichts prinzipiell Neues für die vorliegende Fragestellung zu entnehmen ist.

lebnis-Modi sind dann miteinander verflochten, verlieren aber phänomenologisch nicht das ihnen je eigene Gepräge – ähnlich wie zwei gleichzeitig gesungene Melodien zwar einen Kontrapunkt ergeben, darum aber nicht aufhören, zwei unterscheidbare Stimmen zu sein.

Zusammengefasst lässt sich sagen: Thomaes Antriebslehre leistet einen wesentlichen Beitrag zu einer ganzheitlichen Betrachtung und phänomenologischen Bearbeitung des psychischen Antriebsbereichs, indem sie vor allem die Abhängigkeit der einzelnen Funktionen vom Ganzen aufzeigt. Stets ist es das Ganze, das Richtung auf etwas nimmt und nicht eine einzelne Antriebsform. Damit bricht Thomae mit der Auffassung, dass zwischen einzelnen psychischen Funktionen ontologische oder schichtenmäßige, also grundsätzliche Verschiedenheiten bestehen. Er erkennt jedoch keine schärferen phänomenalen Trennungslinien zwischen den einzelnen Funktionskreisen des Erlebens an, sondern behauptet situationsbedingte Modifikationen zwischen ihnen. Seine Erörterungen widerlegen indes nicht die Ansicht, dass sich Wollen phänomenologisch als Besonderheit, als ein eigener Erlebens-Modus ausweist und in *diesem* Sinne durchaus als eigenständig interpretiert werden kann und muss.

10.5 Diskussion der Willenstheorien

Bei einem Vergleich der Willenstheorien, die in den letzten Jahrzehnten entwickelt wurden, zeigt sich, dass sie in zwei Grundrichtungen auseinandergehen.

Gemeint ist zunächst die – in der Regel vermögenspsychologisch orientierte – *autogenetische* Auffassung; sie besagt zunächst zwar nur, dass Wollen als eigenständiges Phänomen zu gelten habe. Sie ist jedoch im Allgemeinen mit der Vorstellung verbunden, dass das Wollen ganz entschieden von den übrigen psychischen Erscheinungsweisen zu trennen sei. So vertrat der »Wille« bei Klages (1960) ein grundsätzlich von allen Erscheinungen des »Lebens« und der »Seele« abgetrenntes metaphysisches Prinzip. In verschiedenen Schichtentheorien wird das Wollen dem geistig-personalen Oberbau, der »Ich-Schicht« zugerechnet und damit dem »animalischen Bereich«, der »Es-Schicht«, gegenübergestellt. Aber auch dort, wo man nicht grundsätzlich unterscheidet, läuft die autogenetische Interpretation in der Regel auf eine *stückhafte* Zusammensetzung alles psychischen Geschehens hinaus und damit auf eine *zu strenge Abtrennung* des Wollens von den übrigen psychischen Funktionsweisen.

Dieser Richtung in der Willenspsychologie, die die vorherrschende Auffassung im deutschen Sprachraum darstellt (Keller, 1965), steht die *interaktionistische* Interpretation des Wollens gegenüber, die sich vor allem in Nordamerika durchgesetzt hat, die aber auch in Deutschland Anhänger gefunden hat (Thomae-Schule). Wollen wird hier in umfassendere Grundvorgänge (»Motivation«, »Antrieb«) eingeordnet. Diese Motivations- bzw. Antriebsvorgänge weisen keine psychonomen Unterschiede auf; es ist stets *ein und derselbe Grundvorgang*,

Modifikationen sind durch die Situation hervorgerufen. Es gibt an diesen Grundvorgängen keine strukturellen, sondern lediglich *situativ bedingte Unterschiede*. Wollen ist dann nach Thomae »situationsspezifischer Ausdruck ein und derselben Seele«. Es gibt hiernach so viele Antriebsformen, wie es innere und äußere Gesamtsituationen gibt.

Nicht zu Unrecht behauptet die *situationsspezifische* Auffassung, der autogenetische Ansatz bedeute in gewisser Weise einen Rückgriff auf die überwundene Vermögenslehre; denn auch dort, wo keine grundsätzliche Abtrennung des Wollens von den übrigen psychischen Erscheinungen erfolgt, tendiert die autogenetische Auffassung zu elementenhafter Denkweise. Das Wollen wird als psychische *Letztheit* aufgefasst. Selbst wo dies weitgehend ausgeschaltet ist, liegt immerhin eine lebensfremde objektivistische Denkweise zugrunde; das Wollen wird als konstanter Faktor des psychischen Geschehens angesehen. Damit avanciert der Willensbegriff letztlich zu einem Erklärungsprinzip der Wollenserlebnisse (zumindest legt die autogenetische Auffassung eine solche Interpretation nahe). Es besteht ein *Kausalverhältnis* zwischen Willens-»Vermögen« und jedem aus diesem entspringenden konkreten Wollen. Die Volition ist nicht gliedhaft eingebaut in die psychische Ganzheit und somit auch nicht erst von dieser Ganzheit her voll verständlich.

Ist hiernach einerseits die autogenetische Auffassung – wenigstens in der Regel – zu objektivistisch, die Trennung des Wollens von anderen Erlebnisweisen zu starr und zu scharf, so übersieht die situationsspezifische Interpretation andererseits ganz augenfällige modale Unterschiede oder misst ihnen zumindest keine Bedeutung bei; die Beeinflussung durch die Situation wird überschätzt.

Die Einseitigkeit der situationsspezifischen Doktrin beruht auf zwei Voraussetzungen:

- auf einer phänomenalistischen: das Psychische hat rein aktuellen, flüchtigen Geschehnischarakter; für eventuelle psychische Untergliederungen kann somit keine spezifische Seinsgrundlage gefunden werden;
- auf einer behavioristisch-positivistischen: es wird versucht, von außen, vom Verhalten und von der Situation aus die psychischen Gegebenheiten zu erfassen. Einer solchen Betrachtungsweise entgehen vor allem modale Differenzierungen der Innenvorgänge.

Bei einem phänomenologischen Ausgangspunkt ergibt sich demgegenüber Folgendes: Auch bei Anerkennung des Ganzheitsprinzips und der Beeinflussung der Phänomene durch die Situation werden relativ konstante Ausgliederungen, die Erlebens-Modi, erfasst. Wird der Erlebens-Modus des Wollens als eigenständig angesehen, besagt dies im Grunde nichts anderes, als dass er auf eine eigene Struktur zurückgeführt werden muss. So bedeutet das Wollen stets ein Agieren der psychischen Gesamtstruktur, ein Aktuellwerden dieser Gesamtstruktur in der Weise einer spezifischen Funktion. Es handelt sich – anders gesagt – um eine qualitativ eigenständige Modalität menschlichen Erlebens, die sich aus dem »Gesamterleben« ausgliedert und hinsichtlich des Zeitpunkts ihres

Aktuellwerdens durch die jeweilige Situation mitbestimmt wird. Sie kann durch die Situation in gewisser Weise – jedoch nur sehr begrenzt – modifiziert werden, so dass der Eindruck der Vielfalt und Vielgestaltigkeit innerhalb der einzelnen Erlebens-Modi und der (scheinbar fließenden) Übergänge zwischen ihnen entsteht. Es gibt jedoch keine situativ bedingte Umwandlung oder gar Hervorbringung von Erlebens-Modi, wie dies bei Thomae angenommen wird. Das Wollen ist damit aber nicht etwas Isoliertes, das – schon gar nicht im Sinne eines »Vermögens« – selbstständig auftritt und wirkt; es ist keine psychische Letztheit und kein konstanter Faktor psychischen Geschehens.

Es gilt vor allem, der hergebrachten, allzu starren und unganzheitlichen Aufteilung des Wollensgeschehens in Motivation und Wollensakt (die letztlich auf objektivistischer Denkweise beruht) mit Vorsicht zu begegnen, ohne dass man andererseits, wie die in der amerikanischen Psychologie vorherrschende Auffassung, ausschließlich äußerlich wahrnehmbare Vorgänge beschreibt und auf eine phänomenologische Analyse verzichtet.

So stehen sich also auch bei der Interpretation des *aktuellen* Wollens wieder eine allzu objektivistische und eine allzu positivistisch-behavioristische Auffassung gegenüber: die objektivistische, die Motivation und Wollensakt (und Wollensvollzug) exakt trennt, und die positivistisch-behavioristische, die sich wegen methodischer Skrupel mit einem allgemeinen ungegliederten Konkretisierungsvorgang begnügt.

Beim *Entscheidungsgeschehen* lassen sich verschiedene Phasen, Stadien der Konkretisierung, und die Realisierung der Entscheidung voneinander abheben, die alle indes nicht »stückhaft« aneinandergereiht sind, sondern in einem ganzheitlichen Verlaufszusammenhang stehen. Allerdings lässt dabei die qualitative Beschaffenheit des Phänomenalen keine Rückschlüsse auf die qualitative Beschaffenheit des Strukturellen zu. Aber es gibt den Rückschluss von Phänomenalem auf Strukturelles. Dementsprechend lassen sich zwei Erlebnis-Tatbestände unterscheiden, die jeweils ihren strukturellen Grund haben:

- Erlebnis-Formen (Erlebens-Modi) in genere;
- Konkrete Erlebnis-Inhalte (durch die Eigenart einer Persönlichkeit bedingt).

Beim *Wollen* lassen sich die beiden Erlebnis-Tatbestände in spezifischer Weise voneinander abheben: Innerhalb der bewussten Zielansteuerung gibt es eine Vielzahl von Funktionsweisen des Erlebens: z.B. Trieb-, Drang-, Strebungs-, Interesse-Erlebnisse, das Wollen selbst; ferner treten Erlebnisse des Denkens, Fühlens etc. auf; das Wollen ist dabei im Rahmen der bewussten Zielansteuerung in besonderem Maße herausgehoben: es verleiht der Zielansteuerung Zusammenhalt und Richtung. Es funktioniert als konkretisierende, die »richtige« Verhaltensmöglichkeit verwirklichende Ich-Aktivität, die gleichzeitig das psychische Gesamt-Geschehen in Richtung auf das jeweilige Ziel zusammenhält. Dem Modus nach ist es also jeweils die gleiche richtungnehmende Ich-Aktivität, die sich – je nach den situativen und persönlichkeitsspezifischen Bedingungen –

verschiedenen Inhalten zuwendet. Dieser Verlauf des Erlebens lässt sich – unabhängig vom Inhalt – in konstanter Weise bei allen Wollenserlebnissen registrieren. Hier handelt es sich um die Erlebens-Form, den Modus des Wollens in genere.

Innerhalb dieses generellen Rahmens ist der jeweilige Erlebnisgehalt variabel, z.B.: welche Wahl in einer konkreten Situation getroffen wird, »was« Gegenstand der Absicht ist, das »Wozu« des Entschlusses. Betrifft das erste Erlebens-Moment den im Wesentlichen gleich bleibenden Ablauf, so bezieht sich das zweite Moment auf den variierenden Inhalt bzw. Gegenstand und damit auf das situations- und persönlichkeitsbedingte Ziel dieses Funktionierens. Dieses Ziel interessiert im gegenwärtigen Kontext nur so weit, als es durch die Persönlichkeit des Dezidenten zustande kommt, also durch die im Wollen enthaltene persönliche Stellungnahme, aufgrund derer es zur Ausdifferenzierung eines unter mehreren Gegenständen (z.B. Wahl einer Verhaltensmöglichkeit) – im Rahmen der situativen Möglichkeiten – kommt. Dementsprechend ist auch der »strukturelle Grund« des Wollens ein zweifacher. Zu unterscheiden sind:

- Struktureller Grund des Funktionierens, des Erlebens-Modus: die Wollensfunktion.
- Struktureller Grund dafür, dass ein Individuum in der je konkreten Situation so und nicht anders »will«: die Persönlichkeit.

Neben der Wollens*funktion* als tragendem Grund für das »Wie« des *Ablaufs* einer Volition, für das *sich stets gleich bleibende Funktionieren*, muss ein Grund auch dafür vorhanden sein, dass die Person in einer bestimmten Situation gerade dies und nichts anderes »will«; dass die Person sich beispielsweise beim Ringen um den Entschluss mit solcher Intensität und in einer Richtung engagiert fühlt, dass sie im Entschluss ausgerechnet diese Verhaltensmöglichkeit auswählt; dass sie in der Realisierungsphase zu ihrem Entschluss steht, ihn durchhält und ausführt. Alles in allem: ein tragender Grund also für die im Wollen enthaltenen *persönlichen Stellungnahmen* (Wertungen), die im Rahmen der situativen Möglichkeiten und in Orientierung an den Erfordernissen der Situation dem Wollen darüber hinaus auch eine eigene, »persönliche« Richtung verleihen.

Zu untersuchen ist, um welchen Bereich es sich hierbei handelt. Nahe liegt vor allem die Annahme, dass das Wollen und besonders der Entschluss (auch) von der persönlichen Eigenart des Wollenden abhängig sind. Mit anderen Worten: Das, wozu man sich in einer gegebenen Situation entschließt, lässt Rückschlüsse auf die Persönlichkeit des Dezidenten zu: Wenn ich von mehreren Verhaltensmöglichkeiten eine auswähle, *bevorzuge* ich diese vor allen anderen. Darin liegt eine subjektive Wertung. Die gewählte Verhaltensmöglichkeit ist für mich die »wertvollste«. Differenzierung und Wahl unter den Verhaltensmöglichkeiten geschehen also nach subjektiven oder subjektiv überformten Wertgesichtspunkten. Die im Wollen (auch) enthaltene persönliche Stellungnahme bedeutet eine *wertende* Stellungnahme. Struktureller Grund von Wertungen sind

Werthaltungen der Person. Mithin machen Werthaltungen den *strukturellen* Grund des Wollens in der konkreten Situation aus.

10.6 Exkurs: Bewusstsein

Bevor die in einem vorläufigen Sinne skizzierte Problematik des Wollens mehr und mehr im Rahmen des Entscheidungsprozesses selbst fortgeführt werden kann, muss erwähnt werden, dass der Begriff des Bewusstseins in den letzten Jahrzehnten wieder verstärkt auch innerhalb von empirischen Ansätzen eine Rolle spielt, der zuvor besonders wegen der Dominanz des Behaviourismus geradezu zur Bedeutungslosigkeit verdammt war. Davon war in unseren Ausführungen schon an verschiedenen Stellen die Rede. Speziell die Funktion bewusster Repräsentationen ist dabei explizit noch nicht angesprochen worden. Sie ist inzwischen in den Mittelpunkt des Interesses einer *interdisziplinär* orientierten Gruppe von Forschern gerückt. Zu nennen sind beispielsweise Baars (1988), Dennett (1991), Oswald und Gadenne (1991) sowie Pylyshyn (1984) auf Seiten der Kognitionspsychologie, Calvin (1993), Crick und Koch (1990) sowie Pöppel (1989) innerhalb der Neurophysiologie und Minsky (1986) und Penrose (1989) im Rahmen der Erforschung künstlicher Intelligenz.

Kognitionspsychologisch wurden dabei beispielsweise Unterschiede zwischen bewusster und unbewusster Informationsverarbeitung (Perrig, Wippich & Perrig-Chiello, 1993) und bewussten und unbewussten Vorgängen allgemein (Baars, 1988; Brainscombe, 1988) festgestellt. Darüber hinaus wurden diese Unterschiede im Hinblick auf kontrollierte und willkürliche Vorgänge der Informationsverarbeitung (Schneider, Dumais & Shiffrin, 1984) oder auch der Handlungssteuerung (Norman & Shallice, 1986) untersucht. Methodisch schwierig sind experimentelle Arbeiten in diesem Kontext, da Versuchspersonen zwar angeben können, was sie wahrnehmen, allerdings nicht beschreiben können, wie diese Wahrnehmungen zustande kommen (vgl. Lashley, 1956; Prinz, 1992). Dies gilt ebenso für mentale Prozesse wie das Erinnern, Denken und Sprechen (Eysenck & Keane, 1992; Lachman, Lachman & Butterfield, 1979, S. 207). Folglich wird Bewusstsein empirisch vor allem von einer externen Perspektive aus untersucht – vermittelt beispielsweise durch moderne Untersuchungsmethoden innerhalb der Hirnforschung (siehe Kap. 28). Bewusstsein wurde auch – wichtig für die Entscheidungsproblematik – im Blick auf seine intentionalen Eigenschaften, d. h. seine Zielgerichtetheit, zunehmend auch kognitionspsychologisch untersucht (Dennett, 1983; Neisser, 1976; Norman, 1980; Pribram, 1976).

Einschränkend sollte jedoch erwähnt werden, dass der Eindruck zu vermeiden ist, als gäbe es so etwas wie eine *einheitliche* Funktionsbestimmung für das Bewusstsein (vgl. Graumann, 1966; Pongratz, 1984). Am Ende der Arbeit wird die Rolle des Bewusstseins auch im Kontext der Neuropsychologie thematisiert werden (siehe Kap. 28).

Teil III Phasen der Entscheidung: Analysen – Befunde – Diagnosen

Nach einer ersten und vorläufigen Skizzierung des Entscheidungsphänomens, nach seiner Einordnung in die psychologisch-anthropologischen Dimensionen und Herstellung von Beziehungen zu bestimmten psychischen Vorgängen, die Entscheidungsgeschehen konstituieren, ist es nun an der Zeit, uns der ausführlicheren Analyse der Entscheidungsproblematik selbst zuzuwenden.

Im deutschsprachigen Raum befasste sich die psychologische Forschung in den Jahren vor dem Zweiten Weltkrieg implizit mit dem Phänomen der Entscheidung, als sie der damals herrschenden Terminologie entsprechend »Willens«probleme untersuchte. In diesem Zusammenhang sind die Arbeiten von Ach (1935), Prautzsch (1931), Rohracher (1932) u.a. zu nennen. Auch in der Zeit danach sind nur wenige bedeutsame Arbeiten erschienen (Keller, 1954, 1965; Dreyer, 1956; Thomae, 1960, 1974 u.a.), die auch die Entscheidungsproblematik untersuchen.

In der angelsächsischen Literatur sind dem Entscheidungsproblem *(decision making)* dagegen überaus zahlreiche Untersuchungen gewidmet. Je nach ihrem theoretischen Ansatz und Interessenschwerpunkt sind exemplarisch ganz unterschiedlich arbeitende Autoren zu nennen. So wenden sich etwa Kahneman, Slovic und Tversky (1982) dem Entscheiden im Kontext des von ihnen eingeführten Modells der Urteilsheuristiken zu. Bazerman (1998) wendet diese Ideen auf Entscheidungen im Management von Unternehmen an. In den letzten Jahren wurde dabei die Perspektive erweitert und die Frage nach einer angemessenen Charakterisierung menschlicher Rationalität in den Vordergrund gerückt. In diesem Kontext seien die Arbeiten von Cosmides und Tooby (1994), die sich der

Thematik im Rahmen ihrer Überlegungen zur evolutionären Psychologie nähern, sowie die Arbeiten von Gigerenzer und Hoffrage (1995) und Kahneman und Tversky (1996) erwähnt.

Entsprechend der behavioristischen Dominanz näherte man sich dem Entscheidungsphänomen meist in einfachsten Situationen, in denen die Versuchspersonen sich unter bestimmten Bedingungen für eine von zwei oder mehreren Möglichkeiten zu »entscheiden« hatten. Durch korrelationsstatistische Auswertungen werden die einwandfrei erkenn- und messbaren Verhaltensausschnitte dabei häufig mit Merkmalen der Situation und der Person in Beziehung gesetzt. Auf diese Weise wurde bisweilen ein ganzes Beziehungsnetz zwischen dem Entscheidungsverhalten und anderen Variablen aufgebaut.[18] Die einfache Struktur der untersuchten Entscheidungs- und Wahlaufgaben leitet sich von dem behavioristischen Prinzip her, alle nicht direkt beobachtbaren Vorgänge während des Entscheidungsvorgangs unberücksichtigt zu lassen und nur dem »ablesbaren« Verhalten (output, abhängige Variable) Bedeutung beizumessen. Die einer Beobachtung nicht oder nicht ohne weiteres zugänglichen inneren Prozesse werden nach Tolman (1955) als hypothetische Zwischenvariablen bezeichnet:

> »Intervening variables are postulated explanatory entities conceived to be connected by one set of causal functions to the independent variables, on the one side, and by another set of functions to the dependent variable of behavior, on the other« (S. 281).

Im Zusammenhang damit sind methodische Gründe für die Vereinfachung des Entscheidungsproblems verantwortlich. Am stärksten wirkt sich die Notwendigkeit der weitgehenden Kontrolle aller Variablen außer der jeweils thematischen aus. Um dieses Ziel zu realisieren, kann im Einzelfall nur eine beschränkte Zahl von Bedingungsfaktoren erfasst werden. Um eine hohe Inter-Untersucher-Stabilität zu erreichen, gelten im Allgemeinen als unabhängige Variablen nur eng umschriebene Verhaltenskriterien. Als weiteres einschränkendes Moment tritt hinzu, dass im Bereich der Konfliktforschung in der Mehrzahl der Fälle Tierversuche durchgeführt werden, bei denen eine Übertragung der Befunde auf humane Verhältnisse problematisch ist. Wegen der besonderen Bedingungen beziehen sich die Resultate solcher Experimente im Übrigen nur auf ein bestimmtes Segment des Bereichs, der durch den Entscheidungsbegriff gedeckt ist.

Eine Reihe von Untersuchungen in Deutschland, die von Thomae angeregt oder durchgeführt wurden,[19] kann als Reaktion auf jene quantitativ orientierte Entwicklung der Entscheidungsforschung aufgefasst werden. Thomaes bekannte Untersuchung »Der Mensch in der Entscheidung« (1960) stellt die ausführlichste Erörterung der Entscheidungsproblematik auf phänomenologischer Grundlage

---

[18] Als instruktives Beispiel einer solchen komplexen Untersuchung sei die Arbeit von Kogan und Wallach (1964) erwähnt.

[19] Es handelt sich dabei um Arbeiten von Feger (1968, 1995), Feger und Feger (1969), Nesswetha (1964) und Thomae (1944, 1960, 1974).

dar (vgl. auch Thomae, 1974). Thomae versuchte, deskriptiv-phänomenologisch das Entscheidungsverhalten zu analysieren, ohne auf die methodischen Vorzüge des Experiments und quantitativer Darstellungsformen ganz zu verzichten. So bezieht er Daten aus experimentell erzeugten Entscheidungssituationen, aus Verhaltensbeobachtungen und Erlebnisberichten ein, die er durch eine Umfrage über »Mein schwerster Entschluss« stimulierte. Zusätzlich verwendet er Gutachten aus der forensischen und klinischen Praxis. Dieser methodisch kombinierte Ansatz scheint am ehesten geeignet, eine einseitige Bearbeitung und nur periphere Durchdringung des Entscheidungsbereichs zu vermeiden. Die Untersuchungen von Feger (1968, 1995) und von Feger und Feger (1969) sind ebenfalls phänomenologisch orientiert; sie verwenden darüber hinaus die objektivierende inhaltsanalytische Methode, um der Gefahr einer zu sehr vom Bearbeiter abhängigen Auswertung zu entgehen.

Die Darstellung in Teil III stützt sich auf eine Auswahl als wichtig erachteter Literatur zur Entscheidungsthematik. Sie versucht, unter Verarbeitung des umfangreichen Materials die relevanten Kategorien und die Wesensmerkmale des Entscheidungsphänomens aufzufinden. Die primär phänomenologisch orientierte Analyse wird durch Befunde aus experimentellen Untersuchungen und weiterer objektiver Verhaltensdaten ergänzt, wenn und soweit Grund zu der Annahme besteht, dass auch sie Erlebnisqualitäten beschreiben.

11 Das Initialstadium der Entscheidung

In welchen Situationen sieht sich die Person vor die Möglichkeit oder Notwendigkeit einer Entscheidung gestellt? Im Anschluss an unsere früheren Erörterungen kann als Ausgangsbedingung auf solche Konstellationen verwiesen werden, in denen die übliche Abfolge »Antrieb-Reaktion« irgendwie behindert erscheint. Anlass für das Ingangkommen des Entscheidungsprozesses bildet dabei entweder ein äußeres Ereignis oder eine innere Entwicklung, die ihrerseits wiederum von externen Reizen abhängen kann.

11.1 Merkmale der Ausgangslage

Die Unterbrechung der Motivbefriedigung stellt eine *Störung* dar, die bewältigt werden muss, wenn die ungeklärte Frage nach dem zukünftigen Verhalten gelöst werden soll. Sofern der Zwiespalt nicht dadurch geregelt wird, dass seine Grundlage durch äußere Einwirkung aufgehoben wird, kann er nur durch das »Ich«, die Mitte der Persönlichkeit, einer Klärung zugeführt werden.

Hier kann auf Erörterungen hingewiesen werden, bei denen der Begriff der Situation im Mittelpunkt stand, der die Entscheidung komplementär zugeordnet ist (siehe Kap. 3.4). Aufgrund seiner relativen Weltoffenheit gerät der Mensch in die Situation, die nicht oder nicht hinreichend physikalisch-objektiv, die vielmehr phänomenologisch zu erfassen ist; denn sie ist hauptsächlich »jemandes« Situation, in der eine Entscheidung angebracht erscheint oder zwingend zu erfolgen hat (vgl. Hartmann, 1949).

Auffallend ist die Ähnlichkeit mit dem oben angesprochenen Sachverhalt des Denkproblems. Hier wie dort beginnt das *Fragen*, sobald eine Lücke, eine Störung der Ordnung oder ein Mangel an Strukturklarheit erkannt wird. Diese Unvollkommenheit löst eine Tendenz im Organismus aus, die deren Beseitigung zum Ziel hat.

Die Störung des normalen, durch einen Antrieb vorgezeichneten Ablaufs fordert Aufmerksamkeit und Stellungnahme. Dieser spezifische *Aufforderungscharakter* der Ausgangslage ist es, der – wie Thomae (1960, S.100) formuliert – ein erstes Charakteristikum für das *Anlaufen* der Entscheidung zu sein scheint. Der Appell zur Wiederherstellung des gestörten Zukunftsbezugs kann nach Nesswetha (1964) sehr allgemein gehalten sein, etwa in Form einer diffusen Frage: »Was kann man da tun?«

Dabei kann das Betroffensein durch die Forderung nach Beheben der Störung nicht nur als Ausgeliefertsein, sondern auch als ein Gefühl der Macht, der Verfügungsgewalt und Souveränität erlebt werden. Häufig übertönt jedoch das Innewerden des Forderungscharakters solche Gefühle, so dass nicht erst der Verlauf, sondern bereits der mehr oder weniger klar apperzipierte Appell der Ausgangssituation als Beanspruchung oder als Belastung erlebt wird, als »eine Erschwerung des Lebens, als etwas Bedrohendes, das trotz aller negativen Aspekte irgendwie durchgestanden und durchgelitten werden muß« (Nesswetha, 1964, S. 26). Schon im Anfangsstadium lastet somit eine als mehr oder minder schwer empfundene *Aufforderung zur Bewältigung der ungewissen Lage* auf dem Dezidenten.

Lässt sich diesem Ansatz zufolge im Entscheidungsfluss die Haltung des Individuums eher als eine »pathische« qualifizieren, weil mehr oder weniger unerträgliche Gehalte nach einer Klärung drängen, erscheint demgegenüber die von der Person alsbald ausgehende *suchende* Aktivität als konstitutiv für das Erlebnis der späteren »Wahl«. Es gilt daher, genauer zu klären, wie aus der Betroffenheit der Ausgangssituation sich das aktive Suchen entwickelt.

Die Forderung in der Ausgangslage geht aus von einem Zustand der »Unorientiertheit« (Thomae, 1960, S. 125) und strebt durch irgendwie geartetes Suchverhalten die Restitution einer eindeutigen Situation an. Da »Orientierung« nicht nur einen intellektuellen Vorgang, sondern zugleich Stimmigkeit in den Beziehungen zwischen Verhalten und Situation meint, bedeutet sie im psychologischen Sinne nichts anderes als die Herstellung einer Einheit zwischen Persönlichkeit und Umwelt. Die grundsätzlich bestehende Richtungsmehrheit der möglichen Situationsbeurteilungen soll aufgehoben werden und zu einer eindeutigen Verhaltensmöglichkeit führen.

Mit der im Entscheidungsverlauf gegebenen Aktivierung vorhandener Reserven von Erfahrungen und Kenntnissen und mit der Mobilisierung von Funktionen, die für die Klärung der Situation wesentlich sind, findet im Ablauf der Entscheidung eine Konfrontation der augenblicklichen, früheren und künftigen Persönlichkeit statt (vgl. Thomae, 1960, S. 125). In dieser Konfrontation werden die möglichen Formen und Folgen des Sich-Entscheidens aufgerufen, wobei das Potenzial an Erfahrungen, Gewohnheiten, Schutzmechanismen, Bereitschaften, Erwartungen etc. zur Unterstützung herangezogen wird.

Während Thomae (1960), Lehr (1965) und Nesswetha (1964) nur und erst dann von Entscheidungen sprechen wollen, wenn die Störung des Handlungsablaufs zu einer *existenziellen* Betroffenheit führt, soll für den hier von uns zugrunde gelegten Entscheidungsbegriff bereits das *Erlebnis einer* (auch nicht »existenziell« bedeutsamen) *Mehrdeutigkeit der Handlungssituation* erforderlich sein, aber auch genügen. Dadurch wird verhindert, dass strukturell gleiche Phänomene nur deshalb getrennt behandelt werden, weil die Ausprägung ein und desselben Grundphänomens dem Menschen Erlebnisse von unterschiedlicher Tiefe vermittelt. So wird die Ausgangslage nicht nur provoziert durch das gleichzeitige Vorhandensein zentraler Verhaltenstendenzen, das den Verzicht auf einen ich-nahen Wert fordert, sondern auch durch alltägliche, einfach gelagerte Unterbrechungen der Kontinuität des Handelns. Ein solcher Sachverhalt liegt vor, wenn es z.B. gilt, unter mehreren attraktiven Gegenständen einen auszuwählen, wenn man zu einem nicht gerade wichtigen Verhalten aufgefordert wird und entscheiden soll, ob man der Aufforderung nachkommt oder sich ihr widersetzt, ja auch, wenn es nur darum geht, ob man ein nicht eben belangvolles Motiv befriedigt oder nicht.

Zusammenfassend lässt sich die Ausgangslage einer Entscheidungssituation durch zwei Besonderheiten charakterisieren. *Erstens* ist sie ausgezeichnet durch das Erlebnis einer Desorientiertheit, die den glatten Handlungsvollzug unterbricht, und *zweitens* durch eine Art Appell zur Stellungnahme. Beide Gegebenheiten sind eher pathische Erfahrungen, nicht Aktionen aus Eigeninitiative:

> »Die im Positionsappell durchschimmernde Tendenz zu einer Bewegung, zu einem noch nicht formierten Tun wird gleichzeitig als Belastung und auch als etwas Schweres empfunden, als ein Gehen-Sollen, ohne die Richtung zu wissen. Es ähnelt in manchen Situationen einem Zustand des Sich-Hinein-Begebens in einen Raum, dessen Dimensionen unbekannt sind« (Nesswetha, 1964, S. 27 f.).

11.2 Untersuchte Entscheidungssituationen

Über die bisher erörterten Merkmale einer entscheidungsrelevanten Situation hinaus seien nun empirisch untersuchte Entscheidungssituationen vorgestellt. Dabei geht es sowohl um phänomenologisch als auch um nichtphänomenologisch elaborierte empirische Ansätze. Die in Abhebung von experimentellen Bearbeitungen konzipierten Untersuchungen des Entscheidungsproblems bedienen sich vorwiegend der Analyse von Erlebnisschilderungen in Entscheidungssituationen, die entweder vorgegeben sind (Thomae, 1960; Feger, 1968) oder von Befragten selbst bestimmt werden (Thomae, 1960; Nesswetha, 1964; Feger & Feger, 1969).

11.2.1 Phänomenanalytische Ansätze

Bei Thomae (1960) wurden unter bestimmten Gesichtspunkten ausgewählte Personen gebeten, ihren »schwersten Entschluss«[20] schriftlich zu schildern. Der Ausdruck »schwerster Entschluss« diente dazu, einen möglichst prägnant erlebten Vorgang der Auseinandersetzung mit einer multivalenten Situation ins Gedächtnis zu rufen. Es wurde bei der mündlichen oder schriftlichen Aufforderung an die Probanden zudem darauf hingewiesen, dass »auch der ›nächstschwerste‹ oder irgendein anderer Entschluß geschildert werden könne. Wesentlich sei allein die Besinnung auf einen Vorgang, in dem die Entscheidung über das, was zu tun sei, nicht leicht gefallen sei« (Thomae, 1960, S. 43).

Untersuchungen, die explizit dem Problem des *Konflikts* gewidmet sind, verwenden zur phänomenologischen Durchleuchtung des Problems grundsätzlich entsprechende Schilderungen insbesondere aus Biografien und Autobiografien. Dies ist – mit unterschiedlichem Gewicht – der Fall etwa bei Krauss (1933), Lückert (1957) und Pongratz (1961). Die auf diesem Weg gewonnenen Erlebnisschilderungen werden dann intuitiv analysiert. Die Arbeiten von Feger (1968) und von Feger und Feger (1969) bedienen sich dagegen der Inhaltsanalyse, die ein zwar weniger nuanciertes Ergebnis liefert, jedoch eine befriedigende Möglichkeit der Kontrolle von Objektivität und Zuverlässigkeit der Analyse bietet (vgl. Berelson, 1971).

Die Erlebnisschilderungen lassen die Frage unbeantwortet, ob zur Ausgangslage bereits die (fertigen) Handlungsalternativen zu rechnen sind, zwischen denen zu entscheiden ist, oder ob die möglichen Handlungsweisen als Alternativen erst entwickelt werden. Thomae (1960) spricht insoweit lediglich vom »Forderungscharakter« der Ausgangslage und dem Merkmal existenzieller Unorientiertheit, das sich in 68,5 % – bei Nesswetha in 66 % – der Berichte über den »schwersten Entschluss« vorfand. Die dort analysierten Schilderungen betrafen entsprechend der Instruktion meist lebensrelevante Entscheidungen, die mit der Konfrontation des Individuums mit mehreren Handlungsmöglichkeiten eingeleitet wurden. Bei der Erinnerung an eine Entscheidungssituation dürfte erst das Vorhandensein von Alternativen und die Auseinandersetzung mit ihnen als Konfliktgrund eine besondere Rolle spielen, da diese Momente durch die Instruktion

---

[20] Thomae (1960) ging dabei von der Annahme aus, dass »Entschluss« für den Laien im allgemeinen verständlicher sei als »Entscheidung«, so dass die hier vorgenommene *vorläufige* Gleichsetzung beider Termini angebracht erscheinen dürfte.

in das Bewusstseinszentrum gerückt werden, während die Frage der *Entwicklung* der Handlungsmöglichkeiten demgegenüber zurücktritt oder anlässlich der Entscheidung überhaupt nicht aktuell wird.

Problematisch ist diese Verfahrensweise wegen der Auslese extremer Entscheidungsfälle durch die Befragten. Es ist nämlich möglich, dass dabei gerade besonders konfliktbehaftete Situationen ausgewählt werden. Der Entstehungsgrund bei Entscheidungen ist jedoch stets in der gesamten Reizkonstellation zu suchen, der das Individuum unterliegt.[21] Erst sie lässt widerstreitende Motive entstehen. In diesem Sinne sieht Thomae (1960) den *Anlass* zu Entscheidungen zutreffend »in bestimmten äußeren Ereignissen oder inneren Entwicklungen im beruflichen und privaten Bereich bzw. in akuten Zeitereignissen wie Krieg, Gefangenschaft, Flucht oder dgl.« (S. 109).

11.2.2 Experimentelle Ansätze

Eine Durchsicht von experimentell untersuchten Entscheidungssituationen zeigt, dass hier oft recht künstliche, besonders vereinfachte Aufgabenstellungen vorliegen, die sich bis auf wenige Ausnahmen von den Entscheidungssituationen, wie sie im Rahmen phänomenologisch orientierter Forschungsansätze herangezogen werden, ganz erheblich unterscheiden.

Die überwiegend einfachen Wahlsituationen differieren hinsichtlich Art, Zahl und Konsequenzen der Alternativen (wobei auch der Verzicht auf eine aktive Reaktion eingeschlossen sein kann) sowie hinsichtlich der Handlungsnähe (vorgestellte oder »echte« Situationen) und Lebensrelevanz (Ergografenzüge oder Bericht an den Institutsleiter). Zu dieser Gruppe sind die meisten der älteren Untersuchungen zu zählen: Barrett (1911), Wheeler (1920), Trouet (1923), Prautzsch (1931), Rohracher (1932). Eine Reihe von Versuchsanordnungen bedient sich erschwerter Reaktionsbedingungen, die durch das Vorhandensein mehrerer Reaktionsmöglichkeiten erzeugt werden.

Vor allem amerikanische Experimentatoren benutzen erschwerte Urteilsbedingungen, wobei grundsätzlich zwei Möglichkeiten unterschieden werden können:

- *Erschwerte oder ungünstige Wahrnehmungsbedingungen.* In den meisten Fällen stehen hierbei alternative Antwortkategorien zur Verfügung. Dazu

---

[21] Es wäre möglich, die bestimmenden Momente der Ausgangslage mit geringem Einfluss von Bedingungen, die der Versuchsleiter gesetzt hat, im Sinne einer pilotstudy zu untersuchen, indem man eine bestimmte Population die Konsequenzen einer Veränderung ihrer gegenwärtigen Situation bedenken ließe. Von einem bestimmten Stadium an würden Entscheidungen anstehen, deren Genese zu klären wäre. So könnte man z.B. Studenten auffordern: »Stellen Sie sich vor, Sie wollen zum nächsten Semester Ihr Studienfach wechseln.« Die gewonnenen Hypothesen müssten so formuliert werden, dass sie einer experimentellen Prüfung zugänglich sind.

gehören die Versuche, in denen Objektvergleiche unter gelockerter Reizbindung, meist in Schwellennähe gefordert werden, z.B. Längenvergleich zweier Linien (Festinger, 1943a, 1943b; Festinger & Wapner, 1947; Block & Petersen, 1955; Dember, 1955; vgl. auch Hörmann, 1960 u.a.). Gedächtnisabhängige Entscheidungsaufgaben lassen Personen beurteilen, ob früher dargebotenes Material in einer später vorgelegten Sammlung enthalten ist (Cartwright & Festinger, 1943); Summenschätzversuche bieten nur unvollständige Information (Irwin, 1953; Irwin & Smith, 1957); die Erschwerung besteht in wahrnehmungsmäßiger oder begrifflicher Ambivalenz (Cartwright, 1941a, 1941b) oder in Wortsättigung (Gumenik & Perlmutter, 1966).

– *Erschwerte Beurteilung der Wahrscheinlichkeit von Ereignissen.* Bei diesen Experimenten ist das Eintreten eines Ereignisses nur wahrscheinlich. Ob es tatsächlich realisiert wird, hängt entweder von den Fähigkeiten des Probanden oder vom Zufall ab. Hierher gehören die zahlreichen Versuche über Einsatz und zu erwartenden Gewinn bei Spiel oder Wette, wobei in der Regel zwischen einem riskanten Fall mit hohem Gewinn und einem relativ sicheren Fall mit niedrigem Gewinn zu wählen ist (Hurst & Siegel, 1956; Goodnow & Pettigrew, 1955; Davidson & Marschak, 1959; Coombs & Pruitt, 1960; Siegel & Goldstein, 1959; Kogan & Wallach, 1964 u.a.).

Bei einer weiteren Klasse von Entscheidungsaufgaben wird eine *Wahrscheinlichkeitsangabe* über das Auftreten unsicherer zukünftiger Ereignisse gefordert, etwa die Wahrscheinlichkeitsangabe, dass Menschen den Mars bis zu einem bestimmten Zeitpunkt betreten haben werden (Brim & Hoff, 1957; Kogan & Wallach, 1964 u.a.).

Die wenigen Untersuchungen, die sich echter oder vorgestellter *Ernst*situationen bedienen, lassen sich zumeist auch den Entscheidungsaufgaben unter Ungewissheit zuordnen. So ließ Jucknat (1938) zwischen verschieden schweren Labyrinthaufgaben wählen. Detambel und Stolurow (1957) fordern eine Wahl zwischen mehreren Stapeln zu reparierender Apparate. Brim, Glass, Lavin und Goodman (1962) stellen verschiedene Methoden der Kindererziehung zur Wahl und bei Vaughan (l956) besteht für seine Probanden die Möglichkeit zu kündigen oder weiterhin an der derzeitigen Stelle zu arbeiten. Durch eine aktuelle Lebensnähe zeichnen sich die Versuche von Brehm (1956) aus, weil dort die Probanden zwischen Gegenständen zu wählen hatten, die sie behalten durften.

Der Unterschied zwischen experimentell untersuchten Situationen und den in erster Linie phänomenologisch orientierten Fragestellungen ist geradezu frappant. Während hier eine intensive Betroffenheit des Befragten durch die provozierte oder erinnerte Lage Mittelpunkt ist, besteht bei den experimentell orientierten Arbeiten die Motivation zur Entscheidung in der Regel nur in der für die Versuchssituation übernommenen Bereitschaft des Probanden zur Mitwirkung. Auslöser und Umfeld der Entscheidung ist das psychologische Laboratorium, so dass die Versuchspersonen den Bezug zu ihrem »eigentlichen« Lebensraum abbrechen können. Das Fehlen einer echten Verankerung der wirksamen Motive im Wertgefüge der Persönlichkeit führt dazu, dass die meisten Aufgaben durch überwiegend kognitive Komponenten bestimmt werden, so dass die motivationale Seite von untergeordneter Bedeutung bleibt. Über Entstehung und Wirkungsweise verschiedener *Antriebe* lässt sich somit – anders als über den Einfluss der kognitiven Persönlichkeitsbereiche – durch dieses methodische Vorgehen nur wenig Information gewinnen.

Aufgrund dieser Versuchsanordnung kann über das Zustandekommen von Entscheidungen nur so viel gesagt werden, dass *ein* Anlass für deren Genese die Instruktion des Versuchsleiters sein kann. Für das breite Feld der von Thomae (1960) angesprochenen Anlässe und die Analyse der mannigfaltigen, nicht nur periphere Persönlichkeitsbereiche berührenden Verzögerungen des Handlungsablaufs durch entsprechende *Antriebskonflikte* ist die experimentelle Methode – soweit ersichtlich – bisher noch nicht genutzt worden, falls sie hierfür überhaupt in Betracht kommen kann. Auch die oben angeschnittene Frage, ob das Entscheidungsgeschehen in der Lebenswirklichkeit mit der *Entwicklung* von Alternativen *eingeleitet* wird oder ob diese in der Regel bereits *vorliegen*, kann aufgrund der bisherigen experimentellen Forschung nicht oder nicht sicher beantwortet werden, da die Versuchspersonen ausnahmslos mit schon gegebenen Alternativen konfrontiert werden, zwischen denen zu entscheiden ist (siehe auch Kap. 12.2).

12 Die Hauptphase der Entscheidung

Hier sollen im Sinne einer näheren, wenn auch durchaus noch vorläufigen Orientierung die im Zusammenhang mit der Hauptphase der Entscheidungsgenese relevanten psychischen Vorgänge aufgewiesen werden. Wenn dabei – wie früher angedeutet – eine »Sukzession« im Geschehen angenommen wird, so impliziert diese Sichtweise mehrere Prämissen, die vorweg im Einzelnen deutlich gemacht werden müssen.

12.1 Aspekte der Darstellung

Die erste Voraussetzung besteht darin, dass der Entscheidung von vornherein *Prozesscharakter* zugesprochen wird. Die damit im Rahmen der Beschreibung gewählte Folge der Ereignisse entspricht indes nicht notwendig dem jeweils realen Ablauf, sie stellt einen idealtypischen Verlauf dar. Die weitere Prämisse geht von der *Gleichartigkeit* der einzelnen analysierten Entscheidungssituationen aus. Dabei wird zunächst vorausgesetzt, dass den unzähligen, formal und inhaltlich differierenden »Situationen« strukturelle Gemeinsamkeiten zugrunde liegen, die eine zumindest generelle Zuordnung zur Entscheidungsthematik überhaupt rechtfertigen. An späterer Stelle wird es dann erforderlich sein, bestimmte *Unterschiede* zwischen spezifischen Entscheidungsformen oder -arten im Sinne einer taxonomischen Erfassung herauszuarbeiten.

Die gewählte Phaseneinteilung von der Ausgangslage über Etappen des in diesem Kapitel als Hauptphase bezeichneten Stadiums bis zum Abschlussstadium und schließlich zur Nachphase der Entscheidung, insbesondere die *Differenzierung* innerhalb der Hauptphase, die der folgenden Darstellung zugrunde liegt, ergibt sich, wenn man – auf problemanalytischem Wege – von der Ausgangslage als Ansatzpunkt weiterschreitet. Die phasenspezifische Unterscheidung entspricht – jedenfalls teilweise – bestimmten Konzepten aus dem Bereich der Denkpsychologie. Diese Koinzidenz ist nicht zufällig; sie entbindet freilich nicht davon, die Berechtigung für die (teilweise) Übernahme – soweit geboten – später eingehend zu diskutieren.

12.2 Entwicklung bis zur Entscheidbarkeit

Als Ausgangslage war diejenige psychische Situation charakterisiert worden (Kap. 11.1), in der der normale Handlungsfluss durch eine wie auch immer geartete Störung unterbrochen ist, so dass das Individuum die Notwendigkeit der Lösungsfindung als Forderung erfährt. Die Frage, in welchem Maß die *Erfassung* der Problemsituation und die *Konfrontation* mit alternativen Handlungsmöglichkeiten bereits die *Einleitung* eines Entscheidungsgeschehens darstellt oder noch als *allgemeiner Hintergrund* der gesamten darauf folgenden Aktivität aufzufassen ist, kann mangels genügender empirischer Indizien nicht generell beantwortet werden.

12.2.1 Problemerfassen

Phänomenologisch lässt sich die Ausgangslage als allgemeine Forderung, als durch Spannung und Unzufriedenheit charakterisiert auffassen (siehe Kap. 11.1). Ihr folgt die Artikulation des Problems. Als *Hauptphase* des Entscheidungsgeschehens ist dann der gesamte Prozessabschnitt anzusprechen, der alle (in dieser Phase bevorzugt kognitiven) Vorgänge enthält, die von der *Artikulation des Problems* bis zu jenen Schritten reichen, die in die *Beendigung der Unbestimmtheit* münden.

Das Erfassen des Problems erfolgt nur selten als Verbalisieren der Störung. Häufig unterbleibt zunächst auch die bewusste Zentrierung auf das Hindernis. Im Zusammenhang mit dem Lösen von Denkproblemen beschreibt Wertheimer (1957) anschaulich die eher pathische Haltung des Individuums: »Wenn man eine Problemlage erfaßt, erzeugen ihre strukturellen Züge und Forderungen in dem Denker gewisse Spannungen, einen gewissen Zug oder Druck« (S. 226).

Man erfährt, dass etwas geschehen muss, um ein Verhaltensziel zu artikulieren und zu erreichen; der Forderungscharakter der Situation führt zu einer Bereitschaft, die Spannung zu beenden. Wie es – soweit ersichtlich – keine denkpsychologischen Experimente gibt, die diese – durchweg rasch vergehenden – Erscheinungen kontrollieren, finden sich auch in der Entscheidungsforschung nur spärliche Bemerkungen zu den entsprechenden Phänomenen. Thomae (1960, S. 108) führt einige Beispiele an, an denen erkennbar wird, wie die Ausgangslage schließlich als Problem gesehen wird: Eine Krankheit wirft die Frage auf, ob die berufliche Tätigkeit wie bisher fortgesetzt werden soll oder nicht; in einem anderen Fall führen bestimmte Ereignisse zu dem Problem, ob der Befragte die Schule erneut besuchen soll; und in einem weiteren Beispiel schließlich löst die veränderte Zusammensetzung des Kollegiums bei einer Lehrerin die Frage aus, ob sie an der bisherigen Schule bleiben oder an einer anderen Schule unterrichten soll.

12.2.2 Entwicklung der Optionen

In der phänomenologisch orientierten Literatur findet man keine Erlebnisschilderungen, in denen berichtet wird, wie die Optionen *aufgefunden* und *entwickelt* werden. Dies dürfte auf die spezielle Erhebungsmethode zurückzuführen sein, die den Bericht des Befragten erst dort einsetzen lässt, wo bereits verschiedene Handlungsmöglichkeiten zur Wahl stehen.

Wird der Entscheidungsprozess gerade durch eine Mehrzahl von möglichen Verhaltensweisen veranlasst, beginnt das gesamte Geschehen an dem Punkt, an dem die Notwendigkeit einer Selektion der Optionen *erkannt* wird. Paradigmatisch dafür scheint die Lage des Schulabgängers zu sein, der, falls er nicht schon in seiner Berufsplanung festgelegt ist, vor mehreren möglichen Ausbildungswegen steht, unter denen er sich für einen entscheiden muss.

Wird dagegen die Unterbrechung des Handlungsablaufs von äußeren oder inneren Barrieren verursacht, ohne dass greifbare Optionen zur Verfügung stehen, müssen potenzielle Verhaltensweisen erst *gesucht* und *gefunden* werden (näher dazu 12.2.3). So steht ein Berufstätiger, der wegen eines Unfalls seinen bisherigen Beruf nicht mehr ausüben kann, vor der Notwendigkeit, andere realisierbare Beschäftigungsmöglichkeiten zu entdecken, um über eine dann auszuwählende und zu realisierende Möglichkeit seinen Lebensunterhalt bestreiten zu können. Der für das gesamte Entscheidungsgeschehen kennzeichnende erhöhte Informationsbedarf kann also bereits für das Ausfindigmachen von Handlungsmöglichkeiten relevant sein, und zwar auch dann, wenn neben vorgegebenen noch zusätzliche Möglichkeiten gesucht werden. Jedoch ist demgegenüber das spätere *Wählen* zwischen

- Handeln und Nicht-Handeln
- verschiedenen Optionen
- echter Bewältigung oder Ersatzlösung (Verdrängen, Evasion etc.)

ein so *dominierendes Segment* der Kernphase des Entscheidungsvorgangs, dass die Multivalenz der Gesamtsituation als ihr konstitutives Merkmal schlechthin erscheint. Diese Annahme wird sich weiter unten bestätigen.

12.2.3 Kreative Prozesse – Bildung neuartiger Alternativen

Wie soeben dargestellt, müssen potenzielle Alternativen erst einmal generiert werden, wenn solche nicht schon greifbar gegeben sind oder im Entscheidungsprozess – bei fortbestehendem Bedarf an weiteren Handlungsmöglichkeiten – verworfen werden. Mit dieser Problematik betritt die Entscheidungsforschung weitgehend Terrain auch der *Kreativitätsforschung* und damit einen Bereich, den sie bislang so gut wie gänzlich gemieden hat. Unter welchen Voraussetzungen ist eine *Alternativenbildung im Entscheidungsprozess* – das wollen wir also untersuchen – *als kreativ zu qualifizieren* (vgl. auch Funke, 2000, 2004b). Dazu soll auf verschiedene Modellvorstellungen kreativen Handelns im Folgenden näher eingegangen werden.

□ *Grundbegriffliche Klärung*

MacKinnon (1962) bezeichnet Kreativität, um auch die immateriellen Produkte einzubeziehen, als eine Antwort oder Idee, die neu ist oder im statistischen Sinne selten, die sich ganz oder teilweise verwirklichen lässt. Sie müsse dazu dienen, ein Problem zu lösen, einen Zustand zu verbessern oder ein vorhandenes Ziel zu vollenden (vgl. S. 485). Der *Begriff des Neuen* ist das am häufigsten angeführte Kriterium für Kreativität (Groys, 1999). Johnson (1972) nennt als Dimensionen kreativen Handelns: Originalität, Ungewöhnlichkeit und Nützlichkeit, ferner Sensitivität gegenüber Problemen, intellektuelle Führerschaft, Scharfsinn und Erfindergeist, Angemessenheit und Breite der Verwendbarkeit bzw. des Einflusses (vgl. auch Amelang & Bartussek, 2001). Hinzufügen lassen sich freilich weitere Merkmale, insbesondere Flexibilität und Nonkonformismus.

Kreativ zu sein bedeutet nicht schon, nur etwas aus sich heraus zu schaffen; es bedeutet mehr, nämlich etwas *fantasievoll Besonderes* zu schaffen. Die psychologischen Kreativitätsdefinitionen greifen den Fantasiebegriff kaum auf (dazu Kunz, 1946, S. 64). Sie enthalten ihn aber implizit oder legen ihn als selbstverständlich zugrunde. Denn Fantasie meint nichts anderes als eine Form schöpferischer Vorstellungsprozesse, deren Inhalte und Richtung durch momentane Einfälle oder Inspirationen bestimmt sind. In Fantasievorstellungen ist das aus der

Erfahrung stammende Material zu Kombinationen zusammengefasst, die selbst nicht aus der Erfahrung stammen.

Das Ergebnis dieser Tätigkeit ist hiernach nicht dann schon eine »Schöpfung«, wenn sie, verglichen mit dem Üblichen, etwas Besonderes ist. Eine Schöpfung ist qualitativ mehr als etwas nur Besonderes; sie ist etwas »fantasievoll« geschaffenes Besonderes. Das fantasievoll geschaffene Besondere muss dabei zugleich etwas Neues sein. Durch Einmaligkeit oder Unwiederholbarkeit ist eine schöpferische Leistung also noch nicht ausreichend bestimmt (Kunz, 1946, S. 65 f.).

□ *Prozessorientierte Modelle*

An erster Stelle dürfte hier Wallas (1926) zu nennen sein, der ein instruktives *Fünf-Phasen-Schema* propagierte, das für alle kreativen Abläufe kennzeichnend sein soll (S. 13 ff.). Er unterscheidet die Phase der Vorbereitung, der Inkubation, der Inspiration oder Erleuchtung, der Bewertung und die Phase der Ausarbeitung (dazu Funke, 2003, S. 48). Inkubation meint die Phase, in der auf Seiten der Person eine spezifische Aktivität im Hinblick auf eine Lösung des Problems nicht erkennbar ist, wobei am Ende dieser Phase oder schon vorher gewisse Anzeichen weiterer Bemühungen zu beobachten sind, manchmal verbunden mit Fortschritten im Lösungsprozess (Guilford, 1979). Die Inkubationsphase kann zwischen einigen Minuten und mehreren Jahren andauern (Amelang & Bartussek, 2001, S. 286; zur Erläuterung der übrigen Phasen siehe Funke, 2003, S. 48).

Grundlegend ist die Frage, ob zwei zentrale Annahmen der Kreativitätsforschung sich halten lassen (dazu Amelang & Bartussek, 2001), nämlich einmal die Annahme, dass

- die Phasen der Inkubation und Inspiration oder Erleuchtung unbewusst und nach anderen Regeln ablaufen als den Regeln logischen Denkens, und die weitere Annahme, dass
- die in diesen Phasen ablaufenden Prozesse für die Bereiche oder Inhalte des Denkens unspezifisch sind.

Wichtig sind hier die weithin bekannten gewordenen kritischen Analysen von Weisberg (1986, S. 43 ff.). Danach stellen retrospektive Berichte herausragender Persönlichkeiten über die Entstehung ihrer kreativen Produkte keine wissenschaftlich verlässlichen Quellen dar. Die häufig anzutreffende Meinung, die kreative oder gar geniale Idee sei nachgerade »aus dem Nichts« gekommen, ganz plötzlich und ohne nennenswertes eigenes Zutun, perpetuiert nach Weisberg nur einen Mythos. Sorgfältige Analysen zu kreativen Prozessen würden seiner Ansicht nach insbesondere zweierlei ergeben: dass nämlich kreative Leistungen erstens meist das Ergebnis harter Arbeit seien und zweitens kreatives Denken im Wesentlichen nur eine Intensivierung der üblichen Wahrnehmungs-, Gedächtnis- und Problemlöseprozesse sei, nicht aber eine spezifisch und qualitativ andere Art des Denkens. Lediglich die Originalität und Bedeutsamkeit der Konsequenzen dieser Prozesse – nämlich die Schöpfung als Handlungsergebnis – begründeten die Sonderstellung. Insofern weisen hiernach analytisch-logisches Denken einerseits und kreatives Denken andererseits eine spezifische Ähnlichkeit auf.[22]

Richtigerweise wird hier jedoch anders anzusetzen und genauer zu differenzieren sein: Wie wir über eine logische Intelligenz (IQ) und eine emotionale Intelligenz (EQ) verfügen, so besitzt der Mensch auch eine *kreative Intelligenz* (CQ), die im Wesentlichen angeboren ist. Erst diese dritte, fundamentale Intelligenz ist es, die uns befähigt, komplexe Zusammenhänge zu erkunden und zu erkennen, Muster und Regeln nicht nur zu durchschauen, sondern von ihnen auch begründet abzuweichen, sie umzugestalten, Werte und Normen zu setzen, Sinn zu stiften, alles dies um Kreativität und Visionen, d. h. neue Möglichkeiten des Denkens und Seins zu entwickeln.

Anhand einiger herausragender wissenschaftlicher und künstlerischer Leistungen zeigt Weisberg (1986, S. 56 ff.), dass neuartige Erkenntnisse und bedeutsame Einsichten *ohne aufgabenrelevantes Vorwissen nicht möglich* seien. Kreatives Problemlösen bedarf hiernach der Verfügbarkeit über einen umfassenden und flexibel nutzbaren Wissensbestand. Ungesichert ist jedoch die daraus abgeleitete Folgerung, dass inhaltsspezifische Expertise nicht nur eine notwendige, sondern auch eine hinreichende Bedingung für kreative Leistungen sei (vgl. Weinert, 1991).

Kreativität ist so gut wie sicher eine Funktion unbewusster oder zumindest halbbewusster Prozesse (vgl. Libet, 1999). Tatsächlich berichten nicht wenige Wissenschaftler über Ideen für einfallsreiche Problemlösungen, die bewusst erst nach einer bestimmten Zeit »unbewussten Ausbrütens« erschienen (Libet, 1985; Libet, Wright, Feinstein & Pearl, 1979). Das wissen sie nur deshalb, weil sie es so erlebt haben. Auch soweit es sich um das Auftauchen von kreativen Ideen in Träumen oder während des Tagträumens handelt, lässt sich jeweils eine willentliche Analyse oder ein sonst bewusster Prozess meist ausschließen.

Andere Ansätze stellen vor allem der Prozess der *Aufmerksamkeit* und seine Bedeutung bei der Kreativität in den Mittelpunkt: So vertritt etwa Mendelsohn (1976) die Auffassung, dass eine der Voraussetzungen für Kreativität die *Defokussierung* der Aufmerksamkeit sei. Gemeint ist die Verteilung oder Streuung der Aufmerksamkeit auf einen weiten Bereich verschiedener Bewusstseinsinhalte und/oder auf die peripheren Merkmale der zu erfüllenden Aufgaben. So unverzichtbar eine Fokussierung der Aufmerksamkeit (dazu Amelang & Bartus-

---

[22] Charakteristisch für die Prozessmodelle ist, dass sie im kreativen Denken eine bloße Intensivierung des üblichen Problemlöseverhaltens sehen (vgl. Funke, 2000, 2001). Zur abweichenden Position etwa der Komponentenmodelle siehe sogleich weiter oben im Text. Die Annahme, dass für Kreativität überdurchschnittlich hohe Intelligenz Voraussetzung sei, erscheint empirisch gehaltvoll, ist jedoch nicht bestätigt. Zur Problematik s.a. Amelang & Bartussek (2001): »Einfluss von Intelligenz nicht herauspartialisiert« (S. 682).

sek, 2001, S. 287 und 682) für hohe Effizienz bei der Lösung von Problemen ist, die vorgegebene Strukturen und Randbedingungen aufweisen, so günstig scheint umgekehrt die Verteilung oder Streuung der Aufmerksamkeit bei der Hervorbringung kreativer Ideen und Produkte zu sein. Denn dabei kommt es häufig auf die Veränderung oder Auflösung bestehender Vorstellungen und Strukturen an, zunächst aber auch darauf, anfänglich vielleicht noch schwachen Eingebungen zum Durchbruch zu verhelfen und herkömmliche Bedenken zu überwinden (vgl. Amelang & Bartussek, 2001).

Andere Autoren haben den Akzent nicht auf das defokussierte Vigilanzspektrum, sondern gerade auf das Changieren zwischen fokussierter und defokussierter Aufmerksamkeit im Sinne einer *Alteration* als Voraussetzung und Kennzeichen kreativen Denkens gelegt (vgl. Lesgold, 1989, S. 190 ff.). Kreative Leistungen beruhen hiernach darauf, einerseits das spezifische Wissen zu fokussieren, es also in angestrengtem Denken gezielt einzusetzen, andererseits während bestimmter oder auch völlig ergebnisoffener Phasen von Problemlöseprozessen sich von Problemen wieder zu distanzieren und abzuschalten. Auch werden positive Effekte »sozialen Faulenzens« beim Lösen komplexer Probleme erörtert (vgl. Feuchter & Funke, 2004).

Aus ganz anderer Sicht hat Kris (1952, S. 50 ff.) für die Inspiration einen harmonischen Wechsel zwischen primären und sekundären Kognitionsprozessen angenommen. Primäre Kognitionsprozesse treten in Träumen und Tagträumen auf, auch in Hypnosen und Psychosen; sie sind autonom-autochthon, freiassoziativ und bedienen sich konkreter Vorstellungsbilder (Amelang & Bartussek, 2001, S. 288). Demgegenüber kennzeichnen sekundäre Kognitionsprozesse das abstrakte, logische und realitätsbezogene Denken. Verschiedene Befunde – so der leichtere Zugang kreativer Personen zu den Primärkognitionen, ihre stärkere Fantasietätigkeit und das bessere Erinnern nächtlicher Träume (vgl. Urban, 1993, S. 135 ff.) – scheinen die These von Kris zu stützen (vgl. Amelang & Bartussek, 2001).

Martindale (1989, S. 212 ff.) hat versucht, diese einander sehr ähnlichen Konzepte auf neurophysiologischem Niveau zu integrieren. Kreative Prozesse sind hiernach gebunden an die gleichzeitige Aktivierung möglichst vieler neuronaler Verschaltungen im Neocortex. Ein solcher Zustand aber stellt sich eher bei niedriger kortikaler Erregung *(low arousal)* als bei hoher Erregung ein; denn dann sind sehr viele Knotensysteme in annähernd gleichem Ausmaß aktiviert, während eine starke kortikale Erregung einzelner Zellverbände zu einer Hemmung der weniger aktivierten Systeme führt. Nach Martindale (1989) gehen Primärkognitionen, defokussierte Aufmerksamkeit und flache Assoziationshierarchien mit niedriger kortikaler Erregung einher. Damit ist selbstverständlich nur – wie auch Amelang und Bartussek (2001, S. 288) hervorheben – der momentane Zustand bei der Inspiration oder Erleuchtung, nicht ein habituelles Charakteristikum kreativer Personen beschrieben. Die neurophysiologische Verankerung kreativen Denkens in der je spezifischen Aktivität neuronaler Netzwerke ist in der Psychologie und nicht nur dort sehr umstritten.[23] Dieser Ansatz kann nach Amelang und Bartussek (2001, S. 288) nur überzeugen, wenn es gelingt, etwa über Ableitungen im EEG, das Ausmaß sowie die Konzentration bzw. Diversifikation von Arousal nachzuweisen.[24]

□ *Chaostheoretischer Ansatz*

Die moderne Chaostheorie (vgl. etwa Kriz, 1992), die heute von allen Sozialwissenschaften bemüht wird (Weimar & Leidig, 2002, S. 34 ff.), kann auch für die Kreativitätsforschung attraktiv sein. Die Chaostheorie fragt u. a.: Wie entsteht das »Neue«? An dieser Fragestellung geht die Kreativitätsforschung gegenwärtig noch ohne prüfbare Resultate vorbei, obwohl das Neue ein Konstituens kreativen Handelns und seiner Ergebnisse ist. Neues entsteht durch Chaos und Evolution im weitesten Sinne. Evolution entfaltet sich, verfeinert, verzweigt sich zu unvorstellbarer Komplexität. Evolution treibt jedes System, insbesondere auch das kreative Subjekt, in die Komplexität. Auf der anderen Seite ist ein allzu komplexes, überzüchtetes und dadurch kompliziertes System wiederum weniger leistungsfähig und kann gerade infolge dieser Komplexität besonders störanfällig sein – zu Lasten der Kreativität. Vielleicht lässt sich sagen: Je komplexer ein System, desto mehr bedarf es der Koordination, die – in Grenzen – als Basisfolie auch der kreativen Prozesse fungiert.

□ *Investmenttheorie, Komponentenmodelle, sozioökologische Perspektive*

Einige Kreativitätstheorien stellen stärker auf sich mischende »Investitionen« als Voraussetzungen für kreative Prozesse ab. Dazu zählt die von Sternberg und Lubart (1991) entwickelte »Investmenttheorie«, die auf der Grundlage der bisherigen Erkenntnisse diese gleichsam retrospektiv bündelt.[25] Der Name Invest-

---

[23] Nichts anderes gilt auch für einzelne psychiatrische Phänomene; dazu Hell (2003, insb. S. 249 ff. m.w.N.).

[24] Ergänzend ist heute die Magneto-Enzephalografie (MEG) einzusetzen, die viele neue Erkenntnisse über die Funktionsweise des Gehirns ermöglicht. Für die künftige Suche nach der mit dem Bewusstsein und dem von uns postulierten Creative Quotient (CQ) verbundenen neuronalen Aktivität sind – wie hier nur angedeutet werden kann – vor allem Informationen von Belang, die von den 40-Hz-Oszillationen hervorgebracht werden. Neurologie und Quantenphysik schweigen hierzu noch. Es gibt bisher keine einschlägige Literatur, die die Hypothese stützt, dass der CQ existiert. Kreative Intelligenz ist psychologisch schwer zu handhaben, weil sie nicht objektiv messbar ist. – Zum »Ort der Kreativität« siehe Lenk, 2000, S. 83 ff.

[25] Die Investmenttheorie weist darüber hinaus Implikationen für Überprüfungen in künftigen Studien aus; darauf weisen Amelang und Bartussek (2001, S. 290) ausdrücklich hin.

menttheorie ist – wohl zu Recht – deshalb gewählt, weil es die eigenen Fähigkeiten und Anstrengungen sind, die es in Ideen einzubringen gilt, wenn diese als neu und qualitativ hochwertig einzustufen sein sollen (Amelang & Bartussek, 2001). Solche Ideen sind, falls sie asynchron zu Zeitgeist und Modetrends sind, zu dieser Zeit vielleicht weniger geschätzt oder werden nicht selten gar als abwegig bezeichnet (Amelang & Bartussek, 2001, S. 290). Daher gilt das Investment eher auf längere Sicht. Wenn die innovativen Ideen und daraus resultierende kreative Produkte schließlich allgemein akzeptiert sind, wendet sich – so Sternberg und Lubart (1991, S. 29 ff.) – die kreative Person erfahrungsgemäß einem anderen Gebiet mit momentan »unter Wert gehandelten« Ideen zu.

Was die Frage nach den *intellektuellen Ressourcen* betrifft, so nennen Sternberg und Lubart (1991, S. 14 ff.) vor allem die Komponenten von Planung und Kontrolle, von Problemlösen und Wissenserwerb: In diesem Sinne beinhalten kreative Prozesse die Anwendung dieser Prozesskomponenten auf neuartige Aufgaben und Situationen oder den Einsatz dieser Komponenten bei vertrauten Aufgaben und Situationen in der Absicht, die Umgebung auszuwählen oder umzugestalten. Die besondere Bedeutung der Komponente Wissenserwerb bzw. Wissen ergibt sich immer schon daraus, dass man nur dann in einem Bereich kreativ sein kann, wenn man darüber und über anstehende einschlägige Probleme maximal informiert ist, sich jedoch darüber hinaus von den Einengungen, die solche Kenntnisse mit sich bringen, nach Möglichkeit frei macht. Bloßes Revierverhalten und Verwalten von Wissensbeständen führen nicht zur Kreativität.

Von einigen Forschern wird explizit die *Bedeutung von Umweltfaktoren* für das kreative Handeln unterstrichen. Ihrer Konzeption zufolge stellt Kreativität nicht nur ein individuelles, sondern in gewissem Umfang auch ein gesellschaftliches Phänomen dar (Rubenson & Runco, 1992). Damit wird die traditionelle Perspektive, wonach kreatives Handeln der einzelnen Person immer schon auch eingebettet ist in verschiedene Umweltfaktoren im engeren Sinne, ergänzt durch die Betrachtung eines größeren sozialen, wirtschaftlichen, kulturellen und politischen Rahmens, durch eine Perspektive also, die den unmittelbaren Handlungsraum des Einzelnen regelmäßig übersteigt (Amelang & Bartussek, 2001, S. 288 und 682).

□ *Kreativität, Persönlichkeit und sozialer Kontext*

Unter den kreativitätskorrelierten *Persönlichkeitsfaktoren* kommt neben einem nachhaltigen Willen insbesondere der Bereitschaft zur Überwindung von Widerständen, ferner der Spontaneität und Risikofreude, der Individualität und der Offenheit gegenüber neuen Erfahrungen ein vorrangiger Stellenwert zu (Sternberg & Lubart, 1991; Vollmeyer & Funke, 1999).

Was den intellektuellen Stil bei kreativen Prozessen angeht, nehmen Sternberg und Lubart (1991, S. 28). zutreffend an, dass für Kreativität ein mehr globaler und progressiver Stil von Vorteil sei. In Anlehnung an Kirton (1976) unterscheiden sie zwischen so genannten »Adaptoren« und »Innovatoren«. Personen des ersteren Typs tendieren dazu, Probleme durch Adjustierung[26] und in schrittweiser Modifikation unter Beibehaltung der grundlegenden Strukturen zu lösen. Sie bewegen sich innerhalb bestehender Paradigmen. Demgegenüber bemühen sich Innovatoren um eine Umstrukturierung fundamentaler Elemente, also – zumindest implizit – um eine Veränderung der Paradigmen selbst (Amelang & Bartussek, 2001, S. 291).

Dass sich dabei die *soziale Umgebung* auf die Aktivierung oder Unterdrückung des Kreativitätspotenzials auswirkt, ist ein durchgängiger Befund, den die Kreativitätsforschung mit Grund immer wieder betont. Und zwar wirkt die Umgebung in *dreierlei* Weise (Sternberg & Lubart, 1991): Zum einen stellen die Stimuli aus der Umwelt häufig die Bausteine für kreative Ideen und Produkte zur Verfügung. Zum anderen beeinflusst die Umgebung das allgemeine »Klima« für die Hervorbringung und Umsetzung bzw. Unterdrückung kreativer Gedanken; schließlich ist der soziale Kontext »maßgeblich für die Evaluation der Ideen und Produkte« (Amelang & Bartussek, 2001, S. 291). In diesem Sinne führt Amabile (1983) einzelne Faktoren als spezifisch kreativitätsfördernd auf, die sie u.a. wie folgt umschreibt: Entscheidungsfreiheit, ein positives Innovationsklima, unerwartete Bekräftigungen, ein stimulierendes physikalisches Milieu und scope for playfulness (s.a. Amelang & Bartussek, 2001, S. 292). Allerdings fragt sich, ob man nicht noch sehr viel weiter gehen muss und bestimmte Gefühle und Erfahrungen – wie etwa außerordentliches Wohlbefinden, Euphorie, Flow, tiefe Einsicht – mit einer größeren Fähigkeit zu Kreativität in Verbindung zu bringen hat. Es handelt sich insoweit um neurophysiologisch bekannte Begleiterscheinungen einer – zumindest mäßig – gesteigerten Aktivität in den Temporallappen. Dagegen mindern oder verhindern kreatives Handeln – weil tendenziell eher unerwünscht – Stressoren wie beispielsweise – so Amabile (1983, S. 369) – Druck von Seiten Gleichrangiger, eine Supervision und erwartete Evaluationen, im Allgemeinen auch, aber nicht notwendigerweise persönliche emotionale Instabilität; diese kann – fallabhängig – kreative Prozesse auch fördern.

□ *Zwischenstopp*

Nach allem liegt ein bedeutsamer Einfluss von Persönlichkeitsmerkmalen und Umweltfaktoren neben neurophysiologischen Elementen im Rahmen der Bildung *neuartiger Alternativen* nahe.

---

[26] So ist das Traditionsprofil etwa einer »bewährten Lehre« durch den Rekurs auf die »Argumentationsweise von damals« bestimmt. Kritische Äußerungen »von außen« wie »von innen« zeigen, dass Ansprüche an Institutionen gestellt werden. Das Kreativitätsbedürfnis des Einzelnen stößt dabei milieubedingt allerdings rasch an durchweg nicht oder schwer überwindbare Grenzen.

Neurophysiologisch sind im Zustand der entsprechenden Prozesse, in dem sich die »kreative Person« befindet, viele Körperfunktionen auf typische Weise beteiligt. So finden sich Veränderungen der Hirnaktivität – besonders des Limbischen Systems, des vegetativen Nervensystems und der Psychomotorik. Diese Veränderungen allein reichen allerdings nicht aus, um eine kreative Phase hinreichend zu erklären. Es müssen psychologische Veränderungen des Erlebens und Verhaltens hinzukommen. Das hat damit zu tun, dass biologische und soziale Veränderungen zwar in der Mehrzahl der Fälle zu beobachten sind, aber manchmal auch fehlen. Folglich basiert die Diagnose eines persönlichen kreativen Prozesses bei der Alternativenbildung bislang hauptsächlich auf *psychologischen* Kriterien, mithin auf dem subjektiven Erleben einer Stimmung (z.B. Antrieb, Interesse). Da es bis heute nicht gelungen ist, einen biologischen Marker für kreatives Handeln zu finden, sind die feststellbaren neuronalen Veränderungen nicht schlicht als die materielle Kehrseite des kreativen Empfindens der Person anzusehen.

12.2.4 Auseinandersetzung mit den Alternativen

Die von der Unorientiertheit ausgehende Forderung bezieht sich inhaltlich auf eine Klärung bzw. Änderung der Situation, die nur durch Herstellung einer neuen Beziehung zwischen Person und Umwelt erfolgen kann. Charakteristisch hierfür ist zunächst, dass nicht nur die Handlungsalternativen, sondern auch die Handlungsfolgen aufgrund erworbener Einstellungen oder Erfahrungen *bewertet* werden, insbesondere soweit eine distanzierte, abwägende Betrachtung gelingt. Die beurteilende Verarbeitung der Situation bezieht sich hiernach auf *mehrere* Aspekte. Daher sind eindimensionalen Auffassungen[27] realistischere mehrdimensionale entgegengetreten. Besonders Thomae (1960) hat die *Komplexität* der Vorgänge bei der *Auseinandersetzung mit den Alternativen* betont. Damit steht der Ablauf des Entscheidungsgeschehens in klarem Gegensatz zu den Annahmen nicht nur der experimentellen Entscheidungsforschung, sondern auch – so viel sei hier vorweggenommen – zu den Annahmen der spieltheoretisch orientierten Entscheidungstheoretiker, die, um die relevanten Faktoren erfassen zu können, deren Komplexität und funktionale Bedeutung auf relativ einfache Voraussetzungen reduzieren (siehe Kap. 22).

Demgegenüber beziehen sich die folgenden Erörterungen bevorzugt auf komplexe, lebensrelevante Entscheidungen und setzen sich damit von experimentellen Untersuchungen ab, in denen die Bewertungen in der Regel nach vorgegebe-

---

[27] Paradigmatisch sei hier Dreyer (1955) erwähnt: »Die realisierbaren Verhaltensmöglichkeiten differenzieren sich nach (subjektiven) Wertgesichtspunkten: ob sie mehr oder weniger angenehm, nützlich, erfolgversprechend, gut oder böse im moralischen Sinne usw. sind« (S. 56).

nen Gesichtspunkten zu erfolgen haben. Sie stützen sich hauptsächlich auf Arbeiten aus dem Thomaeschen Kreis, wo Entscheidungen auf Situationen mit existenzieller Bedeutsamkeit beschränkt werden.

Um die verschiedenen potenziellen Handlungsweisen beurteilen zu können, suchen die Betroffenen gerade in der Phase der Auseinandersetzung mit den Alternativen nach *weiterführender* Information. Zu diesem Gesichtspunkt wurde eine größere Zahl von Experimenten veröffentlicht, deren Befunde später referiert werden.

Nach Thomaes Analysen spielen die *Zentrierungsvorgänge* für die Informationssammlung und die Bewertung der Alternativen eine wichtige Rolle: »Alle Orientierungsversuche ... sind zentriert um eine Frage, ähnlich wie beim Nachdenken über ein Problem, welches den gemeinsamen Bezugspunkt der inneren Vorgänge darstellt« (1960, S. 134). Die mit dem Zentrierungsbegriff umschriebene Gewichtsverteilung und Rangordnung laufen unter Reizkonfigurationen, wie in Wahrnehmungsversuchen eindrucksvoll nachzuweisen ist, ohne feststellbare eigene Aktivität des Dezidenten als weitgehend autonome Prozesse ab, können aber durch gesteuerte Konzentrationsverschiebungen und Gewichtungen beeinflusst werden.

Zentrierung als ein »Moment der Bildung einer mehr oder minder konstanten Mitte in einem Geschehensverlauf« (Thomae, 1960, S. 135) scheint in dieser Bedeutung gerade aber der Auseinandersetzung mit den Alternativen zu widersprechen, weil hier noch *wechselnde* Gewichts- und Bedeutungsverteilungen vorliegen, die das in den Erlebnisberichten hervorgehobene erhebliche »Schwanken« verursachen. Jede Gewichts- bzw. Bedeutungsverleihung wird von der neu aufgenommenen Information berührt, so dass sich in *diesem* Stadium des Entscheidungsprozesses nacheinander *unterschiedliche* Bedeutungsschwerpunkte ergeben. Es scheint uns deshalb nicht hinreichend präzise zu sein, wenn Thomae hier auf die »mehr oder minder konstante Mitte in einem Geschehensverlauf« hinweist oder von einer »Ordnung des Geschehens um eine Mitte über den ganzen Zeitraum vom Einsetzen des Entscheidungsvorgangs bis zum Finden der Lösung« (1960, S. 135) spricht.

Die Auseinandersetzung mit den Alternativen ist durch aktuelle und latente Phasen im Entscheidungsgeschehen charakterisiert. Es dürfte sich dabei um Veränderungen im allgemeinen Beachtungsrelief (also wiederum um Veränderungen der Zentrierung) handeln. In den bei Thomae mitgeteilten Berichten finden sich zahlreiche Beispiele, in denen das Individuum sich von der Problematik *distanziert.* Ein solches Verhalten tritt meistens auf, um durch Abstand oder Ruhenlassen die Bedingungen für eine kognitive Verarbeitung hauptsächlich über den Abbau affektiver Begleiterscheinungen zu verbessern. Hinzu kommt die Möglichkeit, während des Aufschubs weitere Information zu gewinnen, worin sich wiederum eine *Parallele zum Problemlösen* zeigt (vgl. nur Funke, 2003), das nicht nur durch unmittelbar lösungssuchende Aktivitäten, sondern auch durch »stille Phasen« ausgezeichnet ist.

Als weitere Folge der Distanzierung kommt die von Thomae hervorgehobene Änderung des Deutungsniveaus in Betracht. Damit ist nicht gemeint, dass neue Handlungsalternativen in die Auseinandersetzung mit den Alternativen aufgenommen werden, sondern dass durch kognitive und affektive Veränderungen *andere Gesichtspunkte* zur Beurteilung der Lage auftauchen. Dabei können auch Formen des »Abschlusses« der ungewissen Situation auftreten, die nicht einen Entschluss darstellen, sondern z.B. als Verharren in der Unentschiedenheit, als Somatisierung oder Kompensation aufzufassen sind.

Eine der wenigen *lebensnahen* Untersuchungen auf experimenteller Basis aus der amerikanischen Literatur erscheint geeignet, die Auseinandersetzung mit den Alternativen aus anderer Sicht zu beleuchten. Es handelt sich um eine instruktive Untersuchung von Brim, Glass, Lavin und Goodman (1962). Besonders der Stellenwert von Bewertungsgesichtspunkten kann aufgrund der dort gewonnenen Befunde genauer bestimmt werden.

Brim et al. (1962) ließen 200 Elternpaare entscheiden, wie sie sich in vier Erziehungsfragen (Masturbation, Faulheit, Ungehorsam, Stehlen) verhalten würden. Als Entscheidungsalternativen wurden solche Möglichkeiten vorgegeben, die in einer vorangegangenen Untersuchung am häufigsten als Lösungen der aufgeworfenen Erziehungsfragen ermittelt worden waren. Zusammen mit der Entscheidung wurden von den Befragten verschiedene Einschätzungen der Alternativen und ihrer Folgen gefordert, so dass Anhaltspunkte über die dabei ablaufenden kognitiven Vorgänge gewonnen werden konnten. Über eine Faktorenanalyse der Antworten und der näheren Spezifizierung dieser Antworten durch die Probanden selbst gelangten die Autoren zu folgenden Ergebnissen:

- es werden nur solche Handlungsmöglichkeiten berücksichtigt, deren Folgen mit einer gewissen Wahrscheinlichkeit (mindestens 75 %) zu erwarten sind;
- es erweist sich als bedeutsam, wie »nützlich« die Folgen der Handlungsmöglichkeiten erscheinen; die »Nützlichkeit« wurde dabei durch das Produkt von erwarteter Wahrscheinlichkeit und Wünschbarkeit der Folgen der Erziehungsmaßnahme bestimmt;
- der geschätzte Zeitpunkt, an dem eine Aktion wirksam wird, spielt eine Rolle;
- die Zahl der gewählten Alternativen ist interindividuell variabel.

Damit sind die Realisierungswahrscheinlichkeit, die Nützlichkeit und die Zeit bis zur Realisierung Aspekte, die bei der Bewertung von Alternativen in den durch die Untersuchung angesprochenen Fällen von Bedeutung sind. Ihre allgemeine Gültigkeit und die Relevanz weiterer Gesichtspunkte müssten sich jedoch erst durch zusätzliche Arbeiten über andere Themen und unter anderen Beurteilerpopulationen erweisen.

Bei der Auseinandersetzung mit Alternativen kann es dazu kommen, dass mehrere Handlungsmöglichkeiten als relativ gleichwertig erscheinen. In einem solchen Fall liegt ein *Konflikt* vor, der sich phänomenologisch innerhalb des

Entscheidungsvorgangs jeweils in besonderer Weise hervorhebt. Nesswetha (1964, S. 53) weist mit Grund darauf hin, dass ein Konflikt jedoch für eine Neuorientierung nicht konstitutiv ist. Da Konflikte im Entscheidungsgeschehen allerdings besonders häufig sind, erscheint es unerlässlich, auf die Konfliktproblematik näher einzugehen.

13 Konfliktverhalten im Prozess der Entscheidung: Klassifikation und Befunde

Wie oben bereits dargestellt wurde, ist ein Konflikt für die Entscheidung zwar nicht konstitutiv, wohl aber sind für die meisten oder jedenfalls für sehr viele Entscheidungen Konflikte kennzeichnend. Eine Entscheidung ohne Konflikt ist eher die Ausnahme. Mit Konflikt ist – allgemein – ein intraindividueller Zustand gemeint, der durch zwei gleichzeitig auftretende antagonistische Ereignisse, Motive, Absichten, Bedürfnisse, Handlungsziele ausgelöst wird und durch die dabei erfahrene, nach Lösung drängende Spannung gekennzeichnet ist. Im Folgenden soll daher das Konfliktverhalten im Prozess der Entscheidung genauer untersucht werden.

13.1 Konflikttypen und konfliktäre Auseinandersetzung

»A conflict situation can be defined as a situation where forces acting on the person are opposite in direction and about equal in strength" (Lewin, 1954, S. 936). Die Natur eines Konflikts und seine Ursachen zu eruieren, versucht die *Konfliktanalyse*; ihre Leitfrage lautet: Warum geht es eigentlich nicht? (Funke, 2003, S. 52). Bedingung für das Zustandekommen von Konflikten ist das Vorhandensein von »Barrieren« physischer und sozialer Natur.

Die theoretische Analyse verschiedener Person-Umwelt-Beziehungen, wie z.B. Erziehung durch Lohn und Strafe, führte bereits Lewin (1931) zur Aufstellung einer *Taxonomie von Konfliktformen*. Sie wurde von zahlreichen motivationspsychologisch orientierten Autoren übernommen und hat besonders die experimentelle Konfliktforschung angeregt.[28] Lewin (1931, 1935) unterscheidet vier Grundformen:

- *Äquivalenzkonflikt*: Dieser Konflikt ist durch wertungsgleiche, positiv getönte und einander ausschließende Konfliktseiten bestimmt (*Appetenz-Appetenz-Konflikt*).

---

[28] Hull (1938, 1943) übernahm die Lewinschen Hypothesen in seine Verhaltenstheorie, und sein Schüler Miller (1944, 1951) entwickelte innerhalb der Hullschen Lerntheorie Postulate über den Konflikt, die experimentell nachgeprüft werden konnten und in vielen Fällen auch bestätigt wurden. Dazu gleich mehr.

- *Ambivalenzkonflikt*: Bei diesem Konflikt verfügt das Objekt für die Person gleichzeitig über anziehende und abstoßende Eigenschaften (*Appetenz-Aversions-Konflikt*).
- *Vitationskonflikt*: Dieser Konflikt ist durch gleichwertige, negative Pole bestimmt (*Aversions-Aversions-Konflikt*).[29]
- *Frustrationskonflikt*: Ein solcher Konflikt liegt vor, wenn ein attraktives Objekt durch eine Barriere unerreichbar wird (*Versagungskonflikt*).

Den Lewinschen Grundtypen lässt sich ein weiterer hinzufügen:

- der *doppelte* Appetenz-Aversions-Konflikt: er repräsentiert einen Ambivalenzkonflikt mit *mehreren* positiven und negativen Wertungen.[30]

Auf die dargestellten Konflikttypen werden wir bei der Erörterung insbesondere des theoretischen Ansatzes von Miller (1944) in diesem Abschnitt zurückkommen.

Gegen die Methode Lewins und seine Konzeption sind verschiedene Einwände geltend gemacht worden, die sich auch gegen seine Konflikttheorie richten. Es soll hier nicht im Einzelnen die bekannte Problematik der Analogiebildung (Kraftfeld; Energiebegriff ähnlich wie bei Freud), der »Topologie« und Vektorpsychologie behandelt werden; es sei aber darauf hingewiesen, dass die bildhaften Beschreibungen der Konfliktsituationen allein natürlich nicht geeignet sind, Verhalten vorauszusagen.

Es besteht inzwischen Grund zu der Annahme, dass es ernste Konflikte zwischen zwei positiven Valenzen (Appetenz-Appetenz-Konflikt) kaum gibt, da eine Entscheidung in Fällen dieser Art grundsätzlich leicht und ohne weiteres herbeigeführt werden kann. Soweit dies ausnahmsweise nicht geschieht, scheint es so zu liegen, dass durch Antizipation des Verlustes einer Alternative eher ein Appetenz-Aversions-Konflikt entsteht (Feger, 1965, S. 345), wenn die Nichtverwirklichung eines positiven Wertes selbst als ein negativer Wert erlebt wird.

Unter diesen Aspekten fällt auch das dem Buridanus zugeschriebene Paradigma von dem Esel, der angeblich verhungern müsse, weil er – von zwei gleich großen Heuhaufen gleich weit entfernt – sich nicht dazu durchringen könne, zu welchem der beiden Heuhaufen er hingehen und davon fressen solle, nicht etwa – wie Hofstätter (1963, S. 182) jedoch annimmt – unter den Begriff des Appetenz-Appetenz-Konflikts. Dieser Begriff kaschiert ein Phänomen, das so selten ist, dass es jeweils genau untersucht werden muss (vgl. Keiler, 1970). Es zeigt sich dann, dass das Buridansche Beispiel sich nicht – wie dies für einen Konflikt

[29] Nach Pongratz (1961) wird der Wahlvorgang hier von den Prinzipien des kleineren Übels oder des höheren Wertes geleitet.

[30] Ein anschauliches Beispiel hierzu bringt Graumann (1971): »Die Lockung der ersten Liebesnacht (+), die Furcht vor dem Unbekannten (-), das Bedürfnis, sich als Mann oder Frau zu betätigen (+), die Sorge, sich zu blamieren oder zu versagen (-), bilden eine doppelte Ambivalenz, die keineswegs konstruiert wirkt, wenn man an das vielfältige Hin und Her, Einerseits – Andererseits denkt, ... « (S. 106).

wesentlich ist – »auf die Konkurrenz zweier Werte, sondern nur darauf (bezieht), daß es Situationen geben kann, in denen ein identischer Wert auf zweifache Weise verwirklicht werden kann, wobei die eine Weise die andere ausschließt« (Keiler, 1970, S. 158). Da die Entscheidung für einen der beiden Heuhaufen den jeweils gleichen Effekt der Realisierung des einen positiven Wertes zur Folge hat, wird der Esel auf jeden Fall von einem der beiden Heuhaufen fressen.

Bei aller Klassifizierung hat man sich die Mahnung von Pongratz (1961) zu vergegenwärtigen, dass reine Konfliktformen zu den Ausnahmen gehören. In der Regel stößt man auf Mischformen, deren Bestandteile in einem Dominanz- oder Akkordanzverhältnis stehen können. Gerade bei der Erlebnisschilderung besteht die Gefahr, dass die Auskunftspersonen bei der Wahrnehmung ihrer eigenen Erlebnisse bzw. bei der Rückerinnerung an sie der von der Gestaltpsychologie beschriebenen Prägnanztendenz unterliegen mit der Folge, dass sie klare, eindeutige Verhältnisse berichten und die feineren Differenzierungen der Motivationslage übergehen. Von dort her ist es zu erklären, dass viele Schilderungen von Entscheidungen den »reinen Konflikttypen« sehr nahe zu kommen scheinen. Andererseits lassen experimentelle Anordnungen die Frage nach der Häufigkeit »reiner Typen« unbeantwortet, da aufgrund der angestrebten Klarheit der Aussagen stark vereinfachte Versuchssituationen entworfen werden.

Phänomenologisch orientierte Autoren lieferten sorgfältige Schilderungen vom Verhalten ihrer Probanden in Konfliktsituationen, die durch entsprechende Bedingungen herbeigeführt wurden. So versuchte Mierke (1955), einen »Motivkonflikt« zu erzeugen, indem er seine Versuchspersonen bat, gleichzeitig mehrere Arbeitsvollzüge zu verrichten. Aus den Explorationen ergab sich, dass bei allen Versuchspersonen ein Pendeln zwischen Leistung und Aufmerksamkeit vorlag. »Wenn also nach unseren Versuchsergebnissen zwei geistige Arbeiten gleichzeitig und miteinander zu erledigen und für diese Zwecke in gleicher Weise motiviert sind, dann vollzieht sich die Klärung des zwangsläufig eintretenden Motivkonflikts zunächst in der Weise, daß eines der beiden rivalisierenden Leistungsmotive dem anderen gegenüber vorrangig wird« (Mierke, 1955, S. 74).

Auch Erlebnisschilderungen berichten von dem Einfluss mehrerer unvereinbarer Kräfte, von dem Hin- und Hergeworfensein zwischen verschiedenen Motiven, ohne dass eines zunächst eindeutig die Oberhand behält. Bei der Wahl zwischen Ergografenzügen registrierte Trouet (1923) folgende Aussage: »Ich schwankte lange hin und her. Es wollte mir keines von beiden gefallen. Ich wußte nicht recht, was ich tun sollte. Es war beides gleich dumm ... « (S. 174).

Aus den Schilderungen des »schwersten Entschlusses«, die Thomae (1960) berichtet, stammen die folgenden Äußerungen: »Eine Wahl hatte ich zwischen Weihnachten und Neujahr, als einer aus der Erziehungsanstalt mich fragte, ob wir abhauen wollen. Die ganze Nacht dachte ich darüber nach. Ich hatte damals die Wahl zwischen dableiben, und das hieß, ein anständiger Mensch werden, oder mit den Kameraden fortgehen und in ein Abenteuer hinein, wenn nicht noch schlimmer und gefährlicher ... « (S. 48).

Und eine weitere Erlebnisschilderung sei referiert, die den konfliktlösenden Entschluss anschaulich festhält: »Der Entschlußvorgang bestand wesentlich in dem Hin und Her zwischen zwei Vorstellungen: einmal der Vorstellung, wie es sein würde, wenn ich nun in B sitze, die Lage verliert wieder an Finsternis, und ich habe meinen Urlaub unterbrochen, meiner Gesundheit nichts geholfen, sie im Gegenteil gefährdet. Andererseits die Vorstellung, daß ich vielleicht die letzte Gelegenheit, mein Studium abzuschließen, wenn ich nicht rückfahre, versäume ... « (nach Thomae, 1960, S. 51).

Andere Analysen Thomaes (1974) gehen gleichfalls auf Erlebnisberichte über den »schwersten Entschluss« zurück, haben aber eine breitere empirische Basis. Als charakteristisch für die berichteten Konfliktsituationen fand er, dass die Schilderungen meistens nach innen verlegte Verhaltensweisen eines »ich« wiedergeben. In fast allen Sätzen der analysierten Protokolle bezeichnet das Wort »ich« – so Thomae – zunächst einmal nichts anderes als das grammatikalische Subjekt einer Aussage über eine Tätigkeit oder über ein Erleiden, das anderen Subjekten, persönlich und sachlich, gegenüberzustellen ist: »Auf dieses Subjekt werden die Geschehnisse bezogen" (S. 78). Verwechslungen mit dem Ich als seelische Instanz aus der Psychoanalyse können hier nicht auftreten.

Das erlebende Subjekt bezieht sich im Konflikt auf einen Punkt oder eine Phase, in der künftiges Verhalten in irgendeiner Weise vorweggenommen wird. Alle Äußerungen über die Wirksamkeit von Tendenzen, Wünschen, Strebungen sind Hinweise auf die *Zukunftsbezogenheit* des Geschehens in der Reaktion auf eine Konfliktsituation.

Die Konflikthaftigkeit der Situation ist Ausdruck einer »Gebrochenheit« oder »Gestörtheit« des Zukunftsbezugs. Es wird häufig ein »Schwanken« zwischen verschiedenen Möglichkeiten künftigen Seins berichtet, das durch einen hohen Ungewissheitsgrad charakterisiert ist. Dieses Schwanken versteht Thomae (1974) als Ausdruck miteinander konfligierender Interessen und Motive, deren sprachliche Bezeichnungen »Symbole für sukzessiv erfolgende und integrativ miteinander verwobene Vorwegnahmen bestimmter Befindlichkeiten samt den Wegen, die zu solchen Befindlichkeiten führen, darstellen« (S. 84).

Der gestörte Zukunftsbezug innerhalb der Konfliktsituation ist in eine Geschehensrichtung eingebettet, die auf Aufhebung der Störung zielt. Das kann durch die Präferierung eines Verhaltens in einem bestimmten Sinnzusammenhang geschehen, zuweilen führt aber auch ein eigenes Motiv zur Beendigung des Schwankens. Hier sieht Thomae gute Gründe, ein *homöostatisches* Motivationsmodell zugrunde zu legen, das *Prozesse der Umstrukturierung* im Sinne des Ausgleichs einer Spannung oder eines Konflikts *erklären* kann. Die Umstrukturierungsprozesse umschreibt er mit dem Begriff »Regulierung« (zur Erklärungsweise des regeltheoretischen Ansatzes siehe Kap. 25.2).

Rohracher (1932) ließ seine Probanden, solange sie nur konnten, einen Arm ausgestreckt über einen Elektrisierstab halten und erhielt z.B. diese Aussage: »Nach der dritten Berührung des geladenen Stabes trat eine gelinde Verzweiflung auf. Ich sah mich einem doppelköpfigen Ungeheuer gegenüber, dem ich nicht entrinnen konnte. Diese Verzweiflung war sehr schön zu verfolgen, ich merkte, wie sie anwuchs, je aussichtsloser die Flucht vor dem elektrischen Strom wurde« (S. 57 f.).

Obwohl die Auszüge aus den vorerwähnten Erlebnisschilderungen auf verschiedene Konfliktanlässe und auch auf unterschiedliche Konflikttypen zurückgehen, bleibt festzuhalten, dass sich in ihnen als gemeinsames Merkmal das »Hin- und Herschwanken« zwischen den gegebenen Möglichkeiten manifestiert.

Krauss (1933) nennt in seiner ausführlichen Phänomenologie des Konflikts (die sich auf autobiografisches Material stützt) als wichtige Merkmale des Konflikts:

- *Spannung* zwischen den verschiedenen Tendenzen, die durch die Usurpation von Erlebniskomplexen an Bedeutung gewinnen und damit Zwiespalt und Zerrissenheit steigern.
- *Druck*, wie er allem Unerledigten zukommt.
- *Schwanken* (das bei Thomae dominante Merkmal), das daraus resultiert, dass die »Tendenzen wechselnd das Übergewicht erlangen« (S.71). Dieser Wechsel der Werthaltungen, die allgemeine Labilität begünstigt das fortwährende Hinzuschießen *neuer* Momente.
- Die *Dominanz* des Konflikts über das gesamte psychische Geschehen bezeichnet Krauss als ein weiteres generelles Merkmal. Da jedoch nur solche Konflikte auf den gesamten psychischen Bereich irradiieren, die zentrale Persönlichkeitssektoren berühren, erscheint die Verallgemeinerung bei Krauss nicht ganz berechtigt.
- Für das von Krauss zusätzlich angeführte Moment des *Leidens* gilt dieselbe Einschränkung. Dagegen kann die damit zusammenhängende Aussage akzeptiert werden, dass sich das *habituelle Stimmungsniveau* unter Konflikt ändert.

Für die Merkmale Spannung, Druck und Leiden brachte Nesswetha (1964) empirische Belege. Er fand in Erlebnisberichten zum Thema des »schwersten Entschlusses« Angaben über Veränderungen der seelischen Befindlichkeit in Form von *dysphorischen Aspekten, Störungen des Gleichgewichts, Spannungen und Bedrängungen.* In 54 % der bei ihm mitgeteilten Berichte liegen direkte Hinweise auf Spannung und Dysphorie vor (S. 18).

Krauss (1933) macht weiterhin darauf aufmerksam, dass die *historische Modalität* die Ausgestaltung eines Konflikts in starkem Maße berührt. Ein Konflikt wird vor dem Hintergrund der Gesamtheit der Biografie der Person erlebt und ausgetragen: Erst die Berücksichtigung des individuellen Lebenslaufs in der für die aktuelle Situation zutreffenden Bedeutung der einzelnen Episoden lässt den Konflikt umfassend verständlich werden.

Pongratz (1961) hat vor allem das *Verlaufsgeschehen* bei Konflikten beschrieben. Unterschieden werden hier die Phasen a) Inkubation, b) Exzerbation, c) Krisis, d) Peripetie sowie e) Lysis. Dazu im Einzelnen:

In der *Inkubationsphase* wird der Keim für den entstehenden Konflikt gelegt. Die Intensität der Spannung übersteigt noch nicht die Empfindungsschwelle, so dass die Person noch keine Kenntnis von dem sich entwickelnden Geschehen hat. Erst durch die *Exzerbation* manifestiert es sich, indem die entgegenstehenden Antriebe in den Personkern vordringen, wodurch sich die Spannung und die Dringlichkeit einer Klärung der Situation erhöhen. Der Gipfelpunkt wird in der *Krisis* erreicht. Der Widerstreit beider Seiten hat an Heftigkeit zugenommen, gleichzeitig steigt der Entscheidungsdruck. In der *Peripetie* wird die Entscheidung vorbereitet, indem infolge Überwiegens einer Seite durch Denken oder Willenseinsatz sich die Klärung abzeichnet. Die Klärung selbst erfolgt in der *Lysis*, wenn schließlich eine Seite klar dominiert. Die Spannung löst sich, es treten Beruhigung, Befreiung, Freude und Zuversicht ein.

Das Verhalten in der Konfliktlage zeigt bisweilen, dass sich die Vorgänge bis in *somatische Manifestationen* auswirken. Eine eingehende, aber teilweise wohl überzeichnete Schilderung einer Person während der Lösung einer Aufgabe von Urteilscharakter findet sich bei Blumenfeld (1931), wo es heißt:

> »Die Lippen werden vor- und zurückgeschoben, die Hände taktieren, die Finger führen trommelnde Bewegungen aus, der Kopf oder Rumpf neigt sich wiegend hin und her, die Stirn runzelt sich, die Augen werden zusammengekniffen, die Lippen zusammengebissen, die Hand wird erhoben und in der Schwebe gelassen, auch die Zunge geht gelegentlich in rhythmische Seitenbewegungen über, die Achseln zucken oder schieben sich nach vorwärts oder nach oben u. dgl. Auch wird gelegentlich langsam gesprochen ... oder aber die Vp setzt zu einem Ausspruch an, der aber anakoluth bleibt ... wobei sich durch zögernde Stimmführung der Zustand kennzeichnet, manchmal auch ein leicht amüsiertes Lächeln auftritt ... « (S. 149).

Hull (1938), dessen theoretischen Ansatz wir bereits teilweise skizziert hatten, wurde durch Lewins (1931) Analysen von Konfliktsituationen bei Kindern zu einer *lerntheoretischen Erklärung* des Konfliktgeschehens angeregt. Hull knüpft an ein Beispiel Lewins an: Ein Kind steht an einem Wasser und will einen dort schwimmenden Schwan erreichen. Das Kind ist Feldkräften in zweierlei Richtung ausgesetzt: eine positive Valenz (Schwan) zieht das Kind an, eine negative Valenz (Wasser) stößt es zurück (Hull, 1938, S. 287).[31]

---

[31] Der Ort des Konflikts »P« wurde von Lewin (1931) in dem Beispiel folgendermaßen bestimmt: »Von der Richtung und Stärke der Feldkräfte an den verschiedenen Punkten des Feldes kann geschlossen werden, daß das Kind sich bis zu einem Punkt P hin bewegen muß, an dem Gleichgewicht eintritt« (S. 607). Ein Konflikt besteht also dann, wenn sich die beiden Feldkräfte die Waage halten. Lewin fügt hinzu, dass die Stärke der Kraft, die der negativen Valenz entspricht, mit ansteigender räumlicher Distanz viel stärker abnimmt als die Feldkraft der positiven Valenz. Wenn das Kind sich also vom Wasser, in dem sich der Schwan befindet, fortbewegt, dann vergeht die Furcht vor dem Wasser viel schneller als der Wunsch nach dem Schwan.

Die Dynamik dieser Situation erklärt Hull (1938, 1952) mit seiner »Gradienten«-Theorie, der zwei wesentliche lerntheoretische Prinzipien zugrunde liegen. Das erste betrifft die *Generalisierungstendenz*, der zufolge ein Individuum auch auf Reize reagiert, die dem Zielreiz ähnlich sind, und zwar um so stärker, je größer die Ähnlichkeit ist. Das zweite Prinzip bezieht sich auf die unterschiedliche *Verstärkungswirkung*, die in der Nähe des Zieles am stärksten ist und mit zunehmender Entfernung immer mehr abnimmt. Diese Annahmen verbindet Hull zu der Hypothese des »Zielgradienten« oder »Verstärkungsgradienten«: das Reaktionspotenzial steigt mit der Verminderung des räumlichen Abstands – also auf Zielreiz-ähnliche Reize –, weil damit auch der zeitliche Abstand zur Verstärkung (Belohnung, Triebreduktion) abnimmt. Reaktionen einer Verhaltenskette, die in der Nähe eines Zieles, d.h. auch mit der Erhöhung der Ähnlichkeit von »Reiz-auf-dem-Weg-zum Ziel« und Zielreiz zu erfolgen haben, besitzen eine größere assoziative Stärke und damit eine höhere Wahrscheinlichkeit ihres Auftretens, weil sie kurz vor der Verstärkung gelernt wurden, also mit der Triebreduktion stärker verknüpft sind als in der Verhaltenskette »weiter vorne« erfolgende Reaktionen. Ein Gradient entsteht dann praktisch durch »Verstärkungsverzögerung« (vgl. Hilgard & Bower, 1966, S. 166 f.). Da eine Verstärkung nur am Ende einer Handlungskette stattfindet und die Zurücklegung einer bestimmten (räumlichen oder zeitlichen) Strecke mit einer immer geringeren Verzögerung der Verstärkung verbunden ist, wird im Gradienten »die Intensität der Zielstrebigkeit als Funktion des Abstandes zwischen Individuum und Ziel« angegeben (Lewin, 1963, S. 98).

In dem oben beschriebenen Konflikt gibt es eine Annäherungstendenz (Schwan) und eine Fluchttendenz (Wasser). Dem Fluchttrieb entspricht ebenfalls ein Gradient; denn die Fluchtbereitschaft ist am stärksten in der Nähe des »Zieles«, d.h. des gefürchteten Wassers, und nimmt, wie Lewin es beschrieben hat, immer stärker ab, bis sich die beiden Tendenzen die Waage halten. Hull (1938) spricht hier vom Konflikt als »conflict between excitatory tendencies« (S. 279) oder von »conflicting excitory gradients« (S. 293). Er versucht, die Gradienten in Gleichungen zu fassen, die die Symbolisierung der Bewegungen zum Ziel und vom Ziel weg durch grafische Angabe der Veränderung des Standorts eines Individuums zwischen einem »Startpunkt« und einem »Zielpunkt« ermöglichen (vgl. S. 288). Dort, wo sich die beiden Gradienten schneiden, befindet sich das Subjekt im Konflikt.[32]

Miller (1951), zu dem wir im Folgenden übergehen, gelang es, die beiden Gradienten auf empirischer Grundlage zu bestimmen. Ihm geht es explizit um die Prinzipien und Gesetze des Konfliktverhaltens. Er entwickelt *fünf Grundannahmen*, die den Einfluss der Hullschen Überlegungen zum »Verstärkungs-

[32] Der von Lewin vermutete Umstand, dass der Fluchttrieb mit der Entfernung vom Ziel stärker abnimmt als der Hinwendungstrieb, kommt bei Hull (1938) in der stärkeren Neigung des Fluchtgradienten zum Ausdruck.

Gradienten« zeigen. Millers Annahmen lassen sich in ihren Kernpunkten wie folgt zusammenfassen:

- Die Tendenz, sich einem Ziel zu nähern, ist um so stärker, je näher ihm das Subjekt ist (*Gradient der Annäherung*).
- Die Tendenz, einen gefürchteten Reiz zu meiden, ist um so stärker, je näher ihm das Subjekt ist (*Gradient der Vermeidung*).
- Die Stärke der Vermeidung steigt mit der Nähe schneller an als die Stärke der Annäherung. Mit anderen Worten: Der Gradient der Vermeidung ist *steiler* als der der Annäherung.
- Die Stärke der Annäherungs- und Vermeidungstendenzen variiert mit der Stärke des Triebes, auf dem sie jeweils basieren. Mit anderen Worten: Eine *Steigerung* des Triebes hebt die *Höhe des gesamten Gradienten* an.
- Befinden sich zwei unvereinbare Tendenzen (Reaktionen) in Konflikt, setzt sich die *stärkere* von ihnen durch.

Das experimentelle Verfahren zur Verifizierung dieser Annahmen sieht bei Miller (1951) folgendermaßen aus: Eine Gruppe von hungrigen Ratten, die sich einzeln in einem geraden Laufgang befinden, lernen, dass am Ende des Ganges Futter zu finden ist. Die Tiere werden an den Anfang des Laufgangs gesetzt und laufen zum Ziel. Sie tragen dabei ein kleines Geschirr, an dem eine Zugfeder befestigt ist. An verschiedenen Punkten des Ganges werden die Tiere an dieser Feder festgehalten, gestoppt. An der jeweiligen Ausdehnung der Feder lässt sich ablesen, mit welcher Kraft die einzelne Ratte an einem bestimmten Punkt des Ganges, also in einer bestimmten Entfernung vom Ziel, diesem zustrebt. Eine andere Gruppe von Ratten lernt, dass am Ende des Ganges ein elektrischer Schlag erfolgt. Ein dort hineingesetztes Tier strebt mit aller Kraft von dieser Schmerzquelle fort. Die Kraft, mit der die Ratte wegläuft, kann ebenfalls wieder an bestimmten Punkten mittels der Zugfeder gemessen werden.

Zur experimentellen Überprüfung der Grundannahmen Millers müssen die dort verwendeten Begriffe durch »partielle Definitionen«, die nur einen Aspekt des betreffenden Begriffs umfassen, ersetzt werden. Bei der Annäherungs- und Vermeidungstendenz handelt es sich nämlich um intervenierende Variablen, deren empirische Verankerung durch partielle Definitionen ermöglicht wird. Im Einzelnen gelangt Miller (1951) hierbei zu folgenden Ergebnissen:

- Der in den Grundannahmen verwendete Begriff der Nähe kann mittels der räumlichen Entfernung in der Experimentierbahn gemessen werden.
- Die zum Futter laufenden Tiere werden unter der Motivation von Hunger zur Annäherung trainiert.
- Die unter Schock weglaufenden Tiere werden unter der Motivation von Furcht zur Vermeidung trainiert.
- Ein größerer Futterentzug (bis zu einer Grenze von mindestens 48 Stunden) bewirkt eine größere Stärke des Hungertriebs.

- Größere Stärken des Elektroschocks produzieren – innerhalb der verwendeten Grenzwerte – eine größere Stärke der Furcht.[33]

Um diese Ableitungen zu einem spezifischen Verhaltenstyp in Beziehung zu setzen, ist es nach Miller erforderlich, eine weitere »partielle Definition« einzuführen und zwar dahingehend, dass es innerhalb der Zug-Kapazitätsgrenzen eines Tieres eine Art positiver monotoner Beziehung zwischen der Stärke der Reaktionstendenz und der Zugstärke gibt.

Die beiden Zentralbegriffe des Modells, der Appetenz- und Aversionsgradient, konnten zuvor bereits von Brown (1948, S. 450) präzise definiert werden:

- *Appetenz-Gradient*: Ist ein motivierter Organismus angemessen verstärkt worden, sich einer bestimmten Region im Raum zu nähern, etabliert sich ein Stärke-Gradient der Reaktionsbereitschaft, sich dieser Region zu nähern, wobei die Stärke der Tendenz mit der Nähe zum Ziel steigt.
- *Vermeidungs-Gradient*: Wenn ein Organismus einem schädlichen, in einer bestimmten räumlichen Region lokalisierten Reiz entflohen ist, etabliert sich ein Stärke-Gradient der Reaktionsbereitschaft, diese Gegend zu meiden, wobei die Stärke der Tendenz mit der Entfernung von dieser Region abnimmt.

Die Maße, die man im Experiment an den einzelnen Stoppstellen (Ausdehnung der Zugfeder, in Gramm gemessen) erhält, liefern beim »Hinlaufen« die Ordinaten-Werte des Appetenz-Gradienten, beim »Weglaufen« die Ordinaten-Werte des Aversionsgradienten.

Während wir zuletzt Verhalten betrachtet haben, das entweder *nur* von Hunger oder *nur* von Furcht motiviert war, wenden wir uns nun der experimentell induzierten *Konfliktsituation* zu. Eine solche kann dadurch hergestellt werden, dass man Ratten in den Laufgang setzt, die gelernt haben, am »Ziel« sowohl Futter als auch einen Elektroschock zu erhalten. Man kann dann beobachten, dass sich die Tiere mit immer geringerer Geschwindigkeit dem Ziel nähern, bis sie plötzlich vor dem »Ziel« stehen bleiben, eventuell etwas vor- und zurücklaufen, aber eine bestimmte Distanz zum Ziel nicht mehr unterschreiten. Das bedeutet: Die Annäherungs- und Vermeidungstendenz der Ratten halten sich die Waage. Ein Konflikt tritt hiernach auf, wenn zwei oder mehr Reaktionstendenzen (z.B. Hinlaufen – Weglaufen) sich in ihrem Ablauf gegenseitig behindern, aufgrund von Triebreizung und anderen inneren und/oder äußeren Stimulanzien also gleichzeitig wirksam werden.

Bereits einige Jahre vor der Entwicklung seines Gradientenmodells (Miller, 1951) unterschied Miller (1944) – in Anlehnung an Lewin – vier Konfliktarten:

- *approach-approach competition*: In dieser Situation strebt das Individuum zwei positive Ziele gleichzeitig an. Es herrscht ein labiles Gleich-

[33] Von der fünften Grundannahme ist verständlicherweise kaum noch die Rede. Denn dass die stärkere Tendenz in einem Konflikt sich durchsetzt, erkennt man eben daran, dass sie sich durchgesetzt hat.

gewicht: Die Entscheidung fällt ohne größeres Hin- und Herschwanken, sobald man ein Ziel auch nur ein wenig vorzieht.

- *avoidance-avoidance competition*: Das Individuum steht zwischen zwei negativen Zielen. Es herrscht ein stabiles Gleichgewicht, da die Bewegung auf ein Ziel hin sogleich – wegen der verminderten Entfernung – die diesem Ziel entsprechende Vermeidungstendenz verstärkt und das Individuum wieder zurücktreibt. Voraussetzung ist allerdings, dass »Barrieren« das »Aus-dem-Feld-Gehen« verhindern, dass man also – heißt das – zu einer Entscheidung gezwungen ist. In ständigem Hin- und Herschwanken ist die Handlungsbereitschaft dann blockiert.
- *approach-avoidance competition*: Hier sind keine »Barrieren« nötig, um das Individuum in der Konfliktsituation zu halten. Dafür sorgt die Annäherungskomponente. Solange die Gradienten sich kreuzen, wird das Individuum in bestimmtem Abstand vom Ziel gefangen und unfähig sein, es entweder zu erreichen oder aufzugeben.
- *double approach-avoidance competition*: Auch hier sind keine »Barrieren« erforderlich. Die Wahlsituation hinsichtlich Zielen, denen gegenüber die Person ambivalent ist, erzeugt Unentschlossenheit und Blockierungen auch dann, wenn die Vermeidungstendenzen zu schwach sind, um eine Annäherung an ein Ziel zu verhindern, wenn das Individuum die Ziele einzeln in Betracht zieht. Zusätzliche Vermeidungstendenzen ergeben sich durch die Notwendigkeit des Verzichts auf eines der Ziele, wenn das Individuum eine Wahl trifft.

In jeder der genannten Situationen entsteht ein Konflikt dann nicht, wenn die einander ausschließenden Tendenzen so ungleich sind, dass die Gradienten sich nicht überschneiden.

13.2 Konflikt und Entscheidungszeit

Entscheidungszeit ist die Zeitspanne, die von der Erfahrung der Offenheit der Situation bis zum Abschluss reicht, der durch die Wahl einer der gebotenen Möglichkeiten gekennzeichnet ist. Zu unterscheiden davon ist die Verarbeitungstiefe als Einflussfaktor auf das *subjektive* Zeitempfinden (Funke & Grube-Unglaub, 1991). Besonders die experimentell arbeitenden Forscher haben sich mit der Entscheidungszeit als abhängiger Variable befasst. Aber auch phänomenologisch ausgerichtete Arbeiten suchen Bedingungen zu isolieren, die auf die Dauer des Entscheidungsvorgangs einwirken.

Ein frühes Experiment stammt von Cartwright (1941a, 1941b). Aus den Ergebnissen entwickelte er zusammen mit Festinger (Cartwright & Festinger, 1943) eine statistische Theorie der Entscheidungszeit, die zu zahlreichen Folgeuntersuchungen anregte.

Die Versuchspersonen hatten bei Cartwright die Aufgabe, sich eine Reihe geometrischer Figuren einzuprägen (z.B. offene Winkel von 60, 70, 80, 90 und 100 Grad), die sie anschließend in einer umfangreicheren Serie wiedererkennen sollten. Es handelte sich also um die Beantwortung der einfachen Frage, ob eine dargebotene Figur mit einer der vorher eingeprägten Konfigurationen identisch ist oder nicht. Die benötigte Zeit wurde mithilfe eines Schallschlüssels gemessen. Eine andere Aufgabe bestand darin, nacheinander 10 Attribute danach zu beurteilen, ob sie das in einem vorgelegten Satz enthaltene Attribut ersetzen können, ohne dass sich der Sinn ändert.

Bei diesen und weiteren Versuchsanordnungen korrelierte die Entscheidungszeit mit dem Grad der Ähnlichkeit der aufeinander bezogenen Objekte: je ähnlicher die Objekte waren, desto mehr Zeit benötigten die Probanden bis zur Entscheidung. Eine Untersuchung von Dember (1955), die zwei Grautöne als Vorgaben verwendet und die benötigte Zeit bis zu den Gleichheits- bzw. Verschiedenheitsurteilen misst, bestätigte diese Ergebnisse. Es gelang dabei sogar, die erforderliche Entscheidungszeit zu prognostizieren.

Diese Gesetzmäßigkeit gilt nicht nur für Reizunterschiede, sondern auch für Wahrscheinlichkeiten. Cohen, Hansel und Walker (1960) und auch Schmidt und Zarn (1964) konnten nachweisen, dass bei Aufgaben, in denen zwischen Alternativen, deren Realisierungswahrscheinlichkeit bestimmt war, entschieden werden musste, die Entscheidungszeit am längsten war, wenn sich die Wahrscheinlichkeiten nur geringfügig unterschieden.

Die Entscheidungszeit in Abhängigkeit von der Differenz der beiden kritischen Reize bzw. Wahrscheinlichkeiten folgt einer Normalverteilung, deren Abszisse durch »restraining forces« (Festinger, 1943a) verändert werden kann. Diese »restraining forces« können durch die Instruktion zu besonders genauen, richtigen oder schnellen Urteilen beeinflusst werden.

Als Lewin-Schüler interpretierten Cartwright und Festinger (1943) den Sachverhalt unter Verwendung feldtheoretischer Modellvorstellungen und stellten fest, dass der Widerstreit der Urteilstendenzen dann am stärksten ist, wenn der Reiz auf die Grenze einer Region des phänomenalen Feldes fällt; dort ist eine Scheidung von zwei eindeutig getrennten Objekten kaum möglich. Die Urteile und Entscheidungszeiten hängen somit von der *Differenziertheit des phänomenalen Feldes* ab.

Die Versuche von Barker (1942) weisen auf die *Bedeutung des Konflikttyps* hin: die Entscheidung zwischen zwei negativen Valenzen dauert länger als zwischen zwei positiven. Godbeer (1940) konnte zeigen, dass die Reaktionszeit wächst, wenn qualitativ ungleiche Objekte zur Wahl stehen. Demnach erleichtert die *Ersetzbarkeit* der Alternativen die Wahl.

Arbeiten, die die subjektive Wahrscheinlichkeit des Eintreffens der Alternativen berücksichtigen, beziehen *informationstheoretische Aspekte* mit ein. Die Entscheidungsschwierigkeit erscheint dabei als Auswirkung der *subjektiven Ent-*

ropie.[34] Schmidt und Zarn (1964) haben die subjektive Entropie der Wahrscheinlichkeitsaufgaben, die Cohen et al. (1960) ihren Entscheidungsexperimenten zugrunde legten, mithilfe eigener Formeln berechnet. Zwischen den Entropiewerten und den zugehörigen mittleren Entscheidungszeiten besteht nach Schmidt (1966) ein enger Zusammenhang. Daher ist die Forderung von Schmidt und Zarn (1964, S. 20) gerechtfertigt, dass

> » ... der Untersucher ... bereits aus der Wahrscheinlichkeitsverteilung des Reiz- und Aufgabenmaterials näherungsweise abschätzen (kann), welche Leistungserwartungen und Schwierigkeitsgrade die Versuchspersonen erleben werden und welche Entscheidungszeiten zu erwarten sind. Diese prognostische Valenz der Entropie erweist sich aber erst dann als vollauf befriedigend, wenn die Transformationsregeln der Widerspiegelung objektiver (auf der Eingangsseite liegender) Wahrscheinlichkeiten im Subjekt für den verwendeten Aufgabentyp bekannt sind«.

Obwohl diese Befunde streng genommen nur den Zusammenhang zwischen der Entscheidungszeit und der Schwierigkeit der subjektiv meist recht unbedeutenden Wahlalternativen kennzeichnen, liegen einige *Anhaltspunkte* für eine entsprechende Beziehung auch bei *lebensnahen* Entscheidungen vor. So stützt Hofstätter (1966) seine These, je schwieriger die Entscheidung sei, desto mehr Zeit erfordere sie (S. 157), u.a. durch die Untersuchung von Wright (1942), in der achtjährige Kinder einem befreundeten oder einem fremden Kind ein Spielzeug abtreten sollten. Diejenigen unter den Versuchspersonen, die der Aufforderung immer nachkamen, benötigten mehr Zeit, das Spielzeug an fremde Kinder weiterzugeben, während die Kinder, die ihr Spielzeug nie abgaben, ihren Entschluss gegenüber Fremden schneller fassten. Aus diesem Sachverhalt folgert Hofstätter (1966), es sei » ›schwieriger‹ (d.h. die Entscheidung dauert länger), Fremden gegenüber stets altruistisch zu sein, und leichter, ihnen gegenüber stets egoistisch zu handeln« (S. 158). In dieser vorsichtigen Formulierung manifestiert sich jedoch, dass dieses Experiment den hypothetischen Charakter des Zusammenhangs in lebensnahen Entscheidungen noch nicht bestätigen konnte. Eine Untersuchung von Feger (1968) kommt diesem Ziel näher. Er verglich die Entscheidungszeit mit den Einstufungen der Konfliktstärke, die in Schilderungen über »schwere Entschlüsse« zum Ausdruck kommt, die von unabhängigen Beurteilern vorgenommen wurden. Die resultierende schwache Korrelation ($r = +.345$) könnte entweder auf einen nur schwachen Zusammenhang zwischen der Entscheidungszeit und der subjektiven Schwierigkeit oder aber auf die Problematik der Messung der »Konfliktstärke« hinweisen. Bei der Übertragung der Befunde aus den reduzierten experimentellen Untersuchungen auf Prozesse des menschlichen Alltags und auf die Belastungen, wie sie im Ablauf des Lebens gewöhnlich auftreten, dürfte daher vorsichtig und noch zurückhaltend zu verfahren sein.

---

[34] Unter Entropie wird in der Informationstheorie der mittlere Informationsgehalt einer Reizkonfiguration verstanden (siehe Fröhlich, 2005, S. 164). Synonym werden dafür die Begriffe »Informationsgehalt«, »Ungewissheit« und »Unsicherheit« verwendet.

Eine weitere Erforschung dieser Beziehungen in realistischen Situationen erscheint auch deshalb angezeigt, weil die Auswertung autobiografischer Berichte durch Thomae (1968/1996) ergeben hat, dass Entscheidungen manchmal jahrelang reifen und/oder durch verschiedenartige Techniken verzögert werden können, ehe sie zu einem Abschluss gebracht werden. Es ist daher nicht auszuschließen, dass für subjektiv sehr bedeutsame Entscheidungen Beziehungen zur erforderlichen Zeit bestehen, die sich nicht mit den Befunden experimenteller Mikrosituationen vergleichen lassen.

13.3 Sicherheit über die Richtigkeit der Entscheidung

Besonders in der angelsächsischen Forschung wird im Rahmen von Entscheidungsexperimenten von der Versuchsperson eine Angabe darüber gefordert, wie sicher sie sich ihres Urteils ist bzw. wie überzeugt sie davon ist, dass der gefasste Entschluss richtig ist. Die Einschätzung erfolgt mittels grafischer oder numerischer Ratingskalen, deren quantitative Abstufungen oder zumindest Pole durch verbale Hinweise veranschaulicht sind, wie z.B. »sehr sicher« – »mittel« – »ganz und gar nicht sicher«.

Die quantitative Theorie von Cartwright und Festinger (1943) nimmt auch hierbei einen engen Zusammenhang zwischen Reizunterschieden und der subjektiven Sicherheit über die Richtigkeit der Entscheidung an. Diese Beziehung zeigte sich in Versuchen, bei denen die Versuchspersonen kurzfristig mit zwei Linien konfrontiert wurden, deren Längenunterschiede zwischen 0 und deutlich überschwellig variierten. Gemessen wurden die Richtigkeit der Entscheidung, welche Linie die längere ist, die subjektive Sicherheit (auf einer Skala von 0 % bis 100 %) sowie die benötigte Zeit.

Analog dem Zusammenhang zwischen der Reizvorlage und der Entscheidungszeit konnte die Beziehung in der Form einer Normalverteilung dargestellt werden, wobei die Beziehungen jedoch entgegengesetzt gerichtet sind: während die Entscheidungs*zeit* bei der größten Ähnlichkeit der Reizvorlagen ihr Maximum erreicht, ist die Entscheidungs*sicherheit* maximal, wenn die Längendifferenz am deutlichsten ist. Drei Instruktionsvariationen, die eine Änderung der Motivation beabsichtigten, wirkten ebenfalls als »restraining forces«, die die Kurvengestalt beeinflussten.

Die Beziehungen der Sicherheitseinstufung zur Entscheidungszeit wurden in einer Reihe von Untersuchungen zu klären versucht. Nach Volkman (1934) liegt zwischen beiden eine hyperbolische Beziehung vor, während Johnson (1955) eine logarithmische Funktion zur Kennzeichnung des Zusammenhangs findet: Nehmen Zweifel und Unsicherheit linear zu, steigt die Urteilszeit geometrisch an. Cohen et al. (1960) kommen – wie schon Festinger (1943a) – wiederum zu einem reziproken Verhältnis. Eine indirekte Aussage zu der Frage wird von Irwin und Smith (1957) gemacht. Die Versuchspersonen konnten die Menge der

Informationen selbst bestimmen, die ihnen nötig schien, um die Gesamtsumme positiver und negativer Zahlen abzuschätzen, die auf Karten eines Kartenstoßes gedruckt waren. Wer viel Information beanspruchte – und daher lange Zeit bis zur Entscheidung brauchte –, war sich über die resultierende Schätzung ziemlich sicher.

Bei diesen recht widersprüchlichen Resultaten darf lediglich konstatiert werden, dass überhaupt ein Zusammenhang zwischen Entscheidungszeit und subjektiver Sicherheit besteht; die genaue mathematische Funktion kann erst in weiteren, ausreichend differenzierten Experimenten ermittelt werden.

Bei der Einstufung der Sicherheit spielen schließlich auch allgemeine sowie individuelle Vorlieben und Verhaltensstrategien eine Rolle. Wie die Experimente von v. Klebelsberg (1969) und die breit angelegte Untersuchung von Kogan und Wallach (1964) wahrscheinlich machen, wirkt sich hierbei eine mehr oder weniger konstante Persönlichkeitseigenschaft aus, die als »Risikobereitschaft« umschrieben werden kann.

13.4 Informationsbedarf

Ein mehr oder weniger großer Bedarf an Information zur Vorbereitung des Entschlusses kann als ein Index für die Schwierigkeit der Entscheidung angesehen werden. Experimentelle Nachweise gerade dieser Beziehung sind uns allerdings nicht bekannt, wobei wir später (Kap. 14.3) in der Auseinandersetzung mit dem Modell von Petty und Cacioppo (1981) einen Ansatz thematisieren werden, der sich – zumindest mittelbar – mit diesen Fragen – im Rahmen der sozialpsychologischen Forschung zur Einstellungsänderung – befasst (vgl. auch Petty & Cacioppo, 1986a, 1986b).

Dass im Entscheidungsablauf eine starke Tendenz zur Beschaffung zusätzlicher Information mit dem Ziel der Überwindung der Intensitätsgleichheit widerstreitender Motive zu beobachten ist, konnte dagegen in experimentellen und in phänomenologischen Analysen klar demonstriert werden. Erst wenn die Stärke eines Antriebvektors die übrigen Valenzen eindeutig übertrifft, ist die Voraussetzung für die Auswahl dieses Vektors, für die Zurückweisung der übrigen und damit für den Abschluss der Entscheidung gegeben. Irwin und Smith (1957) betonen aufgrund der mit der oben skizzierten Versuchsanordnung gewonnenen Resultate, die Absicht der Probanden, eine eindeutig oder nur graduell richtige Entscheidung zu treffen, bestimme das Ausmaß der Informationssuche. Daher kann vermutet werden, dass die Eigenart des informationssuchenden Verhaltens von der subjektiven Relevanz der Entscheidungssituation und von Merkmalen der Persönlichkeit abhängt.

Sieber und Lanzetta (1964) prüften den Informationsbedarf einer Entscheidung bei folgender experimentellen Situation: Die Versuchspersonen mussten 20 Bilder mit unterschiedlichem Schwierigkeitsgehalt identifizieren. Jedes Bild wurde jeweils 100 Millisekunden lang exponiert. Ehe die Probanden ihre Entscheidung trafen, konnten sie die Bilder jeweils eine gleiche Zeitdauer lang betrachten, so oft sie es für nötig hielten. Es zeigte sich eine deutliche Abhängigkeit des Informationsbedarfs von dem Unsicherheitsgrad und von der Bedeutsamkeit der Testsituation. Brody (1983) erzielte ein ähnliches Ergebnis. Die Versuchspersonen entschieden sich erst, wenn sie aufgrund der zusätzlich angeforderten Information ein gewisses Maß an Sicherheit erreicht hatten. Unsicherheit verlangt also *Informationsbeschaffung*.

Biasio (1969) untersuchte ebenfalls die Informationsbeschaffung und -verarbeitung in Entscheidungsprozessen, wobei seine Aufgabenstellung sich durch eine relativ große Lebensnähe auszeichnet. Das Ausmaß der insgesamt verarbeiteten Information erscheint in seiner Untersuchung zwar nicht als unabhängige Variable; die besondere Methode gestattet es aber, den Entscheidungsverlauf in Abhängigkeit von der bis zum jeweiligen Zeitpunkt beanspruchten Information darzustellen.

Zur Versuchsanordnung: 44 Personen, die als Vorgesetzte oder als Mitarbeiter in Personalabteilungen mit der Bewerberauslese vertraut waren, hatten die Aufgabe, einen von sechs Bewerbern für eine Stelle auszuwählen. Relevante Daten (Alter, Zeugnisse, Gehaltsansprüche etc.) konnten sie sukzessive auf Anfrage erhalten. Zahl und Art der möglichen Informationen waren den Beteiligten bekannt. Nach jeder neuen Information, die immer die entsprechenden Angaben für alle sechs Bewerber enthielt, mussten die Versuchspersonen eine Entscheidung treffen, ob sie einen oder mehrere Bewerber auszuschließen beabsichtigten oder ob sie frühere Ausschlüsse rückgängig machen wollten.

Die gemittelte Verlaufskurve für alle Probanden kam dem erwarteten Idealverlauf – sukzessive Verengung der Wahlmöglichkeiten bis zum endgültigen Entschluss – ziemlich nahe. Die genaue Analyse erbrachte jedoch *verschiedene* Verlaufstypen. Neben dem idealen Verlauf, der sich weitgehend an die – informationstheoretisch gesehen – günstigste Form anlehnt, zeigen sich schwankende Entscheidungen (dazu Kap. 15.4), die dadurch gekennzeichnet sind, dass die Vorentscheidungen nach weiteren Informationen revidiert werden. Bei der verzögerten Entscheidung werden zahlreiche Angaben erbeten, bevor ein oder mehrere Bewerber eliminiert werden. Schließlich fand Biasio Augenblicksentscheidungen (Kap. 15.2), bei denen ein Entschluss nach wenigen Informationen gefasst und dann auch beibehalten wird.

Interessant ist an diesen Befunden, dass nicht ein Maximum an Information gesucht wird, sondern ein *Optimum*. Zu viele bereitgestellte Daten erschweren den Überblick und vergrößern damit die Unsicherheit. Mit den wenigsten Angaben kommen diejenigen Versuchspersonen aus, deren Entscheidungsverlauf der idealen Form nahe kommt.

Feger (1968) ließ echt wirkende Entscheidungssituationen anhand einiger Beurteilungsskalen charakterisieren. Über Faktorenanalysen extrahierte er einen Faktor, den er als »Wunsch nach Orientierung« (S. 125) interpretierte. Auch darin zeigt sich, dass die allgemeine Aussage über informationssuchendes Verhalten *während* der Entscheidung in dem Sinne zu *differenzieren* ist, dass sich die *Situationen* danach unterscheiden, *wie stark* der Wunsch nach *zusätzlicher Information ausgeprägt* ist.

Thomae (1960) berichtet, dass die Schilderungen über den »schwersten Entschluss« eine Aktivierung des Informationspotenzials erkennen ließen. Ehe die Auskunftspersonen weitere Verhaltensschritte beschlossen, suchten sie nach *neuen* Daten, die verschiedene Verhaltensalternativen, ihre Anforderungen und Konsequenzen näher kennzeichneten. Nesswetha (1964) fand in 72 % der Berichte zum »schwersten Entschluss«, dass die Probanden ihre *eigenen* Erfahrungen befragten, 44 % holten bei *anderen Personen* Auskunft und 11 % suchten zukünftige *Folgen* abzuschätzen. *Parallel* bemühten sie sich um eine Ordnung und Bewertung der erhaltenen Information.

13.5 »Weiß-nicht«-Antworten

Bei bestimmten Aufgaben wird gefordert, die Wahrscheinlichkeit des Eintritts von Ereignissen abzuschätzen, über deren Eintritt keine realen Anhaltspunkte vorliegen. »Weiß-nicht«-Antworten sind dabei dann zu erwarten, wenn der Proband zu unsicher ist, um die verlangte Wahrscheinlichkeitsangabe zu machen. Der Anteil der »Weiß-nicht«-Antworten kann daher als Index für die *Schwierigkeit* der Entscheidung angesehen werden. Da jedoch keine Untersuchungen über die Bedingungsfaktoren dieses Indexes bekannt sind, lässt sich die Berechtigung dieser Annahme nicht abschließend beurteilen.

In der empirischen Sozialforschung wird oft nicht nur die Kategorie »weiß nicht«, sondern auch die Antwortmöglichkeit »unentschieden« vorgegeben. Bei einer veränderten Fragestellung, die eine Entscheidungsfrage an die Stelle einer Ergänzungsfrage setzt, kommt der Reaktion »unentschieden« die Bedeutung des Ausweichens vor der eindeutigen Festlegung zu, so dass sie unter diesem Gesichtspunkt einer »Weiß-nicht«-Antwort gleichgesetzt werden kann.

Hofstätter (1966, S. 134 ff.) hat die »Unentschieden«-Antworten ausführlich und teilweise unter Hinzuziehung eigener Untersuchungen interpretiert. Er weist auf die Funktion der »Unentschieden«-Antworten als Indikator für die hinsichtlich der angeschnittenen Frage herrschende Spannung in der Gesellschaft hin. Ein geringer Anteil an »Unentschieden«-Antworten und ein etwa gleiches Verhältnis von Zustimmung und Ablehnung weisen auf eine starke *Polarisierung* der Meinungen und damit auf eine *große Spannung* hin. Ein sehr großer Anteil von »Unentschieden«-Antworten gegenüber weniger positiven und negativen Stellungnahmen deutet ein geringes Interesse an der Thematik an, während 100 % Ja- oder Nein-Antworten Selbstverständlichkeiten der Kultur kennzeichnen. Von diesen Überlegungen ausgehend entwickelte Hofstätter sein »Aktualitätsmaß«,[35] das einen Eindruck von der Intensität vermittelt, mit der die entsprechende Frage gerade diskutiert wird. Mit diesen Untersuchungen betont er zugleich die *soziale* Determination des Entscheidungsgeschehens, ein Gesichtspunkt, auf den später noch zurückzukommen ist. Kritisch bleibt anzumerken, dass Hofstätter das Problem der »Schwere« der Entscheidung ohne weitere Begründung unbeachtet ließ (siehe dazu Kap. 14.1).

13.6 Dual force-approach: Klaus Fiedler

Aufgrund des engen Zusammenhangs zwischen Emotion und Kognition geht es im vorliegenden Kontext auch um das »Wie« der Informationsverarbeitung. Hierbei ist es jedenfalls kaum möglich, Emotionen und Kognitionen voneinander klar abzugrenzen.

Statt Emotionen als eigenständige mentale Zustände zu sehen, können sie auch als die *Art und Weise* verstanden werden, in der Informationsverarbeitung stattfindet. In diese Richtung geht Klaus Fiedler (1988, 1991) mit seinem »dual force-approach«: Kognitive Prozesse lassen sich hiernach als eine Transformation von Input zu Output verstehen. Dabei kann Information entweder weitgehend erhalten bleiben *(bewahrende Verarbeitung)* oder im Prozess der Transformation neu generiert werden *(produktive Verarbeitung)*. Fiedler nimmt nun an, dass es die *Stimmung* ist, die je nach Valenz bestimmte Verarbeitungsstile unterstützt. Positive Stimmung geht dabei mit einem produktiven Verarbeitungsstil einher, negative Stimmung mit einem bewahrenden Verarbeitungsstil. Diese Annahme führt zu einer Reihe testbarer Hypothesen, z.B. zu der Hypothese, dass Aufgaben, bei denen neue Informationen produziert werden, besser in positiver Stimmung gelöst werden, während reproduktive Aufgaben erfolgreicher unter negativer Stimmung bearbeitet werden (Erk & Walter, 2000). Die Ergebnisse einer ganzen Reihe experimentalpsychologischer Studien bestätigen diese Hypothesen (vgl. Fiedler, 1991; siehe auch Spering, Wagener & Funke, 2005).

14 Differenzielle Momente der Entscheidung

Während die bisherige Erörterung im Wesentlichen nach der Gemeinsamkeit phänomenaler Merkmale der Entscheidungssituation suchte, sollen in diesem Kapitel die für eine adäquate Analyse des Entscheidungsgeschehens bedeutsamen phänomenologischen *Unterschiede* dargestellt werden.

Zwischen den vielfältigen, bisher herangezogenen Entscheidungssituationen – Lebenskonflikten, Wahlaufgaben, Spielsituationen mit (oft nur vorgestellter)

---

[35] $A = (p + p-)/p_0$, wobei gilt: p+ = Anteil der zustimmenden Antworten, p- = Anteil der ablehnenden Antworten, p_0 = Anteil der »Unentschieden«-Antworten.

und ohne Gewinnmöglichkeit, Wahrnehmungsvorlagen in Schwellennähe u.a. – sind Differenzierungen der Erlebensweise möglich und notwendig, wobei man der Dimension der persönlichen Bedeutsamkeit bzw. der Zentralität der Thematik großes Gewicht beizumessen hat. Dass mit diesen und anderen Faktoren Veränderungen im Erlebnisfeld einhergehen, ist schon angeklungen und wird noch näher behandelt werden.

Leider liegen keine Untersuchungen vor, die diese insoweit unterschiedlichen Entscheidungssituationen bei sonst gleichen Bedingungen durchleuchten. Hinweise finden sich lediglich vereinzelt in Arbeiten, die jeweils bestimmte Entscheidungstypen charakterisieren, ohne dass diese Typen unter identischen Bedingungen einem strengen Vergleich unterzogen würden. Die Erhebungen von Thomae (1960) umfassen bis heute das vergleichsweise breiteste Spektrum der Möglichkeiten.

Inhaltlich und methodisch höheren Anforderungen genügen die Untersuchungen von Feger (1968) sowie von Feger und Feger (1969), die vor allem wegen des sorgfältigen Auswertungsverfahrens die nach wie vor beste Ausgangsbasis für eine weitere phänomenologische Klärung des Entscheidungsproblems darstellen. Wegen ihrer grundsätzlichen Bedeutung soll auf diese Untersuchungen näher eingegangen werden.

Feger und Feger (1969) haben umfangreiches Niederschriftenmaterial (mehr als 200 Schilderungen von »Mein schwerster Entschluss«, die zum Teil Thomae zur Verfügung gestellt hatte, sowie von »Ein leichter Entschluss«) herangezogen und die Berichte anhand von ca. 150 Kategorien, die in Anlehnung an die Analysen von Thomae (1960), Lehr (1965) und Feger (1968) definiert sind, beurteilen lassen. Dabei wurden Objektivität und Zuverlässigkeit des Beurteilungsverfahrens *kontrolliert*, ein Schritt also, der in den bisher erörterten Analysen stets fehlte. Da bei Überprüfung der Objektivität der Kategorien durch Berechnung der Inter-Rater-Reliabilität mehr als die Hälfte keine hinreichende Übereinstimmung zwischen den Beurteilern hatten erkennen lassen, stützte sich die eigentliche Inhaltsanalyse auf die Einstufung der Schilderungen anhand der restlichen Kategorien durch zehn Psychologiestudenten. Die erzielten Ergebnisse werden in den folgenden Abschnitten im Einzelnen dargestellt und kritisch beleuchtet.

14.1 Die »Schwere« von Entscheidungen

Die »Schwere«[36] einer Entscheidung konnte – zumindest vorläufig – als die Determinante aufgefasst werden, die sich in starkem Maße auf die Zeitspanne aus-

[36] Durch explizite Verwendung des Begriffs »Schwere« soll der *Unterschied* zu der in der neueren Psychologie üblichen Bedeutung von »Schwierigkeit« hervorgehoben werden, die zunehmend operational definiert wird: als der prozentuale Anteil der gelösten Aufgaben einer Aufgabenreihe. Diese enge Fassung des Begriffs würde den phänomenalen Sachverhalt der »Schwere« einer *Entscheidung* freilich nicht hinreichend umschreiben.

wirkt, die zwischen Problemstellung und Entschluss verstreicht (vgl. Kap. 13.2). Ähnlichkeit, Zahl und Stärke der widerstreitenden Tendenzen sowie die generelle Bedeutsamkeit der Situation erwiesen sich als wichtigste Einflussgrößen.

Die Fegerschen Untersuchungen ermöglichen es, die »Schwere« einer Entscheidung *unabhängig* von dem Faktor *Entscheidungszeit* phänomenologisch zu beschreiben. Gewisse Vorbehalte, die sich insbesondere bei der Frage nach der Repräsentativität der Entscheidungssituationen und der Berichtenden ergeben, müssen allerdings zugestanden werden; andererseits sind die technischen Schwierigkeiten bei der Gewinnung repräsentativer Stichproben aus dem Potenzial der Entscheidungssituationen und Auskunftspersonen so groß, dass man sich wohl noch lange mit einer wenig systematischen Auswahl begnügen muss. Es darf aber vermutet werden, dass eine nach den Auswahlgesichtspunkten perfekt angelegte Untersuchung keine qualitativ anderen Ergebnisse, sondern nur exaktere Angaben hinsichtlich der Verteilung der gefundenen Komponenten erbringen würde.

Nach Feger und Feger (1969, S. 228 ff.) sind »schwere Entscheidungen« eher thematisch umgrenzten Bereichen zuzuordnen, zu denen hier vor allem zwischenmenschliche Beziehungen, weltanschauliche Auseinandersetzungen oder Verhaltensalternativen mit Gefahr für Leib und Leben gehören. »Leichte Entscheidungen« beziehen sich dagegen häufiger auf Selbstüberwindungen und auf Konflikte vornehmlich aus dem Konsumbereich.

In den Niederschriften über »schwere Entscheidungen« kommt häufiger als in Fällen »leichter Entscheidungen« zum Ausdruck, dass Informationen von außen in Anspruch genommen oder von anderen Personen angeboten werden. Nach den Schilderungen der Auskunftspersonen und den Einstufungen der Beurteiler ist der in die Vergangenheit und in die Zukunft gerichtete Zeitraum, der im Erleben gegenwärtig ist, bei »schweren Entscheidungen« erheblich weiter ausgedehnt als bei »leichten Entscheidungen«. Dazu kommt, dass es bei schweren Konflikten länger dauert, bis eine Lösung gefunden ist. Sie werden auch als bedeutsamer eingeschätzt und führen im Entscheidungsverlauf zu Antizipationen in einer größeren Zahl von Verhaltensbereichen.

Auch Thomae (1960) macht auf die in multivalenter Situation unterschiedlichen Reaktionsformen aufmerksam. Da auf seine differenzierenden Aspekte später ausführlich eingegangen wird, sei hier nur erwähnt, dass er mit seinem ausschließlich auf existenziell bedeutsame Situationen bezogenen Entscheidungsbegriff nur die »schweren Entscheidungen« erfassen würde, während er die Fallgruppe der »leichten Entscheidungen« in seiner Terminologie zu den »dezentrierten Regulationen« oder »sukzessiven Ambitendenzen« rechnen müsste (siehe Kap. 18.1).

14.2 Die Bedeutsamkeit der Entscheidung

Die Zusammenhänge zwischen der Schwere von Entscheidungen und der erlebten Bedeutsamkeit, der Zeitdauer und Zahl der von den Probanden angestellten

Überlegungen führen zu der Frage, ob die Kategorien Bedeutsamkeit, Schwere und Konfliktstärke verschiedene phänomenale Sachverhalte beschreiben. Wie Feger (1968, 1978) gezeigt hat, stellen zumindest Konfliktstärke und Bedeutsamkeit *selbständige* Differenzierungsdimensionen dar. Die *nähere* Differenzierung des Niederschriftenmaterials nach Konfliktdauer, Wichtigkeit und Erstreckung der Konsequenzen aus dem Konflikt in die Zukunft macht deutlich, dass diese Kategorien als *zuverlässige* Beschreibungsaspekte fungieren können. Denn bei einem Vergleich dieser Dimensionen, wie sie von den Verfassern der Schilderungen und den Beurteilern eingestuft wurden, zeigte sich eine durchweg befriedigende Übereinstimmung. Damit genügen sie nicht nur den Anforderungen an die Reliabilität, sondern auch an die Validität.

In der Arbeit von Feger (1968) standen Studenten studienbezogenen Entscheidungssituationen gegenüber. Über Zweck und Experimentcharakter der Aufgaben wurden sie erst nachträglich informiert. Nach Erfüllung der Aufgaben hatten sie Fragen etwa folgender Art zu beantworten: Wie wichtig ist Ihrer Meinung nach die Entscheidung, die Sie soeben getroffen haben? – Wenn Sie an die schwerste Entscheidung denken, die Sie bisher in Ihrem Leben getroffen haben, ist die soeben gefällte Entscheidung dann gleich schwer ... viel schwerer? – Welchen Wert messen Sie dieser Entscheidung bei? – Wie stark war der Konflikt, der mit der Entscheidung verbunden war, die Sie soeben trafen? Diese Auswahl aus dem Fegerschen Fragenspektrum mag hier genügen. Feger stellte mithilfe einer Faktorenanalyse fest, dass die »Wichtigkeit einer Entscheidung« als *selbständiger* Faktor aufzufassen ist. Die »Konfliktstärke« konnte dagegen nicht als unabhängiger Faktor dargestellt werden.[37] Das Erleben einer (in diesem Fall nachvollzogenen) Entscheidungssituation lässt sich demnach nach *unterschiedlichen* Graden der Bedeutsamkeit differenzieren.

Wie eine Kontingenzanalyse zeigte (Feger & Feger, 1969), werden Entscheidungssituationen mit großer Bedeutsamkeit weitreichende Folgen zugesprochen. Dies gilt auch, wenn die Probanden eigene Entscheidungsaufgaben einstufen. Eine Bestätigung für ein Beziehungsmuster »Bedeutsamkeit – Folgenlänge – Schwere – Informationssuche« liegt auch darin, dass Entscheidungen aus dem Berufsbereich als bedeutsamer *und* weitreichender in ihren Folgen gekennzeichnet werden als andere Entscheidungen. Zusätzlich und sehr ausgeprägt tritt bei ihnen ein starker Informationsbedarf hervor (Kap. 21.1).

Bedeutsamkeit oder Wichtigkeit des Konflikts sind denn auch die zentralen Variablen im Konfliktmodell der Folgenantizipation (Feger, 1978), das als Resultat der theoretischen und empirischen Bemühungen Fegers und seiner Arbeitsgruppe angesehen werden kann.

---

[37] Ein Hinweis auf unterschiedliche Dimensionen für Konfliktstärke und Bedeutsamkeit der Entscheidung aufgrund der Befunde von Feger (1968) findet sich erst bei Feger und Feger (1969).

14.3 Zentrale und periphere Entscheidungen

Im Zusammenhang mit differenziellen Fragen ist von Thomae (1960) ein weiterer wichtiger Gesichtspunkt hervorgehoben worden, welcher – schichtentheoretische Ansätze implizierend – voraussetzungsvoller und konsequenzenreicher ist als das Kategorienpaar der »Schwere« und »Leichtigkeit« bei Entscheidungsprozessen. Gemeint ist der Aspekt der »Tiefe«, der Unterschiede des Entscheidungsgeschehens hinsichtlich des Tangiertseins peripherer bzw. zentraler Bereiche der Persönlichkeit postuliert. Die sachliche Notwendigkeit einer solchen Differenzierung wird deutlich, wenn man sich die vielfältigen Entscheidungsformen vergegenwärtigt, die bisher schon in unsere Erörterungen einbezogen worden sind.

Die experimentell erzeugten Entscheidungen, die z.B. im Wahrnehmungsversuch ein Größenurteil fordern, oder die einfache Frage, ob jemand bei einer Mahlzeit noch einmal zugreifen soll, oder die lebensplanende Entscheidung zwischen »Heirat oder Kloster« unterscheiden sich hauptsächlich darin, bis zu welchen Persönlichkeitsschichten das Individuum betroffen ist.[38]

Spielen sich die situationsreaktiven Prozesse in den peripheren Bereichen der Persönlichkeit ab, handelt es sich nach Thomae (1960, S. 80 f.) um »dezentrierte Regulationen« oder »Ambitendenzen«. Das momentane und sehr labile Erleben orientiert sich an den Randbereichen der Persönlichkeit und wird von dort gelenkt. Infolge des nur geringen Tiefgangs kann sich die Konstellation im nächsten Augenblick bereits wieder wandeln, ein Sachverhalt, den Thomae durch die Bezeichnung der »Sukzessivität« dieses Geschehens zu erfassen sucht, wenn er insoweit von »sukzessiver Ambitendenz« spricht (Kap. 18.1).

Den peripheren Abläufen stellt Thomae zentrale Vorgänge bei anderen Entscheidungsformen und -situationen gegenüber, die er auf dem Hintergrund seiner Antriebslehre interpretiert und erweitert. Er unterscheidet »Überformung«, »Es-bestimmte Reaktionen« und »kernzentrierte Reaktionen«. Während darauf später bei der Diskussion der Regulationsformen und der für sie als bestimmend angenommenen »Instanzen« eingegangen werden soll (Kap. 18), ist für die Vorgänge in der Hauptphase der Entscheidung insoweit zunächst von Bedeutung, dass die kernnahen Prozesse verschiedene strukturelle Hintergründe haben können, die einmal in der aktualisierten Dominanz eines Antriebs, zum anderen im Widerstreit mehrerer Antriebe bestehen können.

Außer nach den beschriebenen Kategorien könnte das Entscheidungsgeschehen nach weiteren Aspekten gegliedert werden. Zu denken ist an phänomenal bedeutsame Gegebenheiten wie Druck oder Spannung, Dominanz, Geschwin-

---

[38] Freilich können bei diesen Beispielen *auch* die Schwere und Bedeutsamkeit der Entscheidung als differenzierende Merkmale in Betracht gezogen werden. Es wäre zu wünschen, dass künftige Untersuchungen sich der Frage der Unabhängigkeit dieser Kategorien widmen.

digkeit und Voluminosität und an die Gerichtetheit der Motive. Da jedoch die jeweiligen Abhängigkeiten dieser Kategorien untereinander noch nicht geklärt sind, müssen wir uns mit diesem Hinweis hier begnügen.

Abschließend sei in diesem Kontext erwähnt, dass die Differenzierung in zentrale und periphere Entscheidungen eine interessante Entsprechung im so genannten »elaboration likelihood«-Modell innerhalb der Sozialpsychologie aufweist. Petty und Caccioppo (1981, 1986a, 1986b) setzen sich in dem Modell mit kognitiven Prozessen bei der Ausbildung von Einstellungen auseinander. Einstellungsänderungen können dabei über den so genannten zentralen Weg *(central route)*, der durch eine sorgfältige und umfassende Verarbeitung von relevanten Informationen geprägt ist, oder über den peripheren Weg *(peripheral route)* erfolgen. Letzterer muss im Kontrast zum ersten als eher oberflächlich aufgefasst werden, da dort Prozesse wie Konditionierung eine Rolle spielen und besonders auf einfache Reize reagiert wird. Auch die Parallele zur »Bedeutsamkeit« der Entscheidung (Kap. 14.2) wird auffällig, wenn man berücksichtigt, dass der zentrale Weg besonders bei bevorstehenden Änderungen von Einstellungen eine Rolle spielt, sofern diese für das Individuum von besonderer Wichtigkeit ist.

Wenn auch auf diese Überlegungen hier nicht detailliert eingegangen werden kann, es könnte – jedenfalls spekulativ – die Hypothese aufgestellt werden, dass es sich bei der Frage einer Änderung von Einstellungen der Person um eine für diese häufig wichtige Entscheidung handelt. Gerade an dieser Stelle und zu dieser Frage mag deshalb Raum auch für weitere experimentelle Untersuchungen sein.

15 Entscheidungsprozesse unter Konflikt: Verlaufsformen und Entscheidungsstile

Bereits James (1899) hatte versucht, Entscheidungstypen zu klassifizieren, und unterschied mehrere Verlaufsformen: Beim Typus der vernünftigen Entscheidung erfolgt eine allmähliche Aussonderung der für oder gegen die Handlungsalternativen sprechenden Gründe bis zur Herstellung eines eindeutigen Übergewichts zugunsten einer Option. Zwei weitere Typen werden nach Merkmalen der Abschlussphase unterschieden. Die Lösung erscheint nicht als Ergebnis genauen Abwägens, vielmehr erfolgt sie entweder durch ein zufälliges Ereignis, das die Konfliktsituation so modifiziert, dass sich eine einzige Verhaltensweise vor anderen geradezu zwingend ergibt, oder dadurch, dass das Ende des Verlaufsgeschehens durch eigene Setzung forciert herbeigeführt wird. Der vierte Entscheidungstypus nach James geht auf allmähliche Verschiebungen im Normen- und Wertebereich zurück, die meist durch Veränderungen der Stimmungslage eingeleitet werden. Beim fünften und letzten Typus wird das Geschehen kontinuierlich durch die Ausrichtung auf eine Klärung der Situation bestimmt; die Lösung erfolgt jedoch erst dadurch, dass ein Wollensakt den Ausschlag gibt.

Bereits in dieser frühen Typologie spiegelt sich die Komplexität des Entscheidungsgeschehens. Andererseits stützt sie sich auf sehr heterogene Aspekte, so dass ohne Schwierigkeit weitere Typen entwickelt werden könnten. In diesem Kontext bemühen sich andere Autoren vor allem um eine bessere Aufeinanderabstimmung der einzelnen Kategorien, wobei es vorkommt, dass einzelne von James eingebrachte Vorstellungen wieder erscheinen.

So haben Thomae (1960) und Nesswetha (1964) in ihren Analysen Hinweise auf bestimmte Verlaufstypen expliziert, die sich im Wesentlichen durch ein unterschiedliches Gewicht der Faktoren Tempo, Volumen (im Sinne des Grades der Aktivierung von Überlegungen und Informationen), Zentrierung und Distanzierung ergeben. Ebenfalls empirisch fundiert sind die Verlaufsformen, die Biasio (1969) beschreibt. Obwohl sie dadurch gewonnen wurden, dass er sich auf die Informationsverarbeitung durch die Dezidenten konzentrierte, zeigen sich zahlreiche Parallelen zu den Ergebnissen der erstgenannten Autoren.

Der ideale Typus mit kontinuierlicher Einschränkung oder Präklusion der Handlungsmöglichkeiten aufgrund der zusätzlich gewonnenen Informationen hebt sich insbesondere ab von schwankenden, zögernden und Augenblicksentscheidungen. Auch dieses Spektrum findet in der Einteilung Thomaes gewisse Entsprechungen, der wir uns in diesem Kapitel neben weiteren Differenzierungsaspekten zuwenden wollen.

15.1 Wägende Entscheidung

Der von Thomae (1960) vorgeschlagene Entscheidungstyp der wägenden Entscheidung entspricht dem »vernünftigen« Typus nach James. Das gesamte psychische Geschehen ist hier durch ein hohes Maß an Aktivierung von Informationsmöglichkeiten gekennzeichnet – unter Heranziehung und Nutzung von Überlegungen, Planungen, Einstellungen etc. Die prospektive Sicherungsthematik im Sinne Thomaes ist deutlich ausgeprägt. Nesswetha (1964, S. 44) findet den Typus durch einen Ausgleich zwischen propulsiven und prospektiven Tendenzen charakterisiert, wobei »das Propulsive in das Planende mit aufgenommen wird, bis das rational geführte Handeln sich in Konkordanz mit dem individuellen Sinngehalt befindet« (S. 44). Kennzeichnend sei ein verhaltener, kontrollierter Ablauf, der Überstürzung vermeidet. Nesswetha berichtet, dass sich eine Abklärung der Situation heraussondere, die immer wieder von verschiedenen Positionen und Bezugspunkten aus geprüft werde. Dieser Prozess schließe eine Komplexion synergistischer Regulationen ein, eine Vielzahl von »Mikrobewegungen«, »auxiliären Tendenzen« und »komplementierenden heterogenen Rudimenten verschiedener Art«.

Thomae (1960, S. 163) betont, das Geschehen könne dabei seinen Charakter als Entscheidung verlieren, wenn die »Erkundung der jeweils besten Möglichkeiten (lediglich) zur Verwirklichung eines im Grunde feststehenden Planes« führen soll. In Fällen dieser Art geht es nicht mehr um die Auswahl der subjektiv optimalen Handlungsalternative, sondern um die Bestätigung oder Bekräftigung einer schon vorher getroffenen Selektion.

Eine pragmatisch orientierte Variante der wägenden Entscheidung beschreibt Nesswetha (1964, S. 46) als »Synthese, Kompromiß oder ... Amalgamierungsbild«. Sie habe selten Endgültigkeitswert. Zwar führe sie aus der Unentschiedenheit heraus und wirke konfliktlösend, indem ein Zukunftsbezug wieder hergestellt werde. Im Laufe der Zeit erfolge jedoch wegen der nicht ganz ausgeglichenen Motivationslage eine Reaktivierung der Problematik, die eine Aussonderung von Verhaltensalternativen und eine endgültige Abklärung erfordere.

Entscheidungstechniken, wie sie insbesondere im Rahmen der Juristen- und Managementausbildung vielfach gelehrt werden, streben ausnahmslos den wägenden Typus an, bei dem Aufwand und zu erwartende Folgen aller realisierbaren Lösungsmöglichkeiten des anstehenden Problems systematisch analysiert und miteinander verglichen werden (vgl. Laux, 2005).

15.2 Wagende Entscheidung und Augenblicksentscheidung

Eine »wagende« Entscheidung liegt vor, wenn die Entscheidung durch eine nicht hinreichende Vereindeutigung der Situation bestimmt ist und trotz fortbestehender Ungewissheit erfolgt (vgl. Thomae, 1960). Das Erlebnis aktiven Bemühens und bewusster Risikobereitschaft ist besonders ausgeprägt. Das Ende der Unentschiedenheit wird nicht durch eine Klärung der Situation gesucht, vielmehr dadurch angestrebt, dass man sich ohne genügende Information für eine Möglichkeit entscheidet, deren weitere Entwicklung sich erst im Vollzug klärt. »Es ist ein Sich-Hinein-Begeben oder ein Sich-Hinein-Stellen in eine Position, deren Qualität sich durch Heranholung von Informationen nicht aufschließen lässt. Dieser Schritt stellt in allen Fällen ein Wagnis dar. Der Schlüsselreiz wird nicht selten von einer Dosis an Impulsivität gebildet oder von Tendenzen ausgelöst, die nicht immer frei sind vom Prickeln, das ein Hasardspiel zu begleiten pflegt« (Nesswetha, 1964, S. 48). Thomae (1960, S. 164) spricht von einem »Ausgriff in ein Feld der Unsicherheit, der allen vernünftigen Erwägungen zum Trotz gewagt wird, ohne daß es sich dabei um eine impulsive Reaktion handelt«.

Nach Nesswetha (1964) finden sich Formen vom Typus der wagenden Entscheidung häufig in Stress-Situationen, in denen die Alternativen sehr scharf voneinander abgehoben sind und die aus der momentanen Gesamtkonstellation unbedingt einen Entschluss fordern (S. 49). Nicht selten sind es Reaktionsformen, die Merkmale des Wagnisses, des Betretens unerforschter, zu dem gegebenen Zeitpunkt noch nicht durchschaubarer Gebiete auszeichnen. Auf die damit gegebene Notwendigkeit der »Selbstbeschränkung« im Entscheidungsablauf hat Lersch (1970) besonders hingewiesen. Mangelnde Entschlussfähigkeit, wie sie in Entscheidungslagen mit hohem Informationsbedarf ohne die Möglichkeit der Befriedigung auftreten kann, ist – wie Lersch richtig sieht – ein Ausdruck der Unfähigkeit zum Verzicht auf eine der Möglichkeiten,[39] mangelnde Fähigkeit zum Risiko, also im Grunde eine Unfähigkeit, sich ohne volle Absicherung in die Zukunft wagend hineinzubegeben (S. 455).

Das Gegenteil einer fehlenden Bereitschaft zum Risiko drückt sich in der »Entscheidungsfreudigkeit« aus, die sich bei labiler Eigenkontrolle der Persönlichkeit zur Entscheidungsvoreiligkeit steigern, aber auch willentlich herbeigeführt werden kann. Aus diesem Zusammenhang wird der Befund Nesswethas (1964) verständlich, dass bei wagender Entscheidung häufig Rückfälle in die scheinbar erledigte Problematik zu beobachten sind.

Mit dieser Thematik ist die Frage angeschnitten, ob Risikobereitschaft ein allgemeines Persönlichkeitsmerkmal darstellt oder situationsspezifisch bedingt ist. Trotz der umfangreichen Untersuchungen von Kogan und Wallach (1964) und von v. Klebelsberg (1969) lässt sich die Frage nicht eindeutig beantworten, da die Messinstrumente zur Feststellung von Risikobereitschaft bislang nur unzureichend entwickelt sind. Andererseits lassen die geringen und fast ausschließlich nicht signifikanten Korrelationen die Hypothese verifizierbar erscheinen, dass die jeweils gezeigte Risikobereitschaft sehr stark von der Gesamtkonstellation abhängt. Diese Vermutung wird gestützt durch die Auswertungen von Nesswetha (1964, S. 163), der nur selten individuell konsistente Reaktionsformen auf Konflikte feststellte und im Übrigen nachweisen konnte, dass eine Reaktionsform »häufig in Begleitung eines ganzen Bündels heterogener Bemühungen, Kräfte und Techniken einherzugehen« pflegt.

Der Typus der wagenden Entscheidung zeigt große Ähnlichkeit mit der von Biasio (1969) empirisch aufgefundenen »Augenblicksentscheidung«. Bei der von ihm hierzu untersuchten Situation ging es um die Auswahl unter sechs Bewerbern, die sehr bald getroffen wurde, ohne dass die zur Verfügung stehende Information schon zum Entschluss berechtigt hätte. Dass sich die Probanden des eingegangenen Risikos bewusst waren, zeigt die Tatsache, dass sie *nach* dem Entschluss zusätzliche Informationen suchten, die zu einer eventuell notwendigen Revision hätten führen können. Eine von Biasio (1969, S. 104) zunächst theoretisch geforderte Verlaufsform, die er als Augenblicksentscheidung *ohne* nachträgliche Überprüfung beschrieb, war empirisch nicht nachzuweisen. Dieser Befund bestätigt die Bedeutung, die Thomae (1960) der auch nach dem Entschluss fortdauernden aktiven Auseinandersetzung mit der Gesamtsituation beimisst.

---

[39] So fand Nesswetha (1964, S. 49) auch unter wagenden Entscheidungen die meisten Konfliktlösungen, die er als »Verzicht« kennzeichnet.

Nicht anzunehmen ist, dass man es bei der Kategorie der wagenden Entscheidung im Grunde mit einer Mischform zu tun hat, bei der sich eine Komponente als dominant abhebt. Grundsätzlich dominiert nämlich Nesswetha zufolge der Aspekt des Wagnisses trotz aller Mannigfaltigkeit der Abläufe so klar vor den anderen Verlaufsformen der Entscheidung, dass eine getrennte Betrachtung und selbständige Kategorisierung ebenso zweckmäßig wie gerechtfertigt erscheint (vgl. Nesswetha, 1964).

15.3 Wachsende Entscheidung

»Der allgemeine Sinnhintergrund bleibt bei aller Orientierung stets offen und plastisch ... , die Klärung erfolgt kontinuierlich«, so charakterisiert Thomae (1960, S. 164) die »wachsende« Entscheidung. Bei langer Entscheidungszeit ist das psychische Geschehen durch innere Reifung, durch die Ansammlung bestimmter Erfahrungen gekennzeichnet, ein Prozess, der den Begriff »wachsende« Entscheidung nahe legt. Es handelt sich um ein allmähliches Hinauswachsen aus der Konfliktlage, um eine Fort- und Wegentwicklung, die im Rückblick die vorangegangenen Entscheidungsschwierigkeiten, das Zögern und Schwanken eigentlich als wenig verständlich erscheinen lässt. Dieses »Befremden« ist für die Erreichung des neuen Zustands symptomatisch, der »nicht so sehr erkämpft als vielmehr durch die Plastizität des Gesamtentwurfs geschenkt oder auch erlitten wurde« (Nesswetha, 1964, S. 51).

Als merkmalstypisch für diese Entscheidungsform hebt Nesswetha (1964, S. 50) – im Anschluss an eine hierfür charakteristische Schilderung eines Probanden – hervor:

> »Vom Beginn des Konflikts bis zu seiner Beendigung vergehen 10 Jahre. Auf der inneren Ebene fällt die Entscheidung schon sehr früh. Sie bleibt aber noch ›unformuliert‹ in Form einer intuitiven Inklination in eine Richtung. Der intellektuell-rationale Nachvollzug, von der Tiefe immer wieder gefordert, benötigt mehrere Jahre. Im wesentlichen vollzieht sich die wachsende Entscheidung auf den Wogen des Vertrauens des als dominant sich öffnenden und verspürten allgemeinen Sinnhintergrundes. Die rationale Arbeit und die Überlegungen erscheinen dabei mehr als ein peripherer Vorgang, auch wenn sie in der Erzählung im Vordergrund stehen. Die Heranziehung der Informationen und ihre Anlegung an den existentiellen Gesamtentwurf schafft lediglich die letzte Gewissheit über die Richtigkeit des Weges in einer bestimmten Richtung«.

Wie Thomae (1960) findet auch Nesswetha (1964) die wachsende Entscheidung phänomenal durch die »Kontinuität der Klärung« gekennzeichnet, die sich im bewussten *und* unbewussten Bereich vollziehe. Die Abklärung könne synchron verlaufen oder vikariierend, indem einmal die eine, einmal die andere Schicht aktiviert werde. Der wachsenden Form fehlen nach Nesswetha in der Regel dramatische Höhen, ihr Abschluss sei oft gar nicht erkennbar, er bleibe fließend und damit frei von abrupten Einschnitten oder Aktionen. Der Übergang aus der Unentschiedenheit in die Eindeutigkeit der Lage entwickele sich »gelassen«, oft einem organischen Wachstum ähnlich, freilich nicht immer ohne Stockungen oder Verzögerungen.

15.4 Schwankende oder retardierte Entscheidung

Die bei der wägenden, der wagenden bzw. Augenblicks- und der wachsenden Entscheidung trotz gewisser Unstetigkeitsmomente zu beobachtende *einsinnige* Entwicklung lässt sich bei der »schwankenden« oder »retardierten« Entscheidung *nicht* feststellen. Jede neue Schwierigkeit und jede zusätzliche Information stellen ein bis dahin vorliegendes Zwischenergebnis im Entscheidungsgeschehen wieder in Frage, führen zu einer Prästase oder zu einer relativen Stationierung des Konflikts (Nesswetha, 1964, S. 55 f.). Das Individuum versucht, der erforderlichen Entscheidung möglichst zu entgehen und perpetuiert dadurch die temporäre Unentschiedenheit.

Biasio (1969) nennt die entsprechende Verlaufsform »schwankende Entscheidung«, die im Extremfall auf ein Entscheidungsunvermögen des Individuums zurückgeht. Mit dem Typus der schwankenden Entscheidung ist ein adäquater Terminus vorgeschlagen, der sich primär auf den Entscheidungsprozess selbst bezieht, während der Begriff der Retardation eher darauf hinzuweisen scheint, dass die betreffende Person nicht den wünschenswerten Entwicklungsstand hinsichtlich der Auseinandersetzung mit ihrer Umwelt erreicht hat, der zu möglichst raschem, sachbezogen-praktischem Reagieren befähigt. Der von Thomae (1960) verwendete Ausdruck »retardierte Entscheidung« bleibt hinter der von ihm gemeinten Realität ersichtlich zurück.

15.5 Entscheidung auf Umwegen

Der Thomaeschen Taxonomie hat Nesswetha (1964) die »Entscheidung auf Umwegen« hinzugefügt. Das differenzierende Moment dieser Kategorie liegt darin, dass der erlebnismäßige Verlauf, die Überlegungen, die Anstrengungen zur Informationsbeschaffung etc. verschiedene Passagen durchlaufen, die in einem nur losen Zusammenhang zu stehen scheinen und sich auch außerhalb des Konfliktfelds befinden können. Die Berichte über die Anlässe solcher Umwege weisen in besonderem Maße darauf hin, dass nicht allein Faktoren, die in der Person begründet sind, den Entscheidungsverlauf bestimmen, sondern auch solche der gesamtsituativen Konstellation: die »Gunst der Lage« (Nesswetha, 1964, S. 58) spielt eine maßgebliche Rolle.

Bei dieser Verlaufsform wird der Abschluss »erst nach verschieden langer Odyssee« und nach mehreren Metamorphosen über mannigfaltige Reaktionsformen erreicht. Eigentlich handelt es sich, wie Nesswetha (1964, S. 57) einschränkt, weniger um eine streng gesonderte Form der Entscheidung, als vielmehr »um lange oder bunte Verläufe, in denen durch besondere Umstände der Beginn, die Dauer, die Art und das Ende des Konflikts ›lückenlos‹ überschaubar wird«. Derartige »Umwegprozesse« sind zu unterscheiden von so genannten mehrstufigen Entscheidungen, bei denen jeder der mehreren vollzogenen Schritte vom Ergebnis des vorherigen abhängig ist (siehe Jungermann, Pfister & Fischer, 2005, S. 29 f.).

15.6 Dezentrierte Regulation

Diese Form der Reaktion auf multivalente Situationen, die im Zusammenhang mit zentralen und peripheren Entscheidungen bereits erwähnt wurde (Kap. 14.3), kann nur schwerlich durch eigentliche Verlaufsmerkmale umschrieben werden. Nesswetha (1964, S. 59) hebt in Anlehnung an Thomae (1960) hervor, dass die Vorgänge in peripheren Persönlichkeitsbereichen ablaufen, so dass das Individuum nur unerheblich betroffen sei: »Die Mitte bleibt unbeteiligt, die multivalenten Situationen haben jede für sich ubiquitären Charakter. Existentiell gesehen bleibt es gleichgültig, ob die Entscheidung zugunsten dieser oder jener Alternative fällt«.

Nach Nesswethas präzisen Analysen lassen sich weitere Differenzierungen vornehmen:

- Es fehlen Hinweise auf eine existenzielle Unorientiertheit und auf Zentrierungsvorgänge.
- Der Konfliktinhalt begegnet zwar einem gewissen Interesse; der Ausgang der Entscheidung wird aber ohne besondere affektive Regung hingenommen.
- Damit steht in Einklang, dass die Antizipationen des Entscheidungsabschlusses nur von schwellennahen Stimmungs- und Wertgefühlen begleitet werden.
- Das Entscheidungsgeschehen läuft schließlich unter augenblicksbezogenen und sehr peripheren Sinngehalten ab. Hier passt das von Thomae (1960, S. 60) herangezogene Bild der Pendelbewegung: »Zur Ruhe kommen die Bewegungen in der Stellung, in der die ... bewegenden Kräfte sich gegenseitig das Gleichgewicht halten, d.h. dann, wenn momentan der Eindruck einer gewissen Sinnhaftigkeit besteht. Diese kann im nächsten Augenblick schon wieder verlorengehen«.

Wegen der geringen Dauerhaftigkeit des Entscheidungsresultats bezeichnet Thomae Ablaufformen dieser Art als »sukzessive Ambitendenzen« oder sieht in ihnen, weil die Zentrierung, die bei den meisten Entscheidungsprozessen sonst eine Rolle spielt, hier fehlt, »dezentrierte Regulationen« von multivalenten Situationen (Kap. 18.1). Typisch für Regulationen dieser Art sind manche Konflikte insbesondere auf dem Gebiet der Berufswahl. Hierzu berichtet Nesswetha (1964, S. 60 f.):

»Jugendliche Pb haben z.B. ein lebhaftes Interesse an bestimmten Berufsarten, die jedoch von den Eltern aus verschiedenen Beweggründen abgelehnt werden. Die Wahl der im elterlichen Ersatzkatalog angebotenen Alternativen erfolgt dann in der Regel nach dem Prinzip der dezentrierten Regulation. Keine der angebotenen Möglichkeiten stößt auf ein echtes Interesse. Die eigentliche existentielle Problematik, die sich im Spannungsbogen zwischen ersehntem und abgelehntem Berufswunsch bewegt, wird häufig im Kraftfeld der elterlichen Autorität gemildert oder überdeckt. Der Spruch der Eltern wird schließlich auf dem Wege einer Teilumstrukturierung akzeptiert. Der Gehorsam vermag aber vorerst die zur Entscheidung gestellten Möglichkeiten nicht mit existentiellem Bedeutungswert aufzufüllen. Pb treffen dann ihre Wahl nach peripheren Kriterien, die mehr oder weniger zufälligen Charakter haben, wie z.B. nach dem Gesichtspunkt des näheren Weges, der sympathischeren Ausbilder, des größeren Renommees des Geschäftes oder nach der Aussicht, den Freund oder die Freundin öfter zu treffen, andere Personen zu meiden usw. «

Die dezentrierte Regulation als eine auf die Schichtenlehre der Persönlichkeit bezogene klassifikatorische Kategorie erweist sich als Fremdelement unter den bislang genannten Verlaufsformen, die nach dem zeitlichen Ablauf und der prozesshaften Entwicklung des Entscheidungsgeschehens unterschieden worden waren. Dennoch erscheint ihre Berücksichtigung aber angezeigt, da die bisher beschriebenen Typen nicht alle Erlebnisschilderungen abdecken. Mehr als ein Viertel des Niederschriftenmaterials bei Nesswetha (1964) musste dort der Kategorie der dezentrierten Regulation zugeordnet werden - ein nicht von vornherein zu erwartendes Ergebnis, nachdem die Probanden einen besonders schweren Entschluss darstellen sollten.

15.7 Subkonfliktäre Entscheidung

Die dargestellten Verlaufstypen sind – mit Ausnahme der dezentrierten Regulation – sowohl bei Entscheidungen zu finden, die zentrale Bereiche der Persönlichkeit betreffen und somit existenzielle Bedeutsamkeit besitzen, als auch bei Situationen der Unentschiedenheit, die nur personale Randzonen des Individuums berühren. Bei der ersten Gruppe liegen Probleme vor, die in ihrer Beschaffenheit einmalig sind oder doch in wesentlich unterschiedlichen Erscheinungsformen und Bedingungskonstellationen auftreten. Zur zweiten Gruppe gehören Fragen von geringerer subjektiver Entscheidungserheblichkeit. In diesen Bereich, den wir als durch *subkonfliktäre* Entscheidungslagen gekennzeichnet ansehen, sind auch »Routineentscheidungen« einzuordnen, wie sie im täglichen Leben in großer Zahl anzutreffen sind, ohne dass sie *konfliktneutral* oder *konfliktindifferent* genannt werden können.

Der Hinweis auf den Routinecharakter besagt nicht, dass solche Entscheidungen inhaltlich immer einfach und daher stets »leicht« zu treffen sein müssen; er bezieht sich darauf, dass solchen Situationen ein genereller Entschluss *vorausliegt*, in Fällen einer bestimmten Art wiederkehrend *gleichförmig* zu entscheiden. Der Entscheidungsprozess muss also im Grundsätzlichen in anderen Fällen

»wiederholbar« erscheinen, so dass er bei künftigen gleich oder ähnlich gelagerten Problemen ohne erneuten umfassenden Einsatz kognitiver und konativer Funktionen – nach Art einer immanenten »Planstruktur« – ablaufen kann. Routinisierte Entscheidungen verlangen also den geringsten kognitiven Aufwand. Dieser besteht hier eigentlich in einem »Abgleich der gegebenen Situation mit vorgespeicherten Situationen und den in ihnen fixierten Entscheidungen« (Jungermann et al., 2005, S. 31). Es handelt sich hier um einen *Matching*-Prozess. Damit ist allerdings die routinemäßige Entscheidung nicht ein für alle Mal fixiert; bei jedem erkannten Wechsel der bedingenden Faktoren wird der konstitutive Entscheidungsprozess erneut vollzogen. Darüber hinaus lässt sich – auch in Fällen nicht augenfälliger Situationsänderung – beobachten, dass der zum Abschluss des Geschehens führende Prozess in Abständen überprüft wird, um inadäquate Lösungen zu vermeiden. Eine solche Kontrolle ist um so wichtiger, je häufiger die betreffende Entscheidung routinemäßig abläuft, da die Fehlerkurve proportional zur Häufigkeit steigt.

Im Phänomen der Routineentscheidung kann letztlich ein Zeichen dafür gesehen werden, dass man konfliktären Entscheidungen eher ausweicht, als die damit verbundenen Anstrengungen auf sich zu nehmen. Während Routinemaximen eigentlich ihre Gültigkeit verlieren sollten, sobald bedeutsame Veränderungen in der Umwelt oder im Wertesystem auftreten, werden im Alltag mechanisierte Wahlpraktiken oft so lange weiterverfolgt, bis die Person sich in einer »Sackgassensituation« sieht, in der einander ausschließende Werte oder Normen zur Verwirklichung drängen, die dazu zwingen, anstelle der gewohnten Entscheidungsbahnen neue Entschlüsse zu fassen.

Unter welchen Umständen routinierte Wahlen aufgegeben werden zugunsten echter Entscheidungen, ist mangels empirischer Untersuchungen bisher nicht bekannt. Auch die im Rahmen der Lernpsychologie entwickelten Theorien, die Prozesse mechanischer Wahl beschreiben, lassen die Frage unbeantwortet, unter welchen Bedingungen der mechanische Selektionsvorgang zwischen den jeweils virulenten Verhaltensalternativen abgelöst wird von dem üblichen Entscheidungsgeschehen, bzw. welche Schwellen überschritten werden müssen, bis der Routinevorgang aufgegeben wird.[40] Aus dem großen Anteil standardisierter Wahlpraktiken ergibt sich immerhin, dass Entscheidungen unter Einbeziehung des kognitiven und konativen Potenzials der Person in den Fluss mechanisierter Wahlen eingebettet sind. Solche Entscheidungen bilden nur kleine Segmente in der Vielfalt anderer Wahlakte – ein Sachverhalt, der die Voraussetzung zur Bewältigung des unendlichen Motivspektrums darstellt, mit dem das Individuum laufend konfrontiert ist.

---

40 Diese Aussage trifft auch auf das System vom Hull (1952) zu, in dem das Reaktionspotenzial einer Verhaltensmöglichkeit durch das Produkt von Trieb, Reizintensität, Anreiz und Gewohnheitsstärke definiert ist; denn die Umsetzung der postulierten Beziehungen durch eine Messung der einzelnen Variablen im Humanbereich ist bisher nicht befriedigend gelungen.

16 Bestimmungsgründe von Entscheidungen 1 – Statische Auffassungen

In Fortsetzung unserer Analyse sollen nun die Gründe für den Entscheidungsablauf und Entschluss betrachtet werden, die von den beteiligten Probanden selbst stammen. Da neuere, darunter besonders angelsächsische Untersuchungen auf die Erfassung von Selbstbeobachtungsangaben weitgehend verzichten, müssen Aussagen über *Entschlussmotive* sich auf frühere Arbeiten, auch und vor allem auf die Befunde der Thomae-Schule stützen, die dem Entschluss und seinen ihn bestimmenden Gründen besondere Bedeutung beimisst.

16.1 Lösungsdruck der Situation

Knapp skizziert seien hier noch nicht oder in anderem Kontext erwähnte Experimente, in denen die Schilderungen der Versuchspersonen über ihre eigenen Erlebnisse zur Analyse der Motive für den Entschluss herangezogen wurden. Dabei ermöglicht es die Fülle des erhobenen Materials, dass ein verhältnismäßig breiter Katalog erstellt und von der individuellen Versuchsanordnung, der Abhängigkeit von der theoretischen Position und speziellen Zielsetzung des Autors abstrahiert werden kann. Zu nennen sind an dieser Stelle die folgenden nach wie vor interessanten Experimente:[41]

- Wahl zwischen Reproduktionen von Kunstwerken in Postkartenformat, die die Versuchsperson in ihr Zimmer hängen darf; Wahl zwischen Musikstücken, die vorgespielt werden können (vgl. Wheeler, 1920).
- Wahl zwischen verschieden starken Ergografenzügen (vgl. Trouet, 1923).
- Abheben des linken bzw. des rechten Zeigefingers von einer Taste auf Zuruf »rot« bzw. »weiß«; Wahl zwischen einer stehenden und einer liegenden oder einer links-schrägen oder einer rechts-schrägen Ellipse; Wahl zwischen zwei gleichen Wegen anhand einer Zeichnung und in Wirklichkeit; Wahl zwischen den beiden Fahrtrichtungen einer Leipziger Ringbahn etc. (vgl. Prautzsch, 1931).
- Aufforderung, den maximalen Zug am Federergografen so lange wie möglich durchzuhalten; Aufforderung, waagerechtes Ausstrecken eines Armes so lange wie möglich beizubehalten (in einer Variante berührt der Arm beim Niedersinken einen elektrisch geladenen Stab); Aufforderung, dem Institutsdirektor eine »schlechte« Handlung des Probanden zu

[41] Hinsichtlich der Schilderungen der Probanden über ihre Erlebnisse zur Eruierung der Motive für ihren Entschluss muss auf die Protokollniederschriften in den zitierten Arbeiten verwiesen werden; eine Wiedergabe ist wegen des überaus großen Umfangs des Materials hier nicht möglich.

schildern; Darbietung von Delikatessen nach mehrstündigem Hungern (vgl. Rohracher, 1932).

- Wahl zwischen fünf verschiedenen Objektarten (z.B. Brot, Tisch) bei gleichzeitiger Wahlmöglichkeit, diese Objekte mittels verschiedener Techniken (Zeichnung, Plastilin) nachzubilden (vgl. Ach, 1944).
- Hungerversuche wie bei Rohracher (1932); Aufforderung, eine Dame im Zusammenhang mit ausdruckspsychologischen Untersuchungen Lerschs zu beleidigen (vgl. Thomae, 1960).

Bei den Experimenten scheinen sich Hinweise dafür zu ergeben, dass eine Gruppe von Faktoren zu einem wie auch immer gearteten Entschluss *überhaupt* führt, während eine andere Faktorengruppe gerade einen *bestimmten* Entscheidungsausgang bedingt. Da Konflikte oder sonstige, entsprechend empfundene offene Situationen eine Störung des psychischen Gleichgewichts darstellen, sind sie in sich selbst Anlass zu Tendenzen, die Unstimmigkeit aufzulösen. Sie arbeiten auf die Erreichung der spannungslösenden *neuen Lage* hin. Nuttin (1956, S. 185) sieht in dieser Tendenz zum Konfliktabbau einen *eigenen Antrieb*, wenn er meint, von hier aus gesehen sei die Konfliktsituation mit einer nicht geschlossenen Gestalt vergleichbar, die gemäß der ihr eigenen Prägnanztendenz zur Abrundung dränge. Der Konflikt sei seinem Wesen nach und von Grund auf ein »konstruktiver Spannungszustand im normalen Menschen«. Ähnlich betont Lehr (1965, S. 312), dass der Konflikt im Dienst einer »konstruktiven Selbstverwirklichung« des Individuums stehe.

Schilderungen über die Veränderungen der Grundbefindlichkeit des Menschen in der Entscheidungssituation, besonders die Momente quälender Spannung und des Schwankens zwischen den Alternativen, hatten wir bereits angeführt. Einige andere Beispiele können diesen Sachverhalt weiter und genauer klären. Instruktiv sind insbesondere folgende Fälle:

Beispiel aus Thomae (1960, S. 64): »Ich war in bitterer Verzweiflung, rang mit mir und flehte zu Gott, mir den rechten Weg zu weisen und bat ihn um ein Zeichen«. Instruktiv auch das Beispiel bei Skawran (1927, S. 107): »Ich sah keine Möglichkeit, mich zu entscheiden; das stimmte mich unlustig«. Und eine weitere – besonders aufschlussreiche – Schilderung aus Skawran (1927, S. 199): »Daran schloß sich aber sofort die Erinnerung, daß ich mich ja bereit erklärt hatte, zu reagieren. Das war mit Unlust verbunden, die noch gesteigert wurde, einmal dadurch, daß ich nicht zu einer Entscheidung kam und zweitens durch das Bewußtsein der ablaufenden Zeit. Der Zustand, in den ich geriet, hatte etwas auf die Tat Hindrängendes. Er äußerte sich in dem Gedanken: Du mußt irgendwie reagieren. Es traten Spannungsempfindungen im Unterleib und dann in der Brustmuskulatur auf ... «.

Zusammenfassend kann festgehalten werden: Die Gesamtkonstellation wirkt als ein Druck auf das Individuum in Richtung auf einen bestimmten Entscheidungsausgang, eine spezifische Lösung der durch die Unentschiedenheit gekennzeichneten Lage. Andererseits werden auch Erlebnisse beschrieben, bei denen ein Entschluss ohne Berücksichtigung der Konsequenzen gefordert wird, um der quälenden Belastung zu entgehen. Anschaulich wird in einem Fall bei Thomae (1960, S. 67) der Entscheidungsdruck schließlich als ein »Überlaufen« beschrieben: »Manchmal schien mir fast, als sei eben der Kessel, der in mir kochte, einfach übergelaufen«.

Von dort her erscheint es verständlich, dass in Lagen dieser Art Tendenzen zu abrupten, inadäquaten und geradezu gewaltsamen Abschlüssen sich Durchbruch verschaffen können, was in der neueren Entscheidungsforschung so gut wie unbeachtet bleibt (vgl. etwa Jungermann et al., 2005).

16.2 Anschaulich motivlose Entscheidung

Aus mehreren Versuchsprotokollen und Erlebnisschilderungen ist zu schließen, dass phänomenal nicht immer ein Motiv für einen Entschluss gegeben sein muss. Zur Illustration sei ein Protokoll aus den Untersuchungen von Trouet (1923, S. 174) angeführt: »Ich schwankte lange hin und her. Es wollte mir keines von beiden gefallen. Ich wußte nicht recht, was ich tun sollte. Es war beides gleich dumm. Ich kann gar nicht sagen, warum ich ›drei‹ genommen habe. Es fand vorher keine Wahl statt, sondern aus irgendeinem Grund realisierte sich das Ziehen ... «.

Das Fehlen eines angebbaren Motivs, wie es im vorerwähnten Fall erlebt wurde, könnte das Kennzeichen einer besonderen Entscheidungsform sein, die von einigen Autoren explizit erwähnt und gegenüber anderen Formen des Entscheidens abgehoben wird. So unterscheidet Rohracher (1932) den »Entschluss« – der dadurch bestimmt ist, dass er nach längerem Zögern und nach Momenten der Unsicherheit die »entschiedene« Handlung einleitet – von der so genannten *Spontanentscheidung*, die er durch »Motivfreiheit« und die kurze Zeitspanne charakterisiert sieht, die zwischen dem Konflikt und seiner Auflösung verstreicht. Er zitiert dazu folgende Erlebnisschilderung (S. 108): »Es entstand sofort und spontan ein Nein! ... Im ersten Augenblick spielte sich die Entscheidung im Gefühlsmäßigen ab, es entstand das Nein, welches ich verstandesmäßig überprüfte, worauf das Nein sich verstärkte ... Die Überlegungen nach der Gefühlsentscheidung waren mehr Anstandsüberlegungen, weil man eben gewohnt ist, sich eine Entscheidung zu überlegen«. Wohl ganz entsprechend dieser Schilderung wird auch einer der von Dreyer (1955, S. 51) vorgeschlagenen Entschlusstypen von ihm als ein »überstürzter«, sich – wie hier im Beispiel – »unmittelbar vollziehender Entschluß« bezeichnet.

Gegen die Annahme anschaulicher Motivfreiheit sind allerdings gewisse Einwände zu erheben. Das Beispiel von Trouet deutet eher auf eine Impulshandlung hin, bei der die motivierende Tendenz nicht klar erlebt werden muss. Außerdem ist zu bedenken, dass aktuelle Zeitnot in Verbindung mit der allgemein geringen Bedeutsamkeit einer solchen Versuchssituation für die Testperson die

Bereitschaft hervorrufen mag, überhaupt nur irgendwie zu handeln. Dabei kann ohne nachteilige Folgen das Erlebnis oder auch die Tatsache einer besonderen persönlichkeits- oder situationsspezifischen Begründung der Wahl unterbleiben. Die Lebensferne der Aufgabe könnte also die augenscheinliche Motivfreiheit der Handlung mitbedingt haben.

Der bei Rohracher berichtete Fall lässt vermuten, dass eine eindeutige Motivation des Entschlusses existierte. Das Gefüge der Antriebe scheint dem Probanden nur nicht bewusst geworden zu sein, ohne dass es damit schon der Sphäre des abgeschlossenen Unbewussten nach Freuds Persönlichkeitsmodell angehören müsste.

Die Frage unbewusster Motivation, die Vorstellung, dass ein Verhalten von einer Persönlichkeitsschicht ausgelöst sein kann, zu der kein direkter Zugang besteht, so dass die das Verhalten auslösenden Kräftekonstellationen vom bewussten Erleben ausgeschlossen bleiben, kommt in einer phänomenologischen Erörterung ohnehin zu kurz. Dass dieses Problem in unserem Zusammenhang dennoch von Bedeutung ist, beweisen die Ausführungen von Adams (1957), in denen die Wirksamkeit unbewusst bleibender Signale im Wahlverhalten beschrieben wird. Zu diesem Fragenkomplex gehören auch – dies hier nur am Rande – Untersuchungen, die sich darum bemühen, eventuelle Auswirkungen unterschwelliger Stimuli zu klären.

Ohne diese Thematik hier ausführlicher diskutieren zu können, darf gesagt werden, dass anschaulich motivlose Entschlüsse eher zurückzuführen sind auf einen geringen Bewusstseinsgrad der damit zusammenhängenden psychodynamischen Verhältnisse. Es wäre naiv, von der Abwesenheit eines Erlebnisses auf das Fehlen tatsächlich bedingender Faktoren zu schließen. Vielmehr dürfte die Annahme gerechtfertigt erscheinen, dass der Ausschluss bestimmter Antriebsgeschehnisse vom Bewusstsein zurückgeht auf eine geringe Bedeutsamkeit des Problems, auf eine schwer erfassbare Konstellation oder auf möglicherweise existierende Mechanismen mit der Funktion, bestimmte psychische Regungen vom Bewusstsein fernzuhalten.

16.3 »Zufällige« und »formale« Bestimmungsmomente

Es ist wichtig zu unterscheiden, ob Entschlüsse (und andere Abschlussformen des Entscheidungsgeschehens) auf sachlich bedeutsamen oder auf formalen bzw. zufälligen Momenten beruhen oder aber durch sie lediglich ausgelöst werden, für die Lösung der anstehenden Frage selbst im Grunde aber irrelevant sind. Es kann vorkommen, dass irgendein äußerer oder innerer Anlass zu einer Entscheidung in eine bestimmte Richtung führt, wobei wir ebenso diese Richtung wie auch die andere gutheißen können.

Sogar bei Entscheidungen, denen Lebensrelevanz und zentrale Betroffenheit zuzusprechen ist, können solche Faktoren den Verlauf beeinflussen. Dies lässt sich an einem von Thomae (1960, S. 65) berichteten Fall demonstrieren: Die Auskunftsperson schildert zunächst eine familiäre Konfliktsituation. Sie fährt dann fort: »Am Nachmittag sprach ich mich aus mit einem mir seit meiner Schulzeit vertrauten Menschen. Auch er bestärkte mich zu bleiben. Schließlich wurde der ›Ausklang‹ jenes aufwühlenden Tages noch bedeutsam. Abends besuchte ich ein Konzert und hörte Beethovens 5. Symphonie: die Schicksalssymphonie. Wohl nie zuvor erlebte ich Musik so eindrucksvoll wie diese, eine Kunde von Tönen, den Kampf aufzunehmen und zu bestehen«.

Den zufälligen oder formalen Einflussfaktoren kommt bei solchen Entscheidungssituationen von relativer Wichtigkeit höchstens die Funktion von Auslösern zu. Sie scheinen sogar auf dem Hintergrund eines schon verhältnismäßig eindeutig gerichteten zukünftigen Verhaltens interpretiert zu werden, das bereits aus dem Ringen um den Entschluss als dominierende Lösung hervorgegangen ist. Besonders drastisch zeigt sich diese Beziehung zwischen den formalen Bestimmungsmomenten und dem eigentlich schon feststehenden Ergebnis der Entscheidung in dem von Thomae (1960) erwähnten Fall des Raubmörders Kühnapfel, der 1841 den Bischof von Hatten ermordet und beraubt hatte. Vor der Tat soll er den Zufall so lange befragt haben, bis er eine Bestätigung des längst gefassten Tatvorsatzes erhielt. So bat er Gott, ihm ein Zeichen zu geben: »Als ein billigendes Zeichen wollte ich es annehmen, wenn ich im Kartenspiel gewinnen würde«. Als er daraufhin verlor, befragte er den Zufall in anderer Weise. Dabei war ihm »das Glück hold«; er sah darin ein Zeichen Gottes, und sein Entschluss stand fest (nach Thomae 1960, S. 208).

Auch zufällige Zentren im Beachtungsrelief scheinen, allerdings in gewisser Abhängigkeit von den situativen Gegebenheiten, eine Rolle zu spielen. Belege dafür finden sich in den Protokollen bei Skawran (1927, S. 157): » ... Spannung und Unruhe ... wurden allmählich stärker als die Vorstellung der Züge 0 und 3. Dazu kam noch, dass ich nicht mehr ruhig zwischen den übrigen überlegen konnte, sondern sprungweise von einer Möglichkeit zur anderen überging. Als ich gerade einmal bei 3 war, trat die Spannung besonders stark auf, und diese Spannung, zusammen mit der Überlegung, daß 3 etwas günstiger war als 0, hat zum Zuge geführt ... «.

Entsprechendes zeigte sich bei den Ellipsenversuchen von Prautzsch (1931, S. 92). In ungefähr der Hälfte der Fälle wird diejenige Ellipse gewählt, die »zuerst in die Augen gefallen ist. Hier hat der Reiz – die betreffende Ellipse – vermöge der Intensität und des Gefühlstones die Aufmerksamkeit erregt«. Ebenso können zufällige situative Momente die Richtung des Entschlusses bestimmen; so kam es vor, dass die Lage der Hand in den Quadratwahlversuchen von Prautzsch (1931) den Ausschlag dafür gab, welche Figur ausgewählt wurde.

Auch das Vermeiden von Eintönigkeit bzw. das Bedürfnis nach Wechsel erweist sich womöglich als entschlussbestimmender Faktor: »Es war mehr die Tendenz vorhanden zu wechseln, als 0 zu ziehen« (nach Skawran 1927, S. 138). Dieser Tendenz wirkt das besonders bei Prautzsch (1931) in vielen Versuchsanordnungen aufgefundene Gewohnheitsmoment entgegen. So begründeten die Probanden die Wahl eines anschließend zu durchlaufenden Weges mit dem Hinweis, dass man »gewöhnlich rechts geht«, oder die Präferenz eines Quadrats, dass man »beim Schreiben immer links anfängt«.

16.4 Lust-Unlust im Entscheidungsgeschehen

Regelmäßig können Lustgewinn bzw. Unlustmeidung als die Motive jeder Wahl angesehen werden. Eine stärker differenzierende Betrachtungsweise führt freilich rasch zu einer Auffächerung dieser Beweggründe. Geht man andererseits auf das homöostatische Motivationsmodell zurück, in dem Motive als Ausdruck einer Tendenz des Organismus zu einem Gleichgewichtszustand, zu einem Abbau von Spannungen im psychischen Feld erscheinen, präsentieren sich die verschiedenen Manifestationsformen von Lust und Unlust als Regulationsmechanismen zur Wiederherstellung des inneren Gleichgewichts (dazu auch Kap. 25.2.2).

Ach (1935), Lindworsky (1923) und Rohracher (1932) betonen die Bedeutung von Lust und Unlust als Beweggründe im Wollensakt. In Erlebnisberichten treten diese Motive mehrmals auf: »Beim Entschluß war die Lust an einem kräftigen Zug bestimmend« – oder »Spannungsempfindungen traten auf im Gedanken an den Zug. Lustgefühle, dann war man im Tun« (nach Skawran, 1927, S. 126 f.). Auch bei der folgenden Schilderung ist die Lust-Unlust-Komponente wirksam:

> »Eine Wahl hatte ich zwischen Weihnachten und Neujahr, als einer aus der Erziehungsanstalt mich fragte, ob wir abhauen wollen. Die ganze Nacht dachte ich darüber nach. Ich hatte damals die Wahl zwischen dableiben, und das hieß, ein anständiger Mensch werden, oder mit den Kameraden fortgehen und in ein Abenteuer hinein, wenn nicht noch schlimmer und gefährlicher. Aber im Heim gefiel es mir schon lange nicht mehr, einmal wegen der Kameraden, bei denen ich wegen meiner roten Haare immer verspottet wurde, und dann auch, weil es so eintönig war und man gar nichts erlebte. Ich wußte aber auch, daß es nicht so einfach war, abzuhauen und sich draußen durchzubringen und daß ich leicht wieder auf die schiefe Bahn kommen könnte. Aber ich dachte dann, daß es schon egal sei und schon schief gehen würde, aber das sei mir dann auch wurst, jedenfalls sei ein Lumpenleben besser als ewiges Eingesperrtsein. Und so sagte ich zu« (nach Thomae, 1960, S. 48).

Rohrachers Versuche (1932) im Kontext Lust-Unlust sind so angelegt, dass die Vermeidung von Unlust bzw. Schmerzen von vornherein eine zentrale Stelle einnimmt. Die Probanden sollten – wie oben schon angesprochen – so lange wie möglich hungern oder ihre Maximalleistung an Ergografen erreichen. Das Unlustgefühl wächst dabei kontinuierlich bis zu dem Punkt an, an dem die als »Wille« bezeichnete Gegenkraft nicht mehr die Oberhand behält und der »Entschluss« folgt, die Anstrengung abzubrechen. Allerdings ist hier fraglich, ob der Abbruch oder das Aufgeben der angestrebten Dauerleistung noch als Entschluss oder Wahl gelten kann, ob es sich nicht vielmehr um die somatisch bedingte

Überwältigung der von der Person akzeptierten Zielvorstellung handelt. Das Kriterium der Selektion zwischen mehreren Alternativen, das nach unserer Analyse für die Entscheidung konstitutiv ist, trifft auf diese Situation nicht zu.

Bei einer anderen, ebenfalls schon erwähnten Versuchsbedingung Rohrachers – möglichst lange anhaltendes Ausstrecken eines Arms über einem Elektrisierstab – liegen zwei einander addierende Unlustmotive vor, die das Individuum zu einem langen Ertragen der körperlichen Anstrengung befähigen. Die Angst vor dem Elektrisierstab und die Bedenken, sich zu blamieren, wenn man zu rasch aufgibt, zögern den Zeitpunkt des Abbruchs hinaus: »Die drohende Unlust des elektrischen Stromes bestimmte die Vp, den Arm auch dann noch ausgestreckt zu halten, wenn die Kraft des ursprünglichen Entschlusses, es zu tun, bereits erschöpft war«, erläutert Rohracher (1932, S. 69). Ob man es hier allerdings noch mit einer Entscheidung zu tun hat, dieser Zweifel muss auch bei dieser Versuchsanordnung wiederholt werden.

Einige der frühen experimentellen Untersuchungen sind bemüht, die spezifischen Qualitäten der Antriebe aufzuzeigen, die während des kurzen Zeitabschnitts einer Versuchssituation aktiviert werden. Die Befunde sollen kurz dargestellt werden.

So stieß Prautzsch (1931) auf Motive, die durch ästhetische Momente bestimmt waren. Die Versuchspersonen fühlten sich bei der Wahl von Gegenständen und Darstellungen davon beeinflusst, welche der Alternativen ihnen unter diesem Gesichtspunkt besser gefielen. Auch Ach (1944) weist auf die Bedeutung des ästhetischen Aspekts hin.

Wheeler (1920) fand, dass das gesamte Entscheidungsgeschehen in seinen Versuchen durch Kinästhesien bestimmt sei. Dieses etwas einseitig anmutende Resultat dürfte dadurch bedingt sein, dass sich hier eher die theoretischen Vorstellungen der Probanden über das Geschehen auswirken konnten, die unbeeinflussten Erlebnismomente hingegen weniger registriert wurden. Doch ergab sich auch in Experimenten der Störring-Schule (Trouet, 1923; Skawran, 1927), dass Bewegungs- und Zielvorstellungen (z.B. die Position der Ergografennadel) bei der Entschlussfassung eine Rolle spielen. Wenn man auch die Wichtigkeit kinästhetischer Empfindungen für den Entscheidungsprozess nicht überbewerten sollte, sie können zumindest bei bestimmten Problemen, die mit realen (z.B. Ergografenzüge) oder vorgestellten (z.B. Wahl einer CD, die abgespielt werden soll) Bewegungen verknüpft sind, durchaus relevant sein.

Im Zusammenhang mit Prautzschs (1931) »Optionsversuchen aus dem alltäglichen Leben« zeigten sich ein »Wunsch nach Neuem« sowie ein »Interesse an ...«. Diese Antriebe scheinen weitgehend mit dem Phänomen identisch zu sein, das Hill (1956) als »Aktivitätstrieb« bezeichnet. Keine klar gekennzeichneten Ziele werden angestrebt, sondern nur ein allgemeines Tätigsein, ein Gebrauch der eigenen Fähigkeiten, eine Variation der aktuellen Verhaltensausprägung. Prautzsch (1931) fand weiter, dass bei den Wahlaufgaben aus dem Alltagsbereich oft Gesichtspunkte der Zweckmäßigkeit und des Nutzens die Wahl bestimmen. In den statistischen Entscheidungstheorien, vor allem seit der Entwicklung der Spieltheorie, ist der »Nutzen« zu einem zentralen Begriff avanciert. Die vielfältigen theoretischen und empirischen Bemühungen um die Bestimmung des Nutzens und die Klärung seines Einflusses auf den Entscheidungsverlauf machen es notwendig, dieser Frage später im Rahmen der neueren Entscheidungsforschung ausführlich nachzugehen (siehe Kap. 22).

17 Bestimmungsgründe von Entscheidungen 2 – Dynamische Auffassungen

Gegenüber den Erkenntnissen, die die herangezogenen Untersuchungen und die Interpretationen ihrer Ergebnisse erbracht haben, sind hinsichtlich ihrer *Verallgemeinerbarkeit* Einschränkungen vorzutragen:

Die relevanten Wahlmotive stellen jeweils Beweggründe der in einem Laboratoriumsversuch gefällten Entschlüsse dar. Das gilt hauptsächlich für die bis 1931 erschienenen Arbeiten, in denen Wollensakte experimentell hervorgerufen und analysiert wurden. Die lebensnäheren Untersuchungen von Rohracher (1932) und Thomae (1960 – die dort beschriebenen Experimente wurden 1944 durchgeführt) verstehen sich dabei schon als Revision jener ersten Ansätze zur Erforschung der entscheidungsdeterminierenden Faktoren.

Als Fragen, die von den früheren Arbeiten noch nicht gesehen wurden und die erst allmählich das Erkenntnisinteresse der Forschung beanspruchten, sind besonders folgende zu nennen:

- Reichen Laborexperimente mit Aufgaben von geringer Bedeutsamkeit aus, um zu Aussagen über die Motivation bei Entscheidungen in komplexen Ernstsituationen zu gelangen?
- Genügen eindimensionale Modelle zur Beschreibung des Entscheidungsvorgangs?
- Ist die zusätzliche Annahme von der Konsistenz der Motive berechtigt?

Die Fragen zweifeln die beschriebenen Befunde nicht in ihrer sachlichen Richtigkeit an, sie richten die Aufmerksamkeit jedoch auf die Problematik der *Generalisierbarkeit* und Anwendung der Befunde in *anderen* Lebensbereichen (näher zu »Bereichsspezifität versus Generalisierbarkeit« siehe Funke, 2003). Um eine solche Übertragung vornehmen zu können, muss geklärt sein, für welche Verhaltensbereiche Verallgemeinerungen zulässig sind und mit welchem Anteil verschiedene Motive im zeitlichen Ablauf des gesamten Entscheidungsprozesses vertreten sind.

17.1 Wahlmotive

Es ist zu prüfen, wie es um die Prognosemöglichkeiten bei komplexen und stärker lebensbezogen gestalteten Entscheidungssituationen steht und ob der motivationale Hintergrund der Person berücksichtigt werden muss.

17.1.1 Variable Faktoren

Die Untersuchung von Ach (1944) weist – soweit ersichtlich – als erste explizit variable Faktoren auf. Sie war – wie auch die Arbeit von Ach (1935) – dem Problem der Prognose der Wahl gewidmet und ging von der grundsätzlichen Überlegung aus, eine Wahl müsse prognostiziert werden können, sobald diejenigen Faktoren bekannt seien, die die Wahl bestimmen.

Um die die einzelnen Handlungen bestimmenden Motive registrieren zu können, wurden die Versuchspersonen daher zunächst in Wahlsituationen beobachtet. Bei bestimmten Aufgaben sagten die Experimentatoren dann den Ausgang der Entscheidungen voraus und verglichen ihre Prognose mit dem tatsächlichen Verhalten. Ach (1935) ließ seine Probanden zwischen verschiedenen Manipulationen an sinnlosen, zuvor gelernten Silben (z.B. Reimen, Versetzen von Buchstaben) wählen. Er erzielte schließlich fast 100 % richtige Vorhersagen.

Achs Wahlsituationen (1944) hingegen waren entschieden komplexer und auch wirklichkeitsnäher gestaltet: die Probanden konnten zwischen fünf verschiedenen Objektarten und zwei Darstellungsweisen wählen. Der Prozentsatz richtiger Prognosen lag immerhin bei 70 %. Der Katalog der Motive, die er bei seinen Untersuchungen ermittelt hatte, lässt sich in durchgängige und variable Antriebe gliedern. Zu den *variablen* Antrieben zählte er in erster Linie Anspruchsniveausetzung, aber auch die Stimmungslage und spontane Einfälle.[42] Charakteristisch ist, dass diese Motive zwar während des Entscheidungsvorgangs in gleicher Stärke und Richtung wirken können; häufiger verändern sie sich jedoch nach Quantität und Qualität unter dem Einfluss der jeweiligen psychischen Gesamtsituation.

Das *Anspruchsniveau* hat sich – über seine Relevanz bei Ach (1944) hinaus – auch in der weiteren Entscheidungsforschung als wichtig erwiesen. Der Begriff bezeichnet die » ›Zielhöhe‹, die jemand bei der Bewältigung einer vorgegebenen Aufgabe zu erreichen trachtet«; die Zielhöhe stellt den »Gütegrad dar, dessen Realisierung als verbindlicher ›Anspruch‹ an die Tüchtigkeit der eigenen Person erlebt wird« (Heckhausen, 1969, S. 158). Man spricht hier auch von einem *cut-off*-Produkt, was heißen soll, dass Optionen verworfen werden, wenn sie den entsprechenden Ausprägungsgrad nicht erreichen bzw. wenn sie ihn überschreiten (Jungermann et al., 2005, S. 112). So kann etwa im Fall der Wohnungssuche die Größe der Wohnung (z.B. Mindestgröße 90 qm) ein *cut-off*-Punkt sein, während die Miete ebenfalls einen *cut-off*-Punkt darstellen kann, wenn sie eine bestimmte Höhe (z.B. 1200 EUR) nicht überschreiten darf.

Dass das Anspruchsniveau Verschiebungen in Abhängigkeit von Erfolg und Misserfolg unterliegt, konnte bereits der Lewin-Schüler Hoppe (1930) zeigen. Die Wirkungen überdauernder Erfolgs- oder Misserfolgszentrierungen auf den

---

[42] Auf eine nähere Erörterung der variablen Faktoren »Stimmungslage« und »spontane Einfälle« wird hier verzichtet.

Verhaltensstil sind insbesondere von McClelland, Atkinson und Clark (1953) und von Heckhausen (1963) intensiv untersucht worden. Die Schätzung der Höhe des Anspruchsniveaus durch Ach (1944, S. 133) stützt sich beispielsweise auf folgende Beobachtung:

> »Am prägnantesten zeigten sich die Wirkungen des Anspruchsniveaus bei Vp. W. Am 3. Versuchstag zeichnete sie zu ihrer Zufriedenheit einen oberbayrischen Buben. Nach diesem Erfolg setzte sie ihr Anspruchsniveau herauf und versuchte ein Auto zu zeichnen; bei ihrer geringen zeichnerischen und technischen Begabung wohl eines der schwersten Objekte für sie. Dieser Versuch endete mit einem vollkommenen Mißerfolg. Darauf starkes und anhaltendes Sinken des Anspruchsniveaus, so daß sie bei den nächsten Wahlen sich wieder für das Leichteste entschied«.

An dem Beispiel wird deutlich, wie die Anspruchsniveausetzung von der Beurteilung der eigenen Fähigkeiten abhängig ist. Als ebenso relevant erweist sich die Beziehung einer Entscheidung zu früher getroffenen Entscheidungen ähnlicher Art, wie das besonders bei Reihenaufgaben augenfällig ist. In Ernstsituationen kommt hinzu, dass das Anspruchsniveau eines Individuums zusätzlich von sozialen Normen beeinflusst wird, die ihrerseits wiederum keine konstante Größen darstellen.

Die Bedeutung der Anspruchsniveaudynamik ist allerdings auch für solche Entscheidungen nachgewiesen, die nicht dem Einfluss der Leistungsfähigkeit, sondern dem Zufall, wie er in Spielsituationen auftritt, unterliegen. Mehl (1962) fand in entsprechenden Untersuchungen, dass in der Regel das jeweils eingegangene Risiko nach Gewinnen erhöht, während es nach Verlusten gesenkt wurde. Es traten jedoch charakteristische Unterschiede zur leistungsabhängigen Anspruchsniveausetzung auf: »Es unterscheiden sich ... die Verschiebungen der Zielsetzungen nach Erfolg und Mißerfolg im Zufallsbereich und denen im Leistungsbereich dadurch, daß in zufallsbedingten Situationen die Hoffnung auf Gewinn mit zunehmender Zahl der Verluste und die Furcht vor Verlust mit zunehmender Zahl von Gewinnen in paradoxer Weise ansteigen kann« (Mehl, 1962, S. 266).

Wie Heckhausen (1965) nachweisen konnte, geht der Anspruchsniveausetzung selbst eine Konfliktsituation voraus. Die Erlebniskategorien »Hoffnung auf Erfolg« und »Furcht vor Misserfolg« drängen zu unterschiedlichen Fixierungen des Gütestandards. Die endgültige Festlegung eines Anspruchsniveaus stellt daher selbst eine Entscheidung dar, die mehr oder minder bewusst getroffen wird. Schon Hoppe (1930) hatte diesen Konflikt beschrieben und die Stabilität des Anspruchsniveaus darauf zurückgeführt.

17.1.2 Überdauernde Faktoren

Die experimentellen Anordnungen vor allem bei Rohracher (1932) und Ach (1935) sind trotz mancher Ansätze zu einer gewissen lebensnahen Ausgestaltung so maßgeblich von der laborhaften Umwelt eines »Versuchs« bestimmt, dass sie über natürliche Entscheidungsabläufe kaum Auskunft geben können. Die Erweiterung des Untersuchungsbereichs auf Konflikte des »unkontrollierten Lebens« führt nach den Analysen von Thomae (1960) und Nesswetha (1964) zu der Erkenntnis, dass das Geschehen nur vor dem *gesamten motivationalen Hintergrund der Person* adäquat interpretiert werden kann.

Als ein erster Schritt in diese Richtung ist das Vorgehen zu nennen, das »überdauernde Motive« in die Analyse mit einbezieht. Ach (1944, S. 130) sprach bereits von »Leitmotiven« im Sinne durchgängiger Wahltendenzen, wie z.B. von der »Tendenz zur Originalität«, der »Wahl des Schwierigsten«, von »ästhetischen Vorlieben«, »einfacher Darstellbarkeit«, »ökonomischer Wahl«.

Die Aussage über die Durchgängigkeit stützt sich dabei – etwas voreilig – auf die Tatsache, dass die entsprechenden Antriebe in mehreren Wahlsituationen beobachtet werden konnten. Dennoch handelt es sich aber um »Einzelmotive«, deren Hintergrund nicht im Hinblick auf das Gesamtgefüge der Person aufgehellt wurde. So bleiben besonders das »Gewordensein« dieser Motive als Produkte einer Persönlichkeitsentwicklung und ihre Verbindungen untereinander unberücksichtigt. Es ließe sich beispielsweise zeigen, dass die genannten Motive – außer vielleicht den ästhetischen Vorlieben – in die Kategorie des Anspruchsniveaus eingeordnet werden können, so dass letzten Endes eine Leistungsorientiertheit als entschlussbestimmendes Moment sichtbar wird.

Ähnliche Überlegungen ergeben sich im Zusammenhang mit dem Lust-Unlust-Aspekt, wie er von Rohracher (1932) betont wird. Die Einteilung des motivationalen Geschehens anhand dieser Dichotomie geht von einer Betrachtung aus, die nur die oberflächlichen Erscheinungen erfasst, die Analyse der zugrunde liegenden Zusammenhänge aber vernachlässigt. Damit ist ihr Erklärungswert nur bescheiden. Dies lässt sich exemplarisch an einem Versuchsprotokoll bei Rohracher (1932, S. 97) aufweisen:

> »Vp. XVIII (nach 12stündigem Hungern): ›Ich spüre jetzt eine ziemlich kräftige Hungerempfindung, welche sich darin äußert, daß die Speicheldrüsen stark sezernieren ... Ich esse nicht, weil ich mir vorgenommen habe, den Versuch durchzumachen. Den Willen, nicht zu essen, kann ich unmittelbar in mir mit aller Sicherheit feststellen. Der Zustand des Eßbedürfnisses ist dauernd vorhanden sowie ein konstantes Unwohlsein. Man kann sich wohl einigermaßen für kurze Zeit davon ablenken, kann ihn aber nicht negieren. Wenn dieses Bedürfnis mit besonderer Stärke in das Bewußtsein tritt, so wird auch sofort der Wille rege und erklärt einfach: essen gibt es nicht ... «.

Nicht die Lust-Unlust-Dimension ist für diesen Fall bezeichnend, es dominiert vielmehr die Auseinandersetzung zwischen somatisch akzentuierten und sozial determinierten Motiven, in die regulierend zentrale Regungen der Person – in dem Versuchsprotokoll als »Wille« bezeichnet – eingreifen. Der Diskussion dieser Fragen wollen wir uns nachfolgend ausführlicher zuwenden.

17.2 Dynamik der Antriebsstruktur

Besonders die Tiefenpsychologie hatte das motivationale Geschehen bekanntlich nach Instanzen differenziert, die Lustgewinn und Konfrontation mit der Realität repräsentieren. Die Auffassung von der individuellen seelischen Existenz als einem Zusammenwirken von »Ich«, »Über-Ich« und »Es« (Freud, 1953) wurde von den verschiedenen Schichtenlehren der Persönlichkeit übernommen und modifiziert (Lersch, 1970; Rothacker, 1965; Wellek, 1966 u.a.). Diese Ansätze bieten Interpretationsmöglichkeiten für die Genese von Entscheidungen, die auf die Lust-Unlust-Dimension verzichten können. Konflikte erscheinen dort als Auseinandersetzungen zwischen einzelnen Schichten bzw. zwischen den sie repräsentierenden Instanzen oder sind dadurch charakterisiert, dass sie sich innerhalb einer bestimmten Schicht abspielen. Die resultierenden Entschlüsse lassen sich dabei nach der jeweils dominierenden Schicht differenzieren.

17.2.1 Kerngebiete der Persönlichkeit

Die Antriebskonzeption von Thomae (1944, 1955) kann nicht beiseite gelassen werden, wenn es darum geht, das motivationale Geschehen während des Entscheidungsvorgangs verständlich zu machen.

Der »Impulsivität« (Thomae, 1955), die in verschiedenen Schichtenlehren durch das »Es« (Freud, 1953), durch »Trieb« und »Vitalität« (Wellek, 1966), durch das »Kind in mir«, »Tier in mir«, »Leben in mir« (Rothacker, 1965) oder durch »Antriebe des lebendigen Daseins« (Lersch, 1970) beschrieben wird, steht bei Thomae das Kontrollorgan des »prospektiven Ich« gegenüber. Die Impulsivität basiert auf dem »propulsiven« und auf dem »impulsiven Ich«. Das propulsive Ich bezeichnet Thomae (1955, S. 116) als plastisch bleibenden Antriebsfond, als propulsive Sphäre. Es ist charakterisiert durch die Eigenschaften »Nichtfestgelegtheit«, »Formbarkeit« und »Nichtvorhersagbarkeit«. Als impulsives Ich fasst er dagegen den Bereich der festgelegten Regulationen und Triebe auf. Es setzt sich zusammen aus den konkreten Bedürfnissen, so dass es als Manifestation des amorphen Energiefundus gelten kann.

Das »prospektive Ich« erscheint bei Thomae (1955, S. 116) als »sehend gewordene hochorganisierte individuelle Form«. Es stellt den strukturellen Hintergrund der Steuerungsvorgänge dar, die zu einer Anpassung der vom impulsiven Ich ausgehenden Aktivitäten an die überdauernden Handlungs- und Wertesysteme des Individuums führen.

Die Hervorhebung des propulsiven, impulsiven und prospektiven Ichs als Kerngebiete der Persönlichkeit vermeidet die problematische und oft wenig adäquate Zuordnung psychischer Vorgänge zu bestimmten »Schichten«. Für die Interpretation von Entscheidungsabläufen scheinen sich die drei Persönlichkeitsbereiche im Sinne Thomaes als geeigneter anzubieten, zumal sich das vom prospektiven Ich geleitete Geschehen – im Sinne einer vorherschauenden, vordenkenden und das Verhalten auf weite Sicht lenkenden Funktion – als wesentlich für die Bewertung von Handlungsalternativen erwiesen hat.

17.2.2 Zum Problem »kontrollierender Bereiche«

Das »prospektive Ich« enthält bei Thomae (1955) neben dem motivationalen Bezug eine für das Verhalten wichtige kognitive Komponente. Damit erfüllt es die ihm zugesprochene *regulierende* Aufgabe, die mehr im Sinne eines aktiven Führens als im Sinne bloßen Kontrollierens oder Steuerns gemeint ist. In den meisten Persönlichkeitslehren fällt diese Funktion, auch soweit ihr eine aktive Rolle zugesprochen wird, mit der Wirkeinheit zusammen, die das Verhalten nach Gesichtspunkten sozialer Normen und Werte auszurichten sucht.

In diesem Sinne hat Lückert (1957, S. 360) auf die Bedeutung der »Normation« für das menschliche Erleben und Verhalten hingewiesen. Die Normation richte das Verhalten aus im Sinne sittlich-ethischen Sollens. Das Verhaltensziel ist dabei verkörpert in einer als »Ich-Ideal« bezeichneten Instanz. Sofern Abweichungen zwischen tatsächlichem Verhalten und Ich-Ideal vorkommen, wirkt eine Tendenz zur Verminderung der Diskrepanz, so dass die Abweichung zu einer Antriebsquelle werden kann.

Im psychoanalytischen Persönlichkeitsmodell wird das Handeln der Person vom Es initiiert, vom Ich jedoch modifiziert, das Kompromisse zwischen dem Lust- und dem Realitätsprinzip herzustellen versucht. Es steht seinerseits unter der Kontrolle des Über-Ich, das die strikte Einhaltung sozialer Normen fordert. Damit ist die kontrollierende Funktion verteilt auf das kompromisslose Über-Ich und das ursprünglich etwas farblos konzipierte, in der neofreudianischen Schule aber nach Trieb- und »Apparat«-Ausstattung reichlicher aufgefasste Ich (vgl. Hartmann, 1960).

Vorstellungen über die Genese von Zielsetzungen sind im Begriff des »Selbst«, einem sozialpsychologischen Konstrukt, impliziert. Entscheidend für diese Komponente sind die Entwicklung und das Zusammenwirken des Individuums mit seiner sozialen Umwelt in den ersten Lebensjahren. Das Individuum erfährt dabei, welches Bild sich die anderen von ihm machen und gestaltet daraus die Vorstellung über die eigene Person. Das auf diese Weise allmählich entstehende Selbst stellt weniger eine vermittelnde Stelle zwischen triebhaft fordernden und mit dem Ziel der Umweltanpassung einschränkenden Persönlichkeitsbereichen dar; besser könnte es beschrieben werden als eine Ansammlung von Werten, mit denen sich die Person identifiziert. Daraus entsteht ein Idealbild, das durch Denken und Handeln realisiert werden soll. Treffend wird der Komplex von Secord und Backman (1964) zusammengefasst:

> »First, theories of self-development emphasize the individual's perception of how other persons see him. Second, they focus attention on the process by which he compares his ideas about himself with social norms, that is, with the expectations he believes other persons have concerning what he should be like« (S. 580).

Weitgehend unabhängig von den terminologischen Verschiedenheiten hatten sozialpsychologisch orientierte Autoren die Frage des normengesteuerten Verhaltens untersucht (z.B. Hare, 1966; Scholl, 1997; Beck, 2001). Sie fanden, dass Individuen durch ihre Handlungen im Allgemeinen Verhaltenserwartungen zu erfüllen suchen, die von der Umgebung an sie herangetragen werden. Richten sich die Erwartungen an alle Mitglieder einer sozialen Gruppe, handelt es sich um »Normen«; beziehen sie sich dagegen nur auf die Inhaber bestimmter Positionen, ist der Begriff der »sozialen Rolle« gebräuchlich. Normen und Rollen werden im Verlauf der Ontogenese gelernt, so dass man sie zunehmend besser zu realisieren vermag. Die laufende Veränderung der sozialen Konstellationen bringt es mit sich, dass sich die Verhaltenserwartungen und damit das von ihnen beeinflusste Verhalten ständig wandeln. Mit diesen Hinweisen auf die Dynamik des normenorientierten Handelns betont diese Forschungsrichtung die Veränderlichkeit der individuellen Verhaltensprinzipien – ein Aspekt, der von der traditionellen Persönlichkeitsforschung eher wenig beachtet wird.

17.3 Antriebsstruktur und Entscheidung

Aus Erlebnisschilderungen und in geringerem Ausmaß aus Versuchsprotokollen sind Belege für die Wirksamkeit regulierender Persönlichkeitsbereiche hinsichtlich der Abhängigkeit des Verhaltens im Verlauf des Entscheidungsprozesses unschwer beizubringen. Ein von Thomae (1960) berichteter instruktiver Fall sei unter diesem Gesichtspunkt nachfolgend näher betrachtet. Außerdem sollen Einstellungen und Präferenzen sowie das »Lageschema« als steuernde bzw. kontrollierende Faktoren der Entscheidungsfindung in den nächsten Abschnitten untersucht werden.

17.3.1 Leitmotive

Ein Student im Examenssemester wird bei einem Erholungsurlaub in Österreich vom Kriegsausbruch überrascht. Es stellte sich für ihn die Frage, ob der Urlaub fortgesetzt oder die Heimreise angetreten werden soll. »Argumente wurden auf beiden Seiten in so großem Maße mobilisiert, daß ich sie nicht mehr im einzelnen weiß. Es waren oft die unmöglichsten Dinge, die gar nicht direkt mit der Sache zusammenhingen ... Die andere Seite war im großen und ganzen in ihren Antworten ziemlich stereotyp. Man könnte ihre Argumentation auf die Formel bringen: es ist besser, ich ärgere mich einige Zeit über meinen verpatzten Urlaub als über mein verpatztes Leben. Das gab schließlich den Ausschlag. Aber obwohl das Verhalten ja von Anfang an so ablief, daß es im Sinne der Rückkehr aus dem Urlaub lag, war das Schwanken auch noch nicht vorbei, als ich dann im Zug saß« (nach Thomae, 1960, S. 51). Eine der Optionen erweist sich hier im Vorgriff auf die Konsequenzen als die wichtigere und wertvollere.

Eine sittlich-ethische Bewertung klingt dagegen in der Aussage einer Versuchsperson an, die in der Mappe mit der Aufschrift »Streng geheim!« liest, als der Versuchsleiter eintritt: »Als Sie hereinkamen, da hatte ich das Gefühl, als ob ich die Mappe wieder lieber zumachen sollte. Aber dann dachte ich mir: das ist doch albern. Das mach ich doch nicht, so eine Heimlichtuerei wegen einer Kleinigkeit« (nach Thomae, 1960, S. 48).

Im Gefüge der Persönlichkeit scheinen sich als wertvoll eingeschätzte Antriebe durchzusetzen, so dass die Regulationen im Sinne des prospektiven Ich geführt werden. Thomae (1955, S. 143) betont bei Vorgängen dieser Art das Moment der Distanzierung der Persönlichkeit gegenüber augenblicksgebundenen Antrieben und impulsiven Drangzuständen, wodurch ein übergreifender Sinnhintergrund über die Betroffenheit von einer aktuellen Problemlage dominieren kann:

> »... nicht spezialisierte Motive oder ein konkretisiertes oder organisiertes Haltungsgefüge (wie das prospektive Ich), sondern die in der Persönlichkeit gegebenen Tendenzen zur Entfaltung und Selbstverwirklichung schlechthin sind (bei den Entscheidungsvorgängen) das Deutende und Sich-Distanzierende. Durch die Situationen der existentiellen Unorientiertheit gerufen, würde dann für einen Augenblick die plastische, propulsive Mitte der Persönlichkeit, das ›Selbst‹ im Sinne von Jung und Lersch greifbar: freilich nie abstrakt, ›rein‹ und inhaltlos, sondern in Leitbildern geformt, die sogar aus der griechischen Literatur geholt werden oder die in generelle Maximen eingehüllt sind«.[43]

Rohracher (1932, S. 129) stellt sich die Auswirkung von Handlungsprinzipien auf das konkrete Verhalten eher nach Art eines Resonanzphänomens vor:

> »... von den möglichen Verhaltensweisen ordnet(e) sich eine den allgemeinen, die Persönlichkeit konstituierenden Tendenzen ein; sie stellt einen konkreten Fall eines Verhaltens dar, dessen allgemeine Art in dieser Tendenz bestimmt ist«.

Aus den Zitaten wird deutlich, dass man sich bei der Erklärung der Auswirkung überdauernder Haltungen stark auf anschauliche Analogien aus dem naturwissenschaftlichen Bereich stützt, ohne dass schon psychologisch ernstzunehmende Theorien vorgeschlagen wären.

Während wir bei unserer Betrachtung bisher mehr oder weniger die Konstanz des Motivationssystems vorausgesetzt hatten, spricht vor allem Rubinstein (1958) von Entscheidungen, denen eine Änderung der Werteskala vorausgegangen ist: »Das, was mir noch kurz zuvor erwünscht und wertvoll erschienen war, hatte plötzlich seine Anziehungskraft verloren« (S. 636).

In der angelsächsischen Literatur treten Konzepte, die mit dem »prospektiven Ich« gleichzusetzen wären, oder auch nur die Annahme von entscheidungsrelevanten Wirkungen allgemeiner Lebensgrundrichtungen kaum auf. Hingegen finden sich häufig sozialpsychologische Arbeiten, die die Frage der Auswirkung von *Einstellungen* untersuchen und dabei die Bedeutung überdauernder Attitüden auf *Entscheidungen* bestätigen (z.B. Festinger, 1957).

---

[43] Nach unserem Ansatz – dies sei hier wiederholt – ist die Entscheidungssituation nicht auf existenzielle Unorientiertheit beschränkt. Übernähme man die extreme Auffassung Thomaes, wäre die mögliche Anwendbarkeit der Befunde auf Entscheidungen von unterschiedlicher subjektiver Bedeutsamkeit infrage gestellt.

So zeigte Mondlane (1960) aufgrund einer von ihm durchgeführten Untersuchung, wie internalisierte Gruppennormen Entschlüsse beeinflussen. Er stellte seinen Probanden (Studenten) die Frage, in welcher Form ein Neger, der in einem Examen betrogen hatte, bestraft werden soll. In »öffentlichen« Äußerungen vertraten die Probanden meist die Ansicht, dass das nach akademischem Gesetz strafbare Verhalten nicht geahndet werden sollte. Wurden die Stellungnahmen jedoch anonym erbeten, dann forderten Studenten aus den Südstaaten signifikant mehr Sanktionen als Studenten aus dem Norden.

In einer theoretischen Analyse von Kirby (1965) wurden bestimmte, überwiegend kognitive Prozesse in Anlehnung an Dimensionen, die weitläufig dem »prospektiven Ich« bei Thomae (1955) vergleichbar sind, als für den Entscheidungsvorgang wesensmäßig herausgestellt. Von Bedeutung ist dabei – und auch diese Unterscheidung entspricht dem Trend in der angelsächsischen Entscheidungsforschung – die Abhebung der Dimension der sozialen Rolle von der Wertstruktur:

> »The type and strength of a particular decision made by an individual on a particular issue is based on three dimensions of his cognitive structures: (1) The instrumental dimension, his role-complex, (2) the directional dimension, his value structure, and (3) the data dimension the various concepts, facts, principles, laws, theories, etc.« (Kirby, 1965, S. 166).

Die Rollendimension spiegelt dabei die Erwartungen der Gesellschaft an das Individuum in seiner spezifischen Position wider, während die Werte allgemeine Verhaltensrichtlinien der Gesellschaft verkörpern. Der Entscheidungsprozess wird dann beeinflusst einmal von dem Grad, in dem sich Rollenvorschriften und individuelle Bedürfnisse, aber auch die allgemeinen Werte und die von der Einzelpersönlichkeit übernommenen decken; daneben wirken die unmittelbar situativen Bedingungen ein, zu denen auch der Informationsgehalt *(data-dimension)* gehört.

17.3.2 Einstellungen und Präferenzen

Zu den steuernden und kontrollierenden Faktoren sind auch die Einstellungen zu rechnen, die als gerichtete Verhaltensbereitschaften Handlungen spezifizieren und modifizieren. Empirische Untersuchungen über die Bedeutung von Einstellungen beim Entscheidungsablauf haben oft mehr den Charakter einer Validitätsprüfung der verwendeten Einstellungsskalen als den eines Erkundungsexperiments, so dass ihre Aussagefähigkeit begrenzt bleibt.

Thurstone (1959) versuchte, die Wahlentscheidung bei politischen Wahlen aufgrund einer eindimensionalen Einstellungsskala vorauszusagen. Im Anschluss an diese Arbeit haben Ahrens und Möbus (1968) die Beziehungen zwischen der Einstellungsverteilung und dem Ausgang einer simulierten Wahl untersucht. Dabei zeigte sich, dass die Einstellungen zu den »Kanzlerkandidaten« in Bezug auf deren Aufrichtigkeit eine zutreffende Wahlprognose gestatten.

In einer Untersuchung von Kadushin, Rose und Sobel (1967) waren die mit dem Parent Attitude Research Instrument (PARI) erfassten Erziehungseinstellungen ohne prognostische Bedeutung für wichtige Entscheidungen auf diesem Gebiet. Ergebnisse über positive Beziehungen legt die Werbeforschung vor, wenn sie nachweist, dass Personengruppen bei entsprechender Einstellungsausprägung mit voraussagbarer Wahrscheinlichkeit ein bestimmtes Konsumentenverhalten praktizieren. Damit stützt sie die These, dass die Kaufentscheidung von den relevanten Einstellungskomplexen mitbestimmt wird (siehe Moser, 2002).

Verschiedene Autoren sprechen von »Präferenzen«, wenn sie entscheidungsdeterminierende Faktoren beschreiben. Bei genauerer Betrachtung stellt sich heraus, dass es sich dabei um einen sehr diffusen Begriff handelt. Ach (1944) versteht darunter eine Vorliebe für eine bestimmte Objektart bzw. Darstellungsform seiner Versuchsanordnung. Edwards (1954a, 1954b) verwendet den Begriff im Sinne von konstanten Einstellungen gegenüber Risiken und im Sinne von relativ konsistenten Vorlieben für bestimmte Wahrscheinlichkeitsbereiche.

Präferenzen können daher schwerlich als eine eigenständige Kategorie wahlbestimmender Faktoren gelten. Es scheint sich dabei vielmehr um einen Verhaltensbegriff zu handeln, dessen theoretische Bedeutung jeweils durch eine operationale Definition festgelegt werden muss. Die motivationalen Hintergründe von Präferenzen sind nach unserer Meinung in den Bereich der Antriebsstruktur und dort in großer Nähe zu den Einstellungen einzuordnen.

In diesem Zusammenhang sei nochmals auf die soziale Determination der Einstellungen und Werte hingewiesen. Die kulturanthropologische Forschung einerseits und die gruppendynamische Richtung innerhalb der Sozialpsychologie andererseits haben die Aufmerksamkeit auf diesen sozialen Einfluss bei der Genese, Kontinuität und Änderung von Haltungen gelenkt.

So stellte Malinowski (1927) erstaunt fest, dass die Tobriander auf Neuguinea keine Ähnlichkeiten zwischen Brüdern oder zwischen Müttern und ihren Kindern sehen. Ihre Wahrnehmungsbereitschaft hat sich unter dem Einfluss ihrer Kultur weit von dem entfernt, was wir als richtig betrachten. Benedict (1969, S. 189) beschrieb die Kulturen der Pueblos in Mexiko, der Dobu, die eine Inselgruppe östlich von Neuguinea bewohnen, und der Kwakiutl an der Nordwestküste des nordamerikanischen Kontinents und stellte bei dieser letzteren Gruppe fest:

> »Die verwickelte Natur des Problems sozialer Werte wird einem an der Kultur der Kwakiutl besonders klar. Das Hauptmotiv, auf dem ihre Institutionen beruhen und das sie in hohem Ausmaß mit der Gesellschaft von heute teilen, heißt Rivalität. Diese ist ein Kampf, der nicht um die wirklichen Objekte des Kulturzieles geht, sondern lediglich der Demütigung des Mitbewerbers dient. Die Aufmerksamkeit richtet sich nicht mehr auf die hinreichende Versorgung der Familie oder auf den Erwerb von Gütern, die man nutzbringend verwerten oder an denen man sich erfreuen könnte, sondern auf das Überflügeln des Mitmenschen und auf den Ruhm, mehr zu besitzen als irgendein anderer«.

Mead (1928, 1930) wandte sich anderen pazifischen Kleinkulturen zu. Ihre Berichte über die Kultur der Samoaner, der Manus, der Arapesh, der Mundugumor, Jatmul, Tschambule und Balinesen demonstrieren ebenfalls, wie stark die Ausgestaltung der Wertewelt und der Einstellungen von der jeweiligen sozialen Umgebung abhängt.

Diese klassischen Feldstudien können den Blick auch für unsere europäische Zivilisation öffnen und die Frage, wie sehr der Mitteleuropäer eine Verkörperung der in seiner Gesellschaft akzeptierten Haltungen und Wertmaßstäbe ist. Die Studien führten dazu, dass »Selbstverständlichkeiten« als Artefakte der Gesellschaft erkannt wurden (Hofstätter, 1966, S. 57 ff.).

Von einem experimentellen Ansatz aus zeigte Hovland (1951) im Rahmen seiner Kommunikationsforschungen, wie Einstellungen erworben und verändert werden. Gerade die Änderung von Einstellungen ist bis heute ein breites Experimentierfeld, auf dem u.a. Festinger (1957), Osgood und Tannenbaum (1955), Rosenberg (1960) theoretische Vorstellungen entwickelt haben. Auch hierbei zeigt sich, wie stark die Prägung von Einstellungen von den sozialen Gruppen abhängig ist, denen das Individuum angehört (vgl. auch bereits Kap. 6.2).

Für das Entscheidungsgeschehen folgt aus den hier kurz dargestellten Zusammenhängen, dass der Verlauf des Entscheidungsprozesses – auch bei Nichtanwesenheit von anderen Personen – in erheblichem Maße von sozialen Komponenten bestimmt wird. Dabei sind Einstellungen im Gegensatz zu Entscheidungen stärker situationsunabhängig (dazu Jungermann et al., 2001, S. 398; vgl. auch Funke, 2003, insb. S. 113-115, 118).

17.3.3 »Lageschema«

Als Bestimmungsmoment besonderer Art, das auf die Auswahl einer Handlungsmöglichkeit ausschlaggebend einwirken kann, erscheint das von Thomae (1965, S. 37) beschriebene »Lageschema«. Er versteht darunter die »in Fleisch und Blut übergegangenen Erfahrungen«, die »Erfahrungsniederschläge von ›existentieller‹ Bedeutung«, die »das Verhalten lenken, ohne im allgemeinen ins Bewußtsein treten zu müssen«. Das Lageschema enthält das »Wissen um die Lage des Menschen, seines leiblichen und sozialen ›Ich‹, seiner Stellung in Zeit und Geschichte, vor Lebensberuf und Tod« (S. 38). Es umgreift also die Verarbeitung der persönlichen und überpersönlichen Vergangenheit, das Selbstverständnis in der Gegenwart und den Zukunftsentwurf; es ist als Inbegriff der Wirksamkeit von Gefühlen und von unbewusst sich entfaltenden Einstellungen zu denken. Dieses Orientierungssystem wird von Thomae (1965, S. 212) teils auf die Wirksamkeit von kortikalen Sekundärsystemen, teils auf mehr endothym verlaufende Regulationen zurückgeführt.

Das Lageschema hat tendenziell den Effekt, eine unter den zunächst angetroffenen Bedingungen erprobte Technik zur Lösung eines Problems in kommenden ähnlichen Situationen beizubehalten. Insoweit fungiert es geradezu als ein Mechanismus, Entscheidungen auch auszuweichen, indem man ehemals erfolgreiche Verhaltensweisen ohne genauere Prüfung der Bedingungsgleichheit wiederholt. Der als Lageschema vorgestellte Mechanismus kann aber auch zu einer zeitlichen Verzögerung der Entscheidung führen, wenn neuartige Verhaltensrichtlinien erprobt werden.

Andererseits kann manche Entscheidung überhaupt erst über die Neuorientierung des Lageschemas herbeigeführt werden. Ist der Druck der einzelnen Faktoren der Situation so stark, dass das Lageschema nicht beibehalten werden kann, führt dies besonders in tiefgreifenden Konflikten zur Aufgabe oder Modifikation des bisherigen Daseinsentwurfs. Entscheidungen, die mit einer Umstellung der überkommenen Wertordnung zusammenhängen, führen das Individuum aus seinem verfestigten Weltbild heraus und begünstigen den Aufbau neuer Werthaltungen. In das Lageschema als Bezugssystem für das eigene Handeln geht immer auch ein gewisses Wissen um die Möglichkeiten und Aufgaben des Lebensalters der Person ein. Im Hinblick darauf gewinnt seit einigen Jahren die – hier nicht weiter zu vertiefende – Frage an Interesse, ob bzw. wie sich Entscheidungsverhalten mit zunehmendem Alter verändert (siehe etwa Yates & Patalano, 1999; Sanfey & Hastie, 2000).

18 Thomaes Persönlichkeitsmodell und Formen der Entscheidung

Thomae (1960) hat – als bisher wohl Einziger – die Möglichkeit aufgewiesen, verschiedene Formen des Entscheidungsverhaltens aufgrund der Antriebsstruktur zu differenzieren, ein Ansatz, der für die Vielfalt der Entscheidungssituationen neue Ordnungsgesichtspunkte bietet.

Differenzielle Kriterien waren teilweise schon im Rahmen der grundsätzlichen Erörterung von Verlaufsformen bei den zentralen und peripheren Entscheidungen (Kap. 12) angeklungen. Eine nähere *Auffächerung* der Klassifikationsgesichtspunkte musste dort zurückgestellt werden; sie erfolgt, da die einzelnen Formen eng mit dem von Thomae (1955) vorgestellten Persönlichkeitsaufbau zusammenhängen, erst an dieser Stelle unserer Untersuchung, nachdem die verschiedenen Persönlichkeitsbereiche im Sinne Thomaes soeben erörtert worden sind (siehe Kap. 17).

18.1 Sukzessive Ambitendenz

Bei der sukzessiven Ambitendenz oder – wie Thomae auch sagt – der dezentrierten Regulation handelt es sich – wie schon erörtert (Kap. 15.6) – um Formen des Konflikts, dessen Lösung – mit nur mäßig erlebter Beteiligung des

Individuums – fast »automatisch« erfolgt. Es sind nur periphere Regionen der Persönlichkeit betroffen, so dass bei späteren, ähnlich gerichteten Ausgangslagen auch abweichende oder gar situationskonträre Entschlüsse gefasst werden, wobei diese Inkonsistenz die Mitte der Person in keiner Weise tangiert.

Wiederholt wurde diese Charakterisierung hier nur, um die Form der sukzessiven Ambitendenz bzw. der dezentrierten Regulation in den Zusammenhang auch der Kategorien zu stellen, die von der Antriebsstruktur her entwickelt worden sind.

18.2 Überformung

Die Regulation der Überformung wird vom prospektiven Ich geführt. Der aufgetretene Konflikt wird hier bewältigt, indem dieser übergeordnete, zukunftsorientierte und sichernde Bereich bei der Auswahl der widerstreitenden Motive den Ausschlag gibt.

Beispiele für Überformungssituationen finden sich in den Protokollen über die Hungerversuche Rohrachers (1932), die wir erwähnt hatten (Kap. 17.1.2). Bei Experimenten dieser Art ist ein Primärbedürfnis[44] tangiert, dem »höhere«, durch die Instruktion induzierte Werte entgegenstehen. Thomae (1960, S. 82 f.) bemerkt dazu:

> »Die Übernahme der Instruktion, zu hungern, solange dies gehe, löst ... sehr maßgebliche Bereitschaften seitens der Persönlichkeit aus, dieser Instruktion gemäß zu handeln. Diese Bereitschaften sind vor allem auch an der Tatsache orientiert, daß es unrühmlich, ja vielleicht materiell sogar von Nachteil sein könnte, wenn man als Angehöriger des Instituts in einem solchen Versuch nicht bestehe«.

Merkmale der Überformung lassen sich an folgendem Fall aus Rohrachers Hunger-Versuchen ablesen:

> »So oft das Bedürfnis auftrat, sagte ich mir: nein, jetzt wird nicht gegessen. Ich glaube, feststellen zu können, daß der Wille, nicht zu essen, die Ursache der Ablehnung des Bedürfnisses ist. Dasjenige in mir, was nicht essen will, bin ich selbst. Es ist mein persönliches Ich, welches dem Bedürfnis das Nachgeben versagt. Ich finde in diesem Erlebnis eine Zerspaltenheit, eine Zwiepolarität, auf deren einer Seite das persönliche Ich ist, welches die Willenstärke zur Überwindung des Bedürfnisses besitzt. Es ist überhaupt ein ständiger Bereitschaftszustand vorhanden, weil ich ja weiß, daß ich mit der Zeit

---

[44] Ein möglicher Eindruck darf hier korrigiert werden, der durch die Verwendung des Terminus »Primärbedürfnis« entstehen könnte: Gegenkräfte gegen die Funktionen des prospektiven Ichs können vitale, biologisch bedingte *und* sekundäre, erlernte Bedürfnisse sein. Die Beschränkung auf Primärantriebe würde den differenziellen Wert der Entscheidungsformen erheblich beeinträchtigen. Thomae (1960) nennt sie daher Gerichtetheiten, die in intensiver und extensiver Weise bestimmte Ziele zu erreichen versuchen ohne Rücksicht auf übergreifende Erfordernisse des handelnden Subjekts (S. 87), wodurch er die Vielfalt möglicher Antriebe in keiner Weise einschränkt.

Hunger bekommen werde, gegen den ich aufzukommen habe« (Bericht nach 14stündigem Hungern; vgl. Rohracher, 1932, S. 96).

Die Betonung des »Willens« in dem Bericht spiegelt die Hypothese der älteren Motivationspsychologie wider, es gäbe ein objektives Korrelat der Erlebnisdimension, die durch die Empfindung eigenständiger Zielsetzung charakterisiert sei. Die Zentrierung auf beobachtbare Verhaltensmerkmale in der gegenwärtigen Forschung führt demgegenüber weithin zum Verzicht auf diese Hypostasierung, wie im Einzelnen bereits dargestellt wurde.

Als inhaltliche Komponenten des »prospektiven Ichs« (das Thomae freilich nicht als Instanz substanzialisiert, sondern als Klassifikationseinheit versteht) dominieren bei dem Regulationsmodus der Überformung Vornahmen, Einstellungen und internalisierte gesellschaftliche Normen. Der Entscheidungsvorgang wird weniger als ein Widerstreit zwischen zwei gleichstarken Tendenzen erlebt; die Erscheinungsformen des prospektiven Ichs lassen sich hier gleichsam als Barrieren oder Kontrollstationen auffassen, die anderslautende Tendenzen abzudrängen oder so weit zu modifizieren suchen, bis sie mit den »offiziellen« Repräsentanten übereinstimmen. Darin besteht die wesentliche Kennzeichnung dieses Entscheidungstypus: nicht der zugrunde liegende Antrieb gewinnt die Oberhand, sondern Kontrolle und/oder Widerstand bestimmen den endgültigen Entschluss. Man sollte daher in diesem Zusammenhang nicht von Ich-Strebungen sprechen, sondern – begrifflich exakter – von Funktionen, die mit »Kontrolle« oder – neutraler – mit »Orientierung« angemessen zu umschreiben sind.

18.3 Impulsive Regulation

Die impulsiven Regulationen sind im Anschluss an Thomae (1960, S. 85) als die Entscheidungsformen zu definieren, bei denen »der Durchbruch einer Regung fühlbar wird, welche ... der Ich-Kontrolle zuwiderläuft«.

Als Beispiele können hier wiederum die Schilderungen aus Rohrachers Hunger-Versuchen herangezogen werden; denn die Ausgangslage für impulsive Regulationen und für Überformungen ist *gleich*. Der Unterschied liegt in der *Art der Auflösung* des Konflikts.

Von impulsiver Regulation würde man dort sprechen, wo dem Hungerbedürfnis trotz der Einwände der Steuerungsfunktionen nachgegeben wird. Nesswetha (1964) verwendet zur Veranschaulichung solcher Situationen den Begriff der »Überflutung«. Sofern damit die Sachlage adäquat erfasst wird, lässt sich in Fällen dieser Art allerdings nicht mehr von einer bestimmten Form einer Entscheidung sprechen; denn die Voraussetzung für Entscheidungen, das Wirken mehrerer etwa gleich starker Motive, liegt nicht bzw. nicht mehr vor, wenn das Bedürfnis *übermächtig* geworden ist. Ein solches Geschehen dürfte besser als eine *Impuls*handlung bezeichnet werden. Auch wenn von Anfang an ein Gefälle in eine bestimmte Richtung besteht, wird kein Entscheidungsvorgang eingeleitet, vielmehr handelt es sich um den Ablauf einer normalen Bedürfnisbefriedigung, der gewisse Tendenzen von geringer Intensität noch entgegenstehen mögen.

Die Frage, ob es bei identischer Ausgangslage zu Überformungs- oder zu impulsiven Reaktionen kommt, dürfte von verschiedenen Persönlichkeitsvariablen abhängen. So könnte z.B. die Flexibilität, die Feldabhängigkeit nach Witkin (1965) oder auch die Position auf einer Extraversions-Introversionsskala die Verhaltensstrategie in diesem Ausschnitt des Entscheidungsbereichs beeinflussen. Entsprechende Untersuchungen könnten bei einer gezielten Hypothesenformulierung gleichzeitig zur Kreuzvalidierung der Thomaeschen Schlussfolgerungen dienen.

18.4 Individuell bedeutsame Multivalenz

Als letzte von der Antriebsstruktur her bestimmte Entscheidungsform nennt Thomae (1960, S. 90) die kernzentrierte Regulation, die er umschreibt als »das Erlebnis eines Konflikts zwischen existentiell bedeutsamen Zukunftsausrichtungen, der nur durch eine propulsive Weiterentwicklung des Kerns der Persönlichkeit beendet werden kann«. Formal wäre die Ausgangslage dafür die Konkurrenz oder der Widerstreit zwischen etwa zwei gleichstarken *zentralen* Strebungen, die dem Kernbereich der Person zuzuordnen wären. Im Gegensatz zur dezentrierten Regulation ist die Ausgangslage bei der *kernzentrierten* Regulation mit besonderem existenziellem Gewicht belastet. Auch im weiteren Verlauf wird keine der Tendenzen von existenziellem Gewicht befreit, während Überformung und impulsive Reaktion Antriebe ohne besondere Bedeutung für das Individuum bleiben. Daher kommt Thomae (1960, S. 88) zu dem Ergebnis, dass eine echte Multivalenz nur bei kernzentrierten Regulationen vorliegt. Lediglich für Fälle dieser Art möchte er den Begriff der Entscheidung reservieren. Wie wir schon in ähnlichen Zusammenhängen dargelegt haben, halten wir eine solche Einschränkung des Entscheidungsbegriffs nicht für geboten, weil dann eine nur sehr geringe Anzahl von regulatorischen Ichleistungen in multivalenter Situation mit dem Entscheidungsbegriff erfasst werden könnte. Da jedoch die hier behandelte Verhaltenskategorie ihre Funktion einer phänomenologischen Differenzierung von Entscheidungsgeschehen praktisch recht gut erfüllt, sollte sie der Sache nach jedenfalls beibehalten werden. Lediglich um klarzustellen, dass wir uns von der engen Fassung des Thomaeschen Entscheidungsbegriffs absetzen, werden wir von *individuell bedeutsamer Multivalenz* sprechen, wenn wir die Kategorie von Entscheidungsverhalten meinen, der Thomae den Begriff »Entscheidung« vorbehält.

Während die Thomaesche Taxonomie aufschlussreiche Ordnungsgesichtspunkte für den Gesamtkomplex des Entscheidungsbereichs liefert, sind der gewählten Terminologie gegenüber einige kritische Bemerkungen notwendig. So widerspricht die Bezeichnung »kernzentrierte Regulation« im Grunde Thomaes eigener Persönlichkeitslehre. Als Komplementärbegriff müsste man nämlich den der »randzentrierten Reaktion« einführen; konsequenterweise wären ihm die impulsiven und prospektiven Regulationen zuzuordnen. Da sich Thomaes System aber als dynamisches Zusammenwirken mehrerer peripherer und zentraler Bereiche darstellt, können das prospektive und das impulsive Ich Rand- und Kernbereichen angehören. Die Reservierung existenzieller Konflikte für nur eine der vier unterschiedenen Entscheidungsformen scheint uns daher inkonsequent zu sein.

Unabhängig davon erscheint die gewählte Differenzierung in vier Klassen jedoch sinnvoll. Die Einteilung ermöglicht es, die vielfältigen bisher genannten Entscheidungssituationen unter Berücksichtigung des Persönlichkeitsaufbaus in eine gewisse Ordnung zu bringen. So sind die meisten der experimentell induzierten Prozesse eindeutig den sukzessiven Ambitendenzen zuzuordnen. Auch in den Erhebungen von Nesswetha (1964) und Thomae (1960) kommen sie relativ oft vor (28,5 % bzw. 12,7 %), obwohl dort die Schilderungen *schwerster* Entschlüsse bzw. Konflikte analysiert wurden.

Überformungen, impulsive Reaktionen und mit sehr geringer Häufigkeit individuell bedeutsame Multivalenzen finden sich am ehesten in Ernstsituationen, wie sie Schilderungen etwa in ausführlichen Lebensläufen zu entnehmen sind. Dass aber auch sowohl komplexe als auch die Person in ihren zentralen Bereichen tangierende Situationen experimentell untersucht werden können, zeigen die Hunger- und Stabversuche von Rohracher (1932) nicht weniger als die bei Thomae (1960) angeführten Beispiele vergleichbarer Art. In den auch hier häufiger zitierten Protokollen lässt sich in der Regel eine verhältnismäßig starke personale Betroffenheit erkennen. Auch die schon erwähnte Arbeit von Brim et al. (1962) zeigt die Möglichkeit auf, bestimmte Entscheidungssituationen, die einen gewissen lebensnahen Bezug haben, experimentell anzuregen und methodisch weitgehend unter Kontrolle zu halten. Trotz des fiktiven Hintergrunds der untersuchten Entscheidungssituationen lassen Anlage dieser Versuche und Auswahl der Versuchspersonen – sie mussten tatsächlich einen Sohn in dem fraglichen Alter haben – vermuten, dass zumindest teilweise individuell bedeutsame Multivalenz vorlag.

19 Die Abschlussphase der Entscheidung

Entscheidungsvorgänge finden ihren Abschluss entweder in der eindeutigen Auswahl einer der vorhandenen Alternativen oder in mehr oder weniger erfolgreichen Versuchen, der Forderung nach einer klaren Präferenz einer der Verhaltensmöglichkeiten und deren Realisierung zu entgehen.

Die inhaltliche Charakterisierung des Abschlusses darf freilich nicht losgelöst von der Ausgangssituation und den Vorgängen während der Hauptphase des Entscheidungsprozesses gesehen werden. Ein Entschluss (z.B. eine Tasse Kaffee zu trinken, via Internet ein Wohnmobil zu ersteigern oder zu heiraten) ist unmittelbar oder mittelbar durch die im Dasein gestellten Aufgaben, durch die alternativen Verhaltensmöglichkeiten und die übrigen Inhalte des individuellen Lebensraums bestimmt. Es wäre daher eine gefährliche Vereinfachung, wollte man Entschlüsse (oder andere Abschlussformen) untersuchen und miteinander vergleichen, ohne die Gesamtsituation des Dezidenten zu berücksichtigen.

19.1 Hauptinhalte

Nach den von Thomae (1960) analysierten Niederschriften wird der Entschluss häufig durch zusätzliche Information, die von außen herangetragen, nicht selten auch dem *Verhalten anderer* entnommen sein kann, ausgelöst. In den meisten experimentellen Untersuchungen dürfte die Auslösung aufgrund der Daten erfolgen, die von der spezifisch gestalteten Versuchssituation und von den Merkmalen der Aufgabe bestimmt sind. Dazu gehören vor allem die zeitliche Begrenzung, die Anwesenheit des registrierenden Versuchsleiters, der Wunsch nach Beendigung der Sitzung etc.

Empirische Belege für das Erleben *während des Abschlusses* des Entscheidungsgeschehens sind überraschend selten. Zwei Gründe lassen sich anführen: Entweder wird auf eine introspektive Datengewinnung von vornherein verzichtet oder man unterliegt einem Figur-Grund-Phänomen, indem bei Schilderungen länger zurückliegender Erlebnisse bestimmte Aspekte – z.B. die Auseinandersetzung mit gleichwertigen Alternativen – in den Vordergrund der Aufmerksamkeit rücken, während andere weniger problematisch erlebte Momente den Hintergrund des Bewusstseins bilden.

Skawrans (1927) Analyse der erlebnismäßigen Begleiterscheinungen von Entschlüssen stellt eine gewisse Ausnahme dar. Da die Versuchspersonen jedoch die ziemlich lebensferne Aufgabe hatten, zwischen verschieden starken Ergografenzügen zu wählen, ist an der *Allgemeingültigkeit* der gewonnenen prägnanten Aussagen leider zu zweifeln. Ein Entschluss stellt sich unter dieser Versuchsanordnung als die Auswirkung der auf ihn hindrängenden Gefühle und Spannungsempfindungen dar. Unmittelbar vor diesem Abschluss erlebten die Probanden eine Kulmination ihrer Spannungsgefühle. So berichtet eine der Versuchspersonen:

> »Der Entschluß markierte sich sehr deutlich. Kurzes, ruckartiges Einatmen. Spannungsempfindungen um die Brust herum, Ärgergefühle, so lange aufgehalten zu sein. Das markierte den Entschluß ... « (nach Skawran, 1927, S. 104); und eine weitere Versuchsperson: »... dann alle Züge vorgestellt ... Ich sah keine Möglichkeit, mich zu entscheiden. Das stimmte mich unlustig. Es kam der Gedanke, du mußt aber eine begründete Entscheidung treffen, und an diesen Gedanken schlossen sich sehr starke Billigungsgefühle an. Es drängte mich sehr auf den Entschluß hin« (nach Skawran, 1927, S. 107).

Thomae (1960, S. 151) interpretiert diesen Prozess als eine sukzessive Änderung der Gewichtigkeit einer oder mehrerer Alternativen. Er ist der Meinung, dass sich die auftretenden Erlebnisvarianten weitgehend in den Formen widerspiegeln,

> »... in denen das Gewählte durch die Versuche zur Neuorientierung bzw. eine im Laufe dieser Neuorientierung eintretende Situationsänderung mehr und mehr mit existentiellem Gewicht belastet wird; ... in denen das zuletzt nicht Gewählte mehr und mehr von existentieller Bedeutsamkeit entlastet wird; ... in denen die Orientierungsbemühungen bzw. die während dieser Bemühungen geschehenen Situationsänderungen sowohl in Richtung auf eine immer stärkere Belastung der einen, als auch auf eine immer stärkere Entlastung der anderen Seite von solcher Bedeutsamkeit zielen«.

Sprachliche Äußerungen über das Entschlusserleben sind in den Berichten jedenfalls wenig informativ, wenn

- nur wiedergegeben wird, was nach der Beendigung der Periode der Unschlüssigkeit getan wurde, so dass der Abschluss selbst nur indirekt beschrieben ist;
- man nur formuliert, von einem bestimmten Punkt an habe etwas festgestanden;
- einfach erklärt wird, man habe sich entschlossen.

Diese Chiffren bezeichnen im Grunde nur das zeitliche Moment, von dem an eine Deutung der multivalenten Situation zumindest so weit gefunden ist, dass Ansätze einer »Orientierung« erreicht sind. Das Stadium der Unentschiedenheit ist allerdings erst beendet, wenn sich das – meist befriedigende – Gefühl einstellt, die Lösung gefunden zu haben. Dieser Übergang wird oft als eine Periode inneren Ringens, einer bisweilen harten Auseinandersetzung mit den verbleibenden Alternativen erlebt, die ausklingt und beendet wird, sobald sich die Gewichte verteilen, das Geschehen sich im Sinne der größten individuellen Gewichtigkeit reguliert hat (Thomae, 1960, S. 151). Kennzeichnend für überwiegend *rational* bestimmte Entscheidungen sind Formen der Auseinandersetzung, in denen die Orientierungsbemühungen in einem *Abwägungsprozess* auf eine stärkere Belastung der einen und zugleich auf eine Entlastung der anderen Seite gerichtet sind (Gollwitzer, 1991, S. 64).

Nur selten erfolgt die Entscheidung durch einen »punktuellen« oder »blitzartigen« Wollensakt, von dem ein Zug zur Realisierung ausgeht, der die anderen Handlungsmöglichkeiten übertönt; sie erwächst in der Regel – wie Nesswetha (1964, S. 41) formuliert – »als Aussonderung einer der situativ gegebenen Möglichkeiten durch Anreicherung mit existentieller Bedeutsamkeit, geschöpft aus dem innegewordenen Sinnhintergrund des eigenen Lebens«. Dabei ist der Vorgang nicht in allen Fällen getragen von dem Evidenzgefühl der richtigen Wahl; es kommt ihm oftmals ein ausgesprochener Wagnischarakter zu. Unabhängig davon ist wesentlich das Erlebnis »einer zentralen Abstimmung, Hinordnung und eines Innewerdens der individuell-existentiellen Grundrichtung« (Nesswetha, 1964, S. 41).

19.2 Entschluss und realisierendes Wollen

Sobald der Entschluss vorliegt, sind Gefühle ausgelöst wie »ich will wirklich«, »so soll es geschehen«, »da ist es« etc. Diese Ziel- und Handlungsrichtung ist häufig mit dem Bewusstsein des Wählenkönnens verbunden, dem Erleben der subjektiven Wahlfreiheit, und steht damit im Gegensatz zum realisierenden Wollen, dem »eigentlichen Willensakt« bei Ach (1935); hier existiert nur die eine, schon festgelegte Möglichkeit des Verhaltens. Das mit dem Entschluss verbundene Bewusstsein, so aber auch anders handeln zu können, braucht freilich nicht klar und eindeutig auch erlebt zu werden (z.B. bei der routinierten Entschlussbildung).

Die gewählte Alternative hat stets zwei Kriterien zu genügen: der Dezident muss zumindest die Erwartung (nicht notwendig die Gewissheit) haben, dass er das vorgestellte Handlungsziel verwirklichen kann, und er muss es allen anderen konkurrierenden Optionen vorziehen.

Das Erlebnis der Durchführbarkeit wird schon von Klages (1929/1960) als »Bewusstsein des Könnens« beschrieben und als Voraussetzung für das Zustandekommen einer Volition herausgestellt. Ist das Ziel völlig unerreichbar, kann es höchstens noch Gegenstand eines Wunsches sein. Selbst wenn also die Realisierung des Zieles nur subjektiv infrage gestellt ist und nicht gleichwohl für immerhin möglich gehalten wird, genügt dies, um eine Entschlussbildung zu verhindern.[45]

Die für hinreichend realisierbar erachteten Verhaltensmöglichkeiten differenzieren sich nach mehreren ineinander greifenden Wertgesichtspunkten: ob sie mehr oder weniger angenehm, nützlich, erfolgversprechend etc. sind. Wählen heißt unter diesem Gesichtspunkt also werten. Das Individuum ergreift die Möglichkeit vor den übrigen, die ihm – grundsätzlich unter Berücksichtigung mehrerer Aspekte – aufgrund *seiner* motivationalen Situation am sinnvollsten erscheint.

Von dem Bewusstsein, dass man die gewählte Verhaltensmöglichkeit durchführen *kann*, ist das Erleben zu trennen, dass man sie realisieren *wird.* Die subjektive Gewissheit der Verwirklichung ist eine Komponente des *Entschlusses* wie auch des *realisierenden Wollens* oder – wie Selz (1910) sagte – der »realisierenden Willensanspannung«, die mit dem »primären Willensakt« bei Ach (1935) identisch ist. Sie bezieht sich auf die Verwirklichung einer Intention

---

45 Andererseits werden Versuchsanordnungen mit Wahlzwang zwischen völlig irrealen Alternativen erstellt: Versuchspersonen sollen entscheiden, welches von mehreren Zufallsereignissen zunächst eintritt (z.B. Detambel & Stolurow, 1957: welche von mehreren Lampen leuchtet zunächst auf?). Da es sich nach unserer Definition auch in solchen Fällen um Vorgänge vom Typus des Entscheidens handelt, kann die Auswahl einer der vorgegebenen Alternativen auch hier durch einen Entschluss beendet werden. Die Beschränkung des Entschlusses auf subjektiv bedeutsame Situationen führt dagegen zu Aussagen, die nur für einen – wenn auch wichtigen – Teilbereich des Erlebens gelten.

selbst gegenüber Widerständen und stellt das *Initialmoment* zur Durchführung der gewählten Verhaltensalternative dar. Sie *kann* wegen des zur Umsetzung in die Tat und zur Überwindung von Widerständen erforderlichen Energieaufwands mit nicht minder heftigen Spannungserlebnissen verbunden sein als die vorausgegangene Entschlussfassung. Ach (1935) meinte deshalb, es handele sich dabei um ein Wollen in höchster Ausprägung. Allerdings richtet sich der Energieeinsatz nicht wie beim Zustandekommen von Entschlüssen in erster Linie nach innen zur Auswahl der sinnvollsten Verhaltensmöglichkeit, vielmehr ist er zur Überwindung (auch) externer Widerstandsmomente gegen die Ausführung nach außen gerichtet.

Das *realisierende* Wollen leitet sich hiernach *aus* dem Entschluss ab. Wenn auf den Entschluss die Durchführung folgt, muss sie durch eine weitere koordinierte psychische Handlungsabfolge – eben durch das realisierende Wollen – *initiiert* werden. Rohracher (1932) kommt bei Gegenüberstellung beider Phänomene daher zu dem Begriffspaar »originäres« und »derivatives« oder auch »primäres« und »sekundäres« Wollen.[46]

Mit der Frage nach der Umsetzung der getroffenen Wahl, also der Frage, ob der Entschluss *oder* das realisierende Wollen als eigentlicher *energieauslösender* Akt anzusehen ist, verlassen wir die Ebene deskriptiver Analyse und nehmen eine Deutung der beiden Sachverhalte vor. Um deren tatsächliche Bedeutung im Rahmen der gesamten Verhaltensphänomene zu präzisieren und nicht durch alleinige Beachtung eines bestimmten Aspekts einer unkontrollierten Vorannahme zu unterliegen, erscheint es zweckmäßig, die Frage von verschiedenen Gesichtspunkten aus zu betrachten. Was dann als springender Punkt, als wichtigste Phase vor dem angestrebten entsprechendem Verhalten erkannt wird, könnte man als die Volition im eigentlichen Sinne oder – wie es in der älteren Terminologie heißt – als den »eigentlichen Willensakt« bezeichnen.

19.2.1 Das »eigentliche Wollen« unter energetischem Aspekt

Ach (1935) sah in der Entschluss*realisierung* die stärkste Intensität des Wollens, die durch das Angehen und Überwinden erheblicher innerer und äußerer Hindernisse gekennzeichnet sei. Wenn er den »eigentlichen Willensakt« an derjenigen Stelle im Strom des Verhaltens lokalisieren möchte, die durch die größte *motivationale* Anspannung bestimmt ist, betrachtet er das Phänomen hauptsächlich unter *energetischem* Aspekt. Nun ist aber die Frage nach der größten wollensmäßigen Anspannung nicht so einfach zu beantworten, wie es bei Ach den

[46] Da beide Sachverhalte für das Verständnis menschlichen Handelns von eminenter Bedeutung sind, ist es sicherlich kein Zufall, dass gerade an diesem Punkt eine ausgedehnte Polemik zwischen Ach (1910) und Selz (1911) entbrannte, in deren Verlauf keiner den anderen zu überzeugen vermochte (vgl. auch Selz, 1910).

Anschein hat. Bei einer Vielzahl von volitionalen Abläufen erfordert gerade die *Entschlussfassung* eine ungleich größere energetische Anspannung als die sich daraus ableitenden *realisierenden Tendenzen.* Das kann z.B. für Entschlüsse von besonderer Tragweite gelten, für Planungen in die weitere Zukunft oder für Entscheidungen von existenzieller Bedeutung.

Andererseits ist das *Fassen von Entschlüssen,* bei denen der Weg zum Ziel nur oberflächlich bekannt ist oder dessen Realisierung von unvorhergesehenen Schwierigkeiten begleitet ist, womöglich mit einem *geringeren Energieaufwand* verbunden als das nachfolgende *realisierende* Wollen. Die gleiche Beobachtung trifft auf Fälle zu, in denen der Entschluss auf die Ausführung eines Befehls oder die Erfüllung einer gestellten Aufgabe – wie im »kombinierten Verfahren« Achs (1935) – gerichtet ist. Denn dabei ist dem Individuum durch die spezifische Befehlsqualität die Entscheidung gleichsam abgenommen. Der Schwierigkeitsgrad der Durchführung liegt daher unter *energetischem* Aspekt in *diesen* Fällen regelmäßig höher.

Ehe man aber das eine oder andere Resultat unserer Überlegungen etwa voreilig verallgemeinert, wird man bei genauerem Zusehen unschwer erkennen können, dass die jeweilige energetische Akzentuierung weitgehend *situationsabhängig* ist. Außerdem scheinen verschiedene *Persönlichkeitskomponenten* wirksam zu sein. So weist Dreyer (1955, S. 65) darauf hin, dass der Entscheidungsabschluss bei zögernden, unselbständigen und ängstlichen Menschen mit so großen Schwierigkeiten verbunden ist, dass die Anstrengungen zu ihrer Überwindung die später im Zuge der Ausführung eventuell auftretenden Anspannungen bei weitem übersteigen (Typus des »Unschlüssigen«). Dagegen haben nach Dreyer Menschen mit *hohem Anspruchsniveau* in der Regel bei der *Durchführung* mit *größeren* Widerständen zu kämpfen. Dreyer spricht insoweit vom Typus des »Unentschlossenen«, der seine Entschlüsse immer wieder infrage stellt und sich *dadurch* bei der *Realisierung* alle erdenklichen Schwierigkeiten macht. Die zu beobachtende Unsicherheit wird bei dem »Unentschlossenen« hervorgerufen von der Furcht vor Misserfolg und setzt in einer *späteren* Phase ein als beim »Unschlüssigen«.

Weiterhin ist zu beachten, dass der Energieeinsatz bei der Wahl und der Realisierung – worauf Dreyer aufmerksam macht – *qualitativ* verschieden ist. Die Widerstände, gegen die Energie mobilisiert werden muss, *unterscheiden* sich bei den beiden Phänomenen, so dass ein bloß quantitativer Vergleich, wie wir ihn bei Ach (1935) finden, nicht zureichend erscheint.

Mit Grund gelangt Dreyer zu dem Ergebnis, dass sich allgemeinpsychologisch daher nicht festlegen lässt, ob die stärkste erlebte Anstrengung bzw. der höchste Energieeinsatz beim Entschluss oder bei der »realisierenden Willensanspannung« liegt. Der von Ach herangezogene energetische Aspekt reicht zu einer *eindeutigen* Klärung des Problems nicht aus.

19.2.2 Das »eigentliche Wollen« unter dem Aspekt des Unabhängigkeitserlebnisses

Ein anderes in der Literatur erörtertes Phänomen bezieht sich auf die *Dominanz des Unabhängigkeitserlebnisses* beim Entschluss und realisierenden Wollen. Zum Entschluss gehört unabdingbar die Möglichkeit, zwischen mindestens zwei Verhaltensmöglichkeiten subjektiv frei zu wählen (vgl. bereits Selz, 1910). Das Freiheits*erlebnis* tritt zwar beispielsweise bei der routinierten Entscheidung stark in den Hintergrund. Es ist nicht in jedem Fall aktuell oder dann doch nur in einer abgeschwächten, unterschwelligen Weise; auch dann bleibt es jedoch fungibel, »denn das Freiheitserlebnis ist ein Tiefenerlebnis, das bei dieser oberflächlichen Form des Sich-Entschließens lediglich deshalb nicht in vollem Umfang präsent ist, weil es nicht unmittelbar aufgerufen wurde« (Dreyer, 1955, S. 67).

Das realisierende Wollen ist dagegen eine Phase, die nur auf einen zuvor gefassten *Entschluss* folgen kann. »Während also der Entschluß die Richtung des Handelns, das Ziel, aus sich selbst heraus (selbstverständlich im Zusammenhang mit der Motivation) festlegt, steht das Ziel für die Willensanspannung gar nicht zur Debatte« (Dreyer, 1955, S. 68). Dieser Zusammenhang kommt auch durch die von Rohracher (1932) vorgeschlagene Terminologie (primäres und sekundäres, originäres und derivatives Wollen) prägnant zum Ausdruck. Das realisierende Wollen ist somit als Folgephase zeitlich und inhaltlich vom Entschluss abhängig. Als »Rückgriff auf den Entschluss« (vgl. Dreyer, 1955) ist es durch ihn bedingt, akzessorisch und von ihm her überhaupt erst verstehbar. Das realisierende Wollen kennt nur eine einzige Möglichkeit oder – wie Dreyer formuliert – eine »aufgegebene Notwendigkeit«. Unter dem Aspekt des Unabhängigkeitserlebnisses ist die Frage nach dem eigentlichen Wollen daher zugunsten des Entschlusses zu beantworten. Dieser und nicht das von ihm abgeleitete realisierende Wollen ist als der »spiritus rector« der Volition anzusehen.

19.2.3 Einwirkungen des Entschlusses auf das realisierende Wollen

Nach den bisherigen Ergebnissen könnte man vermuten, dass realisierendes Wollen so stark vom Entschluss abhängt, dass man mit einer gewissen Berechtigung von seiner »Wiederbelebung« in der Phase des Handlungsvollzugs sprechen darf. Sollte dann das realisierende Wollen lediglich eine Art Wiederholung des Entschlusses unter veränderten situativen Bedingungen sein? Falls sich diese Annahme belegen ließe, müsste der Entschluss zweifellos als bedeutungsvollster Schritt im Prozess des intendierten Gesamtverhaltens gelten. Dieser Fragestellung soll zunächst in der Weise nachgegangen werden, dass wir die hier naheliegende Problematik der Aufnahme *unterbrochener* Handlungen heranziehen und auf ihre Relevanz für unseren Sachverhalt untersuchen.

Nach Ovsiankina (1928), einer Schülerin Lewins, werden abgebrochene Wollenshandlungen später in der Regel wieder aufgenommen, während abgeschlossene Arbeiten nur eine geringe Wiederaufnahmetendenz zeigen. Ihren Experimenten liegt die Situation zugrunde, in der eine Wollenshandlung durch eine Auftragserteilung – also von außen – unterbrochen wird, so dass das realisierende Wollen und der dahinterstehende zugehörige Entschluss zunächst unerfüllt bleiben. Eine Wiederaufnahme der unterbrochenen Handlung erfolgte nur, wenn sich der frühere Vorgang auf irgendeine Art *strukturell* verfestigt hatte. Ovsiankina führt die Wiederaufnahme von unterbrochenen Handlungen auf eine durch die »Vornahme« – in unserer Terminologie: den Entschluss – erzeugte *Spannung* im psychischen System der Person zurück. Damit ist der Entschluss als Ausgangsereignis einer über eine bestimmte Zeit wirkenden *Tendenz* anzusehen, deren phänomenale Momente *oft verschwunden zu sein scheinen*, bis die Verwirklichung des Zieles durch *Hindernisse* erschwert oder blockiert wird. Als struktureller Grund steht der Entschluss also gleichsam hinter dem Vollzug und wird bei Widerständen als Anspannung im realisierenden Wollen wieder aktuell. Das dabei auftretende Erleben ist allerdings um das Moment der anfänglich gegebenen Wählbarkeit reduziert. Da das entschlussspezifische »Ich will dies wirklich« jedoch wiederkehrt, dürfte es in gewisser Weise berechtigt sein, das realisierende Wollen zumindest in den Fällen unterbrochener oder aufgeschobener Handlungen als Aktualisierung des »wiederaufgelebten Entschlusses« zu interpretieren, sofern dieser nicht – nach langer Unterbrechung oder langem Aufschub – originär »neu« gefasst wird.[47]

In Fällen, in denen sich der Entschluss auf ein *unmittelbar* zu verwirklichendes Ziel richtet, ist er zugleich handlungschaffendes Wollen. Dreyer (1955, S. 73) spricht im Hinblick auf den Gesamtvorgang treffend von »Vollzugswollen«. Trennt aber ein Zeitintervall Entschluss und realisierendes Wollen, so wird eine vom Entschluss angestoßene Verwirklichungstendenz notwendig. Wellek (1966) schlägt für diesen – häufigeren – Fall den Begriff »Planwollen« vor.

Diesen Überlegungen zufolge stellt der Entschluss die *bedeutsamste* Phase des volitiven Ablaufs dar. Da er das realisierende Wollen steuert, kann er als der *eigentliche Wollensakt* bezeichnet werden.

Liegt dabei ein spezifischer Konflikt vor, durch den sich beispielsweise persönliche Entscheidungsprobleme – wie die Frage, ob man sich von einem langjährigen Lebenspartner trennen soll etc. – häufig auszeichnen, so konnte festgestellt werden (Gollwitzer, 1991; Gollwitzer, Heckhausen & Ratajczak, 1990), dass *mentale Übungen*, in denen Ausführungssituationen vorgestellt werden, zur *beschleunigten* Entschlussfassung führten.

[47] Im letzteren Fall handelt es sich dann freilich nicht mehr um eine Wiederaufnahmehandlung im Sinne Ovsiankinas (1928), sondern um einen von der unterbrochenen oder aufgeschobenen Handlung losgelösten Neubeginn.

Verhaltenstendenzen, denen sich nennenswerte Widerstände oder Hindernisse nicht in den Weg stellen, laufen nach der Entschlussfassung ohne ein feststellbar akzentuiertes realisierendes Wollen, in der Sprache Achs (1935), ohne »primären Willensakt« ab. Auch wenn vermutlich die meisten unserer alltäglichen Handlungen problemlos inszeniert werden, wäre es sinnlos, ihre motivationale Bedingtheit zu leugnen. Dennoch scheint es eher so zu sein, dass der »primäre Willensakt« im Sinne Achs zu den Ausnahmen gehört und nicht, wie Ach postuliert, eine Grundeinheit des Verhaltensablaufs darstellt. Auch bei Antriebsverläufen, die zwar in einen Entschluss münden, dessen *Realisierung* jedoch *unterbleibt, ohne dass eine Blockierung erfolgen würde*, fehlt dieser »primäre Willensakt«. Zu nennen ist hier auch das *Vergessen* von »Vornahmen«, ein Phänomen, das nach Birnbaum (1930) nicht auf Gegenmotive zurückgeführt werden kann. In Fällen dieser Art kommt es trotz Entwicklung einer »Vornahme« nicht zu einem den Entschluss *ausführenden Wollen.*

Wenn der Begriff des primären oder eigentlichen Wollens überhaupt einen Sinn haben soll, ist ihm der Vorgang zuzuordnen, der als *Kulminationspunkt eines Motivationsablaufs* erscheint. Die im Verhältnis zu dem durch den Entschluss bestimmten Gesamtvorgang als »abgeleitet« anmutende Erscheinung des realisierenden Wollens erfüllt daher weniger die Voraussetzungen, die Ach zu der – ohnedies wenig glücklichen – Bezeichnung »primärer Willensakt« führten, als der Entschluss. Nach unseren Analysen erweist sich – wenn auch nicht ausnahmslos, so aber doch typischerweise – der *Entschluss* als der Akt *eigentlichen* Wollens.

19.3 Das Richtungnehmen auf den Entschluss

Jedes Bemühen, in multivalenter Lage einen Entschluss zu fassen, ist subjektiv ein Herausfinden»wollen« der angemessenen Verhaltensmöglichkeit. An die Stelle der blockierenden Störung im Handlungskontinuum tritt die Suche nach einem auf ein Ziel gerichteten entsprechenden Verhalten. Im Zusammenhang hiermit verwendet Ach (1935) den Begriff der »Determination«, die er als Zwecksetzung und deren Nachwirkung versteht. Zur Bezeichnung des hier gemeinten Sachverhalts ist dieser Begriff jedoch nicht ganz geeignet, denn nach Ach setzt die Determination erst mit dem gefassten Entschluss ein, so dass sie die vorausliegende Phase des *Richtungnehmens* auf den Entschluss nicht mitumfasst.

Dreyer (1955, S. 82) spricht von einer »linearen Motiviertheit«, wenn die Situationsregulierung bereits ein Stadium erreicht hat, von dem sich sagen lässt, dass »es« mich in eine bestimmte Richtung drängt. Dieses noch mehr oder minder diffuse Richtungnehmen erfährt seine *Konkretisierung im Entschluss.* Hier wird deutlich, dass der Entschluss nicht »auf einmal da ist«, sondern erst mehr oder weniger allmählich und unter innerer Anspannung heranreift. Diese Phase der personbestimmten Richtungnahme auf den Entschluss *kann* anfänglich kaum oder schwach bemerkbar sein, sich aber unter Entscheidungsdruck zu einem *bewussten Ringen* um den Entschluss steigern. Ohne die Schärfe und Endgültigkeit des den Entschluss kennzeichnenden »hoc fiat« herrscht nur die Unbestimmtheit eines »aliquid fiat«. Das Individuum erlebt, dass irgend etwas geschehen muss. Es bemüht sich um Zielklarheit, die definitiv erst *im* Abschluss der Entscheidung gefunden und erreicht wird. Das konkretisierende Richtungnehmen gibt dieser Phase bei aller Dynamik der unvereinbaren Tendenzen einen verhältnismäßig überschaubaren Rahmen. Das Richtungnehmen spielt nicht die Rolle eines Motivs, sondern verkörpert eine allgemeine *Suchfunktion* mit dem Ziel, überhaupt eine wie auch immer geartete Möglichkeit des Handelns unter den vorhandenen Alternativen in die Orientierung zu integrieren. Die darin sich konstituierende *Bereitschaft* zum Entschluss bereitet eine Bewertung der Alternativen und der eigenen Motive vor, bis schließlich die Entscheidung über Etappen der Auseinandersetzung fallen kann.

Der Entschluss selbst manifestiert sich als Übergang zwischen dem vorgeschalteten Bemühen um eine Sondierung der vorhandenen Möglichkeiten und der nachfolgenden Realisierung der tatsächlich ausgewählten Alternative. Die zum Abschluss führenden Vorgänge lassen sich daher mit Dreyer (1955, S. 87) in voneinander abhebbare Phasen volitiver Aktivität ordnen, die durch ein Suchen, ein Finden und ein Ergreifen gekennzeichnet sind.

19.3.1 Zusammenhänge zwischen Richtungnahme und Entschluss

An die Abwägung der potenziellen Handlungsweisen schließt sich die eigentliche Entschlussfassung an:

> »Dieses Ausfindigmachen des konkretisierenden Richtungnehmens, dieses Suchen und Sondieren unter den Möglichkeiten wird nun im Entschluss fortgesetzt und vollendet: das Suchen erhält hier den Charakter des Herausfindens, das Konkretisieren den Charakter der endgültigen Wahlentscheidung unter mehreren (mindestens zwei) Verhaltensmöglichkeiten« (Dreyer, 1955, S. 88).

Der Gesamtvorgang erscheint als eine mehr oder weniger kontinuierliche, klärende Konkretisierung, wobei die abschließende *Zentrierung* im Entschluss dann der Person wie von selbst zufällt, *wenn* sie als ein wie selbstverständlich sich einstellender Entscheidungszugriff erlebt wird. Der Entschluss selbst bedeutet hiernach keine komplizierte Wahl, sondern – wie Dreyer (1955, S. 89) hervorhebt – »eigentlich nur eine einfache Bestätigung oder Anerkennung des Hauptmotivs – wobei aber wichtig ist, daß trotzdem auch ein ›Nein‹ (oder wie wir ergänzen dürfen: ein ›Anders‹) möglich gewesen wäre«.

Anders sieht es aus, *wenn* das Individuum einem »Kampf der Motive« in einer Weise ausgesetzt ist, dass es *bis zuletzt* um den zu erlangenden Entschluss selbst noch zu ringen hat. In solchen Fällen liefert die Suchphase zwar eine Bewertung der Alternativen, es resultiert jedoch daraus bei nicht beseitigter, fortwirkender Äquivalenz der Motive keine so eindeutige »Spitzenstellung«, dass eine Auswahl befriedigend vorbereitet und damit ohne weiteres möglich ist. Um einen Weg aus dieser Lage zu finden, wird häufig ein »Hilfsmotiv« ergriffen, das die Wahl zugunsten einer der gegebenen Optionen entscheidet. Die Konkretisierung ergibt sich inhaltlich dann weniger aus der Grundmotivation, sie wird ihr mehr oder minder diskontinuierlich aufgepfropft. Während die inhaltliche Ausrichtung zurücktritt, verstärken sich die formalen Momente im Zuge einer forcierten Entschlussfassung.

Zu der Konstellation, bei der hart um die Eruierung eines ausgezeichneten Motivs gekämpft wird, zeigen sich gewisse formale Parallelen hinsichtlich des Endstadiums, wenn das Entscheidungsproblem nur ein minimales Bedeutsamkeitsniveau erreicht. Um sich mit der unwichtigen Angelegenheit nicht länger als nötig aufzuhalten, gründet man seine Wahl auf das rasch konzipierte Leitmotiv. In Gegenüberstellung zum gewachsenen, gereiften Entschluss lässt sich hier von einem forcierten, weniger »organischen« Verlauf sprechen.

19.3.2 Modale Varianten der Richtungnahme

Ob es verschiedene Modi volitiven Richtungnehmens gibt, hängt ab von der Frage nach der Verhaltensdetermination aus der Mitte der Persönlichkeit – in anderer Terminologie: von der Frage nach dem Wollen in seinem engsten Sinne. Fragt man von hier aus nach dem eigentlichen Wollen, bietet sich zunächst an, die Bedeutung des Entschlusses für den angesprochenen modalen Aspekt zu klären: ob der Entschluss sich in modaler Hinsicht so eindeutig von dem übrigen volitiven Geschehen abhebt, dass er als eine relativ selbständige Modusvariante erscheint oder ob er der Art seines Funktionierens nach im Richtungnehmen aufgeht.

Zunächst ist festzuhalten, dass der Entschluss in den übergreifenden dynamischen Zusammenhang des Daseins mit dem besonderen Phänomen diskreter Orientierungssuche, die das Richtungnehmen charakterisiert, eingebettet ist. Andererseits erweist er sich nicht einfach als eine profilierte Form und Fortsetzung des konkretisierenden Richtungnehmens. Als hinordnende Zielsetzung, als Akt der Selbstbestimmung ist der Entschluss vielmehr von der vorausgehenden Orientierungsphase einerseits und von dem nachfolgenden Handlungsvollzug andererseits phänomenal abgehoben.

Der Entschluss ist eine Wahl, eine klare Festlegung auf ein »hoc fiat«; er ist ausgezeichnet durch Zielklarheit, Konkretheit, Festigkeit; er bedeutet Selbstverpflichtung der Person: commitment. Richtungnahme hingegen ist das Bemühen um die erst bevorstehende Wahl, das Ziel bleibt noch weitgehend unbestimmt und unklar. Es fehlt das Erleben aktiven Hindrängens, dominant ist das Gefühl des situativ bedingten *Hingedrängtwerdens*, weil mehrere Verhaltensmöglichkeiten zur Auswahl noch offen stehen. Erst der Entschluss fixiert die eine nun ergriffene Alternative endgültig und schafft damit die Voraussetzung zu ihrer Realisierung.

Der Entschluss ist nicht nur erlebnismäßig als abgehobene Episode eine eigene Gegebenheit. Seine Eigenständigkeit manifestiert sich auch darin, dass nicht jedes konkretisierende Richtungnehmen notwendig zum Entschluss führt, wie umgekehrt auch das Entschlusserlebnis selbst eine konkretisierende Richtungnahme keineswegs voraussetzt. Im Hinblick auf die nachfolgende Vollzugsphase ist dagegen das Fehlen eines Entschlusses, der ja eine unter mehreren Verhaltensmöglichkeiten als zu vollziehende auszuwählen hat, nicht denkbar. In diesem Zusammenhang ist daran zu erinnern, dass der Entschluss vielfach allerdings in lediglich abgeschwächter Form auftritt (z.B. bei subkonfliktären Entscheidungen); er lässt sich auch sonst bei einfacheren Regulationen durch wenig differenzierende Beobachtungen nicht immer nachweisen.

Besonders prägnant zeigt sich die Eigenständigkeit des Entschlusses, wenn er dem vorausgegangenen konkretisierenden Richtungnehmen entgegensteht. Dreyer (1955, S. 96) belegt diese Erscheinung mit einem Beispiel, das den Fall eines für den Abbruch eines kontinuierlichen Geschehens typischen »aufgesetzten« (unorganischen) Entschlusses veranschaulicht:

> »Ich habe für meine Ferienreise zwei Ziele in die engere Wahl gezogen; ich kann mich jedoch, obwohl ich mich sehr darum bemühe ... für keines von beiden so recht entscheiden. In der Situation der Unentschlossenheit wird mir der Plan, eine Ferienreise zu machen, derart verleidet, daß ich mich (der Entscheidung zwischen den beiden Ferienzielen ausweichend) dazu entschließe, während meines Urlaubs zu Hause zu bleiben und eine längst fällige Arbeit zu verrichten«.

Hier neigt sich der Erzähler in einer plötzlichen Wendung von den Gegenständen der Sondierung ab und ergreift eine ganz andere Möglichkeit, ohne dass hier eine diese positiv vorbereitende, sonst charakteristische Phase konkretisierenden Richtungnehmens vorausgegangen wäre. Typisch für solche und ähnlich gelagerte Fälle ist, dass der unentwirrbar erscheinende »Gordische Knoten« der Motivation kurzerhand durchgeschlagen wird, indem nach Dreyer (1955, S. 96)

- das Ausreifen der Motivation nicht abgewartet wird (»voreiliger Entschluss«) oder
- die als undurchschaubar erscheinende Situation über ein »Hilfsmotiv« gelöst wird oder
- wie im Urlaubsreise-Beispiel der Entschluss einfallsartig gesetzt wird (»intuitiver Entschluss«).

Deutlicher noch als in den Fällen des »aufgesetzten Entschlusses« tritt die hin und wieder vorhandene Unabhängigkeit des Entschlusses von der Richtungnahme bei »spontanen Entschlüssen« hervor. Bei einem Entschluss dieser Art beansprucht ein thematisch von der bis dahin wirksamen Motivation weitgehend unabhängiger Einfall nunmehr Geltung. Die Person entschließt sich zu einem Verhalten, das ohne Beziehung zu dem steht, was sie ursprünglich multivalent bewegte. Im Gegensatz dazu hält der »aufgesetzte« Entschluss zur Thematik des vorhandenen Motivkonflikts noch irgendwie eine Verbindung.

Es wäre wohl eine zu weitgehende Annahme, folgerte man aus der hier aufgewiesenen Verschiedenheit des Entscheidungsabschlusses, es handele sich auch dem Modus des Erlebens nach um *unterschiedliche Arten* des Wollens. Vielmehr ist wahrscheinlich, dass trotz der beschriebenen Verschiedenheit *modal* die gleiche Steuerung von der Mitte der Persönlichkeit aus in *allen* Phasen wirksam ist. Die erwähnten Unterschiede beziehen sich nämlich auf den erlebten *Inhalt* der einzelnen Phasen; sie differenzieren nicht den Erlebensmodus:

> »Es ist stets der gleiche Modus, der sich im Verlauf seiner Aktualgenese verschiedenen Inhalten zuwendet: einmal ist es inhaltlich gesehen ein Sich-Bemühen um den Entschluss, dann das Herausfinden des Zieles, schließlich die Verwirklichung des Zieles. Das, was sich mit diesen Inhalten (als Herausfinden, Verwirklichen usw.) befaßt, ist stets die gleiche volitive Ich-Aktivität« (Dreyer, 1955, S. 98).

Der Entschluss ist dabei wegen seiner spezifischen Inhalte aus dem übrigen Entscheidungsablauf herausgehoben. Er ist – wie Dreyer (1955) formuliert – eine »situativ bedingte Erscheinung der volitiven Richtungnahme«. Alle Merkmale jedoch, die dem Entschluss in modaler Hinsicht zunächst eine Sonderstellung zu geben scheinen, sind letztlich vor dem Hintergrund der Aktivität des Subjekts zu sehen, von welcher der Entschluss ein phasenspezifisches Phänomen im Gesamtgeschehen der Entscheidung darstellt.

Obwohl es auf den ersten Blick den Anschein haben könnte, als vollziehe sich der Entschluss als Wahlereignis unabhängig von dem angezielten Gegenstand, ist er tatsächlich jeweils sehr konkret ausgerichtet. Er kann nämlich überhaupt erst dann auftreten, wenn der auszuersehende Gegenstand ein Mindestmass an Bestimmtheit, Nähe und Vertrautheit für das Individuum gewonnen hat. Eine Differenzierung des Wollensmodus wird von dieser Seite her also nicht nahegelegt. Bei der konkretisierenden Richtungnahme, beim Entschluss und beim realisierenden Wollen ist im Grunde ein und dieselbe volitive Aktivität der Person wirksam – wenn auch in unterschiedlicher Ausgeprägtheit. Wollte man insoweit trotzdem differenzieren, müsste man schließlich für jede Situation eine eigene Wollensqualität entwickeln, was eine »Klassifikation« letztendlich ad absurdum führen würde.

Da das Wollen aufgrund eines Klärungsprozesses im Einklang steht mit bestimmten Antrieben, die sich ihrerseits wiederum aus der Persönlichkeitsstruktur ergeben, wird in der Literatur die »Ichhaftigkeit« des Wollens betont. So kann Keller (1954, S. 233) die Entschlussfassung als ein Geschehen beschreiben, das »das Dasein aus eigenster Zentrierung, in voll verwirklichtem Bei-sich-selbstsein vollzieht«. In diesem Sinne formulierte Jaspers (1965, S. 270): »Ich und mein Entschluß sind nicht zweierlei«.

Diese *Identifikation* mit dem Entscheidungsergebnis bedeutet, dass die Person den Entscheidungsprozess *abgeschlossen* hat. Gelingt die Identifikation nicht, ist mit Tendenzen zu rechnen, die eine Revision des gefassten Entschlusses fordern, wodurch die gesamte Auseinandersetzung erneut aufgerollt werden könnte.

19.4 Sonstige Formen des Abschlusses

In den meisten experimentellen Untersuchungen ist die Reaktionsweise, mit der einer multivalenten Situation begegnet werden kann, durch die zu bewältigende Aufgabe vorgeschrieben: Der Abschluss des Entscheidungsgeschehens besteht im »Ergreifen« einer der vorgegebenen Optionen. Bei der Verwendung entsprechender Versuchsanordnungen ignoriert die experimentelle Entscheidungsforschung indes weitgehend, dass in einer Entscheidungssituation auch in anderer Weise als mit einer Entscheidung als Abschlussform reagiert werden kann.

Die sich stärker an lebensnahen Entscheidungen orientierenden Untersuchungen konnten eine Vielfalt relativ häufiger Reaktionsformen aufweisen, die einen Entschluss nicht enthalten. Durch Analysen komplexer, lebensbezogener Konflikte haben besonders Thomae und sein Kreis zur Klärung solcher Abschlussformen beigetragen. Daneben haben die tiefenpsychologischen Schulen aufgrund von Untersuchungen über krankhafte Lösungsversuche auf Konflikte Antworten in diesem Fragenbereich geliefert.

Reaktionen auf Konfliktsituationen[48] sind in der Literatur unter verschiedenen Aspekten klassifiziert worden. Dabei zeigt sich, wie vielschichtig und differenziert das Verhalten, das auf eine Änderung multivalent erfahrener Situationen zielt, in formaler Hinsicht gesehen wird. Nesswetha (1964, S. 20) führt das zutreffend darauf zurück, dass »häufig verschieden profilierte Reaktionsmodi simultan nebeneinander abzulaufen pflegen«.

Bei seinen Bemühungen um übergeordnete Einteilungsgesichtspunkte differenziert Pongratz (1961, S. 208 ff.) die Arten der Konfliktbewältigung nach *exogenen* und *endogenen* Lösungsformen. Im ersten Fall sind Faktoren außerhalb des Individuums für die Lösung maßgebend, während endogene Lösungen im Wesentlichen von innerpsychischen Prozessen getragen werden. Pongratz unterscheidet außerdem zwischen *direkten* und *indirekten* Bewältigungsformen. Zu den direkten Formen zählt er die Versuche, durch Erfassung von Vor- und Nachteilen der Alternativen und der daraus resultierenden Bewertung den Konflikt zu lösen. Darunter fallen Entscheidung und Entschluss. Zu den indirekten Formen zählt er alle Scheinlösungen, in denen der Konflikt nur verändert oder in eine andere Dimension verlagert wird, nicht aber endgültig bewältigt wird. Im Anschluss an Ruch (1948) rechnet er dazu Sublimation, Substitution, Kompensation, Flucht, Rationalisierung, Regression etc. Schließlich unterscheidet Pongratz *konfliktimmanente* und *konflikttranseunte* Lösungsformen, eine Einteilung, der weitgehend auch Nesswethas (1964) Differenzierung entspricht, der in Anlehnung an Lewin von Lösungen spricht, die »im Feld bleiben«, und solchen, die »aus dem Feld gehen«.

---

48 Über das Verhältnis von Entscheidung zu Konflikt siehe insbesondere Kap. 13 und 15.

19.4.1 Reaktionen, die im »Feld« bleiben

Zu den Reaktionen, die das durch die situativen Umstände geschaffene Feld psychischer Kräfte nicht verlassen, gehören diejenigen Lösungsversuche, die sich um eine adäquate Bewältigung des Konflikts in offener Auseinandersetzung mit allen beteiligten Feldvektoren bemühen. Das gemeinsame Merkmal dieser Reaktionen sieht Nesswetha (1964, S. 20) darin, dass »die prävalierende Dynamik der Aktionen – von außen gesehen – in einer relativ engen ›Tuchfühlung‹ oder ›Adhäsion‹ mit den thematischen Gehalten der Konfliktsituation abläuft«.

Er nimmt dabei zu Recht an, dass diesen Erscheinungen ein hoher Bewusstseinsgrad entspricht. Die Person verbleibe so lange in der Spannungslage, bis die Unentschiedenheit dadurch überwunden werde, dass die Person eine neue Position im Feld beziehe, d.h. bis sie sich zu einer Entscheidung durchringe. Nach Nesswetha ist für einen solchen Entscheidungsverlauf charakteristisch, dass er sich »in einer mehr oder weniger intensiven und ständigen Kommunikation mit der Konfliktsituation abspielt« (1964, S. 23 f.).

Freilich finden sich dabei graduelle Unterschiede. Nesswetha (1964, S. 24) nennt einmal Abläufe, die kontinuierlich, »in einem Zuge«, zur Entscheidung führen, indem synchron mit dem einmal vernommenen Appell Konstellationen in Bewegung geraten, die eine baldige Beendigung der Multivalenz ermöglichen. In anderen Fällen dagegen weist die sichtbare oder auch untergründige Auseinandersetzung eine Gliederung in zusammenhängende Phasen mit dazwischen liegenden Stockungen oder Pausen auf; sie zeigen voluminöse Auffüllungen oder Distanzierungen einschließlich gelegentlicher Ausweichreaktionen. Daher kann es sich hierbei längere Zeit hinziehen, bis eine der in der multivalenten Situation angebotenen Möglichkeiten ergriffen wird.

Eine weitere Differenzierung besteht in den dargestellten Verlaufsformen (Kap. 15): dort war von wägender, wagender, wachsender, retardierter bzw. schwankender Entscheidung, von Entscheidung auf Umwegen, von dezentrierter Regulation und subkonfliktärer Entscheidung die Rede. Bei den verschiedenen Verläufen erfolgt die Auseinandersetzung mit den gegebenen Möglichkeiten in einer Weise, die jeweils zu einem dem aktuellen Problem und der Grundhaltung der Persönlichkeit entsprechenden, im »Feld« bleibenden Abschluss führt.

Eine von Nesswetha (1964, S. 46) als *Synthese* und *Kompromiss* bezeichnete Unterform der wägenden Entscheidung, die durch Vorläufigkeit des Abschlusses charakterisiert ist, zählt er – wie zuvor schon Pongratz (1961) – ebenfalls zu den adäquaten Bewältigungsformen. Hierher gehört auch die Zustimmung zu einer *mediativ* gefundenen Lösung.

Nach Pongratz liegt beim *Kompromiss* ein gegenseitiges Nachgeben der einander widersprechenden Tendenzen vor, um die vollständige Annahme einer Alternative und die Ablehnung der übrigen Alternativen zu vermeiden. Er unterscheidet dabei den »faulen Kompromiss«, der geschlossen werde, um eine klare Entscheidung zu vermeiden, und den »Kampfkompromiss«, bei dem der Motiv-

oder Instanzengegensatz nicht beseitigt werde, sondern als überdauernde Disharmonie weiterbestehe. Ein ähnlicher, allerdings radikalerer Lösungsversuch stellt die »Synthese« dar. Bei ihr »gehen die Opponenten des Konflikts ungeschmälert und unbeschnitten eine Union ein« (Pongratz, 1961, S. 226).[49]

Zu nennen sind hier schließlich auch solche Bewältigungen von Konflikten, die im Weg der *Anspruchsanpassung* erfolgen. Grundsätzlich stehen sich zwei Konzeptionen in der Erklärung der Anspruchsanpassung gegenüber. Die eine sieht in der Anspruchsanpassung einen *Lernprozess*: Das Individuum lernt aus Erfolgen bzw. Misserfolgen bei der Erreichung seiner Ziele und passt seine Ansprüche entsprechend an. Dieser Prozess schließt eine unbewusste Anpassung nicht aus. Der andere Ansatz betrachtet die *Festlegung des Anspruchsniveaus* als eine Art »Entscheidungsprozess«, in dessen Mittelpunkt Erwartungen über die Zukunft stehen. Allerdings wird auch hier den Erfahrungen der Vergangenheit erhebliche Bedeutung beigemessen. Auf eine kurze Darstellung dieser unsere Thematik berührenden Ansätze kann hier kaum verzichtet werden.

Whiting und Child (1953) fassen die umfangreichen Untersuchungen zum Problem der *Anspruchsanpassung* in folgenden Hypothesen zusammen:

- Erfolg führt im Allgemeinen zu einem Steigen, Versagen hingegen zu einem Sinken des Anspruchsniveaus.
- Je größer der Erfolg, desto größer ist die Wahrscheinlichkeit, dass das Anspruchsniveau steigt; je größer das Versagen, um so größer ist die Wahrscheinlichkeit, dass es sinkt.
- Verschiebungen im Anspruchsniveau sind teilweise eine Funktion von Veränderungen des Vertrauens des Subjekts in seine Fähigkeit, Ziele zu erreichen.
- Versagen führt wahrscheinlicher als Erfolg zu einem Rückzug in der Weise, dass das Setzen eines Anspruchsniveaus vermieden wird.
- Versagen wirkt auf das Anspruchsniveau in differenzierterer Weise ein als Erfolg.

In Anlehnung an diese theoretischen Erwartungen gehen March und Simon (1958) davon aus, dass Erfolg bei der Erreichung der gesetzten Ansprüche das Individuum zu einer Erhöhung des Anspruchsniveaus veranlasst. Kann das Individuum jedoch trotz intensiver Suche keine befriedigende Alternative finden, so neigt es dazu, seine Ansprüche zu senken. Wie schnell es sein Anspruchsniveau senkt, hängt wesentlich auch davon ab, unter welchem *Zeitdruck* es bei seiner Suche nach befriedigenden Alternativen steht. Allgemein gilt, dass auf lange Sicht das Anspruchsniveau zu einer Angleichung an den tatsächlichen Zielerreichungsgrad tendiert. Dieser Prozess verläuft jedoch langsam, so dass kurzfristig

---

[49] Es erscheint zumindest fraglich, ob es sinnvoll ist, diese Verhaltensweisen den Bewältigungen durch Entscheidung jedenfalls im engeren Sinne zuzuordnen, ob sie nicht vielmehr eher schon den evasiven Erscheinungen angehören, die im Folgenden erörtert werden (siehe Kap. 19.4.2).

die Möglichkeit einer negativen Diskrepanz zwischen Anspruchsniveau und Zielerreichung besteht.

Zwei zusätzliche Hypothesen ergänzen diese Konzeption. Zum einen wird angenommen, dass das Anspruchsniveau auch dann leicht ansteigt, wenn sich das Individuum in einer *stationären Umwelt* befindet. Diese Situation kann zu einer Diskrepanz zwischen Anspruchsniveau und Zielerreichung führen. Es folgt dann ein echter Entscheidungsprozess, obwohl keine Änderung der Umweltsituation den aufgrund des Routineverhaltens realisierten Grad der Zielerreichung vermindert hat (March & Simon, 1958, S. 182 f.). Zum anderen ist davon auszugehen, dass das Anspruchsniveau auch *sozialen* Einflüssen unterliegt: Individuen orientieren ihre Ansprüche an dem, was *andere* erreicht haben (Jones & Gerard, 1967, S. 326 ff.). Nicht selten unterliegt das Anspruchsniveau den Normen der Referenzgruppe des Individuums. So nehmen Cyert und March (1963) an, dass das Anspruchsniveau durch die erzielte Leistung in der vorangegangenen Periode *und* einen Index der Leistung anderer Personen beeinflusst wird.

Den genannten Hypothesen ist gemeinsam, dass sie interessanterweise keinen Prozess der »Entscheidung« über das Anspruchsniveau postulieren. Teilweise ist in der Literatur[50] jedoch versucht worden, das Problem der Anspruchsniveausetzung als Entscheidungsproblem zu formulieren. Das Individuum fixiert hiernach sein Anspruchsniveau in einer Weise, dass es den subjektiv erwarteten Nutzen maximiert. Der subjektiv erwartete Nutzen eines Anspruchsniveaus wird dabei als Differenz zweier Nutzengrößen ermittelt. Die Größen sind der Nutzen des Erfolgs, gewichtet mit der subjektiven Erfolgswahrscheinlichkeit, und der negative Nutzen des Misserfolgs, gewichtet mit der subjektiven Misserfolgswahrscheinlichkeit. Die subjektive Wahrscheinlichkeit des Erfolgs (bzw. Misserfolgs) wird in Abhängigkeit von Erfolg oder Misserfolg der Vergangenheit gesehen. Tatsächlicher Erfolg in der Vergangenheit erhöht die subjektive Erfolgswahrscheinlichkeit für die Zukunft.

Daran wird deutlich, dass die Anspruchsniveausetzung zwar ein auf die Zukunft gerichteter Prozess ist, die subjektiven Erfolgswahrscheinlichkeiten der Zukunft jedoch von den Erfahrungen des Individuums in der Vergangenheit beeinflusst werden. Die Analyse der Anspruchsanpassung als »Entscheidungs«-verhalten ist daher *nicht* haltbar. Sie ist in den letzten Jahren denn auch weitgehend in den Hintergrund getreten. Die *lerntheoretischen* Ansätze dominieren.

Atkinson (1958) und – ihm folgend – vor allem Moulton (1965) haben in ihren Untersuchungen interessanterweise die allgemeine *Leistungsmotivation* und die *Testangst* des Individuums in Beziehung zur *Anspruchsanpassung* gesetzt. Je nach Ausprägung von allgemeiner Leistungsmotivation und Testangst des Indi-

---

[50] Siehe dazu vor allem Lewin, Dembo, Festinger und Sears (1944). Vgl. auch die Ähnlichkeit mit der Konzeption, dass sich der Dezident insbesondere auf zwei Alternativen konzentriert, eine wünschenswerte und eine nicht wünschenswerte. Eine ähnliche Konzeption stellt die Maximierung des subjektiv erwarteten Nutzens dar (siehe dazu Kap. 22.1).

viduums sind bei der Anspruchsanpassung typische oder atypische Reaktionen auf Erfolg bzw. Misserfolg zu erwarten. Die typische Reaktion entspricht dem bereits dargelegten Zusammenhang: Erfolg führt zu einem Steigen, Misserfolg zu einem Sinken des Anspruchsniveaus. Diese Reaktion ist zu vermuten, wenn der Dezident eine vergleichsweise hohe Leistungsmotivation und eine relativ geringe Testangst aufweist. Ist jedoch die Leistungsmotivation gering und die Testangst groß, so sind unter Umständen atypische Reaktionen auf Erfolge bzw. Misserfolge zu erwarten. Misserfolg führt hier zu einem Steigen des Anspruchsniveaus, Erfolg dagegen zu einem Sinken.

Es existiert – soweit ersichtlich – bislang keine Untersuchung darüber, ob und gegebenenfalls inwieweit die konträren Konzeptionen in einer umfassenden Theorie zusammengeführt werden können. Zweifellos enthält der in der Setzung des Anspruchsniveaus gipfelnde Informationsverarbeitungsprozess nicht nur vergangene Erfahrungen des Individuums, sondern auch dessen Zukunftserwartungen. In diesen Prozess gehen jedoch auch unmittelbar gesammelte Informationen über die gegenwärtige Umweltsituation mit ein. Jede relevante zusätzliche Information beeinflusst die Zukunftserwartungen und kann eine Revision des Anspruchsniveaus zur Folge haben. Folgt man diesen Überlegungen, ist die Theorie der Anspruchsanpassung zu verfeinern. Es ist besonders zu berücksichtigen, dass *der Prozess der Anspruchsanpassung in enger wechselseitiger Beziehung zum Suchverhalten des Individuums im Entscheidungsprozess steht.*

Im Extremfall ist anzunehmen, dass jede zusätzliche Information über mögliche Alternativen und Konsequenzen sowohl die Erwartungen über die Zielerreichung verändert als unter Umständen die Höhe des Anspruchsniveaus beeinflusst. Das Suchverhalten wird abgebrochen, wenn zwischen Anspruchsniveau und erwarteter Zielerreichung keine Diskrepanz mehr besteht. Die Reduktion dieser Diskrepanz erfolgt jedoch nicht nur durch Suchen und Finden besserer Alternativen, sondern auch durch *Neuformulierung* des Anspruchsniveaus aufgrund zusätzlicher Informationen. Solche Änderungen des Anspruchsniveaus implizieren, dass das Wertsystem des Dezidenten während des Entscheidungsprozesses nicht unerheblichen Schwankungen unterliegen kann.

Die Berücksichtigung *mehrerer* Ziele im Entscheidungsprozess macht eine weitere Verfeinerung der Theorie der Anspruchsanpassung erforderlich. Vor allem ist zu klären, *welche* Anspruchsniveaus das Individuum senkt, wenn seine Suche nach befriedigenden Lösungen ohne Erfolg bleibt. Das Individuum steht vor dem Problem, die einzelnen Ziele gegeneinander abzuwägen und Prioritäten festzulegen. Dazu muss keine Nutzenfunktion herangezogen werden. Vielmehr gibt eine *Dringlichkeitsordnung der Ziele* an, bei welchen Zielen das Individuum am ehesten bereit ist, seine Ansprüche zu senken und auf deren Erfüllung zu verzichten. Die von Maslow (1964) vorgeschlagene These der Hierarchie der Bedürfnisse kann im Sinne einer Dringlichkeitsordnung interpretiert werden.

Eine solche Dringlichkeitsordnung muss nicht »vollständig« formuliert und während des Entscheidungsprozesses stabil sein. Es ist lediglich anzunehmen, dass der Dezident eine Dringlichkeitsordnung der Teilmenge derjenigen Werte anzugeben weiß, die von den bisher von ihm erwogenen Alternativen nicht hinreichend erfüllt sind. Das Individuum »formuliert« diese Dringlichkeitsordnung unter Berücksichtigung der bis zu diesem Zeitpunkt gewonnenen faktischen Informationen.[51]

19.4.2 Evasive Reaktionsformen

Einer größeren Gruppe von Varianten, bei denen das Individuum den Konfliktbereich verlässt, ordnet Nesswetha (1964) verschiedene Reaktionen zu, deren gemeinsames Merkmal ein *Ausweichen* vor der Entscheidung darstellt. Allein 37 % aller von ihm erfassten Schilderungen entfallen auf diese Kategorie. Er führt dazu näher aus:

> »Die entwickelten Aktivitäten lassen sowohl von der Außen- als auch von der Innensicht eine nur sehr lockere oder oft überhaupt keine Kohärenz mit der Konfliktthematik erkennen. Die Aufforderung zur ›Auswahl‹ zwischen verschiedenen Verhaltensweisen wird zwar vernommen, dieser aber nicht unmittelbar und direkt Folge geleistet. Die Wiederherstellung der Ganzheit und Einheit wird auf verschiedenen Wegen und Ebenen angestrebt ... « (S. 20).

Aufgrund seines empirischen Materials konnte er drei Untergruppen evasiven Verhaltens nachweisen: Ortswechsel, Kompensation und Flucht in virtuell-illusionäre Bereiche.

Die Flucht durch *Ortswechsel* ereignete sich in 15 % der evasiven Reaktionen. Die Reduktion von Spannung wird hier dadurch angestrebt, dass man den »Stellen« (z.B. dem Wohnort, dem Arbeitsplatz etc.), die mit der Konfliktthematik verknüpft sind, ausweicht.[52] Obwohl in diesen Fällen auch ein »Entschluss« vorliegt, handelt es sich gleichwohl um ein Ausweichen, ein Sich-Absetzen, da man sich der Auseinandersetzung mit den konfliktkonstituierenden Faktoren nicht stellt, sondern sich dieser Situation gerade zu entziehen sucht.

Das Ausweichen in *Kompensationen*, d.h. in Ersatzlösungen oder Ersatzhandlungen, die nach Pongratz (1961) ebenfalls den evasiven oder konflikttranseun-

---

[51] Schwierig ist es allerdings, Aussagen über die Art solcher Dringlichkeitsordnungen und ihr Zustandekommen zu machen. Solange dies nicht gelingt, ist die prognostische Relevanz einer darauf basierenden »offenen« Theorie der Entscheidung gering. Ähnliche Einwendungen muss sich jedoch auch die klassische (geschlossene) Entscheidungstheorie gefallen lassen, solange die empirische Feststellung komplexer Nutzenfunktionen ohne Erfolg bleibt.

[52] Trotz der Möglichkeit weniger offener Evasionen in experimentellen Situationen – z.B. Abschalten oder Abschweifen – wird verschiedentlich auch von einem direkten »Weglaufen« der Versuchspersonen berichtet. Das ist aber nur bei äußerst frustrierenden Versuchen der Fall, wie z.B. bei den Ärgerexperimenten von Dembo (1931), in denen die Probanden stundenlang *unlösbare Aufgaben* zu bewältigen versuchten (bedenklich).

ten Lösungsversuchen zuzuordnen sind, da an die Stelle der *angebotenen* Handlungsmöglichkeiten *Umrichtungen* treten, erwies sich in dem Material von Nesswetha als absolut häufigste Reaktionsform überhaupt; unter den Evasionen machten sie 61 % aus. Der Substitutionscharakter dieser Tendenzen schließt ein, dass eine adäquate Lösung nicht erreicht wird, weil die ursprünglich *antinomische* Situation, wenn auch möglicherweise gemindert, *weiterbesteht*. Im Einzelnen fand Nesswetha, dass die Probanden eine ähnliche, aber nicht gleichwertige Chance ergriffen, dass sie oberflächliche Prestigemittel suchten, »Als-ob-Lösungen« praktizierten, in den Bereich von Spiritualisierungen auswichen (diese sind teilweise als Sublimierungen anzusehen) oder in konfliktarmen Sphären Zuflucht suchten, wozu u.a. Tagträumereien und Rationalisierungen zu zählen sind.

Als weitere Kategorie evasiver Reaktionen nennt Nesswetha (1964, S. 91) die Flucht *in artefiziell und illusionär herbeigeführte Bereiche*. Befunde in diesem Kontext sind insbesondere der Übergang zu Alkoholkonsum, das Angewiesensein auf Psychopharmaka oder spezifische psychogene Mechanismen wie Scheinintegration oder Illusionismus:

> »Durch Rauschmittel und Drogen wird das zentrale Nervensystem in einen Zustand gebracht, der sich über die Wirklichkeit hinwegsetzt und eine Illusion der Ganzheit und der Antinomiefreiheit hervorruft. Dadurch wird im Effekt eine Situation vorweggenommen, wie diese sich vielleicht erst am Ende einer gelungenen Lösung, einer von der ganzen Persönlichkeit getragenen und geformten neuen Hinordnung und Orientierung einzustellen vermag« (Nesswetha, 1964, S. 92 f.).

19.4.3 Andere Bewältigungsformen

Sofern die Konfliktregion im Laufe von Lösungsversuchen in der Weise überschritten wird, dass angrenzende psychische oder somatische Bereiche krankhaft betroffen werden, spricht Nesswetha (1964) von *Transgressionen*. Zentral sind dabei die *Somatisierungen*, eine Reaktion von klinischer Bedeutung (obwohl sie bei Schilderungen von »Normalpersonen« über den »schwersten Entschluss« gefunden wurde). Der Konflikt wird hierbei in eine Erkrankung »verlagert« (Konversion), die an die Stelle einer durchgreifenden Klärung tritt.

Da es sich um eine *unbewusste* Reaktion handelt, würde man im Fall der Somatisierung nicht von einer »Flucht« sprechen. Für eine solche Interpretation fehlen die phänomenologisch relevanten Anhaltspunkte. Doch schließt das nicht aus, dass unabhängig davon auf einem allgemeineren Deutungsniveau manche Krankheit als Ausweichen aus einer Konfliktsituation verstanden werden kann. Daher ist hier auch an die neuroseverursachenden Mechanismen zu erinnern, wie sie von den tiefenpsychologischen Richtungen beschrieben wurden. Nicht in jedem Fall führt jedoch ein unbewältigter Konflikt zu körperlicher Symptomatik. Sofern die virulenten Motive bei der Entscheidungsfindung nicht angemessen berücksichtigt werden, *kann* eine Reaktion im somatischen Bereich eintreten. Es würde an dieser Stelle allerdings zu weit führen, die Vielzahl der entwickelten Vorstellungen über Grundbedürfnisse und zugeordnete Reaktionsmechanismen im Einzelnen zu diskutieren.[53]

Als weitere Form der Transgression beschreibt Nesswetha die *Psychisierung*. Unter diesem Begriff versteht er eine Art Mobilisierung von thematisch und affektiv benachbarten Inhalten, so dass es z.B. zu hysteroidem oder paranoidem Verhalten kommen kann. Wie bei der Somatisierung wird auch hier die Konfliktsituation »in Form einer Umverteilung entlastet« (1964, S. 21).

Bei den *Retraktionen* – einer weiteren Reaktionsform nach Nesswetha – zieht sich die Persönlichkeit hinter den Konflikt zurück, so dass »der Konflikt durch Verkleinerung des Bezugssystems an Bedeutsamkeit verliert« (1964, S. 21). Dabei wird die Multivalenz nicht aufgehoben; durch die geminderte Zuwendung erscheint jedoch ihre relative Wichtigkeit als geringer.

Die hier ebenfalls zu nennende so genannte *Repression* besteht darin, dass eine der Konfliktseiten durch prospektiv oder impulsiv gesteuerte Kräfte unterdrückt wird. Dabei kann es sich um eine *Abdrängung*, also um eine Reduzierung des Bedeutsamkeitsniveaus, oder um eine *totale Verdrängung* handeln. Daher subsumiert Nesswetha unter diese Gruppe auch den von Freud (1953) beschriebenen *Verdrängungsmechanismus*.

Eine von Pongratz (1961) unter dem Begriff der »Aneignung« zusammengefasste Klasse von Reaktionen bezieht sich auf Konflikte, die von der Person existenziell »assimiliert« werden. Die fortbestehende Disharmonie wird in die Charakterstruktur einbezogen. Pongratz unterscheidet die Form des »Hinnehmens«, bei der der Konflikt mit der Bereitschaft, darin auszuhalten, stationär wird, und die Form der »Annahme« oder Introzeption. In der positiven Form wird der Konflikt bejahend akzeptiert, in der negativen resignierend hingenommen. Allgemeines Kennzeichen für diese Klasse ist, dass keine Hoffnung auf eine endgültige Lösung des Konflikts besteht. Wenn Nesswetha (1964) diese Reaktionsformen nicht erwähnt, dürfte das *methodische* Gründe haben: einmal stützt sich seine Untersuchung primär auf Schilderungen eines »abgeschlossenen Entschlusses« nach Konflikt; zum anderen befragte er »Normalpersonen«, von denen jedenfalls nicht von vornherein zu erwarten war, dass sie eine chronifizierte und leicht erkennbare Störung beschrieben.

Auf dem Weg zur Befreiung aus der multivalenten Lage finden sich nicht nur monothematische, sondern auch *kombinierte* Abschlussformen. So hält Nesswetha (1964, S. 163) fest:

> »Der größte Teil der Berichte läßt ... erkennen, daß die Reaktionsform keineswegs einheitlich ist, sondern daß diese häufig in Begleitung eines ganzen Bündels heterogener Bemühungen, Kräfte und Techniken einherzugehen pflegt«.

---

[53] Nach Schultz-Hencke (1951) sind Neurosen zurückzuführen auf Störungen des intentionalen, des kaptativen, des retentiven, des aggressiven, des urethralen und des sexuellen Antriebserlebens. Freud (1953, 1967) sah bekanntlich in der unzureichenden Berücksichtigung der Es-haften Regungen des Sexual-, des Selbsterhaltungs- und des Todestriebes bei der Lösung von Konflikten die Ursache von Neurosen.

Erst die sorgfältige Analyse des Entscheidungsprozesses nach den verschiedenen möglichen Richtungen des Vorgehens und des Abschlusses liefert das Gesamtbild der Bemühungen der Person um die Überwindung der Störung in multivalenter Situation.

19.4.4 Konflikttyp und Lösungsform

In welcher Weise im jeweiligen Fall der Konflikt bewältigt wird, dürfte – außer von den Persönlichkeitseigenschaften, dem Erfahrungshintergrund etc. des Dezidenten – auch von Art und Ursache des Konflikts und damit von den unterschiedlichen Konflikttypen abhängen, die wir beschrieben haben (Kap. 15). Unter den vereinfachenden Bedingungen eines übersichtlichen Experiments gingen Hovland und Sears (1938) dieser Fragestellung nach.

Die Versuchspersonen hatten instruktionsgemäß beim Aufleuchten von Signallampen eine Linie (Strich) in Richtung einer Lampe (Appetenz) oder von einer Lampe weg (Aversion) zu ziehen. Konflikte konnten erzeugt werden, indem zwei gleichzeitig nicht ausführbare Forderungen gestellt wurden. Folgende vier leicht voneinander abhebbare *Reaktionsverläufe* traten auf:

- *Einfache Reaktion*: die Linie wird zu einer der beiden weit auseinanderliegenden Signallampen gezogen.
- *Doppelreaktion*: die Linie verläuft so, dass sie beide Reizlichter tangiert. Meist führt die Bewegung zuerst zu der einen Lampe, dann zu der anderen und wieder zurück zur ersten. Die Autoren bezeichnen diese Reaktionsweise als »Schaukellösung«.
- *Kompromiss*: die Bewegung hält sich im Mittelbereich zwischen den beiden Signalen und kommt auch dort zum Abschluss.
- *Blockierung*: die Versuchspersonen handeln nicht instruktionsgemäß; sie reagieren überhaupt nicht oder führen verspätet eine verkümmerte Bewegung aus. Diese Form kann freilich mehrere, auf diese Weise nicht mehr weiter differenzierbare Reaktionen beinhalten: Abschalten, Aus-dem-Feld-Gehen, sehr lange Verzögerungen etc.

Die Konfliktspezifität der Reaktionen zeigte sich darin, dass beim *Äquivalenzkonflikt* in 57,5 % der Fälle »einfach«, d.h. in Form einer einzigen Bewegung zu einer der Alternativen, reagiert wurde. Beim *Ambivalenzkonflikt* dominierten in 47 % der Fälle Doppelreaktionen. Kompromisslösungen traten bei beiden Konflikttypen in ungefähr 10 % der Fälle auf. Die *Vitationssituation* führte stattdessen mit einer Häufigkeit von 46 % zur Blockierung neben einer mit 29 % vergleichsweise hohen Rate an Kompromisslösungen. Kompromiss und Blockierung machten mithin beim Vitationskonflikt 75 %, beim Äquivalenzkonflikt dagegen nur 21 % der Reaktionen aus. Beim *doppelten Ambivalenzkonflikt* stieg der Anteil der Blockierungen auf fast 3/4 aller Lösungen an. Die Bedeutung von Persönlichkeitseigenschaften manifestierte sich in dem Befund relativ großer intraindividueller Konsistenz der Reaktionen auf die einzelnen Konflikttypen.

Obwohl hier unter ausgesprochen »laboratoriumsmäßigen« Bedingungen gearbeitet wurde, so dass sich eine direkte Übertragung der Ergebnisse auf lebensnahe Konflikte verbietet, stellt diese Untersuchung immerhin einen interessanten Ansatz zur Klärung der *Beziehungen zwischen Konflikttyp und Lösungsform* dar.

Aus seinem »lebensechten« Material konnte auch Nesswetha (1964) Anhaltspunkte über Zusammenhänge zwischen verschiedenen Entscheidungskonstellationen und den bei ihnen auftretenden Lösungsversuchen gewinnen und damit Informationen über Bedingungen komplexer Tatbestände liefern: Bei der *wägenden Entscheidung* treten Überformungen, Rationalisierungen und Evasionstendenzen bevorzugt auf. Innerhalb der *wachsenden Entscheidung* fand er überwiegend Rationalisierungen und Retraktionen. Im Verlauf von *retardierten Entscheidungen* tauchen nach Nesswetha häufig *Ausweichtendenzen* auf sowie Versuche, die in Richtung *illusionärer* Lösungstendenzen gehen. Die *topischen Evasionsformen* zeigen eine »Affinität zu Abdrängungstendenzen«, und die *kompensatorischen* Formen bedienen sich auxiliär »nicht selten der Rationalisierung und der Abdrängung« (1964, S. 226).

Die häufigen *Überschneidungen* der Lösungsformen – Rationalisierungen folgen im Zuge der wägenden und der wachsenden Entscheidung, Evasionen finden sich bei wägenden und bei retardierten Entscheidungen – dürften einmal auf die *Komplexität* der psychischen Prozesse, zum anderen aber auch auf die *noch nicht befriedigend erreichte klassifikatorische Schärfe* zurückzuführen sein. Es wäre zu wünschen, dass diese Ansätze weiter präzisiert würden, indem das Ausgangsmaterial mithilfe *inhaltsanalytischer* Verfahren gewonnen und durch *korrelationsstatistische* Weiterverarbeitung ausgewertet würde, ein Vorgehen, das bei ähnlicher Fragestellung Feger (1968) mit Erfolg benutzte.

Greift man an dieser Stelle das früher besprochene Phänomen nochmals auf, dass Konflikte in der Regel ein mehr oder weniger gerichtetes Suchverhalten des Individuums auslösen, stößt man *ebenfalls* auf einen Zusammenhang zwischen Konflikttyp und Lösungsform: Art und Richtung dieses Suchverhaltens werden durch die *Art des Konflikts* wesentlich mitbestimmt.

Meist wird das Suchverhalten dadurch ausgelöst, dass sich das gewohnte Verhalten des Individuums als unbefriedigend erweist und daher nicht länger akzeptiert wird. In diesem Fall ist zu erwarten, dass das Individuum zunächst nach einer neuen Alternative sucht und prüft, inwieweit diese den gesetzten Ansprüchen entspricht.

Vermag das Individuum aus Unsicherheit in der Wahl den Konflikt nicht zu lösen, so ist zu erwarten, dass es nach zusätzlichen Informationen sucht, die ihm eine Prognose der Konsequenzen der Wahl ermöglichen. Erweist sich eine solche Suche als erfolglos und betrachtet das Individuum es als relativ aussichtslos, bessere Informationen zu gewinnen, wird sich wahrscheinlich eine *Suche nach weiteren Alternativen* einstellen. Dabei kann Unsicherheit der ursprüngliche

Auslöser des Suchverhaltens sein. Es lässt sich jedoch auch beobachten, dass das Suchverhalten primär durch Nichtakzeptierbarkeit des Routineverhaltens ausgelöst wird und die Nichtakzeptierbarkeit im Verlauf des Suchverhaltens in Unsicherheit übergeht.

Als Folge der durch eine nichtakzeptierbare Lage ausgelösten Suche nach Alternativen ist zu erwarten, dass das Individuum *vorab* nach zusätzlichen Kriterien sucht, um die Konsequenzen der bereits bekannten Alternativen *auch* unter dem Gesichtspunkt dieser *zusätzlichen* Kriterien zu prognostizieren. Stellt sich dabei heraus, dass sich die zunächst gleich guten Alternativen hinsichtlich der Erfüllung der zusätzlichen Kriterien unterscheiden, so ist damit die *Konfliktlösung* im Wesentlichen erreicht. Vermag das Individuum keine zusätzlichen Kriterien zu finden, die die Alternativen vergleichbar machen, wird es vermutlich nach weiteren *Alternativen* suchen in der Hoffnung, eine Alternative zu finden oder zu entwickeln, die sich als eindeutig besser als die bereits bekannten erweist. Gelingt auch das nicht, führt das Suchverhalten *nicht* zu einer Lösung des Konflikts. In diesem Fall ist es möglich, dass das Individuum den Konflikt durch *Anpassung* seiner Ansprüche löst.

20 Die Nachphase der Entscheidung

Entscheidung wurde als Konfrontation der Person mit mehreren Alternativen zukünftigen Verhaltens in multivalenter Situation und als Bewältigung dieser Auseinandersetzung dargestellt. Die Alternativen sind dabei so beschaffen, dass nicht unmittelbar eine von ihnen gewählt, der Rest aber verworfen werden kann. Sie werden als weitgehend gleichwertig erlebt. Das trifft vor allem dann zu, wenn der Entschluss aufgrund situativer und/oder innerpsychischer Bedingungen unter einem gewissen Zwang oder unter Zeitdruck zustande kommt. Die Entscheidung für eine Alternative schließt daher den Verzicht auf andere Alternativen von ähnlicher subjektiver Bedeutsamkeit ein. Die Notwendigkeit und Erfahrung des Verzichts und der oft nur geringe Präferenzvorsprung der gewählten Alternative führen dazu, dass auf die Entschlussfassung unmittelbar und/ oder später in der Realisierungsphase Nachwirkungen folgen können, die eine abschließende Bewältigung der Gesamtsituation fordern. Hier spannt sich der Bogen zwischen Zufriedenheit bzw. Unzufriedenheit und den Facetten dissonanter Befindlichkeiten des Individuums nach getroffener Entscheidung. Um dieses postdezisionale Terrain geht es nun im Kapitel über die Nachphase, die Zeit nach der Entscheidung.

20.1 Zufriedenheitsniveau

Die Zufriedenheit bzw. Unzufriedenheit mit dem Ausgang der Entscheidung müsste sich in der häufig postulierten Einstufung der Zuversicht in die Richtigkeit des experimentell kontrollierten Entschlusses niederschlagen.

Eine Durchsicht zahlreicher Versuchsprotokolle ergibt hierzu, dass die Probanden nur bei *kognitiven Aufgaben* unter *günstigen* Urteilsbedingungen *hohe* Zuversichtseinschätzungen abgeben. In *vielschichtigen* Entscheidungssituationen sind dagegen *höchstens mittlere* Zuversichtseinstufungen zu erwarten. Das Zufriedenheitsniveau nach der Entscheidung wird jedoch in den Untersuchungen nicht erfasst.

Die relative Unzufriedenheit äußert sich oft in verbalen Hinweisen über die Schwere des Verzichts. So schildert eine Probandin Thomaes (1960, S. 242) zunächst den Konflikt zwischen einer möglichen Heirat und religiösen Zielen (»Liebe zu Gott«). Sie fährt dann fort: »Dieser Entschluß, aus Liebe zu entsagen, war der schwerste meines Lebens. Er bedeutete Verzicht auf das, was jeder Frau erstrebenswert erscheint, einem Menschen anzugehören, dem man vertrauen kann, er bedeutete Verzicht auf geordnete wirtschaftliche Verhältnisse und auf weltliche Sicherheit«.

Dagegen finden sich Aussagen über *Zufriedenheit und Ausgeglichenheit* nach einer Entschlussfassung in der Forschungsliteratur sehr selten. Zu den wenigen Beispielen gehören die von Krauss (1933) angeführten Fälle:

Eine Akademikerin gewinnt den Eindruck, dass ihr Chef über ein Thema arbeiten will, zu dem sie selbst Material beigetragen hatte. Sie befürchtet, dass er die Herkunft des Materials verschweigen möchte. Sie steht vor der Entscheidung, ob sie ihren Vorgesetzten darauf ansprechen soll oder nicht. Nach einer Phase der Unentschiedenheit fasst sie den Entschluss, den Sachverhalt durch eine Aussprache zu klären. Sie schildert ihre Gefühle nach dem Gespräch: »Ich bin befriedigt, ›es‹ gesagt zu haben, und bin beruhigt insofern, als ich glaube, den richtigen Ton gefunden zu haben und auch ganz sachlich geblieben zu sein. Ferner befriedigt es mich, daß ich alles in äußerlich völliger Ruhe erledigt habe. Die Spannung ist natürlich nicht gelöst, da ich nicht weiß, wie das Sachliche sich erledigen wird ... « (S. 19).

In einem anderen Fall geht es darum, welche von zwei Einladungen eine Probandin annehmen soll. Es besteht eventuell die Möglichkeit, nach dem Besuch der einen Familie heimlich die zweite aufzusuchen. Nachdem sie von der ersten Familie nach Hause gefahren wurde, verzichtet sie auf den zweiten Besuch und bemerkt dazu: » ... Die Lösung des Konflikts befriedigte mich, obwohl sie meine momentanen Gelüste nicht befriedigte, aber wohl in Rücksicht darauf, daß ich vor Familie B ein gutes Gewissen haben konnte« (S. 20).

Die im ersten Fall geäußerte Zufriedenheit bezieht sich nun aber gerade nicht auf einen entschiedenen Sachverhalt, sondern auf den Ablauf der Unterredung und das Verhalten der Probandin in der kritischen Situation. Die Probandin betont auch selbst, die Spannung sei noch nicht gelöst, weil noch ungeklärt sei, wie die sachlichen Fragen entschieden würden. Im zweiten Beispiel wird die durch äußere Umstände mehr oder minder aufgezwungene Entscheidung nachträglich akzeptiert. Dabei wird die Spannung im Nachhinein dadurch reduziert, dass die positiven Seiten der realisierten Lösung herausgestellt werden. Es lassen sich also auch in diesen angeführten Schilderungen, die eigentlich dazu dienen sollen, Befriedigung nach der Entscheidung zu exemplifizieren, noch Reste von Spannungen erkennen, aus denen Maßnahmen zu ihrer Beseitigung resultieren. So überrascht es wenig, wenn sich Anzeichen für eine *fortdauernde Spannung und Unzufriedenheit* gerade auch nach dem Entschluss beobachten lassen.[54]

In einem bei Thomae (1960) berichteten Fall wird zunächst die Situation eines Theologiestudenten geschildert, in der sich das Problem stellt, ob eine größere wissenschaftliche Arbeit aus Rücksicht auf die Mutter und die eigene materielle Situation abgebrochen werden soll oder nicht. Der Proband entscheidet sich schließlich dafür, die Arbeit fortzuführen: »Ich weiß noch, daß ich schließlich müde geworden war und etwas geschlafen hatte und nach dem Schlaf erst mir das Ergebnis klar vor die Seele rückte. Abends schrieb ich meiner Mutter. Damit war die Sache erledigt. – Allerdings nicht so erledigt, daß ich mir nicht noch einige Male über die Berechtigung meiner Arbeit und Arbeitsmethode klar werden mußte« (S. 130).

Die Relevanz der anhaltenden Spannung ist auch durch Befunde der Studie Nesswethas (1964) bestätigt, der in 46 % der Berichte ein *Wiederaufleben* der Konflikte feststellte. Die Rezidivierungen erfolgen nur selten kurz nach der Entscheidung. Oft vergehen Jahre oder sogar Jahrzehnte, bis die Spannung, auch aufgrund gewandelter äußerer Konstellationen, so heftig geworden ist, dass eine *Revision* des ehemals gefassten Entschlusses gewagt wird.

Eine Fallgruppe, bei der mangelndes Befriedigungsniveau relevant ist, wird bei Krauss (1933) angesprochen: » ... Ferner gibt es Konflikte, in denen äußerlich die Entscheidung bereits gefallen ist, die deshalb aber keineswegs seelisch gelöst sind. Es bleibt ein Spannungsverhältnis zwischen realer und gewünschter Lösung bestehen, das zu einem Mürbemachen und Dauerkampf führt« (S. 20). Nicht die Kontinuität der Anziehungskraft verworfener Alternativen, sondern der Unterschied der erreichten Realisierung zu der eigentlichen Zielsetzung ist hier die Ursache der Unzufriedenheit.

Andererseits gibt es Fälle, in denen die Frage der Zufriedenheit *nicht* thematisch wird. Das kann insbesondere bei Situationen vorkommen, in denen die Ausführungshandlung unmittelbar an den Entschluss anschließt. Bei Thomae (1960) findet sich ein solcher Fall. Der Proband berichtet, nachdem der Entschluss gefasst war: »Der Würfel war gefallen, meine Entscheidung getroffen. Tags darauf unternahm ich entschlossen die erforderlichen Schritte« (S. 65). Als

[54] Unter den zahlreichen bei Thomae (1960) berichteten Erlebnisschilderungen geht die Beschreibung allerdings nur in zwei Fällen über die Entschlussphase selbst hinaus.

unauffällige Phänomene innerhalb der Norm haben solche Gefühle der Zufriedenheit oder Befriedigung in der empirischen Forschung kaum Beachtung gefunden.

Durch Rückschluss von Beispielen mit gegenteiliger Tendenz und von theoretischen Gesichtspunkten aus können jedoch *zwei naheliegende Hypothesen* hinsichtlich der relevanten Bedingungsfaktoren formuliert werden:

- Die relative Wichtigkeit der Situation dürfte sich dahingehend auswirken, dass sich bei unwichtigen Fragestellungen keine Unzufriedenheit nach der Entscheidung einstellen wird. Die Wahl einer Verhaltensmöglichkeit beinhaltet hier nämlich keinen gravierenden Verzicht auf Alternativen. Genauso wenig ist mit dem Auftreten von Zufriedenheit zu rechnen, da aufgrund der nur peripheren Betroffenheit der Person keine besonderen emotionalen Resonanzeffekte zu erwarten sind.
- Eine Restspannung nach dem Entschluss ist um so weniger wahrscheinlich, je mehr die relevanten Entscheidungskriterien dem kognitiven Bereich angehören und je stärker die gewählte Alternative durch neue Aspekte vor den zurückgewiesenen Verhaltensmöglichkeiten profiliert werden kann.

Handelt es sich bei den in der Lebenswirklichkeit bewusst getroffenen Entscheidungen dagegen um solche mit hohem Bedeutsamkeitsniveau und sind außer den rationalen Aspekten viele emotionale Komponenten wirksam, muss in der Regel eine Fortdauer des durch den Entschluss verminderten Spannungszustands erwartet werden.

20.2 Theorien zur kognitiven Dissonanz

Festinger (1957) hat in seiner Theorie der kognitiven Dissonanz Modellvorstellungen über die Konstellationen vor, während und nach Entscheidungen entwickelt und in zahlreichen eigenen und initiierten Zusatzuntersuchungen ausgebaut. Dieser Ansatz ist in besonderer Weise geeignet, die Nachphase der Entscheidung zu beschreiben, die durch *informationelle Teilprozesse* nach dem eigentlichen Entschluss gekennzeichnet ist.

Grundlage der Dissonanztheorie ist die – homöostatische – Annahme, dass der Organismus Übereinstimmung hinsichtlich seiner Wissensbestände, Einstellungen oder kognizierten Verhaltensweisen erstrebt. Als Folge wird »a drive toward consonance among cognitions« (1957, S. 260) postuliert. Die gewählte Lösung wird als Plan- oder Sollgröße aufgefasst, die mit dem erreichten Istzustand verglichen wird.

Da die bei einer Entscheidung (oder bei Prozessen wie Erwartung von Belohnung oder Strafe, neuer Information, die vorliegenden Bewusstseinsinhalten widerspricht, Konformitätsdruck in der Gruppe etc.) relevanten Verhaltensmöglichkeiten positive und negative Aspekte besitzen, führt der Entschluss zur Dissonanz: »The cognitive elements corresponding to positive characteristics of the rejected alternatives, and those corresponding to negative characteristics of the chosen alternative are dissonant with the knowledge of the action that has been taken« (Festinger, 1957, S. 261).

Damit wird eine Tendenz zur Reduzierung der erzeugten Spannung provoziert, die sich in Bemühungen manifestiert, die Entscheidung zu ändern bzw. zu widerrufen, die Attraktivität der Alternativen zu ändern oder die Gemeinsamkeiten aller beteiligten Handlungsmöglichkeiten zu verstärken. Es wird also angenommen, dass das Individuum »motiviert« ist, die Richtigkeit oder Adäquanz seiner Lösung insbesondere während oder nach der Realisation zu »überprüfen«. Eine solche Kontrolle kann vor allem darin bestehen, dass man nach *konsonanten* Informationen gezielt Ausschau hält, *dissonante* Informationen aber meidet bzw. abwertet. Bevor diese Kontrollphase in das Stadium eines möglicherweise neuen Entscheidungsprozesses übergehen kann, findet ein spezifisch geartetes Suchverhalten statt, das in der Regel die Feststellung einer Soll-Ist-Abweichung verhindert.

Autoren, die sich mit den kognitiven Strukturen und Prozessen befassen, gehen allgemein davon aus, dass das Individuum konsistente kognitive Strukturen inkonsistenten vorzieht. Auf dieser Grundannahme basieren neben der Theorie Festingers die Ansätze von Abelson und Rosenberg (1958) sowie von Osgood und Tannenbaum (1955). Nimmt das Individuum Inkonsistenzen wahr, fühlt es sich kognitiver Dissonanz ausgesetzt.[55] Die Theorie der kognitiven Dissonanz geht dabei davon aus, dass kognitive Dissonanz vor allem das Verhalten des Individuums nach der eigentlichen Entschlussfassung, nach seiner Selbstverpflichtung *(commitment)* beeinflusst.

Die sich in der kognitiven Dissonanz äußernde Inkonsistenz von »Kognitionen« ist insbesondere in den Problemkreisen »Bedauern nach der Entscheidung« *(postdecisional regret)*, »Ungenügende Rechtfertigung« *(insufficient justification)* und »Nicht eingetroffene Erwartungen« *(disconfirmed expectancies)* untersucht worden (Zajonc, 1968; Jones & Gerard, 1967). Gemeinsam ist den Untersuchungen, dass sie ein Verhalten des Individuums implizieren, das sich als »Konfliktleugnung« bezeichnen lässt.

Es ist ein empirisches Phänomen, dass die Phase unmittelbar nach dem Entschluss von einem Gefühl des Bedauerns *(postdecisional regret)* begleitet ist, obwohl es gerade der gefasste Entschluss ist, der zur Klärung der multivalenten Situation geführt hat. Das Individuum muss aufgrund seiner Wahlhandlung notwendigerweise auf positiv bewertete Merkmale der zurückgewiesenen Alternative(n) verzichten, gleichzeitig aber negative Merkmale der gewählten Alternative hinnehmen. Die negativ bewerteten Konsequenzen der gewählten Alternative treten in der Wahrnehmung des Individuums in den Vordergrund, und es be-

---

[55] Zum Begriff der kognitiven Dissonanz vgl. insbesondere Festinger (1957, S. 9 ff.), Jones und Gerard (1967, S. 190 ff.); siehe auch Brehm und Cohen (1962).

dauert, eine Alternative nicht gewählt zu haben, die diese negativen Konsequenzen nicht beinhaltet. Das Wissen, eine Alternative mit negativen Konsequenzen gewählt zu haben, ist subjektiv im Verhältnis zu dem Wissen inkonsistent, eine andere Alternative abgelehnt zu haben, die diese negativen Konsequenzen nicht erwarten ließ: Die Person sieht sich einer kognitiven Dissonanz ausgesetzt.

Von »ungenügender Rechtfertigung« *(insufficient justification)* spricht die Dissonanztheorie, wenn sich das Individuum zu einem Verhalten veranlasst sieht, das eigentlich seinen Überzeugungen und Prinzipien widerspricht, oder wenn es sich zu einer Handlung verpflichtet fühlt, die keine oder wenig Belohnung verspricht. Unter diese Ausprägung kognitiver Dissonanz können u. a. die Auswirkungen jener Entscheidungen subsumiert werden, denen Drohungen oder Belohnungen zugrunde liegen (Festinger, 1957, S. 89 ff.).

Trifft die Person eine bestimmte Entscheidung und sieht sie sich danach mit der Tatsache konfrontiert, dass sich die Erwartungen über die Konsequenzen der Entscheidung nicht erfüllt haben, so entsteht für sie eine kognitive Dissonanz *(disconfirmed expectancies)*. Ein typischer Fall nicht eingetroffener Erwartungen liegt vor, wenn der Dezident feststellt, dass er sich in der Einschätzung seiner eigenen Leistung geirrt hat (Aronson & Carlsmith, 1962, S. 178 ff.).

Die Stärke der kognitiven Dissonanz kann unterschiedlich sein. Entsprechend hängt die *Stärke der Suchprozesse* nach Brehm und Cohen (1962, S. 303) von den nachstehend aufgeführten Faktoren ab:

- Konfliktstärke in der Entscheidungsphase; je stärker der Konflikt war, desto größer ist die Dissonanz und die davon abhängige Tendenz zur Dissonanzreduktion;
- Attraktivität der zurückgewiesenen Alternativen;
- Zahl der negativen Charakteristika der gewählten Alternative;
- Zahl der zurückgewiesenen Alternativen, wenn nur relativ attraktive Verhaltensmöglichkeiten zur engeren Wahl standen;
- Grad der Ähnlichkeit der Alternativen; je weniger Ähnlichkeit sie untereinander aufweisen, um so größer ist die entstehende Dissonanz;
- »Frische« *(recency)* der Wahl; je länger die Wahl zurückliegt, um so geringer ist die Dissonanz;
- Wichtigkeit der Erkenntnisse, die zur Wahl geführt haben.

Außerdem ist die kognitive Dissonanz um so größer, je weniger andere Personen die getroffene Entscheidung für gut befinden (Festinger, 1957, S. 187).

Mit der kognitiven Dissonanz bricht der ursprüngliche Konfliktthematik wieder durch und stellt den Plan für die Ausführung der Entscheidung infrage. Dieser Zustand wird vom Individuum *als unangenehm bis schädlich* empfunden. Eine Befriedigung durch die gewählte Alternative erscheint ihm als nicht gelungen. Jones und Gerard (1967, S. 179 ff.) sprechen deshalb davon, dass eine »unequivocal behavior orientation« (UBO) fehlt. Das innere Bedürfnis des Individuums nach Aufrechterhalten der UBO steht im Gegensatz zu der empfundenen Dissonanz. Die Aufrechterhaltung der UBO setzt eine Reduktion der kognitiven

Dissonanz voraus. Eine Reduktion ist dadurch möglich, dass das Individuum entweder seine Entscheidung *rückgängig macht*, d.h. sie widerruft, sie *ändert* oder die *Attraktivität der Alternativen noch einmal beurteilt.* Da Widerruf oder Änderung der Entscheidung oft unmöglich oder teuer sind und das Individuum bei Widerruf der Entscheidung außerdem in eine dem Stadium vor der Entscheidung ähnliche Lage zurückkehrt – in einen Zustand also, der ebenfalls als unangenehm oder schädlich empfunden wird –, wählt es in der Regel die *zuletzt genannte Art der Reduktion kognitiver Dissonanz* (Zajonc, 1968, S. 19). Die wichtigsten Hypothesen zur Reduktion der Dissonanz sollen uns im Folgenden näher beschäftigen.

Allgemein versucht das Individuum, seine kognitive Dissonanz zu verringern oder sie ganz auszuschalten, und es handelt so, dass es alles vermeidet, was den als spannungsreich bzw. unangenehm erlebten Zustand vergrößern könnte. Je größer nach einer Entscheidung die Dissonanz ist, desto größer werden auch die Anstrengungen sein, sich an diese Entscheidung anzupassen.

Kognitive Dissonanz wird dadurch verringert oder ausgeschaltet, dass neue »Kognitionen« gefunden und/oder bereits vorhandene geändert werden. Kognitive Dissonanz führt also zu dem bereits erwähnten *spezifischen Suchverhalten.* Die Suche kann nach »außen« oder nach »innen« gerichtet sein: Das Individuum sucht in seiner Umgebung oder in seinem Gedächtnis nach Informationen.

Informationssuche nach der Entscheidung darf nicht schlechthin gleichgesetzt werden mit derjenigen vor der Entscheidung. Festinger geht davon aus, und Experimente haben dies zumindest bei bestimmten Problemstellungen bestätigt, dass die Informationssuche *vor* der Entscheidung weitgehend objektiv ist, d.h. Informationen über *alle Alternativen weitgehend unverzerrt gesucht und aufgenommen werden* (1957, S. 123 ff.). Kognitive Dissonanz und das Bedürfnis nach Aufrechterhalten der UBO führen dazu, dass das Individuum in der Phase nach der Entscheidung aktiv nach Informationen sucht, die *seine Entscheidung stützen*, dagegen Informationen meidet, von denen das Individuum annimmt, dass sie eine nicht gewählte Alternative begünstigen. Aus dem Bestreben nach weitgehender Objektivität in der Phase vor der Entscheidung wird *nach* der Entscheidung eine verzerrte, eine *zumeist einseitige* Perspektive: Das Individuum »siebt« die Informationen nach ihrer Eignung, seine Entscheidung zu stützen bzw. zu rechtfertigen. Das bedeutet jedoch nicht, dass das Individuum gar keine Informationen über die nicht gewählten Alternativen sucht oder wahrnimmt; dies ist lediglich in einem *geringeren* Maß als in der Phase vor der Entschlussfassung der Fall. Die kognitive Dissonanz wird auch dann reduziert, wenn eine andere Person eine gleiche Entscheidung fällt und damit die Wahl der dissonanten Person gleichsam bestätigt.

Es wurde bereits dargestellt, dass das Individuum Informationen nicht nur in seiner Umwelt, sondern auch in seinem Gedächtnis sucht. Es versucht dann, seine UBO wieder herzustellen, indem es der Überprüfung bzw. Kritik seiner Entscheidung neue Kriterien oder dieselben Kriterien in veränderter Gewichtung zugrunde legt. Der Unterschied zwischen der gewählten Alternative und der nächst besseren wird nun so groß, dass die ursprüngliche Entscheidung als richtig bzw. gerechtfertigt erscheint. Das Suchverhalten nach der Entscheidung ist also darauf gerichtet, durch neue Informationen zusätzliches Gewicht auf die gewählte Alternative zu legen und damit die Proportion der inkonsistenten kognitiven Elemente zu verringern. Die gelungene Informationssuche nach der Entscheidung führt aus dem Zustand kognitiver Dissonanz zur *Konsonanz*, bei der die konsistenten kognitiven Elemente die inkonsistenten überwiegen.

Es muss angenommen werden, dass sich das Individuum mit der Reduktion der kognitiven Dissonanz gegen die Wahrnehmung eines neuen Konflikts stemmt: Die unter dem Begriff »Konfliktleugnung« versammelten Verhaltensweisen bewirken, dass ein Problem übersehen wird oder doch Gesichtspunkte beiseite gelassen werden, die sich bei objektiver Betrachtungsweise möglicherweise ergeben hätten.

Das Suchverhalten nach der Entscheidung zeigt hiernach, dass das Nichteintreffen der der Entscheidung zugrunde gelegten Konsequenzen nicht notwendigerweise unmittelbar zu einem neuen Entscheidungsproblem führt. Diese Annahme führt im Einzelfall zu dem Problem, was das Individuum bewegt, von der Konfliktleugnung abzugehen und einen neuen Konflikt wahrzunehmen.

Festinger (1957) hat – wie dargestellt – die Theorie der kognitiven Dissonanz durch umfangreiche und klar konzipierte Experimente abgesichert. Zur Demonstration der Brauchbarkeit der kognitiven Dissonanztheorie sei aber noch eine weitere instruktive Untersuchung erörtert, die von Brehm (1956) durchgeführt wurde (vgl. auch Brehm & Cohen, 1962). In dem maßgeblichen Versuch hatten Studentinnen acht verschiedene Gebrauchsgegenstände mit einem Wert von jeweils 20 Dollar nach der Attraktivität zu beurteilen. Anschließend eröffnete man den Probandinnen, dass sie als Gegenleistung für ihre Teilnahme am Experiment einen der Gegenstände behalten könnten. Es sei allerdings nicht möglich, jedem die Wahl zwischen allen acht Produkten zu lassen. Um die Chancengleichheit zu wahren, sollte jede Teilnehmerin zwischen zwei Gegenständen wählen können. Zur Schaffung klarer Verhältnisse konnten sich einige Probandinnen zwischen zwei als attraktiv eingestuften Objekten und der Rest zwischen weniger wünschenswerten Produkten entscheiden. Danach lasen die Probandinnen die Forschungsberichte über vier Produkte, in denen positive und negative Merkmale zusammengestellt waren, und beurteilten die acht Objekte noch einmal nach ihrer Attraktivität. Es zeigte sich ein signifikanter Attraktivitätsverlust des nicht gewählten und ein Attraktivitätsgewinn des gewählten Produkts.

Mit diesem Versuch konnte Brehm nachweisen, dass in der Nachphase der Entscheidung Änderungen der Zentrierungsverhältnisse erfolgen, die nachträglich den gefassten Entschluss zu rechtfertigen suchen. Andere Experimente belegten die theoretisch postulierte Bereitschaft, konsonante Information zu suchen und dissonante Information abzuwehren.

20.3 Psychoanalytische Aspekte

Die Charakterisierung einer Person nach der Entscheidung kann nicht allein auf Gesichtspunkte des Dissonanzgrades und der Zufriedenheit beschränkt bleiben. Vor allem die Formen der Bewältigung von Entscheidungs- und Konfliktsituationen, die nicht zu adäquaten Lösungen führen, legen eine Berücksichtigung *weiterer* Momente nahe.

Bei zunehmender Lebensnähe und der damit verbundenen zunehmenden Komplexität der Ausgangssituation stellen sich nämlich Konsequenzen ein, die dem *vor- und unbewussten Bereich* zuzuordnen sind und – teilweise – sogar von klinischer Bedeutung sein können. Verschiedene der konflikttranseunten Lösungsformen entsprechen den von der Psychoanalyse angenommenen *Abwehrmechanismen*, soweit ihnen eine konflikt- und angstreduzierende Funktion zugesprochen wird. Sozial unerwünschte und wegen der Überich-Kontrolle nicht realisierbare Triebregungen werden nach dieser Meinung zur Vermeidung von Dauerkonflikten mithilfe der Abwehrmechanismen in affektiv neutrale Formen übergeführt. Freud (1953) unterschied insbesondere folgende *Mechanismen*: Verdrängung, Projektion, Verkehrung ins Gegenteil, Reaktionsbildung, Regression, Identifizierung, Wendung gegen die eigene Person, Sublimierung etc.[56]

Einige dieser Formen der Konfliktbewältigung zeigen sich auch in dem von Nesswetha (1964) untersuchten Material. Im Gegensatz zur tiefenpsychologischen Perspektive finden sich darunter auch Fälle, die bewusste Abwehrhaltungen – mit voller Einsicht des Probanden in den Scheincharakter der Lösung – erkennen lassen. Daraus folgt, dass mehrere Lösungsarten je nach der Persönlichkeitsstruktur des betroffenen Individuums überwiegend bewusst oder unter weitgehender Ausschaltung des Bewusstseins eingeleitet werden. Das Ausmaß an subjektiver Störung durch die nicht voll ausgetragene Multivalenz ist jedoch ganz unterschiedlich. Nesswetha (1964, S. 226) resümiert:

> »Von den evasiven Formen erweist sich die Emigration in virtuelle Bereiche am labilsten. Die topische Evasion hat ebenfalls eine relativ geringe konfliktlösende Wirkung. In 30 % konnten Rezidive der ursprünglichen Konfliktsituation beobachtet werden. Die Kompensationen zeichnen sich durch einen hohen Stabilitätsgrad aus. Überraschenderweise haben auch die Somatisierungen und die Verdrängungen eine hohe konfliktlytische Quote. Die Retraktionen gehören zu den Formen mit dem geringsten konfliktlösenden Effekt.«

Die hohe Stabilität verschiedener Lösungstechniken legt es nahe, die bisher übliche Klassifikation in adäquate und unangemessene Bewältigungen aufgrund der Art der Auseinandersetzung des Individuums mit den einzelnen Alternativen abzulösen oder doch zu ergänzen durch eine *operationale* Definition, die sich auf den empirisch ermittelten Stabilitätsgrad stützt.

---

[56] Vgl. auch die kritische Durchsicht der experimentellen Arbeiten zu diesem Problem bei Feger (1965, S. 389 ff.).

21 Integrationsversuche – psychologische Modelle

Häufig werden in der psychologischen Forschung für verschiedene Themenbereiche, z.B. für die Einstellungs- oder die Stressproblematik, Modelle entwickelt, die ein bestimmtes psychisches Geschehen mit seinen Prozesskomponenten, seinen Determinanten und Auswirkungen in einem komplexen Variablengefüge abbilden. Es fragt sich, ob es entsprechende Ansätze auch für die Konflikt- und Entscheidungsthematik gibt. Explizit ist das nicht der Fall. Man könnte allerdings die differenzierten Erkenntnisse von Thomae, die in den vorangegangenen Kapiteln ausführlich erörtert wurden, in diesem Sinne verstehen. Ebenso gibt es zwei Ansätze von Feger (1978, 1995), die man als Versuche dieser Art unter teilweiser Einbeziehung der Erkenntnisse Thomaes ansehen kann. Der zweite Ansatz Fegers hat dabei weitgehend hypothetischen Charakter. Des Weiteren sollen im Kontext von Konflikt und Entscheidung das Rubikon-Modell von Heckhausen sowie einzelne interessante handlungsregulatorische Ansätze beleuchtet werden, die bislang mit dem Entscheidungsverhalten und seiner Vorbereitung noch nicht in Verbindung gebracht wurden.

21.1 Das Konfliktmodell der Folgenantizipation von Feger

Im Konfliktmodell der Folgenantizipation (Feger, 1978) spielen folgende Variablen eine entscheidende Rolle: die persönliche Wichtigkeit oder Bedeutsamkeit des Konflikts, die Entscheidungszeit, die absoluten und relativen Präferenzstärken für die verschiedenen Alternativen, die Konfidenz, d.h. die Sicherheit, ob die getroffene Entscheidung richtig ist, die erlebte Konfliktstärke sowie der Informationswunsch und die Informationssuche.

Hinsichtlich der abzubildenden Prozesse wird postuliert, dass gleich zu Beginn eines Konflikts dessen Wichtigkeit eingeschätzt wird und während der ganzen Vorentscheidungszeit konstant bleibt. Der Wichtigkeitswert entscheidet darüber, wie viel Zeit und Aufwand die Person zu investieren bereit ist. Dieser Wert hängt davon ab, ob es sich um einen realen oder einen nur vorgestellten Konflikt handelt, ob die Entscheidungssituation bzw. der Entschluss persönliche Folgen hat, ob es sich um eine endgültige oder eine vorläufige Entscheidung handelt. Die anderen Konfliktvariablen werden direkt oder indirekt durch die Alternativenbewertungen beeinflusst.

Zentrale Annahme des Modells ist, dass der Wichtigkeitswert und die vorläufige Präferenzstärke der Alternativen den Prozess zu Beginn bestimmen, dass die Bewertungen der Alternativen zunächst feststehen, dass sie sich aber im weiteren Verlauf verändern, und zwar sowohl in quantitativer als auch qualitativer Hinsicht, z.B. als Folge von Informationen, die eingeholt werden, oder in Abhängigkeit von Persönlichkeitsvariablen. »Da uns detailliertere Kenntnisse noch fehlen, nehmen wir an, die Folgenantizipationen des Sich-Entscheidenden träten in zufälliger Folge auf. Je stärker die vorläufige Präferenz für eine Wahlmöglichkeit, desto wahrscheinlicher sind Antizipationen positiv bewerteter Folgen für diese Möglichkeit. Erwartet eine Person beispielsweise zwei Konsequenzen, die für eine Wahl von A sprechen, und eine, die für B spricht, so sind die Serien A_1A_2B, A_2BA_1, BA_1A_2, A_2A_1B, A_2BA_1 und BA_1A_2 gleich wahrscheinlich ... Wichtigkeit und Präferenzstärke bestimmen gleichsam die Länge der Serien von Antizipationen« (Feger, 1978, S. 89). Das Modell nimmt – im Gegensatz zu entscheidungstheoretischen Ansätzen – keine Zäsur zwischen der Erstellung der Entscheidungsmatrix und dem anschließenden Entschluss vor, vielmehr wird ein kontinuierlicher Prozess ohne qualitativen Sprung bis zum Entschluss angenommen.

1995 legte Feger den Entwurf eines allgemeineren Modells der Konfliktformen vor, das an die Grundannahmen bei Thomae anknüpft und sich vom Modell der Folgenantizipation, obwohl einige Parallelen zu erkennen sind, durch den Anspruch unterscheidet, nun einen Geltungsbereich für alle Arten von Reaktionen auf multivalente Situationen zu besitzen. Zu Beginn des Verlaufs erfasst die Person die Multivalenz – bei allerdings noch nicht artikulierten Verhaltensmöglichkeiten – und insbesondere die Wichtigkeit. Feger (1995) führt dazu aus:

> »Die erfaßte Bedeutsamkeit der Situation gibt nun dem Individuum auch einen Anhaltspunkt dafür vor, wieviel Aufwand es in der Bewältigung der Situation investieren will. Diese Festlegung kann durchaus vorläufig sein und später im Prozess revidiert werden. Unter Aufwand kann man den Einsatz verschiedener Ressourcen der Person verstehen, vor allem die Zeit, die sie gewillt ist, sich der Situation zuzuwenden. Mit Bewältigung (coping) sollen alle verfügbaren Strategien und Taktiken der Person gemeint sein, von einer fast wissenschaftlichen, eher kühl-kognitiven Analyse bis zu einem auf mögliche Lebbarkeit gerichteten Durchprobieren. Jedenfalls nehme ich an, daß fürs erste der Aufwand festgelegt wird und das Individuum in einer Art Monitoring auf seine Einhaltung achtet ... Bei niedriger Bedeutsamkeit wird wenig Aufwand konzediert« (S. 55).

Im letzteren Fall tritt das ein, was Thomae (1960) als sukzessive Ambitendenz bezeichnet. Wenn mehr auf dem Spiel steht, kommt es zur Aktualisierung von Serien von Motiven, Erwägungen etc., wobei entscheidend ist, welche von ihnen sich durchsetzen. In der Eingangsphase kann es auch vorkommen, dass die Person einen Punkt erreicht, an dem die eigene Grundorientierung infrage gestellt ist, und Prozesse der Neufestlegung, der probeweisen Anwendung auf Handlungsalternativen etc. einsetzen. Damit ist auch eine biografische Einbettung angesprochen, die einen Rückbezug auf die Vergangenheit und Projektionen in die eigene Zukunft einschließt.

Im Modell selbst spielt neben der Einschätzung der Bedeutsamkeit ein Schwellenwert eine Rolle, der auf dem Unterschied zwischen den Alternativen beruht. Ab einer gewissen Größe mag er ohne Zögern zum Entschluss führen. Ist er aber unterschritten, während zugleich hohe Bedeutsamkeit und damit hohe Aufwandsmotivation vorliegen, so wendet sich die Person der Situationsanalyse zu. Es werden dann die verschiedenen Motive ins Spiel gebracht, die die Reaktionsstärken erhöhen oder senken. Dieses Schwanken wird von Feger anhand von *Random-walk-Modellen* beschrieben:

»Sie taugen nicht nur zur Vorhersage von Entscheidungszeit und Richtung, sondern auch, um Konfidenz, Konfliktstärke oder Oszillieren zwischen den Alternativen abzuleiten. Ein ›random walk‹ beschreibt eine ununterbrochende Abfolge von Schritten, die sich in Richtung (und Länge) unterscheiden können. Richtungen (und Längen) der Schritte sind unabhängig voneinander; man denkt sie sich durch einen Zufallsprozeß erzeugt. Man kann sich dazu eine Person vorstellen, die schwankend durch einen langen Gang torkelt. Früher oder später stößt sie gegen eine der beiden Wände, die im Modell ›absorbierende Barrieren‹ heißen, weil die Person dann dort bleibt. Für eine dichotome Entscheidung bedeutet dies, daß ein Entschluß getroffen wurde« (1995, S. 59).

Einschränkend bemerkt Feger, dass die zeitliche Zerlegung mit einer Deadline wohl die Anwendung auf viele Entscheidungssituation erschweren dürfte, denn schon Thomae (1960, 1974) habe betont, dass Vorentscheidungen, Teillösungen, Gleichzeitigkeit von Entscheidungs- und anderen Prozessen, Unterbrechungen, um Informationen zu suchen oder Abstand zu gewinnen, gerade bei existenziellen Entscheidungen keine Seltenheit seien.

21.2 Das Rubikon-Modell von Heckhausen

Ein weiteres integrierendes Modell, das die oben analysierten Phasen *vor* einer Entscheidung (Kap. 11), *während* der Entscheidung (Kap. 12) und *nach* der Entscheidung (Kap. 19 und insbesondere 20) in einem theoretischen Ansatz zusammenfasst, ist das Rubikon-Modell von Heckhausen (vgl. Heckhausen, 1987, 1989; siehe auch Heckhausen & Gollwitzer 1987; Heckhausen, Gollwitzer & Weinert, 1987). Dieses Modell basiert zunächst auf einer Unterscheidung von Motivation und Volition, wobei im Modell distinkte Phasen des Handlungsablaufs voneinander abgegrenzt werden. Diese Phasen erstrecken sich über den gesamten Prozess, der mit dem Aufkommen eines Wunsches beginnt und mit abschließenden Gedanken, die die Handlung bewerten, beendet wird.

Heckhausen unterscheidet vier Phasen, die während dieses Verlaufs durchschritten werden: a) die prädezisionale Phase, b) die postdezisionale Phase, die jedoch noch präaktional ist, c) die aktionale Phase und d) die postaktionale Phase.

Die *prädezisionale* Phase ist gekennzeichnet durch ein Wünschen und Abwägen. Abgewogen werden die Realisierbarkeit eines Wunsches und dessen Wünschbarkeit, die durch die Analyse des erwarteten Wertes der Verwirklichung eines Wunsches charakterisiert werden kann. In diesem Zusammenhang spielen auch positive und negative Selbst- sowie Fremdbewertungen eine Rolle (vgl. Heckhausen, 1987).

Bevor ein Wunsch, der sich in der vorangegangenen Phase sowohl als erstrebenswert als auch als realisierbar herausgestellt hat, handlungswirksam werden kann, muss er in eine Intention transformiert werden. Dies geschieht in der *postdezisionalen* Phase, die freilich immer noch *präaktional* ist. Diese Phase ist phänomenal durch das Gefühl eines Entschlusses charakterisiert sowie einer

Gewissheit, sich in Richtung einer Wunscherfüllung zu verhalten. Die Person hat damit eine *Handlungsintention* ausgebildet. Wenn von einem Abwägen zu einer Selbstverpflichtung übergegangen wird, hat die Person diesem Modell zufolge *den Rubikon überschritten.* Der präaktionale Aspekt dieser Phase ist durch den Beginn der Planung einer Umsetzung des Wunsches im Rahmen einer Handlung gegeben.

In die *aktionale* Phase tritt die Person ein, wenn die Stärke der Volition ausreichend ist, d.h. wenn die Intention zu einem hohen Grad an Verpflichtung zur Erreichung des gewünschten Zieles führt. Darüber hinaus spielt die Frage, ob ein günstiger Zeitpunkt zur Umsetzung gegeben ist, eine wichtige Rolle. Generell ist diese Phase durch das zielbezogene Handeln zu charakterisieren, wobei Heckhausen zufolge das Subjekt *durch eine mentale Zielrepräsentation gesteuert* ist. Weiterhin kann in dieser Phase das Erleben einer Bewusstseinslage, die Unterbrechungen des Handlungsflusses auf dem Weg zur Zielrealisierung verhindert (z.B. »flow experience« nach Csikszentmihalyi, 1975), eine reibungslose Umsetzung unterstützen (vgl. auch Klinger, 1978).

In der *postaktionalen* Phase reflektiert die Person darüber, ob sie ihr Streben erfolgreich umsetzen konnte. Dabei ist zunächst von Bedeutung, ob die Umsetzung so weit erfolgreich gewesen ist, dass die Umsetzungshandlung an einem bestimmten Punkt abgebrochen werden konnte. Daneben ist für das Subjekt von Bedeutung, ob der erwartete Wert des Wunsches mit dem tatsächlichen Wert des erzielten Resultats übereinstimmt. Die in diesem Kontext gezogenen Schlüsse werden dann in künftigen präaktionalen Phasen Berücksichtigung finden; es findet also eine Zusammenschau von Zukunft und Vergangenheit statt, was Heckhausen die »Janusköpfigkeit der postaktionalen Phase« nennt.

Heckhausens Ansatz kann als ein wichtiges neueres Modell angesehen werden, in dem verschiedenste Aspekte von Entscheidung, Motivation und Volition zusammengeführt sind. Künftige Arbeiten könnten darin einen theoretischen Rahmen finden, in dem sich weitere empirische Arbeit entwickeln kann. Untersuchungen zu beteiligten kognitiven Prozessen beispielsweise in der Aufmerksamkeitslenkung (Eimer, Nattkemper, Schröger & Prinz, 1994), zu Konzentration und Ablenkbarkeit (Kuhl & Kraska, 1989) oder zur visuellen Suche (Prinz, Tweer & Feige, 1974) stehen zu unterschiedlichen Phasen des Modells in Verbindung.

21.3 Handlungsregulation und Entscheidungsvorbereitung

Bisher ist in der Entscheidungsforschung – außer einer vagen Phänomenbeschreibung – nicht explizit untersucht worden, ob und wie gegebenenfalls die der Entscheidung vorgelagerte Phase – verstanden als Entscheidungsvorbereitung – erfasst und strukturiert werden kann. Dem sollen die nachfolgenden Ausführungen dienen. Wichtig in diesem Kontext ist ein neuer Aspekt: das auf die

Entscheidung gerichtete mögliche *Planungsverhalten*, mit dem der Planende das Ziel verfolgt, eine Entscheidung vorzubereiten.

21.3.1 Funktionen von Planungsaktivitäten: Funke und Fritz

Als mögliche Funktionen von Planungshandeln im hier interessierenden Kontext sind zu nennen (nach Funke & Fritz, 1995):

- Koordination von Kräften und Ressourcen
- Orientierung in Raum und Zeit
- Entlastung des kognitiven Systems
- Emotionsregulierung.

Besonders wichtig im Rahmen der Entscheidungsvorbereitung sind die Entlastung des kognitiven Systems sowie die Regulierung der Emotionen. Pläne können dazu beitragen, bestimmte oder aber vage Absichten zu fixieren; damit dienen Pläne zur Reduktion der Gedächtnisbelastung (Funke & Fritz, 1995). Es bedarf hier nur einer verhältnismäßig geringen kognitiven Kontrolle, da man auf eine niedrige Regulationsebene wechseln kann. Planen im Vorstadium von Entscheidungen hilft aber auch, dass man sich auf die Unsicherheit der multivalenten Situation besser vorbereitet fühlt. Vor allem bei existenziell bedeutsamen Entscheidungen ist Planen geeignet, die durch die Entscheidungssituation induzierte Angst zu mindern. In diesem Zusammenhang führen Funke und Fritz (1995) aus:

> »Wir planen, um den potentiellen Streß zukünftiger Anforderungen zu reduzieren, indem wir durch vorauslaufende kognitive Aktivität einen Aufwand leisten, der sich emotionsförderlich auswirken sollte. Die Vorbereitung auf ungewisse Ereignisse, ihre Antizipation, schafft emotionale Entlastung selbst dann, wenn es später anders kommt als erwartet« (S. 38 f.).

Der insbesondere bei schwierigen Entscheidungen regelmäßig auftretende Zustand der Unorientiertheit und die damit einhergehende Hilflosigkeit der Person kann durch Planungsaktivitäten weitgehend verhindert, mindestens aber reduziert werden. Zu beachten ist jedoch, dass ein »Zuviel« an Planung andererseits emotional belastend sein kann (vgl. Funke & Fritz, 1995). Planungsaktivität ist hier also eine Frage des rechten Maßes.

Funke und Fritz (1995) greifen darüber hinaus eine weitere wichtige Planungsfunktion auf. Gemeint ist die »Planung des Planens«, also eine metakognitive Kontrollfunktion, die darin besteht, die vorhandenen kognitiven Ressourcen zu organisieren. Es geht also hier auch um bestimmte Heuristiken, die darin bestehen, »wann man mit dem Planen aufhören sollte oder wann es sich lohnt, einen Plan zu verfeinern« (Funke & Fritz, 1995, S. 39).

Planung erweist sich hiernach als ein Instrument, dass im Sinne einer durchaus schon generellen Tendenz auch für Entscheidungsprozesse, speziell in deren Vorbereitungsphase, und damit auch zur Verbesserung der – bislang in der Forschung so gut wie noch nicht untersuchten – spezifischen *Entscheidungsfähigkeit* Anwendung finden sollte.

21.3.2 Planerstellung – Planausführung: Funke und Glodowski

Funke und Glodowski (1990) unterscheiden hier zwei unterschiedliche Phasen: die Planerstellung und die Ausführung des Plans. Grund für die Phaseneinteilung ist die allgemeine Schwierigkeit scharfer Abgrenzung zwischen Plan und Handlung. Während *Planerstellung* hiernach »vorausschauende Ordnung von Teilschritten« bedeutet, die »noch in der Zukunft liegen, unter Beachtung von Randbedingungen und unter Einbezug von Gedächtnisinhalten« (Funke & Glodowski, 1990, S. 144), bezieht sich die *Planausführung* auf die Umsetzung des erstellten Plans in konkrete Handlungen. Für die Phase der Planerstellung, wie sie auch für die Entscheidungsvorbereitung gelten kann, sind nach Funke und Glodowski (1990) folgende Basiskomponenten als wichtig anzusehen:

- Erkennen der Abfolgen
- Erkennen der Randbedingungen
- Bildung von Zwischenzielen
- Verfügbarkeit von Alternativen
- Angemessenheit der Auflösung.

Für die Phase der Planausführung werden folgende Basiskomponenten postuliert:

- Planüberwachung
- Fehlerdiagnostik
- Planrevision, gegebenenfalls Planverwerfung.

Bezieht man diese Phasen und ihre Komponenten auf die Vorbereitung einer Entscheidung, ergibt sich gegenüber der bisherigen Betrachtung der Phase der Vorbereitung, soweit sie im Schrifttum überhaupt thematisiert wird, eine geeignete Strukturierung gerade des bislang vernachlässigten prädezionalen Prozessgeschehens sowie darüber hinaus eine zweckentsprechende Verhaltensstrategie für das Vorstadium der Entscheidung.

21.3.3 Planung als Beeinflussung des Sicherheitsgefühls: Dörner

Dörner (1989), der zunächst auf das klassische Konzept des Planens als »Probehandeln« rekurriert und damit Planen als Überprüfen der Konsequenzen von Aktionen sieht, geht dabei von einem engen Begriffsverständnis aus, wenn er überraschenderweise »Planung, Entscheidung und Durchführung« zu einem Schritt zusammenfasst. Dass dem so nicht gefolgt werden kann, bedarf nach unseren bisherigen Ausführungen einer weiteren Begründung hierzu sicherlich nicht. Wohl ist Dörners Hinweis auf die Funktion der Planung in unserem Kontext interessant, wenn er davon spricht, dass sie das Gefühl der Sicherheit beim Planenden beeinflusst. Allerdings besteht hier eine Ambivalenz: Sicherheit durch Planung kann es einmal in der Weise geben, dass man sich auf eine ungewisse Situation, wie sie der Entscheidungslage entspricht, überhaupt vorbereitet fühlt. Planung kann andererseits aber auch Unsicherheit erzeugen, indem gerade durch zunehmende Planungsaktivität ein Mehr an Unsicherheit entsteht, was insbesondere die Emotionsregulation negativ beeinträchtigen kann.

21.3.4 Handlungskontrolltheorie: Kuhl

Nach Kuhl (1983, 2001) wird die Auswahl einer verbindlichen Handlungsabsicht aus mehreren konkurrierenden Handlungstendenzen durch die Selektionsmotivation gesteuert. Die Realisierung der Absicht beruht demgegenüber auf der Realisationsmotivation. Die Selektionsmotivation ist durch die Neigung oder Absicht gekennzeichnet, ein bestimmtes Ziel anderen Zielen vorzuziehen (Kuhl, 1983, S. 194), während die Realisationsmotivation alle motivationalen Tendenzen bezeichnet, die auf die Realisierung einer Absicht gerichtet sind. Hier fällt auf, dass die beiden Richtungen, die Kuhl unterscheidet, bei ihm weitgehend isoliert nebeneinander stehen. Zu fordern wäre daher entsprechend den realen Gegebenheiten eine stärkere theoretische Integration in diesem Forschungsfeld.

Teil IV Entscheidungstheorien: Perspektiven – Probleme – Kritik

Die Ausführungen in Teil IV werden sich insbesondere mit den Konstrukten des Nutzens, der Wahrscheinlichkeit, der Unsicherheit und des Risikos auseinandersetzen, die im Rahmen der Diskussion um die Entscheidungsproblematik seit Einführung von mathematisch elaborierten Modellen Einzug in die neuere Entscheidungspsychologie hielten (orientierend Jungermann et al., 2005). Zunächst werden wir uns den Grundannahmen der entscheidungstheoretischen Ansätze zuwenden (Kap. 22.1), um im weiteren Verlauf die Modelle selbst (Kap. 22.2) und damit zusammenhängende Entscheidungsstrategien (Kap. 22.3) näher betrachten zu können. Es folgt eine detaillierte Kritik der besprochenen Modelle (Kap. 22.4). Generell kann Teil IV als komplementär zu den vorausgegangenen, weithin phänomenanalytisch geprägten Ausführungen angesehen werden, wobei nun vor allem quantifizierbare Aussagen in den Vordergrund rücken.

22 Theorie und Empirie zum Problem der Vorhersage

Seit den ersten empirischen Untersuchungen zur Vorhersage der Richtung des Entscheidungsvorgangs durch N. Ach (1910, 1935) und R. Ach (1944) hat sich das methodische und begriffliche Instrumentarium zur Entscheidungsprognose bedeutend ausgeweitet. Die Kennzeichnung der gesamten Arbeitsrichtung als »statistische Entscheidungstheorien« weist darauf hin, wie zentral die Rolle mathematischer Instrumente bei der Lösung der hier relevanten Fragestellungen geworden ist. Ziel dieser Arbeitsrichtung ist es, die bestimmenden Faktoren in mathematische Funktionen zu fassen und durch den Vergleich der Wahrscheinlichkeitsverteilungen der mit den einzelnen Handlungsalternativen verbundenen Konsequenzen die von einem Dezidenten voraussichtlich gewählte Aktion vorherzusagen. Der Prognoseerfolg hängt dabei davon ab, bis zu welchem Grad es gelingt, die Gesamtzahl der relevanten Einflussgrößen und deren gegenseitiges Aufeinandereinwirken funktional zu erfassen. Wir wollen im Folgenden näher überprüfen, wo Stärken und Schwächen dieses Weges liegen.

22.1 Grundannahmen der statistischen Entscheidungstheorien

Die statistischen Entscheidungstheorien befassen sich im Wesentlichen mit Entscheidungen bei Ungewissheit und Risiko. Entscheidungen in der Situation vollkommener Sicherheit werden als Ausnahmen angesehen und nicht weiter erforscht.[57]

22.1.1 Informationsniveau

Die Informationen, die dem Individuum über seine Umwelt zur Verfügung stehen, geben ihm Auskunft über die verschiedenen »Zustände der Welt«. Der Begriff des »Zustands der Welt« impliziert bei Schneeweiss (1967, S. 10) die Existenz einer Funktion, die jeder Kombination von Aktion und Zustand ein Ergebnis zuordnet. Dabei wird vorausgesetzt, dass die Ergebnisfunktion dem Dezidenten zumindest prinzipiell bekannt ist.

Die Bekanntheit der Zustände der Welt und der mit den jeweiligen Handlungsalternativen verbundenen Konsequenzen führt zur Differenzierung der künftigen Situationen, die das Individuum durch seine Entscheidung mitgestaltet. Da aber nicht über jede Alternative gleich viele Kenntnisse vorliegen, kommt als weitere Variable das Informationsniveau ins Spiel. Die im Folgenden stets als erfüllt angesehene Prämisse eines hohen Informationsniveaus bedeutet,

---

[57] Entscheidungen bei Sicherheit liegen nur dann vor, wenn der Entscheider jeder Handlungsalternative genau ein Ergebnis zuordnen kann, wenn ihm also alle entscheidungsrelevanten Parameter bekannt sind. Ein solches Entscheidungsmodell beruht auf der vereinfachenden Annahme vollkommener Information und führt zu einer Problemformulierung, die der Entscheider mithilfe der linearen Programmierung optimal lösen kann. Er kann unter diesen Bedingungen genau ermitteln, welches Ergebnis sich bei welcher Handlungsalternative ergibt (Mayer, 1999, S. 25).

dass dem Dezidenten grundsätzlich alle Handlungsalternativen und -konsequenzen bekannt sind (vgl. Naschold, 1969). Unterschiede bestehen lediglich darin, ob die den jeweiligen Aktionen zugeordneten Handlungskonsequenzen (HK) mit Sicherheit eintreten oder ob man nur deren Wahrscheinlichkeitsverteilung (WV) oder nicht einmal diese kennt (Naschold, 1969, S. 33). Vor diesem Hintergrund lässt sich – wie nachstehende Abbildung zeigt – eine Differenzierung zwischen Entscheidungssituationen bei Gewissheit, Risiko und Ungewissheit vornehmen:

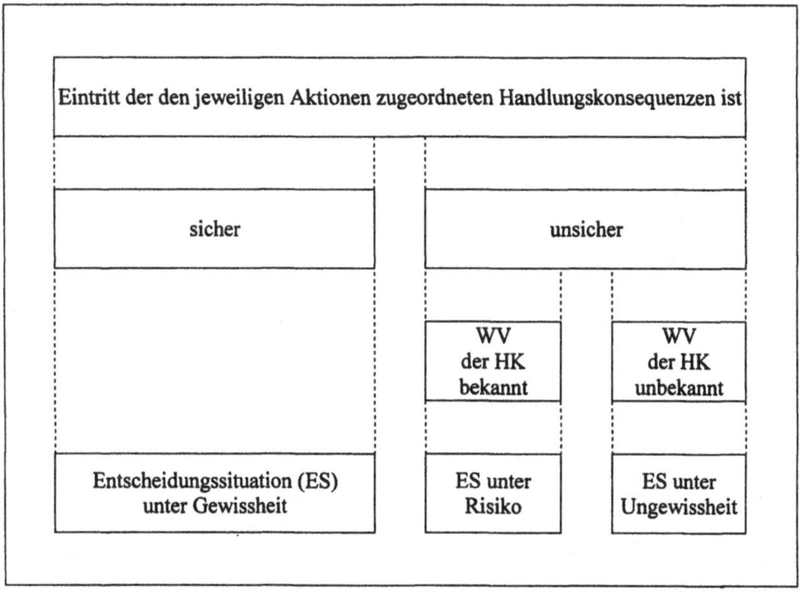

Abbildung 22.1 Kennzeichnung von Entscheidungssituationen in Abhängigkeit der Sicherheit respektive Unsicherheit des Eintritts der den jeweiligen Aktionen zugeordneten HK

Entscheiden und Handeln unter *Gewissheit* liegen zwar dann vor, wenn das wählende Individuum die Zielobjekte mit Sicherheit erhält bzw. wenn seine Aktionen mit Sicherheit zum Ziel führen. Nicht allein der Erwerb von bestimmten Objekten oder die Ausführung angestrebter Tätigkeiten sind aber von Bedeutung, sondern vor allem die damit verbundenen Konsequenzen. Da diese selten »sicher« sind, wird der Gewissheitssituation im Folgenden keine weitere Beachtung geschenkt.

Entscheiden und Handeln unter *Risiko* liegen vor, wenn die mit den Handlungsalternativen verbundenen Konsequenzen nicht mit Sicherheit auftreten, deren Wahrscheinlichkeitsverteilungen aber bekannt sind. Ist letzteres nicht der Fall, spricht man von Ungewissheitssituationen.

22.1.2 Der spieltheoretische Hintergrund

Die Entwicklung der statistischen Entscheidungstheorien nahm ihren Ausgangspunkt bei v. Neumann und Morgenstern (1944), die sich mit der Anwendung der Spieltheorie auf ökonomische Probleme befassten und hierbei auf die durch Daniel Bernoulli (1700-1782) und Pierre Simon de Laplace (1749-1827) begründete Wahrscheinlichkeitstheorie zurückgriffen (vgl. Gäfgen, 1968).

Die Spieltheorie ist bemüht, für jede Person-Umwelt-Konstellation[58] optimale Entscheidungsgrundlagen zu erarbeiten, indem sie die möglichen Folgen von situationsbezogenen Verhaltensstrategien überprüft. Dass die spieltheoretischen Methoden nicht nur für soziale »Spiel«-Situationen gelten, sondern auch für Ungewissheits- und Risikosituationen, in denen kein Gegenspieler existiert, wird immer wieder betont. Shubik (1965) erläutert hierzu:

> »Spieltheorie ist eine Methode zur Untersuchung von Entscheidungen in Konfliktsituationen. Sie behandelt menschliche Entscheidungsprozesse, in denen die einzelne Entscheidungseinheit keine vollkommene Kontrolle über andere Entscheidungseinheiten ihrer Umwelt ausübt. Sie richtet sich auf Probleme, die Konflikt, Kooperation oder beides mit sich bringen. Die Entscheidungseinheit kann eine einzelne Person, eine Gruppe, eine formelle oder informelle Organisation oder eine Gesellschaft sein« (S. 18).

Der gleiche Sachverhalt kommt in den Ordnungsgesichtspunkten von Spielen zum Ausdruck, die sich bei Schmidt (1966, S. 36) finden. Er unterscheidet:

- Spiele gegen die Natur: Ein äußeres Ereignis, das keiner festen Strategie folgt, bestimmt, welche Alternative gewinnt (z.B. Würfelspiel).
- Spiele gegen sich selbst: Die eigene Leistung entscheidet über Gewinn oder Verlust. Das Individuum spielt quasi gegen seine eigenen Fähigkeiten bzw. Fähigkeitseinschätzungen (z.B. bei Leistungsanforderungen, bei denen ein Anspruchsniveau gesetzt wird).
- Spiele gegen andere Personen oder Gruppen.

Neben kooperativen und neutralen Mehrpersonenspielen ist die – häufige – Spielsituation gegen einen oder mehrere Spielpartner besonders hervorzuheben: Hierbei verfolgen die Partner das Ziel, auf Kosten des Spielers zu gewinnen, so dass dieser außer den Wahrscheinlichkeitseinschätzungen seiner Handlungen und deren Folgen auch die Gegenaktionen der Mitspieler zu berücksichtigen hat. Formal werden in diesem Zusammenhang zwei Konstellationen unterschieden: Im Zwei- (oder N-) Personen-Nullsummenspiel entspricht ein Gewinn der einen Seite einem gleichwertigen Verlust der Mitspieler. In Nicht-Nullsummenspielen ist dies nicht der Fall.

---

[58] Im Zusammenhang mit Entscheidungen aus dem sozioökonomischen Bereich muss genauer von der System-Umwelt-Konstellation gesprochen werden.

Um die Wahrscheinlichkeiten von Folgen bestimmter Handlungsweisen voraussagen zu können und damit Empfehlungen für das Verhalten eines Spielers zu geben, müssen sich beide Spieler an Regeln halten; sie folgen »Strategien«, die zwar jeden Komplexitätsgrad erreichen, aber unter keinen Umständen verlassen werden können.

22.1.3 Nutzen und Nutzenmessung

Entsprechend einer vorwiegend normativen Intention – die auf dem Hintergrund der wirtschaftliche und soziale Fragen berührenden Anwendung der Erkenntnisse besonders deutlich wird – kommen die spieltheoretischen Ansätze nicht ohne die Verwendung von Kriterien aus, die eine Entscheidung als »richtig« oder »falsch« bzw. nach dem Grad der Annäherung an die optimale Lösung kennzeichnen. Der gemeinsame Nenner dieser Kriterien ist in allen theoretischen und empirischen Bemühungen das »Nutzen«-Konstrukt. Nutzen wird dabei rein operational definiert.[59] Man unterscheidet lediglich zwischen ordinalem und kardinalem Nutzen, wobei letzterer die Orientierung an vorhandenen Skalen – sehr häufig an der Geldskala – darstellt, ersterer hingegen die Einstufung auf numerischen oder grafischen Ratingskalen.

22.1.4 Nutzenmaximierungs- und Realitätsannahme

Der Nutzenbegriff bedingt nun spezifische Hypothesen über das Verhalten in Spiel- oder Entscheidungssituationen:

- Entscheidungen werden unter Einbezug der bekannten Wahrscheinlichkeitsverteilung nach dem Prinzip gefällt, den Erwartungswert des Nutzens zu maximieren.
- Entscheidungen werden durchgängig und konsistent nach diesem Prinzip gefällt. Man orientiert sich dabei an einer konstanten Nutzenrangordnung oder – bei methodisch anspruchsvolleren Anordnungen – an einer Intervallskala des Nutzens. Dabei wird die Transitivität der Präferenzen vorausgesetzt.

Diese Prinzipien entsprechen, worauf Edwards (1954a) hinweist, der Auffassung vom Typus »homo oeconomicus«. Diese simplifizierende Modellvorstel-

---

[59] Grund hierfür ist, dass die Pioniere der statistischen Entscheidungstheorien Mathematiker und Wirtschaftswissenschaftler waren, denen die Erlebensseite des Verhaltens wenig relevant erschien, so dass sie auf diese Seite des Phänomens »Nutzen« verzichteten. Andererseits entspricht die Betonung der von außen beobachtbaren Handlungen dem behavioristischen Prinzip, so dass teilweise auch von psychologischer Seite die Erlebnisdimension nicht beachtet wurde. Immerhin könnte man erwarten, dass das weit entwickelte psychometrische Instrumentarium zur Analyse einzelner Komponenten des »Nutzens« eingesetzt würde. Bisher stehen solche Versuche allerdings noch aus.

lung setzt vollständige Informiertheit, zumindest hinsichtlich der Wahrscheinlichkeitsverteilungen, voraus, aber auch eine unendliche Differenzierungsfähigkeit hinsichtlich des Nutzens. Seine Entscheidungen fällt der »homo oeconomicus« durchweg aufgrund rationaler Kriterien, ohne dass gefühlsbestimmte Momente explizit eine Rolle spielen.

Es ist offensichtlich, dass mit diesen Annahmen die Situation des Menschen in der Entscheidung nicht hinreichend realistisch gesehen wird. An die Stelle der noch nicht vollständig durchschaubaren tatsächlichen Bedingungen menschlichen Verhaltens tritt ein auf bloße Nutzenmaximierung programmiertes Verhalten.

22.2 Entscheidungsmodelle

Innerhalb der statistischen Entscheidungstheorien sind zwei Konzepte zu unterscheiden, die von grundsätzlich voneinander abweichenden Voraussetzungen ausgehen. Gemeint sind erstens die *statischen* Modelle und zweitens die *dynamischen* Modelle. Beide Modellarten werden nachfolgend charakterisiert und – soweit im Kontext unserer Thematik geboten – entsprechend untersucht.

22.2.1 Statische Modelle

Diese Modelle heißen »statisch«, weil sie von der Hypothese einer eindimensionalen Nutzenfunktion als dem alleinigen Entschluss bestimmenden Moment ausgehen und nur eine einzige Wahl, nicht aber den Fall einer abhängigen Reihe aufeinander folgender Wahlen, zu bestimmen versuchen. Die Entscheidung wird fast ausschließlich als Konsequenz aus einer Kombination von Nutzen und Wahrscheinlichkeit aufgefasst.

Edwards (1954c) geht hierbei davon aus, dass Nutzen und Wahrscheinlichkeit in einer Kennziffer zusammengefasst werden können, in der sie multiplikativ aufeinander bezogen sind. Da die Schätzungen der Probanden in die Bestimmung des zu erwartenden Nutzens eingehen, stellen die Werte für Wahrscheinlichkeit und Nutzen subjektive Daten dar:

$$\text{expected value »EV«} = p_1 \cdot s_1 + p_2 \cdot s_2 + \ldots + p_n \cdot s_n,$$

wobei p_i in dieser Formel die Wahrscheinlichkeit des Eintritts des Ereignisses i und s_i den Nutzen (z.B. in der Form einer Geldsumme) des Ereignisses i mit i = 1, …, n repräsentieren. Demnach muss für jede Aktion der Erwartungswert bestimmt werden, in der Annahme, der Dezident wähle jene Handlungsalternative aus der Gesamtheit der ihm zur Verfügung stehenden Aktionen aus, deren Erwartungswert am größten ist.

Je nachdem, ob subjektive oder objektive Wahrscheinlichkeiten und (subjektive) Nutzenwerte die Auswahl der besten Aktion bestimmen, werden unterschiedliche Formeln zur Beschreibung der Entscheidung verwandt. Die entsprechenden Kombinationsmöglichkeiten sind bei Edwards (1955) zusammengestellt:

- Die traditionelle normative Theorie über Wahlen in Wetten nimmt an, dass ein Spieler die Wette mit dem höchsten positiven EV oder dem geringsten negativen EV wählt.
- Da diese Annahme empirisch nicht immer bestätigt werden konnte, ging Bernoulli davon aus, dass der Spieler die Wette mit dem höchsten Erwartungsnutzen (expected utility »EU«) vorzieht (vgl. Bernoulli & Hausner, 1999). Wir werden die Berechtigung dieser Annahme später überprüfen.
- SEM (subjectively expected money value) stellt die Kombination aus der subjektiven Wahrscheinlichkeitseinschätzung und der Geldmenge dar.
- Der SEU (subjectively expected utility) ist nach Edwards das am ehesten geeignete Modell zur Erfassung der bei der Wahl wirksamen Faktoren. Es besteht aus dem Produkt des subjektiven Nutzens mit der subjektiven Wahrscheinlichkeit.

Die dabei erhaltenen Ergebnisse sollen später im Zusammenhang mit methodischen Fragen besprochen werden.

22.2.2 Dynamische Modelle

Auch in den dynamischen Entscheidungsmodellen spielen die Begriffe Wahrscheinlichkeit und Nutzen eine zentrale Rolle. Die möglichen Einflussfaktoren werden jedoch im Gegensatz zu den statischen Modellen als weniger starr aufgefasst.

Die Herleitung stochastischer dynamischer Entscheidungsmodelle aus stochastischen dynamischen Lernmodellen (z.B. Bush & Mosteller, 1955) ist nicht zu verkennen. Dort wird der Lernvorgang nicht mehr als ein mechanischer Prozess angesehen (der eine gewisse Variabilität des individuellen Verhaltens zwar berücksichtigt, aber als Störfaktor registriert), sondern als ein probabilistischer Vorgang, der die individuellen Verhaltensvarianten in Form von Wahrscheinlichkeiten einbezieht. Der Lernvorgang erscheint als Veränderung von Reaktionswahrscheinlichkeiten. Den Lernmodellen kommt dabei die Aufgabe zu, die Bedingungen zu formulieren, unter denen solche Veränderungen auftreten.

Die enge Beziehung zwischen den stochastischen dynamischen Lerntheorien und den stochastischen dynamischen Entscheidungsmodellen liegt darin begründet, dass Lernen wie Entscheiden in Wahrscheinlichkeitslernreihen zur Wirkung gelangen. In beiden Fällen geht es um die Voraussage von – in der Regel – alternativen Ereignissen, die eine experimentell vorgegebene Verteilung aufweisen und deren Auftreten dem Zufall unterliegt.

Die Übertragung der lerntheoretischen Ansätze auf die Entscheidungsproblematik mit dem Ergebnis, dass die alternativen Lösungsmöglichkeiten nur mit einer gewissen Wahrscheinlichkeit aufeinander folgen, macht bereits deutlich, dass Konsistenz und Transitivität nicht mehr so streng postuliert werden wie bei den statischen Modellen. Außerdem sind seriale Entscheidungen dadurch einbezogen, dass der Einfluss vorangehender Lösungen bzw. deren Folgen auf die spätere Entscheidung erfasst werden. Die Parallele zu dem stochastischen dynamischen Lernmodell von Bush und Mosteller (1955) ist offensichtlich. Dort hängt die Reaktionswahrscheinlichkeit im n-ten Versuch davon ab, wie das Individuum beim (n-1)-ten Versuch reagiert hatte und welche Erlebnisse – z.B. Erfolg, Belohnung, Misserfolg, Bestrafung – auf das Verhalten folgten. Schließlich ziehen dynamische Theorien aus den Abhängigkeiten zwischen Präferenzen Folgerungen, die in die Begründung der Voraussagen eingehen.

Stochastische dynamische Entscheidungstheorien sind als *Reaktion* auf die Unzulänglichkeiten der statischen Modelle zu begreifen. Sie wurden erst relativ spät entwickelt, so dass nicht nur die Zahl der veröffentlichten Arbeiten, sondern auch das Spektrum der gelösten Probleme verhältnismäßig bescheiden ist. Da sie aber konstruktive Vorschläge gerade zum Ausgleich von Schwachstellen der statischen Theorien erarbeiten, könnten sie einen Ausweg aus dem Dilemma der dort vorhandenen unzureichenden Wirklichkeitsbeachtung eröffnen.

Die in dieser Hinsicht bekannteste und bisher wohl folgenreichste Überlegung stammt von Luce (1959), der von folgendem Theorem ausgeht: Wenn ein Individuum eine Alternative R wählt, die Teil einer Unteranzahl S ist, welche wiederum einer Gesamtzahl von Alternativen T entnommen wurde, dann ist die Wahrscheinlichkeit für diese Wahl gleich dem Produkt aus den Wahrscheinlichkeiten dafür, dass R aus S und dass S aus T gewählt wird. An diesem Ausgangspunkt, den Luce auf Entscheidungen aus verschiedenen Bereichen (Statistik, Nutzentheorie etc.) anwandte, wird das Prinzip der Voraussage beim stochastischen Konzept deutlich: Aus den Abhängigkeiten zwischen Präferenzen, die mit bestimmten Wahrscheinlichkeiten erfolgen, werden Folgerungen deduziert, die zur Grundlage für die Prognosen werden.

In einem Konzept von Davidson und Marschak (1959) wird eine starke und eine schwache Transitivität postuliert, eine Hypothese, die sich von dem statischen Transitivitätsprinzip absetzt und zu ihm in Widerspruch steht. Davidson und Marschak beziehen sich auf den Fall, dass, wenn A gegenüber B und B gegenüber C vorgezogen wird, auch A den Vorzug gegenüber C erhält. Bei schwacher Transitivität wird erwartet, dass die Bevorzugung von A gegenüber C derjenigen von A gegenüber B und derjenigen von B gegenüber C mindestens gleichkommt. Bei starker Transitivität erreicht dagegen die Bevorzugung von A gegenüber C einen Wert, der die jeweiligen Präferenzen A-B und B-C übersteigt.[60]

---

[60] Es wird hier nicht als eigentliche Aufgabe angesehen, die entsprechenden Modelle im Einzelnen zu diskutieren. In unserem Zusammenhang sind eher die Grundannahmen und ihre (starre oder plastische) Auslegung von Interesse. Es kommt ferner darauf an, den Erklärungswert der wichtigsten Entscheidungstheorien an ihrer empirisch überprüfbaren

Die Verifizierung der geschilderten theoretischen Ansätze hängt in hohem Maße von der Möglichkeit ab, die Grundgegebenheiten empirisch unverzerrt zu erfassen. Diese messtheoretischen Probleme können auf methodische und auf inhaltliche Komplizierungen zurückgehen.

Die Erfassung der Wahrscheinlichkeitsverteilung einer Entscheidungskonstellation erweist sich allerdings zunächst von der Natur ihrer Konzeption und von der empirischen Bestimmung aus als weniger problematisch als die Messung des Nutzens. Die Gründe sind in den Forschungsansätzen zu suchen. Die Wahrscheinlichkeitsverteilung wird nämlich im Allgemeinen experimentell manipuliert oder zumindest kontrolliert, so dass sich keine Schwierigkeiten der Erfassung ergeben. Methodische Komplikationen und kritische Einwände gegen die Ausgangshypothesen ergeben sich allerdings daraus, dass subjektive und objektive Wahrscheinlichkeiten in der Regel nicht identisch sind. Veränderungen der experimentellen Bedingungen stehen somit nicht in direkter Beziehung zu den phänomenalen Gegebenheiten.

Bei der Abschätzung des Nutzens könnte man freilich ebenfalls davon ausgehen, dass sich der Dezident bei der Beurteilung der Konsequenzen von Handlungsalternativen grundsätzlich an objektiven Kriterien (z.B. am Geldwert) orientiert. Dabei ergeben sich aber Schwierigkeiten in zweifacher Hinsicht:

- Es ist nicht realistisch, Entscheidungen immer nur als solche zwischen Geldbeträgen oder zwischen Objekten, die unmittelbar mit Geldwerten assoziiert sind, zu verstehen.[61]
- Selbst wenn eine konventionelle Skala physikalischer Größen einer Bewertung zugrunde liegt, ist nicht von vornherein gesichert, dass der metrische Wert der subjektiven Einschätzung entspricht.

Dem methodischen Stand entsprechend versucht man, den subjektiven Nutzen auf einer Skala zu erfassen, die eine möglichst umfangreiche Information liefert. Dabei ist es das Ziel, von der Ordinalskala, die nur Rangunterschiede erfasst, wegzukommen und zu Intervallskalen vorzustoßen, die in der ganzen Skalenbreite gleiche Abstände aufweisen, oder gar Verhältnisskalenniveau zu erreichen, bei dem ein absoluter Nullpunkt vorliegt.

Bei der Konstruktion der Skalen benutzte man die Paarvergleichsmethode, die Intervallskalen liefert, aber relativ aufwendig ist, oder man begnügte sich mit einfachen Rangordnungen der Alternativen hinsichtlich ihres Nutzens. Zur Demonstration der methodischen Schwierigkeiten sei eine Untersuchung von Hurst und Siegel (1956) kurz skizziert.

Es handelt sich dabei um die Überprüfung der Voraussagekraft zweier Modelle. Das erste Modell postulierte, die Versuchspersonen verhielten sich so, als würde der objektive Wert (im konkreten Fall der Geldwert) maximiert; das

---

Voraussageleistung und an ihrer Übereinstimmung mit den phänomenanalytisch gewonnenen psychischen Bedingungsfaktoren zu überprüfen.

61 Nichts anderes gilt für Nutzen-Schätzungen, die sich aus anderen objektiv messbaren Größen, wie z.B. aus Gewicht oder Länge, ableiten.

zweite Modell ging von der Annahme aus, die Versuchspersonen maximierten die in einer metrischen Skala höherer Ordnung erfasste subjektive Nützlichkeit. Die von Hurst und Siegel (1956, S. 158) entwickelte Skala geht auf folgende Information zurück: »(a) sie ordnet die fraglichen Ganzheiten, z.B. A B C D E ..., (b) sie ordnet die Abstände zwischen den Objekten DE AB CD ..., wobei z.B. AB den Unterschied zwischen den Objekten A und B hinsichtlich der Nützlichkeit darstellt, und (c) sie ordnet alle möglichen Kombinationen benachbarter Abstände zwischen den Objekten, z.B. AB + BC BG + OD + DE, oder AB+OD + DE«.

Die Versuchspersonen waren Strafgefangene, die sich noch im Vollzug befanden. Sie spielten mit dem Versuchsleiter um den Einsatz von Zigaretten, die bei dieser Probandenpopulation hoch und differenziert bewertet wurden. Die Aufgabe bestand darin, zwischen je zwei Paaren von Gewinn- bzw. Verlustwerten zu wählen, z.B.:

	A_1	A_2
c_1	+ 30	+ 5
c_2	- 10	+ 5

A_1 und A_2 stellen die beiden Wahlmöglichkeiten dar. Mit einem Zufallswürfel für zwei Fälle wurde entschieden, ob c_1 oder c_2 gewinnt. Hatte eine Versuchsperson z.B. A_1 gewählt und der Würfel c_1 den Gewinn zugewiesen, dann gewann sie 30 Packungen Zigaretten. Hätte der Würfel dagegen c_2 begünstigt, dann hätte sie 10 Packungen verloren. Jeder Proband war sukzessive an 30 solcher Spiele beteiligt, bei denen die Gewinn- und Verlustmöglichkeiten hinsichtlich der Wahrscheinlichkeit und der Quantität von Alternativen variierten.

Vor den Entscheidungsspielen ermittelte der Versuchsleiter die subjektive Nutzenskala aufgrund einiger Wahlen, indem er auf eine bestimmte Nutzendifferenz schloss. Dabei leitete ihn die Annahme, die Versuchsperson bemühe sich, mit dieser Wahl den erwarteten Nutzen, d.h. das Produkt aus der subjektiven Wahrscheinlichkeit und dem subjektiven Nutzen, zu maximieren.

Wählt der Proband im obigen Beispiel (dabei sei der Einfachheit halber der Fall $p_1 = p_2 = 0,5$ angenommen) A_1, so bedeutet das[62]

$$U(+30) + U(-10) > U(+5) + U(+5)$$

oder

$$U(+30) - U(+5) > U(+5) - U(-10),$$

d.h. die Nutzendifferenz zwischen + 30 und + 5 ist größer als die zwischen + 5 und – 10.

---

62 Im Folgenden steht U für erwarteten Nutzen.

Als Hauptergebnis zeigt die Untersuchung eine größere Übereinstimmung der Vorhersagen mit den ausgeführten Wahlen, wenn die Prognose nach dem Prinzip des zu erwartenden Nutzens, also einem subjektiven Maß, erstellt wurde, als wenn sie auf dem objektiven Geldwert basierte. Die Anwendung einer solchen Nutzenfunktion stieß dort auf Schwierigkeiten, wo relativ gleichwertige Alternativen geboten wurden. Die Trefferzahl lag dort eindeutig niedriger.

In anderen Verfahren wird gerade die Gleichwertigkeit von Alternativen bei der Konstruktion der Nutzenfunktion verwendet. Das ist z.B. bei Schmidt (1966) der Fall, dem die Methode von Hurst und Siegel noch zu umständlich erschien. Außerdem wollte er über die Abstandsrelationen auf der Nutzenskala hinaus numerische Repräsentationen der Nutzenwerte erfassen, um sie einer weiteren statistischen Bearbeitung zugänglich zu machen.

Die Probanden wurden mit Aufgaben konfrontiert, die – wie bei Hurst und Siegel (1956) – die Wahl zwischen zwei Alternativpaaren unter Berücksichtigung der Eintrittswahrscheinlichkeiten forderten:

	A_1	A_2	A_1	A_2	A_1	A_2
c_1	1	x	1	y	1	z
c_2	5	x	x	y	y	z

Zunächst stellt die Versuchsperson der Schulnoten-Alternative A_1 diejenige Alternative A_2 gegenüber, die von ihr als sicher und zugleich gleichwertig erfahren wird. Sobald x gefunden ist, tritt es an die Stelle der vorherigen 5. Es wird nun der gleichwertige Nutzen gesucht etc. Diese Operation wird so lange fortgesetzt, bis der A_2-Wert die Note 2 unterschreitet.

Wie die Beispiele erkennen lassen, ist die Frage der Messung des phänomenalen Nutzens einer Alternative noch nicht befriedigend gelöst. Immerhin liegen schon Ansätze vor, wie bei spezifischen Fragestellungen unter bestimmten Probanden der Nutzen hinreichend geschätzt werden kann. Zur breiteren Anwendung der Nutzenmessung wird es aber erforderlich sein, weitere Verfahren zu entwickeln, die möglichst für unterschiedliche Aufgaben in gleicher Weise verwendet werden können.

22.3 Entscheidungsstrategien

Innerhalb der statistischen Entscheidungstheorien wird die Orientierung an einer Nutzenfunktion stets vorausgesetzt. Die Nutzenmaximierung kann aber je nach den Erfordernissen des Problems in unterschiedlicher Form erreicht werden. Mehrere Aspekte der Entscheidungsaufgaben sind dafür verantwortlich zu machen:

- In einer Risikosituation sind im Vergleich zu einer Ungewissheitssituation zusätzliche Maßnahmen der Informationsbeschaffung bezüglich der den jeweiligen Aktionen zugeordneten Handlungskonsequenzen erforderlich.
- Sobald vorangegangene Entscheidungen und deren Folgen berücksichtigt werden müssen, werden die Verfahren zur Nutzenmaximierung komplexer sein.
- Die Notwendigkeit, die Entscheidungen des Partners in der Spielsituation in Rechnung zu stellen, wirkt sich gleichfalls auf das Verfahren der Nutzenmaximierung aus.

Zur erfolgreichen Maximierung des Nutzens sind also individuelle Vorgehensweisen nötig, deren Ausgestaltung von den jeweiligen Merkmalen der Entscheidungsaufgabe abhängt. Diese Verhaltenspläne werden entweder als Entscheidungskriterien oder, wenn die Art des Entscheidungsproblems spieltheoretische Erklärungen nahelegt, als Strategien bezeichnet. Strategie bedeutet in der Spieltheorie, dass ein System von Regeln zur Anwendung gelangt, das, wenn es vor einem Spiel (Geschicklichkeits- oder gemischtes Zufalls- und Geschicklichkeitsspiel) festgelegt wird, es einem dritten Spieler gestatten würde, die Durchführung der Spielzüge zu übernehmen, da jeder Verhaltensschritt eindeutig bestimmt ist (Poletajew, 1964, S. 333). In der Literatur ist eine große Anzahl von Entscheidungskriterien für Ungewissheits- und Risikosituationen entwickelt worden. Die wichtigsten Kriterien sind in der nachstehenden Abbildung zusammengefasst; sie werden im Folgenden, soweit im Kontext unserer Thematik geboten, diskutiert (vgl. hierzu sowie im Übrigen die Arbeiten von Menges, 1968; Krelle, 1968; Laux, 2005; Eisenführ & Weber, 2003).

Entscheidungskriterium \ Entscheidungssituation	Ungewissheit	Risiko
Erwartungswert-Regel		X
Bernoulli-Prinzip		X
Erwartungswert-Standardabweichung-Prinzip		X
Hurwicz-Prinzip	X	
Laplace-Regel	X	
Maximin-Regel	X	

Maximax-Regel		
Savage-Niehans-Regel		

Abbildung 22.2 Zusammenstellung der wichtigsten Entscheidungskriterien für Ungewissheits- und Risikosituationen

22.3.1 Erwartungswert-Regel

In einer Entscheidungssituation bei Risiko, in der die Wahrscheinlichkeiten für den Eintritt der Zustände der Welt, die Aktionen und die sich aus den resultierenden Kombinationen zwischen Aktionen und Umweltzuständen ergebenden Handlungskonsequenzen bekannt sind, verlangt die Erwartungswert-Regel die Wahl derjenigen Aktion, deren Erwartungswert am größten ist (vgl. Bayes & Timerding, 1908). Das impliziert ein risikoneutrales Verhalten des Dezidenten.

22.3.2 Bernoulli-Prinzip

Im Gegensatz zur Erwartungswert-Regel wird beim Bernoulli-Prinzip nicht mehr auf den Erwartungswert der mit den jeweiligen Handlungsalternativen verbundenen Handlungskonsequenzen abgestellt, sondern auf den Erwartungswert des Nutzens der mit den Aktionen verbundenen Handlungsergebnisse, kurz den Erwartungsnutzen (vgl. Bernoulli, 1964). Dieser ist zu maximieren. Zur Berechnung des Erwartungsnutzens einer Handlungsalternative ist zunächst eine bestimmte Axiome rationalen Verhaltens erfüllende Risikonutzenfunktion empirisch herzuleiten oder definitionsgemäß zu unterstellen, welche je nach zugrunde liegendem Entscheidungsproblem die Höhen-, Arten-, Zeit- und Risikopräferenzen des Dezidenten widerspiegeln muss. Mit deren Hilfe können dann alle Handlungsergebnisse einer bestimmten Aktion in Nutzenwerte transformiert werden. Multipliziert man diese abschließend noch mit den Wahrscheinlichkeiten für den Eintritt der jeweiligen Umweltzustände und führt eine Summation über alle Umweltzustände des Betrachtungszeitraums durch, ergibt sich der Erwartungsnutzen dieser Handlungsalternative (vgl. Laux, 2005).

22.3.3 Maximin-Regel

Die Maximin-Regel, auch Wald-Regel genannt (Wald, 1950), zieht zur Lösung von Entscheidungsproblemen bei Ungewissheit spieltheoretische Überlegungen heran. Sie betrachtet die Umwelt so, als sei sie eine Gegenspielerin im Sinne eines Spiels gegen die Natur. Daher empfiehlt sie, zunächst für jedes Verhalten die ungünstigste Konsequenz (den größtmöglichen Verlust bzw. das minimale

Ergebnis) aufzusuchen und dann die Bedingungen zu ermitteln, unter denen dieses Ergebnis noch am günstigsten (im Sinne eines kleinstmöglichen Verlustes bzw. eines maximalen Ergebnisses) ausfällt.

In der Zusammenstellung bei Menges (1968) folgen noch Modifikationen, die die Möglichkeit einbeziehen, dass der Dezident sich Informationen beschaffen kann oder zusätzliches Wissen über die Zustände der Welt hat. So ist z.B. dem Hersteller eines Produkts mit bedeutendem Marktanteil der enge Zusammenhang zwischen seinem eigenen Absatz und dem Branchenumsatz bekannt; bei seiner Entscheidung kann er daher auf diese Daten zurückgreifen (vgl. auch Eisenführ & Weber, 2003).

22.3.4 Maximax-Regel

Anders als die Maximin-Regel empfiehlt die Maximax-Regel, zunächst für jedes Verhalten die günstigste Konsequenz (den kleinstmöglichen Verlust respektive das maximale Ergebnis) aufzusuchen und dann die Bedingungen zu ermitteln, unter denen dieses Ergebnis am günstigsten (im Sinne eines kleinstmöglichen Verlustes respektive eines maximalen Ergebnisses) ausfällt. Für die meisten rationalen Entscheidungen ist diese Verhaltensregel allerdings unangebracht, weil sie weder die Höhe noch die Wahrscheinlichkeit von Verlusten in die Überlegungen einbezieht. »Das Maximax-Kriterium verspricht nur dann Erfolg, wenn bei relativ kleinen Verlusten große Gewinne möglich sind. Der ›Maximaxer‹ spielt im Toto und Lotto, da der fast sichere unbedeutende Verlust durch den höchst unwahrscheinlichen großen Gewinn mehr als wettgemacht ist« (Sachs, 1968, S. 136).

22.3.5 Zwischenstopp

Über die dargestellten Strategien hinaus werden weitere Strategien und Verhaltensregeln vorgeschlagen (vgl. Krelle, 1968; Gottwald, 1990). Sie brauchen im vorliegenden Zusammenhang nicht im Einzelnen erörtert zu werden. Hier war und ist die Aufmerksamkeit im Wesentlichen darauf zu lenken, ob die hinter den Strategien stehenden Grundannahmen gültig sind. Wenn es nicht zuträfe, dass sich Menschen streng nach vorgegebenen oder internalisierten Regeln verhielten, wenn sie also Entscheidungen z.B. aufgrund von Augenblicksregungen oder aufgrund nutzenfremder Kriterien fällten, wäre die Brauchbarkeit dieser Lösungsversuche nur beschränkt. Wir kommen darauf noch zurück.

22.4 Kritik der statistischen Entscheidungstheorien 1 – Systemimmanente Einwände

Die Möglichkeit, einen theoretischen Ansatz durch Überprüfung seiner Vorhersageleistung bzw. durch Bestätigung der Grundannahmen zu testen, erlaubt es, die statistischen Entscheidungstheorien in einer Weise kritisch zu betrachten, ohne dabei systemfremde Gesichtspunkte zunächst heranzuziehen. Darüber hinaus werden u. U. fragliche Grundannahmen durch Überlegungen zu klären sein, die anderen Bezugssystemen entstammen. Vorerst soll es darum gehen, die Prognoseleistungen einzelner Modelle zu überprüfen, um daran eine Sichtung des Materials vornehmen zu können.

22.4.1 Subjektive Wahrscheinlichkeit

Grundsätzlich ist zu fragen, ob es überhaupt berechtigt ist, im Zusammenhang mit Entscheidungen von *objektiven* Wahrscheinlichkeiten zu sprechen, da beim Entscheidungsvorgang selbst in jedem Fall *Erfahrungs- und Erlebniswerte* des sich entscheidenden Individuums wirksam sind. Edwards (1962a, S. 110) hat zu der Frage ausgeführt:

> »Einige Ereignisse, wie der Wurf einer Münze oder eines Würfels, haben begründete ›konventionelle‹ Wahrscheinlichkeiten. Unabhängig davon, ob diese Wahrscheinlichkeiten objektiv sind oder nicht, können sie sinnvollerweise mit den subjektiven Wahrscheinlichkeiten verglichen werden, die Individuen zeigen, wenn sie Entscheidungen zwischen diesen Ereignissen zu treffen haben«.

Die Verwendung subjektiver Wahrscheinlichkeiten erscheint relativ unproblematisch, wenn lediglich zwischen dem Fall der Risikoentscheidung und dem der Entscheidung unter Ungewissheit differenziert wird. Diese Unterscheidung dürfte sich auch weitgehend mit den experimentell gesetzten Bedingungen decken, solange innerhalb der subjektiven Wahrscheinlichkeitsskala nicht differenziert wird.

Werden die quasi subjektiven Skalen jedoch zur *intradimensionalen Unterteilung* verwendet, ergeben sich gravierende Einwände. In einer Reihe von Untersuchungen hat sich nämlich gezeigt, dass subjektive und objektive Wahrscheinlichkeiten nicht identisch sind. Die Einwände stützen sich insbesondere auf zwei Beobachtungen:

- Versuchspersonen ziehen bei größerer interindividueller Varianz einzelne Wahrscheinlichkeiten anderen vor. Es bestehen also bestimmte Präferenzen von Wahrscheinlichkeiten, Bereichen oder prägnanten Punkten auf der Skala, über die zwischen verschiedenen Probanden keine volle Übereinstimmung herrscht.
- Niedrige Wahrscheinlichkeiten werden im Allgemeinen überschätzt, hohe dagegen unterschätzt.

Edwards (1953, 1954b, 1954c) hat in diesem Zusammenhang empirische Belege für die *erste* der beiden Beobachtungen zusammengetragen. Er wies nach, dass bei Wahlen zwischen Wetten, in denen der zu erwartende Wert konstant bleibt, zwei Faktoren wirksam werden. Der erste stellt eine allgemeine Vorliebe für oder Meidung von bestimmten Wahrscheinlichkeitskonstellationen hinsichtlich Gewinn- oder Verlustaussichten dar. Diese Haltung zeigt eine relativ große intraindividuelle Konsistenz. Der *zweite* Faktor beinhaltet eine eindeutige Bevorzugung gewisser Wahrscheinlichkeiten; so werden beispielsweise kleine Wahrscheinlichkeiten oft gewählt, wenn sie mit großen Gewinnen verknüpft sind.

Coombs und Pruitt (1960) überprüften diese Aussage mit der Absicht, ein alternatives Modell zum SEU-Konzept (siehe Kap. 22.2.1: subjectively expected utility) zu entwickeln, und mussten die Ergebnisse Edwards bestätigen. Sie nannten die zum Ausdruck kommende »Schiefe« der Wahrscheinlichkeitsverteilung »preference for skewness« und führten sie auf »Varianz«-Präferenzen zurück. Interessant ist eine Konsequenz, die sie aus ihren Befunden ableiteten. Sie schlagen vor, anstelle einer nicht-linearen Nutzenfunktion des Geldes eine *lineare* zu verwenden, wobei die auftretenden Abweichungen durch Varianzpräferenzen erklärt und methodisch kontrolliert werden könnten.

Die Varianz einer Wette stellt sich bei Coombs und Pruitt (1960, S. 267) nach folgender Formel dar:

$$V = p \cdot q\,(A - B)^2 \,.$$

Dabei stellen A und B Gewinne oder Verlustwerte, p und q = 1 - p die zugehörigen Wahrscheinlichkeiten dar.

Van der Meer (1963) hat diese Befunde einer kritischen Prüfung unterzogen, indem sie die Faktoren Wahrscheinlichkeit, erwarteter Wert, positiv - negativ erwarteter Wert und die Varianz kontrollierte. Sie fand, dass die Wahrscheinlichkeitspräferenzen im Sinne von Edwards (1953, 1954b, 1954c) auch dann zur Wirkung gelangen, wenn die Varianz *konstant* gehalten wird.

Die »spezifischen Wahrscheinlichkeitspräferenzen« bestehen in der Bevorzugung der Werte p = 0.5, 0.8 und 0.7 und in der Meidung der Werte p = 0.9 und 0.6. Bei Edwards (1953) hatte sich eine Bevorzugung von p = 0.5 und eine Meidung von p = 0.75 gezeigt.

Die Schiefe-Präferenz *(preference for skewness)* erwies sich dagegen in starkem Maße als abhängig von der Varianz. Die Wirksamkeit der Varianz-Präferenz zeigte sich jedoch nur bei Wahrscheinlichkeiten von 0.2, 0.5 und 0.8. Wenn zwischen Wetten mit verschieden hohen Varianzwerten zu wählen war, wenn also die Varianzen im Versuchsplan als unabhängige Variablen fungierten, gelangte Van der Meer (1963, S. 257) zu folgenden Ergebnissen:

> »When the gain probability was 0.2 there was more preference for low variance than when the gain probability was 0.5 or 0.8, in which cases the preference for high variances prevailed. Variance preference is dependent on the probability of gain or loss«.

Varianz-Präferenzen scheinen also bei Risiko- und Spielkonstellationen von Bedeutung zu sein. Sie stellen eine Risikovariable dar, die freilich noch in Abhängigkeit von anderen Bedingungen, z.B. Gewinn, Verlust und Wahrscheinlichkeit, gesehen werden muss.

Die zweite Beobachtung über die Unterschätzung hoher und Überschätzung niedriger Wahrscheinlichkeiten widerspricht der naiven Vermutung über eine

Korrespondenz der subjektiven Wahrscheinlichkeitsschätzungen mit den objektiven Verhältnissen. Tversky und Kahneman (1992) kommen im Rahmen ihrer Forschungen zur *Prospekttheorie*[63] zu differenzierteren Ergebnissen: Niedrige Wahrscheinlichkeiten werden überschätzt, mittlere und hohe werden unterschätzt.

Bei der Messung subjektiver Wahrscheinlichkeiten werden die Werte grundsätzlich durch Fragen ermittelt, die sich darauf beziehen, wie viele Treffer bei n Versuchen zu erwarten sind oder wie hoch die Sicherheit in die Richtigkeit der Lösung ist. Schmidt (1966) verweist im Anschluss an eine Arbeit von Cohen, Hansel und Walker (1960) auf die Möglichkeit, den engen Zusammenhang zwischen Entscheidungszeit und subjektiver Wahrscheinlichkeit zur Schätzung heranzuziehen.

Dass die absolute Größe der Erfolgswahrscheinlichkeit zu verschiedenen Bevorzugungen führen kann, demonstrieren auch Versuche von Cohen und Hansel (1956): 10 mögliche Treffer bei 100 Versuchen werden als aussichtsreicher erlebt als 1 Treffer bei 10 Versuchen. Abweichungen der subjektiven Wahrscheinlichkeitsskala von den objektiven Werten fanden sich auch bei Geschicklichkeitsspielen (im Gegensatz zu den oben beschriebenen Glücksspielen) in realitätsnahen Versuchsanordnungen. Cohen, Dearnaley und Hansel (1955) ließen Busfahrer ihre Leistung abschätzen, bevor sie eine in der Breite variierbare Lücke, ohne anzustoßen, zu durchfahren hatten, und fanden dabei die aus den Spielsituationen bekannten Tendenzen.[64]

Cohen und Hansel (1956) baten in ihrem Experiment die als Versuchspersonen herangezogenen Kinder, die Abweichungen der Wahrscheinlichkeitsschätzungen von den objektiven Verhältnissen zu begründen; sie erhielten folgende Interpretationen: »Wechsel« (»auf drei Zahlen folgt ein Kopf«), »Glück« (»ich werde gewinnen«), »Beharrung« (»die Münze ist vorherbestimmt, unfair«), »Serien» (»die Serien gehen weiter«), »Magie« (»jeder fünfte Wurf ist stets ein Wappen«).[65]

Die aufgewiesenen Abweichungen der subjektiven von den objektiven Wahrscheinlichkeiten sind mit ein Grund für die *Überlegenheit* der Entscheidungsmodelle, in denen die *subjektiven* Wahrscheinlichkeiten in die Berechnung der Prognose eingehen, gegenüber Modellen, die nur die objektiven Verhältnisse berücksichtigen.

Die Problematik des Zusammenhangs zwischen Varianz und subjektiver Wahrscheinlichkeit, die von Coombs und Pruitt (1960), Van der Meer (1963) und den zu dieser Thematik erwähnten Arbeiten von Edwards aufgezeigt wurde,

---

63 »Prospekte« sind Wahlen mit risikoreichen Konsequenzen.

64 Vgl. auch Atkinson (1964, S. 264 f.), der bei Ringwurf-Aufgaben fand, dass mittlere Erfolgswahrscheinlichkeiten den bevorzugten Handlungsbereich kennzeichnen.

65 Ehe diese Befunde etwa voreilig auf das Erleben von Erwachsenen übertragen werden, sind entsprechende Kontrollversuche notwendig.

lässt vermuten, dass Wahrscheinlichkeitspräferenzen Indikatoren für hohe subjektive Nutzenerwartungen darstellen. In einer kritischen Betrachtung mehrerer Verhaltensmodelle, die für die Entscheidungsthematik von Bedeutung sein können und in denen durchweg eine resultierende Kraft in der Form einer maximierten Kombination von »Kraft« (Valenz)[66] und subjektiver Wahrscheinlichkeit angenommen wird, hebt Feather (1959a) diesen Einwand besonders hervor. In einer Untersuchung mit Kindern konnte er die Hypothese bestätigen, dass die Attraktivität (»attainment attractiveness«) zunimmt, wenn die Erlangungswahrscheinlichkeit sinkt (vgl. Feather, 1959b). Ergebnisse einer Untersuchung von Wallach und Kogan (1961) stimmen damit überein: Probanden mit einem hohen Nutzen-Wert äußern signifikant häufiger erhöhte Wahrscheinlichkeitswerte. Dieser Befund deutet zugleich auf die Relevanz von Persönlichkeitseigenschaften im Rahmen dieser Fragestellung hin.

Weitere Einwände erwachsen aus der Situationsabhängigkeit der Einschätzung von Wahrscheinlichkeiten. In der erwähnten Untersuchung von Feather (1959a) zeigte sich, dass die negativen Beziehungen zwischen Attraktivität und Erfolgswahrscheinlichkeit in leistungs- und ichbezogenen Situationen enger sind als unter leistungs- und ichneutralen Bedingungen.

Eine Vielzahl experimenteller Arbeiten befasst sich mit dem Einfluss bestimmter *Reinforcement-Bedingungen* auf die *Wahrscheinlichkeitseinschätzung*. Die enge Beziehung zwischen beiden Sachverhalten wurde bereits von Grant, Hake und Hornseth (1951) nachgewiesen. Experimente, die von Cohen und Hansel (1956) referiert werden, zeigen, dass bei reinen Leistungsversuchen die Schätzungen mit der tatsächlichen Leistung am besten übereinstimmen, wenn die Erfolgsquote bei 30 % liegt. Die Leistung im Sinne der vorhergesagten Erfolgswahrscheinlichkeit wird bei seltenerem Erfolg unterschätzt und bei häufigerem Erfolg überschätzt.

An dieser Stelle sei auch auf die Einflüsse von *Persönlichkeitsmerkmalen* auf Tendenzen der Wahrscheinlichkeitseinschätzung hingewiesen. Persönlichkeitsmerkmale wirken sich auch auf die Wahl von Risiken aus. Als relevante Eigenschaft hat sich dabei die überdauernde Leistungsmotivation erwiesen. Atkinson, Bastian, Earl und Litwin (1960) stellten fest, dass Erfolgsmotivierte zu mittleren Risiken, Misserfolgsmotivierte dagegen zu hohen oder niedrigen Risiken neigen. Im Rahmen unserer Erörterungen sollen diese Zusammenhänge nur gestreift werden, um zu demonstrieren, wie komplex die Bedingungsfaktoren der Einschätzung von Wahrscheinlichkeiten sind.

Tversky und Koehler (1994) haben auf ein anderes interessantes Problem bei der Beurteilung von Wahrscheinlichkeiten hingewiesen, nämlich darauf, dass *verschiedene* Beschreibungen *desselben* Ereignisses zu *verschiedenen* Wahr-

---

[66] Der Valenz (im Sinne von Lewin) als der Wertigkeit eines Objekts entspricht der Nutzen oder die Motivation zu diesem Objekt. Diese Begriffe stehen nicht in Widerspruch zueinander; sie ergeben sich aus dem Zentrierungsschwerpunkt.

scheinlichkeitsurteilen führen können. Ein Beispiel: Wenn Personen eine Versicherung angeboten bekommen, die für die Krankenhausbehandlung bei jeder Erkrankung und jedem Unfall einspringt, so sind sie bereit, eine höhere Prämie zu zahlen, als wenn ihnen eine Versicherung angeboten wird, die Krankenhausaufenthalte für jeden Fall deckt. Tversky und Koehler (1994) haben zu dieser Thematik eine eigene Theorie entwickelt, die sie mit Grund »support theory« nennen, denn Urteile beziehen sich nicht auf *Ereignisse*, sondern auf die *Beschreibung* von Ereignissen.

Einige der gegen die subjektive Wahrscheinlichkeit erhobenen Einwände sind gleichzeitig auch gegen den *»Nutzen«-Begriff* vorzutragen. Unter Beschränkung auf kritische Gesichtspunkte aus dem methodischen Bereich sollen folgende Punkte näher betrachtet werden:

- die Frage der Eindimensionalität (unten 22.4.2)
- die Frage des Nullpunkts einer Nutzenskala (unten 22.4.3)
- die Frage der Stabilität oder Instabilität des Nutzenkonzepts unter verschiedenen Bedingungen (unten 22.4.4 bis 22.4.6).

22.4.2 Zur Frage der Eindimensionalität

Zunächst ist zu klären, ob die Präferenzen, mit deren Hilfe die Nutzenfunktion bestimmt wird, auf ein einziges Konzept »Nutzen« oder auf mehrere Grundannahmen zurückgehen. Die Nutzenbeurteilung könnte nämlich einmal unter Zentrierung auf die Nützlichkeit selbst, zum anderen durch Berücksichtigung anderer Qualitäten der Objekte erfolgen.

Eine solche Differenzierung scheidet nur dann aus, wenn die Objekte, zwischen denen zu wählen ist, in lediglich einer Hinsicht unterschieden werden können (wie dies bei Geldbeträgen oder Zigarettenmengen der Fall sein dürfte). Stehen dagegen verschiedene Objekte zur Entscheidung, ist die Möglichkeit in Betracht zu ziehen, dass die bestimmenden Nutzenauffassungen mehrere Dimensionen umfassen. Von Neumann und Morgenstern (1944) haben, allerdings ohne auf diese Frage einzugehen, einen weiteren Gesichtspunkt in die Diskussion eingebracht; sie lenkten die Aufmerksamkeit auf die mehr oder weniger große Vollständigkeit des Präferenzsystems eines Individuums: Dieses Verfahren zur Bestimmung eines numerischen Maßes für den Nutzen des Individuums hänge natürlich von der Voraussetzung der Vollständigkeit im System der individuellen Präferenzen ab. Es sei denkbar, und werde sogar oft irgendwie realistischer sein, Fälle zuzulassen, in denen das Individuum weder entscheiden könne, welche der beiden Alternativen es vorziehen werde noch ob sie gleich erstrebenswert seien. In diesem Fall wird die Behandlung durch Indifferenzkurven nach Neumann und Morgenstern ebenfalls undurchführbar.[67]

Die Überprüfung der Frage, ob die Beurteilung eines Objekts durch Einwirkung mehrerer Dimensionen verzerrt wird, soll innerhalb der Paarvergleichsmethode routinemäßig erfolgen (Guilford, 1954, S. 163 f., 192 f., 248 f.), indem die Zahl der die Intransitivitäten repräsentierenden zirkulären Triaden untersucht wird. Wenn Widersprüche der Beurteilung zwischen drei Objekten nach dem Muster A B, B C, A C überzufällig auftreten, wird die Annahme der Eindimensionalität zurückgewiesen.[68]

Flament (1960) fasste den subjektiven Nutzen eines Objekts als kombiniertes Resultat mehrerer Kriterien auf. Er rechnete dabei mit der Möglichkeit, dass einzelne Kriterien nicht auf alle Objekte angewendet werden können. Inhaltlich umschreibt er die Mehrdimensionalität wie folgt:

> Um zwischen verschiedenen Kleidern zu wählen, berücksichtige ich den Preis, die Qualität, die Schönheit eines jeden; das eine ziehe ich wegen des Preises, das andere wegen der Qualität vor ... wie werde ich also insgesamt wählen« (nach Bresson, 1965, S. 233).

Flament (1960) nimmt nun an, Eindimensionalität liege vor, wenn die Beurteilung sich auf nur *ein* vollständiges Kriterium stützt. Stehen verschiedene Kriterien für die Beurteilung zur Verfügung - was oft der Fall sein dürfte - und sind davon einige unvollständig (d.h. sie beziehen sich nicht auf alle anstehenden Objekte - was ebenfalls nicht selten ist), dann bezieht Flament nur die vollständigen Kriterien in seine Erörterung ein.

Anhand der Objekte x, y, z, w und der Kriterien C_1, C_2, C_3 erläutert Bresson (1965) die verschiedenen Möglichkeiten. Er geht dabei von dem nachstehenden Schema aus:

	x	y	z	w
C_1	+	+	+	+
C_2	+	+	+	
C_3	+	+		

> »C_1 est complet pour l'ensemble, et donc pour tous ses sous-ensembles, de méme, C_2 pour les paires de x, y, z, etc. Lorsqu'on présente x, y, z, w le choix s'effectue selon C_1, mais pour le paire x, y selon C_1, C_2, C_3. On peut donc se trouver en face

[67] Diese Probleme gehören systematisch in die mathematische Theorie der geordneten Mengen. Die obige Frage läuft speziell darauf hinaus, ob die Ereignisse hinsichtlich der Präferenz eine vollständige oder teilweise geordnete Menge bilden.

[68] In der angelsächsischen Literatur ist dieses Problem im Übrigen auffallend selten behandelt. Im französischen Sprachbereich findet sich eine systematische Zusammenstellung bei Bresson (1965).

d'intransitivités ou d'inconsistance des choix lorsque x sera choisi dans x, y mais y ou z dans xyz. Le choix de x s'expliquerait alors par l'intervention de C_3, qui ne joue plus dans le trio« (Bresson, 1965, S. 233).

Empirische Belege für die Wirkung mehrerer Nutzenaspekte bei Entscheidungen finden sich z.B. bei Vaughan (1956). In einer Untersuchung über die Beurteilung von »jobs« und über die Gründe von Stellenannahmen und -kündigungen erfasste er durch Interviews die Parameter: Werte oder Nutzen, Wahrscheinlichkeiten und die Entscheidungskriterien. Mithilfe einer Cluster-Analyse, durch die überzufällig häufige Merkmalskombinationen isoliert wurden, ließen sich vier Gruppen von Arbeitern anhand der von ihnen bevorzugten Beurteilungskriterien unterscheiden. Damit ist die inter- und intraindividuelle Mehrdimensionalität zumindest bei diesem realistischen Entscheidungsanlass bestätigt.

Fagot (1956) induzierte die Mehrdimensionalität von Nutzenbeurteilungen experimentell, indem er seine Versuchspersonen zwischen zweidimensionalen Alternativen wählen ließ. Die 25 Probanden hatten sich in die Rolle eines Personalleiters zu versetzen und zwischen paarweise vorgegebenen Bewerbern um eine freie Stelle zu entscheiden. Die Bewerber waren durch eine Kombination von je vier Ausprägungsgraden zweier Fähigkeiten, nämlich der Intelligenz und dem Geschick, mit Menschen umzugehen, charakterisiert. So mussten sich die Versuchspersonen z.B. entscheiden, ob sie einen Kandidaten mit mittlerer Intelligenz und sehr guter Befähigung zur Menschenführung einem Mitbewerber vorziehen würden, der durch sehr hohe Intelligenz ausgezeichnet war, dessen Fähigkeit, mit Menschen umzugehen, aber gering war.

Die Voraussagekraft bestimmter Modelle wurde durch die Zahl der Entscheidungen gemessen, von der an es möglich war, alle weiteren Entscheidungen vorherzusagen. Ein *additives* Modell vom Charakter einer *Intervallskala* erwies sich dabei als das günstigste.

Dem Problem der Additivität verschiedener Nutzenkomponenten sind in der angelsächsischen Literatur einige, meist mathematisch-theoretische Erörterungen gewidmet. Von besonderer Bedeutung ist ein Beitrag von Tversky (1965). Seine differenzierten Überlegungen über die Existenz mehrerer Nutzenfunktionen und deren additive Verrechnung fassen Becker und McClintock (1967, S. 246) wie folgt prägnant zusammen:

»... He considered gambles of the form (a, p) in which the positive amount (a) is won if an event (p) occurs, and nothing is won or lost if (p) does not occur. For gambles of this form, he asserts that the prescriptive model (or any subjective expected utility (SEU) model) is satisfied if and only if there exist real valued functions H, F and G such that the following two ›additivity‹ conditions are satisfied: $H(a,p) = F(a) + G(p)$, and $H(a,p) > H(b,q)$, if and only if $D(a,p) > D(b,q)$ for all (a) and (b) and for all (p) and (q), where $D(a,p)$ is a measure of the worth of the gamble (a,p) as measured by the proportion of times the subject prefers (a,p) to some standard, or by his minimal selling price, etc. Tversky proves that, when these two additivity conditions are met, then the SEU model is satisfied if the utility of zero is set equal to zero. Moreover if the utility of zero is set equal to zero, and if there exist utility and subjective probability functions satisfying the SEU model, he proves that the additivity conditions must also be satisfied«.[69]

Auf die Beziehung der Frage der Additivität zu der Stellenart weist Gäfgen (1968, S. 159 f.) hin:

»... denn eine solche Skala (additive Verhältnisskala, Anm. d. Verf.) impliziert an sich noch keine Additivität des Nutzens derart, dass der Nutzen der Summe zweier Alternativen a und b (N (a + b)) gleich wäre der Summe der Nutzen von a und b, also gleich N(a) + N(b). Dazu ist vielmehr noch eine weitere Annahme nötig, nämlich die, dass die Kriterien unabhängig voneinander bewertet werden, dass also der Erfüllungsgrad eines Kriteriums immer einen bestimmten Nutzen abwirft, unabhängig davon, in welchem Umfang die anderen Kriterien erfüllt sind. Die Nutzenfunktion hat dann nicht die allgemein eingeführte Form

$$N(a)=N(k_{1a}, k_{2a}, k_{3a}, ..., k_{na}), \text{ sondern}$$

$$N(a) = N(k_{1a}) + N(k_{2a}) + N(k_{3a}) + \ldots + N(k_{na})«.$$

Obwohl die stochastischen Entscheidungsmodelle ein flexibleres Nutzenkonzept implizieren, werden auch sie der faktischen Mehrdimensionalität des Nutzens nicht genügend gerecht. Die Berücksichtigung der Instabilität, die sich z.B. in der Integration von Intransitivitäten manifestiert, entspricht mehr der Annahme, dass Veränderungen des Nutzens auf vorangegangene Erfahrungen zurückgehen. Eine unmittelbare und apriorische Mehrdimensionalität des Nutzens bei der Konkurrenz unterschiedlicher Objekte wird aber nicht vorausgesetzt. Bei den Intransitivitäten aufgrund vorangegangener Erfahrung bzw. eines mehrdimensionalen subjektiven Nutzens handelt es sich um phänomenologisch eigenständige Sachverhalte; eine Gleichsetzung allein wegen ihrer formalen Ähnlichkeit erscheint nicht gerechtfertigt.

Trotz der um die Dimensionalität des Nutzenbegriffs geführten Diskussion werden bei den meisten empirischen Arbeiten keine adäquaten statistischen Methoden angewendet. Im Allgemeinen wird die erörterte Problematik einfach ausgeklammert. Die zur Wahl gestellten Objekte unterscheiden sich in der Regel nur in einer Dimension, z.B. in der Höhe des Geldbetrags.[70]

22.4.3 Zum Nullpunkt der Nutzenskala

Zahlreiche Erörterungen kreisen um die Frage nach der Qualität der Skalen, die die Beziehungen zwischen psychologischen Objekten klassifizieren. Im Zusammenhang mit der Konstruktion von Nutzenskalen beschäftigt sich der Ent-

---

69 Eine Zusammenstellung der theoretischen Ansätze zum Problem der Mehrdimensionalität der Nutzenfunktion und der Additivität findet sich bei Fishburn (1966). Darauf sei hier lediglich verwiesen; die einzelnen Ansätze sind im obigen Kontext nicht weiter darzulegen. Bemerkt sei nur, dass wie bei Tversky (1965) mathematisch orientierte, axiomatische Ansätze dominieren.

70 Den komplexeren Fällen, in denen die Objekte vielschichtig voneinander differieren, hat sich die Forschung in diesem Kontext noch nicht genähert.

scheidungstheoretiker daher zwangsläufig mit der Frage nach dem Charakter der potenziellen Messinstrumente. Je nachdem, ob eine Rang-, Intervall- oder Verhältnisskala vorliegt, können die erhaltenen Werte mit unterschiedlichen mathematischen Verfahren weiterverarbeitet werden. So lassen sich Werte nur dann addieren, wenn sie mindestens einer Intervallskala entstammen; sie lassen sich erst fraktionieren, wenn sie auf einer Verhältnisskala liegen, die über einen absoluten Nullpunkt verfügt.

Die Nutzenmessung stützt sich in der Regel auf Intervallskalen; das führt zu kritischen Situationen, weil Gewinne und Verluste nur mithilfe einer Verhältnisskala zufriedenstellend verrechnet werden können.[71] In der Untersuchung von Schmidt (1966), deren Ziel die Nutzenbestimmung von Schulnoten auf einer Intervallskala war, gibt es beispielsweise keine statistische Handhabe, die Skala in einen negativen und einen positiven Abschnitt aufzuteilen. Von »guten« oder »schlechten« Noten lässt sich erst nach der Festlegung eines, in diesem Fall willkürlichen, Nullpunkts sprechen, der sich auf Intuition, Einfühlung oder ähnliche mehr oder weniger fragwürdige Begründungen stützen müsste. Wegen der Wichtigkeit des Nullpunkts hat sich Thurstone (1959) bei seinen Bemühungen um die Nutzenmessung besonders mit dem Problem der *Nullpunktbestimmung* befasst. Er weist dabei der »discriminal dispersion«, einem Streuungsmaß der Urteile auf der Urteilsdimension, große Bedeutung zu. Versuche zur Nutzenbestimmung anhand von »Indifferenzkurven« wurden von Thurstone angeregt. Solche Indifferenzkurven setzen sich zusammen aus Punkten jeweils gleicher Befriedigungswerte durch die Mengenaddition zweier verschiedener Objekte. So lässt sich z.B. ein Kurvenpunkt finden, der die Frage beantwortet, welche Zahl von Hemden dieselbe Befriedigung wie fünf Paar Schuhe vermittelt. Im auf- und absteigenden Verlauf der Kurve reduziert sich die Anzahl eines Objekts bei Vermehrung der komplementären Gegenstände. Bereits in einer früheren Arbeit verglich Thurstone (1931) empirische Indifferenzkurven mit einer theoretischen Verteilung und fand, dass die Nützlichkeit der Objekte und deren Veränderungen am besten durch das Fechnersche Gesetz erklärt werden können. Er überprüfte die Validität der Kurve, indem er die Indifferenzkurve der Objektkombination A-C aus den Kurven der Kombinationen A-B und B-C voraussagte. Später legte er zum Problem des Nullpunkts der Nutzenverteilung dar, der Nutzen eines Objekts könne als die algebraische Summe seiner Nützlichkeiten und seines Preises verstanden werden (vgl. Thurstone, 1959). Da der Preis einen negativen Nutzen darstelle, müsse zwischen ihm und dem »positiven« Nutzen der Nullpunkt liegen. Zur empirischen Bestimmung des Nutzen-Nullpunkts schlägt er ein Experiment vor, in dem Versuchspersonen nach der Paarvergleichsmethode ihre Präferenzen zwischen Objekten nennen, die sie sich als Geburtstagsgeschenke wünschen. Je-

[71] Eine mess- und insbesondere skalentheoretische Diskussion des Problems der Nutzenbestimmung bringt Schneeweiss in seinem grundlegenden Beitrag »Nutzenaxiomatik und Theorie des Messens« (1963).

des dieser Objekte erhält dann einen Wert auf einer Nützlichkeits-Intervallskala. Zusätzlich beantworten die Versuchspersonen Fragen der Art, ob sie die Geschenke A und B zusammen dem Geschenk C vorziehen würden. »By judgments of this sort we expect to be able to locate the zero point of utility because the sum of the affective values of A and B combined should equal the utilities for these two objects taken separately« (Thurstone, 1959, S. 56).

Eine ähnliche Methode liegt einer Arbeit von Gulliksen (1956) zugrunde. Seine Versuchspersonen hatten zwischen fünf einfachen Speisen (z.B. Schweinebraten, Rinderbraten) und zehn Kombinationen aus diesen Speisen zu wählen. Der Versuchsleiter stellte jeweils eine doppelte Portion einer einfachen Speise den Kombinationen gegenüber. So konnte er eine Skala der Werte erstellen, die von dem wenigsten geschätzten Paar »Zunge – Schweinefleisch« bis zur wertvollsten Kombination »Rinderbraten – Steak« reichte. Der Nullpunkt der Präferenzskala ließ sich ermitteln, weil eine Kombination von zwei Speisen der doppelten Menge eines dieser Bestandteile vorgezogen werden konnte.[72]

Die Notwendigkeit der Nullpunktbestimmung und damit die Möglichkeit, Verluste zu berücksichtigen, stellt sich auch für die Nutzenskalen der beschriebenen Entscheidungsmodelle. Schmidt (1966) fand beim Vergleich des Wahlverhaltens in zwei Grundspielsituationen, in denen die Gewinne von der Geschicklichkeit der Probanden und der Trefferwahrscheinlichkeit abhingen, je nach den weiteren Bedingungsvariablen unterschiedlich gute Prognoseleistungen des SEV- und des SEU-Modells. Der Vergleich des Wahlverhaltens mit den nach den SEV- und SEU-Modellen errechneten Kurven zeigte besonders für die Verlust-Risiko-Versuche und unter diesen wiederum bei besonders hohen (fiktiven) Verlustmöglichkeiten sehr geringe Übereinstimmung. Selbst für Situationen ohne Verlustrisiko erwies sich auch das SEU-Modell nicht als angemessene Erklärungsgrundlage. Wenn auch die Aussagekraft der Ergebnisse dadurch beeinträchtigt ist, dass die Nutzenfunktion der verwendeten Währung nicht bestimmt wurde, sollten die Befunde nicht unterschätzt werden, da sie mit anderen Untersuchungsergebnissen in Einklang stehen.

In diesem Zusammenhang ist auf den Vorschlag von Pruitt (1962) zu verweisen, der nach einem Vergleich der insgesamt unbefriedigenden Vorhersageleistung der einzelnen Modelle besonders auf die negativen Ausgänge abzielte. Mit seinem PLR-Modell *(pattern and level of risk)* versucht er, der Möglichkeit von Verlust dadurch gerecht zu werden, dass er das Wahlverhalten in Abhängigkeit einmal vom Risikoniveau sieht, das durch die Summe der mit den Auftretenswahrscheinlichkeiten gewichteten Verlustmöglichkeiten bestimmt wird, und zum andern vom Risikomuster, das gekennzeichnet ist durch die Zahl und die Wahrscheinlichkeit der möglichen Ausgänge und deren Verhältnis zueinander.

---

[72] Die Probleme, die sich aus der Verdoppelung der Speisenmengen ergaben, wurden glaubhaft durch experimentelle Maßnahmen kompensiert.

Bemerkenswert ist, dass beim PLR-Modell – anders als bei den anderen Konzepten – dem Risikomuster eine eigene Nützlichkeit zukommt.

»In building the PLR model it is assumed that people have separate attitudes toward pattern and level of risk and these interact to determine gambling decisions. Attitude toward pattern is embodied in the concept ›utility‹ of pattern, each pattern being assumed to have its place on a ratio scale of utility. In cases where utility of pattern is measured on an ordinal scale, we may speak in terms of pattern preferences (e.g. ›Pattern X is preferred to Pattern Y‹). Attitude toward level of risk is embodied in the concept ›utility of risk‹, which is assumed to be measurable on a ratio scale« (Pruitt, 1962, S. 192).

Fast gleichzeitig mit der Veröffentlichung des PLR-Modells hatte sich Edwards (1962a, 1962b) ebenfalls um eine Verbesserung der Vorhersageleistung der Entscheidungsmodelle bemüht. Ansatzpunkt waren Beobachtungen, die es fraglich erscheinen lassen, dass sich die subjektiven Wahrscheinlichkeiten der möglichen Umweltzustände – wie theoretisch gefordert – immer zu 100 aufsummieren. Unter Verwendung einiger früherer Befunde entwickelte Edwards ein *Axiomen- und Formelsystem*, das dieser Unstimmigkeit Rechnung trägt und die Konsequenzen für die Skalenhöhe der Nutzenskala diskutiert.

Bei Annahme der Additivität subjektiver Wahrscheinlichkeiten, wenn also $p_1 + p_2 + p_3 + \ldots + + p_n = 1$, gilt für das SEU-Modell, dass der Nutzen auf einer Intervallskala und die Wahrscheinlichkeit auf einer Verhältnisskala gemessen werden müssen. Trifft die Additivitätsannahme nicht zu, dann müssen beide Variablen auf einer Verhältnisskala vorliegen, sofern Bearbeitungsfehler vermieden werden sollen. Der Nullpunkt der Nutzenskala liegt nach Edwards (1962a) bei der augenblicklichen (finanziellen) Ausstattung des Individuums (»The only reasonable zero point for utility is where you are now« – S. 130), weil eine Verminderung des aktuellen Zustandes Verlust und eine Zunahme Gewinn bedeutet. Darin sieht er sich in Übereinstimmung mit Mosteller und Nogee (1951), die den Nullpunkt jeweils mit dem finanziellen Status des Individuums gleichsetzen; ebenso nähert er sich Markowitz (1952), der den Nullpunkt in die übliche finanzielle Situation des Individuums legt.

22.4.4 Zur Nicht-Linearität der Nutzenfunktion

Kahneman und Tversky (1982) sowie Tversky und Kahneman (1992) haben im Rahmen der Entwicklung der Prospekt-Theorie und zum Teil auch empirisch belegt, dass erlebter Nutzen und (objektive) Gewinne oder Verluste nicht in linearer Beziehung zueinander stehen.

Die entsprechende Funktion für Gewinne ist konkav: Im niedrigen Gewinnbereich ist ein Zugewinn mit einem relativ großen Zugewinn an Nutzen verbunden, während die Nutzenfunktion im höheren Bereich einen flacheren Verlauf nimmt. Eine Steigerung von 90 auf 95 Dollar stellt einen relativ geringeren Nutzen als eine Steigerung von 5 auf 10 Dollar dar. Bei Verlusten ist die entsprechende Funktion dagegen konvex. Der Status quo hat einen Verlustwert von 0. Die Wertfunktion wird dann von kleinen nach großen Verlusten zunehmend flacher. Beide Effekte können erklärt werden: Je weiter man sich vom Referenz- oder Neutralpunkt entfernt, um so geringer wird die Sensitivität für Differenzen. Außerdem ist die Wertfunktion für Verluste insgesamt steiler als die für Gewinne (vgl. Kahneman & Tversky, 1982; Tversky & Kahneman, 1992).

Die Wertfunktionen für Gewinne und Verluste erklären auch bestimmte Präferenzen bei Wahlen zwischen einer Alternative mit einem sicheren und einem riskanten Ausgang. Wenn Personen die Wahl haben zwischen einem sicheren Verlust von € 80 und einer Alternative, bei der sie mit 85%iger Wahrscheinlichkeit € 100 (und mit 15%iger Wahrscheinlichkeit nichts) verlieren, dann wählen Personen die riskante Alternative, obwohl der zu erwartende Verlust größer ist. Aufgrund der konvexen Wertfunktion lässt die statistische Gewichtung den drohenden höheren Verlust als das kleinere Übel erscheinen. Die konkave Wertfunktion im Gewinnbereich erklärt dagegen bei analogen Bedingungen die Wahl der sicheren Alternative. Bei der Wahl zwischen einem sicheren Gewinn von € 80 und einer risikobehafteten Alternative, mit 85%iger Wahrscheinlichkeit € 100 zu erhalten, wählen die meisten Personen die sichere Alternative, obgleich der Erwartungswert der anderen Alternative höher ist. Die Erklärung hierfür lautet:

> »Consider the choice between a sure gain and a gamble that offers some probability of a larger gain and some probability of no gain at all. The advantage of the large gain over the sure thing is evaluated in a shallow region of the value function, where increments of money produce relatively small increments of value. The advantage of the sure outcome over no gain is evaluated in the steepest region of the function, where each dollar makes a greater difference. Because value is nonlinear the sure outcome is closer to the large gain in terms of value than in terms of money. The shape of the value function thus favors a risk-averse preference for sure outcomes over risky prospects« (Kahneman & Tversky, 1982, S. 137).

Mowen und Mowen (1991) haben die Prospekttheorie um ein »time and outcome valuation«-Modell erweitert, das zusätzlich die Zeitdimension einbezieht. Entscheidungsverhalten ist demnach auch durch den *Zeitpunkt* bestimmt, zu dem die Entscheidung *Auswirkungen* hat. Bei einer Entscheidung mit sofortigen Konsequenzen sind Personen meist risikoavers, also verlustmeidend, bei einer Entscheidung mit Folgen erst in sechs Monaten sind sie dagegen eher risikobereit.

Diese Erweiterungen erhöhen die Anwendungsbreite der Prospekttheorie erheblich, auch etwa auf viele Entscheidungen im wirtschaftlichen Bereich, z.B. auf Kauf- und Anlageentscheidungen.

22.4.5 Zur Unabhängigkeit von Nutzen und Wahrscheinlichkeit

Ein weiteres Bedenken gegen die geschilderten Entscheidungsmodelle und insbesondere gegen das SEU-Modell besteht darin, dass subjektive Wahrscheinlichkeit und subjektiver Nutzen voneinander abhängig sind. Vor dem Hintergrund der entscheidungstheoretischen Rationalitätsannahmen ist diese Annahme in Frage zu stellen: »Für ein rationales Subjekt sind die Werte, die es möglichen Konsequenzen beimisst, und die Erwartungen, die es hinsichtlich der Zustände der Welt hat, unabhängig voneinander« (Jungermann, 1976, S. 30). Van der Meer (1963) und Feather (1959a, 1959b) lieferten dazu empirische Belege.

Einschränkungen dieser Annahme sind in zwei Richtungen denkbar: Die Nutzenerwartungen können die Eintretenswahrscheinlichkeiten oder letztere die den Konsequenzen beigemessenen Nutzenwerte beeinflussen. Der erste Fall basiert auf »Optimismus«: Je größer der Nutzen einer Konsequenz, desto höher schätzt die Person die Wahrscheinlichkeit des Eintretens der entsprechenden Zustände. In der pessimistischen Variante wird dagegen das Eintreten des Zustands, der zum Verlust führt, mit hoher Wahrscheinlichkeit erwartet. Jungermann (1976) weist darauf hin, dass soziale und persönlichkeitsspezifische Faktoren dafür ausschlaggebend sind, welcher der möglichen Fälle eintritt.

Eine weitere Abweichung von der Basisannahme ist darin zu sehen, dass der Nutzen einer Alternative zunimmt, je geringer ihre Eintrittswahrscheinlichkeit ist. In diesem Fall besteht also eine konkurrierende Beziehung zwischen Nutzen und Wahrscheinlichkeit. Diese Annahme liegt dem in der Motivationspsychologie einflussreichen Risiko-Wahl-Modell von Atkinson (1964) zugrunde und hat sich in Laborexperimenten recht gut bewährt. Die Annahme scheint nur unter den im Modell formulierten Bedingungen zu gelten. Mit Jungermann (1976, S. 31) ist darauf hinzuweisen, dass es in komplexen experimentellen Situationen und erst recht im Alltag häufig schwer oder unmöglich sein dürfte, die informativen *situationalen* Aspekte, die zur Beurteilung des Nutzens relevant sind, von denjenigen eindeutig zu trennen, die für die Beurteilung der Wahrscheinlichkeit einer Alternative eine Rolle spielen. Oft haben die gleichen Aspekte für beide Parameter Bedeutung. Hier ist auch die Annahme Pruitts (1962) zu nennen, dass Risikokonstellationen allein schon deshalb, weil sie jeweils komplementäre Wahrscheinlichkeiten für Gewinn und Verlust beinhalten, eine gewisse Nützlichkeit zugesprochen werden müsse, so dass sie unter Umständen auch als Handlungsanreiz zu werten seien.

22.4.6 Zur Instabilität des Nutzens

Abschließend sollen einige empirische Belege für die situations- und persönlichkeitsabhängige Inkonsistenz der Nutzen-Orientierung angeführt werden. Dabei geht es hauptsächlich darum, die Beziehungen des Nutzens zu Begriffen wie Rückmeldung, Reinforcement, Bestrafung und Erfolgswahrscheinlichkeit, zu denen im Erlebnisbereich die Erfolgs- und Misserfolgskategorien gehören, zu klären. Insoweit sind teilweise schon erörterte Ergebnisse unter dem hier eingeführten Gesichtspunkt erneut zu betrachten.

In einem Experiment von Siegel und Goldstein (1959), das eine der wichtigsten Arbeiten zum Problem der Belohnung und ihrer Auswirkung auf das Wahlverhalten darstellt, sollten die Versuchspersonen eines von zwei alternativen Ereignissen innerhalb einer Wahrscheinlichkeitsreihe voraussagen. In der *»no-payoff«*-Bedingung folgten den Vorhersagen weder Belohnungen noch Strafen, in der *»reward«*-Bedingung wurden richtige Vorhersagen belohnt, während in der *»risk«*-Bedingung richtige Voraussagen belohnt und falsche bestraft wurden. Der Zusammenhang mit dem Nutzenbegriff wird von den Autoren wie folgt beschrieben:

> »Under the ›no-payoff‹ condition, the correctness or incorrectness of S-s predictions did not affect his monetary holding. Under the ›reward‹ condition the utility attached to a correct prediction was greater, for there was a monetary payoff for each correct prediction. Under the ›risk‹ condition the utility attached to a correct prediction was still greater, for there was a monetary loss for each incorrect prediction as well as a monetary gain for each correct prediction, and thus a correct prediction rather than an incorrect prediction had twice as great an effect on monetary holding under the ›risk‹ condition as under the ›reward‹ condition« (1959, S. 38).

Die Ausgangshypothese, dass die Zahl der richtigen Voraussagen in Abhängigkeit vom Nutzen steht, ließ sich bestätigen. In der aufsteigenden Reihe der Wichtigkeit des Nutzens wurden 70 %, 77 % und 93 % richtige Voraussagen registriert.

Die Ergebnisse von Slovic (1969) lassen unterschiedliche Nutzenkonzepte vermuten, je nachdem, ob man vor hypothetischen oder realen Wahlsituationen steht. Unter sonst gleichen Bedingungen maximierten seine Versuchspersonen bei hypothetischen Wahlen den Gewinn, ohne die möglichen Verluste besonders zu berücksichtigen. Wenn sie aber wussten, dass ihre Wetten auch durchgespielt werden sollten, verhielten sie sich vorsichtiger und zogen weniger riskante Angebote mit kleinen Verlusten vor.

Messicks (1968) Arbeit führt zu Zweifeln am Konzept des EV *(expected value)*. Wurde nämlich der EV konstant gehalten, waren die Entscheidungen im Wesentlichen von der zu erwartenden Auszahlung beeinflusst.

Die Bedeutung der Rückmeldung und der effektiven Auszahlung wurde von Meyer (1967) untersucht. Wenn der Proband über Erfolg oder Misserfolg in der Spielsituation unterrichtet wurde, hatte das einen erheblich größeren Einfluss auf die optimale Gestaltung des Wahlverhaltens als die unmittelbare Auszahlung des finanziellen Gewinns. Interessant ist dabei die Auswirkung dieser Faktoren auf die Entscheidungszeit. Bei sofortiger Gewinnausschüttung ohne Erfolgsrückmeldung ist die mittlere Antwortzeit groß; sie wird verkürzt unter der Bedingung der Erfolgsrückmeldung ohne finanzielle Auszahlung und sinkt noch weiter ab, wenn die Versuchspersonen über beide Informationsquellen verfügen.

Anderson und Whalen (1960) stießen auf einen Reihenfolgeneffekt, der sich darin äußert, dass spätere Entscheidungen innerhalb einer Serie meist stärker vom optimalen Entscheidungsverhalten abweichen als frühere, weil die Wahrscheinlichkeitseinschätzungen immer weniger der objektiven Wahrscheinlichkeitsverteilung entsprechen. Dieser situative Einfluss auf das Entscheidungsverhalten wird als *»negative recency effect«* oder auch als *»gambler's fallacy«* bezeichnet.

Ein relativ früh in die Diskussion eingeführter Ansatz impliziert – ähnlich wie die stochastischen Entscheidungsmodelle – Variabilität und Inkonsistenz des individuellen Nutzenkonzepts, wenn auch mit anderem Hintergrund und anderen Konsequenzen. So regte Siegel (1957) an, die *Anspruchsniveausetzung* als Entscheidungssituation aufzufassen und das Lewin-Hoppe-Modell (dazu Siegel, 1957) auf das Nutzenkonzept zu übertragen. Siegel geht dabei davon aus, dass eine Leistungsskala auch als Nutzenskala gedacht werden kann, und führt aus:

> »It is the contention ... that each level on an achievement scale has a certain utility for a person, and that therefore level of aspiration may be conceived as a ›point‹ on a scale of utility. An achievement which represents ›success‹ in Lewinian terms is one which has ›positive utility‹. An achievement which represents ›failure‹ to the person may be thought of as having ›negative utility‹ for him. And the Lewinian notion of ›subjective probability‹ needs no translation, for the same term is used in decision theory« (1957, S. 254).

Über die unmittelbaren Zusammenhänge zwischen Nutzenskala und Anspruchsniveau heißt es dann:

> »1. The level of aspiration of an individual is a position on his utility scale of an achievement variable.
> 2. The lower bound of that position is neutral in utility, i.e., all points below the lower bound have negative utility (psychological feeling of dissatisfaction) associated with them and all points above the lower bound have positive utility (psychological feeling of satisfaction) associated with them.
> 3. The level of aspiration is associated with the upper bound of the largest distance on the utility scale ... (it is) associated with the higher of the two goals between which the rate of change of the utility function is a maximum« (Siegel, 1957, S. 257).

Diese Ableitungen bestätigten sich weitgehend in entsprechenden empirischen Befunden. In einer Untersuchung von Becker und Siegel (1958) zeigte sich die Richtigkeit der Grundannahmen darin, dass Versuchspersonen, die ihr Anspruchsniveau erreicht haben, sich nicht mehr anstrengen, um ihre Note zu verbessern. Nicht minder bedeutsam ist die aufgefundene hohe Übereinstimmung zwischen der Nutzenskala und den durch Interviews erfassten Anspruchsniveaus (vgl. Becker & Siegel, 1958).

Becker (1958) konnte darüber hinaus aufzeigen, wie Veränderungen in der Anspruchsniveausetzung korrespondierende Verschiebungen auf der Nutzenskala zur Folge hatten. Schmidt (1966) schlug vor, den Quotienten aus Zielsetzung und Zielerreichung bei Entscheidungen mit Anspruchsniveaucharakter als einen nutzenanalogen Wert zu verwenden. Durch die mit den referierten Versuchen angedeuteten Ansätze einer Integration des Anspruchsniveaukonzepts in die herkömmlichen Entscheidungsmodelle könnten deren Geltungsbereich bedeutend erweitert und der Anspruchsniveauforschung neue Impulse gegeben werden.

Konsequenzen aus den in diesem Kapitel geschilderten Befunden haben sich in einer Reihe von Varianten der »klassischen« statistischen Entscheidungstheorien niedergeschlagen, die in der Regel den stochastischen Modellen unterzuordnen sind. Das Hauptdifferenzierungsmerkmal ist dabei die mehr oder weniger konsistente Orientierung an einem Nutzenkonzept (vgl. Becker & McClintock, 1967, S. 261 ff.).

22.5 Kritik der statistischen Entscheidungstheorien 2 – Systemexterne Einwände

Mit der Frage nach dem deskriptiven oder heuristischen Gehalt der statistischen Entscheidungstheorien wird in erster Linie das Problem ihrer Erklärungsbreite angeschnitten. Das Problem gewinnt besondere Bedeutung, wenn man es vor dem Hintergrund der Vielfalt der Entscheidungssituationen sieht, die in der Entscheidungsforschung untersucht worden sind, sich andererseits aber vergegenwärtigt, einen wie kleinen Ausschnitt tatsächlich vorkommender Multivalenzen die untersuchten Situationen eigentlich nur darstellen. Im Rahmen der statistischen Entscheidungstheorien wurde überdies nur eine sehr beschränkte Zahl von Aufgabentypen mit dem impliziten Anspruch untersucht, dass sie alle anderen Situationen repräsentieren.

22.5.1 Generalisierungsbereich

Hofstätter (1966, S. 156) hat in einem Theorem der Gleichartigkeit bzw. Regelmäßigkeit die Repräsentanz der experimentell erforschten Entscheidungen für den Bereich aller möglichen Fälle vorausgesetzt:

> »Über das Verhalten von Individuen in Entscheidungssituationen wissen wir einiges aus Laboratoriumsexperimenten. Die Probleme, die in solchen Experimenten zur Entscheidung gestellt werden, pflegen zwar recht unwesentlicher Art zu sein, doch läßt sich bis zum Auftauchen gegenteiliger Erfahrungen der Ansatz wagen, daß die aufgefundenen Regelmäßigkeiten auch bei einer Steigerung der Bedeutung der Probleme erhalten bleiben. Diese Regelmäßigkeiten selbst haben sich nunmehr bereits in so vielfältigen Situationen ergeben, daß unser Zutrauen zu der obigen Annahme erhebliche Stärke besitzt. Es wird dabei zu zeigen sein, dass die Schwierigkeit von Entscheidungen sich anhand objektiver Indikatoren feststellen läßt«.

Die letztere Bemerkung lässt eine besondere Zentrierung der Überlegungen auf den Schwierigkeitsgrad von Entscheidungen vermuten, wie es übrigens die sich anschließenden Ausführungen von Hofstätter bestätigen. Die Charakterisierung des Entscheidungsgeschehens wird damit im Wesentlichen auf nur *eine* Komponente beschränkt, so dass die Aussage Hofstätters, wie in Anlehnung an Thomae (1960), Nesswetha (1964), Feger und Feger (1969) und andere gezeigt werden konnte, eine ungerechtfertigte Simplifizierung vornimmt. Denn die mannigfachen Differenzierungen der Entscheidungssituationen aufgrund mehrerer phänomenologischer Kategorien – etwa bei Feger und Feger (1969) und grundlegend bei Thomae (1960) im Rahmen seiner differenziellen Phänomenologie der Multivalenz – enthalten bereits hinreichend »gegenteilige Erfahrungen«, um die Position Hofstätters (1966) zu erschüttern. In diesem Sinne wendet sich Thomae (1960, S. 156) in einer Art theoretischer Gegenposition gegen die Versuche, das Entscheidungsgeschehen auf einen einzigen Aspekt oder auf eine geringe Anzahl von bestimmenden Faktoren zu reduzieren:

> »Eine systematische Bemühung um die Erhellung der Variationsbreite eines seelischen Phänomens muss – gemäß bestimmten Eigentümlichkeiten des psychologischen Erkenntnisprozesses – immer in zwei Richtungen vorgehen: Einmal muss es das Bestreben sein, die *formalen* Varianten zu charakterisieren, wie sie durch die unterschiedliche Ausprägung allgemeiner Merkmale des Geschehens entstehen, zum anderen die *inhaltlich* zu definierenden Varianten, wie sie durch den jeweils gegebenen konkreten Gehalt von seelischen Ereignissen bedingt werden«.

Hinzu kommt, dass zur empirischen Untermauerung der statistischen Entscheidungsmodelle ein bestimmter Typ von Entscheidungsaufgaben herangezogen wurde, von dem Thomae (1960) meinte, seine enge Berührung mit der Deutung des ökonomischen Verhaltens sei wohl kein Zufall. Und nach Feger (1965) ist es nicht verwunderlich, dass »Nutzen in sinnarmen Situationen zur entscheidenden, das Verhalten steuernden Variablen wird, wenn Gewinnstreben durch die Versuchsanordnung zum einzig möglichen sinnvollen Verhaltensziel wird« (S. 389).

Damit ist die Frage gestellt, ob es von den Gesichtspunkten der Repräsentativität einerseits und der formal und inhaltlich gegebenen Vielfalt andererseits aus gerechtfertigt ist, *allem* Entscheidungsgeschehen die Kategorien bzw. Konstrukte »Nutzen« und »Wahrscheinlichkeit« als Determinanten zugrunde zu legen. Auch noch innerhalb dieser Kategorien treten nicht zu vernachlässigende Unterschiede auf, die die Ausschließlichkeit der beiden Bestimmungsvariablen infrage stellen.

Ein weiteres Problem liegt in der starken Betonung des Vorhersagekriteriums. Die fast ausschließliche Orientierung an ihm hat zu der mangelnden Plastizität geführt, die in den theoretischen Ansätzen nur Modifikationen der axiomatischen Grundannahmen zulässt und es weitgehend ausschließt, dass phänomenologische Arbeitsverfahren zumindest in Form von Erkundungsversuchen erprobt oder persönlichkeitspsychologische Variablen hinsichtlich ihrer Anwendung in der Entscheidungsforschung überprüft werden. Andererseits steht jeder individualpsychologischen Fragestellung die Konstruktion des *homo oeconomicus* entgegen; sie müsste als Abweichung von der Normvorstellung des rationalen, unendlich sensitiven und informierten Menschen erscheinen. Ausnahmen finden sich lediglich in Untersuchungen, die den Zusammenhang zwischen Entscheidungsverhalten und Indikatoren der Leistungsmotivation klären wollen.

Als ein empfindlicher Mangel erscheint die fehlende Berücksichtigung der historischen Dimension in ihren qualitativen Spielarten – quantitativ schlägt sie sich in Edwards' Anregung nieder, die gegenwärtige Lage als Nullpunkt der

Nutzenskala zu verwenden, wie sie z.B. in der individuellen Lerngeschichte zum Ausdruck kommt. Die Vergangenheit wird allenfalls insoweit in den Untersuchungsplan einbezogen, als sie durch die jeweiligen zeitlichen Abschnitte des Experiments kontrolliert wird. So ist die individuelle Erfahrung höchstens im Zusammenhang mit der Verarbeitung von Informationen über die Wahrscheinlichkeitsverteilungen thematisch. Biografische Daten, die – wie Nesswetha (1964) berichtet – das Entscheidungsverhalten erheblich beeinflussen, finden so gut wie keine Beachtung.

An diesem Punkt ist an einen Einwand Fegers (1965) zu erinnern, der auf die Konsequenzen der eingebürgerten Praxis im Rahmen von empirischen Arbeiten über Serienversuche der statistischen Entscheidungstheoretiker hinweist:

> »... es handelt sich hier nicht um die Analyse oder Manipulation einer einzigen Entscheidung, vielmehr um die *Erfassung* einer *Folge* von oft über hundert Entscheidungen. Es ist anzunehmen, dass in diesen Folgen Prozesse ablaufen, die für das Entscheidungsverhalten nicht spezifisch sind und dieses verdecken; Prozesse der Informationsverschiebung, Lernvorgänge usw. Die Situationen, in denen und abhängig von denen die Entscheidungen getroffen werden, werden offensichtlich im Erleben der Entscheidenden nicht identisch reproduziert« (S. 374).

Dass auf der anderen Seite eine Generalisierung von einer isolierten Betrachtung des Verhaltens in einer einzelnen Entscheidungssituation aus gleichfalls sehr zweifelhaft wäre, soll nur der Vollständigkeit halber erwähnt werden. Weder erlauben einzelne Fälle Verallgemeinerungen noch kann auf die Kontrolle bestimmter psychischer Prozesse, die dem aktuellen Verhalten vorausgehen und es möglicherweise entscheidend beeinflussen, verzichtet werden.

22.5.2 Kritik aus phänomenologischer Sicht

Wenn hier Ergebnisse und Annahmen der statistischen Entscheidungstheorien aus phänomenologischer Sicht diskutiert werden, soll damit einmal angestrebt werden, die dem beobachteten Verhalten entsprechenden Erlebnisbefunde zu berücksichtigen; zum anderen soll überprüft werden, ob das Prinzip der Gleichheit der Bedingungen tatsächlich beachtet wird oder ob nur wegen der Identität des äußeren Rahmens (scheinbar) gleiche Zustände bei den Versuchspersonen vorliegen, denen erlebnismäßig jedoch voneinander abgehobene Situationen entsprechen. Einige sich in diesem Rahmen ergebende Probleme können anhand bestimmter Kernbegriffe aufgewiesen und unter Heranziehung des publizierten, freilich bescheidenen Materials belegt werden.

□ *Nutzen*

Die Angemessenheit des Konstrukts »Nutzen« wird in den statistischen Entscheidungstheorien genau so wenig in Frage gestellt wie das aus ihm abgeleitete Prinzip der Nutzenmaximierung. Dieser »Selbstverständlichkeits«-Charakter im Sinne Hofstätters (1966), der sich hier zeigt, birgt die Gefahr unkritischer Übernahme nicht bestätigter entsprechender Hypothesen. Daher empfiehlt sich eine Betrachtung auch unter systemfremden, externen Gesichtspunkten.

Stellt man dem Nutzenbegriff unsere Erörterung der motivationalen Bedingungen der Entscheidung gegenüber, dann drängt sich der Eindruck einer so starken Verarmung und Entdifferenzierung der Verhaltens- und Erlebensbeschreibung in Entscheidungssituationen auf, dass die erforderliche Basis nicht gewährleistet erscheint. Das hat seine Gründe in einer orthodoxen Methodenorientierung. »Nutzen« ist kein phänomenologischer und auch kein motivationspsychologischer Begriff mehr, sondern ein behavioristischer Terminus, der – durch Präferenzskalen operational definiert – keine Aussagen über den motivationalen Hintergrund gestattet (vgl. Schmidt, 1964; Feger, 1965). Faktorenanalytische Arbeiten, die den Bedingungshintergrund klären könnten, fehlen. Psychologisch relevant bleibt dann die Frage, ob eine so gefasste Nutzenskala in der Lage ist, die entscheidenden individuellen Unterschiede personaler Werthierarchien zu erfassen und ob und wie (von der Art der angesprochenen Strebungen her definiert) das in verschiedenen Situationstypen gezeigte Verhalten dimensioniert ist, d.h. mit *einer* Skala erfasst werden kann (Feger, 1965, S. 371). Zum Teil haben sich die methodischen Bemühungen bei der Konstruktion der Nutzenskala so verselbständigt, dass Schmidt (1964, S. 3) sogar von einem »skalentheoretischen« Begriff spricht – als sei er nur im Zusammenhang mit der Erstellung von Ratingskalen thematisch.

Edwards (1954a) hat die mit dem Nutzen verbundene Frage der *Antriebsverursachung* zwar gesehen; an seinen Formulierungen fällt aber die – aus unserer Sicht unzureichende – Eindimensionalität auf: »Every object or action may be considered from the point of view of pleasure- or gain-giving properties. These properties are called the utility of the object, and pleasure is given by positive utility and pain by negative utility« (S. 382).

Die in Kap. 12, 13 und 14 näher erörterten Fragestellungen mögen sich bei der in der einschlägigen Forschung sehr beschränkten Auswahl der untersuchten Entscheidungsaufgaben gar nicht gestellt haben. Man denke nur daran, welche unterschiedlichen Bedeutungen mit den Begriffen des Nutzens und der Nutzenmaximierung bei Personen mit einer altruistischen und Personen mit egoistischer Grundeinstellung verbunden sind.

Betont sei hier nochmals die Fruchtbarkeit der Einführung der Erlebnisklassen Erfolg und Misserfolg. Dabei kann kaum davon gesprochen werden, dass das Nutzenkonzept dadurch bestätigt worden sei, dass sich Anspruchsniveauverschiebungen auf der Nutzenskala nachweisen ließen. Vielmehr dürfte es sich hier um eine Variable »Nutzenorientierung« handeln, die bei der Anspruchsniveaubildung beteiligt sein kann und sich in die feldtheoretische Interpretation glatt einfügt.

Die verschiedenen Verhaltensstrategien, die zur Lösung von Entscheidungsaufgaben herangezogen werden sollen, sind – einseitig – auf *Nutzenmaximierung* ausgerichtet. Dadurch ist der vielversprechende Ansatz, der eine gewisse intraindividuelle Konsistenz des Entscheidungsverhaltens beinhaltet und den Nesswetha (1964) auch in lebensechten Situationen bestätigt fand, von vornherein entwertet. Die Mannigfaltigkeit möglicher Einfluss- und Zielfaktoren ist auf das Monopolziel der Nutzenmaximierung reduziert.

Stellt man der Entscheidungstheorie die phänomenanalytisch-idiografischen Erklärungsansätze gegenüber, so zeigt sich, wie wenig das Nutzenkonzept und die davon beeinflussten Methoden zur Erhellung der Entscheidungsproblematik beitragen können. Die zur Prüfung von Hypothesen entwickelten Experimente sind grundsätzlich[73] so angelegt, dass sie zwar die spezifischen Fragestellungen zu beantworten gestatten. Sie enthalten jedoch nicht die Möglichkeit, Argumente gegen die Nutzenmaximierungstendenz zu äußern oder andersorientierte Lösungswege zu beschreiten. Damit untersuchen sie nur einen schmalen Sektor der Entscheidungsproblematik und können lediglich für diesen Bereich Erklärungen überhaupt erarbeiten.

□ *Wahrscheinlichkeit*

Bei der subjektiven Wahrscheinlichkeit handelt es sich definitionsgemäß um einen phänomenalen Sachverhalt. Fragt man nach dem Erklärungswert dieses Begriffs, scheint auch er weitgehend auf die Art von Entscheidungsaufgaben beschränkt zu sein, in denen er thematisiert wird. In den Schilderungen von Entscheidungsverläufen bei Thomae (1960) oder den phänomenologischen Kategorien der Inhaltsanalysen bei Feger und Feger (1969) ist er offensichtlich ohne größere Bedeutung. Die Folgen der Handlungsalternativen werden dort im Allgemeinen als sicher und nicht als mehr oder weniger wahrscheinlich erlebt.

Allerdings ist auch in diesen Arbeiten nur eine bestimmte Art von – lebensnahen – Entscheidungsproblemen beschrieben worden, so dass diese Beobachtungen ebenfalls nicht voreilig generalisiert werden dürfen[74]. Zum gegenwärtigen Zeitpunkt kann daher nur als Hypothese formuliert werden, das Kriterium der Eintrittswahrscheinlichkeit eines Ereignisses sei bevorzugt auf Situationen der Zwei- oder Mehrpersonen-, Null- und Nichtnullsummenspiele anzuwenden, während es in realitätsnäheren Bedingungen von geringer Bedeutung ist.

Die Erfassung der subjektiven Wahrscheinlichkeit durch Rating-Verfahren oder quantitative Erfolgsschätzungen täuscht über die phänomenale Vielfalt hinweg, die hinter diesem Begriff steht: Cohen und Hansel (1961, orig. 1956)

---

[73] Sofern Untersuchungen sich realitätsnäherer Entscheidungsaufgaben bedienten und die Nutzenmaximierungs-Hypothese bestätigten (z.B. Brim et al., 1962; Glass, 1960), konnten sie gleichzeitig die Bedeutung von situativen und persönlichkeitsbedingten Variablen aufweisen.

[74] Es wäre deshalb zweckmäßig, diese Frage in einer speziellen Untersuchung – unter Einfluss von Nachbarbegriffen der Wahrscheinlichkeit wie »vielleicht«, »unter Umständen«, »möglicherweise« – zu klären.

ließen einen Satz, in dem das Adverb »wahrscheinlich« vorkam, von 13- bis 14jährigen Versuchspersonen deuten. Die Autoren berichten:

> Die vier Hauptzentren gleichartiger Deutung sind folgende: An dem einen Ende der Gradeinteilung bedeutet ›wahrscheinlich‹ völlige Gewißheit, am anderen Ende liegt die Deutung, daß ›wahrscheinlich‹ eine gleichmäßig ausgewogene Möglichkeit (50 : 50) bedeutet (daß der Angeklagte für schuldig oder nicht schuldig erklärt werden wird). Zwischen diesen beiden äußersten Enden liegt die Deutung, wonach ›wahrscheinlich‹ fast, aber nicht ganz gewiß bedeuten soll, und eine zweite Deutung, nach der der Angeklagte mit größerer Wahrscheinlichkeit schuldig als nicht schuldig ist (1961, S. 84).

Obwohl diese Konnotationen des Wahrscheinlichkeitsbegriffs kaum für erwachsene Probanden in experimentellen Spielsituationen gelten dürften, weisen sie auf eine weite Variation des kognitiven Umfelds dieses Begriffs hin, die durch die eindimensionalen Ratings nicht hinreichend erfasst werden. Dazu tritt ein Befund von Cohen et al. (1960), der auf eine Objektabhängigkeit der Bedeutungen der verbalen Abstufungen numerischer Ratingskalen hinweist. Damit ist zu befürchten, dass die Schätzungen der subjektiven Wahrscheinlichkeiten wegen des nur unzureichend differenzierenden Erhebungsinstruments zu falschen Werten führen, die sich nach der Weiterverarbeitung in unbefriedigenden Prognoseleistungen bemerkbar machen.

Die subjektive Wahrscheinlichkeit steht in enger Verbindung mit »Erwartung« und »Antizipation«, die sich beide auf die innere Vorwegnahme eines in der näheren Zukunft liegenden Sachverhalts beziehen und umfassendere Bezugsrahmen zur Erklärung motivationaler Abläufe darstellen: das Antizipieren als unerlässliche Komponente des Antriebsgeschehens und die Erwartung als in die Zukunft projizierte Erfahrungsmöglichkeit. Wie wichtig sie zum Verständnis des Entscheidungsgeschehens sind, wurde oben angesprochen und muss nicht weiter ausgeführt werden.

Die subjektive Wahrscheinlichkeit kann demgegenüber nur als *eine* Komponente der Zukunftsgerichtetheit angesehen werden. Dabei wird es nötig sein, erlebnismäßig zu trennen zwischen einer kognitiven, stärker rational bestimmten Seite des Wahrscheinlichkeits*urteils* und der motivational-gefühlsmäßigen Akzentuierung der Wahrscheinlichkeits*einschätzung*. Die erste Form erreicht einen höheren Bewusstseinsgrad und wird dort vorherrschen, wo es um verstandesmäßig abwägbare Konflikte geht. Die zweite dürfte dominieren, sobald bei geringer Ichbeteiligung der Konflikt weitgehend ohne spezifische Einschaltung intellektueller Funktionen bewältigt wird oder ein so hohes Antriebsniveau erreicht ist, dass auf eine intellektuelle Unterstützung verzichtet wird.

Durch Berücksichtigung weiterer Komponenten bei der Bewältigung zukunftsgerichteter Aufgaben sinkt der relative Stellenwert der bei den statistischen Entscheidungstheorien so wichtigen subjektiven Wahrscheinlichkeit. Sie repräsentiert jetzt nur *einen* Faktor neben anderen. Gerade durch eine Abkehr von der isolierten Betrachtung ist nun die Chance guter Prognoseleistungen erhöht.

□ *Risiko*

Die terminologischen Unklarheiten beim Risikobegriff[75] hat v. Klebelsberg (1969) ausführlich dargestellt. Die besondere Bedeutung der Risikosituation für die statistischen Entscheidungstheorien lässt es jedoch angezeigt erscheinen, auf diesen Sachverhalt genauer einzugehen.

Im vorliegenden Zusammenhang ist es zunächst eine wichtige Frage, ob in den experimentell induzierten Risikosituationen auch tatsächlich Risikoerlebnisse bei der Entscheidung erzeugt werden konnten. Da auf diese Frage eine empirisch fundierte Antwort nicht gegeben werden kann, lassen sich nur die wenigen Anhaltspunkte aus der Literatur heranziehen, um den Fragenkreis wenigstens ansatzweise zu erhellen.

Die als Risikosituationen charakterisierten Entscheidungsaufgaben enthalten stets Alternativen, deren Ausgänge nicht sicher, sondern nur wahrscheinlich sind. Die objektiven Wahrscheinlichkeiten sind dabei bekannt, wenn z.B. die den Spielerfolg bestimmenden Würfelseiten mitgeteilt werden. Während bei sicheren Entscheidungen die Wahrscheinlichkeiten für ein angestrebtes Handlungsziel entweder 0.0 oder 1.0 betragen, liegen sie bei unsicheren Entscheidungen zwischen 0.0 und 1.0; sie sind dem Dezidenten aber unbekannt (Schmidt, 1966, S. 37). Im Risikofall findet sich das Individuum in der Lage, in der es Gewinn, aber auch Nichtgewinn oder sogar Verlust zu erwarten hat, wobei sich die Wahrscheinlichkeiten für Gewinn und Verlust komplementär zueinander verhalten.

---

75 »Risiko« meint in den meisten europäischen Sprachen so viel wie »Gefahr laufen«, »wagen« (vgl. Kluge, 1963, S. 602). Das Individuum befindet sich in einer Situation, die mit einer gewissen Wahrscheinlichkeit auch bedeuten kann, dass *Verlust* eintritt oder auch nur, dass einer der Ausgänge »keinen Gewinn« bedeutet. Die Wahrscheinlichkeiten zu gewinnen und zu verlieren bzw. nicht zu gewinnen, verhalten sich demnach komplementär. Dem entsprechen sieben Formen von Risikosituationen, die v. Klebelsberg (1969) unterschieden hat. Die ersten vier Formen bestehen in der Kombination der Alternativen »Glück« und »Fähigkeitssituation« einerseits und »mit« und »ohne Gewinn« andererseits. Die fünfte Form entspricht dem kognitiven Risiko, bei dem die Zuordnung von Sachverhalten zu Kategorien gefordert wird, die nicht eindeutig zu vollziehen ist, wobei das Risiko darin besteht, Zuordnungen zu machen, die nicht mehr gerechtfertigt sind, oder Sachverhalte auszuschließen und auf diese Weise zu »enge« Kategorien zu bilden. In der Situation des Gefahren-Risikos – der sechsten Form – »werden die Individuen einer möglichen, wenn auch selbstverständlich nur geringfügigen Gefährdung ausgesetzt« (v. Klebelsberg, 1969, S. 56); die siebte Form wird von ihm als verbalisiertes Risikoverhalten charakterisiert: »Hier wird eine realitätsbezogene, meist sehr komplexe Form des Risikoverhaltens aus verschiedenen Lebensbereichen durch Befragung bzw. durch rein verbale Stellungnahmen der Versuchspersonen zu erfassen versucht« (S. 57). Dass hierbei formale mit inhaltlichen Kriterien teilweise verquickt werden, soll nicht weiter diskutiert werden, bleibt aber festzuhalten.

Was die diversen Auffassungen über Risiko angeht, so steht dem Risiko als subjektive Schätzung der Gefahrenwahrscheinlichkeit die für Risikoverhalten spezifische *Entscheidung* in oder unter Ungewissheit gegenüber (vgl. Stone, 1964). Für Cohen und Hansel (1956) bedeutet Risiko einen *Bewusstseinszustand (state of mind)*, in dem Handlungserfolge abgeschätzt werden. Daher lässt sich zusammengefasst unterscheiden: Risiko als Bewusstseinszustand und Risiko als Entscheidung.

Die *Gleichsetzung* von Risiko und Entscheidung ist dabei eine Kennzeichnung ohne Erklärungswert, die überdies fragwürdig erscheinen muss. Risiko allein stellt nämlich noch kein Entscheidungsproblem dar, es sei denn, das Individuum hat zwischen mehreren risikobehafteten Situationen oder der Möglichkeit, das Risiko einzugehen oder es zu meiden, zu wählen.

Risikoerleben[76] kann umschrieben werden als das Wissen um eine mit einer gewissen Wahrscheinlichkeit auftretende Gefahr einschließlich der damit einhergehenden Gefühle. Dabei meinen wir, gerade auch auf die *Bedeutung* der Gefahr hinweisen zu müssen. Die Differenzierung des Risikoerlebens nach dem *Ausprägungsgrad des Gefahrenbewusstseins* ist jedenfalls ein Schritt zur genaueren Erfassung des Phänomens. Allerdings darf hierbei das Moment der Eintretenswahrscheinlichkeit nicht vernachlässigt werden.

In den von uns im Zusammenhang mit den statistischen Entscheidungstheorien zitierten Untersuchungen wird fast ausschließlich auf das in der Wahrscheinlichkeitskonstellation gegebene *Risikoniveau* abgehoben. Die Gefahrengröße überschreitet dabei selbstverständlich nicht das Maß, das »Versuchspersonen« zugemutet werden kann und darf, so dass diese Einschränkung im Versuchsaufbau auch die Aussagerelevanz beeinflusst. In phänomenologischer Sicht ist es aber nicht unwesentlich, ob ein Individuum mit einer Wahrscheinlichkeit von 10 % zwei Packungen Zigaretten verliert oder ob es mit der gleichen Wahrscheinlichkeit beim Überqueren der Straße in einen Unfall verwickelt würde.

Cohen und Hansel (1956) haben sich daher dem Verhalten in »echten« Risikosituationen zugewandt. Sie registrierten beispielsweise das effektive Verhalten von Fußgängern beim Überqueren der Straße in Abhängigkeit von der Entfernung herankommender Fahrzeuge. Dabei ermittelten sie unter 364 Personen nur eine Person, die die Straße überschritt, als das Auto nur noch eine Fahrsekunde entfernt war; bei fünf Sekunden Abstand liefen dagegen fast 60 % der registrierten Personen über die Straße.

Andere Versuche forderten von den (studentischen) Probanden einen Sprung über eine in der Höhe verstellbare, festgeschraubte Latte, was die Möglichkeit von Verletzungen in sich barg. Die Ergebnisse lassen habituelle Erfolgseinschätzungstendenzen erkennen, die vermutlich mit Merkmalen der Leistungsmotivation zusammenhängen. Beim Vergleich mit dem Verhalten in anderen Situationen zeigte sich, dass eine statistisch wesentlich größere Neigung zur Unter-

---

[76] v. Klebelsberg (1969) meidet wegen seines verhaltensorientierten Ansatzes diesen Begriff.

schätzung von Leistungen besteht, wenn die gestellten Aufgaben gefährlich sind (vgl. Cohen & Hansel, 1956). Soweit es gelingt, die phänomenalen Korrelate solcher lebensechten Risiken methodisch zufriedenstellend zu erfassen, wird eine weitere Differenzierung von Erlebenstypen bei Risikosituationen durchaus möglich sein.

Im Anschluss an Mittenecker (1962) hat v. Klebelsberg (1969) die Risikosituation als einen Konflikt zwischen Zielerreichenwollen und Sicherheitsbedürfnis interpretiert, was seiner Auffassung nach besonders für das Gefahrenrisiko gelte. Bei weniger gefährdenden Situationen möchte er »Sicherheitsbedürfnis« durch einen abgeschwächten Begriff ersetzen. Beide Komponenten verhalten sich komplementär zueinander: » ... je mehr das Verhalten in Richtung der Sicherheitsgesichtspunkte gesteuert wird, um so weniger wird es dem Gesichtspunkt des (raschen) Zielerreichens gerecht und umgekehrt« (v. Klebelsberg, 1969, S. 63). Die beschriebene Lage entspricht dem *Ambivalenzkonflikt.* Zu der Frage, ob auch an einen Äquivalenzkonflikt gedacht werden kann, bemerkt v. Klebelsberg:

> »In der Situation des Risikoverhaltens liegt jedoch offensichtlich nicht eine primäre Sicherheitstendenz vor, wie dies etwa für den ... Fall aktiver Vorsicht zutreffen mag. Als primär ist vielmehr die Leistungstendenz bzw. das Zielanstreben anzusehen, die trotz der Gefahrenbedingung aktiviert werden; d.h. aber, daß dabei in erster Linie Gefährdung vermieden und nicht in erster Linie Sicherheit gesucht wird.« (1969, S. 64).

Hierbei übersieht v. Klebelsberg jedoch, dass der Äquivalenzkonflikt die Situation gar nicht erklären kann, weil sie ihm formal nicht entspricht. Es stehen sich keine zwei Alternativen gegenüber, von denen eine auszuwählen ist, vielmehr handelt es sich stets um *ein* »psychisches Objekt«, das positive *und* negative Valenzen aufweist, so dass höchstens ein doppelter Ambivalenzkonflikt in Betracht kommen könnte.

Abschließend sei im Hinblick auf eine noch zu diskutierende Abgrenzungsfrage noch einmal auf die erwähnte Klassifikation von Risiko- und Ungewissheitssituationen kurz eingegangen. Bei beiden liegen die Wahrscheinlichkeiten zwischen 0.0 und 1.0; bei der Risikobedingung sind die zugehörigen Wahrscheinlichkeiten dem betroffenen Individuum bekannt, bei der Ungewissheitssituation dagegen nicht. Hierin liegt das diskriminierende Merkmal. Da die Ungewissheitsbedingung die Verlustgefahr oder die echte Gefährdung ebenso in sich birgt wie die Risikosituation und da im Risiko- wie im Ungewissheitsfall eine geschätzte Eintrittswahrscheinlichkeit die Entscheidung für oder gegen die Handlungsdurchführung mitbestimmt, sehen wir keine hinreichenden Anknüpfungspunkte, den formalen Unterschied durch voneinander abweichende Erlebnisweisen für alle Fälle festzulegen: In Ungewissheitssituationen kann das Risikoerleben mit seiner Auswirkung von Sorge hinsichtlich Verlust oder Gefährdung sogar stärker ausgeprägt sein als in Risikosituationen mit bekannter Wahrscheinlichkeitsverteilung.

22.5.3 Motivationspsychologische Einwände

Während innerhalb der statistischen Entscheidungstheorien der Nutzen eines psychologischen Objekts als wichtigste Determinante des Entscheidungsgeschehens angesehen wird, dürfte er möglicherweise nur als ein *Verhaltensbegriff* aufzufassen sein, der sich aus einer empirisch gewonnenen Präferenzordnung ableitet. Zwar ist dem »Nutzen« auch eine Art Antriebsfunktion zuzusprechen; in dem stark behavioristisch orientierten Ansatz bleibt das dahinter stehende motivationale Geschehen jedoch außer Betracht und wird nicht einmal als System intervenierender Variablen berücksichtigt.

Es fragt sich, ob hiermit ein spezifisch ökonomischer Erklärungsansatz gefunden ist, der mit wenigen Hilfsbegriffen auskommt, oder ob sein Erkenntniswert nicht doch geringer ist als die Leistung *motivationstheoretischer Konzepte.* Wir wollen diese Frage einmal nach Motivformen und dann nach inhaltlich umschreibbaren Motivarten zu klären versuchen.

□ *Nutzen und Motivformen*

Der Begriff des Nutzens ist theoretisch nicht auf einzelne Motivformen bezogen. Nach den bei Thomae (1966) genannten *Motivvarianten* (Varianten der Genese, der Orientierung, des Bewusstseinsgrades, der Extensität, der Intensität, des Verlaufs und der Tiefe) und wegen der verschiedenen Strategien von Nutzenmaximierung könnte man den Nutzen als ein *Orientierungsmotiv* charakterisieren, aufgrund dessen je nach dem individuellen Plan ein möglichst hoher Gewinn oder ein möglichst geringer Verlust erstrebt werden soll. Diese Zuordnung erfolgt streng genommen jedoch nicht aufgrund des Nutzens selbst, sondern nach der Art der in den statistischen Entscheidungstheorien als üblich angenommenen *Weiterverarbeitung.* Zu den restlichen angeführten Motivvarianten weist der »Nutzen« keine Beziehungen auf.

Wegen Fehlens von Arbeiten über mögliche Beziehungen des Nutzens zu einzelnen Motivformen wird man wieder auf eine simplifizierende Behandlung psychologischer Fragestellungen gestoßen, die bedingt ist durch Festlegung auf eine spezifische Methodik und eine problematische Selektion bestimmter Entscheidungssituationen.[77]

Um dem – selbst in Spielsituationen – komplexen Phänomen der Entscheidung gerecht zu werden, ist eine stärker differenzierende Haltung nötig, als sie von den Entscheidungstheorien bis heute praktiziert wird. Welche Motivvarianten bei welchen spezifischen Entscheidungsaufgaben besonderen Einfluss auf die Nutzenauffassung haben, kann in phänomenologischen Untersuchungen ge-

---

[77] Auch die soziokulturelle Einflussnahme auf die Verwertbarkeit des Nutzenkonzepts ist bislang nicht weiter untersucht. Gerade hier dürften wichtige Zusammenhänge zu erwarten sein, weil mit einer mehr oder weniger utilitaristischen Haltung von Populationen die Brauchbarkeit des Gesamtmodells auf dem Spiel steht.

klärt werden. Da entsprechende Arbeiten bisher fehlen, kann man hier nur auf die Notwendigkeit einer verstärkten Forschung in diesem Bereich hinweisen.

□ *Nutzen und Motivarten*

Betrachtet man die entscheidungstheoretischen Befunde vor dem Hintergrund inhaltlich beschriebener Motivarten, lässt sich das Nutzenkonzept besser einordnen. Aber auch hierbei bleiben Fragen offen: Stellt das postulierte Streben nach Nutzen(maximierung) ein spezielles Motiv dar? Oder handelt es sich dabei um einen (Ober)begriff, dem der Wunsch nach Befriedigung der verschiedensten Primär- und Sekundärbedürfnisse untergeordnet werden kann, wie es z.B. für das homöostatische Prinzip zutrifft?

Wenn sich der Nutzenbegriff der ersten Auffassung zuordnen ließe, wären seine schmale Erklärungsbasis und die Aufgabenbeschränkung zu verstehen. Sollte damit jedoch das Entscheidungsgeschehen nach der zweiten Vorstellung allgemein beschrieben werden, blieben die oben aufgeworfenen Fragen weiterhin unbeantwortet. Da nun der Nutzen und seine Funktion bei der Entscheidungsfindung tatsächlich als übergeordneter Begriff verwendet werden, unabhängig von dem gerade aktivierten Bedürfnis, muss eine Differenzierung nach den jeweils tangierten Motivformen erarbeitet werden.

□ *Nutzen und Motivationstheorien*

Eine andere Möglichkeit kritischer Betrachtung des Nutzenbegriffs besteht in einem Vergleich mit solchen theoretischen Ansätzen, die unmittelbare Parallelen zu dem Nutzenkonzept aufweisen. In diesem Sinne stellt Feather (1959a) dem Edwardsschen Konzept des SEU *(subjectively expected utility)* die Theorien von Lewin et al. (1944), Tolman (1955), Rotter (1954) und Atkinson (1957, 1958) gegenüber.

Bei Lewin et al. (1944) wird die Anspruchsniveausetzung feldtheoretisch interpretiert. Subjektive Wahrscheinlichkeit und Valenz erscheinen in diesem Kontext als die beiden relevanten Handlungsdeterminanten. Diese Theorie ist differenzierter als das SEU-Konzept. Der Begriff »Valenz«, der identisch ist mit dem historisch früheren Lewinschen »Aufforderungscharakter«, wird als umweltbestimmte Auslösung eines Bedürfnissystems interpretiert:

> »Ein an sich bereits bestehender Spannungszustand, der etwa auf eine Vornahme, ein Bedürfnis oder eine halberledigte Handlung zurückgeht, spricht auf einen bestimmten Gegenstand oder ein Ereignis, das z.B. wie eine Lockung erlebt wird, an, derart, daß gerade dieses gespannte System nunmehr die Herrschaft über die Motorik erhält. Von solchen Gegenständen wollen wir sagen, sie besäßen einen ›Aufforderungscharakter‹ « (Lewin, 1926, in Thomae (Ed.), 1966, S. 82).

Außerdem hat Escalona (1940) in ihrer Theorie der resultierenden Valenz dem Phänomen der *Erfolgsvalenz* eine besondere Bedeutung eingeräumt. Das Anspruchsniveau wird nach ihr zu einem bestimmten Zeitpunkt in Abhängigkeit von der Wahrscheinlichkeit des Erfolgs und von der Stärke der Erfolgs- bzw. Misserfolgsvalenz festgelegt. Das Produkt aus beiden Determinanten im Sinne einer *gewichteten Valenz* stellt das *wahlentscheidende* Moment dar. Mit dieser Aufgliederung der allgemeinen Valenz ist einigen unserer oben aufgeführten Einwänden entsprochen.

Im System von Tolman (1955) sind neben Bedürfnissen *(needs)* und Werten *(values)* die »Erwartung« *(expectancy)* und einige Zwischenvariablen erfasst. Insbesondere die Erwartung ist in den so genannten Überzeugungs-Wert-Matrizen enthalten, die sich aus kognitiven Kategorien, Überzeugungen und Werten zusammensetzen. Sie stellen Bezugsmuster dar, die das Individuum im Laufe seiner Ontogenese ausgebildet hat. Die Überzeugung oder Erwartung bezieht sich auf Typen von Situationen und Endzielen, die durch die jeweilige Handlung im »Verhaltensraum« erreicht werden sollen. Der Verhaltensraum seinerseits setzt sich aus dem Komplex von Wahrnehmungen, Objekten, Beziehungen und dem sich verhaltenden Selbst einschließlich der Reizsituation und der Überzeugungs-Wert-Matrix zusammen. Wegen der grundlegenden Bedeutung der Orientierungs- und Auswahlprozesse in Tolmans System wird es als ein »kognitives Verhaltensmodell« bezeichnet. Wichtig scheint uns, dass die Überzeugungen oder Erwartungen nicht allein durch die subjektive Wahrscheinlichkeit repräsentiert sind, sondern dass auch *inhaltliche* Komponenten eine Rolle spielen. Bedürfnisse, Erwartungen, Fähigkeiten und Wesenszüge der Person sowie positive oder negative Valenzen der Objekte stellen die relevanten Verhaltensdeterminanten dar, deren Resultante die Ausführungsrichtung *(performance vector)* bestimmt.

Ähnlich wie bei Tolman spielt die individuelle Erfahrung in der Theorie des sozialen Lernens von Rotter (1954) eine zentrale Rolle. Dieser weniger bekannte Ansatz erhält dadurch einen besonderen Bezug zur Entscheidungsproblematik, dass ihm die Annahme zugrunde liegt, das jeweilige Verhalten stelle eine Auswahl aus den zum gegebenen Zeitpunkt möglichen Verhaltensweisen dar. In diesem System kommt dem *Reinforcement* ein entscheidendes Gewicht zu. Rotter macht nämlich darauf aufmerksam, dass ein Verhalten x in der Situation I in Verbindung mit der Verstärkung a abhängig ist von der Zahl der früheren Verstärkungen a des Verhaltens x in ähnlichen Situationen. Die ausschließliche Zentrierung auf eine Komponente des komplexen Lernprozesses befriedigt jedoch nicht. Erst wenn die *zusätzlichen* Variablen des Lernvorgangs, wie z.B. die Bedürfnislage, die Anreizbedingungen u.a., berücksichtigt werden, könnte der Ansatz Rotters einen Erklärungswert beanspruchen.

Diese Anforderungen erfüllt dagegen weitgehend das System von Atkinson (1957, 1958), das sehr differenziert gestaltet ist. In Fortführung der resultierenden Valenztheorie von Escalona spielen Erwartung (als subjektive Wahrscheinlichkeit von Erfolg und Misserfolg), Anreiz (als Appetenzwert, der von der Erfolgserwartung induziert wird, oder als Meidungstendenz bei Misserfolgserwartung) und die habituelle Leistungsmotivation eine Rolle. Bemerkenswert scheint uns hier die im Sinne von Lewin erfolgte Aufgliederung der Bedürfnislage in Motiv und den situativ bedingten Anreiz. Der Wahrscheinlichkeit wird ein *eigener Anreizwert* zugesprochen. Dieser Anreiz nimmt zu, wenn die Erfolgswahrscheinlichkeit sinkt. Das hypothetische Komplementärverhältnis hat sich in der Untersuchung von Feather (1959a) bestätigen lassen.

Überträgt man dieses System in Edwards' Terminologie und damit auf das SEU-Modell, so ergibt sich, dass der erwartete Nutzen bei p = 0.5 maximal ist, wie folgende instruktive Überlegung bei Atkinson (1958) zeigt:

> »Ist die Chance, etwas zu gewinnen, sehr gering, auch wenn man sich sehr anstrengt, dann erscheint dies der Mühe nicht wert. Auch wenn die Aussicht, zu gewinnen, praktisch gesichert ist, wie im Fall der 3/4 Chance, dann erscheint es wenig belangvoll, sich mehr anzustrengen, als notwendig ist, um den schlechtesten von drei Mitbewerbern zu übertreffen. Wenn dagegen die Chancen für Gewinn und Verlust fast gleichmäßig verteilt sind, dann besteht offensichtlich eine gute Aussicht, dass ein wirklicher Einsatz der eigenen Kräfte zum Erfolg führen wird.« (zit. nach Thomae, 1966, S. 463).

Gemeinsam ist diesen Modellen, dass eine resultierende Kraft aus der Kombination von »Wert« oder »Nutzen« und den Eintrittswahrscheinlichkeiten wahlentscheidend und damit verhaltensbestimmend ist. In Fortführung des Lewinschen Modells fand Feather (1959a), dass »Wert« und »Wahrscheinlichkeit« nicht unabhängig voneinander zu sehen sind; außerdem wies er die Situationsabhängigkeit dieser Beziehung nach.

Die Einbeziehung der Gewohnheitsstärke für eine bestimmte Reiz-Reaktionsverbindung *und* der Stärke des Anreizes entspricht der komplexen Situation sicher sehr viel mehr als Edwards' Nutzenauffassung. Es wäre dann jedoch sinnvoll, weitere verhaltensdeterminierende Faktoren zu berücksichtigen, wie z.B. das Reaktions- und das Hemmungspotenzial. Als empirische Begründung sei für das Reaktionspotenzial nur an die Befunde von Berlyne (1963) erinnert, der einen »exploratory drive« oder »Neugierde« schon bei Tieren als eine Form der Konfliktmotivierung betrachtete; das Hemmungspotenzial ist von Hull (1952) theoretisch postuliert und experimentell untersucht worden. Der herkömmliche Nutzenbegriff würde sich hier nur schwerlich einfügen lassen; allenfalls könnte Nutzen definiert werden als »Erwerb neuen Wissens« bzw. als Verzicht auf die Wiederholung eines Handlungsablaufs.

22.6 Ausblick

Die Erörterungen lassen erkennen, wie notwendig die Entwicklung und empirische Sicherung eines allgemeingültigen Verhaltensmodells für die Konflikt- und Entscheidungsforschung sein dürften. Gegenwärtig bietet sich eine ganze Reihe teilweise bestätigter Lern- und Motivationstheorien an. Solange die Bemühungen um eine umfassende Theorie der Entscheidung aus den verschiedenen Ansätzen der Psychologie nur passende Details herausgreifen können und man sich unter Hinzufügung eigener Arbeitsergebnisse mit einer schrittweisen Weiterbearbeitung begnügen muss, kann ein vollständig überzeugendes Resultat noch nicht erwartet werden. Der Ruf nach einer empirisch abgesicherten Integration verschiedener theoretischer Systeme kann nur sehr langfristig auf Erfüllung hoffen. In der Gegenwart und absehbaren Zukunft müssen wir uns erst einmal um die gebotene weitere Differenzierung der vorhandenen Modelle bemühen.

Teil V Entscheidungsprozesse in der Gruppe

Nachdem uns auch bisher die Analyse des Entscheidungsverhaltens bereits in einzelne sozialpsychologisch relevante Kontexte geführt hat, befasst sich Teil V nun mit wesentlichen Fragen des Entscheidens speziell in Gruppen. Dabei geht es – neben den situativen Anforderungen, wie sie für gruppenmäßig strukturierte Organisationen (Unternehmungen, Verbände, Behörden etc.) charakteristisch sind, – um Eigenschaften der Entscheidung von meist besonders komplexen Problemen (dazu Funke & Kirk, 1997b). Bei diesem Bereich der Forschung handelt es sich um ein relativ junges Gebiet, das nicht zuletzt freilich mit traditionellen Theorieansätzen insbesondere der Denk- und Motivationspsychologie verbunden ist. In diesem Rahmen erstrecken sich die folgenden Ausführungen auf eine generelle Gesamtsicht[78] über die nicht gerade einfache Materie. Dabei werden auch einzelne inter- und transdisziplinäre Aspekte eingeführt und berücksichtigt.

23 Organisation, Komplexität und interaktives Entscheidungsverhalten

Soziale Gebilde wie Unternehmungen, Verbände, Behörden kann man als Organisationen im institutionellen Sinne begreifen. Dies wird deutlich, wenn man das

[78] Deshalb sei auf spezielle Probleme wie etwa das Messproblem und die damit verbundenen Fragen nach Reliabilität und Validität der diagnostischen Kennwerte hier nur hingewiesen; ebenso lassen wir im vorliegenden Kontext außen vor die Konstruktion von Szenarien, die experimentelle Bedingungsvariation und Fragen um die Replikation zentraler Befunde (dazu im Einzelnen und weiterführend Funke, 1990, S. 95-105; 1995, S. 243-268).

Verhalten von Individuen auf solche sozialen Gebilde bezieht: wie sie sich an die Anforderungen der Organisation anpassen, in welche emotionalen Spannungen, Konflikte sie organisatorische Bedingungen bringen (v. Rosenstiel, Molt & Rüttinger, 1986, S.20). Vom institutionellen Organisationsbegriff ist der strukturelle zu unterscheiden. Unter Organisationsstrukturen ist allgemein diejenige Verstetigung von sinnhaften Handlungszusammenhängen zu verstehen, die den Aufbau der kommunikativen Beziehungen bestimmt (z.B. die Gliederung nach Abteilungen, Arbeitseinheiten, Projektgruppen, Fachausschüssen, Leitungsgremien). Entsprechende Aufbauprobleme stehen im Zeichen der Komplexität der Organisation. Dass es neben den Organisationsstrukturen noch andere soziale Verstetigungen gibt, die Organisationen der genannten Art ihrer Umwelt gegenüber invariant halten (z. B. Programmstrukturen, Prozessstrukturen), sei hier nur am Rande erwähnt.

Organisationen – und nicht nur die in ihnen ablaufenden Problemlöse- und Entscheidungsprozesse – können »komplexer Natur« sein (Luhmann, 2000). Oft bleibt die Komplexität jedoch undefiniert, gerade wenn von komplexen Organisationen die Rede ist (Perrow, 1972). Komplexität in diesem Sinne bemisst sich nicht einfach nach der Zahl der Elemente und der Zahl der Koppelungen zwischen diesen Elementen in einem System, weil Komplexität eben mehr als nur »Zahl« bedeutet. Es geht nicht allein um die Menge strukturell ermöglichter Relationen, sondern um die Art und Weise der Selektivität, also auch um die Qualität von Strukturerweiterungen und sonstigen Veränderungen. Im Übrigen muss der Komplexitätsbegriff in einer Weise verwendet werden, dass er auch das Bezugssystem und dessen Umwelt einbezieht (vgl. Luhmann, 2000). Dies bedeutet, dass wir mit dem Begriff der Komplexität über die Zahl und Art der Systemelemente hinaus die Umwelt erfassen müssen, um die Auswahlleistungen bei vielfältigen und wechselbezüglichen Handlungsmöglichkeiten einschätzen zu können (vgl. Funke, 2004b; Funke & Hussy, 1984). Komplexität ist also zu beziehen auf ein bestimmtes soziales System und bestimmte Umweltbedingungen unter bestimmten sachlichen, zeitlichen und räumlichen Verhältnissen. Hiernach kann als Komplexität die Formation von Differenzierungen und Interdependenzen eines Problemlöse- und Entscheidungsfeldes verstanden werden (vgl. nur etwa Fisch & Wolf, 1990, S. 11-39).

23.1 »Kollektivität« des Entscheidens

Individuen in Organisationen verhalten sich anders als außerhalb von Organisationen: die Reizsituation ist eine andere. Dabei spielt die Funktionsweise von Entscheidungsgremien (z.B. Vorstände, Geschäftsleitungen) mit ihren spezifischen Normen eine besondere Rolle. Bei den psychischen Prozessen des Entscheidens fallen diese Gruppenaspekte besonders ins Gewicht. Sie bilden die Grundlage des Kommunikationsgeschehens bei der kollaborativen Problemlösung, die durch kollektives Entscheiden festgelegt wird. Diesen Aspekten wollen wir uns jetzt näher zuwenden.

23.1.1 Zur Struktur der Gruppe als Entscheidungseinheit

Bei der Frage, was man herkömmlich als Gruppe oder Kollektiv bezeichnet, war früher einer der Hauptdiskussionspunkte, ob der Gruppe eine Entität über dem Individuum und außerhalb von ihm zukomme. In der Gestaltpsychologie wurde häufig die Ansicht vertreten, dass »das Ganze« mehr sei als die Summe seiner Teile. »Das Ganze« hat – wie richtigerweise anzunehmen sein dürfte – bestimmte eigene Eigenschaften, die nur ihm zukommen. »Das Ganze« ist also etwas anderes als die Summe seiner Teile (vgl. Lewin, 1963).

Von dieser Betrachtung ausgehend, gelangt man zum Gruppenbegriff. Seine Geschichte ist ziemlich uneinheitlich und diffus. Allgemein pflegt man vor allem in der Sozialpsychologie diejenigen sozialen Gebilde, zu denen sich Menschen zusammenschließen oder zusammengeschlossen sind, als »Gruppen« zu bezeichnen (vgl. Nollmann, 1997; Beck, 2001).

23.1.2 Individualverhalten und Gruppeneinfluss

Gruppeneinfluss meint den Einfluss der Gruppenzugehörigkeit auf das Verhalten des einzelnen Mitglieds der Gruppe. Dieser Einfluss lässt sich als Ergebnis einer Überschneidungssituation auffassen: die eine Situation entspricht den Bedürfnissen und Zielen der eigenen Person, die andere Situation Zielen und Regeln, die für die Person gerade als Mitglied der Gruppe bestehen. Dabei hängt die Anpassung an die Gruppe ganz allgemein davon ab, inwieweit ein allzu großer Konflikt zwischen diesen beiden Konstellationen vermieden wird. In diesem Rahmen werden namentlich Mehrheitseinfluss, Gehorsam und Normen als Formen von Konformitätsdruck erörtert (Auer-Rizzi, 1998, S. 4 ff.).

Die Bedürfnisse eines Individuums, die in hohem Maße durch soziale Faktoren bedingt sind, werden andererseits stark beeinflusst durch die Ideologie bzw. die Normen derjenigen Gruppe, der es angehört oder der es nicht zugerechnet werden möchte. So ist etwa die Wirkung des Rates eines Kollegen oder die Forderung eines Vorgesetzten mit sozial induzierten Bedürfnissen eng verwoben. Derartige Bedürfnisse können, wenn sie eigenen Bedürfnissen entgegengesetzt sind, zu einem Konflikt führen, der latent bleibt oder offen zu Tage tritt.

23.2 Entscheidungsorgane als Personengruppe

Ich greife jetzt auf Grundlagen zurück, die wir vorhin beim Phänomen der Gruppe skizziert hatten, und leite dabei über zu einem Gebilde, das eine besonders starke Gruppenprägung aufweist. Gemeint ist das Mehrpersonen-Organ (Kollegialorgan), wie es in Gestalt von Leitungsorganen bei Unternehmungen, Verbänden, öffentlichen Verwaltungen etc. oder als Aufsichtsorgan (z.B. Aufsichtsräte bei Kapitalgesellschaften) konstituiert ist. Reale Entscheidungsträger sind hierbei die Mitglieder des Organs, durch die das Gremium als Organ sozial existent ist und seine Funktionen wahrnehmen kann.

Der Unterschied zwischen Individual- und Kollegialorgan, wie er hier kurz anzusprechen ist, besteht im Wesentlichen darin, dass der Entscheidungsprozess in der Gruppe psychologisch durchweg komplizierter ist als bei Individualorganen. Während der Entscheidungsprozess beim Individualorgan meist auch nur individualpsychologisch gesehen wird, liegt es bei Mehrpersonen-Organen anders: Hier läuft der Entscheidungsprozess oder ein Teil dieses Prozesses nicht nur personintern, sondern sozusagen in der »objektiven Welt« ab, da hier das Abwägen der Argumente, das Austragen von Kontroversen etc., für einen wenngleich begrenzten Kreis, nämlich die Gruppenmitglieder, in Gestalt von Redebeiträgen ans Licht gebracht und damit nicht nur die Entscheidung selbst bzw. ihre »Endbegründung« wie bei Individualorganen kontrollierbar ist.

Seiner außerpsychologischen Struktur nach hat nur das Gremium selbst Organqualität, nicht »die Mitglieder«. Auf die Willensbekundungen der je einzelnen Mitglieder kommt es »nach außen« nicht an. Das Leitungsgremium etwa hat seine Existenz nur mittels der Gesamtinstitution. Seine Problemlösungen und Entscheidungen werden ihm institutionell zugerechnet. Insofern erscheint es zutreffend, zwischen einer »internen« psychologischen und insbesondere sozialpsychologischen sowie einer »externen« soziologischen und außerdem rechtlichen Seite der Problemlösung und Entscheidung bei mehrpersonalen Geschäftsleitungen etc. zu unterscheiden.

23.2.1 Verhaltenskoordination

Sind mehrere Personen an der Problemlösung beteiligt und haben sie darüber auch zu entscheiden, gehören die Problemlösungen und Entscheidungen der an dem Gesamtgeschehen Beteiligten zu den Bedingungen, die jeder Beteiligte für sein eigenes Verhalten berücksichtigen kann. Dies bedeutet, dass jedes Individuum, will es die Folgen seiner eigenen Handlungen annähernd bestimmen, wissen muss, wie die Stellungnahmen und Ansichten der anderen Beteiligten beschaffen sein werden. Die Alternative, für die sich das Individuum als Mitglied der Gruppe tatsächlich entscheidet, kann von der Alternative, die es wählen würde, wenn es über das Verhalten der anderen Mitglieder des Gremiums zu bestimmen hätte oder darüber im Voraus voll informiert wäre, unter Umständen verschieden sein. In diesem Zusammenhang ist ein Denkmuster zu erwähnen, das Janis (1972) mit dem Terminus Groupthink beschrieben hat. Groupthink liegt vor, wenn Personen Mitglied einer hochkohäsiven Gruppe sind und das

Bestreben der Gruppenmitglieder nach Einmütigkeit und Einstimmigkeit deren Motivation zu einer realistischen Alternativenbewertung übertönt (siehe Janis, 1972, S. 9).

Es ist möglich, dass Problemlösungen, die eine Person als Mitglied einer Organisation initiiert, ihren persönlichen Einstellungen nicht entsprechen. Anforderungen der Organisation und ihre Koordinierung lassen das Persönliche dann weitgehend zurücktreten. Die Tätigkeit bleibt jedoch – insofern sie an die Person gebunden ist – eine »persönliche«. Denn persönliche Erwägungen bestimmen auch den Inhalt des Organisationshandelns.

Der Vorgang des Problemlösens in Organisationen ist äußerlich »organisationell« gestaltet, der Problemlösungs- und Entscheidungsakt also insoweit Teil der Organisation als Systemstruktur. Bei Managern etwa ergibt sich – so gesehen – in der Tat so etwas wie eine polar intendierte Persönlichkeit: Privatperson und Organisationsperson, der jeweils die »private« oder die »Mitgliedsrolle« entspricht (vgl. Luhmann, 2000).

23.2.2 Kommunikation und Entscheidungsverhalten

Kommunikationsvorgänge sind Grundlagengeschehen des mehrpersonalen Problemlöseprozesses, der zur Festlegung der Lösung führt. Bei einer in dieser Situation (z.B. Konferenz, Besprechung, Beratung) wirksamen Kommunikation in einem organisierten Gremium sind in der Regel vier Merkmale vorausgesetzt:

- Kommunikator (Sender von Informationen)
- Kommunikanten (übrige Mitglieder des Gremiums, also die Empfänger von Informationen des Senders)
- Beratungs- bzw. Konferenzinhalt (Communiqué)
- Entscheidungsergebnis (Beschluss).

Eine Analyse dieser Merkmale zeigt die ganze Komplexität entsprechender interaktiver Prozesse (dazu Funke, 2001), bei denen der Kommunikator notwendig auch zum Kommunikanten wird und umgekehrt.

Kommunikation in Gestalt z.B. einer Vorstandssitzung stellt zunächst einen Versuch des jeweiligen Kommunikators (z.B. des für den Bereich Finanzen zuständigen Vorstandsmitglieds) dar, im Verhalten oder Verständnis der übrigen Mitglieder des Gremiums eine Meinungsbildung und Stellungnahme zu einem oder mehreren Beratungs- bzw. Beschlusspunkten zu bewirken. Um Kommunikation herzustellen, muss der Kommunikator die »Aufmerksamkeit« der Kommunikanten erregen. Dazu muss er ein angemessenes, jedenfalls allgemeines »Bild« von den Empfängern haben. Differenzierte Aspekte der Aufmerksamkeitslenkung – z.B. durch Hinweise auf »Kostengesichtspunkte«, »Effizienz« oder auf »ähnlich gelagerte, bereits entschiedene Fälle« – werden dabei oft ins Spiel gebracht. Im politisch-administrativen Bereich rekurriert man – jedenfalls teilweise – auf parallele Aspekte des New Public Management. Die Wirkung solchen Bemühens liegt nicht von Anfang an fest. Denn die Aufmerksamkeit ist (auch) eine Funktion der »Einstellung«, die durch soziale Faktoren, subjektive Bedürfnisse, den derzeitigen Zustand des Organismus der Person sowie durch den Grad der »Vertrautheit« mit dem betreffenden Gegenstand (Sachnähe) einschließlich des »Interesses« an ihm mitbestimmt wird (vgl. auch Fiedler, Walther, Freytag, & Plessner, 2002).

Kommunikation in der Situation eines Problemlöse- und Entscheidungsprozesses ist ferner unter dem Gesichtspunkt der allgemeinen psychologischen Wahrnehmungsgesetze zu betrachten. Die Beratung anlässlich einer Konferenz über ein bestimmtes Problem lässt sich nach ihrer inhaltlichen Struktur analog einem optischen Verhältnis, nämlich nach dem so genannten Figur-Grund-Verhältnis gegliedert, auffassen: Einzelne Bestandteile rücken plastisch und sinnerfüllt in den Vordergrund, andere treten zurück.

Der »Erfolg« des Kommunikators hängt auch ab von seiner Fähigkeit, ein zutreffendes »Bild von den anderen« für sich zu entwerfen, deren Bedürfnisse und Interessen zu verstehen, ihre Reaktionen (Einwände) auf die vorgeschlagene Lösung vorauszusehen, um ihnen nach Möglichkeit zweckentsprechend zu begegnen. Der Kommunikator steht dabei häufig vor der Aufgabe, zur Übermittlung des intendierten Sinngehalts an einen bestimmten Kommunikanten in einer spezifischen Situation die zweckmäßigen Symbole zu wählen und entsprechend einzusetzen.

Grenzen oder doch Schwierigkeiten für optimale Kommunikation zeigen sich darin, dass der Kommunikator seine innere Erfahrung in eine äußere Form und umgekehrt der Kommunikant die äußere Form in innere Erfahrung umsetzen muss. Dadurch tritt oft ein gewisser Annäherungsverlust bezüglich des »Gemeinten« ein. Was der Kommunikator mitteilen will, wird kaum je ursprünglich in Form der Symbole erfahren, die diese Erfahrung zum Ausdruck bringen sollen. Ebenso wenig kann der Kommunikant »spontan« auf eine dargelegte Meinung oder vorgeschlagene Lösung reagieren, ohne sie zunächst in eine persönliche Form der Erfahrung umzusetzen (weiterführend hierzu Vollmeyer & Funke, 1999). Das bedeutet, dass persönliche Haltungen den Kommunikationsprozess ebenso beeinträchtigen können wie allgemeine soziale Haltungen.

In diesem Zusammenhang ist darauf hinzuweisen, dass sich hier auch »Personalgefühle« einstellen können. Erwähnt sei nur die bei entsprechenden Problemlöseoperationen häufig zu beobachtende Leidenschaftlichkeit, die die Schwierigkeiten zeigt, die für den um die Problemlösung und Entscheidung Ringenden entstehen können.

23.3 Bedingungen der Anhängerschaft

Ist ein »konkurrierender« Lösungsvorschlag in das Entscheidungsgremium eingebracht worden, wird er sich wegen seiner andersartigen Qualitäten an einer anderen, und zwar an derjenigen Stelle des Feldes ansiedeln, an der sich diejenigen Mitglieder befinden, denen dieser Vorschlag am besten entspricht. Das Verhältnis zwischen dem Lösungsvorschlag und denjenigen Mitgliedern des Gremiums, die ihm zustimmen (Anhänger), lässt sich dahingehend beschreiben, dass an dieser Stelle das Ineinandergreifen der Bedürfnisse, der Erwartungen und Ansprüche, der Interessen und Wunschbilder, wie sie der Motivationsstruktur entsprechen, auf der einen Seite und ihre Befriedigung auf der anderen Seite die geringsten Lücken aufweist (Spiegel, 1965, S. 39).

23.3.1 Akzeptanz des Entscheidungsvorschlags – ein Image-Problem?

Es wird nun auch deutlich, wonach sich die Aufnahmebereitschaft beim Lösungsvorschlag und damit letztlich seine Akzeptanz bemisst: nach den Vorstellungen derjenigen Mitglieder des Gremiums, denen der Vorschlag mit seinem »Image« optimal entspricht. Dabei haben weniger spezifisch ausgeprägte Vorschläge gewöhnlich eine breitere »Geltung« als besonders profilierte Vorschläge. Umgekehrt haben ausgeprägte und profilierte Lösungsvorschläge mit ihrer geringeren »Spielbreite« einen wesentlich bestimmteren »Partnertyp« (Spiegel, 1965, S. 52). So besteht denn ein großer Teil der Erkundung der »Bereitschaften« innerhalb einer Organisation aus der Ermittlung bestimmter Korrelationen (Spiegel, 1965, S. 53). Die Frage, wer die Anhänger einer bestimmten Meinung und eines dieser entsprechenden Problemlöse- und Entscheidungsvorschlags sind, durch welche besonderen Merkmale sie sich von den Nichtanhängern unterscheiden, ist mit der Frage nach solchen Korrelationen im Wesentlichen identisch. Anhänger sind hiernach diejenigen, bei denen der erwähnte »Ineinandergriff« optimal ist, diejenigen also, denen der Lösungsvorschlag sogleich als »wie auf den Leib geschnitten« erscheint (Spiegel, 1965, S. 56).

23.3.2 Relevanz der Bedürfnissituation

Die Anhängerschaft besteht aus einer Anzahl von Mitgliedern des Entscheidungsgremiums der Organisation, denen ein Lösungsvorschlag mit seinem Image – eben weil er »richtig« oder »geschickt« konzipiert ist, d.h. jedenfalls nicht abseits der Meinung des Entscheidungsgremiums liegt – weitgehend oder ganz entspricht. Ist der Vorschlag schlecht angelegt, ausgearbeitet oder vorgetragen, wird der Kreis der Anhänger eher klein sein oder es finden sich keine Anhänger. Bei gut konzipiertem Lösungs- bzw. Entscheidungsvorschlag dagegen wird dem Kommunikator nach Spiegel (1965) ein größerer Feldanteil spontan zufallen. Nur dann, wenn ein starkes Bedürfnis für die vorgeschlagene Lösung besteht, wird dem Vorschlag annähernd das gesamte Feld zufallen, selbst wenn er weniger gut konzipiert oder präsentiert ist. Ist aber diese besondere Bedürfnissituation nicht gegeben – und dies ist womöglich der Normalfall – so wird dem Entscheidungsvorschlag grundsätzlich nur ein Teil der Beteiligten unmittelbar oder ohne besonderes Zögern beitreten.

In diesem Sinne ergibt sich für jedes Lösungsangebot eine bestimmte »Aufforderungsgröße«. Diese bestimmt, zusammen mit der Entfernung, wie steil der Gradient ist – und dieser Gradient repräsentiert die Größe des Aufforderungscharakters. Je »entferntere« Teilnehmer des Entscheidungsgremiums gewonnen werden sollen, desto höher muss die Aufforderungsgröße sein, um den notwendigen Mindest-Aufforderungscharakter zu erreichen (Spiegel, 1965, S. 67; vgl. auch Funke, 1985; Funke & Hussy, 1984).

23.4 Entscheidungsverhalten zwischen Harmonisierung und Entfestigung

Schon allein die Anwesenheit von Mitmenschen kann einen Einfluss auf den Prozess des Problemlösens und der Entscheidungsfindung ausüben. Dieser Einfluss wirkt sich dahin aus, dass sich Meinungen verschiedener Menschen tendenziell einander angleichen. In der Gruppe besteht außerdem die Tendenz, extreme Problemlösungen und Entscheidungen zu vermeiden und sich auf mittlere Linien zu beschränken. So führt denn auch das Problemlöseverhalten in mehrpersonalen Leitungsstrukturen von Unternehmungen, Verbänden, Verwaltungen etc. zu einer Erschwerung der Verfestigung von Gedanken und Überlegungen zu mehr oder weniger extremen Standpunkten. Diese Tendenz wird noch bedeutsamer, wenn man dabei das Phänomen emotionaler Entfestigung mitberücksichtigt. Dazu unten mehr (23.4.2). Dass aufgelockerte Gespräche Anregung und Aufschwung geben können, ist ja durchaus gesicherte Erkenntnis bereits vorwissenschaftlicher Erfahrung.

23.4.1 Harmonisierungstendenz

Harmonisierung besteht bezüglich eines Problemlöse- bzw. Entscheidungsvorschlags darin, dass er sich im Laufe der langsam wachsenden Bekanntheit im Erleben potenzieller Anhänger immer mehr anpasst und sich schließlich gewissermaßen fein verzahnt. Dadurch werden die Zuordnungen seiner Beschaffenheiten immer eindeutiger, immer überzeugender. Am Ende dieses Prozesses können sie geradezu zwingend sein. Der Zeitpunkt, in dem ein potenzieller Anhänger, der auf den Lösungsvorschlag »zuwandert«, die kritische Grenze erreicht und zum Anhänger wird, ist auch von bestimmten Persönlichkeitsmerkmalen und weiteren psychischen Grundstrukturen des Individuums abhängig.

23.4.2 Entfestigungsdynamik

Soweit es sich bei der Analyse des Problemlöseverhaltens und Entscheidens um gruppendynamische Fragen handelt, spielt das je inhaltliche Niveau solcher Gespräche weniger eine entscheidende Rolle. Andererseits gehört der Hinweis durchaus hierher, dass bei einer »Diskussionsentfestigung«, wie ich die Abläufe hier kurz nennen will, ein »Mehr an Persönlichkeit« eingesetzt wird, eben durch jenes stimmungsgetragene Mitschwingen psychischer Strukturen im Sinne eines besonderen Engagements. Je mehr sich das Angesprochensein der Werthaltung etc. steigert, desto stärker wird die bisherige Erlebnisstruktur entfestigt. Der Hiatus zwischen Denken und Aussprechen schwächt sich ab. Reaktionsgeschwindigkeit und Sprachbegabung, vor allem die Fähigkeit zur raschen Einstellungsänderung, aber auch die sich im Verlauf der Diskussion um die Problemlösung einstellende Aktionslust konstituieren eine derartige Entfestigungssituation. Wenn dazu die ganze emotionale Zuständlichkeit eine »euphorische« und weithin eine der Gelöstheit ist, dann ist das Auftreten überraschender Querverbindungen, Wendungen und unter Umständen kreativer Einfälle aufgrund einer weit greifenden Erlebnisentfestigung im Interaktionsprozess durchaus verständlich (siehe Funke, 2001).

Auch die Bedeutung des Kritikmoments für die kogitative Entfestigung im Ringen um die »richtige« Problemlösung ist zu erwähnen. Emotionale Entfestigung, wie sie im Gefolge von Kritik zu finden ist, scheint in erster Linie darin begründet zu sein, dass mit dem Phänomen der Kritik zugleich die Rolle der Anerkennung und Bestätigung berührt ist. Das Situative des gruppenspezifischen Problemlöseprozesses ergibt sich neben den Aufgabenmerkmalen zu einem nicht unwesentlichen Teil aus der Zusammensetzung des Gesamtgremiums (vgl. auch Vollmeyer & Funke, 1999). Dabei darf auch der persönliche Bezug zu den Teilnehmern an der Problemlösung nicht übersehen werden.

23.5 Organisationsbasierte Entlastungsfunktion der Gruppenentscheidung

Mit den Anforderungen an die Mitarbeiter und gegebenenfalls externen Berater sind wir auf das personale Moment verwiesen. Es hat zwei Seiten, die sich in Gegenüberstellungen andeuten. Gemeint sind Motivation und Normierung, Institution und Person. Wie andere strukturelle Prämissen leisten auch Personalstrukturen und Personenmerkmale ihren Beitrag zur Bewältigung von Komplexität (vgl. Vollmeyer & Funke, 1999). Man scheint hier auf die Persönlichkeit, auf Einstellungen, Motivationen, Gefühle angewiesen zu sein. Es besteht ein Netz individueller Beziehungen, das auf Persönlichkeitsmerkmalen wie Sachkompetenz, Belastbarkeit, Loyalität und Vertrauen beruht. Und dennoch: Ein Arbeits- und Berufsleben in einer komplexen Organisation bedeutet wie in einem komplexen Entscheidungsfeld, dass man immer wieder auch auf strukturelle »Entlastungen« angewiesen ist. Ohne Systemvertrauen (Luhmann, 2000), in dem sich Person und Organisation verschränken, scheint angemessenes Problemlöse- und Entscheidungsverhalten in Organisationsstrukturen nicht möglich.

23.6 »Soziales Faulenzen«

Soziales Faulenzen *(social loafing)* tritt auf, wenn Individuen statt in koaktiver in kollektiver Weise zusammenwirken, ohne dabei für ihre individuellen Beiträge zur Gruppenentscheidung verantwortlich gemacht zu werden (vgl. Funke, 2003; Feuchter, 2001; Feuchter & Funke, 2004).

Eine Vielzahl von Gruppenaufgaben sind kollektive Entscheidungen, in denen die individuellen Beiträge zu einem Gesamtergebnis zusammengefasst werden. Typisch hierfür ist die Arbeit von Gremien, wie sie eingangs schon erwähnt wurden (z.B. Vorstände von Gesellschaften, natürlich auch Parlamente, Aufsichtsgremien, gerichtliche Spruchkörper u.a.), deren Entscheidungen nicht auf die individuellen Beiträge der Gruppenteilnehmer – abgesehen von deren Abstimmungsverhalten – zurückgeführt werden. Kann dagegen der Anteil einzelner Gruppenteilnehmer *differenziert* beurteilt werden, liegt ein koaktives Produkt der Gruppe vor (Paradebeispiel: Leistung eines Fußballteams).

Mit dem Begriff »Soziales Faulenzen« sind Motivations- und Leistungsverluste in Gruppen bezeichnet worden, die durch abnehmende Verantwortlichkeit der Gruppenteilnehmer für das Leistungsergebnis entstehen (vgl. Latané, Williams & Harkins, 1979). Die Nachweise zu diesen Phänomenen wurden allerdings auf Basis einfacher Aufgaben geführt. Demgegenüber konnten etwa Jackson und Williams (1985) bei schwierigen Aufgaben zeigen, dass kollektive Arbeitsbedingungen bessere Leistung erzielten als koaktive. Hier lag es nahe, die Auswirkungen unterschiedlicher Arbeitsbedingungen beim Lösen komplexer Probleme zu untersuchen, die wir im Rahmen der Entscheidungsthematik auch hier wiederum als Teil entsprechender Entscheidungsprozesse sehen.

Der Klärung dieser Frage haben sich Feuchter und Funke (2004) angenommen (vgl. auch Feuchter, 2001). Sie berichten zwei Experimente, in denen jeweils 60 Personen in Dreiergruppen ein computersimuliertes Waldbrand-Szenario *(Networked Fire Chief)* bearbeiteten. Variiert wurden die Schwierigkeit (leichte versus schwierigere Version) sowie die Verantwortlichkeit (koaktives versus kollektives Arbeiten). Während in Experiment 1 die Teilnehmenden nur auf dem ihnen zugewiesenen Spielfeld-Teil agieren konnten, war es ihnen in Experiment 2 möglich, auf allen Teilfeldern zu agieren. Gemessen wurden Anstrengung und Leistung sowohl auf individueller als auch auf Gruppenebene. Obwohl sich im Ergebnis unter Bedingungen kollektiver Verantwortlichkeit erwartungsgemäß ein Nachlassen der Anstrengung zeigte, führte dies jedoch interessanterweise nicht zu einem Abfall der Leistung. Unter der schwierigen Bedingung zeigte sich vielmehr paradoxerweise eine erhöhte Leistung bei sinkender Anstrengung. Anders gesagt, liegt in Experiment 2 wie in Experiment 1 für die komplexe Problemstellung ein inverser Effekt von Anstrengung und Leistung vor; damit konnte auch für Experiment 2 die These bestätigt werden, dass beim Lösen des komplexeren Problems die höhere Anstrengung zu schlechteren Leistungen führt, während soziales Faulenzen eine bessere Bewältigung des Problems in Aussicht stellt (Feuchter & Funke, 2004, S. 322).

Bei steigender Komplexität der Problemstellung bzw. Schwierigkeit der Entscheidung tritt hiernach ein zunächst paradox erscheinendes Verhältnis zwischen Motivation und Leistung auf, indem geringere Motivation zu besseren Leistungen führt. Wenn auch bereits Bartis, Szymanski und Harkins (1988) sowie Jackson und Williams (1985) dieses Paradox für schwierige Aufgaben nachweisen konnten, so blieb in ihrer Analyse aber eine zufrieden stellende Erklärung für das Verhältnis von Motivation und Leistung aus. Vor dem Hintergrund dieses Forschungsdesiderats wurde daher ein Modell entwickelt (vgl. Feuchter & Funke, 2004), das einen Erklärungsrahmen für das Auftreten dieses zunächst paradox erscheinenden Phänomens liefert (siehe auch Feuchter, 2001).

Der Nachweis des positiven Einflusses einer geringeren Motivation auf die Leistung für das Lösen von komplexen Problemen bleibt nicht ohne Konsequenzen für Aussagen der sozialpsychologischen Forschung, soweit sie soziales Faulenzen negativ bewertet:

> »It is a ›disease‹ in that it has negative consequences for individuals, social institutions, and societies. Social loafing results in a reduction in human efficiency, which leads to lowered profits and lowered benefits for all. It is ›social‹ in that it results from the presence or actions of other people« (Latané et al., 1979, S. 831).

Im Licht der Ergebnisse der Studie von Feuchter und Funke (2004) stellt soziales Faulenzen eine Chance zur Leistungssteigerung in bestimmten Situationen dar; eine »Krankheit« liegt hier nicht vor. Um die ökologische Validität des inversen Verhältnisses von Motivation und Leistung belegen zu können, ist nach Ansicht von Feuchter und Funke (2004) die Durchführung weiterer Studien wünschenswert.

23.7 Fazit

Es ist offensichtlich, dass bei dem Bemühen, Formen und Bedingungen komplexen Problemlösens und Entscheidens in Organisationen zu erfassen und zu beschreiben, eine Fülle von Aspekten berücksichtigt werden muss. Trotz der bisherigen Untersuchungen, die bereits zu einer Reihe relativ gut gesicherter Ergebnisse geführt haben, ist angesichts der Vielfalt der Fragen und der sich – namentlich in der experimentellen Forschung – bietenden Möglichkeiten der Untersuchung festzustellen, dass wir uns keineswegs am Ende, vielmehr in einem heute eher mittleren fortgeschrittenen Stadium der wissenschaftlichen Durchdringung des Bereichs komplexer Problemlöse- und Entscheidungsvorgänge in Organisationen befinden.

Funke (1984) hatte bereits früh verschiedene wichtige Probleme und gerade auch damalige Defizite der Forschung zum komplexen Problemlösen angesprochen und näher untersucht – so etwa die Theoriearmut damaliger Forschung, den geringen Einbezug von Erträgen relevanter psychologischer Teilfächer, eine mangelnde interdisziplinäre Kooperation, das noch unvollständige Ausschöpfen des systemtheoretischen Ansatzes, das Fehlen einer Taxonomie für komplexe Problemstellungen, die ungenügende Berücksichtigung des Messfehlers bei Maßen der Problemlösefähigkeit, schließlich eine Tendenz zur bevorzugten Berichterstattung »signifikanter« Befunde sowie ein suboptimales versuchsplanerisches und auswertungstechnisches Vorgehen (dazu auch Funke, 1990). Insoweit ist es auch unser Anliegen, speziell mit dem vorliegenden Teil V einen Anstoß zur weiteren Forschung auf dem Gebiet des *kollektiven Entscheidens* gerade auch unter Einbeziehung system- und organisationstheoretischer und damit jedenfalls teilweise auch inter- und transdisziplinärer Aspekte zu geben. Dabei kann abschließend konstatiert werden, dass Entscheidungsprozesse durch das Mitwirken anderer Personen – die berichteten Phänomene wie »groupthink« oder »social loafing« zeigen es – erhebliche Veränderungen erfahren können. Schon damit fügt die sozialpsychologische Dimension der aktuellen Entscheidungsforschung interessante Weiterungen hinzu.

Teil VI Zum Erklärungswert übergreifender Ansätze

Im nunmehr letzten Teil sollen verschiedene übergreifende theoretische Systeme und ihr möglicher Erklärungsgehalt für das Konflikt- und Entscheidungsgeschehen untersucht werden. Da die Thematik in einer Vielzahl von theoretischen Untersuchungen eine Rolle spielt, kann hier selbstverständlich nur eine Auswahl vorgestellt werden. Generell wird der Fokus jedoch in dem Sinne erweitert, dass nun nicht nur einzelne Theoriebausteine betrachtet werden, sondern die relevanten Prinzipien der theoretischen Zugänge selbst. Es handelt sich dabei um die Feldtheorie von Lewin (Kap. 24), den kybernetischen Zugang, soweit er allgemein in psychologischen Zusammenhängen Anwendung findet (Kap. 25), lerntheoretische Grundpositionen (Kap. 26), das gestaltkreistheoretische Netzwerk (Kap. 27) und um die Perspektive der modernen Neuropsychologie (Kap. 28). Nachdem biopsychologische Faktoren in den Kapiteln über die durch Triebimpulse vermittelte Motivation schon eine Rolle gespielt haben, werden wir uns in dem abschließenden neuropsychologischen Kapitel 28 mit Funktionen des Gehirns im Rahmen der Fähigkeit des Entscheidens in konfliktären Situationen beschäftigen. Dabei wird auch die Frage zu thematisieren sein, ob Annahmen über die menschliche Selbstkonzeption – insbesondere über unser Autonomiebewusstsein – aufgrund neuerer Forschungsergebnisse revisionsbedürftig sein können.

24 Die Feldtheorie von Lewin

Es ist das – vielleicht wichtigste – Verdienst Lewins, die vielfältige und nahezu lückenlose Anwendungsmöglichkeit der aus dem mathematisch-naturwissenschaftlichen Bereich stammenden Feldtheorie auf das menschliche Verhalten an immer neuen Beispielen demonstriert zu haben. Inzwischen ist die Feldtheorie ein so eigenständiger Erklärungsansatz in den Verhaltens- und Sozialwissenschaften geworden, dass es unumgänglich sein dürfte, die Brauchbarkeit dieser Betrachtungsweise für den Entscheidungsprozess zu untersuchen.

24.1 Grundlagenaspekte

Was man allgemein als Verhalten bezeichnet, kennzeichnete Lewin (1963) durch eine ebenso anspruchsvolle wie informative Differenzierung der Beziehung zwischen Person und Umwelt. Nach Lewin ist Verhalten weder ausschließlich auf die Reizqualitäten der Umwelt noch auf triebartige Energiequellen allein zurückführbar, es stellt vielmehr eine Funktion des jeweiligen Interdependenzverhältnisses zwischen Persönlichkeit und Umwelt dar. Im Unterschied zu den Behavioristen differenziert Lewin deutlich zwischen physikalischer Reizsituation und psychologischem »Lebensraum«. In diesem sind die Persönlichkeit und die Teile der Umwelt eingeschlossen, die zu einer gegebenen Zeit psychologisch wirksam sind. Wir wollen auf diese Zusammenhänge hier näher eingehen.

Der Lebensraum wird als ein Kraftfeld begriffen, in dem determinierende Feldkräfte wirken. Diese müssen immer aus der Beziehung des Individuums zur Umwelt und aus den gegenseitigen Beziehungen der funktionalen Systeme abgeleitet werden, aus denen die Persönlichkeit besteht. Die wichtigsten konstruktiven Begriffselemente Lewins lassen sich am Beispiel der Motivation aufzeigen:

In der Person erzeugt ein Bedürfnis oder ein »Quasi-Bedürfnis« (z.B. ein Vorsatz) »Spannung«. In der psychologischen Umwelt gibt es die spezifischen *Bedeutungs*gehalte der Umweltobjekte, die Lewin (1963) als *Valenzen* bezeichnet. Bedürfnisse und Valenzen sind »korrelativ«, d.h. die Valenz eines Objekts stellt dessen »Aufforderungscharakter« hinsichtlich der Befriedigung oder Gefährdung eines Bedürfnisses dar. Eine Valenz entspricht also etwa einer erlebten Aufforderung zum Handeln. Aus dem Zusammenspiel der Spannungssysteme (Bedürfnisse) und Valenzen resultieren »Kräfte«, die vor allem die Eigenschaften der Richtung und Stärke besitzen, was sich bei Lewin (1963) im Begriff des *Vektors* ausdrückt. Die Kräfte treiben die Person in positiver oder negativer Richtung an. Lewin (1963) unterscheidet daher zwei Gruppen von Valenzen, je nach der Art des initialen Verhaltens, das sie hervorrufen: die *positiven* Valenzen führen zu *Annäherung*, die *negativen* bewirken *Rückzug*. Kräfte verursachen

»Lokomotionen«, spannungsmindernde Zielhandlungen. Die tatsächliche Lokomotion muss in jedem Fall entsprechend der Richtung und Stärke der Resultante der momentanen Kräfte stattfinden. Eine Lokomotion ist nicht möglich in einer Situation, in der zwischen verschiedenen, von Bedürfnissen und Valenzen gleichermaßen induzierten Feldkräften ein Gleichgewicht besteht (vgl. Lewin, 1963).

»Der Begriff des psychologischen Feldes als einer Determinanten des Verhaltens schließt ein, daß alles, was zu einem gegebenen Zeitpunkt das Verhalten beeinflußt, zu diesem Zeitpunkt repräsentiert sein sollte. Weiter schließt er ein, daß nur solche Tatsachen das Verhalten beeinflussen können, die Teil des gegenwärtigen Feldes sind« (Lewin, 1963, S. 274). Der jeweilige Zustand eines psychologischen Feldes oder einer Region daraus lässt sich kennzeichnen vor allem durch den Grad der Differenziertheit, der Flexibilität, der Durchlässigkeit der Grenzen, der Strukturiertheit und durch die Zahl, Stärke und Richtung der vorhandenen Kräfte, die Lewin als Tendenzen zur Veränderung definiert (1963, S. 288).

Im *Ausgangszustand* befindet sich das psychologische Feld in einem stationären Gleichgewicht. Diese Lage ist dadurch charakterisiert, dass entweder keine Spannungsunterschiede vorhanden sind oder die Tendenzen zur Veränderung durch Gegenkräfte, Barrieren oder durch die Feldstruktur gebunden sind und keine Verhaltensmodifikationen bewirken. Die *Multivalenz* als Ausgangslage der Entscheidung erscheint als eine *Störung* des Gleichgewichtszustands, weil sie die weitere Entwicklung des einen Spannungsausgleich anzielenden gerichteten Verhaltens blockiert. Die durch das Verhalten schließlich bewirkte Entspannung ist Ergebnis der Tendenz aller *Feldvektoren*, das Gleichgewicht wiederherzustellen. Seifert (1969) macht zu Recht darauf aufmerksam, dass das »Endergebnis« im *psychischen* Bereich eher als ein »Fließgleichgewicht« und nicht als ein »totales Systemgleichgewicht« zu betrachten sei, da nach dem Entropiesatz ein permanenter Gleichgewichtszustand das Ende des Systemgeschehens schlechthin bedeuten könnte.

In der Weise, wie die Startbedingungen feldtheoretisch erklärt werden, lässt sich auch im Einzelnen zeigen, wie der *neue* Zustand erreicht wird. Die verschiedenen Etappen bis zur Neuorientierung und Bedeutsamkeitsverschiebung zwischen den konkurrierenden Valenzen erscheinen als Umstrukturierungen oder – in Lewins Terminologie – als *Lokomotionen* im phänomenalen Feld. Soweit es sich um einfallsartige Entscheidungen handelt, die spontan zu erfolgen scheinen und einen vorangehenden Konflikt beenden, kann darin eine besonders kennzeichnende Entsprechung zu dem zentralen Merkmal der Selbstregulation im Feld gesehen werden. Die Veränderungen gehen ohne besonderen lenkenden Eingriff zentraler Persönlichkeitsbereiche vor sich; die gestörte Ordnung stellt sich gleichsam »von selbst« wieder her.

24.2 Konflikt und Entscheidung als feldtheoretischer Erklärungsbereich

An einigen spezifischen Fragestellungen soll nachfolgend näher geprüft werden, ob und gegebenenfalls inwieweit die feldtheoretische Perspektive zur Erklärung von Konflikt- und Entscheidungsvorgängen herangezogen werden kann.

24.2.1 Konflikt- und Entscheidungsdynamik als vektorielles Geschehen?

Bei der Annahme, dass die Tendenzen zur Lösung von Konflikten aus dem Spannungssystem eben dieser Konflikte resultieren, ist vorausgesetzt, dass Bedürfnisse und Vornahmen als Spannungszentren psychische Kräfte repräsentieren. Weiterhin müssen die einzelnen Verhaltenstendenzen, die in der multivalenten Situation auftreten, gegeneinander relativ abgegrenzt und stabil bleiben, damit sich nicht sogleich eine resultierende Kraft entwickelt. Die Energie der beteiligten Kräfte stammt also aus relativ selbstständigen, gegenüber den konkurrierenden Valenzen abgeriegelten Regionen.

Nach diesen Prämissen lässt sich die *Konflikt*dynamik als Ausfluss des Feldgeschehens begreifen – wobei sich die zentrale homöostatische Funktion auf das gesamte dynamische Feld oder auf einzelne abgehobene Regionsgruppen beziehen kann – gleichgültig, um welche Erscheinungsform von Konflikt es sich handelt. Zugleich wird erkennbar, wie das regulatorische Geschehen der Umstrukturierung durch unterschiedliche Bezugssysteme von Befriedigungserwartungen bestimmt ist. Dabei werden Maßstab und Lage des Anspruchsniveaus relevant, von denen es abhängt, wie die veränderten Tendenzen erlebt werden und welchen *Effekt* sie schließlich haben.

Versucht man, das feldtheoretische Konzept auf die *Phasen des Entscheidungsverlaufs* anzuwenden, so zeigt sich, dass sie als solche ohne Schwierigkeiten dem felddynamischen Ansatz untergeordnet werden können. Will man weitergreifend fragen, ob auch die aufgewiesenen phänomenalen Merkmale der einzelnen Verlaufsabschnitte erfasst werden, könnte paradigmatisch untersucht werden, wie sich die Fähigkeit der Person zur *Selbstdistanzierung* gegenüber den Verhaltensalternativen im feldtheoretischen Modell darstellt.

Wie Helm (1960) klar dargestellt hat, ist die Möglichkeit einer urteilenden Haltung der Person gegenüber den Lösungsversuchen ihrer eigenen Kräfte vorstellbar, sobald die Existenz mehr oder weniger durchlässiger Regionsgrenzen und die von Lewin (1926) postulierte *Zielhierarchie* einbezogen werden. Es ist dann möglich, dass das personale Zentrum, dessen Bedürfnissystem einen hohen Rang einnimmt, zu den peripher ablaufenden Vorgängen Stellung nimmt und nach Öffnung der Grenzen korrigierend eingreift. Das Stadium der *Einengung des Zielfeldes* lässt sich als Veränderung des aktuellen Verhaltensraums im Sinne einer Zentrierung oder einer Differenzierung auffassen (vgl. Lewin, 1926).

24.2.2 Felddifferenzierung und Spannungsminderung

In der *Phase des Suchens und Findens* treten angesichts der Aktivierung des Informationspotenzials neue Aspekte in Gestalt von modifizierten Aufforderungscharakteren hervor, deren Kräfteverhältnis zunächst nicht stabil und damit nicht eindeutig ist. Der Feldgliederung mangelt hier noch weitgehend eine gewisse Festigung und Dauer. Sie wird erst mit dem Auffinden einer für den Gesamtzusammenhang geeigneten Alternative in einer *erneuten Felddifferenzierung* realisiert.

Die Einengung des Zielfeldes über Etappen des Suchens und Findens ist notwendig und kann nicht übergangen werden; die in der Ausgangslage entstehenden Spannungen entladen sich nicht ohne weiteres in Richtung auf die nächstliegende Verhaltensmöglichkeit, weil eben das gesamte Feld in eine Vielfalt von Regionen strukturiert ist. Erst nach der Öffnung von Regionsgrenzen, nach der Vereinigung benachbarter Regionen oder nach Annäherung funktional weitab liegender Gebiete sind die Voraussetzungen für die *Spannungsminderung* geschaffen (siehe auch Lewin, 1931, 1935).

Dagegen erscheint der phänomenal sehr plastische Werthorizont der Person, ihr Verhältnis zu Sinn und Bedeutsamkeit der verschiedenen Verhaltensmöglichkeiten, nur unter dem Gesichtspunkt ihres formaldynamischen Gewichts im Feldgeschehen. Der insoweit gegebene, besonders hohe Allgemeinheitsgrad ist nur auf Kosten des breiten Geltungsbereichs des Modells einzuschränken.

Zur Erklärung des *Abschlussstadiums* des Entscheidungsprozesses, in dem eine Um- bzw. Neuorientierung stattfindet, lässt sich die Feldtheorie ebenfalls heranziehen. Die Neuausrichtung des Erlebnis- und Handlungsfeldes erscheint dort als eine *Umstrukturierung* des Lebensraumes. Je nach der Bedeutsamkeit der anstehenden Entscheidung werden von der Neugliederung nach Zahl und Zentralität unterschiedliche Regionen betroffen.

Den Differenzierungen der *individuellen* Wertigkeit von Zielmöglichkeiten wird die Feldtheorie insoweit gerecht, als damit »quantitative oder strukturelle Differenzen der Feldwirkung verknüpft sind, so wenn die Aufforderungscharaktere z.B. in der Stärke ihrer Valenz voneinander abweichen oder wenn ihre Lage im Gesamtfeld (und dadurch vielleicht auch ihre Distanz und Zugänglichkeit zur Person) verschieden sind« (Seifert, 1969, S. 294). Gleiches gilt für den mit dem Zustandekommen einer Entscheidung regelmäßig verbundenen Befriedigungs- und Entspannungseffekt. Das Gefälle im Äquivalenzwert der Verhaltensmöglichkeiten, der von der Höhe des Anspruchsniveaus abhängt, wirkt sich in der Felddynamik aus, soweit der Grad der Befriedigung bzw. Entspannung dadurch variiert.

24.3 Diskussion

Das Merkmal der Selbsttätigkeit und Spontaneität, wie es sich in der dynamischen Selbstregulation bei Konflikt und Entscheidung in einfachen Fällen manifestiert, wird in der Feldtheorie treffend gekennzeichnet: Je nach den phänomenal vorhandenen Alternativen organisiert sich das Kräftefeld selber um, bis ein neues Gleichgewicht erzielt ist. Aber auch und gerade wenn das Gleichgewicht nur unter dem Einsatz »willentlicher Kräfte« oder mithilfe überdauernder Einstellungen wiederhergestellt werden kann, zeigt sich die Brauchbarkeit der Feldtheorie als Erklärungsmodell. Sie *verzichtet* auf die Hilfsannahme einer besonderen *Instanz*, die sonst als »Wille«, »Überich«, »Geist« etc. bezeichnet zu werden pflegt. Der Auffassung, in der »beherrschten« (willensbestimmten) Handlung wirkten *feldfremde* Kräfte in die Regulation ein, stellt sie, wie insbesondere Helm (1960) herausgearbeitet hat, die Sichtweise entgegen, nach der auch eine solche Handlung als *Resultat der Feldbedingungen* zu verstehen ist:

> »In der willenstypischen Handlung ... untersteht die Person nicht mit allen ihren Bereichen einem aktuellen Vektorfeld, sondern bestimmte ›zentrale‹ Bereiche bleiben ihm gegenüber relativ abgegrenzt und stabil ... , d.h. sie werden weniger von der vorliegenden äußeren Situation verändert und wirken ihrerseits nun dynamisch ›führend‹, z.B. korrigierend oder auch direkt entgegen den sonstigen Kräften. Der vektorielle Ausgleich im Gesamtfeld kann unter diesen Umständen nur erreicht werden – ähnlich wie z.B. auch bei Umweghandlungen im kognitiven Feld –, indem Teilvorgänge des Systems eben unter dem Druck der vorliegenden Gesamtbedingungen in eine der Teilentspannung gegensinnige Richtung gezwungen werden« (Helm, 1960, S. 377).

In diesem Kontext spielt auch der Begriff der »hierarchischen Organisation«, der durch die Anzahl der Teilsysteme, von denen jedes ein anderes beherrscht, definiert ist, zusammen mit dem Begriff der Zielhierarchie (Lewin, 1963) eine wichtige Rolle. Alle überdauernden Zielvorstellungen, Haltungen und Neigungen stellen hiernach relativ verfestigte, übergreifende und damit in ihrer Wirksamkeit die aktuelle dynamische Situation beeinflussende *Regionen mit weitgehend konstantem Spannungspotenzial* dar. Durch ihre zentrale Lage und geringe Durchlässigkeit ihrer Grenzen unterliegen sie ihrerseits weniger dem Einfluss kurzfristiger Valenzen, so dass von dort aus leicht der Eindruck eines »unabhängigen Willens« entstehen kann.

Auf Basis dieses Ansatzes gelingt es, das Wirken peripherer wie auch zentraler Tendenzen beim Entscheidungsgeschehen zu erklären. Die Umgestaltung des Verhaltens wird innerhalb der dynamischen Struktur des Erlebnis- und Handlungsfeldes sichtbar. Da dieses Feld nicht als eindimensional gesehen wird, sondern als hierarchisch gegliedertes Kraftfeld mit feiner Unterteilung einzelner Regionen, die selbst in die Dynamik benachbarter Regionen eingreifen können, werden die bei – insbesondere in hohem Maße konfliktären – Entscheidungen oft tiefgreifenden und lange andauernden *inneren* Auseinandersetzungen verständlich.

Auch die auf den Entschluss folgenden Nachwirkungen lassen sich feldtheoretisch befriedigend interpretieren. Sobald ein Vektor in dem für das spezifische Verhalten relevanten Feldteil die Oberhand gewonnen hat, sind in Nachbargebieten noch *Gegentendenzen* wirksam, die die beschriebenen Versuche zur Dissonanzreduktion bedingen (Kap. 20.2).

Der Wiederherstellung der personalen Harmonie entspricht nicht ein *totaler* Gleichgewichtszustand. Vielmehr wird ein *neues Fließgleichgewicht* geschaffen, das auch Spannungsdifferenzen und entgegengesetzt gerichtete Kräfte enthalten kann, die sich gegenseitig neutralisieren.

Die unentwirrbare Differenziertheit ineinander wirkender, übergeordneter und von Barrieren unterschiedlicher Durchlässigkeit abgehaltener Kräfte lässt nur erwarten, dass *einzelne* Vektoren nach ihrer Stärke und Richtung klar erfasst werden. Eine vollständige Darstellung *aller* bei einer Entscheidung wirksamen Variablen dürfte nicht nur derzeit unmöglich sein, sondern wegen der unendlichen *Komplexität* wohl auch in Zukunft an der Begrenztheit der psychometrischen Methoden scheitern.

25 Der kybernetische Zugang

Der kybernetische Zugang strebt an, Wirkungszusammenhänge im physikalisch-technischen, im biologischen, im sozialen, im psychologischen Bereich und auf anderen Gebieten aus einem gemeinsamen theoretischen Konzept, dem Regelkreismodell, zu erklären. Da dieser Ansatz mit seinem fast universellen Geltungsanspruch psychologische Vorgänge explizit in die Erklärungsbemühungen einbezieht, liegt es nahe, im Regelkreismodell eine mögliche Grundlage für ein übergreifendes Verständnis gerade des Konflikt- und Entscheidungsverhaltens zu suchen.

25.1 Allgemeine Orientierung

Nach Köhler (1960, S. 220) fallen »alle Vorgänge, in welchen eine gegenseitige Beeinflussung zwischen Ursache und Wirkung (z.B. Informationsorgan und Information, Strebung und Strebungseffekt, ganz allgemein: Innen- und Außenwelt) stattfindet, unter das Modell der selbsttätigen Regelung«. Danach erscheint es verständlich, wenn z.B. Rohracher (1959, 1971) das Phänomen der Ersatzbefriedigung im Anschluss an Misserfolge, die als persönliches Versagen erlebt werden, als psychologische »Selbstregulierung mit Rückkoppelung« interpretiert. Auch Hofstätter (1962) hat ein regeltheoretisches Modell entworfen, das sich auf Vorgänge des Entscheidungsgeschehens vermutlich ausdehnen lässt. In diesem Zusammenhang ist auch auf Sacher (1960, 1961) zu verweisen, der den Ausgleich zwischen den (teilweise) antagonistischen Bedingungen individueller Selbstverwirklichung durch *»feedback«*-Apparate zu erklären versucht.

Ein Ansatzpunkt zur Anwendung regeltheoretischer Vorstellungen auf Konflikt- und Entscheidungsprozesse ergibt sich aus der vereinfachenden Annahme, der Grundvorgang von Konflikt und Entscheidung entspreche weitgehend der Wirkungsweise eines Regel(kreis)systems. Am Beginn (Ausgangslage) steht nach dieser Betrachtungsweise eine Störung des Systems, die als *Abweichung* von einem vorgegebenen *Sollzustand* (Entspannung, Gleichgewicht, Nutzen u.a.) zu verstehen ist. In der Ausgleichsphase setzen antagonistische Tendenzen ein, die auf die Beseitigung der Störung abzielen. Es soll dadurch die Störgröße eliminiert und der Istwert (Regelgröße) an den *Sollwert* (Führungsgröße) angeglichen werden. Der Konfliktlösung kommt damit eine homöostatische Funktion zu. Ihre Ordnungs- und Restabilisierungstendenz hat die Daseinsfunktionen im Sinne relativer Konstanz auf dem gleichen oder einem anderen Niveau zu sichern oder wiederherzustellen.

Ein anderes Grundmerkmal des Regelungsgeschehens ist die *Selbsttätigkeit.* Die Störung der Ausgangslage ruft Tendenzen zur Restitution des beeinträchtigten Zukunftsbezugs durch Rückmeldung des Störeffekts an den Messfühler und durch Auslösung der antagonistischen Impulse im Stellwerk hervor. Die Selbsttätigkeit besteht nach Rohracher (1971) darin, dass die vom System abhängige Größe durch das kontrollierende Messinstrument die Energiezufuhr regulieren kann. Es sind also keine systemfremden Einflüsse, keine Fremdregulierungen oder Steuerungen im Sinne der Regeltechnik erforderlich, um die Störung zu beseitigen.

Im Folgenden sollen die Grundvorgänge im Konflikt unter kybernetischem Aspekt systematisch betrachtet werden. Auch die Frage, ob die im Regelkreismodell implizierten Anschauungen dem Entscheidungsprozess angemessen sind, ist näher zu prüfen.

25.2 Regelbasierte Aspekte des Konflikt- und Entscheidungsgeschehens

Anhand eines einfach vermaschten Systems seien zunächst die Bestandteile des Systems und ihre Funktionsweise eingeführt.

Die Regelgröße x ist mit der Zuständlichkeit der Person in ihrer aktuellen Verfassung, die als Ist-Wert erfasst wird, gleichzusetzen. Die Führungsgröße w, der Sollwert, repräsentiert das Anspruchsniveau. Die Störgröße z symbolisiert alle jene äußeren und inneren Anlässe, die den Daseinsablauf verändern können oder bereits faktische Störungen im Sinne einer Unorientiertheit darstellen. Sie bewirkt, dass sich die Regelgröße x, das tatsächliche Lagegefühl, von der Führungsgröße w, dem Anspruchsniveau, entfernt. Die Differenz zwischen dem Istwert und dem Sollwert wird im Messfühler registriert, den man sich als eine Art »subjektive Skala« zur Erfassung der Lagebefindlichkeit vorstellen kann.

25.2.1 Unorientiertheit als Regelabweichung

Damit Unorientiertheit erlebt werden kann, müssen das Sollniveau, die Führungsgröße w und das tatsächliche Befinden ermittelt werden. Das Bewusstsein in seiner ganzen Breite ist zu wenig spezifisch ausgerichtet, um als Messfühler zu fungieren. Daher können Abweichungen vom Sollwert nur innerhalb einzelner Bereiche, die ein überschaubares Bezugssystem für Vergleiche und Einstufungen abgeben, rückempfunden werden. Die insoweit noch einzuführende Stellgröße y wird dabei durch Erlebnis- und Verhaltenstendenzen verkörpert, die schließlich auf einen Ausgleich der Störung hinwirken.

Mithilfe der beschriebenen Größen lässt sich die Wirkungsweise eines psychologischen Regelkreises zunächst für den *Konflikt* darstellen. Zweck des Systems ist, das Selbstwertgefühl auf weitgehend konstanter Höhe zu halten, unabhängig von der jeweiligen Situation. Diese Zielsetzung wird durch zwei Momente erreicht: Das als Führungsgröße w agierende Anspruchsniveau tendiert danach, seine Eigenschaften konstant zu halten. Außerdem werden keine äußeren oder inneren Störungen wirksam, die das faktische Selbstwertbefinden (die Regelgröße x) beeinträchtigen. Tritt jedoch eine Beeinträchtigung ein, so wird der Störeffekt sofort an den Messfühler rückgemeldet und nach Vergleich mit dem Sollwert als Abweichung registriert.

25.2.2 Erhaltung des Systemgleichgewichts

In einem Regelkreissystem werden durch den Regler Steuerungsimpulse ausgelöst, die zu ausgleichenden Aktionen und letztlich zur Aufhebung der Regelabweichung führen. Bei der *Entscheidung* geschieht das durch den Einsatz des Informations- und Reaktionspotenzials (Thomae, 1960); es stellen sich Erlebnis- und Verhaltensimpulse ein, die auf Beseitigung der Unorientiertheit in der multivalenten Situation, auf Normalisierung des gestörten Zukunftsbezugs und damit auf ein relatives Gleichgewicht im System hinstreben.

Die bisherige Darstellung lässt dabei erkennen, dass die kybernetische Auffassung des Entscheidungsgeschehens den psychologischen Fakten zumindest im Grundprinzip entspricht. Das Modell ist jedoch in mancher Hinsicht auf ungeklärten Hypothesen aufgebaut. Außerdem bleibt die allgemeine regeltheoretische Interpretation an wichtigen Stellen ziemlich unbestimmt. Das gilt vor allem für so zentrale Systemglieder wie den *Messfühler* und den *Regler*. Die Führungsgröße ist eine intraindividuell recht variable Größe; sie wird von sozialen Normen, also von generalisierten Sollagen, mitbestimmt, so dass es schwierig ist, den Messfühler zu bestimmen. Sie kann weder mit dem Bewusstsein – wie dies etwa bei Weinschenk (1961) der Fall ist – noch mit dem personalen Selbst – nach dem Vorschlag von Lückert (1957) – identifiziert werden. Auch die Natur des Reglers ist nicht genau definiert. Nach Seifert (1969) ist er vermutlich »in jenen Aktivierungs- und Steuerungszentren zu suchen, die dem subjektiven Handlungszentrum in einer konkreten Situation zugeordnet sind« (S. 266).

Wir haben bisher und vorläufig versucht, gewisse Entsprechungen des regeltheoretischen Modells im Bereich des Entscheidungsprozesses zu finden. Dabei müssen aber die wesentlichen Merkmale und Bedingungen des psychologischen Sachverhalts hinreichend erfasst werden, soll nicht das Modell eine vage Analogie bleiben, die den tatsächlichen Erscheinungen nicht genügend gerecht wird. Es ist daher zu prüfen, inwieweit sich die kybernetische Betrachtungsweise bei der Interpretation *verschieden* gelagerter Fälle bewährt. Dabei greifen wir zurück auf die früher eingeführte Unterscheidung zwischen Reaktionen auf Konflikte, die im »Feld« bleiben (Kap. 19.4.1), und evasiven Reaktionsformen (Kap. 19.4.2).

Versucht das Individuum, den Zustand der Unorientiertheit selbst zu beheben, um dem Anspruch des Sollwertes zu genügen, so kann es diese Anpassung dem Regelkreismodell zufolge durch Beseitigung der Störquelle (z.B. durch Schließung einer so genannten Drosselklappe) erreichen. Da dieser Zustand nicht durch systemfremde Eingriffe herbeigeführt werden darf, müssen die Topografie der Regelstrecke und das Verhältnis der Stellimpulse zu ihr geändert werden (z.B. dadurch, dass wenigstens ein Teil der regelnden Stellimpulse unmittelbar an der Eintrittsstelle von z in die Regelstrecke ansetzt, um dort irgendwie »abschließend« zu wirken). Gleichzeitig werden andere Stellimpulse eine verstärkte »Entscheidungstendenz« zum Einsatz bringen, regeltechnisch also z.B. für einen verstärkten Zustrom an Eingangsenergie sorgen, um die Regelabweichung schneller durch einen positiven Gegeneffekt ausgleichen zu können. Besonders ausgeprägt tritt dies bei der direkten (impulsiven) Entscheidung hervor, bei der kein länger anhaltendes »nervöses« Überschwingen der rückgekoppelten Aktivität sichtbar wird und das Gleichgewicht bald wieder hergestellt ist (siehe Kap. 18.3).

Eine andere Interpretation verlangen die Reaktionsformen auf multivalente Situationen, die der Entscheidung *ausweichen* und die Konflikt- bzw. Frustrationssituation nur *inadäquat* überwinden, z.B. durch die Bejahung des Defekts oder durch Psychisierung oder Somatisierung des Konflikts. Im Regelkreismodell könnten solche evasiven Entwicklungen bedeuten, dass bei Eintritt von z ein Filter vorgeschaltet wird, der die Einwirkungen der störenden Stellimpulse fernhält. Es ließe sich aber auch an eine partielle Abschirmung des Messfühlers gerade diesen Störungen gegenüber denken (was dem Modell zufolge ebenfalls durch Filter zu bewerkstelligen wäre).

Andere Lösungen gehen von einer Anpassung des Messfühlers sowie von Umschaltungen zwischen verschiedenen Teilsystemen aus. So kann es zu Senkungen des Anspruchsniveaus – und damit des Sollwertes – kommen. In Fällen dagegen, in denen das Individuum etwa ein chronisches Gegengewicht gegen die fortdauernde und nicht verarbeitete multivalente Situation aufbaut, kann die Rückkoppelung weder am Störreiz noch am Messfühler ansetzen. Im Regelkreismodell gibt es dann nur die Möglichkeit, durch vermehrte Öffnung des Zuflusses im aktuellen Moment ein Gegengewicht gegen die ständigen »Abflüsse« der Störgröße aufzubauen.

Für eine Fruchtbarkeit des kybernetischen Erklärungsansatzes ist letztendlich entscheidend, ob mit seiner Hilfe die angesprochenen psychologischen Eigentümlichkeiten hinreichend und angemessen dargestellt werden. Dieser Fragenkreis soll nachfolgend kritisch durchleuchtet werden.

25.3 Diskussion

Fest steht zunächst, dass der *phänomenale Eigengehalt* des Entscheidungsgeschehens und der sonstigen Formen der Konfliktbeendigung im Regelkreismodell nicht »abbildbar« ist. Es werden lediglich gewisse formalisierbare Seiten sichtbar gemacht. Die Erlebnisweise der bei der Entscheidung auftretenden psychischen Erscheinungen ist regeltheoretisch nicht zu erfassen. So wird das Phänomen der Unorientiertheit als Systemstörung beschrieben; damit ist nur ein formaler Aspekt der Funktionswirkung, nicht aber das *qualitative Sosein* der Unorientiertheit erfasst.

Nicht anders gehen die Aktivierung des Informationspotenzials und das Streben nach einem befriedigenden Abschluss nur in ziemlich denaturierter Form in das Regelkreismodell ein. Die Erhaltung der *subjekthaften* Einheit in der Umwelt, um die es bei der Entscheidung geht, ist nicht identisch mit der Erhaltung eines Systemgleichgewichts. Außerdem sind dynamisch-energetische *Zusammenhänge* kybernetisch von relativ untergeordneter Bedeutung.

Die spezifische Erlebnisweise des Zukunftsbezugs in der Form einer wieder erreichten Harmonie ist nicht gleichbedeutend mit einem indifferenten Systemgleichgewicht, in dem Soll- und Istwert sich decken. Damit ist zugleich schon mitgegeben, dass die individuelle Erfahrungsweise mit den Mitteln der Regeltheorie nicht dargestellt wird. Ebenso muss die spezifische Qualität, die die Ausgangs- und Ausgleichsphase für das Individuum bedeutungsmäßig hat, durch den Raster der Systemstruktur hindurchfallen. Ob z.B. die Entscheidungslage als selbstgewählt oder als schicksalhaft erlebt wird, ist für den speziellen persönlichen Fall bedeutsam, für das Regelkreismodell aber, das solche Differenzierungen nicht abbildet, belanglos. Nichts anderes gilt für die Auswirkungen der Ausgangs- und Ausgleichssituation auf das allgemeine Daseinsgefühl, das in das Modell nicht eingeht, weil der Regelkreismechanismus nur die Störung und ihre Beseitigung registriert.

Gewiss ist bei jedem formalisierten Erklärungsmodell zu konzedieren, dass es von den konkreten Gegebenheiten abstrahieren muss. Es kann jedoch nicht übersehen werden, dass die kybernetische Perspektive selbst zentrale phänomenale Merkmale nicht zu erfassen vermag. Es fragt sich, ob aber nicht wenigstens die *Funktionsweise* in den Systemgliedern und ihren funktionalen Relationen adäquat beschrieben wird. Hierzu ist zunächst einmal auf den durchweg hohen Komplexitätsgrad des Konflikt- und Entscheidungsgeschehens hinzuweisen. Dieser ist in technischen Systemen zwar grundsätzlich ebenfalls erreichbar; er wird dort aber nicht als zweckmäßig angesehen. So macht z.B. die Vielfalt möglicher energetischer Systemzuflüsse und -durchflüsse verbunden mit der Möglichkeit der Selbsteinstellung des Messfühlers das System im konkreten Fall so gut wie unüberschaubar. Der hohen Komplexität entspricht die nicht geringe Variabilität der konkreten Lösungsmöglichkeiten in der multivalenten Situation. Dem Individuum stehen recht verschiedenartige Wege – wie wir sahen – für die Ausgleichsreaktionen zur Verfügung, die sich überdies auf unterschiedlichen Realitätsebenen abspielen können. Zu welcher Reaktion es kommt, hängt von seiner inneren und der äußeren Situation einschließlich der lebensgeschichtlichen Lage des Individuums ab. Diese Vielgestaltigkeit kann nicht mit einer bloßen Häufung miteinander verknüpfter Elemente im Regelkreissystem gleichgesetzt werden.

Von besonderer Bedeutung unter dem Aspekt der Formbarkeit des Verhaltens ist die *Plastizität* des Entscheidungsgeschehens. Die Fähigkeit der Person, ihre Zukunftsausrichtung auch unter wechselnden äußeren und inneren Bedingungen zu stabilisieren, wird im Regelkreismodell zwar berücksichtigt. Die möglichen Reaktionen müssen nicht alle voll ausgebildet sein, sie können sich bei genügend vorhandenen Freiheitsgraden über integrale Speicherung der Rückmeldungen in gewissem Umfang selbst bestimmen. Die Möglichkeiten für eine Anpassung derartiger Systeme liegen jedoch in relativ festen Koppelungen zwischen eingesetzten Bezugsmomenten oder wahrscheinlichkeitsstatistisch festzulegenden Reaktionen im vorgegebenen »Wahl«bereich. Eine *echte* Selbstbestimmung leistet ein Regelkreissystem damit nicht. Es kann zwar in gewissem Umfang »lernen«, es kann sich jedoch nicht über die Ausgangslage hinaus produktiv entwickeln, sondern nur zum vorgegebenen Sollzustand zurückkehren. Die Störungen sind keine Ansätze zur *produktiven Weiterentwicklung* des Systems, und die Umstellungen sind keine *Umorientierungen in Wertbereichen.* Die Behebung der Störung erschöpft sich in der Wiederherstellung der *vorherigen* Ordnung.

Die den phänomenalen Bereich beherrschenden Umzentrierungen (Thomae, 1960; Wertheimer, 1964) müssen im Regelkreismodell als Umstellungen von ehemaligen auf spätere Zuflüsse angesehen werden; der eigentümliche Umschlag in der Erlebnisweise einer Gestalt, wie er z.B. bei Figur-Grund-Verlagerungen zu beobachten ist, kann nicht angemessen erklärt werden. Und der spezifische Gehalt einer Überlagerung des primären Geschehens durch eine Neuorientierung des Lageschemas (siehe Kap. 17.3.3) muss schon deshalb außerhalb dieser Perspektive bleiben, weil die *Sinn*dimension den Erkenntnisanspruch des kybernetischen Ansatzes übersteigt.

Verlagerungen des Sinngehalts finden sich zwar auch in der selbsttätigen Regelung, die sich als Pendant zur Selbsttätigkeit im psychologischen Sinne betrachten lässt. Diese Entsprechung gilt aber strenggenommen nur insoweit, als keine systemfremden Eingriffe erforderlich sind, um Störungen auszugleichen, so dass die konfliktlösenden Tendenzen gleichsam »von selbst« hervortreten.

Während das Funktionsgeschehen in der Regeltechnik durch einen hochentwickelten Automatismus erzielt wird, der imstande ist, sich in gewissem Umfang selbst einzustellen, ist die selbsttätige Regulation im psychologischen Bereich Mittel und Ausdruck umfassender Ordnungs- und Selbstbestimmungstendenzen. So kann die quasi-automatische Selbstregelung von Konflikten durch *bewusste* Handlungen der Person *außer Aktion* gesetzt werden.

In diesem Zusammenhang kann auch die Bedeutung der *Spontaneität* beleuchtet werden, die sich im regeltheoretischen Sprachgebrauch vielfach nur als Explikation der Selbsttätigkeit zeigt. Gemeint ist der sprunghafte Übergang von einem Gleichgewichtszustand in einen anderen, wenn die Anpassung des Systems an die Störung nicht gelingt. Spontan sind diese Reaktionen deshalb, weil sie »das natürliche Ergebnis des freien Ausgleichs der Kräfte sind und nicht von außen durch Umschaltereien erzwungen werden« (Köhler, 1960, S. 214). Teilweise wird darin ausdrücklich die Fähigkeit eingeschlossen, selbst zu wählen und sich – innerhalb der übergreifenden Ziele des vorgegebenen Programms – selbst Ziele zu setzen (vgl. Mittenecker, 1962).

Die eigentliche Bedeutung von Spontaneität, die darin besteht, sich aus *eigenem* Antrieb, aus *eigener* Initiative zu betätigen, ist damit noch nicht erreicht. Was sich mit dem Regelkreis-Modell und mit der Informationstheorie erfassen lässt, hat nach Rohracher immer reaktiven Charakter; die Regelkreis-Prozesse setzen erst ein, wenn eine Störung des Gleichgewichts in irgendeiner Form erfolgt (Rohracher, 1959).

Zwar kann, wer das »Verhalten« eines Homöostaten beobachtet, leicht dem Eindruck erliegen, der Apparat besitze Spontaneität oder könne wählen. Bei näherem Hinsehen zeigt sich, dass diese Sicht in den *Stufenfunktionen* des Apparats begründet ist. Der – schon klassisch zu nennende – Homöostat von Ashby (1952) beispielsweise besitzt vier Stufenfunktionen, deren jede sich auf 25 verschiedene Parameterwerte einstellen kann. Durch die beliebigen Kombinationsmöglichkeiten gelangt man zu 390.625 verschiedenen Werten (vgl. Wieser, 1959). Die möglichen Stellungen folgen regellos aufeinander, bis eine Einstellung erreicht wird, die eine Stabilität des Systems gewährleistet. Die »Wahl« der passenden Parameterwerte erfolgt also zufällig. »Da die Änderungen der Parameter-Werte regellos aufeinander folgen, kann in jedem Moment eine der 390.625 Schaltmöglichkeiten verwirklicht sein – welche, ist jedoch erst feststellbar, wenn das System auseinandergenommen und sein Schaltbild studiert worden ist, also erst nach der Dissektion des Apparates« (Wieser, 1959, S. 57).

Daher kann auch nicht prognostiziert werden, wie lange das System im einzelnen Fall benötigt, um zur Stabilität zu finden. »Es kann dies Minuten, Tage oder auch Jahre dauern« (Wieser, 1959, S. 82). Zu Recht sieht Weinschenk (1961) hierin einen wichtigen Unterschied gegenüber biologischen Vorgängen, der auch auf die psychologischen Prozesse des Entscheidungsverhaltens zutreffen dürfte. Die Wahlmechanismen der Lebewesen können nach Weinschenk »schon allein deshalb nicht regellos sein, weil die dadurch mögliche lange Dauer der Wahl mit dem Fortbestand des Lebens nicht verträglich wäre. Denn hier müssen die Vorgänge gegebenenfalls beim Vorliegen eines Mangels oder in einer Gefahr mit Sicherheit in kurzer Zeit ablaufen« (S. 64).

Dabei kritisiert Weinschenk auch, die regellose Abfolge der verschiedenen möglichen Einstellungswerte als »Wahl« zu bezeichnen: » ... in Homöostaten geschieht nicht eine Entscheidung für eine unter mehreren Möglichkeiten nach Vergegenwärtigung aller Möglichkeiten, sondern es läuft eine regellose Abfolge von verschiedenen Einstellungen ab, bis sich zufällig die richtige ergibt« (1961, S. 64). Dadurch würden in nicht statthafter Weise wesentliche Unterschiede zwischen Vorgängen »mit und ohne eine kausale Beteiligung des Bewusstseins« verwischt.

In den Fällen des Konfliktlösungsverhaltens und speziell bei der Entscheidung selbst stellt man somit charakteristische Verlagerungen der Funktionsweise und Bedeutung der einzelnen Merkmale im Regelsystem gegenüber den Befunden unserer Analyse fest. Der hohe Komplexitätsgrad erschwert die Überschaubarkeit und Verständlichkeit des ganzen Geschehens so sehr, dass man an die Grenze der Abbildbarkeit überhaupt stößt. In der regeltheoretischen Sichtweise ist beispielsweise für die während des Prozesses hervortretenden Umrichtungen in Form von Umorientierungen vorzugsweise die Wirkung ultrastabiler Systeme verantwortlich. Da sich ein Regelkreissystem jedoch nicht in seiner Struktur wandeln kann, lassen sich Bedeutungsumschläge oder Umorientierungen im personalen Wertsystem nicht abbilden. Ebenso wenig ist die Wiederherstellung der gestörten Ordnung im Gesamtsystem mit der Wiedergewinnung der *personalen* Einheit gleichzusetzen.

Versucht man nun, unser bisheriges Hinterfragen im Kontext seiner Grundtendenz zu sehen, so ergibt sich, dass die Abweichungen zwischen Regelkreismodell und tatsächlichem Konflikt- und Entscheidungsgeschehen aus einer *Diskrepanz der Funktionsziele* zu verstehen sind: Zentrum der kybernetischen Regulationen ist der homöostatische Ausgleich, so dass man zu einer instrumentalen Deutung des Gesamtverhaltens von *feedback*-Systemen gelangt. In diesem Sinne findet beispielsweise Wieser (1959) die technisch-kybernetischen Mechanismen dadurch charakterisiert, dass ein System auf ein bestimmtes Ziel hinsteuert, wobei die Bewegungen der Effektoren den *Eindruck* erwecken, als strebten sie das Ziel *aktiv* an.

Gerade die konflikthafte Entscheidung zeigt jedoch, dass der Mechanismus der kybernetischen Konstruktionen (dazu bereits Rosenblueth, Wiener, & Bigelow, 1943) für Entscheidungsprozesse kaum angemessen ist. Wie Allport (1955) klargestellt hat, gehorcht das *feedback*-System nur einem *instrumentalen* Zweck, nicht einem jeden Endzweck. Auch Köhler (1951) weist darauf hin, dass nicht die psychologische Tatsache eines Ziels, vielmehr nur der Vorgang der Zielverfolgung von der kybernetischen Konzeption erklärt werden kann. Das Handlungsziel im Regelkreismodell erschöpft sich, wie oben gezeigt, in der Wiederherstellung der (gestörten) Ordnung, so dass Veränderungs- und Entwicklungsprozesse im Übrigen beiseite bleiben.

Mit dieser Einschätzung sollen jedoch die regeltheoretisch gebotenen Möglichkeiten zum Verständnis des Entscheidungsprozesses nicht sämtlich unterbewertet werden. Das Regelkreismodell ermöglichst es, das Wirkungsgefüge unabhängig von der Struktur, der Energetik und von der final-teleologischen Bestimmung des Systems zu beschreiben und quantitativ darzustellen (vgl. Mittelstaedt, 1956). Vorhersagen und experimentelle Überprüfung sind in diesen Grenzen relativ leicht möglich. In *diesem* Rahmen eignet sich das Modell für die Erforschung und Beschreibung des formalen Verlaufsgeschehens von Konflikten. Wie Sacher (1960, 1961) und Selbach (1963; s.a. Selbach & Selbach, 1956) gezeigt haben, können beispielsweise Fehlsteuerungen und Übersteuerungen, gewisse individuelle Züge wie die Ansprechbarkeit auf Störungen des psychischen Gleichgewichts, die Art und Weise des Einschwingens auf das Normalniveau und schließlich auch Fälle, in denen die Person in einen »Teufelskreis« gerät und sich immer weiter in ihre Desorientiertheit hineinsteigert, erklärt werden.

In mancherlei Hinsicht bleibt man jedoch auf Spekulationen angewiesen, wenn es das differenzierte Wirkungsgefüge zu verifizieren gilt. So sind – wie erwähnt – z.B. so grundlegende Systemgrößen wie der Regler und der Messfühler sehr unbestimmt. Aber selbst die *Funktionsweise* von Regelkreisen ist noch nicht hinreichend geklärt. Die Verbindungen zwischen Messfühler und Regler einerseits und zwischen Regler und Stellglied andererseits könnten durch die Steuerkausalität möglicherweise erklärt werden. Seifert (1959, S. 280) vermutet stattdessen eine unmittelbare dynamische Wechselwirkung von Feldkräften. Unklar sind außerdem die Art der Einschwingvorgänge und die genaue Funktionsweise der Regelung selbst. Auch für das Verhältnis von Subjekt und Außenwelt lassen sich gegenüber der regeltheoretischen Sichtweise Bedenken anmelden. So ist im Spielraum des menschlichen Bewusstseins die Grenze zwischen Subjekt und Außenwelt keineswegs etwa fix, sondern durchaus verschiebbar – nach beiden Seiten. Dies bedeutet, dass beim Bewusstsein Modelle der Außenwelt ohne weiteres das Subjekt selbst enthalten können. Diese *Verschiebbarkeit* der Grenzen im Verhältnis Mensch-Außenwelt kann aber ein regeltheoretisches Modell, will es innere Erfahrung und Vorstellungen beim Subjekt im Entscheidungsprozess berücksichtigen, nicht beiseite lassen. Anders gesagt: Das Modell müsste in einer Weise konstruiert sein, dass es kein lediglich starres Gegenüber von Subjekt und Welt gäbe, sondern dass das Subjekt – je nach Blickrichtung – auch auf der Objektseite und Teile der Objektseite auch auf der Subjektseite erscheinen könnten.

Alles in allem: Eine gewisse methodische und eine formale Fruchtbarkeit der kybernetisch orientierten Forschungsrichtung ist kaum zu bestreiten. Der unaufhebbare, auf diese Weise nicht lösbare »Rest« ist aber so umfangreich, dass diese Konzeption allein nicht zur Erkenntnis und Erklärung des Entscheidungsvorgangs ausreicht. Sie fordert umfangreichere Ergänzungen durch Arbeitsweisen, die phänomenale Gesichtspunkte gerade auch in ihrer vielfältigen *Prozesshaftigkeit* berücksichtigen.

26 Lerntheorien

Es kann hier nicht darum gehen, bis ins Detail zu untersuchen, ob und gegebenenfalls wie genau die oder einzelne Lerntheorien den Entscheidungsvorgang beschreiben bzw. die Selektion eines Reaktionsmodus erklären. Die Vielfalt der etablierten Theorien und ihre Modifikationen im Einzelnen würden den Rahmen der Untersuchung sprengen. Stattdessen sollen die grundlegenden Thesen aber darauf überprüft werden, ob sie zum Verständnis von Konflikt und Entscheidung beitragen und hierzu geeignete Erklärungen liefern können.

Entsprechende Thesen der Lerntheorien zu formulieren, bedeutet, die erwähnte Vielfalt stark zu vereinfachen. Dieses Verfahren soll jedoch als das in diesem Zusammenhang am ehesten praktikable angewandt werden, wobei auf integrierende Vorarbeiten zurückgegriffen werden kann.

26.1 Erklärungen des Lernens

Lernen beruht auf Erfahrung und erfolgt zumindest in drei verschiedenen Arten: die erste lehnt sich an die klassischen Pawlowschen Konditionierungsversuche an und kann als »assoziatives« Lernen bezeichnet werden. Die Verbindung des Reizes mit der Reaktion wird dabei ausschließlich auf die zeitliche Kontiguität zurückgeführt (Guthrie, 1952), wie der bedingte Reiz nur wegen der zeitlichen Nachbarschaft zum unbedingten Reiz an den Reflex gekoppelt ist. Der bedingte Reiz ist dann zur Auslösung der Reaktion nicht mehr notwendig.

Die zweite Art des Lernens bezieht den motivationalen Zustand des Individuums in den Lernvorgang mit ein. Die Verbindung zwischen Reiz und Reaktion wird verstärkt, sofern die Reaktion zu einer Bedürfnisbefriedigung führte. Den Lernprozess dieser Art hatten insbesondere Thorndike (1932) und Hull (1952), aber auch Tolman (1955) und Skinner (1974) theoretisch zu klären versucht. Er wird auch als »instrumentelles Konditionieren« bezeichnet.

Das von der Berliner gestaltpsychologischen Schule (z. B. Köhler, 1928; Katona, 1940) beschriebene einsichtige Lernen stellt die dritte Lernmethode dar. Sie ist dadurch ausgezeichnet, dass ein Verhalten sich so gut und lückenlos in die Reizkonstellation einfügt, dass ein integriertes Erlebnis entsteht, das als »gute Gestalt« empfunden wird. Der Lerneffekt wird nicht ohne Einsicht in die Bedingungszusammenhänge, vielmehr gerade durch Erfassung des strukturellen Ineinandergreifens von Problem und Problemlösung erreicht, so dass eine einzige Durchführung eine dauerhafte Bindung zwischen den Lerngliedern herbeiführt.

26.2 Entsprechungen im Konflikt- und Entscheidungsgeschehen?

Wenn wir uns nun der Bedeutung des assoziativen Lernprozesses für die Entscheidungsfindung zuwenden, lässt sich zunächst feststellen, dass er für die emotionale Tönung des gesamten Entscheidungsablaufs bestimmend ist. Die Gefühle, die mit der Problementstehung, der Suche nach Lösungsmöglichkeiten, der Auseinandersetzung mit den Alternativen, der Entschlussfassung und schließlich mit der Nachphase der Entscheidung verbunden sind, werden bei späteren ähnlichen Konstellationen reaktiviert; ihre Koppelung an die erlebten Reizmuster verstärkt sich, um bei der nächsten Wiederholung mit erhöhter Wahrscheinlichkeit wieder aufzutreten. Da im Allgemeinen jedoch völlig unterschiedliche Entscheidungssituationen aufeinander folgen, die wiederum unterschiedliche Gefühlsempfindungen erzeugen, ist selten mit einer konstanten Gefühlskoppelung zu rechnen. Nur in Ausnahmefällen, in denen ähnliche Entscheidungslagen oft aufeinanderfolgen – etwa in der Situation eines Firmenvertreters während der Einarbeitungszeit, der sich zwingt, an der Haustür potenzieller Kunden zu läuten oder sie telefonisch für ein bestimmtes Produkt zu interessieren versucht – erlangen diese Assoziationen besondere Relevanz. Ihre Qualität bestimmt hier wesentlich die Einstellung des Vertreters zu seiner Tätigkeit.

Diese Überlegungen stimmen überein mit Mowrers (1960) integrierender Lerntheorie, wenn er davon ausgeht, dass Emotionen in der beschriebenen Weise konditioniert werden. Hoffnungen oder Befürchtungen markieren dann künftige Erlebenskonditionen und wirken in entsprechenden späteren Situationen als sekundäre Verstärker. Sie beeinflussen das Entscheidungsverhalten nach der genannten zweiten Lerntechnik, die an Beispielen noch belegt werden soll.

Wie die Gefühle werden auch Verhaltenstechniken, die beim Auftreten einer ersten spezifischen Entscheidungsbedingung praktiziert werden, mit dieser Bedingung verbunden, so dass sie bei Wiederkehr einer ähnlichen Situation mit erhöhter Wahrscheinlichkeit wiederum angewendet werden. Dieses Erlernen von Verhaltenseigenarten, etwa von Gesten der Verlegenheit, der Überlegung, der Entschlossenheit oder von bestimmten Äußerungsformen der sich einstellenden Gefühle, ist daher ebenfalls nur auf die zeitliche Nachbarschaft zurückzuführen.

Das Erlernen des eigentlichen Vorgehens in der multivalenten Situation erfolgt aber nach dem *Verstärkungsprinzip*. Eine gewisse Veranschaulichung des hier stattfindenden Ereignisses bieten die zahllosen Labyrinthexperimente mit Ratten, wie sie vor allem in den USA durchgeführt wurden (vgl. dazu Hilgard & Bower, 1966). Sobald die Ratte an einer Weggabelung ankommt, befindet sie sich in der durch mindestens zwei Alternativen gekennzeichneten Ausgangslage des »Konflikts«. Wenn ihre Wahl zu einer Bedürfnisbefriedigung – etwa in Form einer Nahrungsquelle, eines Geschlechtspartners, eines geräumigen Explorationsfeldes etc. – führt, wird die Verbindung zwischen der Ausgangslage und dem spezifischen Verhalten verstärkt. In ähnlicher Lage wird das Tier mit einer höheren Wahrscheinlichkeit dieselben Reaktionen wählen. Umgekehrt wird es einen gewählten Labyrinthgang bei künftigen »Entscheidungen« meiden, wenn er keine Bedürfnisreduktion ergeben oder gar noxische Reize erbracht hatte (vgl. auch Amelang & Bartussek, 2001, S. 48).

Der dargestellte Lernvorgang findet sich bei zahlreichen Stationen des Entscheidungsgeschehens. Schon in der Ausgangslage, in der sich klärt, ob überhaupt eine Entwicklung von Alternativen erfolgt, bestimmen Erfolg oder Misserfolg, ob später in ähnlicher Lage ein Entscheidungsprozess durchgestanden oder ob ihm von vornherein ausgewichen wird. Die verschiedenen Stadien, von der Technik der Problemerfassung über die vorwiegend gewählten Verlaufsformen und die subjektive Entscheidungszeit bis zur Entschlussfassung, können ebenso über Verstärkungslernen bewältigt werden.

Eine gute Beobachtungsmöglichkeit, wie sich Entscheidungstechniken bilden, bieten verschiedene Experimente der statistischen Entscheidungstheoretiker, soweit dort die Versuchspersonen dieselben Aufgaben in ausgedehnten Versuchsserien bearbeiteten. So ließen Phillips und Edwards (1966) ihre Versuchspersonen in 20 Sitzungen je 20 mal schätzen, ob in einem Beutel überwiegend rote oder blaue Chips enthalten waren. Im Anschluss an jede Schätzung wurden die tatsächlichen Verhältnisse genannt. Dabei stellten sie »a small amount of learning« fest, da sich die Schätzungen immer mehr dem Bayesschen Theorem annäherten (siehe Kap. 22.3.1).

Einsichtiges Lernen wird bevorzugt dort stattfinden, wo die intellektuellen Fähigkeiten des Individuums ausreichen, um die spezifische Struktur der Situation und die integrierende Funktion des Lösungsverhaltens zu erkennen. Im Gegensatz zu den übrigen Lernmodellen genügt hier ein *einziges* Erlebnis, um Verhaltensrichtungen fest zu erlernen oder um Meidungsreaktionen zu entwickeln. Daher ist diese Theorie wichtig für bewusste oder bewusstseinsnahe Entscheidungsverläufe.

Ein weiterer Ansatz, die *sozial-kognitive* Lerntheorie von Bandura (1979), geht in mehrfacher Weise über die klassischen Theorien des Lernens hinaus, knüpft aber an den bereits von den Gestalttheoretikern postulierten Grundsatz an, dass der Mensch in seiner Auseinandersetzung mit der Umwelt ein aktives, mit einem Willen begabtes Wesen sei (vgl. auch Metzger, 1975). Ausgangspunkt ist die Auffassung (und deren experimentelle Stützung), dass Lernen (auch) durch die Beobachtung von Modellen geschieht. Die kognitiven Aspekte in diesem Kontext stammen aus der Erkenntnis, dass sich die Beobachter die modellierten Verhaltensweisen in Form *symbolischer Repräsentation* aneignen, dass etwa das wahrgenommene Verhalten im Gedächtnis verschlüsselt und weiter verarbeitet wird.

Für die Entscheidungsproblematik sind bestimmte Gesichtspunkte des sozialkognitiven Ansatzes von besonderer Bedeutung: Einmal ist es ein – gegenüber den klassischen Lerntheorien – gänzlich anderes *Menschenbild*, das hier zugrunde liegt. Der Mensch ist weder Opfer seiner Triebe (wie die Psychoanalyse postuliert hat) noch ist er ausschließlich durch Umweltkräfte determiniert (wie der Behaviorismus annahm).

> »Die außerordentliche Fähigkeit des Menschen, Symbole zu verwenden, befähigt ihn, sich Ereignisse vorzustellen, seine bewußte Erfahrung zu analysieren, mit anderen über jede Entfernung in Zeit und Raum in Kommunikation zu treten, zu planen, schöpferisch tätig zu werden, seine Vorstellungskraft zu entfalten und vorausschauend zu handeln. Der Umstand, daß man die Symbolfunktionen wieder stärker berücksichtigte, führte zur Erweiterung der Techniken, die zur Untersuchung des Denkens und jener Mechanismen bestimmt sind, durch die das Denken das Handeln steuert« (Bandura, 1979, S. 10).

Weiter unterscheidet dieser Ansatz zwischen Aneignungs- und Ausführungsphase. Zentrale Annahme ist hier, dass es *Kognitionen* sind, die darüber entscheiden, ob in einer bestimmten Situation ein bestimmtes Verhalten gezeigt wird oder nicht. Die Kognitionen bestehen in der Hauptsache in der Antizipation der Folgen *(outcome exspectancy)*. So kommt es nicht selten vor, dass ein Schüler oder Mitarbeiter zwar wütend über den Lehrer oder Chef ist, auch über die Motivation für das mögliche aggressive Verhalten verfügt, sich aber dafür entscheidet, es nicht zu zeigen, weil es unangenehme Folgen haben könnte.

26.3 Fazit

Die Lerntheorien und ihre Grundannahmen können *nicht* zur Erklärung des *gesamten* Entscheidungsgeschehens herangezogen werden. Sie können jedoch etwas über die *Genese* von Entscheidungs*strategien*, von relativ konstanten Verhaltensbereitschaften in oder gegenüber multivalenten Situationen aussagen. Für die Entwicklung der Ausgangslage und für die Prozesse in der Nachphase der Entscheidung liefern Lerntheorien keine Denk- oder Erklärungsmodelle.

Zusammenfassend ist zu konstatieren, dass die klassischen Lerntheorien – trotz der lerntheoretischen Orientierung mancher angelsächsischer Entscheidungsexperimente – wenig zur Entscheidungsproblematik beitragen: Insbesondere die phänomenale Qualität des Entscheidungsablaufs wird lerntheoretisch nur ansatzweise berücksichtigt. Die sozial-kognitive Lerntheorie trägt in dieser Hinsicht einiges nach, was man an den klassischen Theorien bemängeln kann. Hier sind nun *kognitive* und *energetisch-motivationale* Prozesskomponenten angesprochen und im Kontext der Bewältigung auch schwieriger Anforderungen berücksichtigt (siehe Funke, 2003, S. 221).

27 Gestaltkreistheoretisches Netzwerk

Ein erklärender Ansatz für die Entscheidungsthematik aus Sicht ganzheitspsychologischer Positionen mag zunächst nicht in dem Maß erreichbar erscheinen, wie dies feld- und regeltheoretischen Konzeptionen im Allgemeinen zugestanden wird. Dennoch soll im Folgenden geprüft werden, ob nicht die so genannte

Gestaltkreislehre oder Gestaltkreistheorie eine gegenüber den bisher betrachteten Ansätzen weitere Erklärungsbasis für die Entscheidungsproblematik eröffnen könnte. Zu skizzieren sind daher die grundlegenden Aspekte der Gestaltkreislehre bei v. Weizsäcker (1947), um von hier aus einen unmittelbaren Zugang zum Verständnis der Verhaltensweisen zu gewinnen, die als *Situationsregulierungen* unterschiedlicher Art diskutiert werden. Gerade für die Entscheidung und die beschriebenen funktionell äquivalenten Regulationsformen sind die Kategorien der Ganzheit, des Subjekts und der Subjekt-Objekt-Beziehung in Form des *Gestaltkreises* von Bedeutung.[79]

27.1 Aussagensystem

Die Tendenz zum Ganzen und zu dessen Erhaltung – ein von Krueger (1953) als übergeordnet herausgestelltes Prinzip –, das »psychologisch als Ganzheitsdrang und als Übergewicht des Ganzen auf das regelmäßigste erfahrbar« sei, das »alle Formbildung und Formwirkung, alle Gestaltauffassung und gestalthafte Gliederung« (1953, S. 122) beherrsche, tritt besonders hervor, wenn die jeweilige Ganzheit durch exogene oder endogene Einwirkungen bedroht oder gestört ist.

In v. Weizsäckers Gestaltkreistheorie, der auch Buytendijk (1956) nahe steht, ist die Konzeption der psychophysischen Einheit des Organismus weiter vertieft. Das Modell erlangt seinen für unsere Erklärungsweise beanspruchten Wert dadurch, dass es das Subjekt in seiner Verschränkung mit der Welt und damit im »Gestaltkreis« sichtbar werden lässt. Das Subjekt wird als »Inbegriff der bedrohten oder erhaltenen Einheit des Organismus« (v. Weizsäcker, 1947, S. 178) verstanden und – an anderer Stelle (1956, S. 361) – dem Selbst gleichgesetzt. In der Begegnung mit der Welt wird es als *Einheit* in dem Konstrukt des *Gestaltkreises* erfasst. Als entscheidende Bedingung ist für die Konfliktregulation die »Kohärenz« zwischen Subjekt und Umwelt anzusehen, die sich funktionell in der Resistenz gegenüber Störtendenzen manifestiert, die die ordnenden Tendenzen der Einheit und damit diese selbst bedrohen. Dabei ist impliziert, dass das Subjekt sich durch die regulatorischen Akte aus der inneren Krise herauszuführen vermag und die verlorene Einheit zurückgewinnen kann.

Mit der Konzeption der subjekthaften Identität und Ganzheit des personalen Seins ist das allgemeine Prinzip der Konfliktbewältigung herausgestellt: Im Gestaltkreismodell wirken die *Grundtendenzen* in *homöostatischer* Funktion. Ein anderes wesentliches Merkmal ist die *Umstrukturierung*, die v. Weizsäcker als *konstitutionelle* Umformung bezeichnet.

---

[79] Die in zum Teil andere Richtung gehenden Aktivitäten der Berliner Schule der Gestaltpsychologie bleiben hier unberücksichtigt, weil sie aufgrund der Arbeiten von Lewin (1963) und Köhler (1971) vielfach mit feldtheoretischen Überlegungen identisch sind.

Wie z.B. der Begriff des »schöpferischen Gestaltwandels« bei Volkelt (1928) zeigt, sind auch der ganzheitspsychologischen Sichtweise Umstellungsprozesse geläufig, die als Folgen von Störungen der personal-strukturellen Einheit auf Basis des »Ganzheitsdranges« (Seifert, 1969) auftreten können. Dabei gilt die von Wellek aufgewiesene Einschränkung, dass diese ganzheitspsychologischen Prozesse nicht als Verwandlungen, sondern lediglich als Abwandlungen zu verstehen sind (vgl. Wellek, 1963, 1966).

Das Gestaltkreismodell enthält schließlich das für Konfliktfälle grundlegende funktionelle Merkmal der *Selbsttätigkeit*. So begegnet man bei v. Weizsäcker der Auffassung, dass das Leben im Grunde pathische Züge aufweist, so dass sich die Entscheidung in der echten Krise selbst schafft (1947, S. 190). Krueger betont – bei Einstellungen – ähnlich, dass ein »Gerichtetsein von innen her« vorliege, »auch ohne Zielbewußtheit, die Eigenfähigkeit sich umzustellen und ganzheitlich zu regulieren« (1953, S. 306).

27.2 Erklärungspotenzial

Im Folgenden sollen diese Ansätze in ihrem Kern darauf überprüft werden, ob und inwieweit mit ihnen Situationsregulierungen erklärt werden können. Dabei wird sich – so viel sei hier vorweggenommen – ergeben, dass sie in angemessener Weise auch unter Verwendung anderer Einsichten und Erklärungsmuster fortgeführt und weiterentwickelt werden können und müssen, wobei sich von der Konzeption eines »Gestaltwandels« – wie wir zeigen werden – insgesamt nur in einem weiteren Sinne sprechen lässt.

Wegen der Verschiedenartigkeit und Vielgestaltigkeit der Formen der Situationsregulierung ist es vorab notwendig zu untersuchen, wie die einzelnen Reaktionen auf eine gegebene Multivalenz im Zusammenhang mit dem ganzheitlichen Erklärungsversuch funktionell und genetisch abzugrenzen sind. Nur so kann sich letztlich erweisen, *welche* Bewältigungsformen hinsichtlich multivalenter Situationen befriedigend erklärt werden können. Im Anschluss an Thomae (1960) hatten wir in Kap. 18 die sukzessive Ambitendenz, die Überformung, die impulsive Regulation und die individuell bedeutsame Multivalenz als Grundformen der Bewältigung multivalenter Situationen unterschieden. Daran lässt sich im Folgenden anknüpfen.

Bei der ersten Gruppe, der *sukzessiven Ambitendenz*, ist von der Position auszugehen, die der Person nach der Gestaltkreistheorie in ihrer Beziehung zur Umwelt zukommt: durch die gestörte Ausgangssituation wird der Gestaltkreis der Subjekt-Umwelt-Einheit unterbrochen. Da das Geschehen – definitionsgemäß – hier nur in *peripheren* Regionen der Persönlichkeit abläuft, ist die Störung nicht sehr gravierend. Die aktuell gegebene Welt passt aber nicht zu dem gegenwärtigen Bedürfniszustand der Person.

Auch bei den *impulsiven Regulationen*, die wir nach der Intensität der *Störung* eher an zweiter Stelle sehen, stellt die Ausgangslage eine Störung der Subjekt-Umwelt-Einheit dar. Das Ungleichgewicht ist hier durch ein starkes Gefälle des Geschehens in Richtung auf die Befriedigung teilorientierter, oft in Bezug auf die Gesamtsituation blinder Bedürfnisse charakterisiert (siehe Kap. 18.3).

Besonders klar tritt die Eigenart des Gestaltkreismodells in den Fällen der *Überformung* und der *individuell bedeutsamen Multivalenz* hervor. Mit der Stellung der Person zur Welt ist die personale Ganzheit hinsichtlich des zentral gesteuerten Daseinsvollzugs angesprochen, der als eigene Aktivität im Gegensatz zum Ausgeliefertsein an fremde Kräfte erlebt wird. Die Ausgangslage erscheint dabei als eine mehr oder weniger starke *existenzielle* Beeinträchtigung der personalen Ganzheit. Die Störung kann sich steigern bis zur *personalen Krise*, die sich in Angst und existenziellem Betroffensein äußern kann. Entzieht sich das Individuum dieser Krise nicht, durchlebt es sie in vollem Umfang, so ist eine »Einschmelzung« des bisherigen intentionalen Gefüges der Selbstverwirklichung eingeleitet: die Kontinuität der Existenz ist ansatzweise aufgehoben (Seifert, 1969, S. 328). In diesem Stadium ist die Gelegenheit für zentrale Motive gegeben, die personale Ganzheit wiederherzustellen.

Eine Rückkehr zur Ausgangslage ist wegen der geänderten Gesamtkonstellation unwahrscheinlich. Vielmehr wird jetzt eine vorwärts orientierte, in die Zeit greifende Daseinsgestaltung angestrebt, indem die alternativen Verhaltensmöglichkeiten bewertet werden und nach einer partiellen Umorientierung *eine* Alternative in die Ausrichtung der Person integriert wird. Sind diese Gestaltungstendenzen erfolgreich, so wird dadurch die personale Einheit schrittweise zurückgewonnen: die Person hat eine neue »Stufe« im Individuationsprozess erreicht. Der Schwerpunkt der Ausgleichsphase liegt also wiederum in Umstrukturierungserscheinungen, die sich in ihrem formal-dynamischen Gefüge jedoch gegenüber der sukzessiven Ambitendenz und den impulsiven Regulationen eindeutig abheben. An der Stelle der Ausgangslage, an der die Umrichtung zum Ausgleich erfolgt, ist das personale Erleben nämlich *krisenhaft* erschüttert. Die »Situationsgestalt« bleibt unvollständig, was als Störung des Daseinsvollzugs erlebt wird und einer unvollkommenen Gestalt entspricht. Der Drang zur Wiederherstellung einer »guten Gestalt« leitet die *Neuordnung* des beeinträchtigten Funktionsverhältnisses des Subjekts zur Umwelt ein.

27.2.1 Konstitutive Umformung

Die Betrachtungsweise der Gestaltkreistheorie hebt sich in unserem Kontext vornehmlich durch zwei wesentliche Aspekte von der feld- und der regeltheoretischen Perspektive ab: das Regulationsgeschehen wird *ganzheitlich-personal* aufgefasst; es tritt der personale Bezug hervor, der sich gerade in der *existenziellen* Bedeutung der Lage manifestiert.

Trotz einiger Übereinstimmung mit anderen Betrachtungsweisen – vor allem mit der feldtheoretischen – hat die Gestaltkreistheorie in konzeptionell bestimmter Weise ihr *eigenes* Gepräge. So erscheint die Ausgangslage nicht als Störung der Orientierung in einem unpersönlichen Kraftfeld oder als Abweichung von einem Sollzustand in einem entsprechenden Regelkreis, sondern als Beeinträchtigung des ganzheitlichen Seins der Person. Dabei ist zugleich das Verhältnis zur Welt, der die Person gegenübersteht und die Teil der Gesamtsituation ist, gestört. Diese Störung der psychophysischen und der Person-Umwelt-Einheit erhält je nach der *aktuellen* Lage, in die auch die individuelle Lebensgeschichte eingeht, für die Ausgangs- und für die Ausgleichsphase eine *verschiedene Bedeutung*.

Im Gegensatz zur Feld- und Regeltheorie erlaubt die Gestaltkreistheorie, die Eigenart der Konfliktregulierung im Hinblick auf ihren allgemeinen und individuellen Sinngehalt dem Grunde nach zu erfassen. Zugleich werfen die im Rahmen dieser Konzeption entwickelten Vorstellungen ein Licht auf mögliche *tiefere* Quellen des Regulationsgeschehens. Als letzte allgemeine Ursprünge müssen hiernach die Tendenzen des endothymen Grundes sowie die Fähigkeit des Individuums zur konstitutiven Umformung, zum ständigen »Sichneugewinnen« über die Unstetigkeiten von Krisen hinweg, angesehen werden.

Solche empirisch freilich kaum noch zu belegenden Prinzipien dokumentieren Reichweite und Grenzen dieser Verständnisweise: Die Umzentrierung lässt sich beschreiben, wie wir es unter formal-strukturellen Gesichtspunkten getan haben und wie es im Wesentlichen auch der feldtheoretischen Perspektive entspricht. Dieser Sachverhalt wird hier jedoch nicht als Ausfluss eines dynamischen, vektoriellen Feldgeschehens interpretiert, sondern als *Umstellungs*vorgang, der aus dem *Ganzheitsprinzip* folgt.

Damit rücken das personale Gesamterleben und seine Umwandlung in den Mittelpunkt der Betrachtung: Am Ende steht eine neue Ordnung der eigenen inneren Verfassung und des individuellen Weltbildes. Diese Interpretation muss sich besonders dann als zutreffend erweisen, wenn die Regulierung zugleich als Um- und Neuorientierung des individuellen Sinn- und Werterlebens oder der personalen Daseinsgestaltung zum Ausdruck kommt, wie es etwa bei der Neuorientierung des »Lageschemas« zu beobachten ist (siehe Kap. 17.3.3). Dort findet man deutliche Manifestationen jener Tendenzen, die hier als unmittelbar maßgeblich für die regulatorischen Leistungen aufgefasst werden: die (existenzielle) Betroffenheit, die bedrohte Einheit des Subjekts in der Krise, die Einschmelzung des subjektiven Erlebens in dieser Krise (und damit auch der Rekurs auf ursprünglichere Gefühlsgründe) sowie der sich einstellende Neugewinn der subjekthaften Einheit durch einen »schöpferischen Ganzheitswandel«.

27.2.2 Regulatorische Umzentrierung – ein vernachlässigtes Erklärungsproblem

Die Frage jedoch, ob mit dieser Auffassung die Merkmale der regulatorischen Umzentrierung auch im Ganzen angemessen und umfassend beschrieben sind, kann allerdings nicht bejaht werden, wenn man sich die unterschiedliche Lage bei den *existenziell* eingreifenden und den nur *peripher* ablaufenden Entscheidungssituationen vergegenwärtigt. Bei letzteren sind nämlich weder die Erscheinungen der Ichbedrohung erforderlich, damit die typische Ausgangssituation eintreten kann, noch die eben herausgestellten subjektiven Symptome. Obwohl die Charakterisierung einer Störung des Subjekt-Objekt-Gestaltkreises im *weiteren* Sinne auf diese Fälle durchaus zutrifft, lassen sich die tiefgreifenden Momente des Krisenerlebnisses und der Einschmelzung des Gesamterlebens in stark gefühlsartige Qualitäten *nicht* nachweisen. Hier dürften demnach *allenfalls* gewisse personale *Vorstufen* der geschilderten Erlebnisweisen vorliegen.

Die Umzentrierung folgt – als allgemeiner Tatbestand – den grundlegenden ganzheitspsychologischen Gesetzmäßigkeiten, wie sie formal wohl am besten durch die Feldtheorie erfasst wird, ohne dass damit die Möglichkeit zu qualitativ-sinnhaften Differenzierungen und zu einer psychologisch-anthropologischen Durch- und Überformung abgeschnitten oder ausgeschlossen würde.

Das den Abschluss des jeweiligen Verlaufs kennzeichnende Merkmal wiederhergestellter personaler Harmonie wird aufgrund der Gestaltkreistheorie in seinem vollen Gehalt nachvollziehbar. Durch den Regulationsvorgang wird nämlich die Einheit und Ordnung des Subjekts und seines Verhältnisses zur Welt zurückgewonnen – und nicht ein personentfremdetes Energiegleichgewicht oder etwa die ehemalige und jetzt zurückgewonnene regeltheoretische Nullstellung. Phänomenale Manifestationen der wiedererlangten personalen Ausgeglichenheit sind Regungen des In-Ordnung-Seins, der inneren Stimmigkeit. Kennzeichnend für diese Auffassung ist aber auch, dass damit keineswegs *alle* Spannungen in der personalen Struktur beseitigt sein müssen, dass sie vielmehr in einer gegensatzhaltigen, spannungsreichen Ganzheit aufgehoben sein können (vgl. Krueger, 1953).

Von hier aus lässt sich schließlich ein Ansatzpunkt für die Optimierungstendenz gewinnen, die im Konfliktverhalten zu beobachten ist. Die zur Erklärung herangezogene Prägnanztendenz als eine auf eine »gute Gestalt« hinwirkende Kraft bedarf der Ergänzung durch die *Sinn*dimension. Da die Person durch die Bewältigung einer Krise eine Vertiefung ihrer personalen Struktur erfahren, eine neue (»höhere«) Stufe ihrer Existenz erreichen kann, ist der Fokus von der homöostatischen Funktion des Regulationsgeschehens auf die unter feld- und regeltheoretischem Aspekt kaum beachtete *Werdefunktion* verlagert.

Prüft man dagegen die Darstellung der *Funktions*weise, die ja von der feld- und regeltheoretischen Perspektive immerhin beachtet wird, so zeigt sich die Gestaltkreistheorie insoweit augenscheinlich als weniger fruchtbar. Sie *expliziert* nämlich *nicht zureichend* die *spontane* und *selbstständige* Umstellung von der Ausgangslage durch den Übergang zu regulatorischen Aktivitäten, sondern begnügt sich weitgehend damit, den Kernbereich des Geschehens als Ausfluss der Struktur und ganzheitlichen Qualitäten des Subjekts zu sehen. Damit wird vorausgesetzt, dass das Subjekt grundsätzlich durch *Spontaneität* in Form von »Selbstbewegung« charakterisiert ist. Entscheidungen durch Einschaltung einer übergeordneten oder zentralen Instanz sind der Gestaltkreistheorie zufolge ebenso wenig notwendig wie bewusste Zielansteuerung, um ganzheitlich-personale Umstellungen und Wandlungen zu bewirken. Damit sind aber Wirkungsweisen spezifischer Regulationen in individuellen Fällen nicht hinreichend aufgewiesen. Es besteht also eine gewisse *Unschärfe und Unvollständigkeit* bei der theoretischen Verarbeitung der *Funktions*weise. Dagegen erfassen die feld- und – wenngleich mit Abstand – auch die regeltheoretischen Konzeptionen diesen Sachverhalt präziser.

»Situationsgestalten« sind nach v. Weizsäcker ein »Insgesamt von materiellen und psychischen Bedeutsamkeiten, welche je durch ein biologisches Interesse, sei es des Hungers, des Geschlechtstriebes, der nackten Existenzerhaltung, der Lebensordnung ... der geistigen Ordnungen, Ziele und Ideen zusammengehalten und zentriert sind. Wo solche Gestalten sind, besteht auch ein Zwang zu einem bestimmten Ablauf ... « (1957, S. 103 f.). Diese Charakterisierung macht deutlich, dass sich eine Veränderung der Gestalten im personalen Erleben als eine Störung der inneren und äußeren Ordnung im aktuellen Daseinsvollzug niederschlägt – was für das Subjekt die Bedeutung einer Krise haben *kann*. Aus gestaltkreistheoretischer Sicht könnte man diesen Zustand – im Verhältnis zur vorher gegebenen Situation – als eine weniger gute, weniger prägnante Gestalt beschreiben. Das anfänglich auftretende Störerleben, die zunächst nicht kompensierbare Mangelbefindlichkeit und die damit hervorgerufene Antriebsspannung in Richtung auf eine Behebung der »Lückenhaftigkeit«, die gleichsam zum »Auffüllen« drängt, dürften eine derartige Auffassung nahe legen.

Die Notwendigkeit eines *Ausgleichs*, der sich anschließt, erklärt sich der Gestaltkreistheorie zufolge daraus, dass der Drang zur Erhaltung und Wiederherstellung der Ganzheit der Person und der Subjekt-Objekt-Einheit befriedigt sein will. Da eine Schließung der Lücke direkt nicht möglich erscheint, muss die Situation erst »umgewandelt« werden. Nach dem Äquivalenz-Prinzip werden alternative Handlungsmöglichkeiten in der jeweiligen Situation, also im Rahmen des Gestaltkreises, aktiviert. Mit der Wahl einer solchen Möglichkeit ist eine neue Ordnung des Verhältnisses zwischen Subjekt und Welt insofern angebahnt, als beide jetzt – wieder – angemessen korrespondieren. Entsprechend der individuellen Bedürftigkeit erscheinen sie einander adäquat zugeordnet. Die Einheit des Subjekts mit seiner Umwelt ist damit wiedergewonnen.

Speziell geartete Verläufe regulatorischen Geschehens, bei denen im strengen Sinne eine Umzentrierung – mangels relevanten Eingriffs in die personale Einheit – nicht erfolgt, sondern die Person abrupt von einer Haltung in eine andere umkippt (z.B. plötzlicher »Umschlag ins Gegenteil«) oder etwa nur routinemäßig eine Handlungsmöglichkeit ergreift, können ohne Rückgriff auf feldtheoretische bzw. kybernetische Vorstellungen kaum befriedigend erklärt werden. Nach der Gestaltkreistheorie, der die existenzielle Krisenerfahrung als zentrales Moment des gesamten Entscheidungsgeschehens gilt, ist der Gesamtablauf durch die Phasen Ausgangssituation, Krise und Ausgleichssituation bestimmt. Da wir das »mittlere Stadium«, die Krise, in der gerade bei v. Weizsäcker gemeinten Spezifität als – angeblich notwendiges – Stadium des Entscheidungsprozesses noch nicht abschließend ausgelotet hatten, bleibt zu prüfen, ob und inwieweit eine solche Verständnisweise der Krise für das Entscheidungsgeschehen zugrunde gelegt werden darf.

27.2.3 Entscheidungen mit und ohne Krisenerfahrung

Bei Entscheidungen unter Konflikt *kann* das personale Erleben an jedem Punkt der Ausgangsphase, an dem Übergang und Umstellung zur Ausgleichssituation erfolgen, durch die Erfahrung einer Krise mehr oder weniger heftig erschüttert werden. Unter Krise im psychologischen Sinne verstehen wir den spezifischen Abschnitt eines durch innere und/oder äußere, ausnahmehafte Belastungen gekennzeichneten psychischen Entwicklungsprozesses, der für das weitere Persönlichkeitsschicksal bestimmend ist. Es ist allerdings die Frage, ob dies als typisch für Entscheidungen allgemein oder nur für bestimmte Formen der Entscheidung als kennzeichnend anzusehen ist. Unter diesem Gesichtspunkt lassen sich vier Fallgruppen unterscheiden:

- Bei der *ersten* Fallgruppe stellt sich die Ausgangssituation der Entscheidung als eine mehr oder weniger ausgeprägte *Krise* dar. Die Krise – Höhepunkt einer gefährlichen Entwicklung – ruft Gefühle des Desorientiertseins sowie Angsterlebnisse hervor. Meist wird die Person in der aktuellen Realisierung spezifischer Bedürfnisse frustriert sein, so dass die Realisierung (vorerst) vereitelt ist. Eine Krise dieser Art ergreift die Person zentral in ihrer Existenz, was – je nach der personalen Bedeutsamkeit der betroffenen Regungen – mehr oder weniger schwerwiegend sein kann. Die Störung des Daseinsvollzugs kann, sofern zentrale Persönlichkeitsbereiche einbezogen sind, die personale Existenz in umfassendstem Ausmaß erschüttern, wenn etwa der bisherige Daseinssinn sich nun als fragwürdig erweist, das gesetzte Lebensziel verfehlt oder unerfüllbar erscheint, der Mensch »vor dem Nichts« steht.
- Bei der *zweiten* Fallgruppe wird, obwohl die Momente der Krisensituation gegeben sind, die Situation *nicht angenommen*, sondern umgangen, überspielt, verdrängt etc. Die Krise bleibt also für das personale Erleben verhältnismäßig *latent*. Unstimmigkeit, Angst etc. können Symptome einer solchen unverarbeitet gebliebenen Krisensituation sein. Fälle dieser

Art führen bevorzugt zu Regulationsversuchen, bei denen die Erlebnis- und Verhaltensweisen ausschließlich intrapsychisch, auf irrealem Niveau oder auch als abartig erscheinende Störungen im Handlungsfeld in Erscheinung treten.

- Aus der zuletzt genannten Konstellation kann sich nun aber – und damit stehen wir bei einer *weiteren* Fallgruppe – ein *sekundäres* Krisenerleben gravierender Art, z.B. in Form einer Neurose, entwickeln. In derartigen Fällen löst die inadäquate Reaktion den zugrunde liegenden Konflikt und die Krisensituation nicht auf, sondern verstärkt die sie bedingenden Faktoren, was in einem ebenso plötzlichen wie heftigen Ausbruch von Regungen der Ichbedrohung zum Ausdruck kommen kann. Die Krise kommt hier im Verhältnis zum Anlass in *unangemessener* Stärke zum Ausbruch.
- Bei einer *vierten und letzten* Fallgruppe liegt in der Ausgangssituation lediglich eine mehr oder weniger ausgeprägte Störung der Kontinuität des Handlungsablaufs vor, worauf beinahe unvermittelt die Wahl getroffen wird und nicht selten sich sogleich die Vorbereitung der Ausführungshandlung oder diese selbst anschließt. Ein Krisenerleben ist hier *nicht* festzustellen; die Einheit des Subjekts in seiner Umwelt ist nur peripher berührt.

Die sich aus diesen Fallgruppen ergebende Verschiedenheit des Krisenmoments und seiner Ausprägung führt zu der Feststellung, dass das von der Gestaltkreistheorie postulierte Moment einer Krise, insofern es als erlebte, erfahrene *Krise des Subjekts* verstanden wird, *weder* für die existenziell bedeutsamen Entscheidungen *noch* für die diesen verwandten Regulationen als *konstitutiv* bezeichnet werden kann. Sofern dies nach der Gestaltkreistheorie auf den ersten Blick so scheinen mag oder angenommen werden könnte, trifft das jedoch nicht zu. Denn damit würden die Entscheidungssituationen von einer speziellen Erlebnis- und Verhaltensseite aus interpretiert, die nicht die ganze Skala von Entscheidungsvariationen repräsentiert. Es trifft daher auch nicht zu, dass es bei *allen* derartigen Variationen zu krisenbedingten Einschmelzungen des Gesamterlebens kommen muss.

Es ist jedoch sinnvoll und empirisch begründet, das »kritische Stadium«, in das die Person infolge der Ausgangssituation durchweg gerät, in einem *weiteren* Sinne als Krisenmerkmal zu interpretieren. Von daher lässt sich dann mehr oder weniger augenfällig ein Knoten- oder Krisenpunkt bestimmen, bei dem das Unvollständigbleiben der Situationsgestalt sich zur Störung ausweitet, was schon dann der Fall sein kann, wenn eine Stockung oder Instabilität der angelegten Ordnung des jeweils aktivierten personalen Gestaltkreises auftritt (vgl. Seifert, 1969, S. 333). Insoweit ist dann jedoch noch *nicht* von Entscheidungen *mit* Krisenerfahrung zu sprechen. Weitet sich das Geschehen dagegen zu einem Krisenerleben aus, das von der Person als mehr oder weniger bedrohlich durchlebt wird, so manifestiert sich in diesem Abschnitt in *ausgeprägter* Weise der *perso-*

nale Sinngehalt im Entscheidungsgeschehen: gleichgültig ob etwa eine drangvolle Unruhe und Gespanntheit oder überwältigende Daseinsangst erlebt oder dieser Zustand als Unbehagen und Unzufriedenheit mit dem eigenen Schicksal bis hin zu unüberwindbar erscheinender Disharmonie und Selbstentzweiung erfahren wird. Hier erst kann von Entscheidungen *mit* Krisenerfahrung die Rede sein.

Die bei vielen situationellen Regulationen nur begrenzte oder auch fehlende Krisenerfahrung führt dazu, dass die *spontane und unmittelbare Umstellung* von der Gestaltkreistheorie allenfalls in beschränktem Umfang erklärt werden kann. Denn hier fehlt es an einem Durchgang durch ein meist longitudinales Krisenerleben. Umbruch und Wandlung der menschlichen Person erfordern in einer existenziellen Krise eine gewisse Dauer zur neuen Ausformung des Selbst, d.h. zur Bildung einer neuen Situationsgestalt. Dies trifft aber eben nicht für alle Entscheidungssituationen zu: Die konfliktregulierenden Tendenzen können nämlich *unmittelbar* zur Verminderung der frustrierten Bedürfnisspannung auf bestimmte Ziele, spezifische Strebungen etc. führen (wobei die Zwischenstadien gleichsam »gerafft« erscheinen); und die sie tragenden Erlebnis- und Verhaltensweisen können sich *spontan* geltend machen, ohne dass nennenswerte Krisen- und Entwicklungszeiten festzustellen sind. Ausgleichsbestrebungen des Subjekts in multivalenten Situationen müssen also nicht notwendig erst durch die Erfahrung der Krise geweckt oder über eine längere Zeitspanne einer solchen Erfahrung entfaltet werden.

Es wäre jedoch voreilig und nicht zutreffend, daraus zu schließen, dass diese Züge in der Sichtweise der Gestaltkreistheorie prinzipiell nicht verstanden werden können. Sie stehen in ihrem allgemeinen Sinngehalt durchaus in Übereinstimmung mit den Anschauungen hierher gehörender Sichtweisen. So wird die *Spontaneität* von vornherein als Wesenseigenschaft des Subjekts bei v. Weizsäcker gesehen, und die *unmittelbar* einsetzenden entscheidungsgerichteten Tendenzen zur Bewältigung der multivalenten Situation sind bereits aus der gestaltkreisartigen Verflochtenheit von Subjekt und Objekt im Handeln zu begreifen. Aber diese Perspektiven sind zu allgemein, um die im konkreten Fall zuweilen zu beobachtende *Promptheit* des Auftretens der Konfliktlösungsbestrebungen hinreichend präzise zu erfassen. Gewiss ließe sich darauf hinweisen, dass die Aktualgenese ja ebenfalls »blitzartig« ablaufen kann. Eine derartige Anschauung ist aber schon für die normale Gestaltwahrnehmung nicht ganz unzweifelhaft (vgl. Graumann, 1959) und müsste hier erst recht spekulativen Charakter haben. Es wird – mit anderen Worten – das »Automatische« an der Selbstregulation nicht recht verständlich, genauso wenig wie ein Scheitern von Lösungsversuchen oder die bewusste Annahme von Konflikten aus Sicht der Gestaltkreistheorie erfasst werden. Als empirische Fakten bleiben *solche* Entwicklungen gleichsam *unterhalb* des hier angesetzten Interpretationsniveaus der Gestaltkreis-Perspektive; sie sind insoweit *adäquater* von feld- oder auch regeltheoretischen Konzeptionen aus zu erklären. Die theoretische Prägnanz des Gestaltkreis-

Ansatzes ist somit auf jene Fälle beschränkt, bei denen das konflikteindämmende und -lösende Verhalten aus einer personalen Unorientiertheit im Sinne einer eigentlichen Krisenerfahrung erwächst und als – pathische – Umwandlung der existenziellen Situation der Person erscheint.

Andererseits wird hier nochmals deutlich, dass die genetische Funktion, wie sie im Prozess der Entscheidung ausgeprägt ist, in ihrem Gehalt – von den oben gemachten Einschränkungen zur Erklärung der Funktionsweise bei der »Umstellung« hier einmal abgesehen – recht gut mit der Gestaltkreistheorie zu erfassen ist. Wenn dabei auch eher der Aspekt der personalen Umformung herausgestellt wird, so ist durch den übergreifenden Gesichtspunkt der Wiederherstellung der Kontinuität des Subjekts doch die Wesensart dieser personalen Funktion bei der Entscheidung zutreffend erkannt. Einer in jeder Hinsicht klaren und eindeutigen begrifflichen Fassung dieses Sachverhalts mag freilich der hinsichtlich seines konkreten Bedeutungsgehalts noch einigermaßen vage und schwankende Subjektbegriff[80] entgegenstehen.

27.3 Diskussion

Die Heranziehung der Gestaltkreistheorie zur Erklärung von Entscheidungsgeschehen erscheint grundsätzlich gerechtfertigt. Die Prinzipien dieser Theorie, insbesondere das der Erhaltung und Wiederherstellung der Ganzheit, der Kontinuität des Subjekts auf Basis des Gestaltkreises Subjekt-Welt, geben Einblick in mögliche *Quellen* von Konflikt- und Entscheidungsverhalten überhaupt. Die dem Ansatz zugrunde liegende personalgenetische, vorzugsweise aktualgenetische Betrachtungsweise bietet dabei geeignete Handhaben, um den Einsatz und die spezifische Entwicklung der konfliktregulierenden Komponenten in Grenzen erklärbar zu machen. Eine weitere Ausarbeitung unter diesem Aspekt dürfte allerdings schwierig sein, da die maßgeblichen allgemeinen Wirkungszusammenhänge in dieser Sichtweise weniger leicht formalisierbar sind. Daher kann diese Konzeption noch weniger als die feldtheoretische und die regeltheoretische als genügend ausgearbeiteter, in sich konsistenter und abgesicherter Theorieansatz gelten; denn an manchen Stellen ist – wie wir im Einzelnen zeigen konnten – der wirkliche Sachverhalt noch nicht recht zu durchschauen, und manche Zusammenhänge der konzipierten Gestaltkreise können bis jetzt nur hypothetisch beschrieben werden.

Darüber hinaus erscheint es erforderlich, den gestaltkreistheoretischen Ansatz in einigen Punkten zu modifizieren, um die im Entscheidungsgeschehen wirkenden Komponenten möglichst auch in den Fällen erfassen zu können, für die eine personale Krise nicht typisch ist. Diese Erweiterung bzw. Differenzierung des

---

80 Buytendijk (1956) bezeichnete ihn – ähnlich wie v. Weizsäcker – als »ohne Dimension, Inhalt und Form« in der empirischen Wissenschaft (S. 26).

Theoriekonzepts ist notwendig, weil wir bei den geprüften Grundformen beobachtet hatten, dass die Erfahrung der Krise nur bei einem Teil der Entscheidungssituationen jene Bedeutung erlangt, die ihr nach der Gestaltkreistheorie zuzuschreiben wäre (siehe Kap. 27.2). Da aber in *jedem* Fall der Ausgangssituation der Entscheidung eine Störung der zuvor gegebenen Ordnung des Subjekts im Verhältnis zu sich selbst und/oder zur Welt – selbst durch eine noch so geringfügige Beeinträchtigung – festzustellen ist, zeigt sich, dass die Gestaltkreis-Konzeption ohne eine entsprechende Modifizierung das Entscheidungsgeschehen nicht hinlänglich umfassend erklären kann: Bei der Entscheidung ist ein »Krisenmoment« nur insofern konstitutiv beteiligt, als jeweils ein kritisches Stadium oder ein kritischer Punkt auftritt, der als Knoten- und Wendepunkt des Geschehens fungiert. Im Einzelnen gibt es Übergänge und mancherlei Stufen krisenhaften, krisennahen oder krisenähnlichen Erlebens, von einer unspezifischen, nicht oder nicht in direktem Zusammenhang mit der Störung des Zukunftsbezugs erlebten Unorientiertheit über Erfahrungen kurzzeitiger personaler Bedrohtheit bis hin zu biografisch-existenziellen Krisen und tiefgreifenden Erschütterungen der Person.

Anzumerken ist weiterhin, dass Veränderungen des jeweiligen konkreten Gestaltkreises von Subjekt und Welt nicht generell als aktualgenetisch verstehbare Wandlungsvorgänge interpretiert werden können. Dies ergibt sich daraus, dass in (relativ) krisenfreien Ausgangssituationen der eigentliche Werdegrund personalen Erlebens im Allgemeinen nicht schon freigelegt wird. Das für die Wahl einer Alternative ausschlaggebende Moment im Entscheidungsprozess entsteht in vielen Fällen nicht aufgrund eines personalen Wandels oder entsprechender personaler aktualgenetischer Entfaltungsvorgänge. Im Ganzen gesehen kann das für diese Verständnisweise zentrale *Umformungserleben* also nur in einem *weiteren* Sinne als allgemein gültig angesehen werden, und zwar im Hinblick auf die formale Umstrukturierung der personalen Gesamtsituation.

Es liegt in der Konsequenz der Gestaltkreistheorie, dass sie das Konflikt- und Entscheidungsgeschehen von den »höchsten« personalen Erlebnis- und Entwicklungsformen aus verstehen und erklären muss; also von solchen Fallsituationen, bei denen die Person in ihrem Kern krisenhaft erschüttert wird und aufgrund ihrer *schöpferischen* Tendenzen – sei es nun im aktuellen Kontext oder im Rahmen der biografisch-existenziellen Lage – eine durch Entscheidung vollzogene Umgestaltung *erfährt*. Der damit gegebenen Gefahr einer »von oben her« akzentuierten Betrachtung und Herangehensweise – wie sie auch für die Willenstheorien charakteristisch ist – und teilweise des »Überziehens« anthropologischer Einsichten kann jedoch begegnet werden, wenn die ursprüngliche Konzeption auf ein *allgemeineres* personales Niveau hin reflektiert und in der geschilderten Weise *erweitert* wird. Damit erhält die unterschiedlich »hoch« bzw. »tief« gelagerte Ichbeteiligung ihre angemessene Zuordnung in diesem Geschehen.

Zur weiteren Fundierung des so modifizierten gestaltkreistheoretischen Ansatzes sind diese Annahmen freilich noch von der allgemeinen Struktur der Entscheidung aus abschließend zu betrachten. Generell kann hierzu festgestellt werden, dass die Gestaltkreistheorie jedenfalls den weitesten Horizont für das Auftreten und die Wirkungsweise von Entscheidungsprozessen ermöglicht, da dort die phänomenale Eigenart im Sinne des personalen Sinngehalts Ausgang und Mittelpunkt des gesamten theoretischen Fokus ist. Von anderen Perspektiven wird die personale Bedeutsamkeit dagegen entweder erheblich weniger umfassend oder gar nicht erfasst, sofern nur die für bestimmte Erscheinungs- oder Reaktionsformen erforderliche Anpassung erfolgt. Dies gilt sowohl für das allgemeine phänomenale Gegebensein der einzelnen Geschehnisse innerhalb des Entscheidungsvorgangs wie auch für deren biografisch-individuellen Sinn. Besonders deutlich werden die darin beschlossenen Verständnismöglichkeiten bei jenen Zügen, die vorzugsweise Veränderungen der phänomenalen Struktur erfassen. So kann die Erweiterung des Bereichs der Handlungsmöglichkeiten und des entsprechenden Erlebnisfeldes als Ausdruck der »lebendigen Aktualgenese« verstanden werden, die mit der *Überwindung* der zunächst mehr oder minder hemmenden oder lähmenden Wirkung der Ausgangssituation einsetzt.

Die in der kritischen Phase frei werdenden personalen Gestaltungstendenzen führen zu einer differenzierenden Ausgliederung von der gegenwärtigen Lage inhärenten Erlebnismöglichkeiten; das Sinngefüge der personalen Situation erweitert sich, indem Erlebnisgehalte oder Verhaltensmöglichkeiten durch die Entwicklung der Entscheidung eröffnet und hinzugewonnen werden.

Als treffend erweist sich auch die Erklärung der *Wiedergewinnung* der personalen Kontinuität und Ausgeglichenheit, die durch das Erlebnis der *abgeschlossenen* Entscheidung erreicht scheint. Die Entscheidung dient in dieser Sicht nicht der formalen Wiederherstellung eines indifferenten systemischen oder felddynamischen Gleichgewichts (kybernetischer bzw. feldtheoretischer Art), sondern durch sie werden Einheit und Ordnung der Person zurückgewonnen. Es ist offensichtlich, dass hiermit auch die Ordnungs- bzw. Restabilisierungsfunktion der Entscheidung in einer für das Individuum charakteristischen Weise erfasst wird. Die Ordnung ist als personale Ordnung des Subjekts in seiner Welt, als »Daseinsordnung« (Zutt, 1963) angesprochen; es werden keine mechanischen oder apersonal dynamischen, sondern »axiologische Ordnungskategorien« verwendet. Aus diesem Grund ließ sich auch, wie wir sahen, die Entfaltungs- und Werdefunktion allein aus der Sicht dieser Konzeption darstellen. Erst dadurch, dass diese Ordnung als biografisch-individuell entstandene Ordnung und zugleich als sich weiter entwickelnder *Prozess* erkannt wird, können Entscheidungen als Schritte, die der Selbstverwirklichung dienen, im Fluss des Daseins sichtbar werden.

Die Grundhaltung der Gestaltkreistheorie zeigt sich ferner in Merkmalen, die die *Funktionsweise* des Entscheidungsgeschehens charakterisieren; dabei sind jedoch – wie oben bereits einschränkend gesagt – teilweise einige Modifikationen notwendig. So bedarf schon das Merkmal der *Aktivierung* des Informations- und Reaktionspotenzials ebenso wie das der *Spontaneität* nach der Gestaltkreistheorie keiner *gesonderten* Erklärung; denn diese Gegebenheiten mit dem Ziel der Schließung der Lücke bzw. Behebung der Krise sind hiernach schon aufgrund der allgemeinen Wesensart des durch Spontaneität und die Tendenz zur Selbstbestimmung gekennzeichneten Subjekts evident. Außerdem ist für derartige Auffassungen charakteristisch, dass eine innere Zustimmung zu der speziellen personalen »Aktivität« gegeben sein soll. Letzteres lässt sich in dem Sinne bestätigen, dass der Mensch der jeweiligen Situation und ihren Feldkräften zwar ständig ausgeliefert ist, dass er dabei aber die Fähigkeit zur Wahl und Entscheidung im Sinne der Feldkonstellation besitzt. Er kann z.B. in der Askese auf die Erfüllung bestimmter Bedürfnisse verzichten, solange er diese Zielsetzung durchzuhalten vermag. Er ist also imstande, Zeitpunkt sowie Art und Weise des Handlungsvollzugs in gewissem Umfang zu bestimmen. Zumindest insofern, als Handeln durch Einstellungen mitbestimmt ist, die aus früheren Entscheidungen und bestimmten Erfahrungen resultieren, mag eine derartige Anschauung die in Rede stehende Problematik treffen.

Ein durchweg positives Ergebnis erbrachte die Erörterung über die Rolle der personalen Wandlungs- und Entfaltungsvorgänge, die nach der Gestaltkreistheorie vor allem für das Merkmal der *Umstrukturierung* maßgebend sind. Ihr gegenüber der feld- und regeltheoretischen Sichtweise fruchtbarerer Beitrag liegt darin, dass Umstrukturierungen, Umorientierungen etc. als Veränderungen und Wandlungen des Subjekts oder des Subjekt-Welt-Verhältnisses aufgefasst werden. Dennoch sind diese Umstrukturierungen des Erlebnis- und Entscheidungsfeldes nur in *bestimmten* Fällen existenziell wirklich bedeutsam, nämlich dann, wenn sie als ausgeprägte, zentrale Umformungserlebnisse des Subjekts auftreten, in denen die ganze Orientierung des Subjekts »neu« gestaltet wird. Als paradigmatisch hierfür können Entscheidungen angesehen werden, bei denen Veränderungen des Lageschemas bis hin zu Umorientierungen in der Daseinsgestaltung selbst eintreten. Bei anderen Reaktions- bzw. Erscheinungsformen bleibt es demgegenüber bei (relativ) peripher ablaufenden Regulationen.

Abschließend soll das Merkmal der *Selbsttätigkeit* betrachtet werden, das bereits die feld-, regel- und lerntheoretischen Konzeptionen in charakteristischer und treffender Weise erklären konnten (Kap. 24, 25 und 26). Der Beitrag der Gestaltkreistheorie liegt in dieser Hinsicht darin, dass die Selbsttätigkeit bei der *Reaktion auf Konflikte* grundsätzlich als Ausdruck einer personalen Umformung oder Umgestaltung im Rahmen des Verhältnisses Subjekt-Welt erfasst wird: Die für die Konfliktlösung letztlich wirksamen Gestaltungstendenzen *entfalten sich von selbst*; sie werden durch die Krise nur freigelegt, ohne dass Steuerungskräfte von »außen« oder von »oben« eingreifen müssen. Diese Anschauungsweise kommt also ohne die Annahme von Umschaltungen in festgefügten Regelkreisen oder Regelkreissystemen aus, wodurch sie – ähnlich wie schon die feldtheoretische Konzeption – nicht unerheblich an Plastizität gewinnt. Dabei bereitet die Komplexität der regulatorischen Vorgänge dieser Anschauung grundsätzlich keine Schwierigkeiten, da die jeweiligen Gestaltkreise sich ohnehin, je nach der herrschenden Situation, stets wieder anders strukturieren. Damit wird auch die eigentümliche *Rückwirkung* der Situationsbewältigung auf das *Subjekt* verständlich.

Über den feldtheoretischen Ansatz greift diese Auffassung durch ihre Annahme hinaus, nach der die umformenden und umgestaltenden Tendenzen nicht bloß aus der Konstellation des herrschenden anschaulich-situativen Feldes stammen, sondern wesentlich aus der – im Grunde pathisch erfahrenen – Produktivität der Person selbst. Damit wird der Selbsttätigkeit des Geschehens in der Konfliktlösung von dieser – insoweit freilich ambivalent anmutenden – Warte aus zugleich wieder personale Wirksamkeit zugesprochen; gemeint ist mit dem Merkmal der Selbsttätigkeit also nichts anderes als eine spezielle Weise der allgemeinen Aktivität des Subjekts.

Nach allem ist nicht zu übersehen, dass es, wie wir an verschiedenen Stellen feststellen konnten, die *krisenhaften*, vorzugsweise also die existenziell bedeutsameren, von der Person voll durchlebten Entscheidungssituationen sind, die sich der Gestaltkreistheorie, zumindest ihrer »ursprünglichen«, noch unmodifizierten Konzeption, erschließen. Um aber *peripher* erlebte Gestaltungen multivalenter Situationen ebenfalls genauer erklären zu können, kann – will man nicht – wie oben angesprochen – die Gestaltkreistheorie selbst entsprechend modifizieren – auf eine ergänzende Heranziehung feldtheoretischer oder regeltheoretischer Modelle kaum verzichtet werden. Diese schließen sich im Verhältnis zu dem hier beanspruchten Ansatz in Bezug auf die Umstrukturierung von Vorgängen *peripherer* Art keineswegs aus und können *diese* »Umstellung« prinzipiell erklären (Kap. 24.2 und 25.2). Die Gestaltkreistheorie braucht deshalb nicht grundsätzlich aufgegeben zu werden. Abgesehen von den dargestellten Vorzügen dieses Ansatzes lässt sich im Übrigen die Möglichkeit nicht von der Hand weisen, dass im Verlauf der Entwicklung eines Entscheidungsprozesses eine Umthematisierung der zunächst (vergleichsweise) peripher erlebten Multivalenz auf das Niveau ausgeprägt existenziell durchlebter, krisenhafter Situationen erfolgt, so dass auch insoweit der Rekurs auf die Gestaltkreistheorie sinnvoll bleibt, während der Erklärungsgehalt der übrigen herangezogenen Modelle *hier* äußerst gering ist oder eben fehlt.

28 Zur neuropsychologischen Perspektive

Der Phänomenkomplex Konflikt und Entscheidung hat in der psychologischen Literatur während der letzten Jahre wichtige Erweiterungen erfahren durch eine zunehmende Berücksichtigung der Verknüpfung von kognitiven Leistungen einerseits und ihren biologischen und vor allem neuronalen Grundlagen andererseits. Es handelt sich dabei keineswegs nur um eine »lokale Entwicklung«, die sich auf einzelne Aspekte menschlicher Kognition bezieht, sondern um ein umfassendes Forschungsprogramm. Dabei sind einige tradierte Fächergrenzen aufgeweicht worden und neue »Querschnittsdisziplinen« entstanden. Etabliert haben sich zwei Bezeichnungen für diese Disziplinen: Zum einen ist der Begriff Neuropsychologie gebräuchlich, zum anderen hat sich besonders bei Wissenschaftlern im angelsächsischen Raum die Bezeichnung *»cognitive neuroscience«* durchgesetzt. Obwohl diese Benennungen im Folgenden als äquivalent angesehen werden, sei erwähnt, dass dennoch eine gewisse inhaltliche Differenzierung vorgenommen werden kann. Folgt man Poeck (2003, S.1), der unter Neuropsychologie ein Forschungsgebiet versteht, das »die Beziehungen zwischen Gehirnfunktionen und Verhalten mit den Untersuchungs- und Auswertungsmethoden der experimentellen Psychologie untersucht«, so wird klar, dass es sich um eine Disziplin handelt, die von einem ebenso breiten wie spezifischen Forschungsinteresse getragen und bei bislang ergebnisoffener Tragweite noch »unterwegs« ist. In entsprechenden Studien werden meistens Personen mit Läsionen in bestimmten Gehirnarealen und damit einhergehenden Veränderungen ihrer geistigen Leistungsfähigkeit untersucht. Darüber hinaus ist Neuropsychologie durch die Entwicklung möglichst effektiver Therapieformen für die betroffenen Patienten geprägt. Im Gegensatz dazu ist die kognitive Neurowissenschaft primär ein theoretisches Unterfangen, in dem Fragestellungen nicht unmittelbar mit dem Ziel eines künftigen Therapieerfolgs untersucht werden, sondern insbesondere mentale Funktionen und die entsprechenden neuronalen Prozesse unter Normalbedingungen im Mittelpunkt des Forschungsinteresses stehen. Wie die Untersuchungen von Gazzaniga (2000a, 2000b) eindrucksvoll unterstreichen, sind im Rahmen dieser Forschungen vor allem in den letzten beiden Jahrzehnten bahnbrechende Erkenntnisse über die Funktionsweise des menschlichen Gehirns gewonnen worden. Diese basieren besonders auf methodischen Weiterentwicklungen, so dass Experimente heute nicht mehr im überaus eingeschränkten Rahmen neurochirurgischer Behandlungen erfolgen müssen, sondern mithilfe bildgebender Verfahren *(neuroimaging)* durchgeführt werden, wie sie die funktionelle Kernspintomografie ermöglicht. Erst die flächendeckende Verbreitung dieser Messinstrumente und ihre für Versuchspersonen ungefährliche Anwendung haben zu einem exponentiellen Zuwachs an neuem Datenmaterial geführt, von dem eine Auswahl für die Problematik von Konflikt und Entscheidung nutzbar gemacht werden soll. Wie sich zeigen wird, sind die neuen Erkenntnisse nicht nur komplementär zu bereits vorhandenen empirischen Resultaten, sie können in manchen Fällen geradezu bizarre Dimensionen annehmen, so dass Neurowissenschaftler wie etwa Singer (2002, 2003, 2004) eine Veränderung des menschlichen Selbstverständnisses für wahrscheinlich halten (wenngleich bildgebende Verfahren die Inhaltlichkeit gedanklicher Prozesse bisher nicht darzustellen vermögen).

Diese und ähnliche Hypothesen sollen in diesem Kapitel vorgestellt und erörtert werden, doch zuvor ist es erforderlich, einen kurzen Einblick in Fragen darüber zu geben, inwiefern es *neuro*psychologische Untersuchungen sind, die ein neues Licht auf Phänomene wie das des Konflikt- und Entscheidungsverhaltens werfen können.

28.1 Neurowissenschaftliche Dimensionen

Wie die Untersuchungen von Passingham (1993) und Förstl (2004) dokumentieren, ist in den letzten Jahren ein Forschungsgegenstand stärker in den Fokus des wissenschaftlichen Interesse gelangt, der über Jahrzehnte als der rätselhafteste galt: das Frontalhirn. Dies mag darin begründet sein, dass die Funktionen des Frontalhirns bzw. dessen Ausfälle, die durch Läsionen hervorgerufen werden, besonders subtiler Natur sind. Ein instruktiver Fall mag den Sachverhalt, um den es geht, veranschaulichen.

So berichtet Damasio (1994) einen – aus heutiger Sicht geradezu klassisch anmutenden – Fall, der sich 1848 bei Gleisbauarbeiten in den USA zugetragen hat. Der 25-jährige Vorarbeiter Phineas Gage erlitt nach einer Explosion schwerste Verletzungen, die von einer vermutlich unterhalb seines Jochbeins eingedrungenen Eisenstange verursacht worden waren. Die Stange blieb jedoch nicht stecken, sondern durchtrat infolge der Wucht der Explosion den Schädel und hinterließ Zerstörungen großer Teile des Stirnhirns. Wie durch ein Wunder überlebte Gage die Hirnläsionen und trug keine Beeinträchtigungen seiner Motorik, Sensorik und seines Sprachvermögens davon. Auch seine kognitive Leistungsfähigkeit schien nicht in größerem Ausmaß geschädigt worden zu sein. Eine Vielzahl von relativ abstrakten Aufgaben konnte er weiterhin lösen. Dennoch bedeutete der Unfall für Gage eine fundamentale Veränderung, die auf das Engste mit der Entscheidungsproblematik verknüpft ist. Denn der zuvor als gelassen und vorausschauend geltende Gage wurde durch den Unfall zu einer launischen und mit Blick auf Zukunftsentscheidungen wankelmütigen Person. Die von ihm getroffenen Entscheidungen ließen Weitblick und das Abwägen von Alternativen und deren Konsequenzen vermissen. Mit einem Wort: die Verletzungen an Gages Gehirn verwandelten eine zu besonnenem Entscheiden fähige Person in einen Menschen, der nun weder für sich noch für andere Verantwortung zu übernehmen vermochte.

Es ist besonders der Arbeit des Ehepaars Damasio und ihren Arbeitsgruppen an der Universität von Iowa (USA) zu verdanken, dass dieser jahrzehntelang als rätselhaft geltende Fall einer neuropsychologischen Betrachtung unterzogen wurde. Mithilfe einer computergestützten Rekonstruktion der Strecke, die die Eisenstange wahrscheinlich genommen hatte, ermittelten sie die Bereiche von Gages Gehirn, die bei dem Unfall weitestgehend zerstört wurden. Es handelte sich dabei um Teile des Stirnhirns, vor allem innerhalb des präfrontalen Kortexes. Sollte diese Hirnregion tatsächlich von besonderer Bedeutung für die menschliche Fähigkeit zur abgewogenen und in Konfliktsituationen möglichst günstigen Entscheidung sein? Die entsprechende Hypothese wird durch Befunde von Untersuchungen gestützt, die A. R. Damasio während seiner Tätigkeit an neurologischen Kliniken durchgeführt hatte. Mit einem speziell für diesen Zweck entwickelten Test (vgl. Bechara, Damasio, Tranel & Damasio, 1997) wurde die Entscheidungsfähigkeit von Frontalhirnpatienten innerhalb eines Glücksspiels näher erforscht. Die Patienten hatten dabei die Aufgabe, jeweils zwischen vier verschiedenen Kartenstapeln zu wählen und eine Karte zu ziehen, um dafür einen bestimmten kleinen Geldbetrag gutgeschrieben oder abgezogen zu bekommen. Im Verlauf dieses Spiels stellte sich heraus, dass durch zwei der Stapel zwar höhere Einzelgewinne erzielt werden konnten und diese somit zumindest anfänglich vorteilhaft erschienen, dass sie sich jedoch im weiteren Verlauf als verlustbringend herausstellten. Gesunde Personen, die sich dem Test unterwarfen, erkannten diese Schwierigkeit nach einigen Runden und wechselten daraufhin ihre Strategie und wählten nur noch Karten der anderen Stapel, die zwar pro Runde einen kleineren möglichen Gewinn versprachen, aber dafür langfristig vorteilhaft waren. Im Gegensatz dazu wählten die Patienten mit Schädigungen des Frontalhirns weiterhin Karten der »schlechten« Stapel, d.h. sie waren nicht in der Lage, ihr Spielverhalten zu ändern und eine einmal getroffene Entscheidung im Licht neuer Information zu ändern. Besonders deutlich wird dieses Defizit angesichts der Tatsache, dass die Hälfte der Patienten zwar im Verlauf des Spiels »theoretisch« erkannten, dass die gewählte Strategie verlustbringend ist, daraus jedoch nicht die Konsequenz ziehen konnten, zu der anderen Strategie zu wechseln. Mit anderen Worten: Dem Erkennen der Nachteiligkeit einer vorherigen Entscheidung können die Patienten nicht die Überlegung folgen lassen, sich anders zu entscheiden.

Interessanterweise scheinen hierbei Vorgänge eine Rolle zu spielen, die weitgehend außerhalb des bewussten Zugriffs stehen. In der beschriebenen Untersuchung wurden sowohl an den gesunden Personen als auch an den Patienten Messungen der Hautleitfähigkeit vorgenommen. Ein Ansteigen der Leitfähigkeit ist ein Indikator für eine Aktivierung des autonomen Nervensystems, das beispielsweise eine besondere Rolle bei Fluchtverhalten und in einem allgemeineren Zusammenhang – Damasios Theorie zufolge – bedeutsam für die Entstehung von Emotionen ist. Diese Vorgänge unterstehen keiner bewussten Kontrolle, sondern werden von Arealen des Gehirns initiiert, die stammesgeschichtlich wahrscheinlich sehr früh entstanden sind. Im Spielverlauf zeigte sich bei den gesunden Probanden nach einigen Runden eine Erhöhung der Hautleitfähigkeit bei der Wahl einer Karte eines »gefährlichen« Stapels, was physiologisch betrachtet womöglich der Beginn dessen ist, was sich später zu einer bewussten Ahnung bzw. der Gewissheit entwickelt, dass es geboten erscheint, die Strategie zu wechseln. Die Frontalhirnpatienten hingegen zeigten eine entsprechende Erhöhung der Hautleitfähigkeit nicht.

Fehlt diesen Patienten etwa ein wesentliches neuronales Substrat, ohne das (auch) persönlich wichtige Entscheidungen nicht angemessen getroffen werden können? Es hat fast den Anschein, und eine weitere Studie aus der Arbeitsgruppe von Damasio (vgl. Anderson, Bechara, Damasio, Tranel & Damasio, 1999) vermittelt einen Eindruck davon, wie tiefgreifend die Beeinträchtigungen sind, wenn Läsionen im Stirnhirn bereits in früher Kindheit auftreten. Zwei Patienten – zu Beginn der Untersuchung jeweils im Alter von Anfang 20 – wurden dabei in ihren Lebensläufen genauer betrachtet. Ihre Biografien sind gekennzeichnet durch Verhaltensauffälligkeiten während der Schulzeit, Einschränkungen in der sozialen Interaktion mit Altersgenossen und Eltern, unterdurchschnittlichen Leistungen trotz normaler Intelligenz, in späteren Jahren bis zu einem riskanten Verhalten, durch das weder eine normale Erwerbstätigkeit noch funktionierende persönliche Bindungen erhalten werden konnten. Die in die Studie einbezogene Patientin hatte bereits während ihrer Jugendzeit ihre erste Schwangerschaft, zeigte aber in den Folgejahren wenig Interesse an einem normalen Aufwachsen ihres Kindes. Da sie weder für sich selbst noch für ihr Kind angemessene Entscheidungen treffen konnte, zog sie schließlich wieder bei ihren Eltern ein, die sowohl für die Mutter als auch für das Kind fortan die Verantwortung übernehmen mussten. Auffällig ist bei beiden Patienten der Mangel an sozialer und moralischer Kompetenz, so dass sie auch nach späterer Straffälligkeit keinerlei Reue für ihr Verhalten zeigten. Beide Patienten schnitten in den zuvor dargestellten Glückspieltests mit Verlust ab und wiesen im Verlauf keine Veränderungen der Hautleitfähigkeit auf. Offenkundig kam es bei ihnen, die bereits in jungen Jahren Frontalhirnläsionen erworben hatten, nicht zu einer Internalisierung der Normen ihrer Umgebung. Dieser Befund steht im Gegensatz zu Befunden bei Patienten, die erst im weiteren Verlauf ihres Lebens Verletzungen des Stirnhirns davontrugen, bei denen nicht einheitlich von einer ähnlichen Persönlichkeitsstörung ausgegangen werden kann. Offenbar können die Patienten noch auf Reste eines moralischen Überzeugungssystems zurückgreifen, verhalten sich aber in ihren Entscheidungen – besonders wenn sie mit langfristigen Konsequenzen verbunden sind – dennoch normabweichend (vgl. Anderson et al., 1999).

Zusammenfassend kann gesagt werden, dass ein normales Funktionieren bestimmter Areale innerhalb des Stirnhirns bedeutsam für die menschliche Entscheidungsfähigkeit ist. Wird der Befund generalisiert, ergibt sich, dass eine Schädigung innerhalb eines relativ kleinen Teils des Gehirns schon ausreicht, um abgewogene und vorteilhafte Entscheidungen zu erschweren oder unmöglich zu machen. Es sind pathologische Fälle wie die zuletzt geschilderten, die die Fragilität des neuronalen Systems aufzeigen, ohne dessen normales Funktionieren niemand diese Fähigkeiten ausüben könnte.

28.1.1 Eine halbe Sekunde Verspätung: Die Experimente von Libet

Um Optionen abzuwägen und als selbstbestimmte Person handeln zu können, bedarf es bestimmter *neuronaler* Voraussetzungen. Es lässt sich hieran nun die

Überlegung anschließen, dass die *Abwesenheit* der berichteten oder ähnlicher Läsionen bzw. anderer pathologischer Veränderungen im Gehirn *hinreichend* ist, um auf neuronaler Ebene Entscheidungs*fähigkeit* zu gewährleisten und darüber hinaus die *Freiheit* des Entscheidens zu ermöglichen. Doch handelt es sich hierbei um einen Schluss, der aus der Perspektive einer Gruppe von Neurowissenschaftlern gerade nicht gerechtfertigt ist. Ihrer Auffassung nach ist selbst in nichtpathologischen Fällen Freiheit des Wollens nicht gegeben, vielmehr geben wir uns tagtäglich der »Illusion des bewussten Wollens« hin (vgl. Wegner, 2002).

Die These steht im scharfen Gegensatz zu unserer Selbstwahrnehmung, in der wir uns als »frei wollend« und »frei handelnd« erleben und begreifen. Eine Ablehnung dieser als natürlich und angemessen empfundenen Selbsterfahrung müsste aufzeigen, wie diese Illusion entstehen kann:

> »We should be able to examine and understand what creates the experience of will and what makes it go away. This means, though, that conscious will is an illusion. It is an illusion in the sense that the *experience of consciously willing an action is not a direct indication that the conscious thought has caused the action*« (Wegner, 2002, S. 2; Hervorhebung im Original).

Was an diesem Punkt deutlich wird, ist das Spannungsverhältnis zwischen phänomenalem Erleben auf der einen Seite und empirisch untermauerten Theorien aus den Natur- und besonders den Neurowissenschaften andererseits. Es ist der durch empirische Erkenntnisse vermittelte Standpunkt, dessen Basis Daten sind, die sich durch Reproduzierbarkeit und Vorhersagekraft auszeichnen, und der möglicherweise aus einer subjektiv erlebten Gewissheit der Freiheit eine Illusion werden lässt. Gerade aus dieser Perspektive kommt den zur Stützung dieser These vorgetragenen Experimenten besondere Bedeutung zu.

Als Ausgangspunkt können dabei die mittlerweile als klassisch anzusehenden Stimulationen von Hirnarealen dienen, wie sie Penfield in den 1940er und 1950er Jahren durchgeführt hatte (dazu Penfield, 1975). Im Rahmen von neurochirurgischen Eingriffen bei Epilepsie-Patienten wurden unter lokaler Anästhesie verschiedene Areale des Gehirns mit schwachem elektrischen Strom stimuliert. Dabei gelang es, durch Reizung beispielsweise der motorischen Hirnrinde Bewegungen der Extremitäten hervorzurufen, wobei die Patienten angaben, diese nicht willentlich ausgeführt zu haben, sondern sie dem Einfluss des Experimentators zuschrieben (vgl. Penfield, 1975). Interessanterweise konnten in späteren Experimenten, in denen andere Hirnareale stimuliert wurden, Bewegungen des Patienten ausgelöst werden, die dieser sich selbst zuschrieb. Auch wenn allein auf dieser Basis noch keine exakte Differenzierung von Hirnarealen, die für selbstzugeschriebene Handlungen relevant sind, und solchen, die für Bewegungen allgemein zuständig sind, vorgenommen werden kann, so ist doch ein erster Hinweis gegeben, dass es im Gehirn eine solche funktionelle Trennung gibt. Nach Wegner (2002, S. 47) könnte dies bedeuten, dass die bewusste Erfahrung des Wollens den eigentlichen Vorgängen, die für Volition und Entscheiden bestimmend sind, nur hinzugefügt wird. Das Bewusstsein einer Handlung könnte somit erst hinzutreten, wenn diese bereits initiiert ist.

Sollte die Hypothese eines in diesem Sinne »nachgelagerten Bewusstseins« zutreffen, könnte dies bedeuten, dass es eben gerade nicht die bewusst von der Person erlebten und erwogenen Handlungsgründe und deren Abwägung sind, die den Ausschlag für eine Entscheidung geben. Auf die Forschungen des nordamerikanischen Neurowissenschaftlers Libet (1985, 1987, 1989, 1999) geht es zurück, dass die Suche nach den neuronalen Grundlagen von Volitionen in den letzten 20 Jahren deutlich zugenommen hat. Die entsprechenden Untersuchungen wurden seinerzeit noch größtenteils während operativer Eingriffe durchgeführt. Dabei konnte zunächst allgemein festgestellt werden, dass eine elektrische Reizung an einer Hautpartie, beispielsweise an der Hand, ungefähr 0,02 Sekunden später eine Aktivität im entsprechenden Areal der sensorischen Hirnrinde hervorruft. Die Aktivität konnte sogar dann gemessen werden, wenn der entsprechende Reiz zu kurz oder nicht stark genug war, um ins Bewusstsein zu gelangen. Der Reiz wird hier sofort, d.h. nach 0,02 Sekunden, bewusst. Wird dagegen eine elektrische Stimulation direkt am entsprechenden Hirnareal durchgeführt, so wird diese erst nach 0,5 Sekunden als ein Kribbeln an der jeweiligen Hautpartie empfunden. Nach Libet, Wright, Feinstein & Pearl (1979) ist somit zunächst eine halbe Sekunde Hirnrindenaktivität erforderlich, bevor ein Reiz bewusst werden kann. Durch diesen Befund aber wird der zuvor geschilderte Fall zum Rätsel: Warum wird eine »normale« Hautreizung um so viel früher bewusst empfunden als die Stimulation der Hirnrinde? Libets Hypothese ist eine vorläufige Erklärung auf Basis eines »subjektiven zeitlichen Rückverweises«, d.h. eine Stimulation der Haut wird subjektiv so empfunden, als ob sie bereits 0,02 Sekunden nach ihrem Beginn bewusst gewesen wäre, während sie tatsächlich erst nach einer halben Sekunde bewusst wird. Anders gesagt: Libet postuliert eine *Dissoziation* zwischen *erlebtem* »Zeitbewusstsein« und der *tatsächlich* verstreichenden Zeit.

Die Vorschläge wurden in Folge intensiv diskutiert. Dabei zeigte sich, dass nur wenige Wissenschaftler geneigt sind, sich diesem Modell anzuschließen. Die entscheidende Schwierigkeit liegt darin, dass es bis heute nicht gelungen ist, die Ergebnisse der Stimulationsversuche zu replizieren. Ungeachtet dieser Schwierigkeiten ist Libets weitere Arbeit von großer Bedeutung. Wie dargestellt, bezogen sich seine ursprünglichen Überlegungen primär auf *subjektive Wahrnehmungen*, in späteren Experimenten übertrug er sein Modell auch auf bewusst initiierte, *intentionale Bewegungen*. Untersucht wurden dabei so genannte »Bereitschaftspotenziale«, die von Kornhuber und Deecke (1965) erstmalig beschrieben wurden. Es handelt sich hierbei um eine Gehirnaktivität, die im Rahmen eines Elektroenzephalogramms (EEG) im Vorfeld von Bewegungen mithilfe von Elektroden auf der Kopfhaut gemessen werden kann. Bereitschaftspotenziale können bereits 0,8 Sekunden vor der willentlichen Bewegung beispielsweise eines Fingers festgestellt werden. Um nun genau zu bestimmen, wann Personen innerhalb einer Bewegungssequenz so etwas wie einen bewussten Willen erleben, entwickelte Libet mit seiner Arbeitsgruppe (vgl. Libet 1985, 1987, 1989, 1999; Libet, Gleason, Wright & Pearl, 1983) eine Reihe von neuen Experimenten. Dabei hatten die Versuchspersonen während einer EEG-Messung die Aufgabe, zu einem bestimmten, von ihnen selbst festgelegten Zeitpunkt einen Knopf zu drücken. Gleichzeitig betrachteten sie die Rotation eines Zeigers auf einer speziellen Uhr und waren angehalten, sich dessen Position zu dem Zeitpunkt zu merken, an dem sie den Wunsch verspürten, die Bewegung auszuführen. Auf dieser Basis konnte dann bestimmt werden, wann die Versuchspersonen das »Bewegen-Wollen« subjektiv empfanden, während die EEG-Messung Daten darüber lieferte, wann zerebrale Aktivität einsetzte. Intuitiv würde man hier wohl annehmen, dass sich folgende Reihenfolge ergab: Die Versuchspersonen trafen ab einem bestimmten Zeitpunkt die Entscheidung, die Bewegung auszuführen, woraufhin sich ein Bereitschaftspotenzial aufbaute, das die motorische Aktivität initiierte und schließlich zum Drücken des Knopfes führte. Die tatsächliche Sequenz wich jedoch in einem entscheidenden Punkt von der intuitiv angenommenen Sequenz ab: Das Bereitschaftspotenzial konnte schon 0,5 bis 0,7 Sekunden vor dem Bewegungsbeginn festgestellt werden; die Versuchspersonen gaben jedoch an, nur ca. 0,2 Sekunden vor dem Knopfdruck den Entschluss gefasst zu haben. Es ist offensichtlich, dass dieses Resultat sehr gut mit den früheren Befunden harmoniert. Auch die Absicht, eine Handlung zu beginnen, bedarf einer Hirnrindenaktivität von einer halben Sekunde, um schließlich bewusst zu werden.

Es scheint, als ob diese Überlegungen den Schluss stützen könnten, dass so etwas wie ein freier Wille, der losgelöst von der neuronalen Aktivität auf das Gehirn einwirkt, eine Illusion ist. Das Bewusstsein einer Entscheidung zu einer Bewegung und damit einer Handlung tritt immer mit einer halben Sekunde Verspätung auf. Genauer gesagt: Das Bewusstsein tritt dann auf, wenn schon diejenigen neuronalen Mechanismen in Bewegung gesetzt wurden, die die motorische Aktivität schließlich auslösen. Die mit dem Selbstverständnis eines bewussten Entscheiders ausgestattete Person scheint somit zu einer Art Zuschauer im Theater der um sie herum stattfindenden Ereignisse degradiert. Doch wenn das die Wahrheit ist, so wird zu fragen sein, auf welcher Grundlage kann dann noch Verantwortung für Handlungen zugeschrieben werden? Wenn längst schon von der Aktivität des Gehirns festgelegt ist, dass eine Bewegung ausgeführt wird, und diese etwa im Abfeuern einer Schusswaffe auf ein unschuldiges Opfer besteht, dieses Ereignis aber de facto ohne Bewusstsein der handelnden Person selbst erfolgt, dann erscheint es jedenfalls problematisch, daraus den Schluss zu ziehen, dass sie für die Tat zur Rechenschaft gezogen werden kann oder muss.

Libet (1985) ist mit dieser Konsequenz ersichtlich nicht einverstanden, räumt er doch dem Bewusstsein wiederum eine *zentrale Stellung* ein. Für ihn ist das Bewusstsein eine Art »Vetoinstanz«, die zwar keine Handlungen *beginnt*, jedoch *nach* dem Bewusstwerden der Intention noch in der Lage ist, die Gesamtsequenz zu *stoppen* und somit Handlungen zu *verhindern*. Ein ausreichender zeitlicher Rahmen hierfür sei gegeben, schließlich lägen doch knapp 0,2 Sekunden zwischen dem Bewusstwerden einer Handlungsintention und der entsprechenden Ausführung. Für Libet ist es die Rolle der *Selektion* und der *Kontrolle* von möglichen Handlungen und ihren Ergebnissen, die insoweit Raum schafft für Willensfreiheit und damit für Verantwortungszuschreibung.

Dieser Vorschlag mag anfänglich einen gewissen Reiz besitzen, bei genauerer Betrachtung stellt sich der Eindruck eines »Ad-hoc-Postulats« ein: Unzufrieden mit der finalen Konsequenz seiner Experimente, die – sollten sich ihre Resultate bestätigen lassen – zentrale Aspekte der menschlichen Selbsterfahrung wie unser Selbstverständnis als frei handelnde Akteure infrage stellen, gibt er dem dadurch in arge Bedrängnis geratenen Bewusstsein letztendlich doch die Aufgabe des eigentlichen »Steuermanns«. Empirische Belege für dieses Postulat lassen sich nur eingeschränkt finden, jedenfalls ist es in der jetzigen Phase der Forschung immer noch zu früh, eines der möglichen Modelle als hinreichend gesichert anzusehen. Auch aus dieser Perspektive sollten zwei Arbeiten, die sich mit Libet auseinandersetzen und Präzisierungen vornehmen, nicht unerwähnt bleiben. Wir werden nachfolgend darauf eingehen.

Keller und Heckhausen (1990) kritisieren auf Basis einer Reihe von Experimenten die bei Libet verwendete Versuchsprozedur und insbesondere die Anweisung an die Versuchspersonen. Ihrer Auffassung nach war nicht der im Augenblick vor der Handbewegung verspürte Wunsch Grund für deren Ausführung, sondern die im Vorfeld gegebene Instruktion. Dadurch wurden die Versuchspersonen in einen Zustand versetzt, unter bestimmten Voraussetzungen eine Bewegung auszuführen. Auch dieser Zustand findet aber seinen Niederschlag in einem allgemeinen Aktivitätsniveau des Gehirns. Wenn dies zutrifft, ist nicht mehr gesichert, dass die Versuchspersonen tatsächlich die Intention zum Handeln, sondern möglicherweise eher den Beginn der Ausführung einer zuvor vom Experimentator gegebenen Anweisung verspürten.

Des Weiteren versuchten Haggard und Eimer (1999), die Experimente von Libet zu replizieren. Ohne an dieser Stelle zu sehr in die Details ihrer Versuchsanordnung zu gehen, ist jedenfalls zu erwähnen, dass sie neben den Bereitschaftspotenzialen eine weitere, später auftretende elektrische Aktivität gemessen haben: das so genannte »lateralisierte Bereitschaftspotenzial«. Ihre Studie lässt den Schluss zu, dass es dieses Potenzial ist, das die Grundlage für das bewusste Urteil der Versuchpersonen war, eine Handlungsintention zu verspüren. Haggard und Eimer folgern daraus, dass die zeitliche Diskrepanz von einer halben Sekunde, die Libet zwischen den Bereitschaftspotenzialen und dem Urteil der Versuchspersonen gemessen hat, letztlich für die Frage der Freiheit des Willens nicht von Relevanz sei. Erklärungsbedürftig ist ihrer Auffassung nach lediglich die wesentlich kleinere zeitliche Differenz zwischen dem Auftreten des lateralisierten Bereitschaftspotenzials und dem bewussten Urteil der Handlungsintention (vgl. Haggard & Eimer, 1999, S. 132). Darüber hinaus könnten nach ihrer Ansicht jedoch generell Schlüsse, die auf Basis von zeitlichen Daten sowohl der Initiierung von Aktivität in den für die Bewegungsausführung verantwortlichen Hirnarealen als auch aus dem subjektiven Empfinden der Versuchspersonen gezogen werden, zu vereinfachend sein: »We suggest that inferring the direction of mind-body causation on the basis of temporal discrepancy alone is complicated by the difficulty of precisely timing both neural onsets and subjective experiences« (Haggard & Eimer, 1999, S. 132). Mit anderen Worten: Es sollten nach Auffassung der Autoren aus den vorgestellten Experimenten keine allzu weitreichenden Konsequenzen hinsichtlich der Willensfreiheit abgeleitet werden.

Die erörterten neurowissenschaftlichen Experimente haben bisher kaum tiefere Risse im etablierten menschlichen Selbstverständnis auftreten lassen, führen doch die Befunde keineswegs zu zwingenden Konklusionen. Doch könnte ein Ausweiten der Perspektive möglicherweise aufzeigen, dass die Auswertung jener Befunde nur bedingt zur »Beruhigung der Gemüter« beitragen mag, wenn die Ergebnisse der Hirnforschung stärker in ihrer Gesamtheit betrachtet werden. Dazu gleich mehr.

28.1.2 Hirnforschung im Kontext offener Fragen um Konflikt und Entscheidung

Ist die empirische Basis, die von den Neurowissenschaften herangezogen und vorgestellt wird, womöglich nicht oder noch nicht breit genug, um die gewohnten und üblichen Selbstkonzeptionen infrage stellen zu können? Wie bereits angesprochen, ist nicht ersichtlich, ob es so etwas wie ein einzelnes Experiment geben kann, das die Vorstellung der Freiheit des Entscheidens und Wollens selbst widerlegt. Aber auch wenn es kein solches *experimentum crucis* zu geben scheint, eine Reihe von Neurowissenschaftlern argumentiert im Blickfeld ihrer Arbeit für eine grundsätzliche Revision unseres Menschenbildes. Sie stützen sich dabei auf die Zusammenschau der gesammelten empirischen Evidenzen, die den möglichen Raum für Willens- und Entscheidungsfreiheit begrenzen, vielleicht sogar als nicht existent erscheinen lassen. Ähnlich wie in Experimenten bei Libet werden Aussagen über das menschliche Gehirn getroffen, die auch in nichtpathologischen Fällen zutreffen, d.h. es ist nicht eine kleine Gruppe von Einzelfällen, die hier von Interesse sind, sondern es geht um den Normalfall. Sollte sich die Argumentation als zutreffend erweisen, so könnten sich daraus gesellschaftliche Konsequenzen bis hin zu möglichen Veränderungen des derzeitigen Strafrechtssystems ergeben. Verfechter einer solchen Argumentationslinie in jüngster Zeit ist etwa der Neurophysiologe Singer, dessen Überlegungen in aller Kürze *pars pro toto* skizziert werden sollen.

Ein zentrales Ziel in einer Reihe von Publikationen (z.B. Singer 2002, 2003, 2004) liegt darin, die neuronale Bedingtheit von Entscheidungen herauszuarbeiten: »Hirnforscher behaupten, daß Entscheidungen vom Gehirn getroffen werden, also auf neuronalen Prozessen beruhen« (Singer, 2004). Schon aufgrund der in diesem Kapitel vorgestellten Arbeiten anderer Neurowissenschaftler ist ersichtlich, dass es sich dabei um eine wesentliche Annahme auch für die experimentelle Arbeit in der Hirnforschung handelt. Kein Versuch, sei er nun während neurochirugischer Eingriffe bei geöffnetem Schädel oder während kernspintomografischer Messungen ausgeführt, könnte auch nur ansatzweise Daten liefern, die unsere Kenntnis psychologischer Vorgänge erweitern, würde nicht schon grundsätzlich davon ausgegangen, dass diese Vorgänge in besonderem Maße von ihren neuronalen Grundlagen abhängig sind. Ausgeschlossen scheinen damit Positionen, die eine Unabhängigkeit mentaler Vorgänge von ihrem materiellen Substrat behaupten. Denn wenn es so etwas gäbe wie einen von jeglichem physikalischen Einfluss »unbehelligten Geist«, so würde sich dieser jedem experimentellen Zugriff entziehen, da nur solche Entitäten einer empirischen Untersuchung unterworfen und zugänglich werden können, die kausal wirksam werden. Freilich kann nicht *a priori* ausgeschlossen werden, dass mentale Zustände prinzipiell immateriell sind, doch die kausale Geschlossenheit der uns umgebenden Welt steht im Widerspruch zu dieser Erwägung. Eine Dichotomie zwischen dem Geistigen und dem Materiellen und damit dem Körperlichen, wie sie von Positionen des philosophischen Dualismus vertreten wird, lässt es zum Rätsel werden, wie eine Interaktion zwischen den beiden »Welten« realisiert sein könnte. Denn auf einen Gegenstand wie den menschlichen Körper kann nur durch Übertragung von Energie eingewirkt werden. Wie aber kann dies einem prinzipiell immateriellen Geist gelingen?

Die Hypothese eines »über den Dingen« stehenden *Geistes*, der als eigentlicher Urheber menschlicher Entscheidungen gelten kann, ist aus neurowissenschaftlicher Perspektive nicht sehr plausibel, und die neurowissenschaftliche Forschung basiert folglich auf der Annahme, dass die mentalen Zustände keine »übernatürlichen Ursachen« haben, sondern auf Vorgänge innerhalb des Gehirns zurückführbar sein müssen. Nach Singer (2004) lässt sich diese Annahme zumindest durch zwei Beobachtungen stützen. Zum einen besteht ein enger Zusammenhang zwischen dem Komplexitätsgrad von Gehirn und kognitiven Leistungen, die ein Lebewesen vollbringen kann. Im Vergleich stellt sich dabei heraus, dass das menschliche Gehirn nicht *prinzipiell* von den Gehirnen einfacherer Organismen unterschieden werden muss, sondern lediglich *graduell*, d.h. bezüglich der Anzahl der vorhandenen Nervenzellen und der Verschaltungsdichte. Im Verlauf der Evolution wurde deshalb »das Rad« nicht etwa mehrfach erfunden. Das menschliche Gehirn ist ein »Erfolgsmodell«, das sich als angemessen für die zum Überleben erforderlichen Leistungen erwiesen hat. Diese Überlegungen bedeuten aber auch, dass unser Gehirn viele Eigenschaften mit denen anderer Organismen teilt:

> »Daraus folgt, daß auch die komplexen kognitiven Funktionen des Menschen auf neuronalen Prozessen beruhen müssen, die nach den gleichen Prinzipien organisiert sind, wie wir sie von tierischen Gehirnen kennen« (Singer, 2004).

Da davon ausgegangen wird, dass sich unsere genetische Ausstattung in den letzten 30.000 bis 40.000 Jahren nicht mehr verändert hat (vgl. Singer, 2002, S. 44), sind es beim Menschen nicht allein die phylogenetisch erworbenen Eigenschaften des Gehirns, die für seine erstaunliche geistige Leistungsfähigkeit verantwortlich sind. Auch die Individualentwicklung – und damit kommen wir zur zweiten Beobachtung –, die durch eine Interaktion mit der Umwelt gekennzeichnet ist, ermöglicht das Hinzutreten weiterer kognitiver Leistungen, die mit der Ausreifung bestimmter Hirnareale in Verbindung gebracht werden können. So bedarf es beispielsweise zunächst einer hinreichenden Verschaltungskomplexität innerhalb des bereits angesprochenen Frontalhirns, die zumeist erst im Alter von drei Jahren erreicht wird, ehe Kinder die Fähigkeit erwerben, sich die mentalen Zustände anderer Personen vorzustellen und in Verhaltenserklärungen einzubeziehen. Gleiches gilt für komplexe Leistungen, die besonders auf der Anwendung von Sprache basieren oder für logische Operationen erforderlich sind: sie manifestieren sich erst dann, wenn die neuronalen Voraussetzungen entsprechend entwickelt sind.

Dabei beruhen nicht nur die Fähigkeiten, die für den Erwerb und den Gebrauch von Wissen erforderlich sind, auf der normalen Funktion des Gehirns, auch das Wissen selbst ist innerhalb der funktionellen Architektur der Neurone angesiedelt. Die spezifische Verschaltung der Nervenzellen ist das notwendige Substrat. Dabei bezieht sich der Begriff »Wissen« nicht nur auf das rein Faktische; er muss vielmehr so weit gefasst werden, dass er auch die Resultate von kulturell vermittelten Prozessen wie der Erziehung und Sozialisation als Ganzes beinhaltet. Selbst etwa das Empfinden von Scham, wenn beispielsweise gegen eine von den Eltern aufgestellte Regel verstoßen wird, oder von Mitleid angesichts eines verletzten Lebewesens oder von Stolz, wenn eine Leistung von Bezugspersonen gelobt wird, beruht Singer zufolge letztlich auf der Aktivierung bestimmter Areale im Gehirn.

Akzeptiert man die neurowissenschaftlich inspirierte *Hypothese*, dass mentale Zustände in letzter Konsequenz eine Leistung der *Hirnaktivität* sind, so ist damit auch das Phänomen des Konfliktverhaltens und Entscheidens umfasst: Auf neuronaler Ebene laufen Prozesse ab, bei denen eine Vielzahl von unterschiedlichen Variablen wie der gegenwärtige Status des internen Milieus und daraus resultierende motivationale Zustände, Wahrnehmungen aus den unterschiedlichsten Sinnesmodalitäten und Abrufungen spezifischer Gedächtnisinhalte, in denen Ergebnisse früherer Lernprozesse abgelegt sind, in Form von »Abwägung« miteinander in Verbindung gebracht werden. Sollten einzelne Erregungsmuster in Widerspruch zueinander stehen, findet nach Auffassung von Singer eine Art Wettbewerb – man könnte auch sagen: eine Form von »neuronalem Konflikt« – statt, in dem sich dasjenige Muster durchsetzt, das bestimmten »Attraktoren« am besten entspricht. Dieser distributiv angelegte Wettbewerbsprozess organisiert sich selbst und dauert so lange an, bis sich ein stabiler Zustand ergibt, der dann für den Beobachter erkennbar als Handlungsintention in Erscheinung tritt (vgl. Singer, 2004). Dabei ist zentral, dass diese Prozesse unabhängig davon ablaufen, ob bewusst oder unbewusst entschieden wird. Folglich ist es nicht möglich, falls bei *unbewusst* ablaufenden Prozessen ein neuronaler Determinismus zugestanden wird, diesen bei den sich *bewusst* zeitigenden »Gegenstücken« abzulehnen. Wer die angesprochene Grundannahme der kognitiven Neurowissenschaft akzeptiert, für den scheint es nur wenig Raum zu geben, sich der Konsequenz neuronaler Determiniertheit zu entziehen.

Hat nun aber die Tatsache des *Bewusstseins* im Kontext von Entscheidungsprozessen wirklich eine nur geringe Relevanz? Ist es nicht vielmehr so, dass es gerade diejenigen Entscheidungen sind, die nach sorgfältigem Abwägen von Handlungsalternativen, nach Überlegungen zu deren Kompatibilität mit den eigenen Kenntnissen und Überzeugungen und nach gedanklichem »Weiterspiel« und Reflexion über Konsequenzen getroffen werden, denen wir mit Grund die Eigenschaften »bewusst« und »frei« zugestehen?

Ein solcher Schritt – dem Bewusstsein wieder eine entscheidende Rolle einzuräumen – erinnert an die »Vetofunktion«, wie sie bei Libet (1985) beschrieben ist: Hier wie dort wird das Bewusstsein zur »Letztinstanz« in Entscheidungssituationen. Übersehen werden Singer zufolge dabei allerdings die engen Grenzen, die dem Bewusstsein für seine Operationen gesetzt sind. Denn nur solche Prozesse und Inhalte sind es, die bewusst werden können, die in den Fokus der Aufmerksamkeit gelangen und denen damit Verarbeitungskapazitäten eingeräumt werden. Darüber hinaus können sie nach Singer im Kurzzeitspeicher festgehalten, im deklarativen Gedächtnis abgelegt und sprachlich gefasst werden (vgl. Singer, 2004). In das deklarative Gedächtnis gelangen Inhalte, die primär als faktisches Wissen anzusehen sind und im Laufe der Individualentwicklung recht spät aufgenommen werden. Es handelt sich somit um Kulturwissen, ethische Setzungen und Normen, nicht jedoch um diejenigen Bewertungen oder anderen impliziten Inhalte, die in frühkindlichen Phasen abgespeichert werden. Dies darf jedoch nicht in dem Sinne missverstanden werden, dass die letzteren Inhalte keine Rolle in Entscheidungsprozessen spielen. Sie sind vielmehr oftmals den späteren bewussten Prozessen vorgelagert und führen zu Vorentscheidungen darüber, welche Optionen überhaupt in die Deliberation einbezogen werden.

Woher wissen wir aber, dass es diejenigen Motive sind, die in unser Bewusstsein gelangen, welche letztlich ausschlaggebend für eine Entscheidung sind? Wir schreiben Personen Verantwortung für ihre Handlungen zu, wenn ihre Entscheidungen in bewusster und rationaler Abwägung verankert sind, und in Fällen von Delinquenz liegt das Interesse ganz auf der Frage, ob der Täter zum Zeitpunkt seiner Entscheidung für die Tat mit vollem Bewusstsein und in Kenntnis ihrer Folgen handelte. Dabei ist schon lange die Möglichkeit einer unterschwelligen Präsentation von Reizen, die schließlich handlungswirksam werden, in einer Vielzahl vor allem sozialpsychologischer Arbeiten (vgl. Überblick bei Herkner, 1991) diskutiert und die Auffassung über das Bewusstsein als letzte und entscheidende Instanz infrage gestellt worden. So kann Versuchspersonen von außen zuverlässig induziert werden, sich für eine von mehreren Optionen zu entscheiden und dies nachträglich mit rationalen Argumenten zu begründen. Tatsächlich waren es jedoch nicht die im Nachhinein angegebenen Gründe, die handlungswirksam wurden, sondern von außen einwirkende Reize, die jedoch nicht in das Bewusstsein traten (vgl. Singer, 2004).

Singer schreibt daher den bewussten Prozessen im Vorfeld einer Entscheidung keine übergeordnete Rolle zu. Für ihn kann, wenn alle Entscheidungen durch neuronale Prozesse determiniert sind, die Konsequenz nur heißen, die Unterscheidung in freie und unfreie Entscheidungen letztlich aufzugeben. Stattdessen müssen lediglich die »Herkunft der Variablen und die Art ihrer Verhandlung« differenziert werden. Dies hat dann weitreichende Folgen für das allgemeine Verständnis etwa von gesellschaftlich missbilligtem Fehlverhalten:

> »Genetische Dispositionen können Verschaltungen hervorgebracht haben, die das Speichern oder Abrufen sozialer Regeln erschweren, oder die sozialen Regeln wurden nicht rechtzeitig und tief genug eingeprägt, oder es wurden von der Norm abweichende Regeln erlernt, oder die Fähigkeit zur rationalen Abwägung wurde wegen fehlgeleiteter Prägung ungenügend ausdifferenziert« (Singer, 2004, S. 33).

Die Liste ließe sich nahezu beliebig verlängern. Nach allem stellt Singer (2004) fest: »Keiner kann anders als er ist« (S. 33). Die entscheidende Differenzierung wird hiernach nicht mehr zwischen »frei« und »unfrei« vorgenommen, sondern zwischen »bewusst« und »unbewusst«. Folglich würden auch diejenigen Handlungen, die in Missachtung von Normen, die dem Handelnden zum Zeitpunkt der Entscheidung für die Tat hätten bewusst sein müssen, weiterhin in einem höheren Maß sanktioniert werden. Lediglich die Begründungen würden nach Singer in einem »vorurteilsloseren Raum« eine Beurteilung von »abweichendem Verhalten« vornehmen.

28.2 Fazit

Wir haben in diesem Kapitel eine Vielzahl von Argumenten diskutiert, die aus einer neurowissenschaftlich gestützten Perspektive von einem »neuronalen« Determinismus ausgehen und damit die Phänomene des Konflikts und der Entscheidung in einen neuen Kontext rücken. *Müssen wir also, wie wir sind?* Der in diesem Fragenbereich zu erwartende Zuwachs an empirischem Material, das sich besonders auf die bildgebenden Verfahren stützen kann, dürfte zu weiteren Erkenntnissen, sicherlich aber auch zu neuen Problemen führen. Die Rolle von Schädigungen bestimmter Hirnareale bei der Entstehung etwa von Delinquenz, wie sie bei Damasio angesprochen wurde, die Schwierigkeiten, die sich bei der Analyse des Bewusstseins gerade bei vermeintlich freien Entscheidungen in den Experimenten von Libet gezeigt haben, sowie das zuletzt angesprochene Beispiel von Singer zeigen, dass neurowissenschaftliche Resultate in einem informierten gesellschaftlichen Diskurs ebenso wenig wie im aktuellen wissenschaftlichen Diskussionsprozess fehlen dürfen. Dabei gilt es, die Haltung zu vermeiden, dass »nicht sein kann, was nicht sein darf«. Sollten zukünftige Befunde die These der neuronalen Determiniertheit wirklich entscheidend stützen können, so wird dies mittel- oder langfristig von den verschiedenen Teildisziplinen der Psychologie zur Kenntnis genommen werden. Die kognitive Neurowissenschaft ist hiernach keineswegs nur ein praxisfernes Unterfangen. Ihre Ansätze für Überlegungen zu Phänomenen wie denen des Konflikts und der Entscheidung können nicht beiseite gelassen werden. Denn mit einer solchen Haltung verschlösse man die Augen vor wesentlichen Aspekten der *conditio humana*.

Ergebnis und Ausblick

Besonders seit der zweiten Hälfte des 20. Jahrhunderts hat sich die Entscheidungspsychologie von einem »mainstream«, für den allein artifizielle Entscheidungsaufgaben zentral waren, zunehmend gelöst und sich den realistischen Entscheidungssituationen zugewendet. Es waren an Konflikt und Entscheidung als dominanten psychologischen Phänomenen interessierte Forscher wie insbesondere Thomae, Nesswetha, Feger u.a., die erkannten, dass die Validität der Fragestellungen um diese Phänomene unter dem Einfluss der Laborforschung und der dabei erforderlichen experimentellen Kontrolle weitgehend aus dem Blick geraten waren. War es in den letzten rund 30 Jahren die Denkpsychologie, die das problemlösende Denken und besonders das komplexe Problemlösen zu einem exponierten Gegenstand ihres Erkenntnisinteresses machte, so zeigt die Entwicklung der Entscheidungspsychologie demgegenüber einen vergleichsweise nicht eben geringen Nachholbedarf. Gerade die Diskussionen um die Thematik »realistic decision making« machen deutlich (z.B. Roelofsma, 2001; Zsambok, 1997), dass die Entscheidungsforschung hier noch nicht erreicht hat, was die Fortschritte der Problemlöseforschung in wichtigen Teilen schon verwirklichen konnten (grundlegend hierzu Funke, 2003 mit zahlreichen Nachweisen; siehe auch Harvey, 2001).

29 Abschließende Bemerkungen

Klar ist, dass die Prüfung theoretischer Annahmen ohne experimentelle Vereinfachungen aus Gründen der Kontrollierbarkeit nicht auszukommen vermag. Zu beachten ist jedoch, dass gerade Entscheidungstheorien es sind, die in einer Weise formuliert werden müssen, dass sie auf realistische Situationen anwendbar sind. Daher erscheint eine Beschränkung lediglich auf artifizielle Entscheidungssituationen, wie sie für die Entscheidungsexperimente in den ersten Jahrzehnten des 20. Jahrhunderts typisch waren, in der psychologischen Theoriebildung nicht oder nicht mehr gerechtfertigt.

29.1 Zum erreichten Stand

Mit ihrer Hinwendung zu realistischen, darunter existenziell bedeutsamen Entscheidungsproblemen und ihrer vielfältigen Komplexität konnte sich die Entscheidungsforschung ein wichtiges Terrain in der modernen Psychologie sichern. Der erreichte Forschungsstand kann unter den nachfolgend beschriebenen Aspekten charakterisiert werden.

Gegenstandserweiterung der psychologischen Entscheidungsforschung. Der Gegenstandsbereich der Entscheidungsforschung ist erweitert worden. Die Erweiterung liegt insbesondere darin, dass heute zum Bereich der Entscheidungsforschung lebensnahe Entscheidungssituationen mit ihrer Konfliktualität und Komplexität – unter Umständen bis zu tief greifenden Krisenerfahrungen der Person – gehören. Diese Entwicklung bedeutet jedoch keinen Abschied von der Forschung zu einfachen Entscheidungssituationen – also auch solchen ohne Konflikthaftigkeit. Es besteht vielmehr eine Parallelität der Forschungs-Designs, wobei die Entscheidungen unter Konflikt insbesondere für den Anwendungsbereich ihr spezifisches Gewicht haben. Entscheidungen dieser Art avancieren zu einer Kontrollinstanz für Theoriebildungen, die an einfachen Entscheidungssituationen generiert wurden. Das zwischen beiden Forschungsbereichen bestehende Spannungsverhältnis (realistisch-komplexe versus vereinfachte Entscheidungssituationen; Lebensnähe versus Lebensferne) zeigt die Unterschiedlichkeit der unter dem Begriff der Entscheidungssituation versammelten Sachverhalte in ihrer Bedeutsamkeit auch und gerade für die Theoriebildung in der Entscheidungspsychologie.

Erkenntnis und Beschreibung neuer Phänomene. Es sind neue Phänomene des Entscheidungsprozesses erkannt und beschrieben worden. Als Phänomen neuer Art ist vor allem die enge Verknüpfung von Kognition und Emotion im Entscheidungsprozess zu nennen. Entscheiden ist eben nicht nur pure kognitive Informationsverarbeitung, sondern löst Emotionen als Begleiterscheinungen aus, die ihrerseits wiederum auf das kognitive Geschehen verändernd zurückwirken (vgl. Funke, 2003). Auch eine verstärkte Berücksichtigung biografischer Phänomene in der Entscheidungsforschung kann als neue Entwicklungsphase bezeichnet werden.

Erkannt wurde auch, dass der Entscheidungsprozess nicht notwendig damit einsetzt, dass sich die Person vor die Wahl einer von mindestens zwei Optionen gestellt sieht, sondern auch damit beginnen kann, dass die Person vor dem Hintergrund einer wahrgenommenen Diskrepanz zwischen dem gegebenen und einem erwünschten Zustand zur Suche von Optionen bzw. zur Entwicklung gegebenenfalls auch neuartiger Optionen veranlasst wird (»Optionsbildung als kreativer Prozess«). Dass nicht stets die Wahl einer Option den Entscheidungsprozess beendet, sondern manchmal die retrospektive Bewertung der getroffenen Wahl bzw. erst die Umsetzung der Wahl den Entscheidungsprozess zu Ende kommen lässt, kann ebenfalls als Ergebnis einer Erweiterung der herkömmlichen entscheidungspsychologischen Beobachtungsperspektive angesehen werden.

Überall dort kann die Phase des Beschreibens jedoch nicht als abgeschlossen angesehen werden. Andererseits ist zu konstatieren, dass dem Erklären von Phänomenen dieser Art inzwischen nicht weniger Interesse und Aufmerksamkeit zuteil werden als der Phänomenbeschreibung selbst. Diese Tendenz zur Erklärung bedeutet eine fortgeschrittene Entwicklungsstufe im Wissenschaftsprozess der Entscheidungspsychologie, die ihre Aufgabe vornehmlich in theoretischen Konstruktionen zur Erklärung von Wirklichkeit erblickt.

Optimierung der Untersuchungsmethodik. Die Methodik der Untersuchung von entscheidungsrelevanten Phänomenen ist durch größere Differenziertheit und durch ein gewachsenes Problembewusstsein gekennzeichnet. In der Methodendiskussion gibt es am Ende keine singuläre Methode als einzig-richtige oder allein anzuerkennende Zugangsweise im Dienst einer mehr oder weniger weit reichenden entscheidungspsychologischen Fragestellung. Kennzeichnend für die kritische Diskussion hierüber ist, dass Stärken wie Schwächen einzelner Verfahren heute besser erfasst werden. Darin liegt ein positives Ergebnis der Methodendiskussion auch und gerade für die zutreffende Art, Entscheidungspsychologie zu betreiben.

Bedeutung experimenteller Befunde. Den Kern für evidenzbasierte Empfehlungen bilden experimentelle Befunde. Dass Grundstock der Psychologie wie jeder empirischen Wissenschaft experimentelle Befunde sind, die – nach Möglichkeit repliziert – Theoriebildung ermöglichen und die »constraints« für die Theoriebildung markieren, ist heute unkontrovers. In diesem Sinne hat die Entscheidungsforschung seit der zweiten Hälfte des 20. Jahrhunderts und insbesondere in den vergangenen 30 Jahren manches herausgefunden, das – zumindest im Ergebnis – Anlass zu positiver Bewertung gibt. In den entsprechenden Kapiteln unserer Untersuchung ist dies – beschränkt auf das hierzu Wesentliche und Notwendige – dargestellt, mag auch der bisherigen, streckenweise »zersplittert« wirkenden Entscheidungsforschung der »große Wurf« einer vereinheitlichenden Theoriebildung unter Berücksichtigung ihrer Updates noch nicht gelungen sein. Hierbei handelt es sich um ein Desiderat, das sich vor dem Hintergrund unserer enzyklopädiebasierten, kritischen wie integrativen Zusammenschau abzeichnen mag.

Zuwachs an Theoriebildung. Die moderne Entscheidungspsychologie hat eine Anzahl neuartiger, teilweise mathematisch ausgearbeiteter Theorien mit unterschiedlicher Akzentuierung entwickelt, die wir in Teil IV ausführlich beleuchtet haben. Besonders erwähnt seien hier Tversky und Kahneman (1992), die im Rahmen ihrer Forschungen zu Wahlen mit risikoreichen Konsequenzen (Prospekttheorie) zu dem Ergebnis kamen, dass niedrige Wahrscheinlichkeiten überschätzt, mittlere und hohe dagegen unterschätzt werden. Nicht unerwähnt sollen hier auch Mowen und Mowen (1991) bleiben, die die Prospekttheorie um ein »time and outcome valuation«-Modell erweiterten, das zusätzlich die Zeitdimension einbezieht, wobei Entscheidungsverhalten auch durch den Zeitpunkt bestimmt ist, zu dem die Entscheidung Auswirkungen hat.

Fragt man schließlich nach übergreifenden theoretischen Ansätzen und ihrem möglichen Erklärungsgehalt für das Konflikt- und Entscheidungsgeschehen, so ist festzustellen, dass die in diesem Rahmen von uns untersuchten Ansätze allenfalls teilweise einen hinreichenden Erklärungswert besitzen. Mehr als darum geht es hier jedoch darüber hinaus auch um eine bislang in der Entscheidungspsychologie vernachlässigte Erweiterung des Fokus in dem Sinne, dass nicht nur die einzelnen Theoriebausteine betrachtet werden, sondern die relevanten Prinzipien der theoretischen Zugänge selbst. In diesem Sinne sind im vorliegenden Kontext die Feldtheorie von Lewin, die kybernetisch-regeltheoretische Zugangsweise, lerntheoretische Grundpositionen, das gestaltkreistheoretische Netzwerk und die moderne neurowissenschaftliche Perspektive als mögliche Erklärungsinstrumente für Konflikt und Entscheidung beleuchtet worden. In diesem Rahmen gehen wir mit einem »pluralistisch« orientierten Ansatz über die derzeit jeweils nur singulär orientierte Forschungsperspektive der Entscheidungspsychologie hinaus.

29.2 Fragen an die zukünftige Forschung – ein »Wunschzettel«

Trotz des schon erreichten Forschungsstandes erscheint es unumgänglich, einzelne offen gebliebene bzw. weitgehend noch ungeklärte sowie verschiedene neue Fragestellungen kurz zu thematisieren, mit denen sich die kommende Entscheidungsforschung beschäftigen sollte. Welche Fragen sind hier die wichtigen? Es handelt sich um mehrere Fragestellungen, die sich im Einzelnen wie folgt kennzeichnen lassen.

Stellenwert des Neuroimaging. Es dürfte aus neurowissenschaftlicher Sicht außer Frage stehen, dass mithilfe der modernen bildgebenden Verfahren die Neurobiologie des Gehirns zunehmend differenzierter analysiert werden kann. Die darin liegenden Erkenntnismöglichkeiten werfen Fragen auf, deren Tragweite höchst brisant anmutet. Handelt es sich doch – beispielsweise – darum, ob wir womöglich schon in einiger Zeit dem Gehirn bei der Entscheidungsfindung zuschauen können. Werden wir demnächst eine konfliktäre Auseinandersetzung mit den gegebenen Optionen bis zur Festlegung auf eine zu realisierende Handlungsmöglichkeit auf dem Bildschirm verfolgen können? Und was – gegebenenfalls – genau werden wir da sehen? Eine konkrete Antwort auf diese Fragen gibt es derzeit nicht. So viel jedoch steht fest: Bisher sind Gedanken in ihrer Inhaltlichkeit nicht abbildbar. Wohl können Aktivierungsmuster im Gehirn, die im Verlauf von Entscheidungsprozessen auftreten, mithilfe der neuen Methoden der Hirnforschung wie PET *(Positronen-Emissions-Tomografie)*, fMRT *(funktionelle Magnet-Resonanz-Tomografie)* und ERP *(Event-Related Potentials)* erfasst werden. Erste Ergebnisse deuten darauf hin, dass die Instanzen für Lust und Schmerz oder Gewinn und Verlust ihren Ort in verschiedenen Hemisphären haben, nämlich unangenehme Gefühle im rechten und angenehme Gefühle im linken präfrontalen Cortex (Davidson & Irwin, 1999). ERP-Signale mit unterschiedlicher Amplitude für Gewinne und Verluste lassen eine biologische Basis einer unterschiedlichen mentalen Kodierung vermuten, wie es auch die Prospekttheorie postuliert (vgl. Gehring & Willoughby, 2003).

Werden auch Aussagen von Neurobiologen, die »Geheimnisse« des menschlichen Gehirns lüften zu können, zunehmend selbstsicherer, vor falschen Erwartungen kann zunächst nur gewarnt werden (vgl. op de Beeck, Wagemans & Vogels, 2002; Funke, 2003).

Es handelt sich in erster Linie um die Frage nach der »richtigen Analyseebene« (Funke, 2003, S. 256). Das genau ist das Problem, um das es hier geht. Allein die Bestimmung aber, welche Ebene es ist, die als die »richtige« anzusehen ist, erscheint nicht eben einfach. Es ist jedenfalls davon auszugehen, dass die im psychologischen Kontext wichtigen Fragen abstrakter gestellt und daher auf einer entsprechend abstrakteren Analyseebene formuliert sind als die Aussagen über Erkenntnisse neuronaler Strukturen. Daraus ergibt sich als Konsequenz logischer Argumentation, dass die Beantwortung dieser Fragen nicht durch Erkenntnisse aufgrund der Analyse konkreter Implementationen, d.h. nicht durch Erkenntnisse auf der Implementationsebene erfolgen kann (vgl. Funke, 2003, S. 256). Gleichwohl sollte dem sich hier stellenden Problem nicht nur einer möglichen Intertheoretizität von Aussagen über Erkenntnisse verschiedener Analyseebenen, sondern auch dem entsprechenden »Realverhältnis« der Analyseebenen zueinander zukünftig weiter nachgegangen werden. Denn es kann und sollte wissenschaftlich danach gefragt werden, ob und gegebenenfalls inwieweit sich auf einer abstrakteren Analyseebene formulierte Aussagen auf neuronale Prozesse zurückführen lassen, die sich in dem Forschenden womöglich entsprechend zur Erkenntnis bringen (vgl. etwa Roth, 1997, 2003).

Langzeit-Entscheidungsprozesse. Vor allem für die experimentellen Wahlsituationen aus der frühen Entscheidungsforschung sind vergleichsweise kurze Zeiträume für die von den Probanden vorzunehmende Wahl typisch. Die Zeiträume für die Bewältigung realer Entscheidungssituationen sind dagegen durchweg erheblich umfassender. Die Entscheidung etwa bei einem Berufswechsel oder einer Ehescheidung, bei einem Hauskauf oder einer Firmengründung umfasst regelmäßig Zeitstrecken, die sich normalen Laborbedingungen entziehen. Um hier auftauchende Entscheidungsprobleme zu lösen, ist ohne biografische Analysen und den Einsatz spezifischer qualitativer Verfahren schwerlich auszukommen. Zugänge dieser Art sollten bei Entscheidungsprozessen unter Langzeitbedingungen neben einfachen Kurzzeitexperimenten verstärkt systematisch untersucht werden.

Beendigung der Informationsbeschaffung. In einer komplexen Entscheidungssituation liegen nicht alle Informationen vor, die dem Entscheider idealerweise zur Verfügung stehen sollten (vgl. Funke, 2003). Da die Intransparenz der Entscheidungssituation Informationsbeschaffung verlangt, stellt sich die Frage, unter welchen Bedingungen der Entscheider eine an sich mögliche (weitere) Informationssuche und damit die Informationsbeschaffung einstellt, eine Entscheidung aber dennoch trifft. Wann also nimmt der Entscheider an, »genug« zu wissen, um entscheiden zu können? Hier dürfte eine ebenso wichtige wie interessante Aufgabe kommender Forschung darin liegen festzustellen, wie Variationen der Informationssuche und -beschaffung zu Variationen der Strategien und konstruierten Grundlagen bei der Entscheidungsfindung führen.

Entscheidungen unter Unwissenheit. Die bisherige Forschung geht davon aus, dass der Entscheider entweder über explizite Wahrscheinlichkeitsangaben, mindestens aber über Informationen verfügt, die ihm die Schätzung von Wahrscheinlichkeiten ermöglichen. Während hierbei der Entscheider die Unsicherheit der Konsequenzen irgendwie beurteilen kann, gibt es jedoch auch – wenngleich eher selten – Situationen, bei denen der Entscheider so gut wie nichts oder nicht genug weiß, um die Wahrscheinlichkeiten der möglichen Konsequenzen einschätzen zu können. Handelt es sich hier also um Situationen völliger Unkenntnis bzw. Unwissenheit, in denen auch nicht wenigstens noch eine allgemeine Aussage gemacht werden kann (»radikale Ignoranz«), so fragt es sich, ob und gegebenenfalls wie man – dennoch – zu einer Entscheidung kommen soll. Wenn man nichts weiß, gibt es keinen Grund, ein Ereignis für wahrscheinlicher zu halten als ein anderes. Eine näher abzuklärende, schwierige Frage an die zukünftige Forschung liegt vor diesem Hintergrund darin, ob man hier womöglich nach einer derjenigen Regeln entscheiden könnte, die für Entscheidungen unter Unsicherheit beschrieben wurden.

Einstufige versus mehrstufige Entscheidungen. Wichtig kann sein, ob sich eine Entscheidung nur in einem einzigen Schritt oder aber in mehreren Schritten vollzieht, bei denen eine Abhängigkeit vom Ergebnis des jeweils vorhergehenden Schrittes besteht. Da sich die experimentelle Entscheidungsforschung in erster Linie mit einstufigen oder verhältnismäßig einfachen zweistufigen Entscheidungen befasst hat, scheint es an der Zeit, experimentelle Untersuchungen auf ein- und mehrstufige Entscheidungen bei erhöhtem Schwierigkeitsgrad zu erstrecken. Es ist ein ebenso zentraler wie bisher weitgehend vernachlässigter Aspekt, ob der Prozess der Entscheidungsfindung in einer schwierigen Situation davon abhängt, ob es sich um eine einstufige oder mehrstufige Entscheidung handelt. Die Entscheidungsforschung vernachlässigt diesen Aspekt zu Unrecht.

Entscheidungsprozesse und Stress. Belastender als etwa lärminduzierter Stress sind Stresseffekte, die durch die Untersuchungssituation selbst in Form der Konfrontation mit einem schwierigen Entscheidungsproblem ausgelöst werden. Überlegungen zur Informationsverarbeitung unter Zeitdruck stützen dieses Modell. Stress scheint dann aber auch die Schnelligkeit der Entscheidungsfindung zu beeinflussen. Werden unter Stress weniger Informationen gesucht, so scheinen auch weniger Optionen geprüft und einfachere Entscheidungsstrategien gewählt zu werden. Zu untersuchen, wie bei Entscheidungsprozessen unterschiedliche Stressbelastungen zu Variationen von Schnelligkeit, Informationssuche, Optionenprüfung und Strategienwahl führen, wird als eine wichtige Aufgabe zukünftiger Forschung anzusehen sein. Neben experimentellen Studien unter kontrollierten Bedingungen bieten sich computerbasierte Simulationen an, in denen die Probanden mit realistischen Situationen und Entscheidungsproblemen konfrontiert werden.

Deliberates oder intuitives Entscheiden? In unterschiedlichen Bereichen ist die Bedeutung von Intuition und Erfahrung für Entscheidungen und Urteile erörtert worden (vgl. z.B. Hogarth, 2001). Untersucht ist aber lediglich, welche Auswirkungen Nachdenken während der Informationssuche und Nachdenken in der eigentlichen Entscheidungsphase auf die Entscheidungszufriedenheit hat (Haberstroh, 2002). Hiernach liegt die Annahme nahe, dass Nachdenken während der Informationssuche zu einer höheren Zufriedenheit führt, wogegen Nachdenken während der Entscheidungsphase zu einer geringeren Zufriedenheit mit der eigenen Entscheidung führt (vgl. Haberstroh, 2002). Geht es hier um Bedingungen der Nützlichkeit von deliberaten und intuitiven Strategien, so ist bislang jedoch die Frage, unter welchen Bedingungen Nachdenken zu besseren Entscheidungen führt und wann intuitive Entscheidungen akkurater sind, nur unzureichend untersucht. Spätere Forschung sollte daher die Frage untersuchen, wann Nachdenken zu besseren oder zu schlechteren Entscheidungen als intuitives Entscheiden führt (vgl. auch Haberstroh, 2002).

Entscheidungsprozesse und Stimmungen. Unspezifische allgemeine Gefühlszustände haben in der *«social cognition»*-Forschung Beachtung gefunden (vgl. Schwarz, 2002; Schwarz & Clore, 2003). Interessant ist, dass hiernach Personen, wenn sie ihre aktuelle Stimmung nicht anders erklären können, sie diese als Information für die momentan geforderte Bewertung heranziehen. Ein integrierendes Modell hierzu hat Strack (1992) entwickelt, in dem sowohl die Rolle von Kognition als auch von diffusen Stimmungen beschrieben wird. Da vermutlich bei entscheidungsrelevanten Bewertungen auch diffuse aktuelle Stimmungen eine Rolle spielen, hierzu jedoch keine empirischen Evidenzen vorliegen, könnte sich speziell für die Entscheidungspsychologie ein Forschungsprogramm lohnen, das sich der Frage »Stimmungen als Information« in Zukunft gezielt annimmt (z.B. im Kontext der Bewertung von Optionen in realistischen Entscheidungslagen).

Trainierbarkeit strategischer Entscheidungskompetenz. Beim Umgang mit komplexen Entscheidungslagen und ihren Anforderungen stellt sich die Frage, ob die durch Entscheidung zu erreichende Situationsbewältigung trainierbar und nicht einfach nur verbesserbar ist. Es geht dabei vor allem um den Erwerb strategischer Entscheidungskompetenz. Wenn Training in diesem Kontext mehr bedeuten soll als bloße, einen Lerneffekt induzierende Wiederholung von Szenario-Bearbeitungen, dann haben wir es hier mit einer besonderen Herausforderung auch entscheidungspsychologischer Forschung zu tun. Ist es doch nicht damit getan, dass nur kognitive Prozesse des Wiedererkennens einer Situation *(feature matching)* und der mentalen Simulation *(mental simulation)* thematisiert und geschult werden. Es geht hier wirklich um psychologisches Neuland, will man sich überhaupt dem Problem stellen, gerade für unberechenbare Situationen Regeln aufzustellen (dazu Funke, 2003, S. 257: »Quadratur des Kreises«). Vor allem Fragen der Risikowahrnehmung und -einstellung, der Situationsbewusstheit und -einschätzung sowie der Entscheidungs-*biases* dürften hier eine Rolle spielen (vgl. Mintzberg & Westley, 2001). Aber es gibt eben auch Fälle, in denen Menschen sich nicht in der Lage sehen, ein Wahrscheinlichkeitsurteil über die entscheidungsrelevanten Ereignisse abzugeben (vgl. Borcherding, 1983).

Theoriebildung – die Zukunftsaufgabe moderner Entscheidungspsychologie. Wir stehen am Ende unserer Untersuchung und zugleich an dem Punkt, der aus unserer Sicht als der am wenigsten aufschiebbare erscheint: die Theoriebildung. Was nämlich bis heute fehlt, ist eine umfassende explizite Theorie des Umgangs mit Entscheidungssituationen. Grund hierfür dürfte vor allem sein, dass es an sicherer Kenntnis darüber mangelt, ob man schon mit nur allgemeinen Annahmen über Entscheidungsverhalten auskommt, die ja für das Entscheiden sowohl einfacher als auch komplexer Entscheidungslagen gleichermaßen gelten. Nur das Aufzeigen entsprechender Phänomene hilft hier nicht weiter; vielmehr gilt es, diese Phänomene gerade auch theoretisch aufzuarbeiten. Das aber bedeutet – außer der selbstverständlichen und weitgehend geleisteten Entwicklung eines Netzwerks präziser Begriffe – vor allem deren Verknüpfung zu empirisch gehaltvollen Hypothesen und ihre Integration in eine zu entwickelnde umfassende psychologische Theorie der Entscheidung (siehe auch Funke, 2003, der eine – ebenfalls noch ausstehende – »Theorie problemlösenden Denkens« postuliert). Solange die Bemühungen um eine umfassende Theorie der Entscheidung aus den verschiedenen Ansätzen der Psychologie nur passende Details herausgreifen können, kann ein vollständig überzeugendes Resultat noch nicht erwartet werden. In der Gegenwart und absehbaren Zukunft müssen wir uns zunächst um die gebotene weitere Differenzierung der vorhandenen Modelle bemühen. Der Ruf nach einer empirisch abgesicherten Integration verschiedener theoretischer Systeme kann aber in weiterer Zukunft sicherlich auf Erfüllung hoffen. Dazu bedarf es weiterer intensiver Forschung, die freilich nicht kurzfristig vollzogen werden kann. Theoriebildung ist daher die vordringliche Zukunftsaufgabe moderner Entscheidungspsychologie schlechthin.

Literaturverzeichnis

Abele, A. & Hermer, P. (1993). Mood influences on health-related judgments: Appraisal of own health versus appraisal of unhealthy behaviours. *European Journal of Social Psychology, 23,* 613-625.

Abelson, R. P. & Rosenberg, M. J. (1958). Symbolic psychologic: a model of attitudinal cognition, *Behavioral Science, 36*, 1-13.

Ach, N. (1910). *Über den Willensakt und das Temperament. Eine experimentelle Untersuchung.* Leipzig: Quelle & Meyer.

Ach, N. (1935). Analyse des Willens. In E. Abderhalden (Ed.), *Handbuch der biologischen Arbeitsmethoden* (Vol. VI). Berlin: Urban & Schwarzenberg.

Ach, R. (1944). Über Vorhersage von Wahlentscheidungen. *Archiv für die gesamte Psychologie, 112*, 85-152.

Adams, J. K. (1957). Laboratory studies of behavior without awareness. *Psychological Bulletin,* 54, 383-405.

Ahrens, H. J./Möbus, C. (1968). Zur Verwendung von Einstellungsmessungen bei der Prognose von Wahlentscheidungen. *Zeitschrift für experimentelle und angewandte Psychologie, 15*, 543-563.

Amabile, T. M. (1983). Social psychology of creativity: A componencial Conceptualization, *Journal of Personality and Social Psychology, 45,* 357-376.

Allport, G. W. (1937). *Personality. A psychological interpretation.* New York: Holt & Comp.

Allport, G. W. (1955). Becoming: basic considerations for a psychology of personality. New Haven: Yale University Press.

Allport, G. W. (1967). *Pattern and growth in personality.* London: Holt, Rinehart & Winston.

Amelang, M. & Bartussek, D. (2001). *Differentielle Psychologie und Persönlichkeitsforschung* (5th ed.). Stuttgart: Kohlhammer.

Anderson, J. R. (1996). *Kognitive Psychologie* (2nd ed.). Heidelberg: Spektrum.

Anderson, N. H. & Whalen, R. E. (1960). Likelihood judgments and Sequential affects in a two-choice probability learning situation. *Journal of Experimental Psychology, 60*, 111-120.

Anderson, S. W., Bechara, A., Damasio, H., Tranel, D. & Damasio, A. R. (1999). Impairment of social and moral behavior related to early damage in human prefrontal cortex. *Nature Neuroscience, 2 (11)*, 1032-1037.

Ardelt-Gattinger, E., Lechner, H. & Schlögl, G. (Eds.). (1998). *Gruppendynamik: Anspruch und Wirklichkeit der Arbeit in Gruppen.* Göttingen: Verlag für Angewandte Psychologie.

Arnold, W. (1962). *Person, Charakter, Persönlichkeit.* Göttingen: Hogrefe.

Aronson, E. & Carlsmith, J. M. (1963). Effect of the severity of threat on the devaluation of forbidden behavior. *Journal of Abnormal and Social Psychology, 66,* 584-588.

Aschaffenburg, G. (1915). *Allgemeine Symptomatologie der Psychosen.* Leipzig: Deuticke.

Ashby, W. R. (1952). *Design for a brain.* London: Chapman & Hall.

Atkinson, J. W. (1957). Motivational determinants of risk-taking behavior. *Psychological Review. 64,* 359-372.

Atkinson, J. W. (1958). *Motives in fantasy, action, and society: A method of assessment and study.* Princeton, NY: Van Nostrand.

Atkinson, J. W. (1964). *An introduction to motivation.* Princeton, NY: Van Nostrand.

Atkinson, J. W., Bastian, J., Earl, R. & Litwin, G. H.. (1960). Achievement motiv, goal-setting, and probability preferences. *Journal of Abnormal and Social Psychology, 60,* 27-36.

Atkinson, J. W. & Feather, N. T. (Eds.). (1966). *A Theory of achievement motivation.* New York: Wiley.

Auer-Rizzi, W. (1998). *Entscheidungsprozesse in Gruppen.* Wiesbaden: Deutscher Universitäts-Verlag.

Baars, B. J. (1988). *A cognitive theory of consciousness.* New York: Cambridge University Press.

Baddeley, A. (1986). *Working memory.* Oxford: Clarendon.

Baddeley, A. (1996). Exploring the central executive. *The Quaterly Journal of Experimental Psychology, 49 (1),* 5-28.

Bandura, A. A. (1979). *Sozial-kognitive Lerntheorie.* Stuttgart: Klett-Cotta.

Barker, R. (1942). An experimental study of the resolution of conflict in children. In Q. McNemar & M. A. Merril (Eds.). *Studies in personality.* New York: McGraw-Hill.

Barres, E. (1978). *Vorurteile.* Opladen: Leske.

Barrett, W. F. (1911). *Psychical research.* London: Williams & Norgate.

Barron, F. (1965). The psychology of creativity. In T. M. Newcomb (Ed.), *New directions in psychology II.* New York: Rinehart.

Bartis, S., Szymanski, K. & Harkins, S. G. (1988). Evaluation and Performance: A Twoedged Knife. *Personality and Social Psychology Bulletin, 14,* 242-251.

Bayes, Th. & Timerding, H. E. (1908). *Versuch zur Lösung eines Problems der Wahrscheinlichkeitsrechnung.* Leipzig: Engelmann.

Bazerman, M.H. (1998). *Judgment in managerial decision making* (4th ed.). New York: John Wiley & Sons.

Bechara, A., Damasio, H. , Tranel, D. & Damasio, A. R. (1997). Deciding advantageously before knowing the advantageous strategy. *Science, 275*, 1293-1295.

Beck, D. (2001). *Sozialpsychologie kollektiver Entscheidungen.* Wiesbaden: Westdeutscher Verlag.

Becker, H. (1950). *Through values to social interpretation; essays on social contexts, actions, types and prospects.* Durham, NC: Duke University Press.

Becker, H. (1956). *Man in reciprocity: Introductory lectures on culture, society and personality.* New York: Praeger.

Becker, S. W. (1958). *Utility and level of aspiration. Experimental test of Level of aspiration theory in a decision-making context.* Diss Abstr., The Pennsylvania State University.

Becker, G. M. & McClintock, Ch. F. (1967). Behavioral decision theory. *Annual Review of Psychology, 18*, 239-286.

Becker, S. W. & Siegel, S. (1958). Utility of grades: Level of aspiration in a decision theory context. *Journal of Experimental Psychology, 55*, 81-85.

Benedict, R. (1969). *Urformen der Kultur*. Reinbek: Rowohlt.

Berelson, B. (1971). *Content analysis in communication research* (2nd ed.). New York: Hafner.

Bergson, H. (1964). *Materie und Gedächtnis*. Frankfurt a. M.: Fischer.

Berlyne, D. E. (1957). Uncertainty and conflict: a point of contact between information-theory and behavior-theory concepts. *Psychological Review, 64*, 329-339.

Berlyne, D. E. (1963). Motivational problems raised by exploratory and epistemic behavior. In S. Koch (Ed.). *Psychology: A study of science* (Vol. V, pp. 284-364). New York: McGraw-Hill.

Bernoulli, D. (1964). Exposition of a New Theory on the Measurement of Risk. In G.A. Miller (Ed.), *Mathematics and Psychology* (pp. 36-61). New York: Wiley.

Bernoulli, J. & Haussner, R. (1999). *Wahrscheinlichkeitsrechnung.* Thun: Deutsch.

Biasio, S. (1969). *Entscheidung als Prozeß*. Bern: Huber.

Binder, H. (1936). *Zur Psychologie der Zwangsvorgänge*. Berlin: Karger.

Binswanger, H. (1949). *Kurzes Lehrbuch der Psychiatrie: die Psychosen und Möglichkeiten der Interpretation.* Zürich: Hirzel.

Binswanger, L. (1955). *Ausgewählte Vorträge und Aufsätze* (Vol. II). *Zur Problematik der psychiatrischen Forschung und zum Problem der Psychiatrie.* Bern: Francke.

Binswanger, H. (1956). *Drei Formen mißglückten Daseins: Verstiegenheit, Verschrobenheit, Manieriertheit.* Tübingen: Niemeyer.

Binswanger, L. (1957). *Der Mensch in der Psychiatrie.* Pfullingen: Neske.

Binswanger, L. (1958). Daseinsanalyse, Psychiatrie, Schizophrenie. *Schweizer Archiv für Neurologie und Psychiatrie, 81,* 1-8.

Birnbaum, F. (1930). Lebensführung. *Internationale Zeitschrift für Individual-Psychologie, 8,* 9-17.

Birnbaum, K. (1911). *Die krankhafte Willensschwäche und ihre Erscheinungsformen.* Wiesbaden: Bergmann.

Birnbaum, K. (1930). *Handwörterbuch der medizinischen Psychologie.* Leipzig: Thieme.

Birnbaum, K. (1930). Psychologie der Rauschsüchtigen. *Kriminalistische Monatshefte, 4,* 73-76.

Bischof, N. (1987). Zur Stammesgeschichte der menschlichen Kognitionen. *Schweizerische Zeitschrift für Psychologie, 46,* 77-90.

Bischof, N. (1989). Emotionale Verwirrungen. Oder: Von den Schwierigkeiten im Umgang mit der Biologie. *Psychologische Rundschau, 40,* 188-205.

Bleuler, E. (1966). Lehrbuch der Psychiatrie (16th ed.). Berlin: Springer.

Block, J. & Petersen, P. (1955). Some personality correlates of confidence, caution, and speed in decision-situation. *Journal of Abnormal and Social Psychology, 51,* 34-41.

Blumenfeld, W. (1931). Urteil und Beurteilung. *Archiv für die gesamte Psychologie, 3,* 119-151.

Borcherding, K. (1983). Entscheidungstheorie und Entscheidungshilfeverfahren für komplexe Entscheidungssituationen. In M. Irle (Ed.), *Methoden und Anwendungen der Marktpsychologie. Enzyklopädie der Psychologie.* Vol. D/III/5 (pp. 64-173). Göttingen: Hogrefe.

Bostroem, A. (1928). Störungen des Wollens. In O. Bumke, *Handbuch der Geisteskrankheiten* (Vol. II). Berlin: Springer.

Boulding, K. (1956). *The image: knowledge in life and society.* Ann Abor, Mich.: University of Michigan Press.

Brainscombe, N. R. (1988). Conscious and unconscious processing in affective and cognitive information. In K. Fiedler & J. Forgas (Eds.). *Affect, cognition and social behavior* (pp. 3-24). Seattle/Göttingen: Hogrefe.

Brauchlin, E. & Heene, R. (1995). *Problemlösungs- und Entscheidungsmethodik* (4th ed.). Bern: Haupt.

Brehm, J. W. (1956). Postdecision changes in the desirability of alternatives. *Journal of Abnormal and Social Psychology, 52,* 384–389.

Brehm, J. W. & Cohen, A. R. (1962). *Explorations in cognitive dissonance.* New York: Wiley.

Brentano, F. (1925). Psychologie *vom empirischen Standpunkt* (Vol. II). Leipzig: Meiner.

Bresson, F. (1965). Les décisions. In P. Fraisse & J. Piaget (Ed.), *Traité de psychologic experimentale* (Vol. VIII, 221-306). Presse Universitaires de France.

Brim, O. G., Glass, D. G., Lavin, D. E. & Goodman, N. (1962). *Personality and Decision Processes.* Stanford, CA: Stanford University Press.

Brim, O. G. & Hoff, D. B. (1957). Individual and situational differences in desire for certainty. *Journal of Abnormal and Social Psychology, 54,* 225-229.

Brody, N. (1983). *Human motivation: Commentary on goal-directed action.* New York: Academic Press.

Brown, J. S. (1948). Gradients of approach and avoidance responses and their relation to level of motivation. *Journal of comparative and physiological psychology, 41,* 450-465.

Bruner, J. S. & Goodman, C. C. (1947). Value and need as organizing factors in perception. *Journal of Abnormal and Social Psychology, 42,* 33-44.

Bruner, J. S., Goodnow, J. J. & Austin, G. A. (1956). *A study of thinking.* New York: Wiley.

Buchner, A. (2003). Funktionen und Modelle des Gedächtnisses. In H.-O. Karnath & P. Thier (Eds.), *Neuropsychologie.* Berlin: Springer.

Bumke, O. (1923). Über die materiellen Grundlagen der Bewußtseinserscheinungen. *Psychologische Forschung, 3,* 272–281.

Bumke, O. (1942). *Gedanken über die Seele.* Berlin: Springer.

Bumke, O. (1948). *Lehrbuch des Geisteskranken.* München: Bergmann.

Bush, R. & Mosteller, F. (1955). *Stochastic models for Learning.* New York: Wiley.

Buytendijk, F. J. (1956). *Allgemeine Theorie der menschlichen Haltung und Bewegung.* Berlin: Springer.

Calvin, W. H. (1993). *Die Symphonie des Denkens: Wie aus Neuronen Bewußtsein entsteht.* München: Hanser.

Cannon, W.B. (1932). *The wisdom of the body.* New York: Routledge.

Carr, L. J. (1948). *Situational analysis on observational approach to introductory sociology.* New York: Harper.

Cartwright, D. (1941a). Decision-time in relation to differentiation of the phenomenal field. *Psychological Review, 48*, 425-442.

Cartwright, D. (1941b). The relation of decision-time to categories of response. *American Journal of Psychology, 54,* 174-196.

Cartwright, D. & Festinger, L. (1943). A quantitative theory of decision. *Psychological Review, 50*, 595-621.

Cohen, J., Dearnaley, E. J. & Hansel, M. (1955). The risk taken in crossing a road. *Operation Research Quarterly, 6*, 120-128.

Cohen, J. & Hansel, R. (1956). *Risk and Gambling. The study of subjective probability*. London: Longmans. (dtsch.: *Glück und Risiko. Die Lehre von der subjektiven Wahrscheinlichkeit* (1961). Frankfurt a. M.: Europäische Verlagsanstalt).

Cohen, J., Hansel, C. E. M. & Walker, D. B. (1960). The time taken to decide as a measure of subjective probability. *Acta Psychologica, 17*, 177-183.

Coleman, A. L. (1960). *Personality dynamics and effective behavior*. Chicago, III.: Scott & Foresman.

Comer, R. J. (2001). *Klinische Psychologie* (2nd ed.). Heidelberg: Spektrum.

Coombs, C. H. & Pruitt, D. G. (1960). Components of risk in decision making: Probability and variance preference. *Journal of Experimental Psychology, 60*, 265-277.

Cosmides, L. & Tooby, J. (1994). Origins of domain specifity: The evolution of functional organisation. In L. A. Hirschfeld & S. A. Gelman (Eds.), *Mapping the mind: domain specifity in cognition and culture* (pp. 85-116). New York: Cambridge University Press.

Crick, F. & Koch, C. (1990). Towards a neurobiological theory of consciousness. *Seminars in the neurosciences, 2,* 263-275.

Csikszentmihalyi, M. (1975). *Beyond boredom and anxiety*. San Francisco: Jossey-Bass.

Cyert, R. M. & March, J. G. (1963). *A behavioral theory of the firm*. New York: Prentice-Hall.

Dahrendorf, R. (1961). *Über den Ursprung der Ungleichheit unter den Menschen.* Tübingen: Mohr.

Damasio, A. R. (1994). *Descartes' Irrtum: Fühlen, Denken und das menschliche Gehirn.* München: Deutscher Taschenbuch Verlag.

Danner, M. (1969). *Gibt es einen freien Willen?* Hamburg: Kriminalistikverlag.

Davidson, D. & Marschak, J. (1959). Experimental tests of stochastic decision theory. In C. W. Churchman & Ph. Ratoosh (Eds.), *Measurement: Definitions and theories*. New York: Wiley.

Davidson, R. & Irwin, W. (1999). The functional neuroanatomy of emotion and affective style. *Trends in Cognitive Science, 3,* 11-21.

Davison, G. C. & Neale, J. M. (1996). *Klinische Psychologie* (4th ed.). Weinheim: Psychologie Verlags Union.

Deci, E. L. & Ryan, M. R. (1990). A motivational approach to self: Integration in personalità. *Nebraska Symposium on Motivation, 38,* 237-288.

Dember, W. N. (1955). *Decision-time and psychological distance.* Diss. Abstr., 15, 632.

Dembo, T. (1931). Der Ärger als dynamisches Problem. *Psychologische Forschung, 15,* 1-144.

Dennett, D. C. (1983). Intentional systems in cognitive ethology: The Panglossion paradigm defended. *The Behavioral and Brain Sciences, 6,* 343-390.

Dennett, D. C. (1991). *Consciousness explained.* Boston: Little, Brown & Company.

Detambel, M. H. & Stolurow, L. M. (1957). Prohability and work as determiners of multichoice behavior. *Journal of Experimental Psychology, 53,* 73-81.

Dewey, J. (1933). *How we think.* Boston, MA: Heath.

Dewey, R. & Humber, W. J. (1966). *An introduction of social psychology.* New York: Macmillan.

Diemer, A. & Frenzel, I. (Eds.). (1982). *Das Fischer Lexikon* (Vol. XI). *Philosophie.* Frankfurt a. M.: Fischer.

Dörner, D. (1976). *Problemlösen als Informationsverarbeitung.* Stuttgart: Kohlhammer.

Dörner, D. (1987). Denken und Wollen: Ein systemtheoretischer Ansatz. In H. Heckhausen, P. M. Gollwitzer & F. E. Weinert (Eds.), *Jenseits des Rubikon: Der Wille in den Humanwissenschaften* (pp. 238-249). Berlin: Springer.

Dörner, D. (1993). *Die Logik des Mißlingens.* Reinbek bei Hamburg: Rowohlt.

Dörner, D., Kreuzig, H. W., Reither, F. & Stäudel, Th. (1983). LOHHAUSEN. *Vom Umgang mit Unbestimmtheit und Komplexität.* Bern: Huber.

Drevdahl, J. E. (1956). Factors of importance for creativity. *Journal of Clinical Psychology, 12,* 21-26.

Dreyer, H. (1955). *Beiträge zur Phänomenologie und Strukturtheorie des Wollens und des Willens.* Diss. Mainz: Universität Mainz.

Duncker, K. (1935/1974). *Zur Psychologie des produktiven Denkens.* Berlin: Springer.

Edwards, W. (1953). Probability-preferences in gambling. *American Journal of Psychology, 66,* 349-364.

Edwards, W. (1954a). The theory of decision making. *Psychological Bulletin, 51*, 380-417.

Edwards, W. (1954b). The reliability of probability preferences. *American Journal of Psychology, 67*, 68-95.

Edwards. W. (1954c). Variance preferences in gambling. *American Journal of Psychology, 7*, 441-452.

Edwards, W. (1955). The Prediction of Decisions Among Bets. *Journal of Experimental Psychology, 50*, 201-214.

Edwards, W. (1962a). Subjective probability infered from decisions. *Psychological Review, 69*, 109-135.

Edwards, W. (1962b). Dynamic decision theory and probability information processing, *Human Factors, 4*, 59-73.

Eimer, M., Nattkemper, D., Schröger, E. & Prinz, W. (1994). Unwillkürliche Aufmerksamkeit. In O. Neumann & A. F. Sanders (Hrsg.), *Enzyklopädie der Psychologie*, (Vol. C/II/2). Aufmerksamkeit. Göttingen: Hogrefe.

Eisenführ, F. & Weber, M. (2003). *Rationales Entscheiden* (4th ed.). Berlin: Springer.

Epstein, S. (1983). The unconscious, the preconscious, and the self-concept. In J. Suls (Ed.), *Psychological perspectives on the self* (pp. 219-247). Hillsdale, NJ: Lawrence Erlbaum Associates.

Erk, S. & Walter, H. (2000). Denken mit Gefühl – Der Beitrag von funktioneller Bildgebung und Simulationsexperimenten zur Emotionspsychologie. *Nervenheilkunde 2000*, 3-12.

Ernst, G. & Newell, A. (1969). *GPS: A case study in generality and problem solving.* New York: Academic Press.

Escalona, S. K. (1940). The effect of success and failure upon the level of aspiration and behavior in manic-depressive psychoses. *University of Iowa Studies in Child Welfare, 16 (3)*, 197-302.

Eyferth, K. (1964). Das Lernen von Haltungen, Bedürfnissen und sozialen Verhaltensweisen. In R. Bergius (Ed.), *Handbuch der Psychologie* (Vol. I/2, pp. 347-372). Göttingen: Hogrefe.

Eysenck, M. W. & Keane, M. T. (1992). *Cognitive psychology – A student's handbook.* London: Lawrence Erlbaum.

Fagot, R. F. (1956). *A theory of decision making.* Stanford: University Press.

Feather, N. T. (1959a). Subjective probability and decision under uncertainty. *Psychological Review, 66*, 150-164.

Feather, N. T. (1959b). Success probability and choice behavior. *Journal of Experimental Psychology, 58*, 257-266.

Fechner, G. Th. (1907). *Elemente der Psychophysik* (2nd ed.). Leipzig: Breitkopf & Härtel.

Feger, H. (1965). Beiträge zur experimentellen Analyse des Konflikts. In H. Thomae, *Handbuch der Psychologie* (Vol. II/2). Motivation. (pp. 332-414). Göttingen: Hogrefe.

Feger, H. (1968). *Untersuchungen zur Bedeutsamkeit von Entscheidungssituationen: Ein experimenteller Beitrag* Diss. Bonn: Universität Bonn.

Feger, H. (1978). *Konflikterleben und Konfliktverhalten.* Bern: Huber.

Feger, H. (1995). Existentielle Entscheidungen - ihre Position in einem allgemeinen Modell der Konfliktformen. In A. Kruse & R. Schmitz-Scherzer (Eds.), *Psychologie der Lebensalter* (pp. 53-60). Darmstadt: Steinkopf.

Feger, H. & Feger, B. (1969). Beiträge zur inhaltsanalytischen Untersuchung von Entscheidungen, Teil I: Methode und Vergleich der Materialstichproben. *Archiv für die gesamte Psychologie, 121,* 205-232; Teil II: Kontingenzanalyse und Paralleluntersuchung. *Archiv für die gesamte Psychologie, 121,* 233 – 254.

Festinger, L. (1943a). Studies in decision: I. Decision-time, relative frequency of judgment and subjective confidence as related to physical stimulus difference. *Journal of Experimental Psychology, 32,* 291-306.

Festinger, L. (1943b). Studies in decision: II. An empirical test of a quantitative theory of decision. *Journal of Experimental Psychology, 32,* 411-423.

Festinger, L. (1957). *A theory of cognitive dissonance.* Evanston: Row & Peterson.

Festinger, L. & Wapner, S. (1947). *A test of decision and decision time: reliability and generality.* Washington, DC: US Dep. Commerce.

Feuchter, A. (2001). *Lob des sozialen Faulenzens. Motivation und Leistung beim Lösen komplexer Probleme in sozialen Situationen.* Lengerich: Pabst Science Publishers.

Feuchter, A. & Funke, J. (2004). Positive Effekte sozialen Faulenzenz beim Lösen komplexer Probleme. *Kölner Zeitschrift für Soziologie und Sozialpsychologie, 56,* 304-325.

Fiedler, K. (1988). Emotional mood, cognitive style and behaviour regulation. In K. Fiedler & J. P. Forgas (Eds.), *Affect, cognition, and social behaviour* (pp. 100-119). Toronto: Hogrefe.

Fiedler, K. (1991). On the task, the measures and the mood in research on affect and social cognition. In J. P. Forgas (Ed.), *Emotion and social judgment* (pp. 82-104). Oxford: Pergamon.

Fiedler, K., Walther, E., Freytag, P. & Plessner, H. (2002). Judgment biases in a simulated classroom – a cognitive-enviromental approach. *Organizational Behavior and Human Decision Processes, 88,* 527-561.

Finke, W. (1955). *Untersuchungen über den Begriff der Situation*. Diss. Göttingen: Universität Göttingen.

Fisch, R. & Wolf, M. F. (1990). Die Handhabung von Komplexität beim Problemlösen und Entscheiden. In R. Fisch & M. Boos (Eds.), *Vom Umgang mit Komplexität in Organisationen* (pp. 11-39). Konstanz: Universitätsverlag.

Fishburn, P. C. (1966). A note on recent developments in additive utility theories for multiple-factor situations. *Operations Research, 14*, 1143-1148.

Flament, C. (1960). Comportement de choix et échelle de mesure, I. Étude theoretique. *Bull. C.E.R.P., 9,* 165-175; II. Ètude experimentale. *Bull. C.E.R.P., 9,* 177-186.

Förstl, H. (Ed.) (2004). *Frontalhirn: Funktionen und Erkrankungen*. Berlin: Springer.

Frensch, P. A. & Funke, J. (1995). Definitions, traditions, and a general framework for understanding complex problem solving. In P. A. Frensch & J. Funke (Eds.), *Complex problem solving: The European perspective* (pp. 3-25). Hillsdale, NJ: Lawrence Erlbaum Associates.

Freud, A. (1936). The ego and the mechanisms of defense. In A. Freud (1966-1980), *The Writings of Anna Freud*: 8 Volumes (Vol. 2, pp. 1-176). New York: IUP.

Freud, S. (1953). *Abriß der Psychoanalyse*. Frankfurt a. M.: Fischer.

Freud, S. (1967). *Triebe und Triebschicksale*. Studienausgabe (Vol. III). Frankfurt a. M.: Fischer.

Frijda, N. (1986). *The emotions*. New York: Cambridge University Press.

Fröhlich, W. D. (2005). *Wörterbuch Psychologie*. (25th ed.). München: Deutscher Taschenbuchverlag.

Funke, J. (1984). Diagnose der westdeutschen Problemlöseforschung in Form einiger Thesen. *Sprache & Kognition, 3*, 159-172.

Funke, J. (1985). Steuerung dynamischer Systeme durch Aufbau und Anwendung subjektiver Kausalmodelle. *Zeitschrift für Psychologie, 193*, 435-457.

Funke, J. (1988). Künstliche Intelligenz und Kognitive Psychologie: Zum Stand der Beziehung. In W. Hoeppner (Ed.), *Künstliche Intelligenz* (pp. 17-26). Heidelberg: Springer.

Funke, J. (1990). Probleme komplexer Problemlöseforschung. In R. Fisch & M. Boos (Eds.), *Vom Umgang mit Komplexität in Organisationen* (pp. 95-105). Konstanz: Universitätsverlag.

Funke, J. (1995). Experimental research on complex problem solving. In P. A. Frensch & J. Funke (Eds.), *Complex problem solving: The European perspective* (pp. 243-268). Hillsdale, NJ: Lawrence Erlbaum Associates.

Funke, J. (1999). Komplexes Problemlösen: Ein Blick zurück und ein Blick nach vorne. *Psychologische Rundschau, 50*, 194-197.

Funke, J. (2000). Psychologie der Kreativität. In R. M. Holm-Hadulla (Ed.), *Kreativität* (pp. 283-300). Berlin: Springer.

Funke, J. (2001). Kreatives Denken als Interaktionsprozeß. Zur Psychologie der Kreativität. *Forschung & Lehre, 8 (4)*, 246-249.

Funke, J. (2003). *Problemlösendes Denken*. Stuttgart: Kohlhammer.

Funke, J. (2004a). Komplexes Problemlösen: Möglichkeiten deduktivistischen Vorgehens. In E. Erdfelder & J. Funke (Eds.), *Allgemeine Psychologie und deduktivistische Methodologie* (pp. 281-300). Göttingen: Vandenhoek & Ruprecht.

Funke, J. (2004b). Psychologische Erkenntnisse zum Umgang mit komplexen Problemstellungen. In R. Fisch & D. Beck (Eds.), *Komplexitätsmanagement – Methoden zum Umgang mit komplexen Aufgabenstellungen in Wirtschaft, Regierung und Verwaltung* (pp. 21-34). Wiesbaden: VS Verlag für Sozialwissenschaften.

Funke, J. & Fritz, A. (1995). Über Planen, Problemlösen und Handeln. In J. Funke & A. Fritz (Eds.), *Neue Konzepte und Instrumente der Planungsdiagnostik* (pp. 1-45). Bonn: Deutscher Psychologen Verlag.

Funke, J. & Grube-Unglaub, S. (1991). Verarbeitungstiefe als Einflussfaktor auf das subjektive Zeitempfinden. *Schweizerische Zeitschrift für Psychologie, 50*, 129-138.

Funke, J. & Hussy, W. (1984). Komplexes Problemlösen: Beiträge zu seiner Erfassung sowie zur Frage der Bereichs- und Erfahrungsabhängigkeit. *Zeitschrift für Experimentelle und Angewandte Psychologie, 31*, 19-38.

Funke, J. & Kirk, M. (1997a). Umgang mit komplexen Problemlöse- und Entscheidungsprozessen. In T. Mitschke (Ed.), *Handbuch für Technische Einsatzleitungen* (pp. 197-200). Stuttgart: Kohlhammer.

Funke, J. & Kirk, M. (1997b). Logik des Mißlingens/Gelingens von Problemlöseprozessen bei Individuen und in Gruppen. In T. Mitschke (Ed.), *Handbuch für Technische Einsatzleitungen* (pp. 200-205). Stuttgart: Kohlhammer.

Funke, J. & Zumbach, J. (2006). Problemlösen. In H. Mandl & H. F. Friedrich (Eds.), *Handbuch Lernstrategien* (pp. 206-220). Göttingen: Hogrefe.

Gäfgen, G. (1968). *Theorie der wirtschaftlichen Entscheidung* (2nd ed.). Tübingen: Mohr.

Gagné, R. M. (1969). *Die Bedingungen des menschlichen Lernens*. Hannover: Schroedel.

Gazzaniga, M. (Ed.) (2000a). *Cognitive Neuroscience*. Oxford: Blackwell.

Gazzaniga, M. (Ed.) (2000b). *The new cognitive neurosciences.* Cambridge, MA: MIT Press.

Gebsattel, V. E. (1954). *Prolegomena einer medizinischen Anthropologie – Ausgewählte Aspekte.* Berlin: Springer.

Gehlen, A. (1965). *Theorie der Willensfreiheit und frühe philosophische Schriften.* Berlin: Luchterhand.

Gehring, W. J. & Willoughby, A. (2002). The medial frontal cortex and the rapid processing of monetary gains and losses. *Science, 292,* 2279-2282.

Gigerenzer, G. & Hoffrage, U. (1995). How to improve Bayesian reasoning without instruction: Frequency formats. *Psychological Review, 102 (4),* 684-704.

Gigerenzer, G., & Todd, P.M. (Eds.). (1999). *Simple heuristics that make us smart.* Oxford: Oxford University Press.

Glass D. C. (1960). *Parent decision making under assumed conditions of risk: The applicability of decision theory models,* Diss. Abstr. 20, 4198-4200.

Godbeer, E. (1940). *Factors introducing conflicts in the choice behavior of children.* New Haven: Yale University.

Gollwitzer, P. M. (1987). Suchen, Finden und Festigen der eigenen Identität: Unstillbare Zielintentionen. In H. Heckhausen, P. M. Gollwitzer & F. E. Weinert (Eds.), *Jenseits des Rubikon – Der Wille in den Humanwissenschaften* (pp. 176-189). Heidelberg: Springer.

Gollwitzer, P. M. (1991). *Abwägen und Planen.* Göttingen: Hogrefe.

Gollwitzer, P. M., Heckhausen, H. & Ratajczak, H. (1990). From weighing to willing: approaching a change decision through pre- or postdecisional mentation. *Organisational Behavior and Human Decision Processes, 45,* 41-65.

Goodnow, J. J. & Pettigrew, T. F. (1955). Effect of prior patterns of experience upon strategies and learning sets. *Journal of Experimental Psychology, 49,* 106-117.

Gottwald, R. (1990). *Entscheidung unter Unsicherheit.* Wiesbaden: Gabler.

Grant, D. A., Hake, H. W. & Hornseth, J. P. (1951). Acquisition and extinction of a verbal conditioned response with differing percentages of reinforcement. *Journal of Experimental Psychology, 42,* 1-3.

Graumann, C. F. (1966). Bewußtsein und Bewußtheit. In W. Metzger (Ed.), *Handbuch der Psychologie* (Vol. 1,1, pp. 79-127). Göttingen: Hogrefe.

Graumann, C. F. (1969). Sozialpsychologie. In Lersch, Ph. (Ed.), *Handbuch der Psychologie* (Vol. VII). Göttingen: Hogrefe.

Graumann, C. F. (Ed). (1971). *Denken.* (5th ed.). Köln: Kiepenheuer & Witsch.

Graumann, C. F. (1984). Bewußtsein und Verhalten. Gedanken zu Sprachspielen in der Psychologie. In H. Lenk (Ed.). *Handlungstheorien interdisziplinär* (Vol. III, Zweiter Halbband: Verhaltenswissenschaftliche und psychologische Handlungstheorien, pp. 647-673). München: Fink.

Groys, B. (1999). *Über das Neue – Versuch einer Kulturökonomie.* Frankfurt a. M.: Fischer Taschenbuch Verlag.

Gruhle, H. W. (1948). *Verstehende Psychologie. Erlebnislehre.* Stuttgart: Thieme.

Guilford, J. P. (1954). *Psychometric methods.* New York: McGraw-Hill.

Guilford, J. P. (1964). *Persönlichkeit. Logik, Methodik und Ergebnisse ihrer quantitativen Erforschung.* Weinheim: Beltz.

Guilford, J. P. (1979). Some incubated thoughts on incubation. *Journal of Creative Behavior, 13,* 1-8.

Gulliksen, H. (1956). Measurement of subjective values. *Psychometrika 21,* 229-244.

Gumenik, W. E. & Perlmutter, E. S. (1966). Verbal repetition, set and decision latency. *Journal of Experimental Psychology, 72,* 213-215.

Guthrie, E. R. (1952). *The psychology of learning* (Rev. ed.). New York: Harper.

Haberstroh, S. (2002). Die Abhängigkeit der Erwartung vom Wert in Entscheidungen. Das Frequenz-Valenz-Modell. Hamburg: Kovač.

Haggard, P. & Eimer, M. (1999). On the relation between brain potentials and the awareness of voluntary movements. *Experimental Brain Research, 126 (1),* 128-133.

Halisch, F. & Kuhl, H. (1987). *Motivation, intention and volition.* Berlin, Heidelberg: Springer.

Hare, A. P. (Ed.). (1966). *Handbook of small group research.* New York: Free Press.

Hartmann, H. (1960). *Psychoanalysis and moral values.* New York: International University Press.

Hartmann, N. (1949). *Ethik.* Berlin: de Gruyter.

Harvey, N. (2001). Studying judgment: General issues. *Thinking and Reasoning, 7,* 103-118.

Heckhausen, H. (1963). *Hoffnung und Furcht in der Leistungsmotivation.* Meisenheim am Glan: Hain.

Heckhausen, H. (1965). Leistungsmotivation. In H. Thomae (Ed.), *Handbuch der Allgemeinen Psychologie* (Vol. II). Motivation (pp. 602-702). Göttingen: Hogrefe.

Heckhausen, H. (1969). *Allgemeine Psychologie in Experimenten.* Göttingen: Hogrefe.

Heckhausen, H. (1977). Motivation: Kognitionspsychologische Aufspaltung eines summarischen Konstrukts. *Psychologische Rundschau, 28*, 175-189.

Heckhausen, H. (1987). Wünschen – Wählen – Wollen. In H. Heckhausen, P. M. Gollwitzer & F. E. Weinert (Eds.), *Jenseits des Rubikon: Der Wille in den Humanwissenschaften* (pp. 3-9). Berlin: Springer.

Heckhausen, H. (1989). *Motivation und Handeln* (2nd ed.). Berlin: Springer.

Heckhausen, H. & Gollwitzer, P. M. (1987). Thought contents and cognitive functioning in motivational versus volitional states of mind. *Motivation and Emotion, 11*, 101-120.

Heckhausen H. & Gollwitzer P. M. & F. E. Weinert (Eds.). (1987). *Jenseits des Rubikon: Der Wille in den Humanwissenschaften*. Berlin: Springer.

Heidegger, M. (1963). *Sein und Zeit*. Tübingen: Niemeyer.

Hell, D. (2003). *Seelenhunger. Der fühlende Mensch und die Wissenschaft vom Leben*. Bern: Huber.

Helm, J. (1960). Gestalt theory and the psychology of personality. In: Ph. Lersch & H. Thomae (Eds.), *Handbuch der Psychologie* (Vol. IV). Persönlichkeitsforschung und Persönlichkeitstheorie. Göttingen: Hogrefe.

Helmholtz, H. v. (1910). *Handbuch der psychologischen Optik* (Vol. II). Hamburg: Voss.

Herkner, W. (1991). *Sozialpsychologie*. Bern: Huber.

Herkner, W. (1993). *Lehrbuch Sozialpsychologie*. Bern: Huber.

Hilgard, E. R. & Bower, G. H. (1966). *Theories of learning* (3rd ed.). New York: Appleton - Century - Crofts.

Hill, W. F. (1956). Activity as an autonomous drive. *Journal of comparative and physiological Psychology, 49*, 15-19.

Hoche, A. E. (1902). *Die Freiheit des Willens vom Standpunkt der Psychopathologie*. Wiesbaden: Bergmann.

Hofstätter, P. R. (1949). *Einführung in die Tiefenpsychologie*. Wien: Braumüller.

Hofstätter, P. R. (1957). *Psychologie*. Frankfurt a. M.: Fischer Taschenbuchverlag.

Hofstätter, P. R. (1962). Theoretische Grundlagen der Verhaltenssteuerung. *Psychologische Rundschau, 13 (3)*, 163-179.

Hofstätter, P. R. (1963). *Psychologie*. Frankfurt a. M.: Fischer.

Hofstätter, P. R. (1966). *Einführung in die Sozialpsychologie*. Stuttgart: Kröner.

Hogarth, R. M. (2001). *Educating Intuition*. Chicago: The University of Chicago Press.

Holzkamp, K. (1968). *Wissenschaft als Handlung*. Berlin: de Gruyter.

Holzkamp, K. (1972). *Kritische Psychologie*. Frankfurt a. M.: Fischer Taschenbuch Verlag.

Homans, G. C. (1961). *Social behaviour: Its elementary form*. New York: Harcourt, Brace & World.

Hoppe, F. (1930). Erfolg und Mißerfolg. *Psychologische Forschung 14*, 1-62.

Hörmann, H. (1960). *Konflikt und Entscheidung, Experimentelle Untersuchungen über das Interferenzproblem*. Göttingen: Hogrefe.

Hovland, C. I. (1951). Changes in attitude through communication. *Journal of Abnormal and Social Psychology, 46*, 424-437.

Hovland, C. I. & Sears, D. O. (1938). Types of conflict and their modes of resolution. *Journal of Experimental Psychology, 23*, 265-267.

Hull C. L. (1938). The goal-gradient hypothesis applied to some "field-force" problems in the behavior of young children. *Psychological Review, 45*, 271-300.

Hull, C. L. (1943). *Principles of behavior*. New York: Appleton.

Hull, C. L. (1952). *A behavior system: An introducion to behavior theory concerning the individual organism*. New Haven: Yale University Press.

Hurst, P. M. & Siegel, S. (1956). Prediction of decisions from a higher ordered metric scale of utility. *Journal of Experimental Psychology, 52*, 136-144.

Husserl, E. (1928). *Vorlesungen zur Phänomenologie des inneren Zeitbewußtseins*. Halle: Niemeyer.

Husserl, E. (1950). *Husserliana/3 Ideen zu einer Phänomenologie und phänomenologischen Philisophie. Buch 1: Allgemeine Einführung in die reine Phänomenologie. Husserliana /1 Cartesianische Meditation*. Pariser Vorträge. The Hague: Nijhoff.

Husserl, E. (1952). *Husserliana /4 Ideen zu einer Phänomenologie und phänomenologischen Philosophie. Buch 2: Phänomenologische Untersuchungen zur Konstitution. Husserliana /5 Ideen zu einer Phänomenologie und phänomenologischen Philosophie. Buch 3: Die Phänomenologie und die Fundamente der Wissenschaften*. The Hague: Nijhoff.

Husserl, E. (1954). *Husserliana /6 Die Krisis der europäischen Wissenschaften und die transzendentale Phänomenologie*. The Hague: Nijhoff.

Irle, M. (1967). Entstehung und Änderung von sozialen Einstellungen. In F. Merz (Ed.), *Bericht über den 25. Kongress der Deutschen Gesellschaft für Psychologie*. Göttingen: Hogrefe.

Irle, M. (1975). *Lehrbuch der Sozialpsychologie*. Göttingen: Hogrefe.

Irwin, F. W. (1953). Stated expectations as functions of probability and disirability of outcomes. *Journal of Personality, 21*, 329-335.

Irwin, F. W. & Smith, W. A. S. (1957). Value, cost and information as determiners of decision. *Journal of Experimental Psychology, 54*, 229-232 (dtsch. in: H. Thomae (Ed.). (1965). *Die Motivation menschlichen Handelns*. Köln: Kiepenheuer & Witsch).

Izard, C. E. (1984). Emotion-cognition relationships and human development. In C. E. Izard, J. Kagan & R. B. Zajonc (Eds.). *Emotions, cognition, and behavior* (pp. 17-37). Cambridge, NY: Cambridge University Press.

Jackson, J. M. & Williams, K. D. (1985). Social loafing on difficult tasks: Working collectively can improve performance. *Journal of Personality and Social Psychology, 49*, 937-942.

James, W. (1899). *The principles of psychology*. New York: Holt.

James, W. (1905). *Restbook of psychology*. London: McMillan.

Janis, J. L. (1972). *Victims of Groupthink: A Psychological Study of Foreign-Policy Decisions and Fiascous*. Boston: Houghton Mifflin.

Jaspers, K. (1931). *Die geistige Situation der Zeit*. Berlin: de Gruyter.

Jaspers, K. (1965). *Allgemeine Psychopathologie* (6th ed.). Berlin: Springer.

Johnson, D. M. (1955). *The psychology of thought and judgment*. New York: Harper.

Johnson, D. M. (1972). *Systematic introduction to the psychology of thinking*. New York: Harper & Row.

Jones, E. E. & Gerard, H. B. (1967). *Foundations of social psychology*. New York: Wiley.

Jucknat, M. (1938). Leistung, Anspruchsniveau und Selbstbewußtsein. *Psychologische Forschung 22*, 89-179.

Jungermann, H. (1976). *Rationale Entscheidungen*. Bern: Huber.

Jungermann, H., Pfister, H.-R. & Fischer, K. (2005). *Die Psychologie der Entscheidung. Eine Einführung* (2nd ed.). Heidelberg: Spektrum.

Kadushin, A., Rose, J. & Sobel, G. (1967). The relationship between parents expressed attitudes and their decisions. *Social casework 48*, 367-371.

Kahneman, D., Slovic, P. & Tversky, A. (1982). *Judgment under uncertainty. Heuristics and biases*. Cambridge: Cambridge University Press.

Kahneman, D. & Tversky, A. (1982). The psychology of preferences. *Scientific American 246*, 136-142.

Kahneman, D. & Tversky, A. (1996). On the reality of cognitive illusions. *Psychological Review, 103 (3)*, 582-591.

Kaminski, G. (1964). Ordnungsstrukturen und Ordnungsprozesse. In R. Bergius (Ed.), *Handbuch der Psychologie* (Vol. 1/I/2). Lernen und Denken (pp. 373-492). Göttingen: Hogrefe.

Kant, I. (1818a). *Critik der practischen Vernunft* (5th ed.). Leipzig: Hartknoch.

Kant, I. (1818b). *Critik der reinen Vernunft*. Leipzig: Hartknoch.

Karoly, P. (1993). Mechanism of self-regulation: A systems view. *Annual Review of Psychology, 44,* 23-52.

Katona, G. (1940). *Organizing and memorizing: studies in the psychology of learning and teaching*. New York: Columbia University Press.

Katona, G. (1964). Rational behavior and economic behavior. In W. J. Gore & J. W. Dyson (Eds.), *The making of decision*. New York: Free Press of Glencoe.

Katz, D. (1960). The functional approach to the study of attitudes. *Public Opinion Quarterly, 24,* 163-204.

Kehr, H. M. (2004). *Motivation und Volition*. Göttingen: Hogrefe.

Keiler, P. (1970). *Wollen und Wert. Versuch einer systematischen Grundlegung einer psychologischen Motivationslehre*. Berlin: de Gruyter.

Keller, I. & Heckhausen, H. (1990). Readiness potentials preceding spontaneous motor acts: voluntary versus involuntary control. *Electroencephalography and Clinical Neurophysiology, 76,* 351-361.

Keller, W. (1954). *Psychologie und Philosophie des Wollens*. München: Reinhardt.

Keller, W. (1965). *Das Problem der Willensfreiheit*. Bern: Francke.

Kirby, I. T. (1965). *An Approach to decision-making*. Diss. University of Illinois.

Kirton, M. J. (1976). Adaptors and innovators: A description and measure. *Journal of Applied Psychology 61*, 622-629.

Klages, L. (1929/1960). *Der Geist als Widersacher der Seele* (2nd ed.). Bonn: Bouvier.

Klebelsberg, D. v. (1969). *Risikoverhalten als Persönlichkeitsmerkmal*. Bern: Huber.

Klinger, E. (1978). Modes of normal conscious flow. In K. S. Pope & J. L. Singer (Eds.). *The stream of consciousness: Scientific investigations into the flow of human experience* (pp. 225-258). New York: Plenum.

Kloos, G. (1962). *Grundriß der Psychiatrie und Neurologie*. München: Müller & Steinicke.

Kluge, F. (1963). *Etymologisches Wörterbuch der deutschen Sprache*. Berlin: de Gruyter.

Köhler, W. (1921). *Intelligenzprüfungen an Menschenaffen*. Berlin: Springer.

Köhler, W. (1928). Zur Gestalttheorie. Antwort auf Herrn Rignanos Kritik. *Scientia, 43*, 309-322. Bemerkungen zur Gestalttheorie. Im Anschluß an Rignanos Kritik. *Psychologische Forschung, 11*, 188-234.

Köhler W. (1951). Direct currents of the brain. *Science, 113*, 478-488.

Köhler, W. (1960). *Dynamics in psychology*. New York: Grove Press.

Köhler, W. (1971). Die Aufgabe der Gestaltpsychologie. Berlin: de Gruyter.

Kogan, N. & Wallach, M. (1964). *A Risk taking. A study in cognition and personality*. New York: Holt, Rinehart, & Winston.

Kolle, K. (1949). *Psychiatrie*. Berlin: Urban & Schwarzenberg.

Kornadt, H. J. (1988). Motivation und Volition. Anmerkungen und Fragen zur wiederbelebten Willenspsychologie. *Archiv für Psychologie, 140*, 209-222.

Kornhuber, H. H., Deecke, L. (1965). Hirnpotentialänderungen bei Willkürbewegungen und passiven Bewegungen des Menschen. Bereitschaftspotentiale und reafferente Potentiale. *Pflügers Archiv für die gesamte Psychologie, 284*, 1-17.

Krauss, S. (1933). *Der seelische Konflikt*. Stuttgart: Enke.

Krelle, W. (1969). *Preistheorie*. Tübingen: Mohr.

Kretschmer, E. (1948). *Psychiatrie*. Wiesbaden: Dieterich.

Kretschmer, E. (1956). Die konstitutionellen Varianten des Reifungsgrades und Reifungstempos. *Acta psychotherapeutica, psychosomatica et orthopaedagogica 4*, 97-100.

Kris, E. (1952). *Psychoanalytic explorations in art*. New York: International Universities Press.

Kriz, J. (1992). *Chaos und Struktur. Grundkonzepte der Systemtheorie* (Vol. I). München: Quintessenz.

Kronfeld, A. (1930). *Perspektiven der Seelenheilkunde*. Leipzig: Barth.

Krueger, F. (Ed.) (1926). *Licht und Farbe*. München: Beck.

Krueger, F. (1953). *Zur Philosophie der Ganzheit*. Berlin: Springer.

Külpe, O. (1893). *Grundriß der Psychologie. Auf experimenteller Grundlage dargestellt*. Leipzig: Engelmann.

Külpe, O. (1922). *Vorlesungen über Psychologie*. Leipzig: Hirzel.

Kuhl, J. (1983). *Motivation, Konflikt und Handlungskontrolle*. Heidelberg, New York: Springer.

Kuhl, J. (1987). Action Control: The maintenance of motivational states. In: F. Halisch & J. Kuhl (Eds.), *Motivation, intention, and volition* (pp. 279-291). Berlin: Springer.

Kuhl, J. (1996). Wille und Freiheitserleben: Formen der Selbststeuerung. In Kuhl, J. & Heckhausen, H. (Eds.), *Enzyklopädie der Psychologie: Motiva-*

tion, Volition und Handlung. Serie IV. (Vol. IV, pp. 665-765). Göttingen: Hogrefe.

Kuhl, J. & Kraska, K. (1989). Self-regulation and metamotivation: Computational mechanisms, development, and assessment. In R. Kanfer, P. L. Ackermann & R. Cudeck (Eds.). *Abilities, motivation, and methodology: The Minnesota symposium on individual differences* (pp. 343-368). Hillsdale, NJ: Lawrence Erlbaum Associates.

Kunz, H. (1946). *Die anthropologische Bedeutung der Phantasie* (Vol. I): Die psychologische Analyse und Theorie der Phantasie. Basel: Verlag für Recht und Gesellschaft.

Lachman, R., Lachman, J. L. & Butterfield, E. C. (1979). *Cognitive psychology and information processing: An introduction.* Hillsdale, NJ: Lawrence Erlbaum Associates.

Landgrebe, L. (1952). Diskussionsbemerkung zu Situation und Entscheidung. In H. Plessner (Ed.), *Symphilosophein,* Berichte 3. Deutscher Kongreß für Philosophie. München: Lehnen.

Lanzetta, J. T. (1963). Information acquisition in decision making. In O. J. Harvey (Ed.), *Motivation and social interaction.* NewYork: Ronald Press.

Laplace, P. S. (1952). *A philosophical essay on probabilities.* New York: Dover.

Lashley, K. (1956). *Cerebral organization of behavior.* In: H. Salomon, S. Cobb & W. Penfield (Eds.), The brain and human behavior (pp. 1-18). Baltimore: William & Wilkins.

Latané, B., Williams, K. & Harkins, S. (1979). Many hands make light the work: The causes and consequences of social loafing. *Journal of Personality and Social Psychology, 37,* 822-832.

Laux, H. (2005). *Entscheidungstheorie* (6th ed.). Berlin: Springer.

LeDoux, J. E. (1989). Cognitive-emotional interactions in the brain. *Cognition and Emotion, 3,* 267-289.

Lee, H. E. (1967). *A mathematical study of decision processes.* Diss. Abstr., 27 (12-A), 4339.

Lee, W. (1977). *Psychologische Entscheidungstheorie.* Weinheim: Beltz.

Lehr, U. (1965). Erscheinungsweisen des Konflikts. In H. Thomae, *Handbuch der Psychologie.* Vol. II: *Motivation* (pp. 306–331). Göttingen: Hogrefe.

Lehr, U. & Thomae, H. (1958). *Eine Längsschnittuntersuchung bei 35-55jährigen Angestellten,* Vita humana. Basel: Karger.

Lenk, H. (2000). *Kreative Aufstiege – Zur Philosophie und Psychologie der Kreativität.* Frankfurt a. M.: Suhrkamp.

Leonhard, F. (1948). *Die Wertgefühle.* Hamburg: Mölich.

Lersch, Ph. (1970). *Der Aufbau der Person* (11th ed.). München: Barth.

Lesgold, A. (1989). Problem solving. In R. J. Sternberg & E. E. Smith (Eds.), *Psychology of human thought* (pp. 188-213). Cambridge: University Press.

Lessing, Th. (1930). *Europa und Asien: Untergang der Erde am Geist* (5th ed.). Leipzig: Meiner.

Leventhal, H. (1982). The integration of emotion and cognition: A view from the perceptual-motor theory of emotion. In M. S. Clark & S. T. Fiske (Eds.), *Affect and cognition* (pp. 121-156). Hillsdale, NJ: Lawrence Erlbaum Associates.

Levine, J. M. & Murphy, G. (1958). The learning and forgetting of controversial material. In E. E. Maccoby, T. N. Newcomb & E. L. Hartley (Eds.), *Reading in social psychology* (pp. 94-101). New York: Holt, Rinehart & Winston.

Lewin, K. (1926). Vorsatz, Wille und Bedürfnis. *Psychologische Forschung, 7,* 330-385.

Lewin, K. (1931). *Die psychologische Situation bei Lohn und Strafe*. Leipzig: Hirzel.

Lewin, K. (1951). *Field theory in social sciences*. New York: Harper & Row (dtsch.: Lewin, K. (1982). Feldtheorie. In C. F. Graumann (Ed.), *Kurt-Lewin-Werksausgabe* (Vol. IV). Bern: Huber/Stuttgart: Klett-Cotta).

Lewin, K. (1954). *Resolving social conflicts*. New York: Harper & Row.

Lewin, K. (1963). *Feldtheorie in den Sozialwissenschaften*. Bern: Huber.

Lewin K., Dembo, T. Festinger L. & Sears P. S. (1944). Level of aspiration. In J. McHunt (Ed.), *Personality and the behavior disorders* (Vol. I, pp. 333-378). New York: Ronald Press.

Libet, B. (1985). Unconscious cerebral initiative and the role of conscious will in voluntary action. *Behavioral and Brain Sciences, 8,* 529-566.

Libet, B. (1987). Are the mental experiences of will and self-control significant for the performance of a voluntary act? *Behavioral and Brain Sciences, 10* (4), 783-785.

Libet, B. (1989). The timing of a subjective experience. *Behavioral and Brain Sciences, 12 (1)*, 183-185.

Libet, B. (1999). Do we have a free will? *Journal of Consciousness Studies, 6,* 47-57.

Libet, B., Gleason, C. A., Wright, E. W. Jr. & Pearl, D. (1983). Time of conscious intention to act in relation to onset of cerebral activity [readiness potential]. *Brain, 106,* 623-642.

Libet, B., Wright, E. W. Jr., Feinstein, B. & Pearl, D. (1979). Subjective referral of the timing for a conscious sensory experience. *Brain, 102,* 192-224.

Lindworsky, J. (1923). *Der Wille: Seine Erscheinung und seine Beherrschung.* Leipzig: Barth.

Lipps, Th. (1926). *Vom Fühlen, Wollen und Denken. Versuch einer Theorie des Willens.* Leipzig: Barth.

Löwenstein, K. (1933). Wunsch und Wünschen. In E. Heller & F. Löw (Eds.), *Neue Münchener Philosophische Abhandlungen (Alexander Pfänder zum sechzigsten Geburtstag)* (pp. 160-198). Leipzig: Barth.

Lorenz, K. (1965). *Über tierisches und menschliches Verhalten.* Gesammelte Abhandlungen (Vol. I). München: Piper.

Lotze, H. (1896). *Mikrokosmos. Ideen zur Naturgeschichte und Geschichte der Menschheit. Versuch einer Anthropologie* (Vol. I) – 5th ed. Leipzig: Barth.

Luce, R. D. (1959). *Individual choice behavior. A theoretical analysis.* New York: Wiley.

Lückert, H. R. (1957). *Konfliktpsychologie.* München: Reinhardt.

Lückert, H. R. (1964). *Der Mensch – das konfliktträchtige Wesen. Das Konzept vom Menschen in der gegenwärtigen Psychologie.* München: Reinhardt.

Lückert, H. R. (1965). *Konfliktpsychologie. Einführung und Grundlegung.* München: Reinhardt.

Luhmann, N. (2000). *Organisation und Entscheidung.* Opladen: Westdeutscher Verlag.

MacKinnon, D. W. (1962). The nature and nurture of creative talent. *American Psychologist, 17,* 484-495.

Mahoney, M. J. (1977). *Kognitive Verhaltenstherapie. Neue Entwicklungen und Integrationsschritte.* München: Pfeiffer.

Maier, N. R. F. (1949). *Frustration.* New York: McGraw-Hill.

Malinowski, B. (1927). Prenuptial intercource between the sexes in the Trobiand Islands, N.W. Malanesia. *Psychoanalytic Review, 14,* 20-36.

March, J. G. (1994). *A primer on decision making.* New York: The Free Press.

March, J. G. & Simon, H. A. (1958). *Organizations.* New York: Wiley.

Markowitz, H. (1952). The utility of wealth. *The Journal of political Economy, 60,* 151-158.

Martindale, C. (1989). Personality, situation, and creativity. In J. A. Glover, R. R. Ronning & C. R. Reynolds (Eds.), *Handbook of creativity* (pp. 211-232). New York: Plenum.

Maslow, A. H. (1964). Further notes on the psychology of being. *Journal of humanistic Psychology, 4 (1),* 45-58.

Masserman, J. H. (1946). *Principles of dynamic psychiatry, including an integrative approach to abnormal and clinical psychology*. Philadelphia: Saunders.

Mayer, R. (1999). *Entscheidungstheorie*. Wiesbaden: Gabler.

McClelland, D. C. (1951). *Personality*. New York: Sloane.

McClelland, D. C. (1958). Methods of measuring human Motivation. In J. W. Atkinson (Ed.), *Motives in fantasy, action, and society* (pp. 7-42). Princeton, NJ: Van Nostrand.

McClelland, D. C. (1985). *Human motivation*. Glenview: Scott, Foresman & Comp.

McClelland, D. C., Atkinson, J. W. & Clark, R. A. (1953). *The achievement motive*. New York: Appleton-Century-Crofts.

McClelland, D. C. & Liberman, A. M. (1949). The effects of need for achievement on recognition of need related words. *Journal of Personality, 18*, 236-251.

McDougall, W. (1908). *An introdruction to social psychology*. New York: Methuen.

McDougall, W. (1937). *Aufbaukräfte der Seele*. Leipzig: Thieme.

Mead, M. (1928). *Coming of age in Samoa*. New York: Morrow Quill.

Mead, M. (1930). Growing up in New Guinea. New York: Morrow Quill.

Medin, D. L., Ross, B. H. & Markman, A. B. (2001). *Cognitive Psychology* (3rd ed.). Orlando: Harcourt College Publishers.

Mehl, J. G. (1952). *Wilhelm Löhes und sein Werk*. Gunzenhausen: Riedel.

Mehl, J. G. (1962). Über Erfolg und Mißerfolg im Leistungs- und Zufallsbereich. *Zeitschrift für Psychologie, 167*, 177-267.

Meichenbaum, D. (1979). *Kognitive Verhaltensmodifikation*. München: Urban & Schwarzenberg.

Meinong, A. (1914). *Abhandlungen zur Psychologie*. Leipzig: Barth.

Mendelsohn, G. A. (1976). Associative and attentional processes in creative performence. *Journal of Personality, 44*, 341-369.

Menges, G. (1968). *Entscheidung und Information*. Frankfurt a. M.: Metzner.

Menzel, E. W. & Halperin, S. (1975). Purposive behavior as a basis for objective communication between chimpanzees. *Science, 189*, 652-654.

Messick, D. M. (1968). Choice behavior as a function of expected payoff. *Journal of Experimental Psychology, 76*, 544-549.

Metzger, W. (1952). Das Experiment in der Psychologie. *Studium Generale, 5*, 142-163.

Metzger, W. (1975). Gibt es eine gestalttheoretische Erziehung? In K. Guss (Ed.), *Gestalttheorie und Erziehung* (pp. 18-41). Darmstadt: Steinkopff.

Meumann, E. (1914). *Abriß der experimentellen Pädagogik*. Leipzig: Engelmann.

Mey, H. (1965). *Studien zur Anwendung des Feldbegriffs in den Sozialwissenschaften*. München: Piper.

Meyer, D. E. (1967). Differential effects of knowledge of results and monetary reward upon optimal choice behavior under risk. *Journal of Experimental Psychology, 75*, 520-524.

Mierke, K. (1955). *Wille und Leistung*. Göttingen: Hogrefe.

Miller, G. A. (1967). The magical number seven, plus or minus two: Some limits on our capacity for processing information. In M. Alexis & C. Z. Wilson (Eds.), *Organizational Decision Making* (pp. 107-129). New York: Englewood Cliffs.

Miller, N. E. (1944). Experimental studies of conflict behavior. In J. Mc. V. Hunt (Ed.), *Personality and the behavior disorders* (Vol. I, pp. 431-465). New York: Ronald Press Company.

Miller, N. E. (1951). Learnable drives and rewards. In: S. S. Stevens (Ed.), *Handbook of experimental Psychology* (pp. 435-472). New York: Wiley.

Minsky, M. (1986). *The society of mind*. New York: Simon & Schuster.

Mintzberg, H. & Westley, F. (2001). Entscheiden – läuft oft anders als Sie denken. *Harvard Business Manager, 6*, 9-14.

Mitscherlich, A. (1948). *Freiheit und Unfreiheit in der Krankheit*. Hamburg: Claassen & Goverts.

Mittelstaedt, H. (1956). *Regelungsvorgänge in der Biologie*. München: Oldenbourg.

Mittenecker, E. (1962). *Methoden und Ergebnisse der psychologischen Unfallforschung*. Wien: Deuticke.

Mondlane, E. C. (1960). *Role conflict, reference group and race*. Diss. Abstr. 21, 1654.

Mook, D. G. (1996). *Motivation* (2nd ed.). New York: Norton & Company.

Moser, K. (2002). *Markt- und Werbepsychologie*. Göttingen: Hogrefe.

Most, O. J. (1939). Die Determinanten des seelischen Lebens. *Zeitschrift für Menschenkunde, 15*, 61-71.

Mosteller, F. & Nogee, P. (1951). An experimental measurement of utility. *The Journal of political Economy, 59*, 371-404.

Moulton, R. W. (1965). Effects of success and failure on level of aspiration as related to achievement motives. *Journal of Personality and Social psychology, 1*, 399-406.

Mowen, J. C. & Mowen, M. M. (1991). Time and outcome valuation: Implications for marketing decision making. *Journal of Marketing, 55*, 54-62.

Mowrer, O. H. (1960). *Learning theory and behavior.* New York: Wiley & Sons.

Müller-Eckhard, H. (1960). Die Zwangsneurose als Pantomime des Nichts. Zur Psychoanalyse des Zwangs. In A. Sborowitz (Ed.), *Der leidende Mensch: Personale Psychotherapie in anthropologischer Sicht*. Düsseldorf: Diederichs.

Müller-Freienfels, R. (1924). Die Kategorien der Psychologie. *Zeitschrift der Psychologie, 128,* 289-311.

Münsterberg, H. (1914). *Grundzüge der Psychotechnik.* Leipzig: Barth.

Murray, H. A. (1938). *Explorations in personality.* New York: Oxford University Press.

Murray, H. A. (1951). Some basic psychological assumptions and conceptions. *Dialectica, 5*, 266-292.

Murray, H. A. (1959). Toward a Classification of Interaction. In T. Parsons & E. A. Shils (Eds.), *Toward a General Theory of Action* (pp. 434-464). Cambridge, MA: Harvard University Press.

Naschold, F. (1969). *Systemsteuerung.* Stuttgart: Kohlhammer.

Neisser, U. (1967). *Cognitive psychology.* New York: Appleton-Century-Crofts.

Neisser, U. (1976). *Cognition and reality.* San Francisco, CA: Freeman.

Nesswetha, W. (1964). *Formen der Reaktion auf Konflikte.* Diss. Bonn: Universität Bonn.

Neumann, J. v. & Morgenstern, O. (1944). *Theory of games and economic behavior.* Princeton: Princeton University Press. (dtsch.: *Spieltheorie und wirtschaftliches Verhalten.* (1961/62).Würzburg: Physica-Verlag).

Neumann, O. (1989). Kognitive Vermittlung und direkte Parameterspezifikation. Zum Problem mentaler Repräsentation in der Wahrnehmung. *Sprache & Kognition, 8*, 32-49.

Neumann, O. & Prinz, W. (1987). Kognitive Antezedentien von Willkürhandlungen. In H. Heckhausen, P. Gollwitzer & F. Weinert (Eds.). *Jenseits des Rubikon: Der Wille in den Humanwissenschaften* (pp. 195-215). Berlin: Springer.

Newcomb, T. M. (1959). The study of consensus. In R. K. Merton, L. Broom, & S. Jr. Cottrell (Eds.), *Sociology today, problems and prospects*. New York: Basic Books.

Newell, A. & Simon, H. A. (1972). *Human problem solving.* Englewood Cliffs, NJ: Prentice Hall.

Nietzsche, F. (1925). *Der Wille zur Macht.* Gesammelte Werke (Vol. XI). München: Kröner.

Nollmann, G. (1997). *Konflikte in Interaktion, Gruppe und Organisation.* Opladen: Westdeutscher Verlag.

Norman, D. A. (1980). Twelve issues for cognitive science. *Cognitive Science, 4,* 1-32.

Norman, D. A. & Shallice, T. (1986). Attention to action: Willed and automatic control of behavior. In R. J. Davidson, G. E. Schwartz & D. Shapiro (Eds.). *Consciousness and self-regulation: Advances in research,* Vol. 4 (pp. 1-18). New York: Plenum Press.

Nuttin, J. M. Jr. (1956). Human motivation and Freud's theory of energy discharge. *Canadian Journal of Psychology, 10,* 167-178.

Nuttin, J. R. (1987). The respective roles of cognition and motivation in behavioral dynamics, intention, and volition. In F. Halisch & J. Kuhl (Eds.), *Motivation, intention, and volition* (pp. 309-320). New York: Springer.

op de Beeck, H., Wagemans, J. & Vogels, R. (2001). Can neuroimaging really tell us what the human brain is doing? The relevance of indirect measures of populations activity. *Acta Psychologica, 107,* 323-351.

Osgood, Ch. (1960). *Method and theory in experimental psychology.* New York: Oxford University Press.

Osgood, C. E. & Tannenbaum, P. H. (1955). The principle of congruity in the prediction of attitude change. *Psychological Review, 62,* 42-55.

Oswald, M. E. & Gadenne, V. (1991). *Kognition und Bewusstsein.* Berlin: Springer.

Overall, J. E. (1958). *A statistical model for the prediction of human decision behaviour.* Diss. Abstr.: The University of Texas.

Ovsiankina, M. (1928). Die Wiederaufnahme unterbrochener Handlungen. *Psychologische Forschung, 11,* 302-379.

Palágyi, M. (1924). *Naturphilosophische Vorlesungen* (2nd ed.). Leipzig: Barth.

Palmer, S. E. (1999). *Vision Science: Photons to Phenomenology.* Cambridge, MA: MIT Press.

Parsons, T. (1949). *Essays in sociological theory: pure and applied.* Glencoe, III.: The Free Press.

Parsons, T. (1952). The superego and the theory of social systems. *Psychiatry, 15,* 15-25.

Parsons, T. (1970). *The social system* (5th ed.). London: Routledge.

Parsons, T., Bales, R. F. & Shils, E. (1953). *Working papers in the theory of action.* New York: The Free Press.

Parsons, T. & Shils, E. A. (Eds.) (1951/1959). *Towards a General Theory of Action*. Cambridge, MA: Harvard University Press.

Pascal, B. (1938). *Gedanken*. Leipzig: Dieterich'sche Verlagsbuchhandlung.

Passingham, R. E. (1993). *The frontal lobes and voluntary action*. Oxford: Oxford University Press.

Penfield, W. (1975). *The mystery of mind*. Princeton, NJ: Princeton University Press.

Penrose, R. (1989). *The emperor's new mind: Concerning computers, minds, and the laws of physics*. New York: Oxford University Press.

Perrig, W. J., Wippich, W. & Perrig-Chiello, P. (1993). *Unbewusste Informationsverarbeitung*. Bern: Huber.

Perrow, Ch. (1972). *Complex Organizations. Glenview*, Ill.: Scott & Foresman.

Petty, R. E. & Cacioppo, J. T. (1981). *Attitudes and persuasion: Classic and contemporary approaches*. Dubuque, IA: Wm. C. Brown.

Petty, R. E. & Cacioppo, J. T. (1986°). *Communication and persuasion: Central and peripheral routes to attitude change*. New York: Springer.

Petty, R. E. & Cacioppo, J. T. (1986b). The elaboration likelihood model of persuasion. In Berkowitz, L. (Ed.), *Advances in experimental social psychology*, Vol. 19 (pp. 123-205). Orlando: Academic Press.

Pfänder, A. (1900/1963). *Phänomenologie des Wollens*. Leipzig: Barth.

Phillips, L. D. & Edwards, W. (1966). Conservatism in a simple probability inference task. *Journal of Experimental Psychology*, *72*, 346-354.

Plessner, H. (1928). *Die Stufen des Organischen und der Mensch*. Berlin: de Gruyter.

Ploog, D. (1989). Zur Evolution des Bewußtseins. In E. Pöppel (Ed.), *Gehirn und Bewußtsein* (pp. 1-15). Weinheim: VCH.

Poeck, K. (2003). Die Entwicklung der modernen Neuropsychologie. In H.-O. Karnath & P. Thier (Eds.), *Neuropsychologie* (pp. 1-8). Berlin: Springer.

Poletajew, J. A. (1964). *Kybernetik*. Berlin: Deutscher Verlag der Wissenschaften.

Pongratz, L. J. (1961). *Psychologie menschlicher Konflikte*. Göttingen: Hogrefe.

Pongratz, L. J. (1984). *Problemgeschichte der Psychologie*. München: Francke.

Pöppel, E. (1989). *Gehirn und Bewußtsein*. Weinheim: VCH.

Portmann, A. (1951). *Zoologie und das neue Bild des Menschen*. Hamburg: Rowohlt.

Portmann, A. (1963). *Der Mensch, Führer und Geführter im Werk*. Zürich: Rhein-Verlag.

Prautzsch, K. (1931). *Beiträge zur experimentellen Untersuchung der Motivationsgesetze des Willensvorgangs bei Normalen und Schwachsinnigen (debilen Hilfsschulkindern).* Leipzig: Ballin & Töpfer.

Pribram, K. H. (1976). Self-consciousness and intentionality. In G. E. Schwartz & D. Shapiro (Eds.), *Consciousness and self-regulation. Advances in research*, Vol. 1 (pp. 51-100). New York: Wiley.

Prinz, W. (1983). *Wahrnehmung und Tätigkeitssteuerung*. Berlin: Springer.

Prinz, W. (1990a). Unwillkürliche Aufmerksamkeit. In C. Meinecke & L. Kehrer (Eds.), *Bielefelder Beiträge zur Kognitionspsychologie* (pp. 25-114). Göttingen: Hogrefe.

Prinz, W. (1990b). Wahrnehmung. In H. Spada (Ed.). *Allgemeine Psychologie.* Bern: Huber.

Prinz, W. (1992). Why don't we perceive our brain states? *European Journal of Cognitive Psychology, 4,* 1-20.

Prinz, W., Tweer, R. & Feige, R. (1974). Context control of search behavior: Evidence from a <hurdling>-technique. *Acta Psychologica, 38*, 73-80.

Pruitt, D. G. (1962). Pattern and level of risk in gambling decisions. *Psychological Review, 69 (3)*, 178-201.

Pylyshyn, Z. W. (1984). *Computation and Cognition: Towards a foundation of cognitive science.* Cambridge, MA: MIT Press.

Rensch, B. (1963). *Zoologie.* Vol II. Frankfurt a. M.: Fischer.

Rheinberg, F. & Krug, S. (1993). *Motivationsförderung im Schulalltag.* Göttingen: Hogrefe.

Ricoeur, P. (1949). *Le volontaire et l'involontaire.* Paris: Aubier.

Riesman, D., Denney, R. & Glazer, N. (1950). *The Lonely Crowd.* New Haven: Yale University Press.

Robertson, S. I. (2001). *Problem solving.* Hove, East Sussex: Psychology Press.

Roelofsma, P. H. M. P. (2001). Evaluation ten years of naturalistic decision making: Welcome back in the lab! *Journal of Behavioral Decision Making, 14,* 377-378.

Roenau, E. (1937). Phänomenologie und Pathologie des Willens. *Zeitschrift für die gesamte Neurologie und Psychiatrie, 157*, 676-697.

Rohracher, H. (1932). Theorie des Willens auf experimenteller Grundlage. Leipzig: Barth.

Rohracher, H. (1959). Psychologische Regelprobleme. *Zeitschrift für experimentelle und angewandte Psychologie, 6,* 95-108.

Rohracher, H. (1969). *Kleine Charakterkunde* (12th ed.). Wien: Urban & Schwarzenberg.

Rohracher, H. (1971). *Einführung in die Psychologie.* Wien: Urban & Schwarzenberg.

Rosenberg, L. A. (1960). *An empirical investigation of the relationships between group size, prior experience, response certainty and conformity.* Diss. Abstr. 20, 2925.

Rosenblueth, A., Wiener, N. & Bigelow, J. (1943). Behavior, purpose and teleology. *Philosophical Science, 10,* 18-24.

Rosenstiel, L. v. Molt, W. & Rüttinger, B. (1986). *Organisationspsychologie* (6th ed.). Stuttgart: Kohlhammer.

Roth, G. (1997). *Das Gehirn und seine Wirklichkeit.* Frankfurt a. M.: Suhrkamp.

Roth, G. (2003). *Fühlen, Denken, Handeln.* Frankfurt a. M.: Suhrkamp.

Rothacker, E. (1931). *Der Beitrag der Philosophie und der Einzelwissenschaften zur Kunstsoziologie.* Tübingen: Mohr.

Rothacker, E. (1942). *Biologische Funktionssysteme als Fundament der Persönlichkeit.* München: Lehmann.

Rothacker, E. (1965). *Die Schichten der Persönlichkeit* (6th ed.). Bonn: Bouvier.

Rotter, J. B. (1954). *Social learning and clinical psychology.* New York: Prentice-Hall.

Rubenson, D. L. & Runco, M. A. (1992). The psychoeconomic approach to creativity. *New Ideas in Psychology, 10,* 131-147.

Rubinstein, S. L. (1958). *Grundlagen der Allgemeinen Psychologie.* Berlin: Volk & Wissen.

Ruch, F. L. (1948). *Psychology and life.* Chicago: Scott & Foresman.

Sacher, H. (1960). Regulierungspsychologische Persönlichkeitsdiagnostik. *Zeitschrift für experimentelle und angewandte Psychologie, 7,* 574-630.

Sacher, H. (1961). Der Modellcharakter als Regulierungsgefüge der Persönlichkeit. *Zeitschrift für experimentelle und angewandte Psychologie, 8,* 633-687.

Sachs, L. (1968). *Statistische Auswertungsmethoden.* Berlin: Springer.

Salber, W. (1953). Urteil, Entschluß, Entscheidung. *Psychologische Beiträge, 1,* 435-469.

Sartre, J.-P. (1993). *Das Sein und das Nichts.* Reinbek bei Hamburg: Rowohlt.

Schacter, D. L. (1987). Implicit memory: History and current status. *Journal of Experimental Psychology: Learning, Memory, and Cognition, 13,* 501-518.

Scheler, M. (1927a). Idealismus – Realismus. *Philosophische Anzeigen, 2,* 258-296.

Scheler, M. (1927b). *Der Formalismus in der Ethik und die materiale Wertethik.* Halle a. d. S.: Niemeyer.

Scheler, M. (1947). *Bildung und Wissen*. Frankfurt a. M.: Schulte & Bulmke.

Scheler, M. (1962). *Die Stellung des Menschen im Kosmos*. Bern: Francke.

Schilder, P. (1924). *Medizinische Psychologie für Ärzte und Psychologen*. Berlin: Springer.

Schlosberg, H. (1953). Things of science. *American Psychologist, 8,* 124-138.

Schmalt, H.-D. (1986). *Motivationspsychologie*. Stuttgart: Kohlhammer.

Schmidt, H.-D. (1964). Zum Problem der experimentellen Verifikation von Entscheidungsmodellen. *Zeitschrift für Psychologie, 169,* 1-17.

Schmidt, H.-D. (1966). *Leistungschance, Erfolgserwartung und Entscheidung. Experimentelle Studien über das Verhalten in unsicheren und Risikosituationen*. Berlin: Deutscher Verlag der Wissenschaften.

Schmidt, H.-D. & Zarn, R. (1964). Erfolg und Mißerfolg als Determinanten einiger Entscheidungsparameter. *Zeitschrift für Psychologie, 169*, 18-34.

Schneeweiss, H. (1963). Nutzenaxiomatik und Theorie des Messens. *Statistische Hefte, 4*, 178-220.

Schneeweiss, H. (1967). *Entscheidungskriterien bei Risiko*. Berlin: Springer.

Schneider, K. (1952). *Psychiatrie heute*. Stuttgart: Thieme.

Schneider, K. (1967). *Klinische Psychopathologie*. Stuttgart: Springer.

Schneider, K. & Schmalt, H.-D. (2000). *Motivation*. (3rd ed.). Stuttgart: Kohlhammer.

Schneider, W., Dumais, S. T. & Shiffrin, R. M. (1984). Automatic control processing and attention. In R. Parasuraman (Ed.), *Varieties of attention* (pp. 273-291). Orlando: Academic Press.

Schneider, W. & Shiffrin, R. M. (1977). Controlled and automatic human information processing. *Psychological Review, 92,* 424-428.

Schopenhauer, A. (1938). *Die Welt als Wille und Vorstellung*. Leipzig: Barth.

Schulz-Hencke, H. (1951). *Lehrbuch der analytischen Psychotherapie*. Stuttgart: Thieme.

Schwarz, N. (2002). Feeling as information: Moods influence judgement and processing style. In T. Gilovich, D. Griffin & D. Kahneman (Eds.), *Heuristics and biases: The psychology of intuitive judgment* (pp. 534-547). Cambridge University Press.

Schwarz, N. & Clore, G. L. (2003). Mood as information: 20 years later. *Psychological Inquiry, 14,* 294-301.

Secord, P. F. & Backman, C. U. (1964). *Social Psychology*. New York: McGraw & Hill.

Seifert, K. H. (1969). *Grundformen und theoretische Perspektiven psychologischer Kompensation*. Meisenheim am Glan: Hain.

Selbach C. & Selbach H. (1956). Phenothiazinwirkung und somato-psychische Dynamik. *Nervenarzt, 27*, 145-150.

Selbach, H. (1963). *Internationales Kolloquium über das Antikonvulsivum Ospolot am 9./10. Oktober 1962.* Kamp-Lintfort, Serie: Symposien aktueller therapeutischer Probleme; Heft 4. Kamp-Lintfort: Staufen-Verlag.

Selz, O. (1910). Die experimentelle Untersuchung des Willensaktes. *Zeitschrift für Psychologie, 57,* 241-270.

Selz, O. (1911). Willensakt und Temperament. Eine Erwiderung. *Zeitschrift für Psychologie und Physiologie der Sinnesorgane*, 113 f.

Sheldon, W. H. (1940). *The varieties of human Physique.* New York: Harper & Row.

Sheldon, W. H. (1942). *The varieties of temperament:* A psychology of constitutional differences. New York: Harper & Row.

Sheldon, W. H. (1959). Some Observations on Theory in the Social Sciences. In T. Parsons & E. A. Shils (Eds.), *Toward a General Theory of Action* (pp. 30-46). Cambridge, MA: Harvard University Press.

Shubik, M. (1965). *Spieltheorie und Sozialwissenschaften.* Frankfurt a. M.: Fischer.

Sieber, J. E. & Lanzetta, J. R. (1964). Conflict and conceptual structure as determinants of decision-making behavior. *Journal of Personality, 32*, 622-641.

Siegel, S. (1956). *Nonparametric statistic for the behavioral science.* New York: McGraw & Hill.

Siegel, S. (1957). Level of aspiration and decision making. *Psychological Review, 64,* 253-262.

Siegel, S. & Goldstein, D. A. (1959). Decision-making behavior in a two-choice uncertain outcome situation. *Journal of experimental Psychology, 57*, 37-42.

Sigwart, Ch. (1878/1924). *Logik.* Vol. II: Die Methodenlehre (5th ed.). Tübingen: Mohr.

Simon, H. A. (1960). *The new science of management decision.* New York: Harper & Row.

Singer, W. (2002). *Der Beobachter im Gehirn.* Frankfurt a. M.: Suhrkamp.

Singer, W. (2003). *Ein neues Menschenbild? Gespräche über Hirnforschung.* Frankfurt a. M.: Suhrkamp.

Singer, W. (2004). Keiner kann anders, als er ist. In *Frankfurter Allgemeine Zeitung* vom 8. Januar 2004, p. 33.

Six, B. & Schäfer, B. (1985). *Einstellungsänderung.* Stuttgart: Kohlhammer.

Skawran, P. (1927). Experimentelle Untersuchungen über den Willen bei Wahlhandlungen. *Archiv für die gesamte Psychologie, 58,* 95-162.

Skinner, B. F. (1953). *Science and human behavior*. New York: Macmillan.

Skinner, B. F. (1974). *Die Funktion der Verstärkung in der Verhaltenswissenschaft*. München: Kindler.

Slovic, P. (1969). Differential effects of real versus hypothetical payoffs on choices among gambles. *Journal of Experimental Psychology, 80,* 434-437.

Sokolowski, K. (1993). *Emotion und Volition. Eine motivationspsychologische Standortbestimmung*. Göttingen: Hogrefe.

Spering, M., Wagener, D. & Funke, J. (2005). The role of emotions in complex problem-solving. *Cognition and Emotion, 19,* 1252-1261.

Spiegel, B. (1965). *Die Struktur der Meinungsverteilung im sozialen Feld.* Bern: Huber.

Stein, M. J. (1953). Creativity and culture. *Journal of Psychology, 36,* 311-322.

Steinbuch, K. (1965). *Automat und Mensch*. Berlin: Springer.

Sternberg, R. J. & Lubart, T. I. (1991). An investment theory of creativity and its development. *Human Development, 34,* 1-31.

Störring G. E. (1900). *Vorlesungen über Psychopathologie und ihre Bedeutung für die normale Psychologie*. Leipzig: Engelmann.

Störring, G. E. (1922). *Psychologie des menschlichen Gefühlslebens*. Bonn: Cohen.

Störring, G. E. (1953). *Besinnung und Bewußtsein*. Stuttgart: Thieme.

Stone, L. A. (1964). The influence of selected individual-difference variables upon utility for risk. *Journal of general psychology, 70,* 32-39.

Strack, F. (1992). The different routes to social judgments: Experimental versus informational strategies. In L. L. Martin & A. Tesser (Eds.), *The construction of social judgements* (pp. 249-275). Hillsdale, NJ: Lawrence Erlbaum Associates.

Stroop, J. R. (1935). Studies of interference in serial verbal reactions. *Journal of Experimental Psychology, 18,* 643-662.

Süllwold, F. (1964). *Das unmittelbare Behalten und seine denkpsychologische Bedeutung*. Göttingen: Hogrefe.

Taylor, W. S. (1933). A critique of sublimation in males: a study of forty superior single men. *Genet. Psychol. Monogr. 13 (1), 63-71.*

Tetens, J. H. (1913). *Über die allgemeine speculative Philosophie*. Berlin: Reuter & Reichard.

Thomae, H. (1944). *Das Wesen der menschlichen Antriebsstruktur*. Leipzig: Barth.

Thomae, H. (1955). *Persönlichkeit. Eine dynamische Interpretation* (2nd ed.). Bonn: Bouvier.

Thomae, H. (1956). Grenzprobleme zwischen philosophischer und psychologischer Anthropologie. *Studium Generale 9*, 433-445.

Thomae, H. (1960). *Der Mensch in der Entscheidung*. München: Barth.

Thomae, H. (Ed.) (1965). *Die Motivation menschlichen Handelns*. Köln: Kiepenheuer & Witsch.

Thomae, H. (1968/1996). *Das Individuum und seine Welt. Eine Persönlichkeitstheorie* (3nd ed.). Göttingen: Hogrefe.

Thomae, H. (1974). *Konflikt, Entscheidung, Verantwortung*. Stuttgart: Kohlhammer.

Thomas, W. I. & Znaniecki, F. (1918). *The Polish peasant in Europe and America*. Vol. I-IV. Boston: Badger.

Thompson, R. A. (1990). Emotion and self-regulation. In R. A. Thompson (Ed.), *Nebraska Symposium on Motivation* (pp. 367-467). Lincoln, London: University of Nebraska Press.

Thorndike, E. L. (1932). *The fundamentals of learning*. New York: AMS Press.

Thrall, S., Coombs, D. & Davis, R. (Eds.) (1954). *Decision process*. New York: Wiley.

Thurstone, L. L. (1931). The indifference function. *The Journal of Social Psychology, 2*, 139-167. (wieder abgedruckt in L. L. Thurstone (1969). *The measurement of values*, Chicago: University of Chicago Press).

Thurstone, L. L. (1945). The measurements of values. *Psychometrika, 10,* 237-253.

Thurstone, L. L. (1948). The measurement of values. *Psychological Review, 61*, 47-58.

Thurstone, L. L. (1959). The measurement of values. Chicago: University of Chicago Press.

Tinbergen, N. (1972). *Instinktlehre - Vergleichende Erforschung angeborenen Verhaltens* (5th ed.). Berlin: Parey.

Tolman, E. C. (1949). *Purposive behavior in animals and men* (2nd ed.). New York: Century-Crofts.

Tolman, E. C. (1955). Principles of performance. *Psychological Review, 62*, 315-326.

Tolman, E. C. (1959). Principles of purposive behavior. In S. Koch (Ed.), *Psychology: A study of science*. Vol. II: *General systematic formulations, learning and special processes*. New York: McGraw-Hill.

Tolman, E. C. (1965). Ein kognitives Motivationsmodell. In H. Thomae (Ed.), *Die Motivation menschlichen Handelns* (pp. 448-461). Köln: Kiepenheuer & Witsch (Teilabdruck aus *Psychological Review (1952), 59*, 389-400).

Toman, W. (1954). *Dynamik der Motive. Einführung in die klinische Psychologie*. Frankfurt a. M.: Humboldt.

Trouet, S. (1923). Der Willensakt bei Wahlhandlungen. *Archiv der Psychologie, 45*, 157-169.

Tulving, E. (1972). Episodic and semantic memory. In E. Tulving & E. Donaldson (Eds.), *Organisation of memory* (pp. 382-403). New York: Academic Press.

Tulving, E. (1999). Study of memory: processes and systems. In J. K. Foster & M. Jelicic (Eds.), *Memory: Systems, Process, or Function?* (pp. 11-30). Oxford: Oxford University Press.

Tversky, A. (1965). *Additivity analysis of choice behavior: A test of utility theory*. Ann Arbor: University of Michigan Press.

Tversky, A. & Kahneman, D. (1992). Advances in prospect theory: Cumulative representation of uncertainty. *Journal of Risk and Uncertainty, 5*, 297-323.

Tversky, A. & Koehler, D. J. (1994). Support theory: A nonextensional representation of subjektive probability. *Psychological Review, 101*, 547-567.

Uexküll, J., v. (1921). *Umwelt und Innenwelt der Tiere*. Berlin: Springer.

Urban, K. K. (1993). Neuere Aspekte in der Kreativitätsforschung. *Psychologie in Erziehung und Unterricht, 39*, 133-148.

Van der Meer, H. C. (1963). Decision-making: The influence of probability preference and expected value on strategy in gambling. *Acta Psychologica, 21*, 231-259.

Vaughan, W. S. (1956). *An investigation of turnover as a decision-making process*. Diss. Abstr. 17, 823.

Volkelt, J. (1928). *Das Problem der Individualität*. München: Beck.

Volkelt, J. (1930). *Versuch über Fühlen und Wollen*. München: Beck.

Volkman, J. (1934). The relation of time of judgment to certainty of judgment. *Psychological Bulletin, 41*, 672-673.

Vollmeyer, R. & Funke, J. (1999). Personen- und Aufgabenmerkmale beim komplexen Problemlösen. *Psychologische Rundschau, 50*, 213-219.

Wald, A. (1950). *Statistical decision functions*. New York: Wiley.

Wallach, M. A. & Kogan, N. (1961). Aspects of judgment and decision-making: Interrelationships and changes with age. *Behavioral Sciences, 6*, 23-36.

Wallas, G. (1926). *The art of thought*. New York: Harcourt Brace.

Watson, J. B. (1914). *Behavior, an introduction to comparative psychology.* New York: Holt & Comp.

Wegner, D. M. (2002). *The Illusion of Conscious Will.* Cambridge, MA: MIT Press.

Weimar, R. & Leidig, G. (2002). *Evolution, Kultur und Rechtssystem.* Frankfurt a. M.: Lang.

Weiner, B. (1986). *An attributional theory of motivation and emotion.* New York: Springer.

Weinert, F. E. (1991). Kreativität – Fakten und Mythen. *Psychologie heute, 18,* 30-37.

Weinschenk, C. (1961). *Das Bewußtsein als Meßfühler.* Marburg: Philosophia naturalis.

Weisberg, R. W. (1986). *Creativity. Genius and other myths.* New York: Freeman.

Weizsäcker, V. v. (1947). *Körpergeschehen und Neurose - Analytische Studie über somatische Symptombildungen.* Stuttgart: Klett.

Weizsäcker, V. v. (1956). *Pathosophie.* Göttingen: Vandenhoeck & Ruprecht.

Weizsäcker, V. v. (1957). *Zwischen Medizin und Philosophie.* Göttingen: Vandenhoeck & Ruprecht.

Wellek, A. (1963). *Das Problem des seelischen Seins* (2nd ed.). Meisenheim am Glan: Hain.

Wellek, A. (1966). *Die Polarität im Aufbau des Charakters* (3nd ed.). Bern: Francke.

Wertheimer, M. (1964). *Produktives Denken* (Orig.: Productive thinking. (1945). New York: Harper & Brothers). Frankfurt a. M.: Kramer.

Wheeler, R. H. (1920). *An experimental investigation of the process of choosing.* Eugene: University of Oregon Publications.

Whiting, J. & Child, I. (1953). *Child Training and Personality: A Cross-Cultural Study.* New Haven: Yale University Press.

Wieser, W. (1959). *Organismen, Strukturen, Maschinen.* Frankfurt a. M.: Fischer.

Witkin, H. A. (1965). Psychological differentiation and forms of pathology. *Journal of Abnormal and Social Psychology, 70 (5),* 317-336.

Wolff, Ch. (1732). *Psychologica Empirica.* Francofurti: Renger.

Wright, B. A. (1942). Altruism in children and the perceived conduct of others. *Journal of Abnormal and Social Psychology, 37,* 218-233.

Wundt, W. (1905). *Grundriß der Psychologie* (7th ed.). Leipzig: Engelmann.

Wundt, W. (1908). *Völkerpsychologie.* Leipzig: Engelmann.

Wundt, W. (1911). *Grundzüge der physiologischen Psychologie* (6th ed.). Vol. III. Leipzig: Engelmann.

Young, P. T. (1936). *Motivation of behavior.* New York: Wiley & Sons.

Young, P. T. (1961). *Motivation and emotion. A survey of the determinants of human and animal activity.* New York: Wiley & Sons.

Zajonc, R. B. (1968). Attitudinal effects of mere exposure. *Journal of Personality and Social Psychology, 9,* 1-27.

Zajonc, R. B. (1980). Feeling and thinking: Preferences need no inferences. *American Psychologist, 35,* 151-175.

Ziehen, Th. (1920). *Leitfaden der physiologischen Psychologie in sechzehn Vorlesungen.* Jena: Fischer.

Zsambok, C. E. (1997). Naturalistic decision making: Where are we now? In C. E. Zsambok & G. A. Klein (Eds.), *Naturalistic decision making* (pp. 3-16). Mahwah, NJ: Lawrence Erlbaum Associates.

Zutt, J. (1963). *Auf dem Wege zu einer anthropologischen Psychiatrie.* Berlin: Springer.

Kolibri 360 GmbH
Ferdinand-Jühlke-Straße 7
99095 Erfurt, Deutschland
produktsicherheit@kolibri360.de

Druck:
CPI Druckdienstleistungen GmbH
im Auftrag der
Kolibri 360 GmbH
Ferdinand-Jühlke-Str. 7
99095 Erfurt